評価明細書ごとに理解する

非上場株式の評価実務

第4版

東京タックスコンサルティング
税理士 柴田 健次

清文社

改訂にあたって

　本書は、これまでの版では贈与税や相続税についての非上場株式の評価のみを解説（第1章から第8章まで）していました。しかしながら昨今、所得税や法人税における時価算定を行う場面における財産評価基本通達の準用の仕方が、裁判例や通達の改正を通じて明確になってきましたので、今回の改訂版にあたっては、その取扱いを解説すべく第9章を追加しています。

　第9章においては、所得税や法人税の時価算定方法や、低額譲渡や自己株式の取得等の取引があった場合の課税関係について解説をしています。第9章のQ＆Aは9問新設していますが、自己株式の取得及び処分の課税問題、所得税法59条1項のみなし譲渡の課税問題、相続税法7条または9条のみなし贈与やみなし遺贈の課税問題等、幅広く取り扱っていますので、個々の事例を考察することでより深いご理解に努めていただければ幸いです。

　また、最近の裁決や裁判例では総則6項の適用の可否を巡り争われている事件が少なくありませんので、総則6項の適用がどのような場合に行われるのかを整理しておく必要があります。総則6項の適用の判断の枠組みについては、令和4年4月19日の最高裁判決により明らかにされましたが、その具体的な適用要件については確固として確立されているわけではありません。そこで本書では、現時点の法令や裁判例を考察して総則6項の適用のあり方を解説するとともに、適正な評価実務をどのように行うかについて第8章で解説しています。あくまでも現時点における筆者の考察であり、私見も少なくありませんので、今後の裁判例や国税庁の情報も確認しながら実務は行う必要があります。第8章のQ＆Aは2問新設していますが、総則6項の適用の可否を考える事例となっています。

　上記以外においてもQ＆Aは第2章で9問追加し、令和2年以降の改正も含めて改訂しています。なお、追加したQ＆Aは、株式会社プロフェッションネットワークが運営するWeb情報誌 Profession Journal に掲載されたものを再編集したものです。

　最近においては、事業承継問題も踏まえて、税務上における非上場株式の評価の必要性が高くなってきていますので、読者の方々が適正な非上場株式の評価実務を行ううえで本書を参考としてご活用いただけると筆者としては、この上ない喜びとなります。

本書の執筆にあたっては、TAINS（税理士情報ネットワークシステム）を活用させていただきました。この場を借りて、編集室の方々にお礼申し上げます。

　最後になりましたが、本書刊行の機会を与えていただいた清文社小泉定裕社長及び編集・校正にあたって大変なご尽力をいただきました清文社依田文実氏に心から感謝申し上げます。

　令和6年9月

税理士　柴田　健次

は し が き

　非上場株式の評価は、昭和39年の通達制定からいくつかの改正を経て、非常に複雑でわかりづらいものとなっています。そのわかりづらさは株式評価の体系や評価明細書（明細書）の役割を理解しづらいことも一因であるかと思われます。非上場株式の明細書を作成する場合には、ある程度の知識がある場合でも、何から手を付けていいのかわからない場合が少なくありません。筆者も最初は機械的に財産評価のソフトに１つずつ数値を入力していただけでしたが、非上場株式の評価実務においては、財産評価のソフトに入力する前に確認するべきポイントがたくさんあります。

　評価の判定手順を正しく理解し、各明細書の役割とチェックポイントが確認できれば税務上の適正評価がなされるわけですが、漠然と評価をしている場合には思わぬ間違いをしたり、納税者に不利な評価方法を選択して計算してしまったりすることも少なくありません。例えば、配当還元方式で計算をするべきところ、誤って原則的評価方式で計算してしまった場合には、何千万円ないし何億円という評価差額につながることもあり、税理士損害賠償請求訴訟まで発展するケースもありえます。そのような大きな問題に発展しないようにするためにも、本書をご活用いただければ幸いです。

　本書の目的とするところは、非上場株式の適正な評価実務に資することですが、その特徴は下記の２点となります。

　まず、非上場株式の評価の判定手順を明確にし、評価方式を決定することにあります。どの明細書を先に作成するのか、さらに第１表の１の株主判定を行う場合の判定方法の手順、第２表の特定の評価会社の判定手順などを解説しています。はじめて非上場株式の評価を行う会計事務所の職員の方々にもわかりやすく解説しています。また、ある程度非上場株式の評価実務に慣れてくると、評価手順を飛ばしてしまい、最終的に評価方式の選択を誤る場合もありますので、評価に慣れている実務家の方々にも判定手順を再度ご確認いただき、評価方式に間違いがないように努めていただけると筆者としては存外の喜びです。

　次に、実務に対応できるように、明細書ごとに解説をしています。第２章で各明細書の役割や作成上の留意点について解説を行い、第３章においては、実際の明細書の記載方法について解説をしていますので、実務においても使いやすいものになっています。さらに各明細書が正しく作成されているかどうかを最終確認するためのチェックリストもご活用いただけると幸いです。

本書の構成としては、第1章から第3章までが基本となる非上場株式の明細書の作成について解説をしています。具体的には、第1章で非上場株式評価の概要を理解してもらい、第2章で明細書ごとに各項目や留意点を学習し、第3章では明細書ごとに記載方法について具体的に確認を行うことで、株式評価に携わる実務家の方々が判断に迷うことなく明細書作成ができるように努めました。

　第4章から第7章については、特殊項目として種類株式を発行している場合の評価（第4章）や相互保有株式があった場合の評価（第5章）、合併があった場合の評価（第6章）、また医療法人その他の出資の評価（第7章）について解説していますので、事業承継の場面で活躍が期待されている種類株式の評価や、昨今事例が多くなっている合併があった場合についても対応できるようになっています。

　最後に第8章では、適正な評価実務の検討を行う上で、時価について考察し、総則6項と租税回避行為について解説していますので、実務家の方々が適正な評価実務を行うための礎になれば大変幸せに存じます。

　本書の執筆にあたっては、TAINS（税理士情報ネットワークシステム）を活用させていただきました。この場を借りて、編集室の方々にお礼申し上げます。

　最後になりましたが、本書の刊行の機会を与えていただいた清文社小泉定裕社長及び、大変なご尽力をいただきました編集部の諸氏に心から感謝申し上げます。

平成28年11月

税理士　**柴田　健次**

目次
CONTENTS

◉評価明細書のチェックリスト

第1章 非上場株式の評価の概要

第1節▶非上場株式の評価体系･････････････････････････････････3

第2節▶評価方法の概要･･････････････････････････････････････6

1 株主の判定（第1表の1） 6

2 会社の判定（第1表の2・第2表） 6

会社の規模（大会社・中会社・小会社）判定（第1表の2）／一般の評価会社と
特定の評価会社の判定（第2表）

3 評価方法 7

基本となる3つの評価方法／原則的評価方式が適用される株主で一般の評価会社
である場合の株式の価額（第3表）／原則的評価方式が適用される株主で特定の
評価会社である場合の株式の価額（第6表）／特例的評価方式が適用される場合
の株式の価額（第3表、第6表）

第2章 評価明細書ごとに理解する非上場株式の評価実務

第1節▶評価明細書ごとに理解するためのポイント･･････････････････15

1 各明細書の役割について 15

2 評価の手順 16

基本的な判定手順／第2表 特定の評価会社の判定手順／実践的な判定手順

第2節▶第1表の1 評価上の株主の判定及び会社規模の判定の明細書･･････21

1 第1表の1の役割 21

2 区分する理由 21

3 判定手順 22

4 用語の意義 26

基本となる用語の意義／同族関係者の範囲／親族の範囲／親族の範囲と中心的な
同族株主の基礎となる親族の範囲

5 **株主判定の具体例** 31

具体例①（同族株主がいる場合）／具体例②（同族株主がいない場合）

6 **議決権割合算定の留意事項** 38

単元株制度を採用している場合／自己株式を所有する場合（評価通達188-3）／相互保有株式がある場合（評価通達188-4）／種類株式がある場合（評価通達188-5）／投資育成会社が株主である場合（評価通達188-6）／遺産が未分割である場合

7 **Q&A** 43

Q1　第二順位の株主判定　43

Q2　関連会社株式の株主判定　44

Q3　株主判定と配当還元価額の適否　46

Q4　同族株主の判定　49

Q5　法人たる同族関係者の範囲と株主判定　51

Q6　養子縁組解消と株主判定　53

Q7　姻族関係終了届出と株主判定　55

Q8　法人株主がいる場合の株主判定　57

Q9　株主判定と遺産分割のやり直し　60

Q10　種類株式と株主判定　64

第3節▶第1表の2　評価上の株主の判定及び会社規模の判定の明細書（続）····················67

1 **第1表の2の役割** 67

2 **会社規模の判定の3要素** 67

直前期末の総資産価額／直前期末以前1年間の取引金額／直前期末以前1年間における従業員数

3 **会社規模の判定手順** 73

4 **業種区分の決め方** 74

5 **Q&A** 74

Q1　使用人兼務役員・みなし役員がいる場合の従業員数の算定　74

Q2　出向社員・派遣社員がいる場合の従業員数の算定　78

第4節▶第2表　特定の評価会社の判定の明細書·······································81

1 **第2表の役割** 81

2 **具体的な判定手順** 81

3 **特定の評価会社の評価方法の概要** 83

4 **個々の特定の評価会社の意義及び具体的な評価方法** 84

清算中の会社の株式の評価／開業前または休業中の会社の評価／開業後3年未満の会社及び比準要素数0の会社の評価／土地保有特定会社の評価／株式等保有特

定会社の評価／比準要素数1の会社の評価

5 Q&A　92

　Q1　比準要素数1の会社の判定の留意点　92

　Q2　新型コロナウイルスの影響により休業している場合の評価　94

　Q3　株式等保有特定会社外しの留意点　96

　Q4　株式等保有特定会社の判定の留意点　98

第5節▶第3表　一般の評価会社の株式及び株式に関する権利の価額の計算明細書……103

1 第3表の役割　103

2 原則的評価方式による価額　103

　原則的評価方式による価額の計算（評価通達179）／株式の価額の修正（評価通達187）

3 配当還元方式による価額　106

　配当還元価額の計算（評価通達188-2）／1株（50円）当たりの年配当金額（評価通達183（1））／株式の価額の修正／資本金等の額がマイナスである場合

4 株式に関する権利の価額　109

　配当期待権（評価通達193）／株式の割当てを受ける権利（評価通達190）／株主となる権利（評価通達191）／株式無償交付期待権（評価通達192）

第6節▶第4表　類似業種比準価額等の計算明細書………………………………………113

1 第4表の役割　113

2 類似業種比準価額の計算方法　113

3 類似業種の業種目の判定　116

　基本事項／取引金額のうちに2以上の業種目に係る取引金額が含まれている場合（評価通達181-2）／業種目の判定のフローチャート

4 1株当たりの年配当金額（Ⓑ）について　121

　「2年間における配当金額」について／剰余金の配当について／配当金額の根拠資料について／特別配当、記念配当等について／その他の留意点

5 1株当たりの年利益金額（Ⓒ）について　126

　法人税の課税所得金額／非経常的な利益金額／受取配当等の益金不算入額／所得税額／損金算入した繰越欠損金の控除額

6 1株当たりの純資産価額（Ⓓ）について　136

　資本金等の額及び利益積立金額とは／資本金等の額及び利益積立金額に関する留意点

7 類似業種比準価額の修正（評価通達184）　140

　直前期末の翌日から課税時期までの間に配当金交付の効力が発生した場合／直前期末の翌日から課税時期までの間に株式等の割当て等の効力が発生した場合／上

記1及び2の類似業種比準価額の修正がある場合／第3表と第4表の修正事由のまとめ

8 Q&A 143

Q1 複数事業の場合の業種区分の判定 143

Q2 純粋持株会社、医療法人の業種区分の判定 147

Q3 持株会社が複数の事業を行う場合の業種区分の判定 149

Q4 事業年度を変更している場合 153

Q5 非経常的な利益金額の判定 154

Q6 自己株式の取得によりみなし配当があった場合 158

第7節▶第5表 1株当たりの純資産価額（相続税評価額）の計算明細書 163

1 第5表の役割 163

2 1株当たりの純資産価額の算定方法 163

3 純資産価額×80％の斟酌について 164

80％の斟酌が認められている理由（評価通達185ただし書）／80％の斟酌が認められないもの

4 純資産価額の計算時期 165

基本となる2つの評価時点／直前期末方式で計算ができない場合／仮決算方式と直前期末方式の比較

5 帳簿価額と相続税評価額 167

資産の部に計上する相続税評価額及び帳簿価額について（評価通達185）／負債の部に計上する相続税評価額及び帳簿価額について（評価通達186）／具体例／「3年以内取得土地等及び家屋等」の留意点／借地権について／匿名組合契約に係る航空機等を利用したオペレーティングリースの出資の評価

6 評価差額の留意点 193

評価差額に対する税率／法人税等の控除が認められている理由について／法人税等控除不適用株式について／人為的な含み益の控除制限／現物出資により著しく低い価額で受け入れた資産がある場合の控除制限／合併により著しく低い価額で受け入れた資産がある場合の控除制限／株式移転または株式交換により著しく低い価額で受け入れた資産がある場合の控除制限／株式交付により著しく低い価額で受け入れた資産がある場合の控除制限

7 土地等の範囲 209

8 株式等の範囲 210

9 Q&A 211

Q1 死亡退職金及び保険差益に対する法人税額等の計上 211

Q2 直前期末方式と仮決算方式の比較 ―資産の部― 214

Q3　直前期末方式と仮決算方式の比較　―負債の部―　217

Q4　課税時期が直後期末に近い場合　219

Q5　建物附属設備の計上の可否　219

Q6　営業権の純資産価額の算定　222

Q7　借地権の計上（個人から法人へ使用貸借があった場合）　225

Q8　借地権の計上（土地の無償返還に関する届出書の期限及び内容の変更）　227

Q9　借地権の計上（個人から法人へ相当の地代に満たない地代の収受があった場合）　231

Q10　課税時期前3年以内に取得した土地等及び家屋等の借家権控除の適用の可否　234

Q11　課税時期前3年以内に取得した土地等及び家屋等の取得等の日の判定　237

Q12　課税時期前3年以内に増築、改築、修繕を行った場合における建物等の相続税評価額の取扱い　243

Q13　課税時期前3年以内に取得した土地等及び建築中の家屋がある場合の取扱い　250

第8節▶第6表　特定の評価会社の株式及び株式に関する権利の価額の計算明細書⋯⋯⋯255

1 第6表の役割　255

2 純資産価額方式等による価額　255

　1株当たりの価額の計算／株式の価額の修正

3 配当還元方式による価額　256

4 株式に関する権利の価額　256

第9節▶第7・8表　株式等保有特定会社の株式の価額の計算明細書⋯⋯⋯⋯⋯⋯⋯⋯⋯257

1 第7・8表の役割　257

2 株式等保有特定会社の評価方法　257

　株式等保有特定会社の評価の基本的な考え方／「S1＋S2」方式による株式の価額の計算方法　（評価通達189-3）

第3章　評価明細書への記載方法

第1節▶評価明細書の作成手順⋯⋯⋯⋯⋯⋯⋯⋯⋯⋯⋯⋯⋯⋯⋯⋯⋯⋯⋯⋯⋯⋯⋯⋯⋯267

第2節▶第1表の1　評価上の株主の判定及び会社規模の判定の明細書⋯⋯⋯⋯⋯⋯⋯⋯268

▶第1表の1の記載例　284

第3節▶第1表の2　評価上の株主の判定及び会社規模の判定の明細書（続）⋯⋯⋯⋯⋯288

▶第1表の2の記載例　296

第4節▶第2表　特定の評価会社の判定の明細書　300

▶第2表の記載例　303

第5節▶第3表　一般の評価会社の株式及び株式に関する権利の価額の計算明細書　308

▶第3表の記載例　314

第6節▶第4表　類似業種比準価額等の計算明細書　318

▶第4表の記載例　338

第7節▶第5表　1株当たりの純資産価額（相続税評価額）の計算明細書　346

▶第5表の記載例　360

第8節▶第6表　特定の評価会社の株式及び株式に関する権利の価額の計算明細書　364

▶第6表の記載例　367

第9節▶第7・8表　株式等保有特定会社の株式の価額の計算明細書　370

▶第7・8表の記載例　378

第10節▶表示単位未満の端数処理の取扱い　385

1 改正の概要　385

2 改正の時期　385

3 「評価明細書の記載方法等」の変更　385

4 改正前の端数処理で計算した場合　387

5 改正の内容　391

6 改正後の計算明細書　392

7 改正後における評価明細書ごとの端数処理　396

第4章　種類株式を発行している場合の評価

第1節▶種類株式の概要　401

1 株主の権利と種類株式　401

2 種類株式の発行手続　403

第2節▶種類株式の評価　405

1 議決権数の算定（第1表の1）　405

概　要／具体例

2 種類株式の評価について　410

配当優先株式について／無議決権株式について／社債類似株式について／拒否権
付株式について

第5章 相互保有株式があった場合の評価

第1節 ▶ 相互保有株式がある場合の留意点 ──────── 439

1 納税義務の判定　439

2 純資産価額の算定　439

3 株式等保有特定会社の判定　440

第2節 ▶ 株式評価金額の算定 ──────── 441

1 概　要　441

2 連立方程式による株式評価金額の算定　441

3 株式等保有特定会社と評価金額の算定　445

第6章 合併があった場合の評価

第1節 ▶ 合併があった場合の類似業種比準価額の適用 ──────── 449

1 課税時期前に合併があった場合の基本的な考え方　449

2 類似業種比準価額で計算できない場合　450

第2節 ▶ 合併があった場合の類似業種比準価額と純資産価額の計算上の留意点 ──────── 451

1 課税時期の前々期に合併があった場合（①）　451

　　合併後に会社実態に変化がない場合／合併後に会社実態に変化がある場合

2 課税時期の前期に合併があった場合（②）　454

　　合併後に会社実態に変化がない場合／合併後に会社実態に変化がある場合

3 課税時期の直前に合併があった場合（③）（合併事業年度に課税時期がある場合）
　　456

　　合併後に会社実態に変化がない場合／合併後に会社実態に変化がある場合

4 課税時期の直後に合併があった場合（④）（合併事業年度に課税時期がある場合）
　　458

第7章 医療法人その他の出資の評価

第1節 ▶ 医療法人の出資の評価 ──────── 463

1 医療法人の概要　463

　　医療法人の特徴／医療法人の類型／持分ありの社団医療法人について／持分なし
　　への移行が進まない理由／平成29年10月1日以後の新認定医療法人制度

2 医療法人の明細書の作成手順　472

3 医療法人の評価上のポイント及び明細書の作成方法　473

4 **Q & A**　486

　　Q1　医療法人の出資の評価方法　486

　　Q2　医療法人の種類と相続税の評価　その1　488

　　Q3　医療法人の種類と相続税の評価　その2　489

第2節▶ 医療法人以外の出資の評価··499

1 持分会社の出資の評価　499

　概　要／評価方法

2 農業協同組合等、企業組合等の出資の評価　501

第8章　時価とは

第1節▶ 時価と評価通達の位置づけ··507

第2節▶ 総則6項の適用··508

1 総則6項の定め　508

2 形式的な要件　508

3 実質的な要件　509

4 現行の実務における総則6項の適用のあり方　516

5 時価の算定方法　517

第3節▶ 適正な評価実務の検討··520

1 評価時点　520

2 租税回避行為の有無　520

3 参考条文、通達等について　521

第4節▶ Q&A··523

　　Q1　相続開始直前にM＆Aにより購入した非上場株式の評価

　　　　─総則6項の適用の可否─　523

　　Q2　相続開始直前に被相続人が自己株式を取得した場合の非上場株式の評価

　　　　─総則6項の適用の可否─　525

第9章　非上場株式の所得税・法人税における時価の算定方法と売買等の課税関係

第1節▶ 非上場株式の各税法における時価の定め····························531

1 所得税の時価の定め　532

2 法人税の時価の定め　534

3 所得税及び法人税における原則的な時価の定め　537

4 所得税及び法人税における例外的な時価の定め（評価通達の準用）　538

第2節▶ 非上場株式の譲渡を行った場合の課税関係の整理 ･･････････････････････････546

1 個人から個人に譲渡した場合の課税関係　547

　売主個人の課税関係／買主個人の課税関係／具体例

2 個人から法人に譲渡した場合の課税関係　550

　売主個人の課税関係／買主法人の課税関係／買主法人の株主の課税関係／具体例

3 法人から個人に譲渡した場合の課税関係　552

　売主法人の課税関係／買主個人の課税関係／具体例

4 法人から法人に譲渡した場合の課税関係　553

　売主法人の課税関係／買主法人の課税関係／具体例

第3節▶ 個人から発行法人に譲渡した場合における課税上の取扱い ･･･････････････555

1 売主個人の課税関係　555

　みなし配当課税／みなし配当課税の特例／みなし譲渡課税／譲渡所得の収入金額
　／相続税の取得費加算の特例

2 発行法人の課税関係　557

3 発行法人の株主の課税関係　557

第4節▶ 種類株式の発行や売買の価額算定 ･･･558
第5節▶ Q&A ･･566

　Q1　自己株式を取得した場合の株主判定と所基通59-6の適用の留意点　566

　Q2　自己株式を取得及び処分した場合の株主判定と所基通59-6の
　　　適用の留意点　572

　Q3　事業承継に伴い株式を移転する場合の配当還元価額の適用の可否　579

　Q4　同族株主である個人が株式を個人または法人に売却する場合の
　　　課税関係と時価算定の留意点　585

　Q5　相続後に発行法人に相続税評価額で株式を売却した場合の
　　　課税関係の留意点　594

　Q6　同族株主である個人が株式を個人または法人に売却する場合の
　　　子会社株式の評価方法　603

　Q7　債務免除を受けた場合のみなし贈与の計算上の留意点　609

　Q8　貸付金及び非上場株式を同族会社である発行法人に遺贈した場合の
　　　非上場株式の価額計算における留意点　617

　Q9　土地を同族会社である法人に遺贈した場合の非上場株式の価額計算
　　　における留意点　629

付　録

1　取引相場のない株式（出資）の評価明細書　649

2　財産評価基本通達（抜粋）　658

3　日本標準産業分類の分類項目と
　　類似業種比準価額計算上の業種目との対比表（平成29年分）　678

4　令和２年９月30日 国税庁資産課税課情報 第22号　693

索　引　708

◉Column

◉経営の安定を図るためには、どれぐらいの議決権割合が必要？　37

◉遺産分割完了前の株式の議決権はどのように権利行使するのか　42

◉非上場株式は誰が相続するかによって相続税額が変わる！？　287

◉法人税の別表の読み取りについて　329

◉社団医療法人の組織について―理事と社員の違いは？　464

評価明細書のチェックリスト

全体

	内容	確認事項	頁数
☐	用意するべき基礎資料	株式評価の基礎資料が揃っているか確認する。 ・会社の全部事項証明書（登記簿謄本） ・定款 ・直前3期分の法人税の申告書・決算書（貸借対照表、損益計算書、株主資本等変動計算書、個別注記表）・科目内訳書 ・直前期の法人事業概況説明書、会社パンフレットなど事業内容が確認できるもの ・直前期の消費税・事業税・住民税の申告書 ・株主名簿、納税義務者の親族図 ・課税時期の属する年分の固定資産税の課税明細書 ・土地賃貸借契約書、建物賃貸借契約書 ・土地の無償返還に関する届出書、相当の地代の改訂方法に関する届出書 ・保険証券のコピー	
☐	株式評価の手順	17頁の判定手順に従い、評価方式に間違いがないかどうか確認する。 大会社に該当する場合においても、原則として第5表の純資産価額の計算を行い、特定の評価会社に該当していないか否かの判定を行う。	17
☐	使用する評価明細書の確認	上記の判定手順により決定された評価方式に基づき、使用する評価明細書に誤りや漏れがないかどうかを確認する。	17

第1表の1

	内容	確認事項	頁数
☐	株主の判定手順	株主の判定手順に基づき、納税義務者ごとに原則的評価方式が適用されるのか特例的評価方式が適用されるのかを確認する。	22 43(Q1) 49(Q4) 51(Q5) 57(Q8) 60(Q9) 64(Q10)
☐	関連会社株式の株主判定	評価会社が関連会社株式を保有している場合に、関連会社株式について原則的評価方式が適用されるのか特例的評価方式が適用されるのか確認する。	44(Q2)
☐	配当還元価額の適用の検討	実質的に会社を支配している株主であるかどうかの着眼点も含めて適用しても問題ないか確認する。	46(Q3) 579(Q3)
☐	法人株主がいる場合の株主判定	その法人の株主名簿を確認し、同族関係者に該当していないかどうか、相互保有株式に該当していないかどうかを確認する。	26〜28 38 57(Q8) 275
☐	親族の範囲	親族の範囲を確認し、養子の有無、姻族関係終了届出の有無について確認を行う。	29 53(Q6) 55(Q7)
☐	同族関係者の範囲	法令4条に規定する同族関係者の範囲に基づき、筆頭株主グループの議決権数、納税義務者の属する議決権数を確認する。	26〜28 51(Q5)
☐	同族株主の判定	株主の1人及びその同族関係者の有する議決権の合計数の判定を株主ごとに行う。	26 49(Q4)
☐	役員判定	納税義務者が課税時期または相続税、贈与税の申告期限において役員であるかどうかを確認する。	23 26
☐	中心的な同族株主の範囲	中心的な同族株主の範囲を確認し、納税義務者が中心的な同族株主であるか否か、納税義務者以外に中心的な同族株主がいるか否かを確認する。	26 30 57(Q8)

	内容	確認事項	頁数
☐	定款の確認	単元株制度を利用していないか、種類株式を発行していないかどうかを確認する。	38 40 279
☐	自己株式の確認	自己株式の有無を確認し、議決権割合の算定上、自己株式に係る議決権の数は0として計算する。	38
☐	投資育成会社が株主である場合の議決権割合の算定	評価通達188-6に基づき投資育成会社は同族株主、中心的な同族株主、中心的な株主には該当しないものとして株主の判定を行う。	40
☐	遺産が未分割である場合の株主の判定	相続税の申告時において、遺産が未分割である場合には、未分割株式の全てを各納税義務者の相続開始前から有していた所有株式数に足して株主判定を行う。	41 274

第1表の2

直前期末の総資産価額			
☐	減価償却累計額の取扱い	減価償却累計額を間接法によって表示している場合には、各資産の帳簿価額の合計額から減価償却累計額を控除する。	67
☐	貸倒引当金の取扱い	売掛金、受取手形、貸付金等から貸倒引当金が控除されている場合には、控除をしないで計算する。	67
☐	繰延税金資産・繰延資産の取扱い	繰延税金資産・繰延資産は、総資産価額に含めて計算する。	67
☐	圧縮記帳引当金等の取扱い	圧縮記帳引当金等が純資産の部に計上されている場合でも、当該圧縮記帳引当金等は資産の帳簿価額から控除しないで計算する。	67
直前期末以前1年間における取引金額			
☐	取引金額の範囲	損益計算書の営業外収益や特別利益に計上されているもので評価会社の目的とする事業に係る収入金額がある場合には取引金額に含めて判定する。	68

	内容	確認事項	頁数
会社の従業員数			
☐	継続勤務従業員とそれ以外の従業員の人数の算定	継続勤務従業員とそれ以外の従業員の範囲を確認し、人数が正しく計算されているか確認する。	69 74(Q1)
☐	従業員に含まれない役員の範囲	役員でも従業員に含めて判定する者がいないか確認する。	70 74(Q1)
☐	出向社員の取扱い	出向の時期、評価会社との雇用契約の有無を確認する。	70〜71 78(Q2)
☐	派遣社員の取扱い	雇用関係や勤務実態に基づき継続勤務従業員とそれ以外の従業員の判定を行う。	71〜72 78(Q2)
会社規模の判定等			
☐	業種の区分	取引金額のうち最も多い取引金額に係る業種によって業種区分を決定する。業種は日本標準産業分類の区分及び対比表（付録の3参照）を基に決定する。	74 678
☐	会社規模の判定	会社規模の判定手順に従い、大会社・中会社（Lの割合）、小会社の規模区分の判定が正しいか確認する。	73

第2表

	内容	確認事項	頁数
☐	特定の評価会社の判定手順	特定の評価会社の判定手順通りに判定を行う。	82
☐	休業中の会社の判定	一時的な休業であるか確認して判定を行う。	88 94(Q2)
☐	開業後3年未満の会社の判定	営業開始日から課税時期までの期間を確認して判定を行う。	88
☐	比準要素数1又は0の会社の判定	1株当たりの年利益金額ⓒ1及びⓒ2は単年計算と2年平均のいずれかを選択できるため、納税者の意向に沿って選択をしているかどうか確認する。	88〜89 91 92(Q1) 331
☐	土地保有特定会社の判定	土地等の範囲に漏れがないかどうか確認する。	209〜210
☐	株式等保有特定会社の判定	株式等の範囲に漏れがないかどうか確認する。新株予約権付社債を株式等に含めているか確認する。	210〜211

	内容	確認事項	頁数
☐	配当還元方式の適用	開業前、休業中、清算中の会社について、誤って配当還元方式を適用していないか確認する。	83
☐	合理的な理由がなく資産構成に変動がある場合の土地保有特定会社及び株式等保有特定会社の判定	評価通達189の定めにより、資産の変動がなかったものとして判定を行うか否か検討する。	96（Q3）98（Q4）522

第3表

	内容	確認事項	頁数
☐	原則的評価方式による価額の計算	会社規模区分に応じて適正に評価計算が行われているかどうか確認する。	104
		納税義務者の属する同族関係者グループの議決権割合が50%以下の場合には、80%の斟酌の適用に誤りがないかどうか確認する。	164〜165
☐	配当還元方式による価額の計算	特別配当、記念配当等の毎期継続することができない配当を含めていないかどうか確認する。	107
		1株当たりの年配当金額が2円50銭未満の場合には2円50銭として計算する。	107
		資本金等がマイナスになる場合でもそのままマイナスの金額で計算する。	108〜109
		原則的評価方式による価額＜配当還元方式による価額となっている場合には、原則的評価方式による価額を使用する。	103
☐	株式の価額の修正	株式に関する権利の価額が発生している場合には、修正を行う。	104〜106
☐	株式に関する権利の価額の確認	配当期待権、株式の割当てを受ける権利などの株式に関する権利が発生していないかどうか確認する。	109〜112

第4表

類似業種目の判定			
☐	業種目の判定	日本標準産業分類の区分及び対比表（付録の3参照）に基づき業種目の判定を行う。取引金額のうちに2以上の業種目がある場合には、評価通達181-2に基づき判定する。	116〜120 143（Q1）147（Q2）678

	内容	確認事項	頁数
☐	業種目が小分類、中分類である場合の有利選択	上記で判定した業種目が小分類または中分類である場合には、その業種目に属する中分類または大分類の業種目でも計算し、いずれか有利な方を選択する。	116 143（Q1） 334〜335

1株当たりの年配当金額

	内容	確認事項	頁数
☐	剰余金の配当の確認	個別注記表や株主資本等変動計算書等で剰余金の配当金を確認する。	123〜124
☐	特別配当、記念配当の確認	特別配当、記念配当等の毎期継続することができない配当を含めていないかどうか確認する。	124
☐	みなし配当の確認	みなし配当は除外しているかどうか確認する。	122〜123 158（Q6）
☐	株主優待利用券等の確認	配当金に含めないで計算する。	125
☐	現物分配の確認	継続性の有無に基づき配当金に含めるか否か判定する。	125〜126

1株当たりの年利益金額

	内容	確認事項	頁数
☐	法人税の課税所得金額の計算	法人税申告書別表四の最終値である所得金額または欠損金額が記載されているか確認する。マイナスの場合にはそのままマイナスで記載する。	127
☐	非経常的な利益金額の計算	科目内訳書の各項目を確認し、反復継続性、臨時偶発性を確認し、非経常的な利益金額に該当するか否か判断する。	128〜129 154（Q5）
		非経常的な損失がある場合には、通算を行い、残額がある場合のみ記載を行う。	128
		みなし配当を受け取っている場合には、非経常的な利益として取り扱い計算する。	132〜133 158（Q6）
		完全支配関係がある法人間で行われる固定資産等の譲渡損益がある場合には、法人税申告書別表四の調整を確認し、法人税の課税所得金額に非経常的な損益が含まれているか確認する。	129〜131

	内容	確認事項	頁数
☐	受取配当等の益金不算入額の計算	法人税申告書別表四の「受取配当等の益金不算入額」及び「外国子会社から受ける剰余金の配当等の益金不算入額」の合計額を記載する。 ただし、みなし配当金額に対応する益金不算入額は除外して計算する。	131〜135 323〜326
☐	所得税額の計算	上記の受取配当等の益金不算入の対象となった所得税額を確認して計算する。	135〜136 323 326〜327
☐	損金算入した繰越欠損金の控除額の計算	法人税の申告書別表四の「欠損金又は災害損失金等の当期控除額」欄から記載を行っているかどうか確認する。	324
☐	単年計算と2年平均の選択適用の検討	1株当たりの年利益金額Ⓒ、Ⓒ①及びⒸ②の判定は単年計算と2年平均のいずれか選択することができることを確認する。特にⒸ①及びⒸ②は比準要素数1または0の会社判定で使用するので、納税者の意向に従って選択をする。	331

1株当たりの純資産価額

	内容	確認事項	頁数
☐	資本金等の額の計算	法人税申告書別表五(一)「Ⅱ資本金等の額の計算に関する明細書」より記載する。	136〜137
		資本金等がマイナスになる場合でもそのままマイナスの金額により記載する。	140 342〜345
☐	利益積立金額の計算	法人税申告書別表五(一)「Ⅰ利益積立金額の計算に関する明細書」より記載する。	136〜137
		寄附修正により利益積立金額が変動する場合でも上記の利益積立金額の金額をそのまま使用する。	138〜140
		利益積立金額がマイナスになる場合にはそのままマイナスの金額を記載する。	333
☐	純資産価額の計算	上記の資本金等の額と利益積立金額の合計額がマイナスである場合には、1株当たりの純資産価額Ⓓ、Ⓓ①及びⒹ②は0と記載する。	332

	内容	確認事項	頁数
その他			
☐	比準割合の計算	平成29年1月1日以降の相続・遺贈または贈与により取得した非上場株式については、年利益金額・年配当金額・純資産価額を1：1：1の比重によって計算しているかを確認する。	114
☐	類似業種比準価額の修正	直前期末の翌日から課税時期までの間に配当金の交付の効力または新株式の割当て等の効力が発生していないかどうか確認し、発生している場合には類似業種比準価額の修正計算を行う。	140〜143
☐	課税時期が直後期末に近い場合の類似業種比準価額の計算	課税時期が直後期末に近い場合でも、必ず直前期末の数値を基に計算する。	219
☐	事業年度に変更があった場合の1株当たりの年配当金額及び年利益金額の計算	年配当金額は、直前期末以前2年間の配当金額を基に計算する。年利益金額の計算は、月数按分等の方法により合理的な方法により計算する。	153（Q4）
☐	合併があった場合の類似業種比準価額の適用	6章により類似業種比準価額を使用することの合理性を確認する。	6章

第5表

	内容	確認事項	頁数
直前期末方式、仮決算方式共通事項			
☐	資産の部の帳簿価額の計算	税務上の帳簿価額を使用するため、法人税申告書別表五（一）を確認し、減価償却超過額などがあれば貸借対照表上に計上されているその資産の帳簿価額に加算する。	167
☐	繰延資産、繰延税金資産等の財産性がないものの資産の部の「相続税評価額」「帳簿価額」の計算	財産性がないものについては、資産の部の「相続税評価額」「帳簿価額」欄に計上不要であるため、誤って計上されていないかどうか確認する。	167
☐	直接減額方式により圧縮記帳を行っている場合の減価償却資産の「相続税評価額」の計算	圧縮記帳適用前の取得価額を基に減価償却の計算を行う。	168

	内容	確認事項	頁数
☐	資産に非上場株式がある場合の「相続税評価額」の計算	法人税等の控除を行わないで計算を行う。 相互保有株式の場合には第5章を基に、連立方程式により相互に保有しているそれぞれの株式の価額を求める。	168 196 5章
☐	3年以内取得土地等・家屋等がある場合の「相続税評価額」の計算	課税時期における通常の取引価額で評価する。 3年以内取得土地等及び家屋等の範囲、評価金額が適正であるかを確認する。	180〜183
☐	土地を賃借している場合の「相続税評価額」の借地権の計上金額	「通常の権利金」や「相当の地代」の支払の有無、地代の変遷や、税務署に提出がなされている「相当の地代の改訂方法に関する届出書」「土地の無償返還に関する届出書」の確認を行い、借地権の計上漏れがないようにする。土地所有者と株主の関係も確認し、計上の要否を検討する。	183〜191 225（Q7） 227（Q8）
☐	建物附属設備の「相続税評価額」の計算	家屋と構造上、一体となっている場合には、家屋の固定資産税評価に反映されているため、建物附属設備は0として評価を行う。賃借している建物である場合には、有益費償還請求権が発生しているか確認を行う。	219（Q5）
☐	社宅がある場合の「相続税評価額」の計算	相続税評価額の計算上、借家権は控除しないで計算する。	175
☐	平均利益金額が5,000万円超ある場合の営業権の「相続税評価額」の計算	営業権として評価通達165・166の定めにより営業権の評価を行う。	222（Q6）
☐	被相続人の死亡に伴い評価会社が生命保険金等を受け取り、死亡退職金を支給した場合の「相続税評価額」「帳簿価額」の計算	生命保険金については、資産の部の「相続税評価額」「帳簿価額」に計上する。退職金については、負債の部の「相続税評価額」「帳簿価額」に計上する。保険差益に対する法人税等については、負債の部の「相続税評価額」「帳簿価額」に計上する。保険事故の発生していない「保険積立金額」に対する解約返戻金は資産の部の「相続税評価額」に計上し、同様に保険事故の発生してない保険積立金を「帳簿価額」に計上する。	168〜170 176〜179

	内容	確認事項	頁数
☐	引当金、繰延税金負債など債務が確定していないものの負債の部の「相続税評価額」「帳簿価額」の計算	「相続税評価額」「帳簿価額」欄に計上不要であるため、誤って計上していないかどうか確認する。なお、被相続人の未払退職金、社会通念上相当と認められる社葬費用については、課税時期において債務が確定しているものではないが、負債として計上する。	169～170

直前期末方式を採用した場合の留意点

	内容	確認事項	頁数
☐	直前期末から課税時期までの間に資産及び負債に著しく変動がある場合の直前期末方式の適用の可否	直前期末から課税時期までの間に事業の一部廃止など資産及び負債に著しく変動がある場合には、直前期末方式により計算することはできないため、仮決算方式により計算を行う。	166 98（Q4）
☐	上場株式の評価	課税時期の株価等を基準に評価を行う。	167 172～173
☐	土地の評価	課税時期の属する年の路線価（倍率方式の場合には、課税時期の属する年分の固定資産税評価）により評価を行うため、対象年が間違っていないか確認する。	167
☐	減価償却資産の計算	機械装置や構築物等の減価償却を計算する場合には、直前期末までの期間を対象にして減価償却の計算を行う。	214（Q2）
☐	帳簿価額に負債として計上されていない場合であっても負債として計上するものの確認	下記に掲げる項目については、帳簿価額に負債として計上されていない場合であっても負債として計上する。 ①直前期末時点において賦課期日が到来している固定資産税及び都市計画税のうちに直前期末時点において未払であるもの ②直前期末の事業年度に係る法人税額、消費税額等、事業税額、道府県民税額及び市町村民税額で直前期末時点において未払であるもの ③直前期末後課税時期までの間に剰余金の配当の支払効力が生じた場合における配当金の金額	170 217（Q3）

	内容	確認事項	頁数
☐	直前期末から課税時期までの間に株式の割当の効力が生じ、預金の払込みを受けている場合の純資産価額の計算	増資払込金額を資産の部の「相続税評価額」及び「帳簿価額」に計上する。	214（Q2）
☐	直前期末から課税時期までの間に自己株式を取得した場合の純資産価額の計算	自己株式控除後の発行済株式総数で計算する。自己株式の取得に要した金額は、負債の部の「相続税評価額」及び「帳簿価額」に計上する。	217（Q3）
☐	上記の他に直前期末から課税時期までの間に資産の変動があった場合等の純資産価額の計算	課税時期時点において確定している事実に基づき一部修正を行うか検討する。	214（Q2）

仮決算方式を採用した場合

	内容	確認事項	頁数
☐	帳簿価額に負債として計上されていない場合であっても負債として計上するものの確認	下記に掲げる項目については、帳簿価額に負債として計上されていない場合であっても負債として計上する。 ①課税時期以前に賦課期日のあった固定資産税及び都市計画税のうちに課税時期において未払であるもの ②課税時期の属する事業年度に係る法人税額、消費税額等、事業税額、道府県民税額及び市町村民税額のうち、その事業年度開始の日から課税時期までの期間に対応する金額で課税時期において未払であるもの	170

評価差額の計算について

	内容	確認事項	頁数
☐	評価差額に対する法人税等の税率は正しいかどうか	税率の適用開始時期と課税時期を確認し、適用される税率に間違いがないか確認する。	194〜195
☐	外国法人の非上場株式の評価を行う場合の法人税等の控除	その国の評価差額に対して課税される税金が適正に計算されているかどうか確認する。	195〜196
☐	人為的な評価差額について	過去に現物出資、合併、株式移転、株式交換、株式交付により著しく低い価額で受け入れた資産がないかどうかを確認する。資産に係る相続税評価額の合計額に占める現物出資等受入資産の相続税評価額の合計額の割合が20%以下の場合には、評価差額の制限計算は行わないことに留意する。	196〜209

	内容	確認事項	頁数
その他			
☐	80％の斟酌の確認	納税義務者の属する同族関係者グループの議決権割合が50％以下である場合には、80％の斟酌ができるかを確認する。	164～165
☐	課税時期が直後期末に近い場合の純資産価額の計算	直後期末の貸借対照表等で計算することの合理性がある場合には、直後期末の貸借対照表等を基に計算を行う。	219（Q4）
☐	課税時期の発行済株式数の確認	直前期末から課税時期までの株式数の増減を確認して課税時期時点の発行済株式数を使用する。	163
☐	土地等の価額の合計額	土地等の範囲に間違いがないかどうか確認する。	209～210
☐	株式等の価額の合計額	株式等の範囲について確認し、評価会社が非上場株式を持っていた場合には、その非上場株式の評価が適正かどうかも含めて確認する。	210～211

第6表 （チェックポイントは第3表と同様になります）

	内容	確認事項	頁数
☐	純資産価額方式等による価額の計算	特定の評価会社の区分に応じてそれぞれの評価方法に間違いがないかどうか確認する。	256
		純資産価額により計算する場合には、80％の斟酌の適用に誤りがないかどうか確認する。	164～165
☐	配当還元方式による価額の計算	特別配当、記念配当等の毎期継続することができない配当を含めていないかどうか確認する。	107
		1株当たりの年配当金額が2円50銭未満の場合には2円50銭として計算されているかどうか確認する。	107
		資本金等がマイナスになる場合でもそのままマイナスの金額で計算する。	108～109
		原則的評価方式による価額＜配当還元方式による価額となっている場合には、原則的評価方式による価額を使用する。	255

	内容	確認事項	頁数
☐	株式の価額の修正	株式に関する権利の価額が発生している場合には、修正を行う。	104〜106
☐	株式に関する権利の価額の確認	配当期待権、株式の割当てを受ける権利などの株式に関する権利が発生していないかどうか確認する。	109〜112

第7・8表

	内容	確認事項	頁数
☐	受取配当金等収受割合の計算	受取配当金等の額の範囲を確認する。営業利益に受取配当金等が含まれている場合には、その受取配当金等は控除した金額を使用する。	260
☐	純資産価額との比較	「S1＋S2方式」と純資産価額のいずれか低い金額を選択しているか確認する。	261
☐	含み益の控除の制限	現物出資、合併、株式移転、株式交換、株式交付により著しく低い価額で受け入れた資産がある場合には、含み益の控除の制限計算に誤りがないかどうか確認する。	376〜377

凡 例

相法‥‥‥‥‥‥‥‥‥‥‥‥‥‥相続税法

相令‥‥‥‥‥‥‥‥‥‥‥‥‥‥相続税法施行令

相基通‥‥‥‥‥‥‥‥‥‥‥‥相続税法基本通達

所法‥‥‥‥‥‥‥‥‥‥‥‥‥‥所得税法

所令‥‥‥‥‥‥‥‥‥‥‥‥‥‥所得税法施行令

所基通‥‥‥‥‥‥‥‥‥‥‥‥所得税基本通達

法法‥‥‥‥‥‥‥‥‥‥‥‥‥‥法人税法

法令‥‥‥‥‥‥‥‥‥‥‥‥‥‥法人税法施行令

法基通‥‥‥‥‥‥‥‥‥‥‥‥法人税基本通達

会法‥‥‥‥‥‥‥‥‥‥‥‥‥‥会社法

措法‥‥‥‥‥‥‥‥‥‥‥‥‥‥租税特別措置法

措令‥‥‥‥‥‥‥‥‥‥‥‥‥‥租税特別措置法施行令

措通‥‥‥‥‥‥‥‥‥‥‥‥‥‥租税特別措置法関係通達

特定非常災害特別措置法

　‥‥‥‥‥‥‥‥‥‥特定非常災害の被害者の権利利益の保全等を図るための特別措置に関する法律

評価通達‥‥‥‥‥‥‥‥‥‥‥財産評価基本通達

評価個別通達‥‥‥‥‥‥‥‥財産評価関係 個別通達

評価個別通達　評価明細書の記載方法等

　‥‥‥‥‥‥‥‥‥‥財産評価関係 個別通達「相続税及び贈与税における取引相場のない株式等の評

　　　　　　　　　　価明細書の様式及び記載方法等について」（令和6年1月1日以降用）

TAINS‥‥‥‥‥‥‥‥‥‥‥‥税理士情報ネットワークシステム

（注）　本書の内容は令和6年8月末日現在の法令等によっています。

第1章

非上場株式の
評価の概要

第1章のポイント

●非上場株式の評価体系の表を中心に学習する。

●株主判定と会社判定で評価方法が決まることを理解する。

●3つの評価方法（類似業種比準方式、純資産価額方式、配当還元方式）の特徴を確認する。

●原則的評価方式である一般の評価会社の株式の価額の求め方を覚える。

第1節 非上場株式の評価体系

　非上場株式を相続または贈与で取得した場合には、相続税または贈与税の計算上、非上場株式を評価する必要があります。

　非上場株式を評価する場合には、「取引相場のない株式（出資）の評価明細書」（第1表から第8表）により評価することになりますが、その明細書は非常に煩雑でわかりづらいものとなっていますので、まずは全体像を確認する必要があります。

　非上場株式の評価の計算は下記の通り、①株主判定と、②評価会社の判定により③評価方法が決定されます。

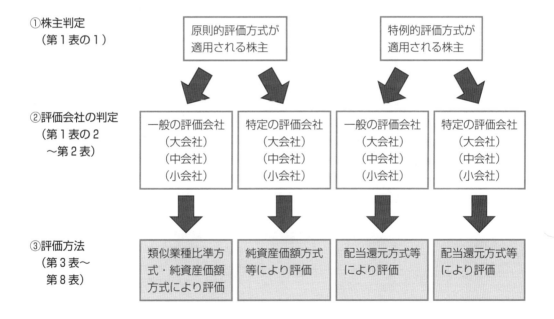

　具体的な評価体系をまとめると次頁の通りとなります。

第1章　非上場株式の評価の概要

非上場株式の評価体系

株主判定 （第1表の1）	評価会社の判定 （第1表の2・第2表）		評価方法 （第3表～第8表）	使用する 明細書
原則的評価方式が適用される株主	一般の評価会社	（大会社・中会社・小会社）	類似業種比準方式・純資産価額方式により評価（8頁参照）	第3表 第4表 第5表
	特定の評価会社	比準要素数1の会社 （大会社・中会社・小会社）	純資産価額方式と、類似業種比準方式と純資産価額方式との併用方式のいずれか低い金額（91頁参照）	第4表 第5表 第6表
		株式等保有特定会社 （大会社・中会社・小会社）	純資産価額方式と「S1＋S2」方式（258頁参照）のいずれか低い金額	第4表 〜 第8表
		土地保有特定会社	純資産価額方式	第5表 第6表
		開業後3年未満の会社・比準要素数0の会社	純資産価額方式	第5表 第6表
		開業前・休業中の会社	純資産価額方式	第5表 第6表
		清算中の会社	清算分配見込額を基礎にした価額（84頁参照）	明細書 なし※1
特例的評価方式が適用される株主	一般の評価会社	（大会社・中会社・小会社）	配当還元方式 原則的評価方式 　⇒いずれか低い金額 （注）　配当還元価額の方が明らかに低い場合には、原則的評価は不要になります。	第3表 第4表 第5表
	特定の評価会社	比準要素数1の会社 （大会社・中会社・小会社）		第4表 第5表 第6表
		株式等保有特定会社 （大会社・中会社・小会社）		第4表 〜 第8表
		土地保有特定会社		第5表 第6表
		開業後3年未満の会社・比準要素数0の会社		第5表 第6表
		開業前・休業中の会社	純資産価額方式※2	第5表 第6表
		清算中の会社	清算分配見込額を基礎にした価額（84頁参照）※2	明細書 なし※1

※1　清算中の会社の場合には、清算分配見込額を計算することになりますが、具体的な明細書があるわけではありませんので、任意で計算明細を準備するか、第5表を準用して評価をすることになります。

※2　事業活動を行っていない開業前、休業中、清算中の会社については配当還元方式がなじまないため、配当還元方式は適用されません。従って、これらの会社は、原則的評価方式が適用される株主と同様の評価を行うことになります。

第1節　非上場株式の評価体系

　評価方法の詳細については、これから解説をしていくことになりますので、ここでは評価体系のまとめとして全体像のみ確認をし、後で復習するようにしましょう。

> **▶実務上のポイント**
>
> 　非上場株式を評価しようとするときには、前頁の表のどこの区分に該当するのかをしっかりと確認しながら作業を進めることがポイントです。純資産価額や類似業種比準価額を求めることに目を向け過ぎると、木を見て森を見ずの状態に陥りかねません。
>
> 　あくまでも株主判定と会社判定で評価方法が決まることに留意しておきましょう。

第 **2** 節

評価方法の概要

　非上場株式の評価については、相続や贈与で株式を取得した株主の経営への関与度合や、会社の規模・特性に着目して評価方法が定められています。この節では、4頁の評価方式の体系を確認しながら、評価の基本的な考え方を理解するようにしましょう。

1 株主の判定（第1表の1）

　会社の経営権の維持を目的として株式を所有する特定の同族株主等と、配当を目的として所有する少数株主とでは、株式の財産価値は違いますので、非上場株式の価額についてはそれぞれの株主の特性に応じて評価を行います。同族株主等に適用される評価方式を原則的評価方式といい、同族株主等以外に適用される評価方式を特例的評価方式といいます。つまり、相続や贈与により株式を取得した株主ごとに原則的評価方式か特例的評価方式かを判定することになります。

> 　明細書では、第1表の1でどちらの方式が適用される株主であるのかを判定することになります。（解説▶2章2節）

2 会社の判定（第1表の2・第2表）

1 会社の規模（大会社・中会社・小会社）判定（第1表の2）

　非上場株式の価額は、会社の規模によっても財産価値は違いますので、会社の規模別（大会社・中会社・小会社）に評価をすることになっています。

　なお、会社の規模は第1表の2に記載されている通り、総資産価額、取引金額、従業員数を基に判定を行うことになります。

> 　明細書では、第1表の2で会社の規模の判定を行うことになります。（解説▶2章3節）

2 一般の評価会社と特定の評価会社の判定（第2表）

　財産構成が土地や株式に偏っている場合や、開業前や清算中である場合など、評価会社の特性が一般の会社と異なる場合には、それぞれの会社の特性に応じて個別に評価をします。この個別に評価する会社は下記の6種類に分類されており、特定の評価会社と呼ぶのに対し、特定の評価会社以外の会社は一般の評価会社といいます。特定の評価会社の詳細については、2章4節で解説します。

〈特定の評価会社の種類〉
- 比準要素数1の会社
- 株式等保有特定会社
- 土地保有特定会社
- 開業後3年未満の会社、比準要素数0の会社
- 開業前または休業中の会社
- 清算中の会社

　明細書では、第2表で特定の評価会社に該当するか否かの判定を行うことになります。（解説▶2章4節）

3　評価方法

1　基本となる3つの評価方法

　非上場株式の評価の基本となる評価方法として、「類似業種比準方式」「純資産価額方式」「配当還元方式」という3つの方法があります。

　基本的な考え方として、類似業種比準方式及び純資産価額方式は、原則的評価方式が適用される株主に適用されるのに対して、配当還元方式は、特例的評価方式が適用される株主に適用されます。

　それぞれの計算方法の詳細は、第2章で解説をしますが、簡単に特徴をまとめると次頁の通りとなります。

第1章　非上場株式の評価の概要

	類似業種比準方式	純資産価額方式	配当還元方式
計算方法	評価会社の事業内容が類似する業種目の上場株価を基礎として、評価会社と類似業種の1株当たりの**配当金額**、**利益金額**及び**純資産価額**を比較考慮して求める。	課税時期における相続税評価による純資産価額（資産－負債）を基礎にして求める。	課税時期前2年間の年配当金額を10％の還元利回りで求める。
適用性	上場会社の株価に着目した価額であるため、大会社など上場会社に匹敵するような評価会社であれば、評価の適用性が高いと考えられます。	会社の清算価値に着目した価額であることから、個人事業主と類似するような小会社に適用性が高いと考えられます。	配当に着目した価額であるため、会社の経営に関与せず、配当を目的として株式を所有する少数株主に適用性が高いと考えられます。
計算に使用する明細書	第4表	第5表	一般の評価会社の場合： 第3表で計算 特定の評価会社の場合： 第6表で計算

2 **原則的評価方式が適用される株主で一般の評価会社である場合の株式の価額（第3表）**

　原則的評価方式が適用される株主で分類が一般の評価会社である場合の非上場株式の価額は、評価会社が「大会社」「中会社」「小会社」（73頁参照）のいずれに該当するかに応じて下記の通り評価します。

会社規模	適用する方式
大会社	類似業種比準価額 ｝ いずれか 純資産価額 ｝ 低い方
中会社	類似業種比準価額 × Lの割合 ＋ 純資産価額※ ×（1－Lの割合） 【類似業種比準価額について】 上記算式中の類似業種比準価額は、納税義務者の選択によって純資産価額とすることもできます。これは、類似業種比準価額が純資産価額よりも高くなった場合の評価の安全性を考慮したものとなります。 【Lの割合について】 　Lの割合（類似業種の使用割合）は会社規模に応じて下記の通りです。 　　中会社の「大」0.90 　　中会社の「中」0.75 　　中会社の「小」0.60
小会社	純資産価額※　　　　　　　　　　　　　　　　　　　 ｝ いずれか 類似業種比準価額 × 0.50 ＋ 純資産価額※ × 0.50　 ｝ 低い方

　※　株式取得者とその同族関係者の議決権割合が50％以下である場合
　　……純資産価額×80％

8

		第2節　評価方法の概要

> 明細書では第3表で計算することになります。(解説 ▶ 2章5節)

(1)　会社の規模と評価の考え方

　類似業種比準方式は、上場会社の株価を基に評価会社の株価を求める方法であり、上場会社と同様に規模の大きい会社ほど適用性が高いといえます。

　これに対して、純資産価額方式は、会社の純資産に着目して株価を求める方法であり、個人事業者と同様に小さい会社ほど適用性が高いといえます。

　従って、会社の規模の区分が大きくなるにつれて類似業種比準方式で評価する割合が高くなり、反対に会社の規模が小さくなるにつれて純資産価額方式で評価する割合が高くなるとおさえておきましょう。

　なお、評価の安全性を考慮して、大会社については純資産価額方式での評価、小会社については類似業種比準価額を斟酌しての評価も認められています。

　また、中会社については、大会社と小会社のそれぞれの性格を併せ持つことから、類似業種比準価額と純資産価額を折衷して求めることされていますが、会社の規模が大きくなるにつれて類似業種比準価額の使用割合が大きくなるよう、「中会社」をさらに「大」「中」「小」の区分に分けて評価をしています。

　会社の規模に応じた評価の考え方をまとめると下記の通りとなります。

	類似業種比準方式	純資産価額方式
大会社	◎（合理的な評価方法）	△（評価の安全性を考慮）
中会社	○	○
小会社	△（評価の安全性を考慮）	◎（合理的な評価方法）

▶実務上のポイント

　評価会社に欠損が生じていない場合には、多くの場合には、類似業種比準価額＜純資産価額になることが多いため、会社の規模が大きい程、株式の価額は安くなる傾向にあります。

第1章　非上場株式の評価の概要

（2）　議決権割合が50％以下である場合の80％評価の考え方

　純資産価額を計算する場合において、株式取得者とその同族関係者の議決権割合が50％以下であるときには、支配力の格差を考慮して80％の斟酌をします。

　例えば下記のような、純資産価額が同じである甲社と乙社がある事例において、株主Aが所有している株式の評価を行う際には、Aの所有している1株当たりの価額は同じでいいかを考えてみるとわかりやすいかと思います。

	甲社	乙社
純資産価額	1億円	1億円
株式の所有状況	A　60株（議決権割合60％） B　40株（議決権割合40％）	A　40株（議決権割合40％） B　30株（議決権割合30％） C　30株（議決権割合30％）
会社の支配	Aが会社を支配できる。	Aは会社を支配することができない。

　A社とB社の純資産価額は同じですが、甲社はAが50％超の議決権を有しているため、会社を支配できる状態であるのに対して、乙社についてはAが50％以下の議決権しか保有していないため、会社を支配することができない状況となります。

　このような支配力の格差を考慮して、乙社の株式を評価する場合には、純資産価額の20％評価減が認められています。

　この20％評価減については、大会社には認められていません。大会社の純資産価額方式の適用については、評価の安全性を考慮して設けられたものであり、そのような場合にまでこの20％評価減を考慮する必要がないと考えられるためです。

　一方で、中会社である場合の類似業種比準価額と純資産価額を折衷して求める場合の純資産価額方式の適用については、小会社の考え方を取り入れていますので、小会社と同様に議決権割合が50％以下である場合の20％評価減が認められています。

▶実務上のポイント

　80％の斟酌は漏れやすい部分となりますので、その斟酌の理由とどのような場合に斟酌が必要とされるのかをおさえておきましょう。最終的な斟酌の可否のまとめについては、164頁で解説をしています。

第2節　評価方法の概要

3 原則的評価方式が適用される株主で特定の評価会社である場合の株式の価額（第6表）

　原則的評価方式が適用される株主で評価会社が特定の評価会社である場合には、それぞれの会社の特性に応じて評価をすることになりますが、基本的には、純資産価額等を基に計算を行っていきます。詳細については、2章8節で解説します。

> 　明細書では、第2表で特定の評価会社の判定をし、第6表で結論としての株式価額を記載することになっています。（解説▶2章4節、2章8節）
> 　なお、株式等保有特定会社については、計算が煩雑になるため、第7表と第8表で計算過程を記載することになっています。（解説▶2章9節）

4 特例的評価方式が適用される場合の株式の価額（第3表、第6表）

　特例的評価方式が適用される株主については、基本的には配当還元方式で評価をすることになりますが、配当還元価額が原則的評価方式で求めた価額を超えるときには、原則的評価方式によって求めた価額で評価することとされています。

　これは、特例的評価方式が適用される株主の株式の価額が、会社の経営権を維持すること等を目的とする同族株主等の株式の価額を超えることは、適当ではないとする考え方によるものです。

> 　明細書では、一般の評価会社である場合には、第3表で計算し、特定の評価会社である場合には第6表で計算することになります。（解説▶2章5節、2章8節）

▶実務上のポイント

　配当還元方式により計算ができる場合には、原則的評価方式と比較していずれか低い金額で評価することとされていますが、実務上、資料入手が困難であること等の理由で原則的評価方式によって計算できないこともありえます。

　従って、原則的評価方式による算定が困難である場合、明らかに配当還元価額の方が低いと判断できないときであっても、納税者に十分に説明をした上で、配当還元方式で申告をせざるを得ないということもありえます。

第2章

評価明細書ごとに理解する
非上場株式の評価実務

第2章のポイント

●第1節で各明細書の役割と評価の判定手順を理解する。

●第2節から第9節で各明細書のポイントを確認し、明細書ごとに計算方法や留意点を理解する。

●第2節から第4節、第6節及び第7節のQ&Aを確認し、理解を深める。

第1節

評価明細書ごとに理解する
ためのポイント

1 各明細書の役割について

各明細書の役割をまとめると下記の通りとなります。

別　表	役　割
第1表の1 株主の判定明細書	株主の判定（原則的評価方式、特例的評価方式の判定）
第1表の2 会社規模の判定明細書	大会社、中会社、小会社の判定 …類似業種の使用割合（Lの割合）と類似業種比準価額を求める上で会社規模区分が必要となります。 　また、土地保有特定会社に該当するかどうかの判断をする際にも会社規模区分が必要になります。
第2表 特定の評価会社の判定の明細書	特定の評価会社に該当するかどうかの判定 …特定の評価会社に該当するかどうかの判定には、第1表の2、第4表、第5表も使用することになります。
第3表 一般の評価会社の株式の価額等の計算明細書	一般の評価会社の最終的な株式及び株式に関する権利の価額を計算
第4表 類似業種比準価額等の計算明細書	類似業種比準価額等を計算
第5表 純資産価額の計算明細書	純資産価額を計算
第6表 特定の評価会社の株式の価額等の計算明細書	特定の評価会社の最終的な株式及び株式に関する権利の価額を計算
第7表・8表 株式等保有特定会社の株式の価額の計算明細書	株式等保有特定会社の株式の価額を計算

15

第2章　評価明細書ごとに理解する非上場株式の評価実務

▶実務上のポイント

　株主判定で第1表の1、会社判定で第1表の2と第2表を使用することになります。

　一般の評価会社である場合には、第6表から第8表の記載は不要になります。特定の評価会社に該当する場合でも、株式等保有特定会社に該当しない限り、第7表及び第8表の記載は不要となります。

2　評価の手順

1　基本的な判定手順

　第1章の株式の評価体系で確認した通り、最終的にどの評価方法を適用するかどうかは、①株主の判定と②会社の判定により決まります。

　まず①株主判定では、原則的評価方式に該当するのか、それとも特例的評価方式に該当するのかを第1表で判定します。

　次に②会社の判定をすることになりますが、会社判定には会社規模の判定と特定の評価会社の判定の2種類があります。会社規模の判定は、第1表の2により単独で判定ができますが、特定の評価会社の判定を正確に行うためには、特定の評価会社の判定の基礎である第4表、第5表を完成させる必要があります。

　従って、判定の手順は下記の通りとなります。

16

【基本的な判定手順】

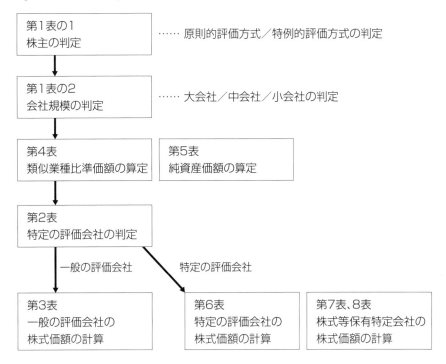

2 第2表　特定の評価会社の判定手順

　第2表の特定の評価会社の判定においては、評価会社がどの特定の評価会社に該当するのかを判定する必要があります。例えば、評価会社が株式等保有特定会社に該当し、かつ、開業後3年未満に該当した場合には、どちらの区分に該当するかを決める必要があります。
　具体的な判定手順は、下記の通りとなります。

第2章　評価明細書ごとに理解する非上場株式の評価実務

【特定の評価会社の判定手順】

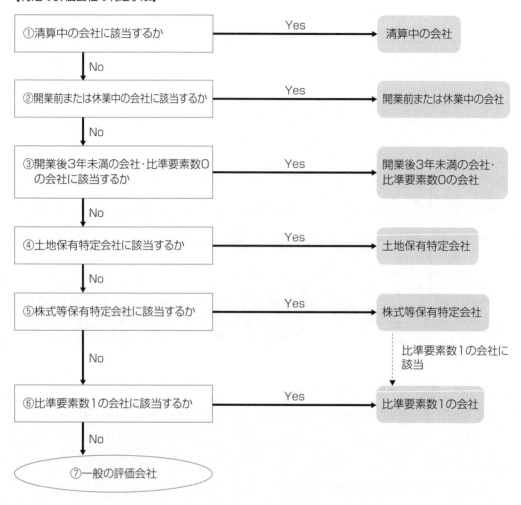

　評価会社が株式等保有特定会社に該当し、かつ開業後3年未満の会社に該当した場合には、開業後3年未満の会社に該当するものとして評価をします。

　なお、株式等保有特定会社については、Lの割合を決定するために、比準要素数1の会社に該当するかどうかの判定も必要になります。

　明細書では、下記の通り第2表の7の括弧書きに〈「1．比準要素数1の会社」欄から「6．清算中の会社」欄の判定において2以上に該当する場合には、後の番号の判定によります。〉と記載されています。

7．特定の評価会社の判定結果	1．比準要素数1の会社 3．土地保有特定会社 5．開業前又は休業中の会社	2．株式等保有特定会社 4．開業後3年未満の会社等 6．清算中の会社	
	該当する番号を○で囲んでください。なお、上記の「1．比準要素数1の会社」欄から「6．清算中の会社」欄の判定において2以上に該当する場合には、後の番号の判定によります。		

▶実務上のポイント

　よくある間違いとして、評価会社が大会社である場合に類似業種比準価額のみで計算をしてしまったが、実は純資産価額方式で計算をするべき株式等保有特定会社に該当していたというケースがあります。株主判定または会社規模判定を間違えてしまうと、場合によっては億単位で評価金額を間違えることにもなりかねませんので、その判定手順をしっかりとおさえ、株主判定及び会社判定を正確に行うことが非常に重要となります。

3 実践的な判定手順

　実務上、必ずしも **1** の判定手順により判定しないといけないというわけでもありません。例えば、開業前または休業中の会社である場合には、原則的評価方式・特例的評価方式のいずれの場合でも、会社判定にかかわらず純資産価額方式で計算することになりますので、第2表→第5表→第6表での記載順序でも問題はありません。

　あくまでも株式評価の判定手順の基本的な考え方は上述した通りとなりますが、より実践的な判定手順を細かく分けると下記の通りとなります。4頁の評価体系と一緒に確認しておくと理解も深まると思います。

第2章　評価明細書ごとに理解する非上場株式の評価実務

【実践的な判定手順】

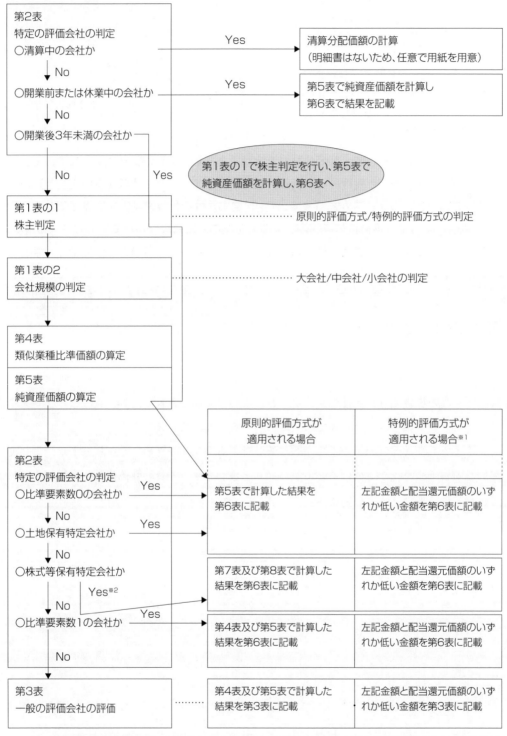

※1　特例的評価方式が適用される場合において明らかに配当還元価額＜原則的評価方式による価額の場合には、原則的評価方式による価額算定は省略しても問題ありません。
※2　株式等保有特定会社については、Lの割合を決定するために、比準要素数1の会社に該当するかどうかの判定も必要になります。

第 **2** 節

第1表の1　評価上の株主の判定及び会社規模の判定の明細書

第1表の1のポイント

◉ 納税義務者ごとに、原則的評価方式と特例的評価方式のどちらが適用されるのか、確実に納税義務判定を行えるようにする

◉ 議決権割合算定の留意事項を理解する

◉ Q&A で判断に迷いやすい株主判定を確認し、理解を深める

1　第1表の1の役割

　この表は、相続または贈与により株式を取得した者が、原則的評価方式が適用される株主であるのか、特例的評価方式が適用される株主であるのかを判定するための明細書になります。

　なお、この判定については、納税義務者1人1人について行う必要があります。

2　区分する理由

　事業経営への影響力がある同族株主等と、配当を期待するにとどまる少数株主等では、株式の財産価値が異なるため、原則的評価方式が適用される株主と特例的評価方式が適用される株主で区分しています。

　実際の判定では、その会社の筆頭株主の議決権割合や納税義務者の属する同族関係者の議決権割合、納税義務者の議決権割合、納税義務者が役員であるか否か、納税義務者が中心的な株主であるか否か等によって判定することになります。

3 判定手順

　判定手順は下記の通りとなります。実際の判定にあたっては、会社の株主名簿を用意して、株主グループ（株主の1人及びその同族関係者）ごとにそれぞれの議決権割合を算定することからスタートします。議決権割合の算定は、贈与または相続等により取得した後の議決権割合を使用します。

　判定手順①及び②では、同族株主等の判定を行い、**判定手順③から⑦**では、少数株式所有者の評価方法の判定を行うことになります。

［株主の判定］

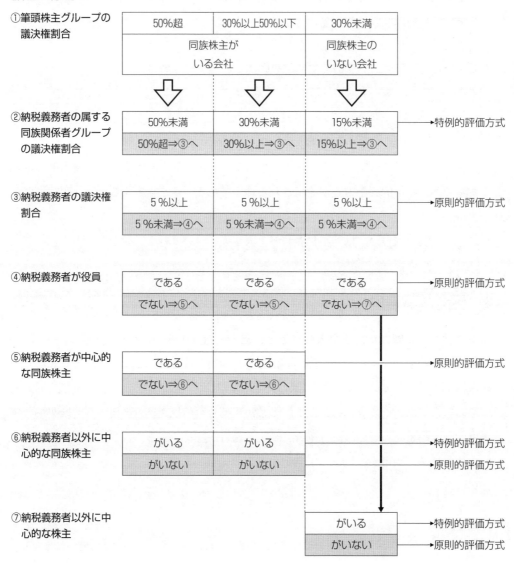

〈手順①　筆頭株主グループの議決権割合〉

　株主名簿を用意して株主のグルーピングを行います。具体的には、株主の1人及び同族関係者（株主の親族等、27頁の用語の意義を参照）の有している議決権割合を株主ごとに算定します。そのグルーピングした株主グループのうち、最も議決権割合の多い筆頭株主グループの議決権割合が30％以上である場合には、その筆頭株主グループによる会社の支配が行われているということになり、会社の経営を支配している同族株主がいる会社ということになります。反対に30％未満である場合には、会社の経営を支配している同族株主がいない会社ということになります。

　手順①により同族株主が誰であるのか確認できます。

　筆頭株主グループの議決権割合が50％超、30％以上50％以下、30％未満の3つのうちどこに該当するかを確認したうえで手順②に進みます。

〈手順②　納税義務者の属する同族関係者グループの議決権割合〉

　すでに①で算定がされている納税義務者の属する同族関係者グループの議決権割合を表に当てはめます。例えば、筆頭株主グループが50％超の列で納税義務者の属する同族関係者グループの議決権割合が40％の場合には、50％未満の区分（上の段）に該当し、特例的評価方式が適用されることになります。納税義務者の属する議決権割合が40％であったとしても、筆頭株主グループの議決権割合が50％超であるか否かによって結論が異なることに留意しておきましょう。

　また、納税義務者の属する同族関係者グループの議決権割合が2以上ある場合には、最も高いグループの議決権割合を使用して判定することになります（49頁Q4参照）。

〈手順③　納税義務者の議決権割合〉

　納税義務者の議決権割合を表に当てはめ、5％以上に該当すれば、会社の経営に関与する相当数を有しているものとして原則的評価方式が適用されます。5％未満である場合には、手順④に進みます。

〈手順④　納税義務者が役員であるか否か〉

　納税義務者が課税時期または申告期限において役員であれば、会社の経営に関与していると考え、原則的評価方式が適用されますが、役員でない場合には手順⑤（同族株主がいる会社の場合）または手順⑦（同族株主がいない会社の場合）に進みます。

第2章　評価明細書ごとに理解する非上場株式の評価実務

〈手順⑤　納税義務者が中心的な同族株主であるかどうか〉

　同族株主のいる会社において、納税義務者の属する同族関係者グループの議決権割合が30％以上に該当するが、単独では5％以上に該当せず、役員にも該当しないという場合に、納税義務者の配偶者、直系血族、兄弟姉妹及び1親等の姻族等の議決権割合が25％以上である場合には、中心的な同族株主（26頁の用語の意義参照）として経営に関与できる立場にあると考え、原則的評価方式が適用されます。25％未満の場合には、**手順⑥**に進みます。

　中心的な同族株主の判定は、株主ごとに行います（57頁 Q8 参照）。

〈手順⑥　納税義務者以外に中心的な同族株主がいるかどうか〉

　同族株主のいる会社において、納税義務者の属する同族関係者グループの議決権割合が30％以上に該当するが、納税義務者単独では5％以上に該当せず、役員にも該当しない場合で、かつ、その会社に中心的な同族株主がいない場合には、当該納税義務者は会社の経営に関与することもできると考え、原則的評価方式が適用されることになります。反対に納税義務者以外に中心的な同族株主がいる場合には、特例的評価方式が適用されます。

〈手順⑦　納税義務者以外に中心的な株主がいるか〉

　同族株主のいない会社において、納税義務者の属する同族関係者グループの議決権割合が15％以上に該当するが、納税義務者単独では5％以上に該当せず、役員にも該当しない場合で、かつ、中心的な株主（株主の1人及びその同族関係者の有する議決権割合が15％以上に該当し、かつ、単独で10％以上の議決権を有する株主。26頁の用語の意義参照）がその会社にいない場合には、当該納税義務者は会社の経営に関与することもできると考え、原則的評価方式が適用されることになります。反対に納税義務者以外に中心的な株主がいる場合には、特例的評価方式が適用されます。

▶実務上のポイント

　判定を行うにあたっては、単に納税義務者グループの議決権割合のみだけではなく、会社全体の株主構成もチェックしながら、判定を行うことになります。

　議決権割合で判定するものをまとめると下記の通りとなります。議決権割合は、贈与または相続等により取得した後の議決権割合を使用しますので、贈与株式数や遺産分割の内容によって、原則的評価方式が適用される株主であるか特例的評価方式が適用される株主であるか異なる場合があります。

手　順	判定対象	グルーピングの方法
手順①	筆頭株主グループ	同族関係者
手順②	納税義務者グループ	同族関係者
手順③	納税義務者	納税義務者単独
手順⑤	納税義務者	中心的な同族株主
手順⑥	会社全体の株主	中心的な同族株主
手順⑦	会社全体の株主	同族関係者＋単独

第2章　評価明細書ごとに理解する非上場株式の評価実務

4　用語の意義

1　基本となる用語の意義

次の用語の意義は、それぞれの納税義務の判定手順のどの場面で使用するのかを整理しながらおさえるようにしましょう。

用語	意　義	判定手順 （22頁参照）
同族関係者	法令4条《同族関係者の範囲》に規定する特殊の関係のある個人または法人をいう。 （評価通達188（1））	手順① 手順② 手順⑦
同族株主	課税時期における評価会社の株主のうち、株主の1人及びその同族関係者の有する議決権の合計数がその会社の議決権総数の30％以上（その評価会社の株主のうち、株主の1人及びその同族関係者の有する議決権の合計数が最も多いグループの有する議決権の合計数が、その会社の議決権総数の50％超である会社にあっては、50％超）である場合におけるその株主及びその同族関係者をいう。 （評価通達188（1））	手順①
役員	社長、理事長のほか、次に掲げる者 ⑴ 代表取締役、代表執行役、代表理事及び清算人 ⑵ 副社長、専務、常務その他これらに準ずる職制上の地位を有する役員 ⑶ 取締役（指名委員会等設置会社の取締役及び監査等委員である取締役に限る。）、会計参与及び監査役並びに監事 （評価通達188（2）、法令71条1項1号、2号、4号）	手順④
中心的な同族株主	課税時期において同族株主の1人並びにその株主の配偶者、直系血族、兄弟姉妹及び1親等の姻族（これらの者の同族関係者である会社のうち、これらの者が有する議決権の合計数がその会社の議決権総数の25％以上である会社を含む。）の有する議決権の合計数がその会社の議決権総数の25％以上である場合におけるその株主をいう。 （評価通達188（2））	手順⑤ 手順⑥
中心的な株主	課税時期において株主の1人及びその同族関係者の有する議決権の合計数がその会社の議決権総数の15％以上である株主グループのうち、いずれかのグループに単独でその会社の議決権総数の10％以上の議決権を有している株主がいる場合におけるその株主をいう。 （評価通達188（4））	手順⑦

2　同族関係者の範囲

株主の判定を行うためには、同族関係者の範囲を正確におさえておく必要があります。

「同族関係者」とは、法令4条（同族関係者の範囲）に規定する特殊の関係のある個人または法人として下記のものをいいます。

26

個人	(1) 株主等の親族 (2) 株主等と婚姻の届出をしていないが事実上婚姻関係と同様の事情にある者 (3) 個人である株主等の使用人 (4) 上記に掲げる者以外の者で個人である株主等から受ける金銭その他の資産によって生計を維持しているもの (5) 上記(2)、(3)及び(4)に掲げる者と生計を一にするこれらの者の親族 （法令4条1項）
法人	(1) 株主等の1人が他の会社（同族会社かどうかを判定しようとする会社以外の会社。以下同じ。）を支配している場合における当該他の会社 　　ただし、同族関係会社であるかどうかの判定の基準となる株主等が個人の場合は、その者及び上記同族関係者である個人が他の会社を支配している場合における当該他の会社（以下、(2)及び(3)において同じ。）。 (2) 株主等の1人及びこれと特殊の関係のある(1)の会社が他の会社を支配している場合における当該他の会社 (3) 株主等の1人並びにこれと特殊の関係のある(1)及び(2)の会社が他の会社を支配している場合における当該他の会社 （法令4条2項） (注)1　上記(1)から(3)に規定する「他の会社を支配している場合」とは、次に掲げる場合のいずれかに該当する場合をいう。 　　イ　他の会社の発行済株式又は出資（自己の株式又は出資を除く。）の総数又は総額の50%超の数又は金額の株式又は出資を有する場合 　　ロ　他の会社の次に掲げる議決権のいずれかにつき、その総数（当該議決権を行使することができない株主等が有する当該議決権の数を除く。）の50%超の数を有する場合 　　　①　事業の全部若しくは重要な部分の譲渡、解散、継続、合併、分割、株式交換、株式移転又は現物出資に関する決議に係る議決権 　　　②　役員の選任及び解任に関する決議に係る議決権 　　　③　役員の報酬、賞与その他の職務執行の対価として会社が供与する財産上の利益に関する事項についての決議に係る議決権 　　　④　剰余金の配当又は利益の配当に関する決議に係る議決権 　　ハ　他の会社の株主等（合名会社、合資会社又は合同会社の社員（当該他の会社が業務を執行する社員を定めた場合にあっては、業務を執行する社員）に限る。）の総数の半数を超える数を占める場合 　　　（法令4条3項） 　　2　個人又は法人との間で当該個人又は法人の意思と同一の内容の議決権を行使することに同意している者がある場合には、当該者が有する議決権は当該個人又は法人が有するものとみなし、かつ、当該個人又は法人（当該議決権に係る会社の株主等であるものを除く。）は当該議決権に係る会社の株主等であるものとみなして、他の会社を支配しているかどうかを判定する。 　　　（法令4条6項） (4) 上記(1)から(3)の場合に、同一の個人又は法人の同族関係者である2以上の会社が判定しようとする会社の株主等（社員を含む。）である場合には、その同族関係者である2以上の会社は、相互に同族関係者であるものとみなされる。 （法令4条4項）

(注)　評価個別通達 評価明細書の記載方法等（付表）を基に作成

第2章　評価明細書ごとに理解する非上場株式の評価実務

　上記の法令4条6項で規定がされている「同一の内容の議決権を行使することに同意している者」の範囲については、実務上留意しておく必要があります。

　法基通1-3-7では、「同一の内容の議決権を行使することに同意している者」にあたるかどうかは、「契約、合意等により、個人又は法人との間で当該個人又は法人の意思と同一の内容の議決権を行使することに同意している事実があるかどうかにより判定」するものとされています。さらに、同通達の注書きにおいて、「単に過去の株主総会等において同一内容の議決権行使を行ってきた事実があることや、当該個人又は法人と出資、人事・雇用関係、資金、技術、取引等において緊密な関係があることのみをもっては、当該個人又は法人の意思と同一の内容の議決権を行使することに同意している者とはならない。」とされています。

　なお、法令4条6項の規定は、あくまでも他の会社を支配しているかどうかを判定する時に「同一の内容の議決権を行使することに同意している者」を含めるとされているのであって、評価会社の判定対象となる株主の議決権に「同一の内容の議決権を行使することに同意している者」の議決権を含めるという意ではないことに注意しておきましょう。この点について平成29年8月30日の東京地裁で明らかにされていますが、法令4条6項の規定の射程範囲は、文理解釈上他の会社を支配しているかどうかの判定に留まると考えるのが相当です。

　ただし、相続発生時において原則的評価方式ではなく配当還元方式を適用することを目的として、例えば、相続発生前に同族株主である者から「同一の内容の議決権を行使することに同意している者」に株式を譲渡し、同族株主の判定を免れるといったことは、租税回避行為に該当し、評価通達第1章総則6項（第8章参照）の適用により、認められない場合もあります。

28

3 親族の範囲

同族関係者の範囲を確定するためには、親族の範囲も正確におさえておく必要があります。親族とは、次に掲げる者とされています（民法725条）。

- 6親等内の血族
- 配偶者
- 3親等内の姻族

血族とは血縁関係にある者をいいますが、養子縁組後の親族関係は、養子と養親の間に法定血族関係が生じることになるため、養子は血族として取り扱われることになります。

具体的な範囲は下記の図で確認をしておきましょう。

親族の範囲

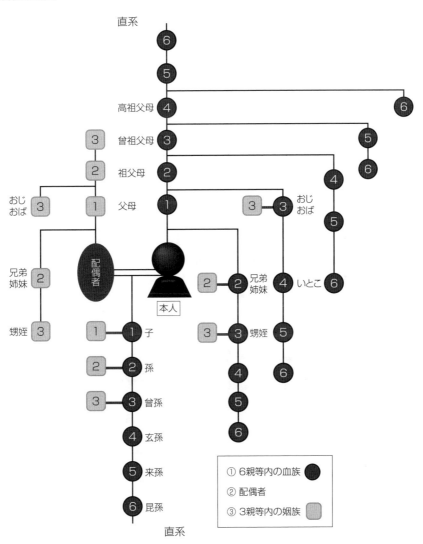

第2章　評価明細書ごとに理解する非上場株式の評価実務

4 親族の範囲と中心的な同族株主の基礎となる親族の範囲

同族関係者の判定要素である「親族」の範囲と、中心的な同族株主の基礎となる親族の範囲の相違点は、下記の通りとなります。

親族（同族関係者の判定で使用）	中心的な同族株主の基礎となる親族
6親等内の血族	直系血族、兄弟姉妹
配偶者	配偶者
3親等内の姻族	1親等の姻族

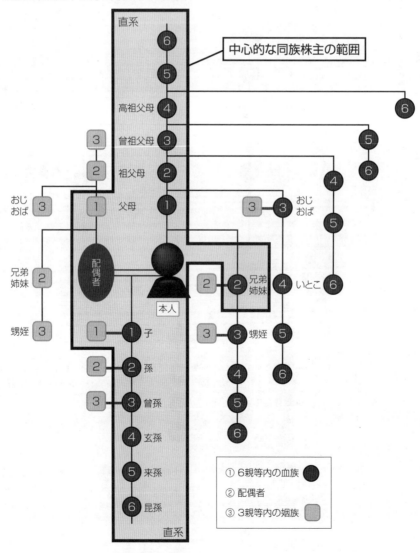

親族の範囲と中心的な同族株主の範囲

5 株主判定の具体例

1 具体例①（同族株主がいる場合）

被相続人甲は兄弟で事業を営んでいましたが、相続発生に伴い、被相続人が所有していた株式は長男が160株、二男が40株相続することになりました。

なお、長男はこの会社の役員にもなっていますが、二男は会社員として他の会社に勤務しています。

相続前後の株主と所有株式数は下記の通りです。この場合における長男と二男の株主判定を考えていきましょう。

相続前後における株主と所有株式数

株主	株式数（相続発生前）	株式数（相続発生後）	役職名
甲の兄	800株	800株	代表取締役
甲	200株	―	取締役
長男	―	160株	取締役
二男	―	40株	―
発行済株式数	1,000株	1,000株	

＊　1株＝1議決権とする。

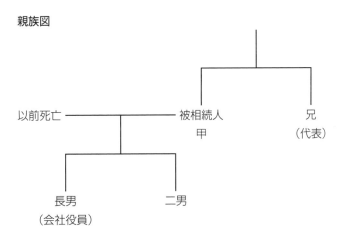

親族図

(1) 納税義務者が長男である場合

下記の株主の判定手順（22頁参照）により、長男は原則的評価方式が適用される株主に該当します。

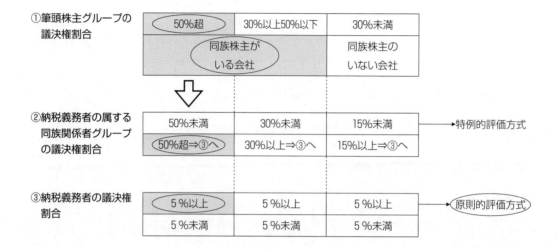

筆頭株主グループを判定する場合には、まず一番多くの議決権数を有している株主の1人及びその同族関係者の有している議決権割合を算定するといいでしょう。

設例の場合には、甲の兄とその同族関係者である長男及び二男の議決権割合は100％になりますので、同族株主がいる会社になります。

さらに長男及びその同族関係者の有している議決権割合も同様に100％＞50％となり、長男の議決権割合は、相続により取得した議決権数も含まれますので16％≧5％となります。従って、長男は原則的評価方式が適用される株主に該当することになります。

(2) 納税義務者が二男である場合

下記の株主の判定手順により、二男は特例的評価方式が適用される株主に該当します。

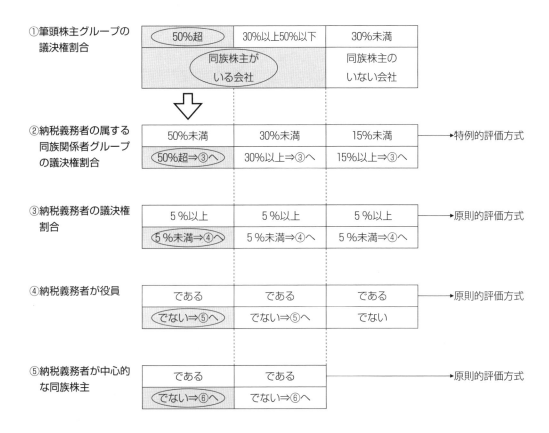

中心的な同族株主の基礎となる親族は、直系血族、兄弟姉妹、配偶者及び1親等の姻族とされており、伯父は含まれておりませんので、中心的な同族株主の判定は下記の通りとなります。

- 甲の兄　　800株　　　　→　　80%≧25%　∴中心的な同族株主に該当
- 長男　　　160 + 40 = 200株　→　20% < 25%　∴中心的な同族株主に該当しない
- 二男　　　40 + 160 = 200株　→　20% < 25%　∴中心的な同族株主に該当しない

第2章　評価明細書ごとに理解する非上場株式の評価実務

（3）　株主の判定に関する実務上のアドバイス

　上記の設例の場合には、遺産分割次第で株式評価額が変わることになりますので、実務担当者はどのような場合に原則的評価が適用され、どのような場合に特例的評価方式が適用されるのかを説明することが求められます。

　また、上記の設例において仮に相続人の長男及び二男が両方とも会社経営に関与しておらず、役員になっていない場合の株主判定を考えてみましょう。

　そのような場合には、相続後の議決権割合が5％以上になった相続人には原則的評価方式が適用され、5％未満になった相続人には特例的評価方式が適用されることになります。

　甲は20％の議決権割合を有していましたので、長男または二男のいずれかは必ず原則的評価方式により計算せざるを得ない状況となります。

　もし、甲の生前にこのような問題があることを事前にわかっていたとすれば、後継者への株式の贈与または売却、遺言書の作成など様々な対策を講じることができます。

　株式の分散を防ぐことは会社の経営の安定を図るためにも非常に重要なことになりますので、非上場株式を所有している方の親族の相続税の負担や株式の承継方法についてしっかりとアドバイスができるようにしておきましょう。

2 具体例②（同族株主がいない場合）

　A株式会社の代表取締役である甲の相続発生に伴い、甲が所有していた株式40株を長男が36株及び二男が4株をそれぞれ相続することになりました。

　A株式会社は甲及びその友人ら（乙、丙、丁、戊）でそれぞれの出資額を200万円として設立した法人であり、発行済株式総数は200株です。

　甲、乙、丙、丁、戊は互いに血縁関係を有しておらず、相続発生時点では全員が役員になっていましたが、甲の死亡に伴い乙が代表取締役に就任しています。

　なお、甲の長男及び二男は、他の会社に勤務しており、A社の会社の経営には関与していません。

　この場合における長男と二男の株主判定を考えていきましょう。

相続前後における株主と所有株式数

株主	株式数（相続発生前）	株式数（相続発生後）	役職名
甲	40株	－	代表取締役
乙	40株	40株	取締役
丙	40株	40株	取締役
丁	40株	40株	取締役
戊	40株	40株	取締役
甲の長男	－	36株	
甲の二男	－	4株	
発行済株式数	200株	200株	

＊ 1株＝1議決権とする。

(1) 納税義務者が長男である場合

下記の株主の判定手順により、長男は原則的評価方式が適用される株主に該当します。

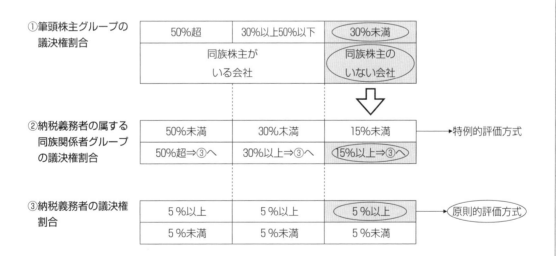

まず筆頭株主グループについて考えます。株主は乙・丙・丁・戊の各個人、及び甲の長男・二男の5グループに分けられますが、それぞれの議決権割合は20％（40株／200株）＜30％となりますので、同族株主のいない会社に該当します。

長男とその同族関係者である二男の議決権割合は20％≧15％であり、かつ、長男の議決権割合は18％≧5％となりますので、長男は原則的評価方式が適用される株主に該当します。

第2章　評価明細書ごとに理解する非上場株式の評価実務

（2）　納税義務者が二男である場合

下記の株主の判定手順により、二男は特例的評価方式が適用される株主に該当します。

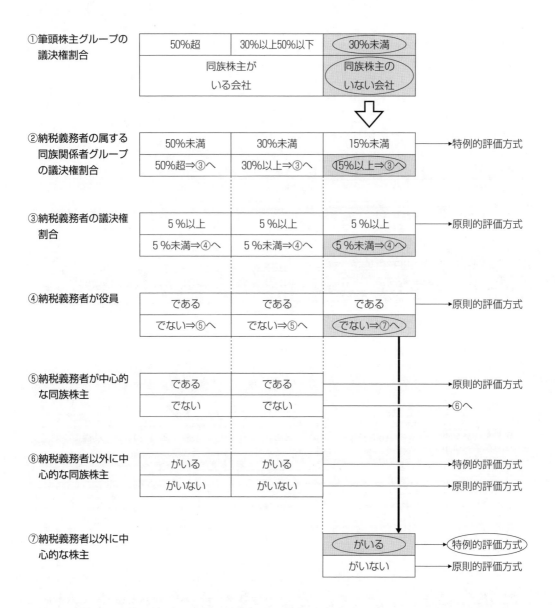

中心的な株主とは、その株主の同族関係者グループで15％以上であり、かつ単独で10％以上の議決権を有している株主のことですので、今回のケースでは下記の通り判定されます。

株主	同族関係者グループ	単独	判定結果
甲	20%≧15%	20%≧10%	中心的な株主
乙	20%≧15%	20%≧10%	〃
丙	20%≧15%	20%≧10%	〃
丁	20%≧15%	20%≧10%	〃
戊	20%≧15%	20%≧10%	〃
長男	36＋4＝40株　20%≧15%	18%≧10%	〃
二男	4＋36＝40株　20%≧15%	2%＜10%	中心的な株主に該当しない

経営の安定を図るためには、どれぐらいの議決権割合が必要？

経営者が過半数の議決権を保有しない場合の経営リスク

　下記の株主の権利の表にある通り、株主総会の普通決議の可決のためには、過半数以上の議決権が必要となります。さらに定款変更や重要な決議を可決する場合には、3分の2以上の議決権が必要とされていますので、経営権を確実に確保するためには、議決権は3分の2以上を確保しておくのがひとつの目安になります。

　ただし、経営者が3分の2以上の議決権を有している場合においても、経営者以外の少数株主の権利は、下記の通り様々ありますので確認しておくといいでしょう。

議決権割合 （株式数）	主な権利等の内容
1株以上	役員等の責任を追求する訴えの提起（会法847条） 会社の設立の無効の訴え（会法828条2項1号）
3％以上	会計帳簿の閲覧等の請求（会法433条） 株主総会の招集請求権（会法297条）
10％以上	解散請求権（会法833条）
1/3超	2/3以上の議決権が必要な特別決議を阻止できます。
1/2超	普通決議の可決が可能（会法309条1項） ・取締役の報酬（会法361条） ・計算書類の承認（会法438条） ・剰余金の配当（会法454条） ・役員等の選任（会法329条） ・役員等の解任（会法339条）
2/3以上	特別決議の可決が可能（会法309条2項） ・定款の変更（会法466条） ・事業譲渡等の承認（会法467条） ・解散（会法471条） ・組織変更、合併、会社分割、株式交換、株式移転及び株式交付（会法309条2項12号）
3/4以上	株主ごとに異なる扱いを行う旨を定款で定めることができる（会法309条4項、109条2項）。

　（注）　上記は非公開会社を前提として、代表的な権利の内容を一部紹介したものになります。

第2章　評価明細書ごとに理解する非上場株式の評価実務

6　議決権割合算定の留意事項

1　単元株制度を採用している場合

　会法188条に規定する単元株制度を定款に定めている会社は、議決権数は、株式数÷1単元の株式数により計算することになります。

　なお、単元株制度を定款に定めていない会社は、1株式＝1議決権となります。

2　自己株式を所有する場合（評価通達188-3）

　評価会社が自己株式を有する場合には、その自己株式に係る議決権の数は0として計算します。

3　相互保有株式がある場合（評価通達188-4）

　評価会社の株主のうちに、会法308条1項の規定により評価会社の株式につき議決権を有しないこととされる会社があるときは、当該会社の有する評価会社の議決権の数は0として計算します。

> **◆会社法**
>
> 第308条　株主（株式会社がその総株主の議決権の4分の1以上を有することその他の事由を通じて株式会社がその経営を実質的に支配することが可能な関係にあるものとして法務省令で定める株主を除く。）は、株主総会において、その有する株式一株につき一個の議決権を有する。ただし、単元株式数を定款で定めている場合には、一単元の株式につき一個の議決権を有する。

> **◆会社法施行規則**
>
> 第67条　法第308条第一項に規定する法務省令で定める株主は、株式会社（当該株式会社の子会社を含む。）が、当該株式会社の株主である会社等の議決権（同項その他これに準ずる法以外の法令（外国の法令を含む。）の規定により行使することができないとされる議決権を含み、役員等（会計監査人を除く。）の選任及び定款の変更に関する議案（これらの議案に相当するものを含む。）の全部につき株主総会（これに相当するものを含む。）において議決権を行使することができない株式（これに相当するものを含む。）に係る議決権を除く。以下この条において「相互保有対象議決権」という。）の総数の4分の1以上を有する場合における当該株主であるもの（当該株主であるもの以外の者が当該株式会社の株主総会の議案につき議決権を行使することができない場合（当該議案を決議する場合に限る。）における当該株主を除く。）とする。

会法308条１項の規定は、旧商法241条３項の規定と同様ですが、当該規定は、昭和56年の改正により設けられた相互保有の議決権の制限規定となります。その趣旨は、相互保有による資本の空洞化の問題や、経営の相互支配による株主総会の適正運営の弊害があったために、議決権を制限するものになります。

評価通達における同族株主等の判定は、議決権割合を基として会社を支配できるかどうかを基本的な考えとしているため、会社法と同様に、議決権の行使が制限されている株式は、議決権割合の計算上、除外して考えることとされています。

非常にわかりづらい規定の内容となりますので、下記の株主構成を基に考えてみましょう。

評価会社（支配会社）

株主	持株割合
甲	80%
A社	20%

A社（被支配会社）

株主	持株割合
評価会社	30%
その他株主	70%

⇒A社の経営を一定程度
支配することが可能

評価会社（支配会社）がA社（被支配会社）の総株主の議決権の４分の１以上（30％≧25％）を有する場合には、A社は評価会社の株主総会で議決権がないことになります。

従って、上記の具体例の場合には、評価会社における議決権は０とされ、甲は100％の議決権を保有しているものとして計算がなされます。

これは、評価会社がA社を一定程度支配しているということは、A社の議決権は、評価会社が行使できる可能性が高いことになり、実質的にはA社の議決権を評価会社が有しているものと同義に考えることができるため、自社株式の議決権の取扱いと同様に議決権の割合には含まないこととされるためです。

なお、議決権の４分の１以上の支配の関係は、評価会社（支配会社）の子会社が有するA社（被支配会社）の株式とあわせて計算がされます。

また、４分の１以上の判定を行う場合の相互保有対象議決権の総数（分母の議決権総数）には、自己株式及び相互保有により議決権を有しない株式、さらには基本的に議決権制限株式も含まれますが、議決権制限株式の中でも役員等（ただし、会計監査人は除く）の選任及び定款の変更の全部について議決権のない株式は含まれないとされています。ただし、

第2章　評価明細書ごとに理解する非上場株式の評価実務

当該被支配会社以外に議決権を有する株主が存在しない場合には、支配会社で議決権を行使できる者がいなくなってしまうため、被支配会社の議決権はなくならないとされています（会法施行規則67条1項）。

> ▶実務上のポイント
>
> 　評価会社の株主の中に法人株主がいる場合には、その法人の株主名簿も必ず確認する必要があります。

4　種類株式がある場合（評価通達188-5）

　種類株式の中には、株主総会において議決権を行使することができる事項の全部または一部を制限する株式（議決権制限株式）がありますが、そのような議決権の制限がある株式については、下記のように取り扱われるものとされています。

① 　議決権行使の全部を制限する株式

　議決権が無いため、議決権の数、議決権の総数には算入されません。

② 　議決権行使の一部を制限する株式

　議決権の制限はあるものの、計数化が困難であるため、普通株式と同様に議決権の数、議決権の総数に含めて算入します。

> ▶実務上のポイント
>
> 　種類株式の有無や内容は定款や会社の登記簿謄本で確認をすることができますので、しっかりと確認しましょう。

5　投資育成会社が株主である場合（評価通達188-6）

　評価会社の株主のうちに投資育成会社がある場合の同族株主等の判定は、次によります。

① 　当該投資育成会社が同族株主に該当し、かつ、当該投資育成会社以外に同族株主に該当する株主がいない場合には、当該投資育成会社は同族株主に該当しないものとして適用します。

② 　当該投資育成会社が、中心的な同族株主または中心的な株主に該当し、かつ、当該投資育成会社以外に中心的な同族株主または中心的な株主に該当する株主がいない場合には、当該投資育成会社は中心的な同族株主または中心的な株主に該当しないものとして適用します。

③　上記①及び②において、評価会社の議決権総数からその投資育成会社の有する評価会社の議決権の数を控除した数をその評価会社の議決権総数とした場合に同族株主に該当することとなる者があるときは、その同族株主に該当することとなる者以外の株主が取得した株式については、上記①及び②にかかわらず、「同族株主以外の株主等が取得した株式」に該当するものとして特例的評価方式を適用します。

　上記のように投資育成会社を「同族株主」「中心的な同族株主」「中心的な株主」に該当しないものとして取り扱っているのは、投資育成会社は投資先企業の育成を目的としたものであり、投資先企業の経営の支配を目的としたものではないためです。

6　遺産が未分割である場合

　相続税の申告書を提出する際に、非上場株式が相続人間で分割がされていないときは、被相続人の所有していた未分割株式数を各納税義務者が相続開始前から有していた所有株式数に足した議決権数をもって、株主判定を行うことになります。
　具体例及び明細書への記載方法は274頁で確認してください。

遺産分割完了前の株式の議決権はどのように権利行使するのか

1 株式の共有（準共有）

　被相続人が所有していた株式は、遺産分割が完了するまでは、各相続人の相続分に従って当然に分割されることにはならず、各相続人の相続分の比率での共有（準共有）状態になります（所有権以外の財産権を複数で有する場合、共有に準じて「準共有」という用語を使用することがあります）。

　遺産分割協議が成立した後は、株式の承継者となった相続人がその旨の名義書換を行って、単独で議決権を行使することになりますが、遺産分割前の共有（準共有）状態の株式の議決権は、どのように行使するかという問題が生じます。

2 権利行使者の指定

　会法106条の規定では、「株式が2以上の者の共有に属するときは、共有者は、当該株式についての権利を行使する者1人を定め、株式会社に対し、その者の氏名又は名称を通知しなければ、当該株式についての権利を行使することができない。」と規定されています。

　すなわち、相続人間の協議で、株式の権利行使者1名を選定してこれを会社に通知し、この権利行使者が議決権を行使することになります。

　相続人全員が同一の権利行使者を選定しない場合には、共有物の管理は持分の過半数によって決せられるため、持分の過半数を有する相続人（ないし相続人グループ）が推薦する者を権利行使者として選定することになります。

　従って、相続人が子供3人である場合において後継者である相続人1人と他の相続人2人に争いがある場合には、後継者は未分割の株式の議決権行使を行うことができなくなりますので、注意が必要になります。

> ## 7 Q&A

Q_1 第二順位の株主判定

同族関係者でない甲と乙が下記の通り、A社株式（大会社に該当）とB社株式（大会社に該当）を所有している場合において、乙に相続が発生した場合には、乙が保有しているA社株式、B社株式についての評価方式は原則的評価方式（類似業種比準価額）が適用されるのでしょうか。それとも特例的評価方式（配当還元価額等）が適用されるのでしょうか。

A社及びB社の株主と議決権の保有割合

株主	A社	B社
甲	55%	45%
乙	40%	40%
その他	5%	15%

なお、その他の株主はA社及びB社の取引先ですが、甲及び乙の同族関係者には該当しません。

甲はA社及びB社の代表取締役です。

乙はA社及びB社の役員でしたが、相続発生の約5年前に退職し、同時に役員も退任しています。また、乙の相続人は長男1人で、A社及びB社の役員には該当していません。

A 乙の相続人は、A社株式については特例的評価方式（配当還元価額等）、B社株式については原則的評価方式（類似業種比準価額）の適用になります。

同じ40%の議決権保有割合であったとしても、他の株主の議決権保有割合によって評価方式が異なることになりますので、22頁の株主判定の手順を踏まえて、株主の判定を行うことが重要となります。

❶ 筆頭株主グループの議決権割合

株主を確認し、同族関係者グループの議決権割合を算定し、筆頭株主グループの議決権割合が「50%超」「30%以上50%以下」「30%未満」のどれに該当するかを判定します。

● A社株式

筆頭株主グループの議決権割合は55%となり、「50%超」の区分に該当することになります。

第2章　評価明細書ごとに理解する非上場株式の評価実務

● B社株式

筆頭株主グループの議決権割合は45％となり、「30％以上50％以下」の区分に該当することになります。

❷　納税義務者の属する同族関係者グループの議決権割合

● A社株式

乙の相続人の属する同族関係者グループの議決権割合は40％となり、「50％未満」の区分に該当しますので、特例的評価方式である配当還元価額が適用されることになります。

● B社株式

乙の相続人の属する同族関係者グループの議決権割合は40％となり、「30％以上」の区分に該当しますので、❸の手順に進みます。

❸　納税義務者の議決権割合

● B社株式

乙の相続人の議決権割合は40％となり、「5％以上」の区分に該当しますので、原則的評価方式が適用されることになります。

▶実務上のポイント

　株主に相続が発生した場合に原則的評価方式が適用されるのか、特例的評価方式が適用されるのかは、確認しておく必要があります。本問の場合には、事前に5％超の議決権に相当するB社株式を乙から甲に譲渡することにより、乙の相続人はB社の株式についても配当還元価額での評価が可能となります。

　特に退職して株主がそのままになっているケースは少なくありませんので、事前対策が重要となります。

Q2　関連会社株式の株主判定

　経営者甲が所有しているA社株式の全てを後継者乙に贈与する場合において、A社が有しているB社（大会社に該当）の株式の評価方式は、原則的評価方式（類似業種比準価額）が適用されるのでしょうか。それとも特例的評価方式（配当還元価額等）が適用されるのでしょうか。

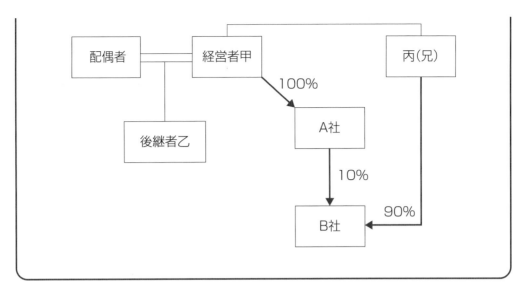

A A社が保有するB社株式の評価は、原則的評価方式（類似業種比準価額）により評価することになります。

B社の株主判定を行う場合には、A社を納税義務者と考え、22頁の株主判定を行うこととなります。

❶ 筆頭株主グループの議決権割合

B社の株主を確認し、同族関係者グループの議決権割合を算定し、筆頭株主グループの議決権割合が「50％超」「30％以上50％以下」「30％未満」のどれに該当するかを判定します。

本問の場合には、丙の同族関係者（27頁参照）としてA社も含まれるため、筆頭株主グループの議決権割合は100％となり、「50％超」の区分に該当することになります。

❷ 納税義務者の属する同族関係者グループの議決権割合

A社を納税義務者とみなした場合のA社の属する同族関係者グループの議決権割合が、「50％超」か「50％未満」かを確認します。

「50％未満」の場合には、特例的評価方式である配当還元価額となりますが、本問の場合には❶で確認した通り、丙の同族関係者としてA社も含まれるため、A社の属する同族関係者の議決権割合が100％となりますので、❸の手順に進みます。

第２章　評価明細書ごとに理解する非上場株式の評価実務

❸　納税義務者の議決権割合

　A社の議決権割合は10％≧５％となり、「５％以上」の区分に該当しますので、原則的評価方式（類似業種比準価額）が適用されます。

▶実務上のポイント

　評価会社が有している株式の株主判定については、その評価会社を納税義務者と考えて、株主判定を行うことになります。その判定にあたっては、同族関係者の範囲が重要になります。

Q3　株主判定と配当還元価額の適否

　下記の通り経営者甲が所有しているＡ社株式の全て（議決権総数の44％に相当する株式）を後継者乙に贈与する場合において、Ａ社が有しているＢ社（大会社に該当）の株式の評価方式は原則的評価方式（類似業種比準価額）が適用されるのでしょうか。それとも特例的評価方式（配当還元価額等）が適用されるのでしょうか。

　なお、Ｃ社、Ｄ社、Ｅ社、Ｆ社、Ｇ社、Ｈ社、Ｉ社が有しているＡ社株式は、甲から購入したものであり、いずれもＢ社の主要な取引先となります。Ａ社株式の譲渡をする場合には、Ａ社取締役会の承認が必要であるものとされています。

　Ａ社株式の議決権行使は甲に一任されておらず、Ｃ社からＩ社のそれぞれの会社が議決権行使をしていますが、甲は１社でも味方につければ50％超の議決権の行使が可能となり、甲は実質的にＡ社を支配している状態にあります。

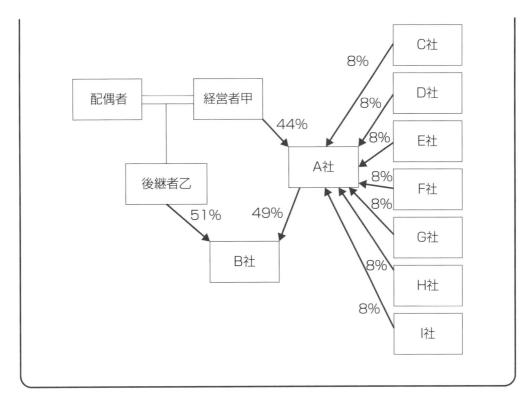

A B社株式評価を行う場合の株主判定として、A社は同族株主以外の株主に該当するため、特例的評価方式（配当還元価額等）が評価通達上の評価方法となります。

ただし、乙及びその親族がA社を実質的に支配している場合には、配当還元価額での評価方法は適切であると言えないため、配当還元価額での評価が認められない可能性があり、原則的評価方式により評価することが適正な評価であると考えられます。

❶ 評価通達の株主判定

評価通達188（1）によれば、「同族株主のいる会社の株式のうち、同族株主以外の株主の取得した株式」は、特例的評価方式（配当還元価額等）が適用されるものとされています。

A社が所有しているB社の株式評価を行う場合の株主判定は、A社を納税義務者として株主判定を行うことになります。実際の株主判定では、乙が筆頭株主となる同族株主に該当しますが、A社は乙の同族関係者に含まれませんので、A社は同族株主以外の株主となります。

従って、形式的な判定においては、A社が所有しているB社株式については、配当還元価額が適用可能となります。同族株主及び同族関係者の範囲については26頁参照。

第２章　評価明細書ごとに理解する非上場株式の評価実務

❷　配当還元価額の適用の趣旨

関連会社株式の配当還元価額の適否が争われた東京地裁平成16年３月２日判決（TAINS
コード：254-9583）では、次のように判示しています。

> 通達の趣旨は、通常、いわゆる同族会社においては、会社経営等について同族株主以
> 外の株主の意向はほとんど反映されずに事業への影響力を持たないことから、その株
> 式を保有する株主の持つ経済的実質が、当面は配当を受領するという期待以外に存し
> ないということを考慮するものということができる。

そして、評価会社に対する影響力を持ち、支配力がある株式に対しては原則的な評価方
式が採用されるべきであるとして、配当還元価額の適用を否認しました。

本問の場合には、甲がＣ社からＩ社のうち１社でも味方につければ、Ａ社について50％
超の議決権行使が可能となり、反対に甲の支配を奪うためには、７社が結束する必要があ
り、さらにＡ社株式について譲渡制限も設けられていることからすると、実質的な支配は
甲にあると考えることができますので、Ａ社が所有するＢ社株式については、支配力があ
る株式に該当し、本来的には配当還元価額での評価方式はなじまないといえます。

❸　総則６項の適用

総則６項を適用し、通達によらない評価を行う場合には、特別の事情が必要になります
（第８章第２節参照）。

評価通達に定められた評価方法を画一的に適用するという形式的な平等を貫くことに
よって、かえって実質的な租税負担の公平を著しく害することが明らかであるなど、この
評価方法によらないことが正当と是認されるような特別な事情がある場合には、他の合理
的な方法により評価をすることが許されるものと解されています。

本問の場合における総則６項の適用の有無にあたっては、甲がＢ社の取引先に株式を譲
渡した後の甲一族のＡ社の支配が継続的に及んでいるかどうか、甲が株式を譲渡した理由
が贈与税または相続税の負担を減少することを目的としたものではなく経済的合理性に基
づくものであるかどうか、Ｂ社と取引先との力関係、類似業種比準価額と配当還元価額に
よる金額の差異等を総合勘案して決定されるべきものと考えられます。

▶実務上のポイント

配当還元価額の適用にあたっては、実質的に会社を支配している株主であるかどうかの着眼点も含めて検討する必要があります。

特に贈与前、相続前において株主に変動がある場合には、株主変動の理由をよく確認する必要があります。

Q4 同族株主の判定

乙は甲から相続により、非上場会社であるA社の議決権総数の30%にあたる株式を取得しています。筆頭株主は丙であり、丙の同族関係者として乙は含まれていないと考えられますので、乙は同族株主以外の株主として特例的評価方式（配当還元価額等）が適用されるのでしょうか。

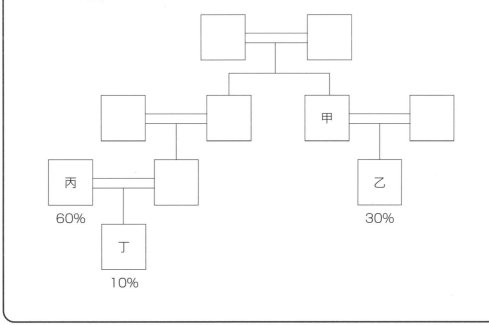

A 乙は同族株主に該当し、議決権割合5％以上となる株式を所有していますので、特例的評価方式（配当還元価額等）は適用できず、原則的評価方式により評価することになります。

株主判定の手順は、22頁参照。

第2章　評価明細書ごとに理解する非上場株式の評価実務

❶　筆頭株主グループの議決権割合

A社の株主を確認し、筆頭株主グループの議決権割合が「50％超」「30％以上50％以下」「30％未満」のどれに該当するかを判定します。

本問の場合には、丁を中心とした同族関係者として、丙及び乙も含まれるため、筆頭株主グループの議決権割合は100％となり、「50％超」の区分に該当することになります。

◎　用語の意義と当てはめ
●同族株主

課税時期における評価会社の株主のうち、株主の1人及びその同族関係者の有する議決権の合計数がその会社の議決権総数の30％以上（その評価会社の株主のうち、株主の1人及びその同族関係者の有する議決権の合計数が最も多いグループの有する議決権の合計数が、その会社の議決権総数の50％超である会社にあっては、50％超）である場合におけるその株主及びその同族関係者をいいます（評価通達188（1））。

同族株主の判定は、上記記載の通り株主の1人及びその同族関係者の有する議決権の合計数で判定を行いますので、正確な判定を行うためには、下記の通り株主ごとに判定を行う必要があります。

株主の1人	同族関係者	議決権割合の合計	同族株主
乙（30％）	丁（10％）	40％	－
丙（60％）	丁（10％）	70％	丙・丁
丁（10％）	丙（60％） 乙（30％）	100％	乙・丙・丁

上記の通り、全ての株主に対して株主判定を行った結果、乙・丙・丁が同族株主に該当することになります。

●同族関係者

法令4条（同族関係者の範囲）に規定する特殊の関係のある個人または法人をいいます（評価通達188（1））。

特殊の関係のある個人は、例えば株主等の親族などをいいます。

親族とは、6親等内の血族、配偶者、3親等内の姻族をいいます（民法725条）。

本問の場合には、丙は乙の4親等内の姻族であるため、乙の親族には該当しませんが、丁は乙の5親等内の血族に該当するため、乙の親族に該当することになります。

50

第2節　第1表の1　評価上の株主の判定及び会社規模の判定の明細書

❷　納税義務者の属する同族関係者グループの議決権割合

　乙の属する同族関係者グループの議決権割合が「50％超」か「50％未満」かを確認します。乙の属する同族関係者グループの議決権割合が2以上ある場合には、最も高いグループの議決権割合を使用して判定することになります。乙の属する同族関係者の議決権割合は、上記❶の同族株主で算定した通り、40％と100％がありますので、高い割合である100％を使用して判定します。

　従って、「50％超」の区分に該当し、❸の手順に進みます。

❸　納税義務者の議決権割合

　乙の議決権割合は30％≧5％となりますので、原則的評価方式が適用されます。

▶実務上のポイント

　同族株主の判定は、株主ごとに行う必要があるため、納税義務者とその同族関係者のみで判定をしないように留意する必要があります。

Q5　法人たる同族関係者の範囲と株主判定

　下記の通り経営者甲が所有しているA社株式の全て（議決権総数の14％に相当する株式）を後継者乙に贈与する場合において、A社株式の評価方式は原則的評価方式が適用されるのでしょうか。それとも特例的評価方式（配当還元価額等）が適用されるのでしょうか。

　なお、B社の株主はいずれもA社の役員及び従業員であり、B社の議決権行使は甲に一任されています。D社はA社の主要な取引先であり、甲及び乙の同族関係者には該当しないものとします。

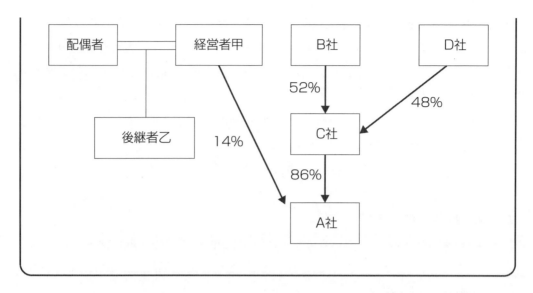

A 乙の同族関係者としてC社も含まれますので、乙は同族株主に該当し、議決権割合5％以上となる株式を取得していますので、原則的評価方式が適用されます。

なお、株主判定の手順については、22頁参照。

❶ 同族株主の判定

評価通達188（1）によれば、「同族株主のいる会社の株式のうち、同族株主以外の株主の取得した株式」は、特例的評価方式（配当還元価額等）が適用されるものとされています。

そのため、乙の同族関係者の範囲にC社が含まれていなければ、乙は同族株主以外の株主に該当し、特例的評価方式（配当還元価額等）が適用されますが、C社が含まれていれば同族株主に該当し、議決権割合5％以上となる株式を取得していますので、原則的評価方式が適用されることになります。

27頁の同族関係者の範囲における法人の（注2）に記載の通り、甲の意思と同一の内容の議決権を行使することに同意しているB社が有しているC社の議決権は甲が有するものとみなして、C社を支配しているかどうかの判定を行いますので、C社は甲に支配されている会社に該当することになります。従って、C社は乙の同族関係者に該当することになり、原則的評価方式が適用されることになります。

❷ 同一の内容の議決権を行使することに同意している者の判定

27頁の同族関係者の範囲における法人の（注2）で規定されている「同一の内容の議決権を行使することに同意している者」の判定は、契約、合意等により、個人または法人と

の間で当該個人または法人の意思と同一の内容の議決権を行使することに同意している事実があるかどうかにより判定することとされています（法基通1－3－7）。

また、同通達の注書きにおいて、「単に過去の株主総会等において同一内容の議決権行使を行ってきた事実があることや、当該個人又は法人と出資、人事・雇用関係、資金、技術、取引等において緊密な関係があることのみをもっては、当該個人又は法人の意思と同一の内容の議決権を行使することに同意している者とはならない。」とされています。

本問の場合には、B社の株主であるA社役員及び従業員の議決権行使が甲に一任されていることから「同一の内容の議決権を行使することに同意している者」に該当することになります。

▶実務上のポイント

法人たる同族関係者の範囲については、支配関係があるかどうかを確認する必要があり、その範囲をよく確認しておく必要があります。

Q6　養子縁組解消と株主判定

丙は、下記の通り、甲と乙と養子縁組をしていましたが、甲と乙の死亡後に死後離縁を検討しています。また、非上場会社であるA社の議決権総数のうち70％は丙が保有しており、30％は丁が保有しています。

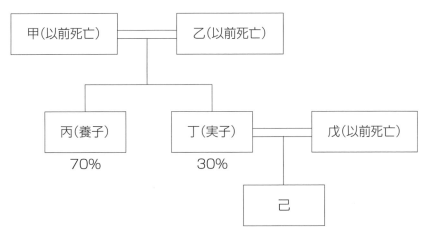

丁に相続が発生した場合において、次のそれぞれの場合には、丁の相続人である己が取得するA社株式の評価は原則的評価方式になるのでしょうか、それとも特例

第2章　評価明細書ごとに理解する非上場株式の評価実務

的評価方式（配当還元価額等）になるのでしょうか。

• 丙が死後離縁していなかった場合

• 丙が死後離縁していた場合

A

• 丙が死後離縁していなかった場合

　⇒己は原則的評価方式が適用される株主に該当します。

• 丙が死後離縁していた場合

　⇒己は特例的評価方式（配当還元価額等）が適用される株主に該当します。

❶　養子縁組の効果

　養子と養親及びその血族との間においては、養子縁組の日から、血族間におけるのと同一の親族関係を生ずる（民法727条）とされていますので、養子縁組の日から丙と丁は兄弟姉妹の親族関係に該当することになります。

❷　養子縁組解消の効果

　養子及びその配偶者並びに養子の直系卑属及びその配偶者と養親及びその血族との親族関係は、離縁によって終了する（民法729条）とされていますので、離縁によって養子縁組が解消された場合には、丙は丁及び己と親族関係を有しないことになります。

　なお、養親の死亡後の養子縁組の解消は、「死後離縁」といいますが、家庭裁判所の許可が必要になります（民法811条6項）。例えば、養親またはその親族に対する扶養義務や祭祀を免れるためというように明らかに不純な理由に基づくものである場合には、離縁は認められないこととされています。

❸　丙が死後離縁をしていなかった場合の株主判定

　己の同族関係者として丙も含まれるため、己は同族株主に該当し、議決権割合5％以上となる株式を取得しているため、原則的評価方式が適用される株主に該当します。株主判定の手順については、22頁参照。

❹　丙が死後離縁をしていた場合の株主判定

　丙が丁の相続開始前に死後離縁をしていた場合には、丙は養親及びその血族との親族関

係は終了しているため、己の同族関係者として丙は含まれないことになります。従って、己は同族株主以外の株主に該当することになり、特例的評価方式（配当還元価額等）が適用されます。

評価通達188（1）によれば、「同族株主のいる会社の株式のうち、同族株主以外の株主の取得した株式」は、特例的評価方式（配当還元価額等）が適用されるものとされています。

▶実務上のポイント

養子縁組をしている場合には、養親との血族とも親族関係が成立しますので、株主判定で親族の範囲に留意する必要があります。養子縁組の効果、養子縁組解消の効果を確認して株主判定を行うようにしましょう。

Q7 姻族関係終了届出と株主判定

戊は事業承継により甲からA社株式の議決権総数の70%を相続により取得し、代表取締役に就任しています。議決権総数の30%は先代経営者の配偶者である乙が保有しており、乙から贈与により取得予定でしたが、丁（長女）の死亡が原因で乙と戊が不仲となり、株式の贈与が不成立となりました。戊は丙（長男）との関係も悪化したため、X3年2月に姻族関係終了届出を提出しています。

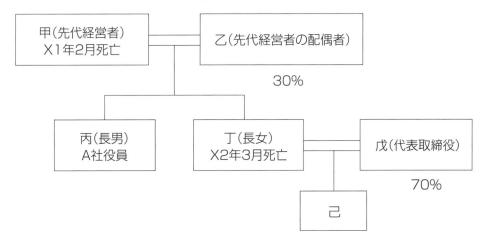

第2章　評価明細書ごとに理解する非上場株式の評価実務

　　乙は、A社株式について下記の遺言を検討していますが、遺言でA社株式を取得した株主は、原則的評価方式が適用されるのでしょうか、それとも特例的評価方式（配当還元価額等）が適用されるのでしょうか。

- A社株式は全て丙に相続させる旨の遺言
- A社株式は丙及び己に15%ずつ承継させる旨の遺言

A

- A社株式は全て丙に相続させる旨の遺言

　　⇒丙は特例的評価方式（配当還元価額等）が適用される株主に該当します。

- A社株式は丙及び己に15%ずつ承継させる旨の遺言

　　⇒丙及び己はいずれも原則的評価方式が適用される株主に該当します。

❶　姻族関係の成立と終了

　親族の範囲は、6親等内の血族、配偶者、3親等内の姻族をいい（民法725条）、婚姻の成立により夫婦は互いに3親等内の姻族まで親族関係を有することになります。姻族関係の終了は、離婚または夫婦の一方が死亡した場合において、生存配偶者が姻族関係を終了させる意思を表示したときに終了します（民法728条）。配偶者が死亡した場合に姻族関係終了の届出がない場合には、死亡配偶者の血族との姻族関係は存続することになります。

　姻族関係終了の届出を行った場合には、生存配偶者については死亡配偶者の両親や兄弟等との親族関係は終了することになりますが、生存配偶者の子は、死亡配偶者の両親や兄弟と血族であるため、親族関係は継続することになります。

❷　A社株式は全て丙に相続させる旨の遺言があった場合の株主判定

　姻族関係の終了の届出により丙と戊は互いに親族関係を有してないことから丙の同族関係者として戊は含まれず、丙は同族株主以外の株主に該当することになり、特例的評価方式（配当還元価額等）が適用されます。株主判定の手順については、22頁参照。

❸　A社株式は丙及び己に15%ずつ承継させる旨の遺言があった場合の株主判定

　姻族関係の終了の届出により丙と戊は互いに親族関係を有してないことから丙の同族関係者として戊は含まれませんが、己は丙の3親等内の血族に該当しますので、丙の同族関係者として己は含まれることになります。

同族株主の判定は、株主ごとに下記の通り行う必要があります。

株主の1人	同族関係者	議決権割合の合計	同族株主
丙（15%）	己（15%）	30%	－
戊（70%）	己（15%）	85%	戊・己
己（15%）	丙（15%） 戊（70%）	100%	丙・戊・己

　上記の通り、全ての株主に対して株主判定を行った結果、丙・戊・己が同族株主に該当することになります。

　従って、株式を取得した丙及び己は同族株主に該当し、議決権割合5％以上となる株式を取得していますので、原則的評価方式が適用される株主に該当します。

▶実務上のポイント

　姻族関係の終了届出を行っている場合においても、生存配偶者の子は死亡配偶者の両親や兄弟姉妹等と血族の親族関係を有することに留意する必要があります。乙が丙及び己に株式を遺言により相続させるにあたり、1株でも己に株式を承継させる場合には、丙は同族株主に該当することになります。丙が同族株主に該当する場合には、議決権割合5％以上となる株式の取得または丙が役員であれば、丙は原則的評価方式が適用される株主に該当します。

Q8　法人株主がいる場合の株主判定

　A社の株主と甲一族の親族関係図は、下記の通りとなりますが、株主である甲に相続が発生し、甲が所有しているA社株式について配偶者乙が4％、長男丙が4％に相当する議決権数を相続により取得した場合には、乙と丙のA社株式の評価方式は原則的評価方式が適用されるのでしょうか。それとも特例的評価方式（配当還元価額等）が適用されるのでしょうか。

相続前後におけるA社の株主と議決権保有割合

株主	続柄	役職	議決権保有割合 （相続発生前）	議決権保有割合 （相続発生後）
甲	本人	役員	8％	－
乙	配偶者	－	－	4％
丙	長男	－	－	4％
丁	兄	代表取締役	67％	67％
戊	祖父	－	10％	10％
B社※	－	－	15％	15％

※B社の株主と議決権保有割合は、下記の通りとなります。

株主	議決権保有割合
丁	75％
戊	25％

親族図

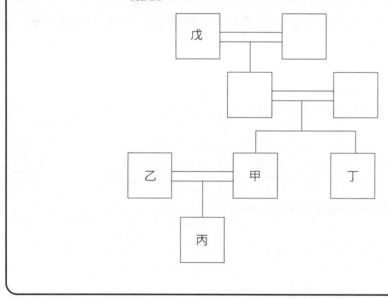

A 乙は特例的評価方式（配当還元価額等）が適用されることになりますが、丙は原則的評価方式が適用されることになります。

株主判定の手順は、22頁参照。

❶ 筆頭株主グループの議決権割合

A社の株主を確認のうえ、同族関係者グループの議決権割合を算定し、筆頭株主グループの議決権割合が「50％超」「30％以上50％以下」「30％未満」の3つのうち、どれに該当

するかを判定します。

本問の場合には、乙の同族関係者として丙、戊、丁、B社が含まれるため、筆頭株主グループの議決権割合は100％となり、「50％超」の区分に該当することになります。

❷ 納税義務者の属する同族関係者グループの議決権割合

乙の属する同族関係者の議決権割合、丙の属する同族関係者の議決権割合はいずれも100％となり、「50％超」の区分に該当するので、❸の手順に進みます。

❸ 納税義務者の議決権割合

乙または丙の議決権割合が５％以上であれば原則的評価方式になりますが、いずれも４％であり、「５％未満」の区分に該当するため、❹の手順に進みます。

❹ 納税義務者が役員

乙及び丙は、役員には該当しませんので、❺の手順に進みます。

❺ 納税義務者が中心的な同族株主

納税義務者が中心的な同族株主か否かを判定することになります。

納税義務者が中心的な同族株主に該当すれば、原則的評価方式が適用されますが、中心的な同族株主に該当しなければ、❻の判定に進みます。

乙は中心的な同族株主に該当しませんので、❻の判定に進みますが、丙は中心的な同族株主に該当するため、原則的評価方式が適用される株主に該当することになります。

◎ 中心的な同族株主の範囲

課税時期において同族株主の１人並びにその株主の配偶者、直系血族、兄弟姉妹及び１親等の姻族（これらの者の同族関係者である会社のうち、これらの者が有する議決権の合計数がその会社の議決権総数の25％以上である会社を含む）の有する議決権の合計数がその会社の議決権総数の25％以上である場合におけるその株主をいいます（評価通達188（2））。

◎ 中心的な同族株主の判定

中心的な同族株主の判定は、株主ごとに行います。

第２章　評価明細書ごとに理解する非上場株式の評価実務

同族株主の １人	配偶者、直系血族、 兄弟姉妹、１親等の姻族	一定の会社※	議決権割合の合計	中心的な 同族株主の判定
乙（4%）	丙（4%）	－	8%	×
丙（4%）	乙（4%） 戊（10%）	B社（15%）	33%	○
丁（67%）	戊（10%）	B社（15%）	92%	○
戊（10%）	丁（67%） 丙（4%）	B社（15%）	96%	○
B社（15%）	－	－	15%	×

※　「一定の会社」の範囲

　　同族株主の１人並びにその株主の配偶者、直系血族、兄弟姉妹及び１親等の姻族の同族関係者である会社のうち、これらの者が有する議決権の合計数がその会社の議決権総数の25%以上である会社が該当します。

❻　納税義務者以外に中心的な同族株主

　納税義務者以外に中心的な同族株主がいるか否かを判定することになります。

　上記❺で確認した通り、乙の判定において乙以外に中心的な同族株主がいる会社に該当しますので、乙は特例的評価方式（配当還元価額等）が適用されることになります。

▶実務上のポイント

　　同族関係者の範囲及び中心的な同族株主の範囲の違いに注意しながら、株主ごとに同族株主の判定、中心的な同族株主の判定を行う必要があります。

Q9　株主判定と遺産分割のやり直し

　乙は甲から相続により、非上場会社であるA社の議決権総数のうち6%の株式を取得しています。筆頭株主は戊であり、議決権総数の94%の株式を有しています。A社の役員は、戊のみであり、甲の相続人である乙及び丙はいずれもA社の役員には該当していません。

　甲の相続人から依頼を受けて相続税の申告を行ったB税理士法人は特例的評価方式（配当還元価額）によりA社の株式の評価を行いましたが、その後、甲の相続税

の税務調査によりＡ社株式については、特例的評価方式（配当還元価額）は適用できず、原則的評価方式により評価するべきとして、増額更正処分を受けました。

遺産分割協議においては、乙がＡ社株式を取得する代わりに、丙に代償金を支払うことが前提となっており、代償金の算定においては、配当還元価額で評価したＡ社株式評価額の２分の１相当額で計算がなされていました。

そこで、当初の遺産分割協議において錯誤があったものとして取消しを主張し、Ａ社の議決権総数６％の株式のうち、３％ずつを乙と丙が取得する旨の遺産分割協議書を作成すれば、更正の請求により特例的評価方式（配当還元価額）は認められるのでしょうか。また、遺産分割協議のやり直しとして、乙から丙に３％の株式の贈与があったものとして贈与税の課税対象になるのでしょうか。

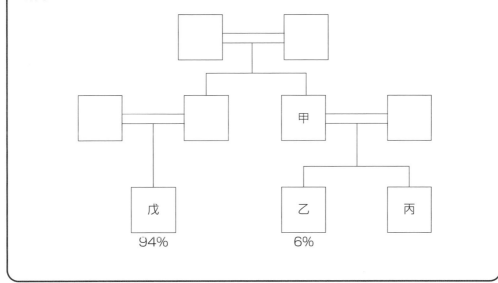

A 特例的評価方式（配当還元価額）は認められないと考えられます。課税負担の錯誤を理由とする更正の請求については、過去の裁判事例において原則として認められないものとされています。なお、更正の請求が認められない場合においても、民法上の錯誤に該当すれば、贈与税の課税は生じません。

❶ 同族株主の判定

乙の同族関係者として戊も含まれますので、乙は同族株主に該当し、議決権割合５％以上となる株式を取得していますので、原則的評価方式が適用されます。株主判定の手順については、22頁参照。

乙及び丙が議決権割合５％未満となる株式を取得している場合には、乙及び丙は中心的

第2章　評価明細書ごとに理解する非上場株式の評価実務

な同族株主に該当せず、戊が中心的な同族株主に該当しますので、特例的評価方式（配当
還元価額）の適用が可能となります。

❷　錯誤の有無と贈与税の課税関係

　錯誤があったか否かについては、民法95条で下記の通り規定がされており、錯誤があっ
た場合には、表意者は意思表示の取消しをすることができるとされています。令和2年4
月1日に施行された民法改正の前は、錯誤の効果は「無効」でしたが、改正後は「取消し」
となりました。

　遺産分割のやり直しに対する課税関係については、平成17年12月15日の裁決事例（TAINS
コード：J70-4-17）において、次のように判断しています。

> 遺産分割協議がいったん成立すると、相続開始時に遡って同協議に基づき相続人に
> 分割した相続財産が確定的に帰属する。したがって、遺産分割協議をやり直して相
> 続財産を再配分したとしても、当初の遺産分割協議に<u>無効又は取り消し得べき原因
> がある場合</u>等を除き、相続に基づき相続財産を取得したということはできない。そ
> して、この場合、対価なく財産を取得したとすれば、贈与とみるほかはない。

（下線部は筆者による）

　従って、税務上は、錯誤により取消し等がない場合には、当初の遺産分割協議により相
続財産が確定的に帰属することになり、新たな遺産分割協議は、贈与として取り扱われる
ことになりますが、<u>無効又は取り消し得べき原因がある場合</u>には、当初の遺産分割協議に
よる財産の取得が失われますので、贈与税の課税関係はないものとされています。

◆民法

（錯誤）

第95条　意思表示は、次に掲げる錯誤に基づくものであって、その錯誤が法律行為の目
　的及び取引上の社会通念に照らして重要なものであるときは、取り消すことができる。

　一　意思表示に対応する意思を欠く錯誤

　二　表意者が法律行為の基礎とした事情についてのその認識が真実に反する錯誤

2　前項第二号の規定による意思表示の取消しは、その事情が法律行為の基礎とされて
　いることが表示されていたときに限り、することができる。

3　錯誤が表意者の重大な過失によるものであった場合には、次に掲げる場合を除き、
　第1項の規定による意思表示の取消しをすることができない。

　一　相手方が表意者に錯誤があることを知り、又は重大な過失によって知らなかった
　　とき。

二　相手方が表意者と同一の錯誤に陥っていたとき。
4　第1項の規定による意思表示の取消しは、善意でかつ過失がない第三者に対抗することができない。

　本問の場合においては、遺産分割協議という法律行為の基礎とした事情について錯誤（基礎事情の錯誤）があったかどうか（民法95条1項2号）、その事情が表示されているかどうか（民法95条2項）、重大な過失はなかったか（民法95条3項）が問題になります。

　まず配当還元価額を前提として遺産分割協議の話し合いが行われていますので、法律行為の基礎とした事情に錯誤があったことになります。次に、配当還元価額を基に代償金の算定がなされていますので、基礎事情の意思表示があったことになると考えられます。従って、重大な過失がなければ錯誤として認められることになります。

❸　更正の請求が認められるかどうか

　課税負担の錯誤については、民法上の錯誤に該当した場合であっても、原則として更正の請求はできないと解されています。

　平成18年2月23日の高松高裁（TAINSコード：Z256-10328）では、課税負担の錯誤について更正の請求が認められなかった事例となりますが、次のように判示しています。

> 法定申告期限を経過した後に、当事者の予期に反して、課税当局から、当事者が予定していなかった納税義務が生じるとか、予定していたものよりも重い納税義務が生じることを理由に、更正処分がなされた場合に、この課税負担の錯誤が当該法律行為の要素の錯誤に当たるとして、当該法律行為の錯誤による無効を認め、一旦発生した納税義務の負担を免れることを是認すれば、そのような錯誤の主張を思いつかない一般的な大多数の納税者との間で著しく公平を害し、租税法律関係が不安定となり、ひいては一般国民の素朴な正義感に反することになる。
> 　それゆえ、当該法律行為が錯誤により無効であることを法定申告期間を経過した時点で主張することを許さず、既に確定している納税義務の負担を免れないと解するのが相当である。

　これに対して、平成21年2月27日の東京地裁（TAINSコード：Z259-11151）では、課税負担の錯誤については、原則として更正の請求を認めないとしつつ、更正請求期間内にされた更正の請求を認めても弊害が生ずるおそれがない特段の事情がある場合には、例外的に認められる場合があるとして、下記の通り判示しています。

第2章　評価明細書ごとに理解する非上場株式の評価実務

例外的にその主張が許されるのは、分割内容自体の錯誤との権衡等にも照らし、①申告者が、更正請求期間内に、かつ、課税庁の調査時の指摘、修正申告の勧奨、更正処分等を受ける前に、自ら誤信に気付いて、更正の請求をし、②更正請求期間内に、新たな遺産分割の合意による分割内容の変更をして、当初の遺産分割の経済的成果を完全に消失させており、かつ、③その分割内容の変更がやむを得ない事情により誤信の内容を是正する一回的なものであると認められる場合のように、更正請求期間内にされた更正の請求においてその主張を認めても上記の弊害が生ずるおそれがなく、申告納税制度の趣旨・構造及び租税法上の信義則に反するとはいえないと認めるべき特段の事情がある場合に限られるものと解するのが相当である。

本問については、仮に民法上の錯誤に該当した場合においても、自ら誤信に気づき更正の請求をしたものではなく、税務署の増額更正によるものであるため、更正の請求は認められないものと考えられます。

なお、上記の高松高裁及び東京地裁はいずれも民法改正前の「錯誤」で改正後の「錯誤」ではありませんが、申告納税制度の趣旨・構造を鑑みると、改正後の「錯誤」についても、課税負担の錯誤を理由とする更正の請求は、原則として認められないと考えられます。

▶実務上のポイント

　課税負担の錯誤を理由とする遺産分割協議のやり直しについては、民法上の錯誤に該当しない場合には、贈与税の課税問題が発生し、民法上の錯誤に該当する場合でも原則として更正の請求をすることができないため、実務上は、相続税の申告期限までに株主判定を正確に行い、申告を行うことが重要となります。

Q10　種類株式と株主判定

　下記の図において、経営者甲が所有しているA社株式の全て（30株）を長男である後継者乙に贈与する場合、A社株式の評価方式は原則的評価方式が適用されるのでしょうか。それとも特例的評価方式（配当還元価額等）が適用されるのでしょうか。

第2節 第1表の1 評価上の株主の判定及び会社規模の判定の明細書

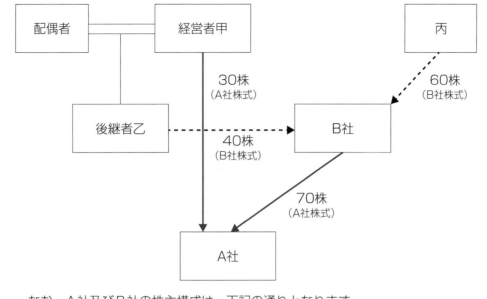

なお、A社及びB社の株主構成は、下記の通りとなります。

贈与前のA社の株主構成

株主	所有株式数	株式の種類
甲	30株	普通株式
B社	70株	種類株式A（議決権制限株式）

B社の株主構成

株主	所有株式数	株式の種類
乙(甲の長男)	40株	普通株式
丙※	60株	種類株式B（配当優先無議決権株式）

※ 丙は甲及び乙の同族関係者には該当しません。

A 乙はA社の同族株主に該当し、5％以上の議決権割合となる株式を取得していますので、原則的評価方式が適用されます。株主判定の手順については、22頁参照。

❶ 種類株式と議決権数の算定

種類株式には、株主総会における議決権の行使について、全部または一部を制限することができる議決権制限株式がありますが、同族株主に該当するか否かの判定は、持株割合ではなく議決権割合により行うことから、無議決権株式については、議決権がないものとして同族株主の判定を行う必要があります。

第2章　評価明細書ごとに理解する非上場株式の評価実務

　また、議決権に制限がされている種類株式については、制限された範囲で議決権を行使することも可能であり、また、議決権を行使することができる事項によって会社支配に影響する度合いを区別することも困難であることから、株主判定は、普通株式と同様に議決権があるものとして取り扱います（評価通達188−5）。

株式の種類	株主の有する議決権の数
無議決権株式	含めないで計算
議決権一部制限株式	含めて計算

　従って、本問における種類株式Aについては、議決権の数に含めて計算を行います。

❷　株主判定

　贈与後のA社及びB社の株主と議決権割合は、下記の通りとなります。

A社の株主構成

株主	所有株式数	議決権割合
乙（甲の長男）	30株	30%
B社	70株	70%

B社の株主構成

株主	所有株式数	議決権割合
乙（甲の長男）	40株	100%
丙	60株	0％

　A社の同族株主の判定においては、B社が乙の同族関係者に該当するかどうかを判定することになりますが、B社は乙に100％支配されている会社に該当しますので、B社は乙の同族関係者に該当することになります。

　従って、乙は同族株主に該当し、かつ、5％以上の議決権割合となる株式を取得していますので、原則的評価方式が適用されることになります。

▶実務上のポイント

　株主判定は、持株割合ではなく議決権割合により行いますので、贈与後の株主の議決権割合を正しく算定することが重要となります。

第 **3** 節

第１表の２　評価上の株主の判定及び会社規模の判定の明細書（続）

第１表の２のポイント

◉会社規模の判定のための３要素の算出方法を確認する

◉業種区分の決め方を確認する

◉従業員の範囲及び従業員数の求め方を理解する

1 第１表の２の役割

　評価会社が大会社、中会社、小会社のいずれに該当するのかを判定するための明細書になります。１章２節で説明した通り、この会社の規模区分によって評価方法が変わります。

2 会社規模の判定の３要素

　会社規模は、①直前期末の総資産価額、②直前期末以前１年間の取引金額、③直前期末以前１年間における従業員数の３要素によって決まります。

1 直前期末の総資産価額

　直前期末における評価会社の総資産価額は帳簿価額となりますので、基本的には貸借対照表の総資産の合計額が基礎となる金額になりますが、下記の点に留意する必要があります（評価個別通達　評価明細書の記載方法等　第１表の２の１（１）注書き）。

①　固定資産の減価償却累計額を間接法によって表示している場合には、各資産の帳簿価額の合計額から減価償却累計額を控除します。

②　売掛金、受取手形、貸付金等に対する貸倒引当金は控除しません。

③　前払費用、繰延資産、税効果会計の適用による繰延税金資産など、確定決算上の資産として計上されている資産は、帳簿価額の合計額に含めて記載します。

④　収用や特定の資産の買換え等の場合において、圧縮記帳引当金勘定に繰り入れた金

第2章　評価明細書ごとに理解する非上場株式の評価実務

額及び圧縮記帳積立金として積み立てた金額並びに翌事業年度以降に代替資産等を取得する予定であることから特別勘定に繰り入れた金額は、帳簿価額の合計額から控除しません。

2 直前期末以前1年間の取引金額

　直前期における評価会社の損益計算書の売上高（評価会社の目的とする事業に係る収入金額）を使用します。ただし、損益計算書の営業外収益や特別利益に計上されているものであっても、その項目が評価会社の目的とする事業に係る収入金額である場合には、1年間の取引金額に含めます。1年間の取引金額とされていますので、例えば事業年度の変更によりたまたま直前事業年度が8か月である場合には、直前事業年度の8か月分の売上高と直前々事業年度の売上高を月数按分等の方法により求めた4か月分の売上高の合計額を使用します。

　事業年度が1年未満である場合の直前期末以前1年間の取引金額の取扱いが国税庁の質疑応答事例にも公表されていますので、確認しておきましょう。

質疑応答事例

事業年度を変更している場合の「直前期末以前1年間における取引金額」の計算

▶照会要旨

　財産評価基本通達178（取引相場のない株式の評価上の区分）による会社規模区分の判定上、課税時期の直前期末以前1年間の期間中に評価会社が事業年度の変更を行っている場合には、「直前期末以前1年間における取引金額」は、どのように計算するのでしょうか。

▶回答要旨

　「直前期末以前1年間における取引金額」は、その期間における評価会社の目的とする事業に係る収入金額（金融業・証券業については収入利息及び収入手数料）をいうのであるから、事業年度の変更の有無にかかわらず、課税時期の直前期末以前1年間の実際の取引金額によることになります。

　したがって、下の例では、X＋1年4月1日からX＋2年3月31日まで（図の②＋③）の実際の取引金額によることとなりますが、X＋1年4月1日から同年5月31日まで（図の②）の間の取引金額を明確に区分することが困難な場合には、

68

この期間に対応する取引金額について、X年6月1日からX＋1年5月31日まで(図の①)の間の取引金額を月数あん分して求めた金額によっても差し支えありません。

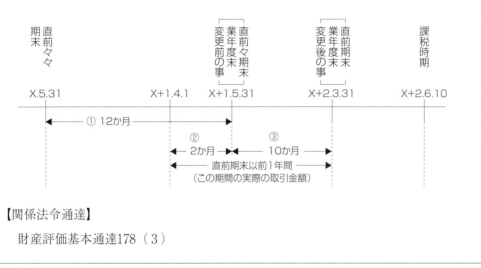

【関係法令通達】
　財産評価基本通達178（3）

（出所）国税庁ホームページ　質疑応答事例

3 直前期末以前1年間における従業員数

次の算式により求めた人数を記載します。

$$継続勤務従業員数 + \frac{継続勤務従業員以外の従業員の直前期末以前1年間における年間労働時間の合計時間数}{1{,}800時間}$$

継続勤務従業員とは、直前期末以前1年間においてその期間継続して評価会社に勤務していた従業員で、かつ、就業規則等で定められた1週間当たりの労働時間が30時間以上の従業員をいいます。

直前期末以前1年間の途中で入社した場合や退社した場合または週30時間未満のアルバイト等の従業員については、従業員1人当たりの平均的な労働時間数を1,800時間として考え、継続勤務従業員以外の従業員の年間労働時間の合計時間数を1,800時間で除して計算します。

従業員人数の計算については下記の点に留意しておきましょう（評価個別通達　評価明細書の記載方法等　第1表の2の1（2）注書き）。

①　上記により計算した評価会社の従業員数が、例えば5.1人となる場合は従業員数「5

第2章　評価明細書ごとに理解する非上場株式の評価実務

人超」に、4.9人となる場合は従業員数「5人以下」に該当します。

② 従業員には、社長、理事長並びに法令71条《使用人兼務役員とされない役員》1項1号、2号及び4号に掲げる役員は含まないことに留意してください。

従業員数に含まれないこととなる使用人兼務役員とされない役員の範囲は実務においても重要となりますので、下記の条文を確認しておきましょう。

◆**法人税法施行令**

（使用人兼務役員とされない役員）

第71条　法第34条第6項（役員給与の損金不算入）に規定する政令で定める役員は、次に掲げる役員とする。

一　代表取締役、代表執行役、代表理事及び清算人

二　副社長、専務、常務その他これらに準ずる職制上の地位を有する役員

四　取締役（指名委員会等設置会社の取締役及び監査等委員である取締役に限る。）、会計参与及び監査役並びに監事

なお、最近の雇用形態には、派遣労働者、雇用契約に雇用期間が定められている契約社員、短期間労働者など様々なものがありますが、上記従業員数の算定においては、評価会社との雇用契約がある者を、継続勤務従業員とそれ以外に分けて判定することになります。派遣元事業所における派遣社員については、通常派遣元事務所との雇用契約に基づき派遣先で勤務していることになりますので、派遣元事業所の従業員として考えます。一方で派遣先事業所における派遣社員の取扱いは判断に迷うところになりますが、国税庁質疑応答事例でその取扱いが明記されていますので、確認しておきましょう。

質疑応答事例

従業員の範囲

▶**照会要旨**

　財産評価基本通達178（取引相場のない株式の評価上の区分）による会社規模区分の判定において、次の者については、いずれの会社の従業員としてカウントするのでしょうか。

　①出向中の者

　②人材派遣会社より派遣されている者

▶**回答要旨**

　雇用関係や勤務実態を確認して判定します。

70

（理由）

1　出向中の者

　従業員数基準における従業員とは、原則として、評価会社との雇用契約に基づき使用される個人で賃金が支払われる者をいいますから、例えば、出向元との雇用関係が解消され、出向先で雇用されている出向者の場合には、出向先の従業員としてカウントすることとなります。

2　人材派遣会社より派遣されている者

　「労働者派遣事業の適正な運営の確保及び派遣労働者の保護等に関する法律（昭和60年法律第88号）」（労働者派遣法）による労働者派遣事業における派遣元事業所と派遣労働者の関係は、次の2とおりがあります。

①　通常は労働者派遣の対象となる者が派遣元事業所に登録されるのみで、派遣される期間に限り、派遣元事業所と登録者の間で雇用契約が締結され賃金が支払われるケース

②　労働者派遣の対象となる者が派遣元事業所との雇用契約関係に基づく従業員（社員）であり、派遣の有無にかかわらず、派遣元事業所から賃金が支払われるケース

　これに基づけば、財産評価基本通達178（取引相場のない株式の評価上の区分）（2）の従業員数基準の適用については、上記①に該当する個人は派遣元事業所の「継続勤務従業員」以外の従業員となり、②に該当する個人は「継続勤務従業員」となり、いずれも派遣元事業所の従業員としてカウントすることになります。

3　派遣先事業所における従業員数基準の適用

　財産評価基本通達178（2）の「評価会社に勤務していた従業員」とは、評価会社において使用される個人（評価会社内の使用者の指揮命令を受けて労働に従事するという実態をもつ個人をいいます。）で、評価会社から賃金を支払われる者（無償の奉仕作業に従事している者以外の者をいいます。）をいいますが、現在における労働力の確保は、リストラ、人件費などの管理コスト削減のため、正社員の雇用のみで対応するのではなく、臨時、パートタイマー、アルバイターの採用など多様化しており、派遣労働者の受入れもその一環であると認められ、実質的に派遣先における従業員と認めても差し支えないと考えられること等から、派遣労働者を受け入れている評価会社における従業員数基準の適用については、受け入れた派遣労働者の勤務実態に応じて継続勤務従業員とそれ以外の従業員に区分した上で判定して

も差し支えありません。

○　参考～派遣労働者の雇用関係等と従業員数基準の判定

イ　派遣元事業所

派遣元における派遣労働者の雇用関係等				派遣元事業所における従業員数基準の判定
派遣時以外の雇用関係	賃金の支払い	派　遣　時の雇用関係	賃金の支払い	
なし	なし	あり	あり	継続勤務従業員以外
あり	あり	あり	あり	勤続勤務従業員

ロ　派遣先事業所

　勤務実態に応じて判定します。

【関係法令通達】

財産評価基本通達178（2）

（出所）国税庁ホームページ　質疑応答事例

▶実務上のポイント

　　実際の人数の算定にあたっては、事業概況書や地方税の申告書に記載されている従業員の人数だけでは正確に把握することはできませんので、上記の従業員の算定方法を納税者に説明した上で従業員から除かれる役員はいないかどうか尋ね、継続勤務従業員以外の労働時間の合計時間数を集計してもらう等して従業員数を求める必要があります。ただし、明らかに従業員が70人以上の場合や5人以下の場合には、厳密に計算しなくても判定結果に影響は与えませんので、納税者からのヒアリングや事業概況書の人数を記載しても問題はありません。

3 会社規模の判定手順

会社の規模の判定を行う場合には、下記の手順により行います。

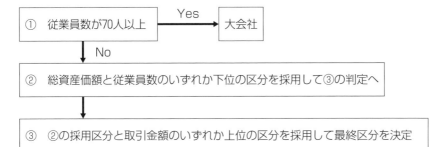

実際の会社規模の判定は、第1表の2の下記の判定基準の表で行うことになります。

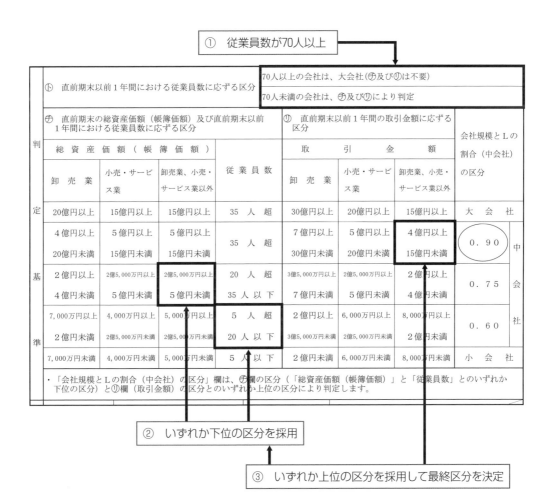

第２章　評価明細書ごとに理解する非上場株式の評価実務

4　業種区分の決め方

　従業員が70人未満の場合には、上記の判定基準の表に記載の通り、規模区分を判定する場合の業種区分が重要となります。評価会社が「卸売業」、「小売・サービス業」または「卸売業、小売・サービス業以外」のいずれの業種に該当するかは、直前期末以前１年間の取引金額に基づいて判定し、その取引金額のうちに２以上の業種に係る取引金額が含まれている場合には、それらの取引金額のうち最も多い取引金額に係る業種によって判定します。具体的な区分は、総務省の日本標準産業分類に基づいて区分することとされています。

　また、日本標準産業分類の分類項目と会社規模区分の業種区分及び類似業種比準価額計算上の業種目の対応関係を一覧にしたものが情報として公開されています（付録の３参照）。

　従って、正確に業種目を判定するためには、日本標準産業分類で分類項目を確認した後で、対応関係の一覧表に基づき規模区分を判定するための業種を特定する必要があります。

　この会社規模区分を間違えた場合には、評価に大きな影響がありますので、十分に注意して判定をする必要があります。

5　Q&A

Q1　使用人兼務役員・みなし役員がいる場合の従業員数の算定

　A社の従業員及び役員に関する労働時間等の状況は、下記の通りとなります。

　A社の会社規模を判定する場合における従業員数は、何人になりますでしょうか。

【役員に関する事項】

役員	役員の職務内容
甲	代表取締役（A社株式の100％を保有）
乙	監査役
丙	副社長
丁	使用人兼務役員 A社の部長ですが、専務や常務などの職制上の地位を有していません。１週間当たりの労働時間は40時間となります。
戊	甲の配偶者であり、法人税法上のみなし役員に該当します。A社の経理を行っており、１週間当たりの労働時間は20時間であり、年間の労働時間は960時間となります。

　なお、A社は指名委員会等設置会社には、該当していません。

【従業員に関する事項】

①　１週間当たりの労働時間が30時間以上の従業員数：30人

②　１週間当たりの労働時間が30時間未満の従業員の直前期末以前１年間の労働
時間の合計数：7,160時間

A　継続勤務従業員数は31人（１人＋30人）、継続勤務従業員以外の従業員数は4.5人 ｛(960時間＋7,160時間)／1,800時間｝となるため、35.5人で35人超の区分に該当することになります。

❶　従業員数の算定

非上場株式の会社規模判定における従業員数の算定は、次の算式により求めた人数となります（評価通達178（2））。

$$継続勤務従業員数 \;+\; \frac{継続勤務従業員以外の従業員の年間労働時間の合計時間数}{1,800時間}$$

継続勤務従業員数とは、直前期末以前１年間においてその期間継続して評価会社に勤務していた従業員で、かつ、就業規則等で定められた１週間当たりの労働時間が30時間以上の従業員をいいます。

直前期末以前１年間の途中で入社した場合や退社した場合または週30時間未満のアルバイト等の従業員については、従業員１人当たりの平均的な年間労働時間数を1,800時間として考え、継続勤務従業員以外の従業員の年間労働時間の合計時間数を1,800時間で除して計算します。

◎　従業員算定上の留意点

①　上記により計算した評価会社の従業員数が、例えば5.1人となる場合は従業員数「５人超」に、4.9人となる場合は従業員数「５人以下」に該当します。

②　従業員には、社長、理事長並びに法令71条（使用人兼務役員とされない役員）１項１号、２号及び４号に掲げる役員は含まないことに留意してください。

> ┄┄ ◆法人税法施行令 ┄┄┄┄┄┄┄┄┄┄┄┄┄┄┄┄┄┄┄┄┄┄┄┄┄┄┄┄┄┄┄┄┄
>
> （使用人兼務役員とされない役員）
>
> 第71条　法第34条第6項（役員給与の損金不算入）に規定する政令で定める役員は、次に掲げる役員とする。
>
> 　一　代表取締役、代表執行役、代表理事及び清算人
>
> 　二　副社長、専務、常務その他これらに準ずる職制上の地位を有する役員
>
> 　三　（省略）
>
> 　四　取締役（指名委員会等設置会社の取締役及び監査等委員である取締役に限る。）、会計参与及び監査役並びに監事
>
> 　五　前各号に掲げるもののほか、同族会社の役員のうち次に掲げる要件の全てを満たしている者
>
> 　　イ　当該会社の株主グループにつきその所有割合が最も大きいものから順次その順位を付し、その第1順位の株主グループ（同順位の株主グループが2以上ある場合には、その全ての株主グループ。イにおいて同じ。）の所有割合を算定し、又はこれに順次第2順位及び第3順位の株主グループの所有割合を加算した場合において、当該役員が次に掲げる株主グループのいずれかに属していること。
>
> 　　　(1)　第1順位の株主グループの所有割合が100分の50を超える場合における当該株主グループ
>
> 　　　(2)　第1順位及び第2順位の株主グループの所有割合を合計した場合にその所有割合がはじめて100分の50を超えるときにおけるこれらの株主グループ
>
> 　　　(3)　第1順位から第3順位までの株主グループの所有割合を合計した場合にその所有割合がはじめて100分の50を超えるときにおけるこれらの株主グループ
>
> 　　ロ　当該役員の属する株主グループの当該会社に係る所有割合が100分の10を超えていること。
>
> 　　ハ　当該役員（その配偶者及びこれらの者の所有割合が100分の50を超える場合における他の会社を含む。）の当該会社に係る所有割合が100分の5を超えていること。

❷　本問への当てはめ

● 甲、乙、丙の判定

　法令71条1項1号、2号及び4号に掲げる役員に該当しますので、従業員数には含まれません。

● 丁の判定

　丁は専務、常務等の職制上の地位を有する役員には該当しておらず、1週間当たりの労働時間が30時間以上となりますので、継続勤務従業員数に含めて判定します。

●戊の判定

　法人税法上は、純然たる使用人である場合においても、同族会社の使用人のうち、法令71条1項5号イからハまで（使用人兼務役員とされない役員）の規定中「役員」とあるのを「使用人」と読み替えた場合に同号イからハまでに掲げる要件のすべてを満たしている者で、その会社の経営に従事しているものについては、役員とみなされます（法令7条）。

┌─ ◆**法人税法施行令** ──────────────────────────┐

（役員の範囲）
第7条　法第2条第15号（役員の意義）に規定する政令で定める者は、次に掲げる者とする。
一　法人の使用人（職制上使用人としての地位のみを有する者に限る。次号において同じ。）以外の者でその法人の経営に従事しているもの
二　同族会社の使用人のうち、第71条第1項第5号イからハまで（使用人兼務役員とされない役員）の規定中「役員」とあるのを「使用人」と読み替えた場合に同号イからハまでに掲げる要件のすべてを満たしている者で、その会社の経営に従事しているもの

└────────────────────────────────────┘

　上記の法令7条1項2号に該当する戊は、法令71条1項5号に該当することになりますので、使用人兼務役員になることもできない者に該当します。

　評価通達178（2）における従業員数については、法令71条（使用人兼務役員とされない役員）1項1号、2号及び4号に掲げる役員は含まないこととされていますが、法令71条1項5号に掲げる役員については、除外されていません。すなわち、法令71条1項5号に該当する戊は、従業員数から除外される役員には該当しないことになります。

　なお、従業員の範囲について国税庁の質疑応答事例では、下記の通り解説がなされています。

┌────────────────────────────────────┐
│ 財産評価基本通達178（2）の「評価会社に勤務していた従業員」とは、評価会社において使用される個人（評価会社内の使用者の指揮命令を受けて労働に従事するという実態をもつ個人をいいます。）で、評価会社から賃金を支払われる者（無償の奉仕作業に従事している者以外の者をいいます。）をいいます〔。〕 │
└────────────────────────────────────┘

（出典）国税庁 質疑応答事例「従業員の範囲」

　従って、戊は使用者の指揮命令を受けて経理という労働に従事しており、かつ、労働時間も決まっていますので、従業員に含めて判定することが相当であると考えられます。また、1週間当たりの労働時間が30時間未満となりますので、継続勤務従業員以外の従業員として判定することになります。

第2章　評価明細書ごとに理解する非上場株式の評価実務

▶実務上のポイント

　役員でも指名委員会等設置会社の取締役及び監査等委員である取締役には該当せず、かつ、専務や常務などの職制上の地位を有していない場合には、従業員数に含めて判定することになりますので、留意しておきましょう。

Q2　出向社員・派遣社員がいる場合の従業員数の算定

　Ａ社の従業員及び役員に関する労働時間等の状況は、下記の通りとなります。Ａ社の会社規模を判定する場合における従業員数は、何人になりますでしょうか。

【従業員に関する事項】

●正社員

［職務内容］

　１週間当たりの労働時間は40時間であり、直前期末以前１年間においてその期間継続して勤務している正社員の数は40人となりますが、そのうち１名（甲）については、直前期末以前１年間の間は関連会社に出向しており、Ａ社から賃金が支払われています。

　また、上記以外に前事業年度の途中まで従業員であった者（乙）は、前事業年度の途中で雇用関係が解消され、関連先であるＢ社に出向し、Ｂ社で雇用されています。乙は、出向期間経過後については、Ａ社の使用人兼務役員に就任する予定となっています。前事業年度１年間における乙の労働時間の合計数は、900時間となります。

●契約社員

［職務内容］

　１週間当たりの労働時間は30時間であり、直前期末以前１年間においてその期間継続して勤務している契約社員の数は27人となります。

●派遣社員

［職務内容］

　繁忙期の12月から３月のみ派遣社員を派遣会社に依頼しており、直前期末以前１年間における派遣社員の数は10名で、労働時間の合計数は3,200時間となります。

　派遣社員との間に雇用契約はなく、人材派遣会社に派遣料を支払っています。

● アルバイト

［職務内容］

　週20時間未満のアルバイトを４名雇用しており、直前期末以前１年間におけるアルバイトの労働時間の合計数は、3,000時間となります。

【役員に関する事項】

　Ａ社の役員は、代表取締役、副社長、常務取締役の３名であり、いずれも職制上の地位を有する役員に該当します。

A　継続勤務従業員数は67人（40人＋27人）、継続勤務従業員以外の従業員数は3.9人 ｛(900時間＋3,200時間＋3,000時間) ／1,800時間｝ となるため、70.9人で70人超の区分に該当することになります。従業員数の算定方法及び留意点については、74頁Q1を確認してください。

❶　出向中の者の判定（甲及び乙）

　従業員は、原則として評価会社との雇用関係がある者を従業員に含むものとされています。甲はＡ社との間に雇用関係が継続している者に該当しますので、継続勤務従業員としてカウントすることになります。

　乙については、雇用関係が直前期において喪失していますが、直前期末以前１年間の間にＡ社との雇用関係がありますので、継続勤務従業員以外の従業員としてカウントされることになります。

❷　派遣社員の判定

　派遣社員はＡ社との間で雇用関係がありませんので、原則として従業員に含めないでカウントすることになりますが、派遣労働者も契約社員、アルバイト等と同様に勤務している実態もあることから、派遣社員を継続勤務従業員と継続勤務従業員以外の者に区分してカウントしても差し支えないこととされています。

　上記の取扱いについては、国税庁の質疑応答事例において、下記の通り解説がなされています。

第2章　評価明細書ごとに理解する非上場株式の評価実務

財産評価基本通達178（2）の「評価会社に勤務していた従業員」とは、評価会社において使用される個人（評価会社内の使用者の指揮命令を受けて労働に従事するという実態をもつ個人をいいます。）で、評価会社から賃金を支払われる者（無償の奉仕作業に従事している者以外の者をいいます。）をいいますが、現在における労働力の確保は、リストラ、人件費などの管理コスト削減のため、正社員の雇用のみで対応するのではなく、臨時、パートタイマー、アルバイターの採用など多様化しており、派遣労働者の受入れもその一環であると認められ、実質的に派遣先における従業員と認めても差し支えないと考えられること等から、派遣労働者を受け入れている評価会社における従業員数基準の適用については、受け入れた派遣労働者の勤務実態に応じて継続勤務従業員とそれ以外の従業員に区分した上で判定しても差し支えありません。

（出典）国税庁 質疑応答事例「従業員の範囲」

▶実務上のポイント

　継続勤務従業員以外の従業員については、労働時間の集計が必要になりますので、会社へ従業員の時間集計を依頼することが重要となります。

第2表　特定の評価会社の判定の明細書

第2表のポイント
- 特定の評価会社の判定手順を理解する
- 6つの特定の評価会社のそれぞれの意義及び個々の評価方法を理解する

1　第2表の役割

　評価会社が一般の評価会社に該当するのか、特定の評価会社に該当するのかを判定するための明細書になります。

2　具体的な判定手順

　具体的な判定手順は、18頁にも記載しましたが、下記の通りとなります。

第2章 評価明細書ごとに理解する非上場株式の評価実務

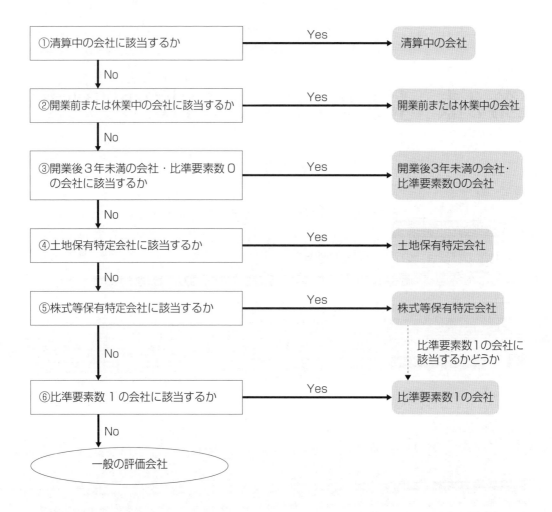

　評価会社が、上記④または⑤に該当するかどうかを判定する場合において、課税時期前において合理的な理由もなく評価会社の資産構成に変動があり、その変動が上記④または⑤に該当する評価会社と判定されることを免れるためのものと認められるときは、その変動はなかったものとして判定するものとします。

　これは、評価通達189のなお書きにおいて定められていますが、例えば土地保有特定会社に該当する会社が土地保有特定会社と判定されることを免れるために資産の購入を行う等の租税回避行為を防止するための規定になります。実務上、合理的な理由があるか否かが重要になります。

3 特定の評価会社の評価方法の概要

第2表により特定の評価会社であると判定された場合の評価体系をまとめると下記の通りとなります。

株主判定 （第1表の1）	評価会社の判定 （第1表の2・第2表）	評価方法 （第3表～第8表）	使用する 明細書
原則的評価方式が適用される株主	比準要素数1の会社 （大会社・中会社・小会社）	純資産価額方式と、類似業種比準方式と純資産価額方式との併用方式のいずれか低い金額（91頁参照）	第4表 第5表 第6表
	株式等保有特定会社 （大会社・中会社・小会社）	純資産価額方式と「S1＋S2」方式（258頁参照）のいずれか低い金額	第4表 〜 第8表
	土地保有特定会社	純資産価額方式	第5表 第6表
	開業後3年未満の会社 比準要素数0の会社	純資産価額方式	第5表 第6表
	開業前・休業中の会社	純資産価額方式	第5表 第6表
	清算中の会社	清算分配見込額を基礎にした価額（84頁参照）	明細書 なし※1
特例的評価方式が適用される株主	比準要素数1の会社 （大会社・中会社・小会社）	配当還元方式 原則的評価方式 　⇒いずれか低い金額 （注）　配当還元価額の方が明らかに低い場合には、原則的評価は不要になります。	第4表 第5表 第6表
	株式等保有特定会社 （大会社・中会社・小会社）		第4表 〜 第8表
	土地保有特定会社		第5表 第6表
	開業後3年未満の会社・ 比準要素数0の会社		第5表 第6表
	開業前・休業中の会社	純資産価額方式※2	第5表 第6表
	清算中の会社	清算分配見込額を基礎にした価額（84頁参照）※2	明細書 なし※1

※1　清算中の会社の場合には、清算分配見込額を計算することになりますが、具体的な明細書があるわけではありませんので、任意で計算明細を準備するか、第5表を準用して評価をすることになります。

※2　事業活動を行っていない開業前、休業中、清算中の会社については配当還元方式がなじまないため、配当還元方式は適用されません。従って、これらの会社は、原則的評価方式が適用される株主と同様の評価を行うことになります。

4　個々の特定の評価会社の意義及び具体的な評価方法

1　清算中の会社の株式の評価

（1）　意義

　清算中の会社とは、解散等をした後、清算手続に入っている会社をいいます。

　会法475条においては、解散等をした場合には清算をしなければならないと定められていますので、解散等の事由が課税時期において発生している場合には清算中の会社に該当します。

> ▶実務上のポイント
>
> 　実際の実務では、株主総会決議に基づく解散が少なくありませんが、その場合には株主総会の決議と同時に清算手続に入っているとされますので、株主総会決議後から解散登記までの間に相続が発生した下図のような場合には、清算中の会社として判断することが相当であると考えられます。
>
> 　従って、課税時期後に解散登記がされている場合には、解散事由がいつ発生したかについて議事録等を確認する必要があります。
>
>

（2）　評価方法（評価通達189-6）

$$\text{清算分配見込額} \times \text{課税時期から分配見込日までの期間（1年未満は1年とする）の年数に応ずる基準年利率の複利現価率（注）}$$

（注）　基準年利率（評価通達4-4）及び複利表は、評価個別通達や国税庁のホームページにも掲載がされていますが、実際に適用する基準年利率及び複利表は、課税時期の属する月に対応するものを使用します。基準年利率及び複利表を次頁以降で確認しておきましょう。

　分配が2回以上見込まれる場合には、それぞれの分配見込額について上記の算式により計算した金額を合計します。なお、分配を行わず長期にわたり清算中のままになっている会社については、上記の算式により計算することが困難であるため、会社の清算価値である時価純資産価額を基に評価することが相当であると考えられます。具体的には、評価通

達185の規定を準用して第5表の純資産価額で計算を行う方法が課税実務上の取扱いとして認められています。87頁の質疑応答事例では、長期にわたり清算中のままになっている会社の株式の価額の取扱いが記載されていますので確認しておきましょう。

　また、上記算式を計算する具体的な明細書はありませんので、任意で計算明細を準備するか、第5表を準用して計算することになります。

【参考①】令和6年分の基準年利率（財産評価関係 個別通達）

（単位：％）

区分	年数または期間	1月	2月	3月	4月	5月	6月	7月	8月	9月	10月	11月	12月
短期	1年	0.01	0.01	0.10	0.10	0.25	0.25						
	2年												
中期	3年	0.10	0.25	0.25	0.25	0.50	0.50						
	4年												
	5年												
	6年												
長期	7年以上	1.00	1.00	1.00	1.00	1.00	1.50						

第２章　評価明細書ごとに理解する非上場株式の評価実務

【参考②】令和６年６月分複利表（財産評価関係 個別通達）

区分	年数	年0.25%の複利年金現価率	年0.25%の複利現価率	年0.25%の年賦償還率	年1.5%の複利終価率	区分	年数	年1.5%の複利年金現価率	年1.5%の複利現価率	年1.5%の年賦償還率	年1.5%の複利終価率
短期	1	0.998	0.998	1.003	1.015		36	27.661	0.585	0.036	1.709
	2	1.993	0.995	0.502	1.030		37	28.237	0.576	0.035	1.734
		年0.5%の複利年金現価率	年0.5%の複利現価率	年0.5%の年賦償還率	年1.5%の複利終価率		38	28.805	0.568	0.035	1.760
区分	年数						39	29.365	0.560	0.034	1.787
中期	3	2.970	0.985	0.337	1.045		40	29.916	0.551	0.033	1.814
	4	3.950	0.980	0.253	1.061		41	30.459	0.543	0.033	1.841
	5	4.926	0.975	0.203	1.077		42	30.994	0.535	0.032	1.868
	6	5.896	0.971	0.170	1.093		43	31.521	0.527	0.032	1.896
		年1.5%の複利年金現価率	年1.5%の複利現価率	年1.5%の年賦償還率	年1.5%の複利終価率		44	32.041	0.519	0.031	1.925
区分	年数						45	32.552	0.512	0.031	1.954
	7	6.598	0.901	0.152	1.109		46	33.056	0.504	0.030	1.983
	8	7.486	0.888	0.134	1.126		47	33.553	0.497	0.030	2.013
	9	8.361	0.875	0.120	1.143		48	34.043	0.489	0.029	2.043
	10	9.222	0.862	0.108	1.160		49	34.525	0.482	0.029	2.074
	11	10.071	0.849	0.099	1.177		50	35.000	0.475	0.029	2.105
	12	10.908	0.836	0.092	1.195		51	35.468	0.468	0.028	2.136
	13	11.732	0.824	0.085	1.213		52	35.929	0.461	0.028	2.168
	14	12.543	0.812	0.080	1.231	長	53	36.383	0.454	0.027	2.201
	15	13.343	0.800	0.075	1.250		54	36.831	0.448	0.027	2.234
	16	14.131	0.788	0.071	1.268		55	37.271	0.441	0.027	2.267
	17	14.908	0.776	0.067	1.288		56	37.706	0.434	0.027	2.301
長	18	15.673	0.765	0.064	1.307	期	57	38.134	0.428	0.026	2.336
	19	16.426	0.754	0.061	1.326		58	38.556	0.422	0.026	2.371
	20	17.169	0.742	0.058	1.346		59	38.971	0.415	0.026	2.407
	21	17.900	0.731	0.056	1.367		60	39.380	0.409	0.025	2.443
	22	18.621	0.721	0.054	1.387		61	39.784	0.403	0.025	2.479
期	23	19.331	0.710	0.052	1.408		62	40.181	0.397	0.025	2.517
	24	20.030	0.700	0.050	1.429		63	40.572	0.391	0.025	2.554
	25	20.720	0.689	0.048	1.450		64	40.958	0.386	0.024	2.593
	26	21.399	0.679	0.047	1.472		65	41.338	0.380	0.024	2.632
	27	22.068	0.669	0.045	1.494		66	41.712	0.374	0.024	2.671
	28	22.727	0.659	0.044	1.517		67	42.081	0.369	0.024	2.711
	29	23.376	0.649	0.043	1.539		68	42.444	0.363	0.024	2.752
	30	24.016	0.640	0.042	1.563		69	42.802	0.358	0.023	2.793
	31	24.646	0.630	0.041	1.586		70	43.155	0.353	0.023	2.835
	32	25.267	0.621	0.040	1.610						
	33	25.879	0.612	0.039	1.634						
	34	26.482	0.603	0.038	1.658						
	35	27.076	0.594	0.037	1.683						

（注）　1　複利年金現価率、複利現価率及び年賦償還率は小数点以下第４位を四捨五入により、複利終価率は小数点以下第４位を切捨てにより作成している。

　　　　2　複利年金現価率は、定期借地権等、著作権、営業権、鉱業権等の評価に使用する。

　　　　3　複利現価率は、定期借地権等の評価における経済的利益（保証金等によるもの）の計算並びに特許権、信託受益権、清算中の会社の株式及び無利息債務等の評価に使用する。

　　　　4　年賦償還率は、定期借地権等の評価における経済的利益（差額地代）の計算に使用する。

　　　　5　複利終価率は、標準伐期齢を超える立木の評価に使用する。

第4節　第2表　特定の評価会社の判定の明細書

質疑応答事例

長期間清算中の会社

▶照会要旨

　分配を行わず長期にわたり清算中のままになっているような会社の株式の価額は、どのように評価するのでしょうか。

▶回答要旨

　1株当たりの純資産価額（相続税評価額によって計算した金額）によって評価します。

（理由）

　清算中の会社の株式は、財産評価基本通達189-6（清算中の会社の株式の評価）の定めにより、清算の結果、分配を受ける見込みの金額の課税時期から分配を受けると見込まれる日までの期間に応ずる基準年利率による複利現価の額によって評価することとされています。

　（n年後に分配を受ける見込みの金額×n年に応ずる基準年利率による複利現価率）

　しかし、分配を行わず長期にわたり清算中のままになっているような会社については、清算の結果分配を受ける見込みの金額や分配を受けると見込まれる日までの期間の算定が困難であると認められることから、1株当たりの純資産価額（相続税評価額によって計算した金額）によって評価します。

【関係法令通達】

財産評価基本通達4-4、185、189-6

（出所）国税庁ホームページ　質疑応答事例

2 開業前または休業中の会社の評価

（1）　意義

　「開業前」の具体的な定義はありませんが、法令14条1項2号で開業費については「法人の設立後事業を開始するまでの間に開業準備のために特別に支出する費用」と規定されているため、実務上は、設立日から営業を開始する日までの期間を開業前の期間と考えるのが相当であると思われます。

「休業中」についても同様に具体的な定義はありませんが、法人として何らの営業活動がされていない場合には、配当金額、利益金額を基に計算することが不合理であるため、1株当たりの純資産価額によって評価します。なお、課税時期の直前期の利益金額や配当金額が存在し、課税時期においてたまたま一時的に休業をしており、課税時期後に事業を再開することが明らかである場合には、通常通り類似業種比準価額により計算することも合理的であるため、「休業中の会社」として取り扱わないことが相当であると考えられます。

（2）　評価方法

評価通達185《純資産価額》の本文の定めにより計算した1株当たりの純資産価額（相続税評価額によって計算した金額）によって評価します（第5表により計算します）。

（注1）配当還元方式の適用について

　　事業活動を行っていない開業前、休業中の会社については配当還元方式がなじまないため、適用されません。

（注2）議決権割合が50％以下である場合の80％評価減の適用について

　　80％の斟酌はないものとして計算します。これは、開業前または休業中の会社は、会社を支配できるか否かについてまで考慮して評価する必要性がないためです。

3 開業後3年未満の会社及び比準要素数0の会社の評価

（1）　意義

①　開業後3年未満の会社

課税時期において開業後3年未満の会社をいいますが、この場合の開業年月日については、会社の設立日ではなく、実際に営業を開始した日をいいます。

実務上は、明らかに3年を経過しているものについては、会社謄本より設立日を記載することで問題はないかと思われますが、3年を経過しているか判断に迷うときには、納税者からのヒアリングにより、実際に営業を開始した日、所得を得るために具体的な活動をした日等を確認して開業年月日をいつにするのかを検討する必要があります。

②　比準要素数0の会社

第4表で計算する「1株当たりの年配当金額（第4表の㉛の金額）」「1株当たりの年利益金額（第4表の㉜の金額）」及び「1株当たりの純資産価額（第4表の㉝の金額）」のそれぞれの金額がいずれも0であるものをいいます。

第4節　第2表　特定の評価会社の判定の明細書

▶実務上のポイント

　実務上、それぞれの「1株当たりの年配当金額Ⓑ①」「1株当たりの年利益金額Ⓒ①」及び「1株当たりの純資産価額Ⓓ①」の金額の算定が重要になってきますが、このうち1株当たりの年利益金額Ⓒ①については納税者有利に選択することも認められています（詳細については、331頁参照）。実務上、有利判定を間違えて計算してしまうことも少なくありませんので注意が必要となります。

（2）　評価方法

　評価通達185《純資産価額》の本文の定めにより計算した1株当たりの純資産価額（相続税評価額によって計算した金額）によって評価します（第5表により計算します）。

　特例的評価方式が適用される株主の場合には、配当還元方式と上記の方法により計算した金額のいずれか低い金額となります。

4 土地保有特定会社の評価

（1）　意義

　課税時期における評価会社の各資産の相続税評価額の合計額に占める土地等（土地及び借地権などの土地の上に存する権利をいいます）の相続税評価額の割合が70％以上（中会社及び特定の小会社については、90％以上）の評価会社をいいます。

　具体的には、第5表で算定した金額を基に、判定明細書の下記の表で判定をすることになります。

		判　　定　　要　　素						
		総 資 産 価 額 （第5表の①の金額）		土地等の価額の合計額 （第5表の㋪の金額）	土地保有割合 （⑤／④）	会 社 の 規 模 の 判 定 （該当する文字を〇で囲んで表示します。）		
		④　　　　　千円		⑤　　　　　千円	⑥　　　　％	大会社・中会社・小会社		
3．土地保有特定会社	判定基準 会社の規模	大 会 社		中 会 社		小 会 社 （総資産価額（帳簿価額）が次の基準に該当する会社）		
						・卸売業 　　20億円以上 ・小売・サービス業 　　15億円以上 ・上記以外の業種 　　15億円以上	・卸売業 　7,000万円以上20億円未満 ・小売・サービス業 　4,000万円以上15億円未満 ・上記以外の業種 　5,000万円以上15億円未満	
	⑥の割合	70％以上	70％未満	90％以上	90％未満	70％以上	70％未満	90％以上　90％未満
	判　　定	該 当	非該当	該 当	非該当	該 当	非該当	該 当　非該当

89

第2章　評価明細書ごとに理解する非上場株式の評価実務

▶実務上のポイント

　実際の判定にあたっては、総資産価額（第5表の①の金額）、土地等の価額の合計額（第5表の⑧の金額）により土地保有割合が算定されますので、総資産価額及び土地等の価額の合計額を第5表で正確に算定することが非常に重要になってきます。

　特に土地保有割合が70％または90％の境にあるときには、土地等の価額に含める金額に漏れがないか注意をする必要があります。

　土地等の範囲については、209頁で解説しています。

（2）　評価方法

　評価通達185《純資産価額》の本文の定めにより計算した1株当たりの純資産価額（相続税評価額によって計算した金額）によって評価します（第5表により計算します）。

　特例的評価方式が適用される株主の場合には、配当還元方式と上記の方法により計算した金額のいずれか低い金額となります。

5 株式等保有特定会社の評価

（1）　意義

　課税時期において評価会社の有する各資産の相続税評価額の合計額に占める株式、出資及び新株予約権付社債（会法2条22号に規定する新株予約権付社債）の相続税評価額の割合が50％以上である評価会社をいいます。

　具体的には、第5表で算定した金額を基に、判定明細書の下記の表で判定することになります。

	判　　　　　定　　　　　要　　　　　素					
2．株式等保有特定会社	総 資 産 価 額 （第5表の①の金額）	株 式 等 の 価 額 の 合 計 額 （第5表の④の金額）	株式等保有割合 （②／①）	判定基準	③の割合が 50％以上である	③の割合が 50％未満である
	①　　　　　千円	②　　　　　千円	③　　　　　％	判定	該　　当	非 該 当

▶実務上のポイント

　実際の判定にあたっては、総資産価額（第5表の①の金額）、株式等の価額の合計額（第5表の④の金額）により株式等保有割合が算定されますので、総資産価額及び株式等の価額の合計額を第5表で正確に算定することが非常に重要になってきます。

　株式等の範囲については、210頁で解説しています。

（2） 評価方法

評価通達185《純資産価額》の本文の定めにより計算した1株当たりの純資産価額（相続税評価額によって計算した金額）または「S1＋S2方式による評価金額」のいずれか低い金額により求めます（詳細については257頁参照）。

6 比準要素数1の会社の評価

（1） 意義

第4表で直前期末を基準に計算した「1株当たりの年配当金額（第4表のB1の金額）」「1株当たりの年利益金額（第4表のC1の金額）」及び「1株当たりの純資産価額（第4表のD1の金額）」のうちいずれか2の判定要素が0であり、かつ、直前々期末を基準にして計算した「1株当たりの年配当金額（第4表のB2の金額）」「1株当たりの年利益金額（第4表のC2の金額）」及び「1株当たりの純資産価額（第4表のD2の金額）」のうちいずれか2以上の判定要素が0であるものをいいます。

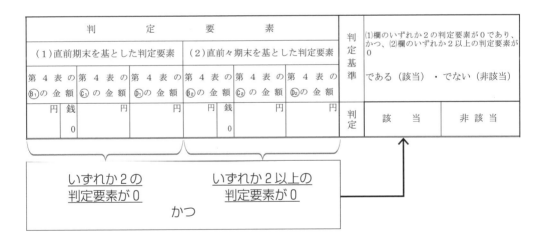

> ▶実務上のポイント
>
> 1株当たりの年利益金額C1及びC2の計算は、第4表で単年で計算するか2年平均とするか納税者が選択することができることになっていますので、納税者の意向に沿って選択することが重要になります（次頁Q1参照）。

（2） 評価方法

純資産価額※または「類似業種比準価額×0.25＋純資産価額※×0.75」のいずれか低い金額により求めます。

※ 株式取得者とその同族関係者の議決権割合が50％以下である場合
……純資産価額×80％

第2章　評価明細書ごとに理解する非上場株式の評価実務

　特例的評価方式が適用される株主の場合には、配当還元価額と上記の方法により計算した金額のいずれか低い金額となります。

5　Q&A

Q.1　比準要素数1の会社の判定の留意点

　A社は開業後30年の会社であり、創業以来、配当を行ったことがなく、債務超過になった事業年度もありません。毎期経常的に利益が出ていますが、前々期に社長の退職金を支給したことによって、前々期は赤字となっています。

　A社の類似業種比準価額の計算要素である1株当たりの年配当金額、年利益金額、純資産価額は、下記の通りとなります。1株当たりの年利益金額は、直前期末以前1年間の利益金額と直前期末以前2年間の利益金額÷2を選択することができますので、類似業種比準価額の計算上は、低い0円（直前期末以前2年間の利益金額÷2を基に計算）を選択した場合には、必ず比準要素数1の会社に該当するのでしょうか。

類似業種比準価額の計算要素	直前期末を基とした判定要素	直前々期末を基とした判定要素
1株当たりの年配当金額	直前期末以前2年間の配当金額を基に計算（Ⓑ1） 0円	直前々期末以前2年間の配当金額を基に計算（Ⓑ2） 0円
1株当たりの年利益金額	次のいずれかの方法で計算（Ⓒ1） ①直前期末以前1年間の利益金額を基に計算 50円 ②直前期末以前2年間の利益金額÷2を基に計算 0円	次のいずれかの方法で計算（Ⓒ2） ①直前々期末以前1年間の利益金額を基に計算 0円 ②直前々期末以前2年間の利益金額÷2を基に計算 0円
1株当たりの純資産価額	直前期末における純資産価額を基に計算（Ⓓ1） 1,050円	直前々期末における純資産価額を基に計算（Ⓓ2） 1,000円

A　類似業種比準価額の計算上は、低い0円（直前期末以前2年間の利益金額÷2を基に計算）を選択した場合においても、特定の評価会社（比準要素数1の会社）の判定上は、50円（直前期末以前1年間の利益金額を基に計算）または0円（直前期末以前2

年間の利益金額÷2を基に計算）を選択することができ、50円を選択した場合には比準要素数1の会社に該当しませんが、0円を選択した場合には、比準要素数1の会社に該当します。

従って、必ず比準要素数1の会社に該当するわけではありません。

❶ 比準要素数1の会社の意義

第4表で直前期末を基準に計算した「1株当たりの年配当金額（第4表の㊱の金額）」「1株当たりの年利益金額（第4表の㊱の金額）」及び「1株当たりの純資産価額（第4表の㊱の金額）」のうちいずれか2の判定要素が0であり、かつ、直前々期末を基準にして計算した「1株当たりの年配当金額（第4表の㊱の金額）」「1株当たりの年利益金額（第4表の㊱の金額）」及び「1株当たりの純資産価額（第4表の㊱の金額）」のうちいずれか2以上の判定要素が0である会社をいいます。

❷ 直前期末を基とした判定で直前期末以前1年間の利益金額を選択した場合

特定の評価会社（比準要素数1の会社）の判定上、50円（直前期末以前1年間の利益金額を基に計算）を選択した場合の比準要素数1の判定は下記の通り、「非該当」となります。従って、他の特定の評価会社に該当していない場合には、一般の評価会社に該当することになります。

第2章　評価明細書ごとに理解する非上場株式の評価実務

❸　直前期末を基とした判定で直前期末以前2年間の利益金額÷2を選択した場合

　特定の評価会社（比準要素数1の会社）の判定上、0円（前期末以前2年間の利益金額÷2を基に計算）を選択した場合の比準要素数1の判定は下記の通り、「該当」となります。

判　　定　　要　　素						判定基準	(1)欄のいずれか2の判定要素が0であり、かつ、(2)欄のいずれか2以上の判定要素が0
（1）直前期末を基とした判定要素			（2）直前々期末を基とした判定要素				である（該当）・でない（非該当）
第4表のⒷ₁の金額	第4表のⒸ₁の金額	第4表のⒹ₁の金額	第4表のⒷ₂の金額	第4表のⒸ₂の金額	第4表のⒹ₂の金額	判定	該　　当　　　　非　該　当
円　銭　　0　　0	円　　0	円　　1,050	円　銭　　0　　0	円　　0	円　　1,000		（該　当 に〇）

▶実務上のポイント

　比準要素数1で計算した株式の価額で当初申告した後に比準要素数1の会社に該当しないものして株価を計算し、更正の請求を行うことは、計算の誤りに起因とするものではなく、課税負担の錯誤を理由とするもの（60頁Q9参照）となりますので、原則として更正の請求は認められないものとなります。

　特定の評価会社を避けるためには、特定の評価会社の判定上は、直前期末以前1年間の利益金額と直前期末以前2年間の利益金額÷2のいずれか大きい方を選択することになりますが、実際の株価の計算は、いずれか低い方を選択することで株価は下がることになります。

Q2　新型コロナウイルスの影響により休業している場合の評価

　A社（3月決算で小会社に該当します）は飲食店を経営しており、新型コロナウイルスの影響により令和2年4月から6月まで休業していましたが、6月に株式の贈与を行っています。この場合には、休業中の会社として純資産価額のみで評価を行い、類似業種比準価額は使用できないことになりますでしょうか。

　なお、令和2年7月から営業を再開しましたが、売上が激減しています。その場合には、評価上、何らかの減額の斟酌はされることになるのでしょうか。

A　　休業中の会社は、配当金額、利益金額を基に計算することが不合理であるため、類似業種比準価額は使用できず、純資産価額で評価します。直前期の利益金額や配当金額が存在し、課税時期においてたまたま一時的に休業しており、課税時期後

に事業を再開している場合には、類似業種比準価額を使用することに問題はありませんので、本問の場合には、休業中の会社には該当しないものとして、類似業種比準価額を使用して計算を行います。

　A社は小会社に該当しますので、原則的評価方式が適用される株主に該当する場合には、他の特定の評価会社に該当していなければ、類似業種比準価額と純資産価額を折衷して評価することになりますが、現行の法律（本書執筆時点）において、新型コロナウイルスが特定非常災害には該当しないものとされていますので、原則として特別な減額の斟酌はないものとされています。

❶　特定非常災害

　特定非常災害とは、著しく異常かつ激甚な非常災害として政令で指定されたものをいいます（特定非常災害特別措置法2条1項）。例えば、令和6年能登半島地震、令和2年7月豪雨による災害、令和元年台風第19号による災害、平成30年7月豪雨による災害、平成28年熊本地震、平成23年東日本大震災が該当します。特定非常災害に該当した場合には、一定の要件の下に、課税時期の価額ではなく、特定非常災害発生直後の価額を基に計算できることとされています。類似業種比準価額の計算においては、災害発生日の属する事業年度の見積利益金額等を使用して計算することができます。また純資産価額の計算においても、特定非常災害発生直後の価額に基づき不動産等を評価することができます（措法69条の6、69条の7、措令40条の2の3、措通69の6・69-7共-3、69の6・69の7共-4）。

　新型コロナウイルスについては、本書執筆時点においては、政令での指定がありませんので、新たな指定がない限りは、災害後の利益金額の減少や不動産等の減額については考慮することができないことになります。

❷　類似業種比準価額の計算

　類似業種比準価額の計算の基礎となる業種目株価は、贈与月以前3か月間の各月の株価、前年平均株価及び課税時期の属する月以前2年間の平均株価のうち最も低い株価を使用することになりますので、新型コロナウイルスの影響は反映されていることになります。しかし、評価会社であるA社については、利益金額については、直前事業年度、直前々事業年度の2期を基に計算がなされますので、新型コロナウイルスの影響は反映されていないことになります。類似業種比準価額については、❶の特定非常災害があった場合で一定の株式等に該当する場合を除き、必ず直前事業年度以前の利益金額、配当金額、純資産価額を基に計算がなされます。

第2章　評価明細書ごとに理解する非上場株式の評価実務

❸　純資産価額の計算

　純資産価額の計算時点については、原則的には課税時期（贈与日または相続開始日）の資産及び負債を基に計算（仮決算方式）することになりますが、簡便的に直前期末時点の資産及び負債に基づき計算（直前期末方式）することも認められています。

　本問の場合においては、6月贈与時点または3月末時点の資産及び負債を基に評価することになりますが、新型コロナウイルスの影響により6月贈与時点で評価することにより純資産価額が下がる可能性があるため、4月から6月贈与日時点までの決算を確定し、どちらの決算を採用するか検討することになります。

　なお、直前期末から課税時期までの間に著しく資産及び負債の増減がある場合には、直前期末方式で計算することはできませんので、仮決算方式で計算することになります。

▶実務上のポイント

　非上場株式の評価については、現行の法律では、新型コロナウイルスによる特別な減免措置は想定されてはいないものの、類似業種の業種目株価は、その影響が反映されており、第5表における純資産価額の計算においても課税時期時点の資産及び負債を基に評価することができるため、実務的には、贈与月の検討及び、純資産価額の計算においては、仮決算方式の検討を行う必要があります。

Q_3　株式等保有特定会社外しの留意点

　B社（倉庫業）とC社（建設業）を100%所有している社長が事業承継に伴い、社長の長男に株式を承継させるにあたり、株式交換によりA社を設立し、B社及びC社を子会社とした後に、A社設立後開業3年経過後に株式を贈与する場合において、株式等保有特定会社に該当することを免れるためにA社が借入により収益物件を購入した場合には、株式等保有特定会社に該当しないものとして、一般の評価会社として類似業種比準価額と純資産価額を折衷させて評価しても問題ないでしょうか。

　なお、A社は不動産賃貸業及びB社及びC社の財務管理、経営管理を行っていますが、従業員はいません。

A　株式等保有特定会社を免れるために資産を購入した場合には、その資産の購入はなかったものとして株式等保有特定会社に該当するかどうかを判定するこ

ととされているため、本問の場合には、株式等保有特定会社に該当し、純資産価額または「S1＋S2方式」により評価することになります。

❶ 株式等保有特定会社の判定

課税時期における下記算式の割合が50％以上の場合には、株式等保有特定会社として、純資産価額または「S1＋S2方式」により評価することとされています（評価通達189（2）、189-3。詳細については本章第9節参照）。

$$\frac{株式、出資及び新株予約権付社債の価額の合計額}{評価通達に基づき計算した各資産の価額の合計額}$$

株式等保有特定会社が規定された理由は、著しく株式等に偏っている会社については、原則的評価方式による評価額と適正な時価との乖離が問題になり、租税回避行為の原因ともなっていたため、平成2年の評価通達の改正により設けられたというものです。

なお、評価会社が、株式等保有特定会社または土地保有特定会社に該当する評価会社かどうかを判定する場合において、課税時期前において合理的な理由もなく評価会社の資産構成に変動があり、その変動が株式等保有特定会社または土地保有特定会社に該当する評価会社と判定されることを免れるためのものと認められるときは、その変動はなかったものとして当該判定を行うものされています（評価通達189）。

❷ 合理的な理由の判断基準

合理的な理由があるかどうかについては、明確な判断基準はありませんが、租税回避行為の有無、資産購入と課税時期までの期間、長期的にも株式等保有特定会社に該当しないかどうか、一般の評価会社と判定した場合の評価額と特定の評価会社（株式等保有特定会社）と判定した場合の評価額の差額、事業の必要性等を総合勘案して判断されるべきであると考えられます。

▶実務上のポイント

持株会社が形式的に株式等保有特定会社に該当しない場合においても、直前において資産構成に変動がないかを確認して、株式等保有特定会社に該当するか否かを判定する必要があります。

第2章　評価明細書ごとに理解する非上場株式の評価実務

Q4　株式等保有特定会社の判定の留意点

　A社、B社、C社及びD社における株式の相続税評価額の計算において、それぞれA社及びB社については直前期末方式を採用し、C社及びD社については仮決算方式を採用した場合には、下記の通り株式等保有割合が50%未満となり、株式等保有特定会社に該当せず、一般の評価会社として評価することができますか。

　なお、いずれの会社も株式等保有特定会社以外の特定の評価会社には該当しないものとします。

	第5表の計算を<u>直前期末方式</u>で計算した場合における株式等保有割合	第5表の計算を<u>仮決算方式</u>で計算した場合における株式等保有割合
A社	49%	51%
B社	10%	60%
C社	60%	40%
D社	55%	48%

　直前期末から課税時期までの各社の株式等保有割合の変動理由は、下記の通りとなります。

【A社】

　直前期末から課税時期までの間に上場株式を購入したことが要因となります。A社は、毎年一定額を上場株式に投資しており、上場株式を売却目的で保有しています。

【B社】

　直前期末から課税時期までの間に子会社を購入したことが要因となります。

【C社】

　直前期末から課税時期までの間に本社の土地建物を購入したことが要因となります。本社購入は、本社の定期借家契約が満了したことに伴うものであり、借入により土地建物を購入しています。

【D社】

　直前期末から課税時期までの間に被相続人から1億円の借入を行ったことに起因するものとなります。借入の理由は、D社において投資業を行うためとなります。定款の事業目的の変更も行い、1億円のうち2,000万円については上場株式、証券投資信託に投資され、残りの8,000万円については外貨建預金に投資しています。

なお、当該借入の主たる目的は、株式等保有特定会社を免れるためであり、顧問税理士のアドバイスを基に実行されたものとなります。

A　　A社及びC社は一般の評価会社として評価することができますが、B社及びD社は、株式等保有特定会社に該当するため、一般の評価会社として評価することはできません。

❶　株式等保有特定会社の判定

　課税時期における下記算式の株式等保有割合が50%以上の場合には、株式等保有特定会社として、純資産価額または「S1＋S2方式」により評価することとされています（評価通達189（2）、189－3）。

$$
\frac{\text{株式、出資及び新株予約権付社債の価額の合計額}}{\text{評価通達に基づき計算した各資産の価額の合計額}}
$$

　株式等保有特定会社が規定された理由は、資産が著しく株式等に偏っている会社については、原則的評価方式による評価額と適正な時価との乖離が問題になり、租税回避行為の原因ともなっていたため、平成2年の評価通達の改正により設けられたというものです。

　なお、評価会社が、株式等保有特定会社または土地保有特定会社に該当する評価会社かどうかを判定する場合において、課税時期前において合理的な理由もなく評価会社の資産構成に変動があり、その変動が株式等保有特定会社または土地保有特定会社に該当する評価会社と判定されることを免れるためのものと認められるときは、その変動はなかったものとして当該判定を行うものされています（評価通達189なお書き）。

❷　合理的な理由の判断基準

　「合理的な理由があるかどうか」については、明確な判断基準はありませんが、租税回避行為の有無、資産購入と課税時期までの期間、長期的にも株式等保有特定会社に該当しないかどうか、原則的評価方式における評価額と株式等保有特定会社の評価額の差額、事業の必要性等を総合勘案して判断されるべきであると考えられます。

❸　株式等保有割合の計算時点

　上記❶の株式等保有割合は、第5表「1株当たりの純資産価額（相続税評価額）の計算

第2章　評価明細書ごとに理解する非上場株式の評価実務

明細書」を基に計算します。具体的には、株式等保有割合の分母の価額は、第5表における資産の部の合計の相続税評価額（①の金額）を使用し、分子の価額は、第5表における株式等の価額の合計額の相続税評価額（④の金額）を使用することになります。

　第5表の資産及び負債の金額は、下記の通り、評価時点を課税時期（仮決算方式）か直前期末時点（直前期末方式）のいずれを採用するかによって異なります。

（1）　原則的な評価時点（仮決算方式）

　非上場株式の評価の計算時期は、課税時期となりますので、相続の場合には相続開始時点、贈与の場合には贈与時点となります。従って、評価会社の課税時期の属する事業年度開始の日から課税時期までの期間の決算を確定させ、資産及び負債の金額を求めることになります。

（2）　簡便的な評価時点（直前期末方式）

　第5表の純資産価額の計算は、原則として仮決算方式で評価するべきこととされていますが、評価会社が課税時期において仮決算を行っていないため、課税時期における資産及び負債の金額が明確でない場合において、直前期末から課税時期までの間に資産及び負債について著しく増減がなく評価額の計算に影響が少ないと認められるときは、直前期末方式により計算することができるものとされています。

　従って、直前期末から課税時期までの間に資産及び負債について著しく増減がある場合については、直前期末方式により計算ができません。

　例えば、直前期末から課税時期までの間に評価会社が一部事業の廃止や合併等の組織再編を行ったことで資産及び負債が大きく増減した場合には、直前期末方式で計算することはできませんので、仮決算方式により計算を行うことになります。

❹　本問の場合の当てはめ

【A社】

　直前期末から課税時期までの間において上場株式を購入していますが、資産及び負債について著しく増減したものではありませんので、直前期末方式は認められることになります。従って、直前期末方式を採用した場合には、一般の評価会社に該当します。

【B社】

　直前期末から課税時期までの間に子会社を購入したことにより、株式等保有割合が10％から60％になっていますので、資産及び負債について著しく増減したものと考えられます。

従って、直前期末方式は認められずに仮決算方式を採用することになりますので、株式等保有特定会社に該当することになります。

【C社】

　株式等保有特定会社を免れるために資産を購入した場合には、その資産の購入はなかったものとして株式等保有特定会社に該当するかどうかを判定することとされていますが、本社購入は、定期借家契約が満了したことに伴うものであり、会社経営上、必要な資産の購入と認められ、合理的な理由がありますので、株式等保有特定会社を免れるために資産を購入した場合には該当しません。従って、一般の評価会社に該当します。

【D社】

　株式等保有特定会社を免れるために借入を行っていますので、その借入はなかったものとして株式等保有特定会社に該当するかどうかを判定することになります。従って、株式等保有特定会社に該当することになります。実際の第5表の純資産価額の計算は、仮決算方式で計算した資産及び負債の金額を使用します。

　なお、令和3年8月27日の裁決（TAINSコード：F0-3-765）は、株式等保有特定会社を免れるために相続開始の直前において増資を行ったと認定された事例となりますが、審判所は、下記の通り判断しています。

> 本件新株発行及び本件資金を含めた資産の運用に係る一連の行為が、請求人■■の主導の下、本件相続税の課税価格を圧縮し、<u>相続税の負担を大きく軽減することを直接の主たる目的として行われたこと</u>は、否定し難いものというべきである。請求人らが主張するMBO目的や資産運用目的等は、将来の抽象的で不確実な事態に対する対応策として全くなかったとまで認められるわけではないかもしれないが、少なくとも、以上の事情の下では、それが上記一連の行為による本件法人の資産構成の変動の合理的な理由となると認めることは困難であり、その変動は、本件法人が株式保有特定会社と判定されることを免れるために行われたものと認めるのが相当である。

（下線部は筆者による）

　上記の通り、「相続税の負担を大きく軽減することを直接の主たる目的として行われたこと」と認定された場合には、課税時期前において合理的理由もなく評価会社の資産構成に変動があったものとみなされ、その変動がなかったものとして取り扱われることになりますので、資産の変動の要因となる行為がどのような目的で行われたかが重要なポイント

第２章　評価明細書ごとに理解する非上場株式の評価実務

となります。

▶実務上のポイント

　直前期末方式で計算する場合には、直前期末から課税時期までの間に資産及び負債について著しい増減がないかを確認することが重要となります。また、株式等保有特定会社や土地保有特定会社の判定を行う場合には、課税時期前に株式等保有特定会社または土地保有特定会社を免れるための行為がなかったかどうかを確認する必要があります。

━━━━━━━━━━━━━━━ 第 **5** 節 ━━━━━━━━━━━━━━━

第3表　一般の評価会社の株式及び株式に関する権利の価額の計算明細書

┌─ 第3表のポイント ─────────────────────┐
- ●一般の評価会社の原則的評価方式の計算方法を確認する
- ●特例的評価方式の計算方法を確認する
└────────────────────────────────┘

1　第3表の役割

　一般の評価会社と判定された会社の最終的な株価を記載する明細書となります（特定の評価会社の株式及び株式に関する権利の評価については、「第6表 特定の評価会社の株式及び株式に関する権利の価額の計算明細書」を使用します）。

　具体的には、株主の区分に応じて、原則的評価方式が適用される株主については原則的評価方式による価額を計算し、特例的評価方式が適用される株主については、原則的評価方式による価額と配当還元方式による価額のいずれか低い方を計算することになります。なお、株式の権利が発生している場合には、株主の区分にかかわらず、株式の権利の評価を行うことになります。

2　原則的評価方式による価額

1　原則的評価方式による価額の計算（評価通達179）

　原則的評価方式による価額は、第4表で求めた1株当たりの類似業種比準価額及び第5表で求めた1株当たりの純資産価額を基に、会社の規模区分に応じて下記の通り計算することになります。

大会社	類似業種比準価額 純資産価額	いずれか 低い方
中会社	類似業種比準価額×Lの割合＋純資産価額※×（1－Lの割合） 【類似業種比準価額について】 上記算式中の類似業種比準価額は、納税義務者の選択によって純資産価額とすることもできます。これは、類似業種比準価額が純資産価額よりも高くなった場合の評価の安全性を考慮したものとなります。 【Lの割合について】 　Lの割合（類似業種の使用割合）は会社規模に応じて下記の通りです 　　中会社の「大」0.90 　　中会社の「中」0.75 　　中会社の「小」0.60	
小会社	純資産価額※ 類似業種比準価額×0.50＋純資産価額※×0.50	いずれか 低い方

※　株式取得者とその同族関係者の議決権割合が50％以下である場合
　　……純資産価額×80％（80％の斟酌が必要であるか否かについては164頁参照）

2 株式の価額の修正（評価通達187）

次に掲げる場合には、1 で求めた1株当たりの価額の修正が必要になります。

① 課税時期が配当金交付の基準日の翌日から配当金交付の効力が発生する日までの間にある場合

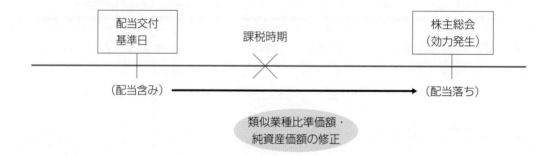

《修正が生じる理由》

上記のような場合、配当期待権は株式評価額とは別に評価されることになるため（109頁の 1 参照）、配当落ちの価額を求める必要があります。類似業種比準価額は、直前期末で計算されているため、配当含みで計算がされており、また純資産価額についても課税時期においてまだ債務が確定しておらず、配当金は負債として計上されないため、同様に配当含みで計算がなされています。そこで類似業種比準価額及び純資産価額の修正をする必

要があるため、第3表で最終的に類似業種比準価額と純資産価額方式の折衷の方法等により求めた価額から配当金をマイナスすることで株式の価額の修正をしています。

《修正価額》

原則的評価方式で求めた1株当たりの価額－株式1株に対して受ける予想配当の金額

② 課税時期が株式の割当ての基準日、株式の割当てのあった日または株式無償交付の基準日のそれぞれの翌日からこれらの株式の効力が発生する日までの間にある場合

《修正が生じる理由》

上記のような場合、株式割当等の権利は株式評価額とは別に評価されることになるため（後記 4 株式に関する権利の価額参照）、権利落ちの価額を求める必要があります。類似業種比準価額は、直前期末で計算されているため、権利含みで計算がされており、また純資産価額についても課税時期における発行済株式数で徐して計算することとされているため、割当株式数は考慮されずに権利含みで計算がなされています。そこで類似業種比準価額及び純資産価額の修正をする必要があるため、第3表で最終的に類似業種比準価額と純資産価額方式の折衷の方法等により求めた価額から次の算式により株式の価額の修正をしています。

《修正価額》

$$\frac{\text{原則的評価方式により計算した1株当たりの価額}^{※} + \text{割当株式1株につき払い込むべき金額} \times \text{1株当たりの割当株式数}}{1 + \text{1株に対する割当株式数または交付株式数}}$$

※　①の適用がある場合には、1株当たりの配当金額を控除した金額

③　上記①及び②の両方の修正事由がある場合

　②の計算式の通り、配当落ちの修正⇒権利落ちの修正の順番にそれぞれ修正計算を行うことになります。

▶実務上のポイント

　実務上、見落としやすいところにもなりますので、修正が生じる理由をしっかりと確認しておきましょう。
　また、第4表における類似業種比準価額の修正との違いを142頁でしっかりとおさえておきましょう。

3　配当還元方式による価額

1　配当還元価額の計算（評価通達188-2）

　配当還元価額とは、株式を所有することによって受ける配当金額を一定の配当率で還元して求めた株式の評価額をいいます。

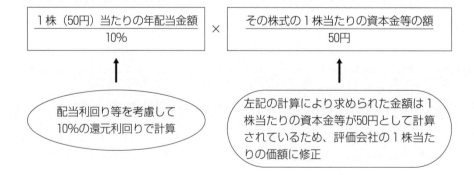

2 1株（50円）当たりの年配当金額（評価通達183（1））

$$\frac{直前期末以前2年間の配当金額の合計額^{※1} \times 1/2}{直前期末における発行済株式数^{※2}} = 年配当金額^{※3}$$

※1　下記の点に留意して配当金額を求めます。
　　　・直前期末以前2年間の間に配当金の効力が発生した剰余金の配当（資本金等の額の減少によるものを除く）の金額を使用します。121頁の1株当たりの年配当金額の計算で使用する「直前期末以前2年間における配当金額」と同様となります。
　　　・特別配当及び記念配当等は除きます。
　　　・みなし配当は除きます。
※2　直前期末における資本金等の額を50円で除して計算した数とします。
※3　年配当金額が2円50銭未満の場合または無配の場合には、2円50銭とします。

3 株式の価額の修正

　配当還元方式による場合には、 2 2 のような株式の価額の修正は必要ありません。第3表では、原則的評価方式による価額の計算欄には株式の価額の修正欄があるのに対し、配当還元方式による価額の計算欄には株式の価額の修正欄がありません。国税庁質疑応答事例においてもこのことが明らかにされていますので、確認しておきましょう。

質疑応答事例

株式の割当てを受ける権利等が発生している場合の価額修正の要否

▶照会要旨

　課税時期において株式の割当てを受ける権利等が発生している場合には、配当還元方式で計算した株式の価額について修正を要するのでしょうか。

▶回答要旨

　配当還元方式により計算した株式の価額の修正は行いません。

（理由）

1　課税時期が株式の割当基準日の翌日からその株式の割当ての日までの間にある場合には、増資による株式の増加は実現していませんが、株式の割当てを受ける権利が発生していることになり、株式とは別に独立したものとして評価することとしています（評基通190）。この場合、株式が上場株式であれば、その株式の割

当てを受ける権利の発生と同時に株式の価額は権利落のものとなり、取引相場のない株式については、評価する株式の価額はその株式の割当てを受ける権利を含んだものとなります。

そこで、1株当たりの純資産価額や類似業種比準価額などの原則的評価方式による方法で評価した取引相場のない株式の価額については、その価額を修正することとしています（評基通184、187、189-7）。

2　一方、配当還元方式による配当還元価額は、課税時期の直前期末以前2年間の配当金額だけを株価の価値算定の要素としているものであり、かつ、その配当金額は企業の実績からみた安定配当によることとしていることに基づくものです。

増資は、一般的に企業効率の向上を図るためそれぞれの目的のもとに行われるものであり、増資による払込資金は、通常事業活動に投下され相応の収益を生むこととなります。一般に、増資によって株式数が増加しただけ1株当たりの配当金が減少するとは限らず、むしろ維持されるのが通常です。

このようなことから、安定配当の金額を基礎として評価した株式の価額は、株式の割当てを受ける権利等の権利が発生している場合であっても、1株当たりの純資産価額や類似業種比準価額などの原則的評価方式による方法で評価する株式の場合と同一に考えることは適当ではありませんので、配当還元方式により計算した株式について課税時期において株式の割当てを受ける権利等が発生していても、その株式の価額の修正は行いません。

【関係法令通達】

財産評価基本通達187、188、188-2、189-7、190～193

（出所）国税庁ホームページ　質疑応答事例

4 資本金等の額がマイナスである場合

上記1の算式の通り、配当還元方式の計算においては1株当たりの資本金等の額により計算することになりますが、自己株式の取得によりこの資本金等の額がマイナスになる場合には、どのように計算するのかが問題になります。

これについては、平成18年12月22日公表の「「財産評価基本通達の一部改正について」通達等のあらましについて（情報）」で明らかにされています。

その情報では、「資本金等の額」が負の値となったとしても、その結果算出された株価（1株当たりの資本金等の額を50円とした場合の株価）に、同じ資本金等の額を基とした負の値（1

株当たりの資本金等の額の50円に対する倍数）を乗ずることにより計算されるため、結果として適正な評価額が算出される旨が記載されています。つまり、マイナスの金額となる場合であったとしても、マイナスのまま計算することで、結果として適正な株価が算定されることになります。

　なお、この取扱いは、類似業種比準価額の計算についても同様で「第4表　類似業種比準価額等の計算明細書」の「1株当たりの資本金等の額の計算」、「2．比準要素等の金額の計算」及び「比準割合の計算」の欄は、資本金等の額がマイナスであってもそのまま計算することになります（344頁参照）。

　具体的な計算は、以下の通りとなります。

《具体例》

直前期末の資本金等の額	△2億円
評価会社の年配当金額（2年間平均）	5,000万円
直前期末の発行済株式総数	13,000株
直前期末の自己株式数	3,000株

（配当還元方式の計算）

$$\frac{1株（50円）当たりの年配当金額}{10\%} \times \frac{その株式の1株当たりの資本金等の額}{50円}$$

$$= \frac{△12.5円^{※1}}{10\%} \times \frac{△20,000円^{※2}}{50円} = 50,000円$$

※1　$\dfrac{直前期末以前2年間の配当金額の合計額 \times 1/2}{直前期末における発行済株式数（*）} = \dfrac{5,000万円}{△400万株} = △12.5円$

　　　*　1株当たりの資本金等の額を50円とした場合の発行済株式数

　　　　△2億円 ÷ 50円 ＝ △400万株

※2　△2億円 ÷ 10,000株 ＝ △20,000円

4　株式に関する権利の価額

　次のそれぞれに定める権利が発生している場合には、当該権利を別個に評価します。

1 配当期待権（評価通達193）

（1）　意義

　配当期待権とは、配当金交付の基準日の翌日から、配当金交付の効力が発生する日まで

の間における、配当金を受けることができる権利のことをいいます（評価通達168（7））。

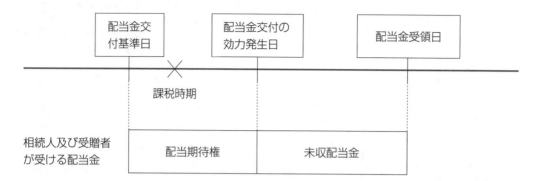

課税時期がどこのタイミングで発生するかによって、上記の通り株式の権利等の内容が変わります。

(2) 評価方法

> 1株当たりの予想配当金額－当該配当金額に対して源泉徴収されるべき所得税の額

2 株式の割当てを受ける権利（評価通達190）

(1) 意義

株式の割当てを受ける権利とは、株式の割当基準日の翌日から株式の割当ての日までの間における、株式の割当てを受ける権利のことをいいます（評価通達168（4））。

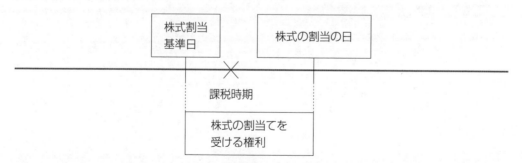

(2) 評価方法

> 1株当たりの権利落ち後の株式の評価額
> （配当還元方式の場合には配当還元価額） － 割当株式1株当たりの払込金額

3 株主となる権利（評価通達191）

(1) 意義

株主となる権利とは、会社設立の場合には、株式の申込みに対して割当てがあった日の翌日から会社設立登記の日の前日までの間、株式の割当ての場合には、株式の申込みに対して割当てがあった日の翌日から払込期日（払込期日の定めがある場合には払込みの日）までの間における各々の株式の引き受けに関する権利をいいます（評価通達168（5））。

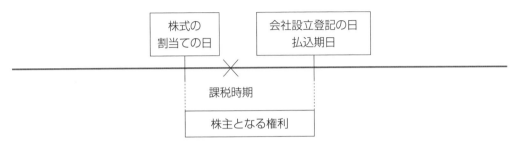

(2) 評価方法

	評価額の算定方法
会社設立の場合	課税時期以前に、その株式につき払い込んだ金額
会社設立後の場合	1株当たりの権利落ち後の株式の評価額（配当還元方式の場合には配当還元価額） － その株式1株につき払い込むべき金額（課税時期後にその株主となる権利につき払い込むべき金額がある場合）

4 株式無償交付期待権（評価通達192）

(1) 意義

株式無償交付期待権とは、株式無償交付の基準日の翌日から株式の無償交付の効力が発生する日までの間における、株式の無償交付を受けることができる権利のことをいいます（評価通達168（6））。

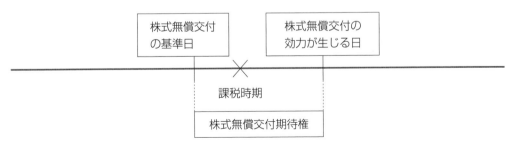

(2) 評価方法

当該株式の評価額（原則的評価方式による評価額または配当還元方式による価額）となります。

第 2 章　評価明細書ごとに理解する非上場株式の評価実務

▶実務上のポイント

　配当期待権、株式の割当てを受ける権利、株主となる権利、株式無償交付期待権が発生している場合には、配当含みまたは権利含みで株価の計算がされているため、104頁の **2** 株式の価額の修正が必要となります。

第 **6** 節

第4表　類似業種比準価額等の
　　　計算明細書

第4表のポイント

◉1株当たりの年配当金額・年利益金額・純資産価額の算定方法を確認する

◉業種目の判定方法を理解する

1　第4表の役割

　類似業種比準価額を計算するための明細書となります。

　また、比準要素数1の会社または比準要素数0の会社である特定の評価会社の判定の基礎となる数値も、この明細書で算出することになります。

2　類似業種比準価額の計算方法

　類似業種比準価額とは、評価会社の事業内容が類似する業種目の株価を基礎として、評価会社と類似業種の1株当たりの①年配当金額、②年利益金額及び③純資産価額を比較考慮して求めた価額をいいます。

　具体的な算定方法は、下記の通りとなります。類似業種の株価Aを基に類似業種と評価会社を比較して求めた比準割合を乗じて計算した金額に、会社の規模に応じた斟酌率を乗じた金額により計算することになります。

---

① 　類似業種株価A×比準割合×斟酌率

② 　①× $\dfrac{評価会社の1株当たりの資本金等の額}{50円}$

---

　①の算式について解説します。

第1表の1

第1表の2

第2表

第3表

第4表

第5表

第6表

第7・8表

第2章　評価明細書ごとに理解する非上場株式の評価実務

（イ）　類似業種株価Aについて

　課税時期の属する月以前3か月間の各月の株価、前年平均株価及び課税時期の属する月以前2年間の平均株価のうち最も低いものをいいます。

　類似業種の株価は、評価個別通達「類似業種比準価額計算上の業種目及び業種目別株価等」で定められていますが、国税庁のホームページでも公表されています。

　下記の表は、令和6年分の類似業種比準価額計算上の業種目及び業種目別株価等の一部抜粋となります。A（株価）欄を確認しておきましょう。

　なお、課税時期の属する月以前2年間の平均株価の選択は、平成29年の通達改正により追加されたものとなります。平成29年1月1日以後の相続、遺贈または贈与により取得した非上場株式の評価から選択適用が可能となります。

類似業種比準価額計算上の業種目及び業種目別株価等（令和6年分）（一部抜粋）

（単位：円）

業　種　目				B	C	D	A（株価）		
大分類	番号	内　容		配当金額	利益金額	簿価純資産価額	令和5年平均	5年11月分	5年12月分
中分類									
小分類									
建設業	1			10.6	51	467	371	393	397
総合工事業	2			9.0	46	411	305	323	324

（単位：円）

業　種　目		A（株価）【上段：各月の株価、下段：課税時期の属する月以前2年間の平均株価】											
大分類	番号	令和6年1月分	2月分	3月分	4月分	5月分	6月分	7月分	8月分	9月分	10月分	11月分	12月分
中分類													
小分類													
建設業	1	422	436	455	454	453	455						
		352	357	362	367	373	378						
総合工事業	2	343	347	357	353	354	351						
		290	293	297	300	304	308						

　なお、使用する評価会社の業種目の判定は、実務上大事になりますので、116頁で解説しています。

（ロ）　比準割合について

　平成29年の通達改正により、配当金額：利益金額：純資産価額の比重計算は従来の1：3：1から1：1：1に改正がなされました。

114

$$\frac{(Ⓑ/B + Ⓒ/C + Ⓓ/D)}{3}$$

B、C、D は下記の表の通り類似業種の比準要素となり、Ⓑ、Ⓒ、Ⓓは評価会社の比準要素となります。

	類似業種の比準要素		評価会社の比準要素
B	課税時期の属する年の類似業種の１株当たりの年配当金額	Ⓑ	評価会社の１株当たりの年配当金額（121頁参照）
C	課税時期の属する年の類似業種の１株当たりの年利益金額	Ⓒ	評価会社の１株当たりの年利益金額（126頁参照）
D	課税時期の属する年の類似業種の１株当たりの純資産価額	Ⓓ	評価会社の１株当たりの純資産価額（136頁参照）

　評価会社の比準要素であるB、C、D はA と同様、評価個別通達または国税庁ホームページで公表されていますので、前頁の令和６年分の類似業種比準価額計算上の業種目及び業種目別株価等のB、C、D の欄を確認しておきましょう。

　なお、評価会社のⒷ、Ⓒ、Ⓓについては、評価会社の直前３期分の法人税の申告書、地方税の申告書、決算報告書、科目内訳書等を基に計算することになります。実務上は、評価会社のⒷ、Ⓒ、Ⓓを求めることが重要になりますので、後の **4 5 6** で詳細な解説をしています。

（ハ）　斟酌率について

　会社の規模区分に応じて、下記の通りとなります。

　　大会社＝0.7

　　中会社＝0.6

　　小会社＝0.5

　類似業種比準価額は上場会社に近い規模の大きい会社ほど適用性が高いといえますが、規模が小さくなるにつれて類似業種比準価額を適用する合理性が薄くなってくるため、このような斟酌がなされています。９頁で解説した会社の規模と評価の考え方とあわせておさえておきましょう。

　次に、②の算式について解説します。

第2章　評価明細書ごとに理解する非上場株式の評価実務

　①の算式の類似業種株価A、類似業種の比準要素であるB、C、D及び評価会社の比準要素である⑧、ⓒ、ⓓは、評価会社と類似業種の比較する基準を合わせるために、1株当たりの資本金等の額を50円とした場合の発行済株式数を用いてそれぞれ計算された数値となります。すなわち、①で計算した得られた数値は、1株当たりの資本金等の額を50円とした場合の類似業種比準価額となります。

　従って、評価会社の実際の発行済株式数に応じた1株当たりの類似業種比準価額を求めるために、②の算式で評価会社の1株当たりの資本金等の額÷50円の割合を使用していることになります。

3　類似業種の業種目の判定

1 基本事項

　評価会社の業種目は、直前期末以前1年間における取引金額に基づき、総務省の日本標準産業分類に基づいて区分することとされています。標本会社の業種目の判定についても、日本標準産業分類に基づいて区分されています。

　なお、日本標準産業分類の分類項目と類似業種比準価額計算上の業種目の対応関係を一覧にしたものが情報として公開されており、平成29年分の類似業種比準価額計算上の業種目は、別表「日本標準産業分類の分類項目と類似業種比準価額計算上の業種目との対比表（平成29年分）」（付録の3参照）の通りとなります。

　従って、正確に業種目を判定するためには、日本標準産業分類で分類項目を確認した後で、対比表に基づき業種目を特定する必要があります。特定した業種が小分類に区分されているものにあっては小分類による業種目、中分類のものにあっては中分類の業種目、大分類による場合には大分類の業種目を使用します。ただし、納税義務者の選択により、類似業種が小分類による業種目にあってはその業種目の属する中分類の業種目、類似業種が中分類による業種目にあってはその業種目の属する大分類の業種目を使用することができますので、小分類または中分類に分類された業種目がある場合には、それぞれ中分類または大分類の業種目でも計算し、いずれか有利な方を選択することになります（評価通達181）。

> 【参考】日本標準産業分類について
>
> 　日本標準産業分類は「行政機関が作成する公的統計の正確性と客観性を保持し、統計の相互比較性と利用の向上を図ることを目的として設定された統計基準であり、全ての経済活動を財又はサービスの生産と供給において類似した産業別に分類している」もので（総務省「日本標準産業分類の変遷と第14回改定の概要」より）、総務大臣が公表しており、総務省統計局のホームペー

ジで閲覧することができます。

2 取引金額のうちに2以上の業種目に係る取引金額が含まれている場合（評価通達181-2）

取引金額のうちに2以上の業種目に係る取引金額が含まれている場合、その業種目は取引金額全体のうちに占める業種目別の取引金額の割合（以下「業種目別の割合」という）が50%を超える業種目としますが、その割合が50%を超える業種目がない場合は、次に掲げる場合に応じたそれぞれの業種目とします。

①評価会社の事業が1つの中分類の業種目中の2以上の類似する小分類の業種目に属し、それらの業種目別の割合の合計が50%を超える場合

……その中分類の中にある類似する小分類の「その他の○○業」

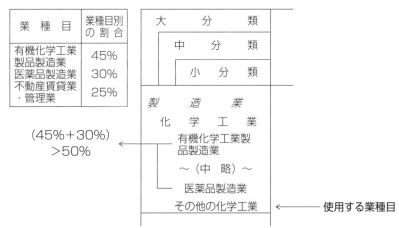

（注）類似するかしないかについては、分類の一番下にその他の○○業があるか否かで判断することになります。
　　上記の場合には小分類のその他の化学工業の例示として有機化学工業製品製造業と医薬品製造業の記載がありますので、これらの業種目は類似していることになります。

②評価会社の事業が1つの中分類の業種目中の2以上の類似しない小分類の業種目に属し、それらの業種目別の割合の合計が50%を超える場合（①に該当する場合を除く）

……その中分類の業種目

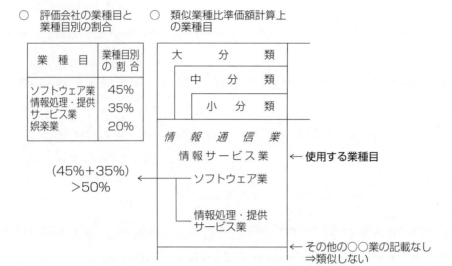

③ 評価会社の事業が1つの大分類の業種目中の<u>2以上の類似する中分類</u>の業種目に属し、それらの業種目別の割合の合計が50%を超える場合
　　……その大分類の中にある類似する中分類の「その他の○○業」

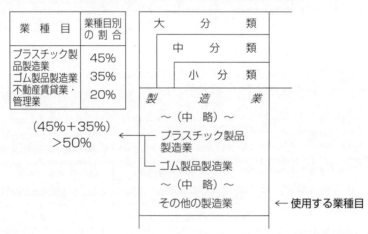

④ 評価会社の事業が1つの大分類の業種目中の<u>2以上の類似しない中分類</u>の業種目に属し、それらの業種目別の割合の合計が50%を超える場合（③に該当する場合を除く）
　　……その大分類の業種目

第6節 第4表 類似業種比準価額等の計算明細書

○ 評価会社の業種目と業種目別の割合	
業 種 目	業種目別の割合
専門サービス業	45%
広 告 業	35%
物 品 賃 貸 業	20%

○ 類似業種比準価額計算上の業種目

大 分 類
　中 分 類
　　小 分 類

専門・技術サービス業 ← **使用する業種目**

└ 専門サービス業 ← (45%＋35%) ＞50%

└ 広告業

← その他の○○業の記載なし ⇒類似しない

⑤ ①から④のいずれにも該当しない場合

……大分類の業種目の中の「その他の産業」

なお、医療法人は⑤に該当するため、その他の産業に分類されます。

119

3 業種目の判定のフローチャート

業種目の判定は、下記の手順により行うことになります（評価通達181-2）。

①直前期末以前1年間の取引金額を日本標準産業分類に基づき区分

②対比表を基に業種目を確認

③業種目の決定

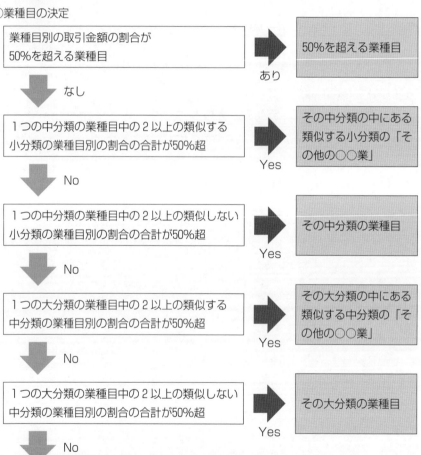

4 1株当たりの年配当金額（Ⓑ）について

1株当たりの年配当金額は下記の算式によって求めることになります。

$$\frac{直前期末以前2年間における配当金額÷2}{直前期末における発行済株式数^※}$$

※直前期末における資本金等の額÷50円

配当金額の計算を2年平均としているのは、たまたま高額な配当を行った場合等における評価の安全性を考慮したものです。

また、配当金は毎期継続的に発生するものを対象とするため、特別配当や記念配当等は除きます。

直前期末における発行済株式数を直前期末における資本金等の額÷50円で計算をしているのは、比較する類似業種の1株当たりの年配当金額が、1株当たりの資本金等の額を50円とした場合の発行済株式数で計算されているので、比較するベースを合わせるためです。なお、1株当たりの年利益金額、1株当たりの純資産価額の計算も同様です。

1 「2年間における配当金額」について

直前期末以前2年間における配当金額とは、直前期末以前2年間に配当金交付の効力が発生した剰余金の配当（資本金等の額の減少によるものを除く）をいいます。

ここでいう配当金の交付の効力の発生とは、株主総会の決議により剰余金の配当が確定したものをいいます。

平成18年に施行された会社法で、株主総会の決議があればいつでも・何回でも株主に配当金を分配することができるようになりましたので、配当金は事業年度単位ではなく年単位で計算されることになりました。

従って、事業年度の変更がある場合や事業年度が1年未満である場合も含めて、すべて直前期末時点を起算として、2年間の間に配当金の効力が発生した剰余金を基に計算することに留意しておきましょう。

例えば、事業年度が10か月の場合で課税時期が令和6年6月1日、直前期末が令和6年3月31日である場合には、令和4年4月1日から令和6年3月31日までの間に配当金の効力が発生した剰余金の配当の合計額を基礎として計算します。

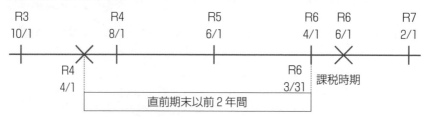

> ▶実務上のポイント
>
> 　実務上は、個別注記表や株主資本等変動計算書によりその事業年度中に支払われた剰余金の金額を確認することになります。

2　剰余金の配当について

　剰余金の配当については、評価通達上、資本金等の額の減少によるものを除くとされていますが、具体的な定義や範囲が明確になっているわけではありませんので、基本的には借用概念として会社法上の剰余金の配当の考え方を用いることになります。

> ◆会社法
>
> （株主に対する剰余金の配当）
> 第453条　株式会社は、その株主（当該株式会社を除く。）に対し、剰余金の配当をすることができる。
> （剰余金の配当に関する事項の決定）
> 第454条　株式会社は、前条の規定による剰余金の配当をしようとするときは、その都度、株主総会の決議によって、次に掲げる事項を定めなければならない。
> 　一　配当財産の種類（当該株式会社の株式等を除く。）及び帳簿価額の総額
> 　二　株主に対する配当財産の割当てに関する事項
> 　三　当該剰余金の配当がその効力を生ずる日

　なお、法法24条1項に規定するみなし配当が1株当たりの年配当金額の計算上、配当金額に該当するか否かという問題がありますが、会社法上の剰余金の配当にはみなし配当は含まれていないこと、みなし配当は継続的に発生するものではなく臨時的に発生するものであることから、1株当たりの年配当金額の計算上、配当金額には該当しないものとして取り扱います。

第6節　第4表　類似業種比準価額等の計算明細書

```
┌────────────────────────────────────────────────────────┐
│ ┄┄ ◆法人税法                                             │
│                                                          │
│ （配当等の額とみなす金額）                                │
│ 第24条　法人（公益法人等及び人格のない社団等を除く。以下この条において同じ。） │
│ 　の株主等である内国法人が当該法人の次に掲げる事由により金銭その他の資産の交付 │
│ 　を受けた場合において、その金銭の額及び金銭以外の資産の価額（適格現物分配に係 │
│ 　る資産にあっては、当該法人のその交付の直前の当該資産の帳簿価額に相当する金額） │
│ 　の合計額が当該法人の資本金等の額のうちその交付の基因となった当該法人の株式又 │
│ 　は出資に対応する部分の金額を超えるときは、この法律の規定の適用については、そ │
│ 　の超える部分の金額は、第23条第1項第1号又は第2号（受取配当等の益金不算入） │
│ 　に掲げる金額とみなす。                                  │
│ 　一　合併（適格合併を除く。）                            │
│ 　二　分割型分割（適格分割型分割を除く。）                │
│ 　三　株式分配（適格株式分配を除く。）                    │
│ 　四　資本の払戻し（剰余金の配当（資本剰余金の額の減少に伴うものに限る。）のうち │
│ 　　分割型分割によるもの以外のもの及び株式分配以外のもの並びに出資等減少分配を │
│ 　　いう。）又は解散による残余財産の分配                  │
│ 　五　自己の株式又は出資の取得（金融商品取引法第2条第16項（定義）に規定する金 │
│ 　　融商品取引所の開設する市場における購入による取得その他の政令で定める取得及 │
│ 　　び第61条の2第14項第1号から第3号まで（有価証券の譲渡益又は譲渡損の益金又 │
│ 　　は損金算入）に掲げる株式又は出資の同項に規定する場合に該当する場合における │
│ 　　取得を除く。）                                        │
│ 　六　出資の消却（取得した出資について行うものを除く。）、出資の払戻し、社員その │
│ 　　他法人の出資者の退社又は脱退による持分の払戻しその他株式又は出資をその発行 │
│ 　　した法人が取得することなく消滅させること。            │
│ 　七　組織変更（当該組織変更に際して当該組織変更をした法人の株式又は出資以外の │
│ 　　資産を交付したものに限る。）                          │
└────────────────────────────────────────────────────────┘
```

3 配当金額の根拠資料について

　配当金額を調べる際、どの資料を参考にするのかという問題があります。参考となるの
は法人税法の申告書の下記別表四の「当期利益又は当期欠損の額」における配当欄ですが、
当該金額の欄は、当期にその支払に係る効力が生じる剰余金の配当等の他に、みなし配当
とされる金額も一部含まれることになりますので、単純に転記をすると間違える場合があ
ります。

第2章 評価明細書ごとに理解する非上場株式の評価実務

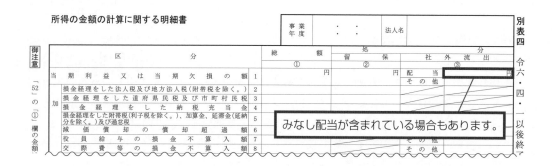

　従って、実務においては、個別注記表や株主資本等変動計算書により剰余金の配当を確認することになります。下記の例においては、剰余金の配当は1,000百万円と読むことができますので、当該金額を基に1株当たりの配当金の計算をすることになります。

株主資本等変動計算書

(単位：百万円)

	株主資本									株主資本合計	純資産合計
	資本金	資本剰余金			利益剰余金				自己株式		
		資本準備金	その他資本剰余金	資本剰余金合計	利益準備金	その他利益剰余金		利益剰余金合計			
						圧縮積立金	繰越利益剰余金				
前期末残高	10,000	1,000	100	1,100	500	500	4,500	5,500	0	16,600	16,600
当期変動額											
新株の発行	1,000	1,000		1,000						2,000	2,000
剰余金の配当					100		△1,100	△1,000		△1,000	△1,000
圧縮積立金の積立て						100	△100	-		-	-
圧縮積立金の取崩し						△200	200	-		-	-
当期純利益							2,000	2,000		2,000	2,000
自己株式の取得									△400	△400	△400
自己株式の処分			△50	△50					300	250	250
当期変動額合計	1,000	1,000	△50	950	100	△100	1,000	1,000	△100	2,850	2,850
当期末残高	11,000	2,000	50	2,050	600	400	5,500	6,500	△100	19,450	19,450

（注）　企業会計基準委員会「企業会計基準適用指針第9号」(平成17年12月27日) の設例を基に作成

4 特別配当、記念配当等について

　特別配当、記念配当等のように、毎期継続的に発生するものではないものは、1株当たりの配当金額の計算に含まれないものとして取り扱われます。
　その行った配当に継続性があるか否かは重要な判断ポイントとなりますので、しっかりとおさえておきましょう。

5 その他の留意点

内　容	配当金に該当するかの判断
株主優待利用券等による経済的利益がある場合	該当しない
現物分配により資産を移転した場合	毎年継続するかどうかによって判断。 適格現物分配の場合には通常継続性がないと考えられるため配当金に該当しないものとして取り扱う

　国税庁質疑応答事例に上記の取扱いが説明されていますので確認しておきましょう。

質疑応答事例

1株当たりの配当金額Ⓑ—株主優待利用券等による経済的利益相当額がある場合

▶照会要旨

　類似業種比準方式により株式を評価する場合の「1株当たりの配当金額Ⓑ」の計算に当たり、株主優待利用券等による経済的利益相当額は、評価会社の剰余金の配当金額に加算する必要がありますか。

▶回答要旨

加算する必要はありません。

（理由）

　株主優待利用券等については、法人の利益の有無にかかわらず供与され、株式に対する剰余金の配当又は剰余金の分配とは認め難いとされていますので、評価会社の剰余金の配当金額に加算をする必要はありません。

【関係法令通達】

財産評価基本通達183（1）

所得税基本通達24-2

（出所）国税庁ホームページ　質疑応答事例

第2章　評価明細書ごとに理解する非上場株式の評価実務

質疑応答事例

1株当たりの配当金額⑧－現物分配により資産の移転をした場合

▶**照会要旨**

　現物分配により評価会社が資産の移転をした場合、類似業種比準方式における「1株当たりの配当金額⑧」の計算上、その移転した資産の価額を剰余金の配当金額に含めるのでしょうか。

▶**回答要旨**

　「1株当たりの配当金額⑧」の計算上、現物分配により評価会社が移転した資産の価額を剰余金の配当金額に含めるかどうかは、その現物分配の起因となった剰余金の配当が将来毎期継続することが予想できるかどうかにより判断します。

　なお、その配当が将来毎期継続することが予想できる場合には、その現物分配により移転した資産の価額として株主資本等変動計算書に記載された金額を剰余金の配当金額に含めて計算します。

（注）　現物分配のうち法人税法第24条第1項第4号から第7号までに規定するみなし配当事由によるものについては、会社法上の剰余金の配当金額には該当しないので、通常は、「1株当たりの配当金額⑧」の計算上、剰余金の配当金額に含める必要はありません。

【関係法令通達】

　財産評価基本通達183（1）

　法人税法第2条第12号の5の2、第24条第1項第4号から7号

（出所）国税庁ホームページ　質疑応答事例

5　1株当たりの年利益金額（ⓒ）について

　1株当たりの年利益金額は原則的には下記の①の算式により求めることになりますが、納税義務者の選択により⑪の算式により計算することも認められています。

126

$$\text{⑦} \quad \frac{\text{直前期末以前1年間における利益金額}}{\text{直前期末における発行済株式数}^{※}}$$

$$\text{⑧} \quad \frac{\text{直前期末以前2年間における利益金額の合計額} \div 2}{\text{直前期末における発行済株式数}^{※}}$$

※　直前期末における資本金等の額÷50円

　これは、直前期末以前1年間の利益金額がたまたま多額である場合等の評価の安全性を考慮したものとなります。

　また、直前期末における発行済株式数を直前期末における資本金等の額÷50円で計算しているのは、比較する類似業種の1株当たりの年利益金額とベースを合わせるためです（116頁参照）。

　さらに、利益金額は下記①～⑤の要素及び⑥の算式によって求めることになります。

利益金額の計算要素	説　明
①　法人税の課税所得金額	利益金額の計算の基礎となるものです。 所得計算による恣意性を排除し、評価会社と類似する上場会社の比較を合理的にするため、法人税の課税所得金額が計算の基礎とされます。
②　非経常的な利益金額	非経常的な利益金額は除外することとされています。これは、評価会社の経常的な収益力を株式の価額に反映するためです。
③　受取配当等の益金不算入額	受取配当金は経常的な利益金額の算定の基礎となるものですので、受取配当等の益金不算入額及び所得税額の控除はなかったものとして計算を行います。受取配当等の益金不算入額は、法人税の課税所得金額の計算上マイナスされていますので、プラスすることになります。
④　③の所得税額	
⑤　損金算入した繰越欠損金の控除額	1事業年度のみの利益金額を算定するため、過去の欠損金の控除を行っている場合には加算します。
⑥　差引利益金額 　　①－②＋③－④＋⑤	1事業年度の経常的な利益金額を求めます。

　以下、それぞれの計算要素について解説していきます。

1 法人税の課税所得金額

　法人税の別表四の最終値である所得金額または欠損金額をいいます。

　マイナスである場合にはそのままマイナスとして計算を行います。

第2章　評価明細書ごとに理解する非上場株式の評価実務

2 非経常的な利益金額

（1）　非経常的な損益がある場合の取扱い

　固定資産の売却益や保険差益等の非経常的な利益金額は除外することとされています。非経常的な損益ではなく非経常的な利益とされていますので、例えば、固定資産の売却益と売却損がある場合には通算して利益が出るときのみ非経常的な利益金額とし、通算して損失となる場合には非経常的な利益金額は0とします。

　下記の具体例で考えてみましょう。

《具体例》

	ケース①	ケース②	ケース③	ケース④
固定資産売却益	800千円	0	100千円	80千円
固定資産売却損	0	△800千円	△80千円	△100千円
非経常的な利益金額	800千円	0	20千円	0

　ケース①は固定資産売却益800千円で非経常的な利益金額800千円を計上することになりますが、ケース②の場合には、固定資産売却損△800千円となり、非経常的な利益はありませんので計上金額は0円となります。ケース③と④は売却益と売却損がある場合ですが、非経常的な損益を通算して同様に計算することになります。

（2）　非経常的な利益金額であるか否かの判断

　ある利益が、経常的な利益または非経常的な利益のいずれに該当するかは、評価会社の事業の内容、その利益の発生原因、その発生原因たる行為の反復継続性または臨時偶発性等を考慮し、個別に判定します。例えば、毎期経常的に有価証券の売却損益が発生するような会社の場合には、臨時的・偶発的でない損益として、非経常的な損益に含めないで計算することが相当であると思われます。

　非経常的な利益金額であるか否かが争われた裁決事例がありますので確認しておきましょう。

国税不服審判所　平成20年6月26日裁決（TAINS・J75-4-35）

（匿名組合契約に係る最終分配利益が非経常的な利益に該当するか否か）

　本件は、非上場株式の類似業種比準価額計算の基礎となる1株当たりの利益金額について、航空機リース事業の匿名組合契約に係る最終分配金額として航空機の売却等による利益が非経常的な利益に該当するか否かが争われた事例となります。

128

納税者は、航空機の売却等による利益は、保険差益と同様に非経常的な利益に該当すると主張をしました。

これに対し、課税庁は匿名組合契約の存続中に営業者の営業から生ずる利益の分配を匿名組合員が継続的に受けていることから、利益の分配時期、その金額の多寡にかかわらず、その全額が経常的な利益に該当すると主張を行いました。

国税不服審判所は、匿名組合契約に基づく各計算期間の損益は、毎期匿名組合員に報告され、分配することとされているから、一つの匿名組合契約から分配を受ける損益は、匿名組合員の各決算期において、その額に多寡はあるにせよ、匿名組合契約が継続する限り毎期発生することとなり、臨時偶発的に発生するものではないとし、非経常的な利益として除外すべき理由は認められないと判断しました。

▶実務上のポイント

損益計算書の特別損益に記載されているものが、そのまま非経常的な利益金額に該当するとは限りません。それぞれの損益の内容について、科目内訳書や取引内容の確認及びヒアリングなどを行い、その会社の事業の内容も踏まえた上で、その損益が臨時的かつ偶発的に発生しているものかどうかを判断するようにしましょう。

（3）完全支配関係がある法人間で行われる固定資産等の譲渡損益があった場合

内容	非経常的な利益金額の取扱い
譲渡損益調整資産の譲渡益があった場合	譲渡時）処理なし 戻入時）非経常的な利益として除外する。
譲渡損益調整資産の譲渡損があった場合	譲渡時）処理なし 戻入時）非経常的な損失として非経常的な利益と通算する。

グループ法人税制の適用により、完全支配関係がある普通法人間等で行われる固定資産等の譲渡損益については、課税の繰延べが行われることになりました。

法法61条の11の規定では、「内国法人がその有する譲渡損益調整資産（固定資産、土地等、有価証券、金銭債権及び繰延資産で一定のもの）を他の内国法人（当該内国法人との間に完全支配関係がある普通法人又は協同組合等に限る。）に譲渡した場合には、当該譲渡損益調整資産に係る譲渡利益額（その譲渡に係る収益の額が原価の額を超える場合におけるその超える部分の金額をいう。）又は譲渡損失額（その譲渡に係る原価の額が収益の額を超える場合におけるその超える部分の金額をいう。）に相当する金額は、その譲渡した事業年度の所得の金額の

計算上、損金の額又は益金の額に算入する。」旨が定められています。

このような譲渡損益調整資産の譲渡損益があった場合には、1株当たりの年利益金額の計算をどうするべきかの問題がありますが、1株当たりの年利益金額はあくまでも非経常的な利益を除外すれば問題ありませんので、難しく考える必要はありません。

考え方として重要になることは、計算の基礎となっている法人税の課税所得金額に、当該譲渡損益資産に係る譲渡損益が含まれているかどうかということです。

譲渡益があった場合、譲渡損があった場合で、それぞれ具体例をみていきましょう。

① 譲渡損益調整資産による譲渡益がある場合

A社は完全子会社であるB社に譲渡損益調整資産である土地（簿価1億円）を時価2億円で売却したとしましょう。売却時においてはA社は売却益1億円の益金は認識せず、子会社であるB社が譲り受けた土地を譲渡、処分した時に売却益1億円を認識することになります。

A社における会計処理、税務調整、1株当たりの年利益金額Ⓒの取扱いをまとめると下記の通りとなります。

	譲渡時 （譲渡益の繰り延べ）	戻入時 （譲渡益の戻入）
会計処理	土地譲渡益　1億円	－
税務調整	別表四で減算処理	別表四で加算処理
1株当たりの年利益金額Ⓒの取扱い	法人税の課税所得金額に譲渡益1億円は含まれていないため、1株当たりの年利益金額の計算上は、処理不要。	法人税の課税所得金額に譲渡益1億円が含まれているため、1株当たりの年利益金額の計算上、1億円を控除する。

② 譲渡損益調整資産による譲渡損がある場合

A社は完全子会社であるB社に譲渡損益調整資産である土地（簿価1億円）を時価6,000万円で売却したとしましょう。売却時においてはA社は売却損4,000万円の損金は認識せず、子会社であるB社が譲り受けた土地を譲渡、処分した時に売却損4,000万円を認識することになります。

A社における会計処理、税務調整、1株当たりの年利益金額Ⓒの取扱いをまとめると下記の通りとなります。

	譲渡時 （譲渡損の繰り延べ）	戻入時 （譲渡損の戻入）
会計処理	土地譲渡損　4,000万円	–
税務調整	別表四で加算処理	別表四で減算処理
1株当たりの 年利益金額Ⓒ の取扱い	法人税の課税所得金額に譲渡損4,000千万円は含まれていないため、1株当たりの年利益金額の計算上は、処理不要。	法人税の課税所得金額に譲渡損4,000万円が含まれている。 他に非経常的な利益がなければ処理は不要、他に非経常的な利益があれば通算を行う。

▶実務上のポイント

　譲渡損益調整資産の譲渡による会計処理、法人税申告書の別表四の調整を確認し、法人税の課税所得金額に非経常的な損益が含まれているか確認をしましょう。

③ 受取配当等の益金不算入額

　法人税申告書別表四の「受取配当等の益金不算入額」から非経常的な利益金額であるみなし配当に係るものを除外し、外国子会社等からの配当を受けている場合には、法人税申告書別表四の「外国子会社から受ける剰余金の配当等の益金不算入額」も含めて記載することになります。ただし、外国子会社合算制度の適用がある場合において、外国法人から配当等の支払を受けた場合には、その配当等の益金不算入額のうち特定課税対象金額及び間接特定課税対象金額（措法66条の8）に達するまでの金額（328頁の別表十七［三の七］参照）は除外します。これは、外国子会社合算制度の適用がある場合には外国子会社の課税対象金額がすでに法人税法上の課税所得金額に加算されており、さらに外国法人から受け取った配当等の益金不算入額について利益金額に加算してしまうと、二重に計上されてしまうためです。

　なお、法人による完全支配関係がある他の内国法人から受けた受贈益がある場合の「受贈益の益金不算入額」（法法25条の2、1項）や「適格現物分配に係る益金不算入額」（法法62条の5、4項）については、通常、非経常的な利益であると考えられるため、第4表で計算する受取配当等の益金不算入額に含める必要はありませんが、経常的な利益に該当する場合には、含めて計算を行います。

　法人税申告書別表四の益金不算入額の減算項目と第4表で計算する受取配当等の益金不算入額の計上の可否をまとめると下記の通りとなります。

第2章　評価明細書ごとに理解する非上場株式の評価実務

法人税申告書別表四の益金不算入額の 減算項目	第4表で計算する受取配当等の 益金不算入額の計上の可否
受取配当等の益金不算入額	みなし配当金額を除外して計上
外国子会社から受ける剰余金の配当等の 益金不算入額	原則として計上 （外国子会社合算制度の適用がある場合の益金不算入額については、特定課税対象金額に達するまでの部分は除外する）
受贈益の益金不算入額	原則として計上不要 （経常的なものであれば含めて計算）
適格現物分配に係る益金不算入額	原則として計上不要 （経常的なものであれば含めて計算）

　国税庁質疑応答事例に上記の取扱いが一部説明されていますので、確認しておきましょう。

質疑応答事例

1株当たりの利益金額©－みなし配当の金額がある場合

▶**照会要旨**

　評価会社が所有する株式をその株式の株式発行法人に譲渡することにより、法人税法第24条第1項の規定により配当等とみなされる部分（みなし配当）の金額が生じた場合、類似業種比準方式により株式譲渡法人の株式を評価するに当たり、「1株当たりの利益金額©」の計算上、そのみなし配当の金額を「益金に算入されなかった剰余金の配当等」の金額に含める必要がありますか。

▶**回答要旨**

　みなし配当の金額は、原則として、「1株当たりの利益金額©」の計算上、「益金に算入されなかった剰余金の配当等」の金額に含める必要はありません。

　この場合、「取引相場のない株式（出資）の評価明細書」の記載に当たっては、「第4表　類似業種比準価額等の計算明細書」の（2.比準要素等の金額の計算）の「⑬受取配当等の益金不算入額」欄にみなし配当の金額控除後の金額を記載します。

第6節　第4表　類似業種比準価額等の計算明細書

（理由）

　「1株当たりの利益金額Ⓒ」の計算の際に、非経常的な利益の金額を除外することとしているのは、評価会社に臨時偶発的に生じた収益力を排除し、評価会社の営む事業に基づく経常的な収益力を株式の価額に反映させるためです。

　「みなし配当」の基因となる合併や株式発行法人への株式の譲渡等は、通常、臨時偶発的なものと考えられるため、財産評価基本通達上、法人税の課税所得金額から除外している「非経常的な利益」と同様に取り扱うことが相当です。そのため、原則として、「みなし配当」の金額は「1株当たりの利益金額Ⓒ」の計算において法人税の課税所得金額に加算する「益金に算入されなかった剰余金の配当等」の金額に該当しません。

【関係法令通達】

　財産評価基本通達183（2）

　法人税法第24条

（出所）国税庁ホームページ　質疑応答事例

質疑応答事例

1株当たりの利益金額Ⓒ－外国子会社等から剰余金の配当等がある場合

▶照会要旨

　類似業種比準方式により株式を評価するに当たり、評価会社の「1株当たりの利益金額Ⓒ」の計算上、外国子会社等から受ける剰余金の配当等の額があるときは、どのように計算するのでしょうか。

▶回答要旨

　法人税法第23条の2第1項の規定の適用を受ける外国子会社から剰余金の配当等の額がある場合には、その評価会社の「1株当たりの利益金額Ⓒ」の計算上、受取配当等の益金不算入額を加算して計算します。

　この場合、「取引相場のない株式（出資）の評価明細書」の記載に当たっては、「第

133

４表　類似業種比準価額等の計算明細書」の（2.比準要素等の金額の計算）の「⑬受取配当等の益金不算入額」欄に当該受取配当等の益金不算入額を加算し、加算した受取配当等に係る外国源泉税等の額の支払いがある場合には、当該金額を「⑭左の所得税額」に加算して計算します。

　ただし、租税特別措置法第66条の８第１項又は同条第２項に規定する外国法人から受ける剰余金の配当等の額のうち、その外国法人に係る特定課税対象金額に達するまでの金額については、すでに評価会社の法人税法上の課税所得金額とされているので、この部分については、類似業種比準株価計算上の「１株当たりの利益金額Ⓒ」に加算しません（同法第66条の９の４第１項及び同条第２項の規定により益金の額に算入しない剰余金の配当等の額についても同様です。）。

【関係法令通達】

　　財産評価基本通達183（２）

　　法人税法第23条の２

　　租税特別措置法第66条の８、第66条の９の４

（出所）国税庁ホームページ　質疑応答事例

質疑応答事例

１株当たりの利益金額Ⓒ－適格現物分配により資産の移転を受けた場合

▶照会要旨

　適格現物分配により資産の移転を受けたことにより生ずる収益の額は、法人税法第62条の５第４項により益金不算入とされていますが、類似業種比準方式における「１株当たりの利益金額Ⓒ」の計算上、「益金に算入されなかった剰余金の配当等」の金額に加算する必要がありますか。

▶回答要旨

　適格現物分配により資産の移転を受けたことによる収益の額は、原則として、「１株当たりの利益金額Ⓒ」の計算上、「益金に算入されなかった剰余金の配当等」の金額に加算する必要はありません。

（理由）

「１株当たりの利益金額Ⓒ」の計算の際に、非経常的な利益の金額を除外することとしているのは、評価会社に臨時偶発的に生じた収益力を排除し、評価会社の営む事業に基づく経常的な収益力を株式の価額に反映させるためです。また、ある利益が、経常的な利益又は非経常的な利益のいずれに該当するかは、評価会社の事業の内容、その収益の発生原因、その発生原因たる行為の反復継続性又は臨時偶発性等を考慮し、個別に判断します。

剰余金の配当による適格現物分配として資産の移転を受けたことにより生ずる収益の額は、法人税法第62条の５第４項により益金不算入とされていることから、「１株当たりの利益金額Ⓒ」の計算上、「益金に算入されなかった剰余金の配当等」に該当するとも考えられます。しかし、適格現物分配は組織再編成の一形態として位置づけられており、形式的には剰余金の配当という形態をとっているとしても、その収益の発生原因である現物分配としての資産の移転は、通常、組織再編成を目的としたもので、被現物分配法人（評価会社）を含むグループ法人全体の臨時偶発的な行為であるため、通常、その収益の金額は非経常的な利益であると考えられます。

したがって、法人税法第62条の５第４項により益金不算入とされる適格現物分配により資産の移転を受けたことによる収益の額は、「１株当たりの利益金額Ⓒ」の計算上、原則として「益金に算入されなかった剰余金の配当等」の金額に加算する必要はありません。

【関係法令通達】

　財産評価基本通達183（２）

　法人税法第２条第12号の15、第62条の５第４項

4 所得税額

3 受取配当等の益金不算入額の対象となったものに係る所得税額を記載することになります。所得税額は、益金不算入額に対応する金額を計上することになりますので、個々の所得税額＞益金不算入額となる場合には、個々の益金不算入額を限度とします。具体的には、法人税申告書別表六（一）の12欄・19欄で受取配当等の益金不算入の基礎となった配当等に対応する所得税額を確認することになります（327頁参照）。

なお、外国子会社からの配当等で益金不算入の対象となった配当等に係る外国源泉税等の額の支払いがある場合には、当該金額を所得税額に含めて計算をすることになります。

第2章　評価明細書ごとに理解する非上場株式の評価実務

具体的には、法人税申告書別表八（二）の損金不算入とされる外国源泉税等の額の合計を確認することになります（326頁参照）。

5 損金算入した繰越欠損金の控除額

法人税申告書別表四の44欄の金額を転記することになります。

6　1株当たりの純資産価額（Ⓓ）について

純資産価額は、下記の通り計算することになります。

$$\frac{直前期末における純資産価額^{※1}}{直前期末における発行済株式数^{※2}}$$

> ※1　法法に規定されている①資本金等の額及び②利益積立金額の合計額をいいます。
> ※2　直前期末における資本金等の額÷50円

直前期末における発行済株式数を直前期末における資本金等の額÷50円で計算しているのは、比較する類似業種の1株当たりの純資産価額とベースを合わせるためです（116頁参照）。

1 資本金等の額及び利益積立金額とは

① 資本金等の額

法法2条16号に規定されていますが、具体的には直前期の法人税申告書別表五（一）「利益積立金額及び資本金等の額の計算に関する明細書」の差引翌期首現在資本金等の額をそのまま使用することになります。

② 利益積立金額

法法2条18号に規定されていますが、具体的には直前期の法人税申告書別表五（一）「利益積立金額及び資本金等の額の計算に関する明細書」の差引翌期首現在利益積立金額をそのまま使用することになります。

利益積立金額及び資本金等の額の計算に関する明細書

事業年度 ： ： 　法人名

別表五(一)　令六・四・一以後終了事業年度分

御注意

この表は、通常の場合には次の式により検算ができます。

期首現在利益積立金額合計「31」① ＋ 別表四留保所得金額又は欠損金額「52」 － 中間分・確定分の法人税等、道府県民税及び市町村民税の合計額

± 中間分・確定分の通算税効果額の合計額 ＝ 差引翌期首現在利益積立金額合計「31」④

I　利益積立金額の計算に関する明細書

区　　分		期首現在利益積立金額 ①	当期の増減 減 ②	当期の増減 増 ③	差引翌期首現在利益積立金額 ①－②＋③ ④
利　益　準　備　金	1	円	円	円	円
積　立　金	2				
	3				
	4				
	5				
	6				
	7				
	8				
	9				
	10				
	11				
	12				
	13				
	14				
	15				
	16				
	17				
	18				
	19				
	20				
	21				
	22				
	23				
	24				
繰越損益金（損は赤）	25				
納　税　充　当　金	26				
未納法人税等（各事業年度の所得に対するものに限る。）　未納法人税及び未納地方法人税（附帯税を除く。）	27	△	△	中間 △　確定 △	△
未払通算税効果額（附帯税の額に係る部分の金額を除く。）	28			中間　確定	
未納道府県民税（均等割を含む。）	29	△	△	中間 △　確定 △	△
未納市町村民税（均等割を含む。）	30	△	△	中間 △　確定 △	△
差　引　合　計　額	31				

直前期末における純資産価額 ＝ 資本金等の額＋利益積立金額

II　資本金等の額の計算に関する明細書

区　　分		期首現在資本金等の額 ①	当期の増減 減 ②	当期の増減 増 ③	差引翌期首現在資本金等の額 ①－②＋③ ④
資本金又は出資金	32	円	円	円	円
資　本　準　備　金	33				
	34				
	35				
差　引　合　計　額	36				

2 資本金等の額及び利益積立金額に関する留意点

資本金等の額及び利益積立金額は、前述の通り、税務上の資本金等の額及び利益積立金額をそのまま使用することで問題なく計算がなされます。

下記の場合においても純資産価額の計算は調整不要となります。

内　容	第4表で計算する純資産価額
（1）寄附修正により利益積立金額が変動する場合	調整不要
（2）資本金等がマイナスの場合	調整不要（マイナスのままで計算）

以下（1）（2）について補足していますので確認しておきましょう。

(1) 寄附修正により利益積立金額が変動する場合

寄附修正による利益積立金額の変動とは、完全支配関係がある親会社から子会社に寄附をした場合等に生じることになります。

具体例として、完全親会社が完全子会社に100の寄附を行った場合を考えていきましょう。

A社はB社の株式を100%所有している。

この場合のA社側の税務処理として、平成22年度の税制改正により、「内国法人が各事業年度において当該内国法人との間に完全支配関係（法人による完全支配関係に限る。）がある他の内国法人に対して支出した寄附金の額は、当該内国法人の各事業年度の所得の金額の計算上、損金の額に算入しない」（法法37条2項）こととされましたので、寄附金は損金不算入の取扱いになります。

このような寄附を行った場合には、100の金額をA社の利益積立金額及びA社が所有しているB社株式の帳簿価額にそれぞれ加算することとされています（法令9条1項7号）。これを寄附修正といいますが、将来的にA社がB社株式を売却したときの損益を適正なものとするために、この寄附修正がなされています。

A社の会計処理、税務処理、申告調整は下記の通りとなります。

- A社の会計処理

  （寄附金）100　　（預貯金）100

- A社の税務処理

  （寄附金）100　　（預貯金）100　　※寄附金は損金不算入（法法37条２項）

  （B社株式）100　　（利益積立金額）１億円

  └→寄附修正（法令９条１項７号）

- A社の申告調整

  （B社株式）１億円　　（利益積立金額）１億円

A社の別表四の記載例（抜粋）

区　　　　　分		総　　　額	処　　　　　　分		分
			留　　保	社　外　流　出	
		①	②	③	
当　期　利　益　又　は　当　期　欠　損　の　額	1	円	円	配　当 その　他	円
仮　　　　　　　計 （(23)から(25)までの計）	26			外※	
寄附金の損金不算入額 （別表十四(二)「24」又は「40」）	27	100		その　他	100
残余財産の確定の日の属する事業年度に係る事業税及び特別法人事業税の損金算入額	51	△	△		
所　得　金　額　又　は　欠　損　金　額	52			外※	

A社の別表五（一）の記載例（抜粋）

I　利益積立金額の計算に関する明細書					
区　　　　分		期　首　現　在 利　益　積　立　金　額	当　期　の　増　減		差引翌期首現在 利益積立金額 ①－②＋③
			減	増	
		①	②	③	④
利　益　準　備　金	1	円	円	円	円
積　立　金	2				
Ｂ社株式（寄附修正）	3			100	100
	4				
未納法人税等（各事業年度の所得に対するものに限る。） 未納法人税及び 未納地方法人税 （附帯税を除く。）	27	△	△	中間 △ 確定 △	△
未払通算税効果額 （附帯税の額に係る部分の金額を除く。）	28			中間 確定	
未納道府県民税 （均等割を含む。）	29	△	△	中間 △ 確定 △	△
未納市町村民税 （均等割を含む。）	30	△	△	中間 △ 確定 △	△
差　引　合　計　額	31				

第2章　評価明細書ごとに理解する非上場株式の評価実務

　A社からB社に100の寄附を行ったことにより、株式の価値はA社からB社に移転をし、A社が所有しているB社株式の価値は上昇していますので、そのB社株式の価値の上昇分を反映させた寄附修正の結果得られた利益積立金額の最終値（別表五（一）の差引合計額の④欄）は、A社の株式評価を行う際も適正な数値であると考えられます。

　従って、「1株当たりの純資産価額①」の利益積立金額については、別表五（一）の差引合計額の④欄をそのまま記載することになります。

（2）　資本金等がマイナスの場合

　資本金等がマイナスの場合とは、例えば設立時1,000万円で設立された会社の内部留保の金額が20倍になった状態の時に、その会社が自己株式を取得した場合には、自己株式の取得は資本から控除されることになりますので、結果として資本金等がマイナスとなることもありえます。

　従って、法人税申告書別表五（一）が下記のようになる場合も想定されます。

　344頁に資本金等の額がマイナスである場合の具体例が記載されていますが、最終的にマイナスを連乗することによりプラスの数値が得られますので、マイナスのままで計算することになります。

II　資本金等の額の計算に関する明細書

区　　　分	期　首　現　在 資本金等の額 ①	当　期　の　増　減		差引翌期首現在 資本金等の額 ①－②＋③ ④
		減 ②	増 ③	
資 本 金 又 は 出 資 金 32	10,000,000 円	円	円	10,000,000 円
資 本 準 備 金 33				
自 己 株 式 34	△30,000,000			△30,000,000
35				
差 引 合 計 額 36	△20,000,000			△20,000,000

7　類似業種比準価額の修正（評価通達184）

　類似業種比準価額の計算は、直前期末を基準としているため、直前期末の翌日から課税時期までの間に配当金の交付の効力が発生した場合や株式の割当て等の効力が発生した場合には、それぞれ下記の通り修正をする必要があります。

1 直前期末の翌日から課税時期までの間に配当金交付の効力が発生した場合

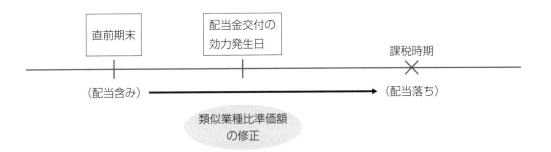

《修正が生じる理由》
　上記のような場合には、類似業種比準価額は配当含みで計算されていますが、課税時期では配当落ちでの評価が必要となるため、配当落ちに評価を修正します。

《修正価額》

$$1株当たりの類似業種比準価額 － 1株当たりの配当金額$$

2 直前期末の翌日から課税時期までの間に株式等の割当て等の効力が発生した場合

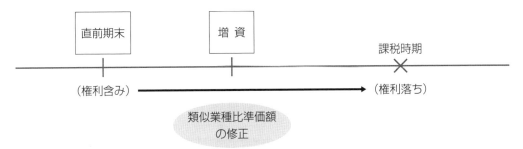

《修正が生じる理由》
　上記のような場合には、類似業種比準価額は権利含みで計算されていますが、課税時期では権利落ちでの評価が必要となるため、権利落ちに評価を修正します。

《修正価額》

$$\frac{1株当たりの類似業種比準価額 + 割当てを受けた新株式1株当たりの払込金額 \times 1株当たりの割当株式数}{1 + 1株当たりの割当株式数または交付株式数}$$

第2章　評価明細書ごとに理解する非上場株式の評価実務

3 上記 1 及び 2 の類似業種比準価額の修正がある場合

下記の通り、配当落ちの修正⇒権利落ちの修正という順番でそれぞれ修正計算を行うことになります。

（イ）　$A \times \dfrac{Ⓑ／B ＋ Ⓒ／C ＋ Ⓓ／D}{3} \times$ 斟酌率

（ロ）　（イ）$\times \dfrac{評価会社の1株当たりの資本金等の額}{50円}$

（ハ）　配当落ちの修正（（ロ）の算式による価額を計算の基礎とする）

（ニ）　権利落ちの修正（（ハ）の算式による価額を計算の基礎とする）

▶実務上のポイント

　見落としやすいところになりますので、修正が生じる理由をしっかりと確認しておくとともに、課税時期後の配当金に関する通知書等の有無や株式の割当等がなかったか顧客に確認することが重要になります。

---

4 第3表と第4表の修正事由のまとめ

同じような修正計算が第3表でも出てきますが（104頁参照）、最終的な修正事由をまとめますと次の通りとなります。

結論として、類似業種比準価額及び純資産価額いずれも調整が必要である場合には、第3表で計算し、類似業種比準価額のみの修正で足りる場合には、第4表で修正することになります。

下記の具体例で解説しますが、課税時期が①の期間か②の期間かで修正箇所が異なります。配当落ちも権利落ちも同様の考え方となりますので、配当金の例で説明します。

第6節　第4表　類似業種比準価額等の計算明細書

	課税時期が①の場合	課税時期が②の場合
類似業種比準価額の修正	修正必要	修正必要
純資産価額の修正	修正必要	修正不要※
修正箇所	第3表	第4表
関連する評価通達	評価通達187	評価通達184

※　純資産価額の計算においては、課税時期現在の資産及び負債に基づいて計算がなされ、配当落ちの
状態で計算がされるため、調整は不要となります。
　　なお、仮決算方式を採用している場合においても負債として未払金計上する調整を行うため、いず
れも配当落ちで計算されることになります（218頁Ｑ3⑥参照）。

8　Q&A

Q1　複数事業の場合の業種区分の判定

　Ａ社の直前期末以前1年間の取引金額の内訳は下記の通りとなりますが、この場
合における類似業種比準価額の計算で使用する業種目は取引金額が最も多い不動産
賃貸業の業種で考えればいいのでしょうか。

Ａ社の直前期末以前1年間の取引金額の内訳

売上内容	取引金額	構成比
不動産賃貸収入	45,000千円	45%
ホテル業の売上高	35,000千円	35%
飲食店（喫茶店）の売上高	20,000千円	20%

A　類似業種比準価額の計算で使用する業種目の判定は、120頁の業種目の判定
のフローチャートの手順により行います。取引金額のうちに2以上の業種目が
ある場合において、50％を超える業種目がない場合には、評価通達181-2（1）〜（5）

143

第２章　評価明細書ごとに理解する非上場株式の評価実務

により業種目を決定するため、本問の場合には、中分類である「その他の宿泊業、飲食サービス業（業種目番号104）」に該当することになります。なお、業種目が中分類である場合には、その業種目の属する大分類も選択することができますので、「宿泊業、飲食サービス業（業種目番号99）」を選択することもできます。

　一方で第１表の２の会社規模の判定をする場合の業種区分（「卸売業」「小売業・サービス業」「卸売業・小売業・サービス業以外」）は、取引金額が最も多い金額により判定を行います（評価通達178（４））ので、不動産賃貸業の「卸売業・小売業・サービス業以外」の業種区分により判定することになります。

❶　直前期末以前１年間の取引金額を日本標準産業分類に基づき区分

　Ａ社の直前期末以前１年間の取引金額を日本標準産業分類（令和５年７月・第14回改定）に基づき区分すると下記の通りとなります。

売上内容	日本標準産業分類上の分類項目
不動産賃貸収入	691不動産賃貸業（貸家業、貸間業を除く）
ホテル業の売上高	751旅館、ホテル
飲食店（喫茶店）の売上高	767喫茶店

❷　対比表を基に業種目を確認

　日本標準産業分類の分類項目と類似業種比準価額計算上の業種目との対比表（平成29年分）の区分に当てはめて業種目を確認します。業種目の確認を行った後に第１表の１を下記の通り記載します。

第１表の１（一部抜粋）

	取扱品目及び製造、卸売、小売等の区分	業 種 目 番 号	取 引 金 額 の 構 成 比
事　業	不動産賃貸業	94	45.0　％
	旅館、ホテル	104	35.0
内　容	喫茶店	103	20.0

144

第6節 第4表 類似業種比準価額等の計算明細書

日本標準産業分類の分類項目と類似業種比準価額計算上の業種目との対比表（平成29年分）一部抜粋

日本標準産業分類の分類項目			類似業種比準価額計算上の業種目			規模区分を判定する場合の業種
大 分 類			大 分 類			
	中 分 類			中 分 類	番 号	
		小 分 類			小 分 類	
K 不動産業，物品賃貸業			不動産業，物品賃貸業		92	
	68 不動産取引業			不動産取引業	93	
		681 建物売買業，土地売買業				
		682 不動産代理業・仲介業				
	69 不動産賃貸業・管理業			不動産賃貸業・管理業	94	
		691 不動産賃貸業（貸家業，貸間業を除く）				卸売業、小売・サービス業以外
		692 貸家業，貸間業				
		693 駐車場業				
		694 不動産管理業				
	70 物品賃貸業			物品賃貸業	95	
		701 各種物品賃貸業				
		702 産業用機械器具賃貸業				
		703 事務用機械器具賃貸業				
		704 自動車賃貸業				
		705 スポーツ・娯楽用品賃貸業				
		709 その他の物品賃貸業				
M 宿泊業，飲食サービス業			宿泊業，飲食サービス業		99	
	75 宿泊業			その他の宿泊業，飲食サービス業	104	小売・サービス業
		751 旅館，ホテル				
		752 簡易宿所				
		753 下宿業				
		759 その他の宿泊業				
	76 飲食店			飲食店	100	
		761 食堂，レストラン（専門料理店を除く）			食堂，レストラン（専門料理店を除く）	101	
		762 専門料理店			専門料理店	102	
		763 そば・うどん店			その他の飲食店	103	小売・サービス業
		764 すし店				
		765 酒場，ビヤホール				
		766 バー，キャバレー，ナイトクラブ				
		767 喫茶店				
		769 その他の飲食店				
	77 持ち帰り・配達飲食サービス業			その他の宿泊業，飲食サービス業	104	
		771 持ち帰り飲食サービス業				
		772 配達飲食サービス業				

❸ 業種目を決定

業種目別の取引金額の割合が50％を超える業種目がありませんので、評価通達181-2（1）～（5）により判定します。上記の業種目のうち、旅館、ホテルと喫茶店は同じ大分類（宿泊業、飲食サービス業）に該当し、類似する中分類に属しますので、大分類の中にある「その他の宿泊業、飲食サービス業（業種目番号104）」を使用することになります。類似するかしないかについては、「類似業種比準価額計算上の業種目及び業種目別株価等」（下記参照）の分類の一番下に「その他の○○業」があるか否かで判断することになります。

145

第2章　評価明細書ごとに理解する非上場株式の評価実務

「その他の○○」の○○については、包括的な例示を意味します。例えば、「飲食店その他の宿泊業、飲食サービス業」とある場合には、「宿泊業、飲食サービス業」の1つの例として「飲食店」が該当することを意味するため、「飲食店」と「宿泊業、飲食サービス業」は類似する中分類の業種目に該当することになります。

類似業種比準価額計算上の業種目及び業種目別株価等(令和6年分)

(単位：円)

業　種　目			番号	A（株価）【上段：各月の株価、下段：課税時期の属する月以前2年間の平均株価】											
大　分　類				令和6年1月分	2月分	3月分	4月分	5月分	6月分	7月分	8月分	9月分	10月分	11月分	12月分
	中　分　類														
		小　分　類														
宿泊業，飲食サービス業			99	609 476	614 484	622 493	623 502	604 510	599 518						
	飲　　食　　店		100	639 477	642 487	651 497	654 508	635 518	634 527						
		食堂，レストラン（専門料理店を除く）	101	342 257	336 262	327 267	331 272	334 277	335 282						
		専　門　料　理　店	102	840 601	846 616	863 631	876 647	831 661	830 675						
		その他の飲食店	103	529 424	533 430	539 436	531 443	530 449	529 455						
	その他の宿泊業，飲食サービス業		104	498 471	513 474	516 478	508 481	493 484	475 485						

　なお、納税義務者の選択により、類似業種が小分類による業種目にあってはその業種目の属する中分類の業種目、類似業種が中分類による業種目にあってはその業種目の属する大分類の業種目を、それぞれ類似業種とすることができる（評価通達181）とされていますので、大分類である宿泊業、飲食サービス業（業種目番号99）を選択することもできます。

▶実務上のポイント

　評価会社の取引金額を日本標準産業分類の区分ごとに分けることが実務上のポイントとなります。

Q_2 　純粋持株会社、医療法人の業種区分の判定

　Ａ社は純粋持株会社に該当し、100％の株式を保有し支配している子会社のグループ経営企画、財務管理、監督等の業務を行っており子会社からの受取配当金以外に収入はありません。

　Ｂ社は医療法人（歯科診療所）に該当します。

　この場合におけるＡ社及びＢ社の類似業種比準価額の計算で使用する業種目は何に該当するのでしょうか。

A　　Ａ社及びＢ社の業種目は、いずれも「その他の産業」に該当することになります。類似業種比準価額の計算で使用する業種目の判定は、120頁の業種目の判定のフローチャートをご確認ください。また、医療法人の出資の評価については、第7章をご確認ください。

❶　直前期末以前1年間の取引金額を日本標準産業分類に基づき区分

　日本標準産業分類（令和5年7月・第14回改定）では、純粋持株会社は細分類番号7282に該当し、医療法人（歯科診療所）は細分類番号8331に該当し、それぞれ下記の通り記載がされています。

7282　純粋持株会社

> 経営権を取得した子会社の事業活動を支配することを業とし、自らはそれ以外の事業活動を行わない事業所をいう。ただし、子会社からの収益を得ることは事業活動とはみなさない。

8331　歯科診療所

> 患者を入院させるための施設を有しないで、若しくは往診のみによって、又は19人以下の患者を入院させるための施設を有して歯科医師が歯科医業を行う事業所をいう。

❷　対比表を基に業種目を確認

　日本標準産業分類の分類項目と類似業種比準価額計算上の業種目との対比表（平成29年分）の区分に当てはめると下記の通りとなりますが、純粋持株会社は、「専門サービス業（純粋持株会社を除く）」とされており、医療法人は、「医療、福祉（医療法人を除く）」とされています。従って、他の業種目においても純粋持株会社及び医療法人に該当する記載がありませんので、分類不能となり、「その他の産業」に該当することになります。

第 2 章　評価明細書ごとに理解する非上場株式の評価実務

日本標準産業分類の分類項目			類似業種比準価額計算上の業種目			規模区分を判定する場合の業種
大 分 類			大 分 類			
	中 分 類			中 分 類	番 号	
		小 分 類			小 分 類	
L　学術研究，専門・技術サービス業						
	71　学術・開発研究機関		専門・技術サービス業		96	
		711　自然科学研究所				
		712　人文・社会科学研究所				
	72　専門サービス業（他に分類されないもの）					
		721　法律事務所，特許事務所				
		722　公証人役場，司法書士事務所，土地家屋調査士事務所				
		723　行政書士事務所	専門サービス業（純粋持株会社を除く）		97	
		724　公認会計士事務所，税理士事務所				
		725　社会保険労務士事務所				小売・サービス業
		726　デザイン業				
		727　著述・芸術家業				
		728　経営コンサルタント業，純粋持株会社				
		729　その他の専門サービス業				
	73　広告業		広告業		98	
		731　広告業				
	74　技術サービス業（他に分類されないもの）					
		741　獣医業				
		742　土木建築サービス業				
		743　機械設計業	専門・技術サービス業		96	
		744　商品・非破壊検査業				
		745　計量証明業				
		746　写真業				
		749　その他の技術サービス業				
P　医療，福祉						
	83　医療業					
		831　病院				
		832　一般診療所				
		833　歯科診療所				
		834　助産・看護業				
		835　療術業				
		836　医療に附帯するサービス業				
	84　保健衛生					
		841　保健所	医療，福祉（医療法人を除く）		109	小売・サービス業
		842　健康相談施設				
		849　その他の保健衛生				
	85　社会保険・社会福祉・介護事業					
		851　社会保険事業団体				
		852　福祉事務所				
		853　児童福祉事業				
		854　老人福祉・介護事業				
		855　障害者福祉事業				
		859　その他の社会保険・社会福祉・介護事業				
T　分類不能の産業						
	99　分類不能の産業		その他の産業		113	卸売業、小売・サービス業以外
		999　分類不能の産業				

（下線部は筆者による）

第6節　第4表　類似業種比準価額等の計算明細書

▶実務上のポイント

　日本標準産業分類と対比表を基に分類することが重要となりますが、純粋持株会社と医療法人については、日本標準産業分類と対比表がそのまま当てはまらない特殊なものとしておさえておきましょう。

Q3　持株会社が複数の事業を行う場合の業種区分の判定

　持株会社であるＡ社の直前期末以前１年間の取引金額の内訳は下記の通りとなりますが、この場合における類似業種比準価額の計算で使用する業種目は、取引金額の割合が50%を超える「不動産賃貸業」の業種で考えればいいのでしょうか。

【Ａ社の直前期末以前１年間の取引金額の内訳】

取引金額の内容	損益計算書の表示箇所	取引金額	構成比
不動産賃貸収入※	売上高	250,000千円	62.5%
子会社からの配当収入	営業外収益	100,000千円	25%
子会社からの経営指導料収入	売上高	50,000千円	12.5%

※　不動産賃貸収入は、貸事務所、賃貸マンション、駐車場収入がありますが、取引金額のうち150,000千円については、子会社からの収入に基づくものとなります。

A　　　Ａ社の業種目は、「その他の産業」に該当することになります。
　　　類似業種比準価額の計算で使用する業種目の判定は、120頁の業種目の判定のフローチャートをご確認ください。

❶　直前期末以前１年間の取引金額を日本標準産業分類に基づき区分

　直前期末以前１年間の取引金額を「日本標準産業分類（令和５年７月・第14回改定）」に基づき区分する必要があります。この場合における取引金額とは、直前期末以前１年間における評価会社の目的とする事業に係る収入金額（金融業・証券業については収入利息及び収入手数料）をいいます（評価個別通達　評価明細書の記載方法等　第１表の１）。従って、損益計算書において営業外収益に表示されていたとしても、評価会社の目的とする事業に係る収入金額であれば、取引金額に含める必要があります。

　日本標準産業分類に基づき、取引金額を区分すると下記の通りとなります。

第2章　評価明細書ごとに理解する非上場株式の評価実務

（1）　不動産賃貸収入の日本標準産業分類の区分

A社の不動産賃貸収入については、「小分類番号691」、「692」及び「693」に該当し、主に下記の通り記載がされています。

691　不動産賃貸業（貸家業、貸間業を除く）

6911　貸事務所業

主として事務所、店舗その他の営業所を比較的長期（通例月別又はそれ以上）に賃貸する事業所をいう。

6912　土地賃貸業

主として土地を賃貸する事業所をいう。

6919　その他の不動産賃貸業

主として比較的短期（通例時間別、日別又は週別）に事務所、店舗その他の営業所又は土地に定着する施設を賃貸する事業所をいう。

692　貸家業、貸間業

6921　貸家業

主として住宅（店舗併用住宅を含む）を賃貸する事業所をいう。住宅とは、世帯が独立して家庭生活を営むことができるように建築された建物及び独立して家庭生活を営むことができるように区画され設備された建物の一部をいう。

6922　貸間業

専用又は共用の炊事用排水設備がなく独立して家庭生活を営むことができないような室を賃貸する事業所をいう。

693　駐車場業

6931　駐車場業

主として自動車の駐車のための場所を賃貸する事業所をいう。

（2）　子会社からの配当収入等の日本標準産業分類の区分

子会社からの配当収入等について、純粋持株会社は「細分類番号7282」に該当し、下記の通り記載がされています。

7282　純粋持株会社

経営権を取得した子会社の事業活動を支配することを業とし、自らはそれ以外の事業活動を行わない事業所をいう。ただし、子会社からの収益を得ることは事業活動とはみなさない。

日本標準産業分類上は、子会社からの収益を得ることは事業活動とはみなされず、子会社の事業活動を支配する業として考えられていますので、子会社からの配当収入、経営指導料収入、不動産賃貸収入は、いずれも純粋持株会社の業として取り扱われることになります。

もっとも、本問の場合にはA社は、子会社以外からの不動産賃貸収入もあり純粋持株会

社には該当しないため、A社の不動産賃貸収入は、純粋持株会社の業ではないとする意見もあるかと思います。ただし、業種区分は、取引を細分化した上で日本標準産業分類のどの区分に該当するかを検討する必要があり、持株会社については、子会社と子会社以外の収入に区分して考える必要があります。そして、子会社からの配当収入、経営指導料、不動産賃貸料を1つの取引としてグルーピングした場合には、その取引は純粋持株会社としての業として取り扱われることが相当かと考えられます。

　実務上は、売上のグルーピングの仕方が難しいことも少なくないですが、持株会社の場合には、あくまでも会社を支配している業がありますので、子会社からの収入をグルーピングして考える必要があります。

　従って、日本標準産業分類に基づき区分をすると下記の通りとなります。

取引金額の内容	取引金額	日本標準産業分類	構成比
子会社以外からの不動産賃貸収入	100,000千円	不動産賃貸業（691） 貸家業、貸間業（692） 駐車場業（693）	25%
子会社からの不動産賃貸収入	150,000千円	純粋持株会社（7282）	75%
子会社からの配当収入	100,000千円		
子会社からの経営指導料収入	50,000千円		

❷　対比表を基に業種目を確認

　「日本標準産業分類の分類項目と類似業種比準価額計算上の業種目との対比表（平成29年分）」の区分に当てはめると下記の通りとなります。

　「不動産賃貸業（691）」、「貸家業、貸間業（692）」及び「駐車場業（693）」は、「不動産賃貸業・管理業（業種目番号94）」に該当します。

　純粋持株会社は、「専門サービス業（純粋持株会社を除く）」と記載されており、純粋持株会社を除くとされていますので、「専門サービス業（業種目番号97）」には該当しないことになります。他の業種目において純粋持株会社に該当する記載がありませんので、分類不能となり、「その他の産業（業種目番号113）」に該当することになります。

第２章　評価明細書ごとに理解する非上場株式の評価実務

日本標準産業分類の分類項目と類似業種比準価額計算上の業種目との対比表（平成29年分）一部抜粋

日本標準産業分類の分類項目			類似業種比準価額計算上の業種目			規模区分を判定する場合の業種
大　分　類			大　分　類			
	中　分　類			中　分　類	番　号	
		小　分　類			小　分　類	
K　不動産業，物品賃貸業			不動産業，物品賃貸業		92	
	68　不動産取引業					
		681　建物売買業，土地売買業	不動産取引業		93	
		682　不動産代理業・仲介業				
	69　不動産賃貸業・管理業					
		691　不動産賃貸業（貸家業，貸間業を除く）				
		692　貸家業，貸間業	不動産賃貸業・管理業		94	卸売業、小売・サービス業以外
		693　駐車場業				
		694　不動産管理業				
	70　物品賃貸業					
		701　各種物品賃貸業				
		702　産業用機械器具賃貸業				
		703　事務用機械器具賃貸業	物品賃貸業		95	
		704　自動車賃貸業				
		705　スポーツ・娯楽用品賃貸業				
		709　その他の物品賃貸業				
L　学術研究，専門・技術サービス業						
	71　学術・開発研究機関		専門・技術サービス業		96	
		711　自然科学研究所				
		712　人文・社会科学研究所				
	72　専門サービス業（他に分類されないもの）					
		721　法律事務所，特許事務所				
		722　公証人役場，司法書士事務所，土地家屋調査士事務所				
		723　行政書士事務所				
		724　公認会計士事務所，税理士事務所	専門サービス業（純粋持株会社を除く）		97	
		725　社会保険労務士事務所				小売・サービス業
		726　デザイン業				
		727　著述・芸術家業				
		728　経営コンサルタント業，純粋持株会社				
		729　その他の専門サービス業				
	73　広告業					
		731　広告業	広告業		98	
	74　技術サービス業（他に分類されないもの）					
		741　獣医業				
		742　土木建築サービス業				
		743　機械設計業				
		744　商品・非破壊検査業	専門・技術サービス業		96	
		745　計量証明業				
		746　写真業				
		749　その他の技術サービス業				
T　分類不能の産業						
	99　分類不能の産業		その他の産業		113	卸売業、小売・サービス業以外
		999　分類不能の産業				

（下線部は筆者による）

❸ A社の業種目

業種目別の取引金額の割合が50％を超える業種目がある場合には、その50％を超える業種目が評価会社の業種目となりますので、本問の場合には、「その他の産業（業種目番号113）」がA社の業種目となります（評価通達181－2）。

> ▶実務上のポイント
> 持株会社の場合には、子会社からの収入とそれ以外の収入に区分して、日本標準産業分類の区分を行う必要があります。

Q4　事業年度を変更している場合

評価会社が下記の通り、事業年度を3月決算から6月決算に変更している場合には、1株当たりの年配当金額Ⓑ、1株当たりの年利益金額Ⓒはどのように求める必要があるのでしょうか。

〈前提事項〉

1株当たりの資本金等の額を50円とした場合の発行済株式数は100,000株とする。

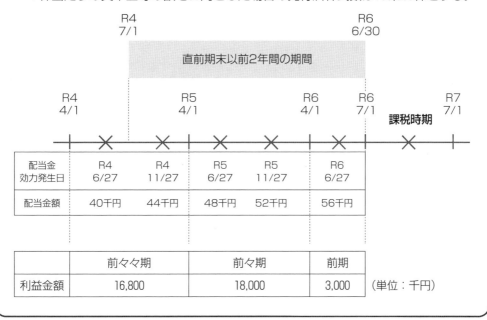

第２章　評価明細書ごとに理解する非上場株式の評価実務

A

１株当たりの年配当金額Ⓑは下記の通り計算します。

$$\frac{44+48+52+56}{2} = 100千円 \qquad \frac{100千円}{100,000株} = 1円$$

１株当たりの年利益金額Ⓒは、①直前期末以前１年間における利益金額と②２年間における利益金額の平均額のいずれかを選択することができますが、それぞれ下記の通り計算します。

①直前期末以前１年間における利益金額

$$3,000+18,000 \times \frac{9月}{12月} = 16,500千円 \qquad \frac{16,500千円}{100,000株} = 165円$$

②直前期末以前２年間における利益金額の平均額

$$\frac{3,000+18,000+16,800 \times \dfrac{9月}{12月}}{2} = 16,800千円 \qquad \frac{16,800千円}{100,000株} = 168円$$

配当金額は直前期末以前２年間における剰余金の配当金額の合計額の２分の１に相当する金額を基に計算することとされていますので、令和４年７月１日から令和６年６月30日までの間に効力が発生した配当金の合計額を基に計算することになります。

同様に利益金額についても、直前期末以前２年間の平均額または１年間の利益金額を求めることになりますが、正確に計算をすることは実務上困難であることから、課税上の弊害がある場合を除き、月数按分の方法により算出することも認められると考えられます。

(121頁、126頁参照)

▶実務上のポイント

直前期末以前に事業年度の変更がある場合には、上記のＱ４のような線表を作成し、配当及び利益金額の計算期間、配当の効力発生日を確認することが重要となります。

Q5　非経常的な利益金額の判定

１株当たりの年利益金額の計算上、「非経常的な利益金額」は除外されていますが、下記のＡ社の類似業種比準価額の計算をする場合において、次の①から③までの各項目は、「非経常的な利益金額」に該当することになりますか。

第6節　第4表　類似業種比準価額等の計算明細書

　なお、Ａ社は７月決算であり、課税時期は令和６年２月１日となります。

① 機械装置の売却益

　Ａ社は、金属製品製造業を営む会社であり、多種多様な製品製造のため、機械装置をほぼ毎期購入しています。また、購入時には特別償却をしているため、売却時には機械装置売却益が生じています。そのため、直前期末以前３年間の各事業年度において損益計算書の特別利益に固定資産売却益（機械装置売却益）が計上されています。

② 保険差益

　Ａ社は、安定的な利益を確保しており、法人税等の節税と資産運用のために、毎期保険に加入しています。また、保険料支払時に一部を損金として処理を行い、解約返戻金がピークに達する時に保険を解約していますので、保険差益が生じています。そのため、直前期末以前３年間の各事業年度において損益計算書の営業外収益に雑収入（保険差益）が計上されています。

③ 雇用調整助成金

　Ａ社は、直前期末以前３年間の各事業年度において、新型コロナウイルス感染症にかかる特例措置として、雇用調整助成金を受けとっており、損益計算書の営業外収益に雑収入として計上されています。ただし、雇用調整助成金の特例措置（コロナ特例）の経過措置は、令和５年３月31日をもって終了したため、課税時期の属する事業年度以降については、雇用調整助成金を受け取る予定はありません。

A　　①機械装置の売却益及び②保険差益は、「非経常的な利益金額」に該当しませんが、③雇用調整助成金は、「非経常的な利益金額」に該当することになります。

● 「非経常的な利益金額」の取扱い

　１株当たりの年利益金額を算定する場合には、法人税の課税所得金額から固定資産売却益や保険差益等の「非経常的な利益金額」を除くこととされています（評価通達183（２））。これは、類似業種比準価額を算出するときの比準要素である利益金額として、臨時偶発的に生じた収益力を排除し、評価会社の営む事業に基づく経常的な収益力を株式の価額に反映させるためのものと解されています。

　あくまでも「非経常的な利益金額」を除外しているのみとなりますので、非経常的な損失の額は、反対に加算する必要はありません。例えば、死亡退職金9,000万円の損失と固

155

定資産税売却益7,000万円がある場合には、これらを相殺し損失の額は2,000万円（9,000万円−7,000万円）となりますので、「非経常的な利益金額」は0となります。反対に死亡退職金7,000万円の損失と固定資産売却益9,000万円がある場合には、これらを相殺し利益の額は2,000万円（9,000万円−7,000万円）となりますので、「非経常的な利益金額」は2,000万円となります。

　実務的には、損益計算書に記載されている営業外収益、特別利益、営業外費用及び特別損失に対応する勘定科目内訳明細の確認が必要となり、内容に不明点や確認事項があれば、会社の経理担当者等に確認する必要があります。

❷　「非経常的な利益金額」の判断

　「非経常的な利益金額」に該当するかどうかについて争われた事例として、東京地裁令和元年5月14日判決（TAINSコード：Z269-13269）があります。納税者は、クレーン車売却益が「非経常的な利益金額」に該当すると主張したのに対し、東京地裁は、本件会社が行うクレーン事業に係る損益には、クレーン車のオペレーティングリース事業のほか、クレーン車売却による損益も経常的に含まれ、クレーン車の売却が一定の期間において反復継続的に行われていること、建設業法に規定する損益計算書や金融機関に提出する損益計算書においても「特別損益」ではなく「完成工事高」や「クレーン収入」として記載されていることなどを考慮して、実体的にも経常損益に該当すると判断し、クレーン車売却益は「非経常的な利益」に該当しないとして、納税者の主張を退けました。

　東京地裁は、「非経常的な利益金額」の判断をどのように行うかについて、下記の通り判示しています。

　評価通達183（2）は、類似業種の利益金額と比較した評価会社の経常的収益力を適切に株価に反映させるために、偶発的な利益を除外することを定めたものというべきであるから、同通達183（2）が評価会社の「1株当たりの利益金額」の算定に際して除外される「非経常的な利益」として固定資産売却益や保険差益を挙げているのも、これらの利益が通常は偶発的な取引によるものであることからその例として示したものにすぎず、これらの利益は、飽くまでも偶発的な取引による非経常的な利益に当たる場合に除外されるものと解すべきである。

　そして、ある利益が評価会社の「1株当たりの利益金額」の計算に際して除外される非経常的な利益に当たるか否かは、その利益が固定資産売却益又は保険差益に該当するか否かのみによって判断すべきものではなく、<u>評価会社の事業の内容、当</u>

該利益の発生原因、その発生原因たる行為の反復継続性又は臨時偶発性等を考慮した上で、実質的に判断するのが相当であると解される。

（下線部は筆者による）

　従って、①その利益が評価会社の事業の内容とどのように関係していたのか、②その利益が発生した原因は何か、③その利益は、反復継続的または臨時偶発的であるのかを確認する必要があります。そしてこれらを総合勘案し、評価会社の経常的収益力を適切に株価に反映させるためにその利益を除外するべきかどうかを判断する必要があります。

❸　本問の場合の当てはめ
①　機械装置の売却益

　機械装置の売却益は金属製品製造業を営む上で発生し、特別償却をしたことに伴い発生しているため過去の減価償却との関係性があり、反復継続的に発生していることから、経常的な利益であると考えられ、「非経常的な利益金額」には該当しないと判断できます。

②　保険差益

　保険差益は、A社の事業とは直接関係はありませんが、A社の事業で生じた利益を圧縮する目的及び資産運用の目的で保険加入を行い、支払時に一部を損金として計上した結果、利益が発生しており、反復継続的に発生していることから、経常的な利益であると考えられ、「非経常的な利益金額」には該当しないと判断できます。

③　雇用調整助成金

　雇用調整助成金は、経済上の理由により、事業活動の縮小を余儀なくされた事業主が、雇用の維持を図るための休業等に要した費用を助成する制度となりますので、雇用を維持する上で、A社の事業と大きく関係があります。また、3年間継続して受け取っていた点を考慮すると反復継続的であると判断でき、経常的な利益であるとの考え方もあるかと思います。

　ただし、雇用調整助成金の特例措置（コロナ特例）の経過措置は、令和5年3月31日をもって終了しており、また、新型コロナウイルス感染症の位置づけは、令和5年5月8日から「5類感染症」になりましたので、あくまでも臨時偶発的な利益であり、A社の事業に基づく経常的な収益力ではないと判断することが相当と考えられますので、「非経常的な利益金額」に該当すると判断できます。

▶実務上のポイント

勘定科目だけで「特別な利益金額」に該当するかどうかは判断できませんので、評価会社の事業の内容、その利益の発生原因、その利益が反復継続的または臨時偶発的であるか否か等を総合勘案して判断する必要があります。

Q6 自己株式の取得によりみなし配当があった場合

A社はB社の株式200株を所有していますが、B社との合意に基づきB社の株式200株を200（株式簿価30）で売却することになりました。

このケースにおいてA社及びB社の類似業種比準価額を求める場合の1株当たりの年配当金額及び年利益金額の計算上の留意点について教えてください。

〈前提事項〉

- 受取配当等の益金不算入割合は100分の50とする。
- B社の資本金等の額は100とする。
- B社の発行済株式数は1,000株であり、A社からの株式取得以前に自社の株式を取得したことはない。

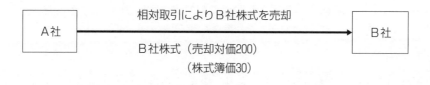

A

A社及びB社の類似業種比準価額の計算上の留意点は下記の通りとなります。

A社 （みなし配当受取法人）	B社 （みなし配当支払法人）
みなし配当は非経常的な利益であるため、1株当たりの利益金額から除外します。 株式譲渡損は非経常的な利益から控除します。	みなし配当は、会社法上の剰余金の配当ではなく、非経常的な性格であるため、1株当たりの年配当金額の計算上、みなし配当は除外します。

B社は自己株式の取得に該当します。自己株式の取得は資本の払い戻しであるため、資本金等の額を超える部分については、A社に対して配当を行ったものとみなされます。み

なし配当受取法人であるＡ社及びみなし配当支払法人であるＢ社の取扱いは下記の通りとなります。

① Ａ社の取扱い

Ａ社の税務仕訳

（現金預金）	164	（Ｂ社株式）	30
（株式譲渡損）	10	（みなし配当）	180
（源泉所得税）	36		

Ａ社の税務仕訳は、難しい仕訳になりますので下記の図とともに確認しましょう。

仕訳の順番として、みなし配当の金額→源泉所得税→株式譲渡損益で求めることになります。

みなし配当の金額は交付金銭等の額200から、その交付金銭等の額のうちＢ社の資本金等の額に対応する金額20（資本金等の額100×$\frac{\text{取得株式数200株}}{\text{Ｂ社の発行済株式数1,000株}}$）を控除した金額180となります。

このみなし配当金額については、源泉所得税36（180×源泉税率20.42％）が発生しますので、交付金銭等の額から源泉所得税を差し引いた金額164がＡ社が受け取るべき現金となります。

最後に株式譲渡損益の計算を行います。交付金銭等の額のうちＢ社の資本金等の額に対応する金額20が株式譲渡対価であり、譲渡原価は30になりますので、株式譲渡損は10となります。

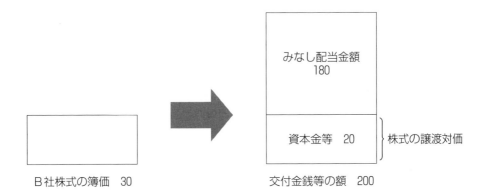

第２章　評価明細書ごとに理解する非上場株式の評価実務

　A社側からすると30の投資に対して200が払い戻されたことになるため、170が利益になりますが、税務上はみなし配当金額180と株式譲渡損10として取り扱われます。

A社の別表四の記載例（抜粋）

区　　　　　分		総　　額		処　　　　　　　　分		
				留　　保	社　外　流　出	
		①		②	③	
当 期 利 益 又 は 当 期 欠 損 の 額	1	○○ （※1） 円		円	配　　当	円
					そ の 他	
減	減 価 償 却 超 過 額 の 当 期 認 容 額	12				
	納 税 充 当 金 か ら 支 出 し た 事 業 税 等 の 金 額	13				
	受 取 配 当 等 の 益 金 不 算 入 額（別表八（一）「5」）	14	90 （※2）		※	90
	外国子会社から受ける剰余金の配当等の益金不算入額（別表八（二）「26」）	15			※	
	受 贈 益 の 益 金 不 算 入 額	16			※	
	適 格 現 物 分 配 に 係 る 益 金 不 算 入 額	17			※	
	法 人 税 等 の 中 間 納 付 額 及 び 過 誤 納 に 係 る 還 付 金 額	18				
	所 得 税 額 等 及 び 欠 損 金 の 繰 戻 し に よ る 還 付 金 額 等	19			※	
算	通 算 法 人 に 係 る 減 算 額（別表四付表「10」）	20			※	
		21				
	小　　　　　　計	22			外※	
残余財産の確定の日の属する事業年度に係る事業税及び特別法人事業税の損金算入額	51	△	△			
所 得 金 額 又 は 欠 損 金 額	52	500 （※3）		外※		

※1　みなし配当金額180が含まれています。

※2　受取配当等の益金不算入額＝180×50％（益金不算入割合）

※3　みなし配当金額のうち益金不算入とならなかった金額90が含まれています。ここでは仮に500としています。

第6節　第4表　類似業種比準価額等の計算明細書

1株当たりの年利益金額

利益金額の算定	金　額	説　明
①　法人税の課税所得金額	500	みなし配当のうち益金算入された金額が90と株式譲渡損10が含まれています。
②　非経常的な利益金額	80	みなし配当は、非経常的な利益金額に該当するため、法人税の課税所得金額に含まれているみなし配当金額90を計上することになりますが、株式譲渡損10は非経常的な損失に該当するため控除します。
③　受取配当等の益金不算入額	0	上記②で調整は完了していますので、受取配当等の益金不算入額のうち、みなし配当は除外します。
④　③の所得税額	0	みなし配当に係る源泉所得税も除外して計算します。
⑤　損金算入した繰越欠損金の控除額	○○	
⑥　差引利益金額　①－②＋③－④＋⑤	○○	最終的にこの金額が算出されます。

②Ｂ社の取扱い

Ｂ社の税務仕訳

（資本金等の額）	20	（預貯金）	164
（利益積立金額）	180	（源泉預り金）	36

Ｂ社の別表四の記載例（一部抜粋）

区　　　分	総　額	処		分	
		留　保	社 外 流 出		
	①	②	③		
当 期 利 益 又 は 当 期 欠 損 の 額　1	円	円	配　当	180	円
			その他		

1株当たりの年配当金額

　みなし配当180は配当金額から除外します。他に配当金がない場合には1株当たりの配当金額は0となります。

（122頁参照）

161

第２章　評価明細書ごとに理解する非上場株式の評価実務

▶実務上のポイント

　Ａ社側の処理は非常に複雑となっています。法人税の課税所得金額の中にみなし配当金額や株式の譲渡損益が含まれているか否かを確認することが重要となります。受取配当等の益金不算入割合は平成27年度の税制改正により変更となっていますので、その点も留意しておきましょう。

【参考】受取配当等の益金不算入割合について

　平成27年度の税制改正により平成27年４月１日以後に開始する事業年度から、下記の区分に応じてそれぞれの益金不算入割合が適用されることになります（法法23条１項）。

　実務上は、別表八（一）より益金不算入割合を確認することになります。

株式等の区分	益金不算入割合
完全子法人株式等（株式等保有割合100％）	100分の100
関連法人株式等（株式等保有割合３分の１超）	100分の100
その他の株式等（株式等保有割合５％超３分の１以下）	100分の50
非支配目的株式等（株式等保有割合５％以下）	100分の20

第 7 節

第5表　1株当たりの純資産価額（相続税評価額）の計算明細書

第5表のポイント

- ● 1株当たりの純資産価額の計算方法を確認する
- ● 相続税評価金額と帳簿価額の留意点を確認する
- ● 評価差額に対する法人税等の留意点を確認する
- ● 仮決算方式と直前期末方式の相違点、留意点を理解する
- ● 株式等、土地等の範囲を理解する
- ● 借地権の計上金額について理解する

1　第5表の役割

　非上場株式の原則的評価方式である純資産価額を算定することが主たる目的となりますが、第2表で判定する特定の評価会社にあたる土地保有特定会社、株式等保有特定会社の土地保有割合及び株式等保有割合の分母・分子となる金額も本表で計算することになります。

2　1株当たりの純資産価額の算定方法

　純資産価額は、評価会社の資産から負債を差し引いた純資産価額を基礎として計算した価額をいいます。この場合における純資産価額は相続税評価額を使用することになりますが、相続税評価額から帳簿価額を差し引いた含み益に対する法人税等相当額は、相続税評価額による純資産価額から控除することとされています。

　具体的な算式は下記の通りとなります。

$$\frac{相続税評価額による純資産価額^{※1}－評価差額に対する法人税等相当額^{※2}}{課税時期における発行済株式数}$$

第2章　評価明細書ごとに理解する非上場株式の評価実務

※1　相続税評価額による資産の価額－負債の金額
※2　（相続税評価額による純資産価額－帳簿価額による純資産価額）×37％

なお、納税事務者の属する同族関係者グループの議決権割合が50％以下である場合には、原則として上記算式により求めた価額に80％を乗じた価額をもって1株当たりの純資産価額とします。詳細は次の **3** で解説しています。

3　純資産価額×80％の斟酌について

1　80％の斟酌が認められている理由（評価通達185ただし書）

小会社の支配力の格差を考慮して80％の斟酌が認められています（10頁参照）。中会社の純資産価額方式による部分については、小会社の考え方を取り入れていますので、小会社と同様に20％減を行うことになっています。

2　80％の斟酌が認められないもの

①　評価の安全性を考慮して類似業種比準価額に代えて純資産価額で計算をしているもの（評価通達185ただし書）

大会社については、そもそも原則として類似業種比準価額で評価するべきところ、評価の安全性を考慮して純資産価額方式を認めているという点を踏まえ、80％の斟酌まではする必要はないとしています。

中会社の類似業種比準価額で計算する場合に代えて純資産価額で計算する場合も同様となります。

②　特定の評価会社のうち、開業前または休業中の会社、清算中の会社（評価通達189-5・6）

支配力の格差を考慮する必要がないため、これらの特定の評価会社は80％の斟酌の必要はありません。

③　医療法人の出資、企業組合等の出資の評価（評価通達194-2・評価通達196）

1人1議決権とされており、出資と議決権が結びついておらず、支配力の格差を考慮する必要がないと考えられる法人であるため、80％の斟酌は必要ありません。

以上を評価体系の表にまとめると下記の通りになります。

164

＊80％の斟酌ができないもの→純資産価額

一般の評価会社	大会社	類似業種比準価額 ⎫いずれか 純資産価額 ⎭低い方
	中会社	類似業種比準価額[※]×Ｌの割合＋純資産価額×（１－Ｌの割合） ※　納税義務者の選択によって純資産価額とすることもできます。
	小会社	純資産価額 類似業種比準価額×0.50＋純資産価額×0.50 ⎫低い方
特定の評価会社	比準要素数 １の会社	純資産価額 類似業種比準価額×0.25＋純資産価額×0.75 ⎫低い方
	株式等保有 特定会社	純資産価額方式と「Ｓ１（類似業種比準価額と純資産価額の折衷方式）＋Ｓ２」 方式のいずれか低い金額
	土地保有 特定会社	純資産価額方式
	開業後３年 未満の会社・ 比準要素数 ０の会社	純資産価額方式
	開業前・休 業中の会社	純資産価額方式
	清算中の会社	清算分配見込額を基礎にした価額 （純資産価額方式に準じて評価）

※　下記の場合の純資産価額の計算については80％の勘酌は認められていません。
　・医療法人の出資の評価を行う場合（評価通達194-2）
　・企業組合等の出資の評価を行う場合（評価通達196）

4　純資産価額の計算時期

1 基本となる２つの評価時点

① 　原則的な評価時点（仮決算方式）

　非上場株式の評価の計算時期＝課税時期となりますので、相続の場合には相続開始時点、贈与の場合には贈与時点となります。従って、評価会社の課税時期の属する事業年度開始の日から課税時期までの期間の決算を確定させ、資産及び負債の金額を求めることになります。

② 簡便的な評価時点（直前期末方式）

上記の仮決算方式は、課税時期までの決算を確定するのに実務上の手間がかかることから、簡便的な処理として、直前期末時点の資産及び負債に基づき評価することも認められています。

2 直前期末方式で計算ができない場合

1株当たりの純資産価額（相続税評価額）の計算は、原則として上記①の仮決算方式で評価するべきこととされていますが、評価会社が課税時期において仮決算を行っていないため、課税時期における資産及び負債の金額が明確でないという場合において、直前期末から課税時期までの間に資産及び負債について著しく増減がなく評価額の計算に影響が少ないと認められるときは、直前期末方式により計算することができるものとされています。

従って、直前期末から課税時期までの間に資産及び負債について著しく増減がある場合については、直前期末方式により計算ができません。

例えば下記のAの期間に、評価会社が一部事業の廃止を行ったことで資産及び負債が大きく増減した場合には、直前期末方式で計算することはできませんので、仮決算方式により計算を行うことになります。

> ▶実務上のポイント
>
> 直前期末方式により計算をしている場合において、Aの期間に評価会社が行った取引等について株の価額に大きな影響があるものについては、できる限り仮決算方式との差異が生じないように調整を図る必要があります。その調整ができない場合には、仮決算方式により計算することになります。
>
> 具体的に調整が困難な事由としては、Aの期間における一部事業の廃止や合併等の組織再編、新規事業の開設や支店の開設等で直前期末と課税時期とのズレを数値化できない場合などが該当します。

3 仮決算方式と直前期末方式の比較

	仮決算方式	直前期末方式
帳簿価額	課税時期 の資産及び負債の帳簿価額で計算	直前期末の資産及び負債の帳簿価額で計算
相続税評価額	課税時期 の資産及び負債を対象として、課税時期 に適用される評価通達を適用して計算	直前期末の資産及び負債を対象として、課税時期 に適用される評価通達を適用して計算

　直前期末方式の相続税評価額については、直前期末の資産及び負債を対象にしますが、あくまでも評価時点は課税時期となりますので、土地については課税時期の属する年の路線価等に基づき評価を行うことになります。従って、対象とするべき財産の内容や数量は直前期末の資産及び負債を対象として、課税時期において評価をすることになります。

　実務上、直前期末方式と仮決算方式の違いで判断に迷うこともありますので、214頁のQ&Aで整理しておきましょう。

5 帳簿価額と相続税評価額

　第5表で計算の基礎となる相続税評価額と帳簿価額の資産の部に計上するべき金額について解説します。

1 資産の部に計上する相続税評価額及び帳簿価額について（評価通達185）

（1）　資産の部に計上する相続税評価額と帳簿価額について

　相続税評価額及び帳簿価額の計上金額等をまとめると下記の通りとなります。

	相続税評価額	帳簿価額
計上金額	評価会社の各資産の相続税評価額は、評価通達の定めにより評価した価額により計上をしますので、帳簿価額に記載のないものであったとしても、借地権や評価の対象となる営業権がある場合には計上を要します。	帳簿価額とは、会計上の帳簿価額ではなく、税務上の帳簿価額となります。減価償却超過額のある減価償却資産については、貸借対照表に計上がされている帳簿価額に減価償却超過額に相当する金額を加算する必要があります。
計上を要しないもの	繰延資産や繰延税金資産等の財産性がないものについては、その計上を要しないこととなります。	

第2章　評価明細書ごとに理解する非上場株式の評価実務

（2）　留意するべき科目

科目別の留意点は下記の通りとなります。

科　目	相続税評価額	帳簿価額
減価償却資産	個人の事業用資産と同様に評価通達に基づき計算することになります。 減価償却の計算期間については、仮決算方式を採用している場合には課税時期までの期間で計算しますが、直前期末方式を採用している場合には、直前期末までの期間で計算することになります。 また、圧縮記帳をしている場合には、圧縮記帳適用前の取得価額を基に減価償却の計算をします。 建物附属設備は、家屋の固定資産税の評価に含まれている場合には、0として評価して差し支えありません。	固定資産に係る減価償却累計額、特別償却準備金及び圧縮記帳に係る引当金または積立金の金額がある場合には、それらの金額を控除した金額をその固定資産の帳簿価額とします。
法人税等控除不適用株式等	非上場株式等については、評価差額に対する法人税額等相当額の控除は行わないで計算することになります（196頁参照）。	
	法人税等控除不適用株式等として他の有価証券とは区分して記載をすることになります。	
借地権	土地を賃借している場合の借地権の相続税評価額については、「通常の権利金」や「相当の地代」の支払の有無、「相当の地代の改訂方法に関する届出書」「土地の無償返還に関する届出書」の提出の有無、地代の変遷を確認して計上金額を決定する必要があります（183頁参照）。	
3年以内取得土地等・	課税時期における通常の取引価額で評価することになります（180頁参照）。	
3年以内取得家屋等	3年以内取得土地等、3年以内取得家屋等として区分して記載をします。	
営業権等	営業権として平均利益金額が5,000万円超となる場合には、評価対象財産として検討する必要がありますが、5,000万円以下である場合には、営業権は0になります（評価通達165、166）。	営業権に含めて評価の対象となる特許権、漁業権等の資産の帳簿価額は、営業権の帳簿価額に含めて記載します。
生命保険金請求権	被相続人の死亡に伴い生命保険金を取得した場合には、生命保険金請求権として受け取った生命保険金を資産に計上します。	

168

| 保険金積立金 | 仮決算方式を採用している場合には相続開始時点の解約返戻金を計上します。直前期末方式を採用している場合には直前期末時点の解約返戻金を計上します。 | 上記生命保険金に対応する保険積立金額がある場合には、除外した金額を計上します。 |

▶実務上のポイント

　資産の部の相続税評価額は、原則的には会社のすべての資産を課税時期における相続税評価により計上することになりますが、実務的な煩雑さを考慮し、課税上、弊害がないと認められる資産については、簡便的な処理として帳簿価額をそのまま使用しても差し支えないと思われます。

　また、資産の部の帳簿価額は、貸借対照表の金額をそのまま転記することが少なくありませんが、法人税申告書別表五(一)で留保されている金額がないかどうかや、借地権の計上漏れなどに注意をしましょう。

2 負債の部に計上する相続税評価額及び帳簿価額について（評価通達186）

（1）　負債の部に計上する相続税評価額と帳簿価額について

　相続税評価額及び帳簿価額の計上金額等をまとめると下記の通りとなります。

	相続税評価額	帳簿価額
計上金額	原則として、課税時期（直前期末基準を採用している場合には直前期末時点）において債務が確定しているものを計上することになります。	原則として、相続税評価額と一致することになります。
計上を要しないもの	引当金、繰延税金負債等の債務として確定していないものについては、原則として、その計上を要しないこととなります。	

（2）　留意するべき科目

　科目別の留意点は下記の通りとなります。

第２章　評価明細書ごとに理解する非上場株式の評価実務

科　目	相続税評価額	帳簿価額
未払退職金	被相続人の死亡により、相続人その他の者に支給することが確定した退職手当金、功労金その他これらに準ずる給与の金額（以下「退職金等」という）については、本来的には相続開始時点において確定しているものではありませんので、負債に計上しないことになりますが、退職金等が個人の相続財産として課税されていることに鑑み、負債に計上することが認められています。 弔慰金については個人の相続財産としては非課税であるため、控除することができませんが、弔慰金が退職金等とみなされた場合には、相続財産として課税されることになりますので、控除も認められます。 生命保険金を原資として被相続人に係る死亡退職金、弔慰金を支払った場合には、保険差益（生命保険金－保険積立金－支払退職金－弔慰金）について課されることとなる法人税額等（現行37％）についても負債に計上します。 なお、評価会社に欠損金がある場合には、保険差益から欠損金を控除した残額に対して税率を乗じることになります。	
社葬費用	相続税の課税価格の計算上も控除が認められているため、社会通念上相当と認められるものに限り負債に計上します。	
未払固定資産税・未払法人税等	未払税金※については、帳簿に負債としての記載がない場合であっても、負債として「相続税評価額」欄及び「帳簿価額」欄のいずれにも記載します。固定資産税及び都市計画税は、個人の債務に計上する金額と同様の考え方になります。なお、固定資産税等の賦課期日は１月１日になります。	

※　相続税評価額及び帳簿価額に計上する未払税金

仮決算方式	直前期末方式
課税時期以前に賦課期日のあった固定資産税及び都市計画税の税額のうちに、課税時期において未払であるもの	直前期末以前に賦課期日のあった固定資産税及び都市計画税の税額のうちに、直前期末時点において未払であるもの
課税時期の属する事業年度に係る法人税額、消費税額等、事業税額、道府県民税額及び市町村民税額のうち、その事業年度開始の日から課税時期までの期間に対応する金額で、課税時期において未払であるもの	直前期末の事業年度に係る法人税額、消費税額等、事業税額、道府県民税額及び市町村民税額で、直前期末時点において未払であるもの

▶実務上のポイント

　負債の部の相続税評価額は、未払税金の計上漏れが少なくありませんので、忘れないように気をつけましょう。

3 具体例

　資産及び負債の相続税評価額及び帳簿価額の意義等の考え方は、上述の通りとなります。下記の具体例で実際に資産の部、負債の部に計上されることとなる相続税評価額及び帳簿価額を確認してみましょう。

　前提として、Ａ社の社長である甲が死亡した場合の被相続人甲が有していたＡ社の株式の価額算定を行うものとし、直前期末から相続開始時点までにおける仮決算は行っていないため、第5表の純資産価額方式の計算を行うにあたっては、直前期末方式により計算を行うものとします。

　左頁は、Ａ社の直前期末時点における貸借対照表上の金額を計上したものです。備考欄を基にそれぞれ第5表における相続税評価額及び帳簿価額に計上する金額を考えてみましょう。

第２章　評価明細書ごとに理解する非上場株式の評価実務

（貸借対照表・資産の部）

(単位：千円)

科　目	決算上の 帳簿価額	備　考
預貯金	50,000	定期預金の税引後の解約利息の金額が10千円ある。
受取手形	29,760	受取手形は課税時期から６か月以内に支払期限が到来するものである。 （注）左記金額は貸倒引当金240千円が控除されている。
売掛金	70,000	売掛金のうち3,000千円については、債務者の資産状況、支払能力 等からみて回収不能である。
貸付金	3,000	課税時期における既経過利子の額が５千円ある。
上場株式	20,000	①課税時期の最終価格による評価　　34,000千円 ②課税時期の属する月の毎日の最終価格の月平均額による評価 　31,000千円 ③課税時期の月の前月の毎日の最終価格の月平均額による評価 　32,000千円 ④課税時期の月の前々月の毎日の最終価格の月平均額による評価 　30,000千円
子会社株式 （非上場株式）	5,000	子会社株式を評価通達の定めにより評価した金額は、40,000千円で あるが、法人税等の控除をしないで計算をした場合の評価は48,000 千円である。
ゴルフ会員権	8,000	取引相場のある会員権であり、課税時期における取引価格は200千 円である。 なお、返還を受けることができる金額はない。
土　地	130,000	①自社の工場で使用しているもの 　帳簿価額　　　　80,000千円 　相続税評価額　　100,000千円 ②賃貸用不動産として購入したもの 　帳簿価額　　　　50,000千円 　相続税評価額　　32,000千円 なお、上記の賃貸用不動産は３年以内に取得した土地であるが、通 常の取引価額は40,000千円である。

第7節　第5表　1株当たりの純資産価額（相続税評価額）の計算明細書

（第5表・資産の部）

（単位：千円）

科　目		相続税評価額	帳簿価額	解　説
預貯金		50,010	50,000	評価通達203の定めにより税引後の解約利息を相続税評価に計上。 解約利息が少額である場合には解約利息の計上は不要になります。
受取手形		30,000	30,000	貸倒引当金は控除しない。 評価通達206の定めにより評価。 課税時期から6か月を超えて支払期限が到来するものについては、回収可能額で計上。
売掛金		67,000	70,000	評価通達204、205の定めにより回収不能額を除いた元本の額で評価。
貸付金		3,005	3,000	既経過利子があれば加算します。
上場株式		30,000	20,000	評価通達169の定めにより、下記の価格の最も低い価格で評価。 ①課税時期の最終価格 ②課税時期の属する月の毎日の最終価格の月平均額 ③課税時期の月の前月の毎日の最終価格の月平均額 ④課税時期の月の前々月の毎日の最終価格の月平均額
法人税等控除不適用株式		48,000	5,000	評価通達186-3の定めにより、法人税等相当額は控除しないで評価します（196頁参照）。
ゴルフ会員権		140	8,000	評価通達211の定めにより、取引相場のある会員権は、課税時期における通常の取引価額の70%相当額で評価します。
土地	土地	100,000	80,000	評価通達2章の定めにより課税時期の属する年の路線価等に基づき評価
	3年以内取得土地等	40,000	50,000	評価通達185の定めにより3年以内に取得した土地等については通常の取引価額で評価（180頁参照）

173

第2章　評価明細書ごとに理解する非上場株式の評価実務

（貸借対照表・資産の部）

(単位：千円)

科　目	決算上の帳簿価額	備　考
借地権	記載なし	下記の建物③に記載する社宅部分の土地は社長が個人で所有しており、法人に賃貸を行い、無償返還に関する届出書を提出している。当該社宅敷地の自用地としての相続税評価については、80,000千円である。
建物 減価償却累計額	190,000 △73,500	①自社の工場で使用しているもの 　取得価額　　　　　　　　100,000千円 　減価償却累計額　　　△58,000千円 　固定資産税評価額　　　40,000千円 ②賃貸用不動産として購入したもの 　取得価額　　　　　　　　50,000千円 　減価償却累計額　　　　△500千円 　固定資産税評価額　　　30,000千円 　3年以内に取得したものであるが、通常の取引価額は、35,000千円である。 ③社宅として購入したもの 　取得価額　　　　　　　　40,000千円 　減価償却累計額　　　△15,000千円 　固定資産税評価額　　　24,000千円 　従業員用社宅であり、適正賃料を収受している。
建物附属設備 減価償却累計額	15,000 △6,000	上記の建物と構造上一体となっている附属設備である。
機械装置 減価償却累計額	80,000 △56,000	機械装置の取得価額は100,000千円であるが、圧縮記帳により20,000千円が直前減額方式によって帳簿価額より減額がされている。 なお、100,000千円を基に取得時点から課税時期の直前期末時点まで定率法で計算した減価償却累計額は、70,000千円である。
車輌運搬具 減価償却累計額	8,500 △2,500	車用として使用しているものであり、相続開始時点における下取価額は1,000千円である。

174

第7節　第5表　1株当たりの純資産価額（相続税評価額）の計算明細書

（第5表・資産の部）

(単位：千円)

科　目	相続税評価額	帳簿価額	解　説
借地権	16,000	0	個別通達（相当の地代を支払っている場合等の借地権等についての相続税及び贈与税の取扱いについて）の8の定めにより相当の地代を収受している貸宅地の評価の取扱いを準用し、自用地の20％に相当する金額を相続税評価に計上します。なお、借家権の適用がある場合には自用地の価額×20％×（1－0.3×賃貸割合）により評価を行います。
建物	64,000	67,000	評価通達89、93の定めにより、固定資産税評価により評価を行います。なお、社宅は借家権がありませんので、借家権控除を行わないように留意しておきましょう。
3年以内取得家屋等	35,000	49,500	評価通達185の定めにより評価を行います。貸家としての借家権控除は適用して評価を行います。
建物附属設備	0	9,000	評価通達92の定めにより評価を行います。家屋と構造上一体となっているものについては、家屋の固定資産税評価に評価が反映されているため、家屋の評価に含めて評価を行います。
機械装置	30,000	24,000	評価通達128、129の定めにより評価を行います。相続税評価については、圧縮記帳の適用前の取得価額を基に計算を行います。
車両運搬具	1,000	6,000	評価通達129の定めにより評価を行います。自動車の場合には、一般的には下取価額を基に評価を行います。

第 2 章　評価明細書ごとに理解する非上場株式の評価実務

（貸借対照表・資産の部）

(単位：千円)

科　目	決算上の 帳簿価額	備　考
電話加入権	140	２回線有しており、国税局長の定める標準価額は１回線1,500円である。
営業権	15,000	他社を吸収合併した際に発生したものである。 なお、平均利益金額は30,000千円である。
特許権	0	特許権は自社で研究開発をして出願して取得したものであり、自社で特許を実施している。
保険積立金	35,000	①社長を被保険者とする生命保険契約の積立金 　保険積立金　25,000千円 　解約返戻金　48,000千円 ②役員、従業員を被保険者とする生命保険契約の積立金 　保険積立金　10,000千円 　解約返戻金　　8,700千円 なお、社長の死亡に伴い生命保険金50,000千円が評価会社に支払われた。

第7節　第5表　1株当たりの純資産価額（相続税評価額）の計算明細書

（第5表・資産の部）

(単位：千円)

科　目	相続税評価額	帳簿価額	解　説
電話加入権	3	140	評価通達161の定めにより評価します。
営業権	0	15,000	評価通達165、166の定めにより評価します。 平均利益金額が5,000万円以下の場合には評価は不要となります。 自社で特許開発を行い自社で特許を実施している場合には、評価通達145の定めにより営業権に含めて評価することになります。なお、特許を他人に実施させている場合には、評価通達140の定めにより営業権と分けて評価を行います。
生命保険金請求権	50,000	50,000	被相続人の死亡に伴い請求権が発生していますので、資産として計上を行います。
保険積立金	8,700	10,000	帳簿価額は、上記の生命保険金の対象となった保険積立金を控除した金額を計上します。 相続税評価額は、上記の生命保険金の対象となった保険以外の保険契約について、直前期末時点の解約返戻金を相続財産に計上します。

第２章　評価明細書ごとに理解する非上場株式の評価実務

（貸借対照表・負債の部）

(単位：千円)

科　目	決算上の 帳簿価額	備　考
支払手形	25,000	
借入金	85,500	
預り金	600	
社債	20,000	
賞与引当金	18,000	従業員等の賞与で期末時点において発生しているものを見積計上したものである。
未払法人税等	5,000	その事業年度に係る法人税額、事業税額、道府県民税額及び市町村民税額で、翌期において支払うものである。
未払消費税等	3,000	その事業年度に係る消費税等で翌期において支払うものである。
帳簿価額に記載のない 固定資産税等について		直前期末時点において賦課期日が到来している固定資産税及び都市計画税のうち、直前期末時点において未払であるものが500千円ある。
帳簿価額に記載のない 死亡退職金等について		社長の死亡に伴い、死亡退職金が20,000千円、弔慰金として1,000千円が支払われている。 なおＡ社に支払われた生命保険金50,000千円が支払原資となっており、その生命保険金に対する保険積立金は25,000千円である。

第7節 第5表 1株当たりの純資産価額（相続税評価額）の計算明細書

（第5表・負債の部）

（単位：千円）

科　目	相続税評価	帳簿価額	概　要
支払手形	25,000	25,000	
借入金	85,500	85,500	
預り金	600	600	
社債	20,000	20,000	
賞与引当金	0	0	賞与引当金は、直前期末時点で債務が確定してないため、計上はしないことになります。
未払法人税等	5,000	5,000	未払法人税等は法人税の申告書、地方税の申告書で確認した金額を計上することになります。
未払消費税等	3,000	3,000	未払消費税等は消費税等の申告書で確認した金額を計上することになります。
未払固定資産税等	500	500	直前期末以前において賦課期日（1月1日）が到来している固定資産税等のうち、直前期末時点において未払であるものを計上します。
未払退職金等	20,000	20,000	被相続人の死亡に伴い発生する退職金等は、個人の相続財産で課税されるため、負債に計上することになりますが、弔慰金については、個人の相続財産で非課税となるため、負債には計上しません。
保険差益に対する法人税額等	1,480	1,480	下記の算式で計算した保険差益に対する法人税等は、負債として計上することになります。

下記の算式で計算した保険差益に対する法人税等は、負債として計上することになります。

生命保険金等	50,000千円
保険積立金	△25,000千円
退職金等	△20,000千円
弔慰金	△1,000千円
合計（保険差益）	4,000千円
保険差益×37%	1,480千円

第1表の1
第1表の2
第2表
第3表
第4表
第5表
第6表
第7・8表

第2章　評価明細書ごとに理解する非上場株式の評価実務

4 「3年以内取得土地等及び家屋等」の留意点

168頁で3年以内取得土地等及び家屋等については通常の取引価額で計上することは説明しましたが、3年以内の範囲、対象資産の範囲、評価金額は誤りやすいところになりますのでしっかりと確認しておきましょう。

（1）　課税時期以前3年以内の範囲

直前期末方式、仮決算方式のいずれを採用している場合であっても、3年以内取得の起算時点は課税時期から3年前となりますので、課税時期が令和6年4月15日の場合には、令和3年4月15日以後に取得した土地等及び家屋等が対象となります。なお、借地権の取得の日は、原則として賃貸借契約日とされています。

（2）　対象となる資産

　土地等：土地及び借地権等の土地の上に存する権利

　家屋等：家屋及びその附属設備または構築物

　また、交換、買換え、現物出資、合併等による取得も含まれます。

（3）　評価金額

課税時期における通常の取引価額で評価することになります。

この場合における課税時期における通常の取引価額は、土地等や家屋等の帳簿価額が通常の取引価額に相当するものと認められる場合には、帳簿価額によって評価することが認められています。

例えば、土地や家屋について次のような事実がある場合には、帳簿価額が通常の取引価額として認められない可能性がありますので、鑑定評価の検討を行うことが必要になります。

〈帳簿価額が通常の取引価額として認められない場合の具体例〉

　①買い急ぎの理由がある場合

　②関連会社等から高額ないし低額で取得した場合

　③取得時期と課税時期までの間に、土地については大きな地価の高騰や下落がある場合、家屋については建築価額の原材料等の高騰や下落がある場合

なお、借家権がある場合や減価償却についてはそれぞれ次の通り取り扱います。

（イ）　借家権がある場合

　土地等及び家屋等に借家権があれば、通常の取引価額においても借家権を反映させるため、評価通達26及び93等に定める借家権部分に相当する金額の控除を行います。

（ロ）　減価償却の取扱い

　家屋については取得時期から課税時期までの減価償却累計額を控除することも認められていますが、具体的な減価償却の計算は明らかにされていませんので、国税庁から公表されている「家屋の固定資産税評価額に乗じる倍率」に記載がされている減価償却の計算方法（定額法）を準用して計算することが相当であると思われます。この家屋の固定資産税評価額に乗じる倍率は、路線価図・評価倍率表とともに参考資料として毎年、全国の都道府県ごとに公表がされています。

家屋の固定資産税評価額に乗ずる倍率

　財産評価基本通達89（家屋の評価）の定めにより家屋の価額を評価する場合におけるその家屋の固定資産税評価額に乗ずる倍率は「1.0」です。

（注）課税時期において、増改築等に係る家屋の状況に応じた固定資産税評価額が付されていない家屋の価額については、財産評価基本通達5（評価方法の定めのない財産の評価）の定めに基づき評価します。
　　　具体的には、当該家屋の価額は、増改築等に係る部分以外の部分に対応する固定資産税評価額に、当該増改築等に係る部分の価額として、当該増改築等に係る家屋と状況の類似した付近の家屋の固定資産税評価額を基として、その付近の家屋との構造、経過年数、用途等の差を考慮して評価した価額（ただし、状況の類似した付近の家屋がない場合には、その増改築等に係る部分の再建築価額から償却費相当額を控除した価額の100分の70に相当する金額）を加算した価額（課税時期から申告期限までの間に、その家屋の課税時期の状況に応じた固定資産税評価額が付された場合には、その固定資産税評価額）に基づき財産評価基本通達89（家屋の評価）又は93（貸家の評価）の定めにより評価します。
　　　なお、償却費相当額は、財産評価基本通達89-2（文化財建造物である家屋の評価）の（2）に定める評価方法に準じて、再建築価額から当該価額に0.1を乗じて計算した金額を控除した価額に、その建物の耐用年数（減価償却資産の耐用年数等に関する省令（昭和40年大蔵省令第15号）に規定する耐用年数）のうちに占める経過年数（増改築等の時から課税時期までの期間に相当する年数（その期間に1年未満の端数があるときは、その端数は、1年とします。））の割合を乗じて計算します。

（下線部は筆者による）

第２章　評価明細書ごとに理解する非上場株式の評価実務

（4）　この規程の趣旨と適用範囲

　評価会社が課税時期の直前に取得し価額が明らかになっている土地等及び家屋等については、純資産価額の計算上、その価額で評価することが合理的であると考えられているため、帳簿価額を基に評価することとされています。従って、無償による借地権の取得等として土地等の価額が明らかではない場合には、この規定の適用はないと考えられます（下記、国税不服審判所平成20年５月30日裁決事例参照）。

　また、私見となりますが、権利金の授受がない無償返還に関する届出書の提出により土地の賃借がされている土地については、同様に取得価額が明らかになっていないこと、被相続人の土地が自用地の８割で評価されることに鑑み法人の評価で自用地の２割が評価されること等から、３年以内取得土地等には該当しないものと考えることができます。

国税不服審判所　平成20年５月30日裁決（TAINS・Ｆ０－３－220）

（評価会社が無償により借地権を取得した場合に３年以内土地等に該当するか否か）

　本件は、被相続人甲が相続開始前３年以内に評価会社との間で土地賃貸借契約を締結していたが、当該土地賃貸借契約は、権利金の授受がなく、かつ、無償返還に関する届出書も提出をしていなかったため、相法９条のみなし贈与課税の適用を受ける場合に、その贈与を受けた金額の算定の基礎となる評価会社の１株当たりの純資産価額の計算上、借地権の価額を計上するときには、３年以内取得土地等に該当するかが争われた事例となります。

　納税者は、本件の借地権の贈与は単純贈与であり、負担付贈与または対価を伴う取引により取得した土地等ではないため、路線価等により評価するべきであると主張しました。

　これに対し、課税庁は本件の借地権は評価会社が取得したものであり、課税時期前３年以内に取得しているから、評価通達185に定められている資産（借地権）を通常の取引価額によって評価するべきであると主張を行いました。

　国税不服審判所は、評価通達185のかっこ書きの趣旨が、評価する会社が課税時期の直前に取得し価額が明らかになっている土地等については純資産価額の計算上、その価額で行うことが合理的であるということに照らせば、少なくとも課税の基因となった無償移転に係る土地等について同かっこ書きを適用することは予定されていないと解されるとし、本件借地権の額は、評価通達185のかっこ書きの定めを適用せず、路線価等により評価することが相当であると判断しました。

第7節 第5表 1株当たりの純資産価額（相続税評価額）の計算明細書

> **▶実務上のポイント**
>
> 3年以内取得かどうかについては謄本やヒアリングで確認します。土地等については借地権も含みますので、3年以内に土地の賃借があったか否か、顧客へのヒアリング等によりよく確認をすることが重要になります。
>
> また、構築物も対象となりますので、3年以内に取得をした構築物について評価通達97による30％減の斟酌をしないように留意しましょう。

5 借地権について

借地権については、帳簿に記載がない借地権も含めて、下記のいずれに属するかを検討する必要があります。検討にあたっては、「通常の権利金」や「相当の地代」の支払の有無、「相当の地代の改訂方法に関する届出書」、「土地の無償返還に関する届出書」の提出の有無、地代の変遷を確認して決定する必要があります。

法人の純資産価額に計上する借地権の相続税評価額

借地権の相続税評価額[※1]	具体例
自用地価額×借地権割合[※2]	●通常の権利金を支払っている場合 ●借地権の全部について認定課税がされている場合（認定課税の除斥期間を経過しているものを含む）
自用地価額×修正借地権割合[※3]	●相当の地代に満たない地代を支払っている場合 ●権利金を一部支払っている場合
自用地価額×20％	●相当の地代を支払っている場合[※4] ●土地の無償返還に関する届出書（賃貸借）を提出している場合[※4]
計上なし	●土地の無償返還に関する届出書（使用貸借）を提出している場合

※1 法人が建物を賃貸している場合には、上記の借地権の相続税評価額×（1-0.3×賃貸割合）により評価します（評価通達28）。

※2 借地権割合は、評価通達27（借地権の評価）に定める割合を使用します。

※3 修正借地権割合とは、下記の割合をいいます。

$$借地権割合×\left(1-\frac{実際に支払っている地代の年額-通常の地代の年額}{相当の地代の年額-通常の地代の年額}\right)$$

※4 底地の80％との権衡を考える必要がない場合には、計上不要となります（下記（6）④参照）。

上記の4つのいずれの区分に属するかを理解するためには、（1）法人の借地権の認定課税の適用、（2）法人の借地権の認定課税の変遷、（3）相当の地代の改訂方法に関する届出制度、（4）土地の無償返還に関する届出制度、（5）相当地代通達の内容理解が重要

になってきます。（1）から（4）までは法人税課税の取扱いで（5）は相続税課税の取り扱いとなります。

（1）法人の借地権の認定課税の適用

　法人が土地を賃借する場合において、借地権の取引慣行がある※にもかかわらず権利金を支払わないときは、次に掲げる場合を除き、その法人に対して借地権の認定課税が行われます（法法22条、法令137条、法基通13－1－2、13－1－3、13－1－7）。

・相当の地代を支払っている場合

・その借地権の設定等に係る契約書において、将来借地人がその土地を無償で返還することが定められており、かつ、「土地の無償返還に関する届出書」を借地人と連名で遅滞なく土地所有者の納税地を所轄する税務署長に提出している場合

※　借地権の取引慣行の有無
　　借地権の取引慣行があるかどうかの形式的な判断として、借地権割合が30％未満である地域については、借地権がないものとされていますので、土地賃借時の借地権割合を調べて検討することになります。

　なお、権利金の支払がなく、相当の地代に満たない地代を支払っている場合には、次の算式により計算した金額について、借地権の贈与があったものとして、借地権の一部が認定課税されます（法基通13－1－3）。

（算式）

$$土地の更地価額 \times \left(1 - \frac{実際に支払っている地代の年額}{13-1-2に定める相当の地代の年額} \right)$$

　法基通13－1－2に定める相当の地代の年額は、当時は更地価額のおおむね「年8％」とされていましたが、平成元年3月30日直法2－2の法令解釈通達により「年6％」に改正されました。更地価額は、原則として通常の取引価額とされていますが、課税上の弊害がない限り、次の金額によることも認められています。

①　その土地の近くにある類似した土地の公示価格などから合理的に計算した価額

②　その土地の相続税評価額またはその評価額の過去3年間の平均額

（2）法人の借地権の認定課税の変遷

　法人の借地権の認定課税は、昭和30年の前半から問題となるようになりましたが、当時は、権利金に種々の性質のものがあること、権利金の慣行が一様ではないことからどのような場合に認定課税が行われるか否か明確ではなく、個々の取引に応じて審理がなされていました。

　親子会社等の間で権利金を収受しない場合の権利金課税の問題等が昭和36年12月の税制

改正調査会でも審議がなされ、昭和37年の法人税法施行規則の改正では、下記の取扱いが定められ、借地権課税が整理されました。

法人税法施行規則16条の2、昭和37年3月31日政令第95号改正（現行の法令137条に相当）

> 　借地権（地上権又は土地の賃借権をいう。）若しくは地役権の設定により土地を使用させ、又は借地権の転貸その他人をして当該借地権に係る土地を使用させる行為をした法人については、その使用の対価として通常権利金その他の一時金（以下本条において権利金という。）を収受する取引上の慣行がある場合においても、当該権利金の収受に代え、当該土地（借地権者にあっては借地権）の価額（通常収受すべき権利金に満たない金額を権利金として収受している場合には、当該土地の価額からその収受した金額を控除した金額）に照らし当該使用の対価として相当の地代を収受しているときは、当該土地の使用に係る取引は正常な取引条件でなされたものとして、当該法人の所得を計算するものとする。

　上記の改正に伴い、その取扱通達において相当の地代を年8％程度とし、また、権利金等の取引上の慣行がある場合において通常収受するべき権利金または相当の地代を収受していない場合には、権利金の認定課税を行うことが明確になりました。なお、上記の法人税法施行規則は、その後の法人税の改正により法人税法施行令137条となっていますが、内容自体は現在もほぼ同様のものとなります。

　その後、昭和44年に法人税基本通達が定められ、上記の借地権課税に関する取扱いが引き継がれました。昭和55年の法人税基本通達の改正では、借地権に係る通達の整備がなされ、「相当の地代の改訂方法に関する届出制度」「土地の無償返還に関する届出制度」が創設されました。

（3）相当の地代の改訂方法に関する届出制度

　昭和55年における法人税基本通達の改正により、相当の地代を収受することとしたときには、借地権設定に係る契約書において、その後の地代の改訂方法について次の①または②のいずれかによることを定め、遅滞なく、「相当の地代の改訂方法に関する届出書」を借地人と連名で土地所有者の納税地の所轄税務署長に提出することが必要となりました。この届出がされない場合は、②を選択したものとして取り扱われます（法基通13-1-8）。

　上記の届出は、法人がこの通達の日付（昭和55年12月25日）の日より前に行った借地権の設定等により他人に土地を使用させている場合において、これにつき法令137条《土地の使用に伴う対価についての所得の計算》に規定する相当の地代を収受しているときは、

第2章　評価明細書ごとに理解する非上場株式の評価実務

同日以後遅滞なくこの通達による改正後の法基通13－1－8に定める届出をするよう指導するものとされています（法基通の経過的取扱い（8）借地権の設定等に伴う所得の計算に関する改正通達の適用時期等（2））。

① 改訂型

　土地の価額の値上がりに応じて、その収受する地代の額を相当の地代の額に改訂する方法です。改訂は、おおむね3年以下の期間ごとに行う必要があります。

　改訂型を選択した場合には、法人税法上、原則として借地権の価額は0として取り扱います（法基通13－1－15（1））。

② 固定型

　①以外の方法となります。

　固定型を選択した場合において、その後、地価の上昇があった場合には、時の経過と共に自然発生的に借地権が発生することになりますが、地価の上昇時においては認定課税されず、借地権を譲渡した場合や返還した場合に課税がされることになります（法基通13－1－15（2））。

（4）土地の無償返還に関する届出制度

　個人から法人への使用貸借があった場合には、昭和55年の法人税基本通達の改正で土地の無償返還に関する届出書の制度が導入される以前においては、営利を追求する法人を当事者とする使用貸借はありえず、使用貸借を擬制とする賃貸借取引において賃料が免除されたという解釈により、借地権の認定課税の対象とされていました。また、同族間で権利金の支払がなく、法人が相当の地代に満たない地代の支払しかない場合には、借手の法人が借地権の主張はせず将来的に無償で返還する合意が成立している場合であっても、借地権の認定課税がされていました。

　いずれも借地権の主張がない取引にもかかわらず、借地権の認定課税がされることになり、そのような問題を是正するために、無償返還に関する届出制度が設けられました。

　昭和55年における法人税基本通達の改正により、通常収受するべき権利金または相当の地代を収受しない土地の賃貸借取引または使用貸借取引がある場合において、借地権の設定等に係る契約書において将来借地人等がその土地を無償で返還することが定められており、かつ、その旨を借地人等との連名の書面により遅滞なく土地所有者の納税地の所轄税務署長（国税局の調査課所管法人にあっては、所轄国税局長）に届け出たときは、借地権の認定課税は行われないこととなりました（法基通13－1－7）。

この通達は、法人がこの通達の日付（昭和55年12月25日）の日以後に借地権の設定等により他人に土地を使用させた場合の法人税について適用するものとし、同日前に行った借地権の設定等により他人に土地を使用させた場合の法人税については、なお従前の例によることとされています。ただし、法人が昭和55年12月25日前に行った借地権の設定等（すでに権利金の認定課税が行われたものを除く）により他人に土地を使用させている場合において、これにつき同日以後13－1－7の取扱いの適用を受けることとして遅滞なく13－1－7に定める届出をしたときは、これを認めるとされています（法基通の経過的取扱い（8）借地権の設定等に伴う所得の計算に関する改正通達の適用時期等（1））。

（5）相当地代通達について

昭和55年において法人税基本通達の改正で借地権に係る通達の整備がなされましたが、相当の地代の支払があった場合、相当の地代に満たない地代の支払があった場合、無償返還に関する届出書が提出されている場合については、評価通達上、明確な取扱いがありませんでしたので、昭和60年6月5日付で「相当の地代を支払っている場合等の借地権等についての相続税及び贈与税の取扱いについて（課資2－58（例規）直評9）」の法令解釈通達（以下、「相当地代通達」という）が定められました。法人が借地人である場合において、相当の地代の支払があった場合、相当の地代に満たない支払があった場合、無償返還に関する届出書の提出があった場合等における借地権の価額に計上するべき金額は、下記の通りとなります。

① 相当の地代の支払があった場合において権利金等がない場合の借地権の価額

土地を賃借している法人が権利金を支払っていない場合または特別の経済的利益（借地権の設定に伴い通常の場合の金銭の貸付けの条件に比し特に有利な条件による金銭の貸付けその他特別の経済的な利益をいいます）を供与していない場合において、相当の地代を支払っているときは、原則として借地権価額は0として取り扱います（相当地代通達3（1））。

ただし、同族会社の株式を保有している被相続人または贈与者が評価会社に土地を相当の地代により賃貸している場合には、被相続人の土地が80％で評価されることの権衡を考慮し、自用地価額の20％で評価することとされています（相当地代通達6（注）、昭和43年10月28日付直資3-22他「相当の地代を収受している貸宅地の評価について」通達）。

② 相当の地代に満たない地代を支払う場合等の借地権の価額

相当の地代に満たない地代を支払っている場合や一部の権利金の支払または特別の経済的利益がある場合には、次の算式により借地権の価額を計算することになります（相当地

第2章　評価明細書ごとに理解する非上場株式の評価実務

代通達2・3（2）・4）。

　なお、実際に支払っている地代の年額＜通常の地代の年額である場合には、土地を賃借している法人に通常の借地権部分が帰属していると考えられるため、自用地価額×借地権割合で評価を行います。

（算式）

$$\underbrace{\text{自用地としての価額}^{※1}×\left\{借地権割合×\left(1-\frac{\text{実際に支払っている地代の年額}-\text{通常の地代の年額}}{\text{相当の地代の年額}^{※2}-\text{通常の地代の年額}^{※3}}\right)\right\}}_{\text{修正借地権割合}}$$

※1　自用地としての価額は、原則として課税時期における相続税評価額を使用しますが、借地権の設定に際し、一部の権利金の支払または特別の経済的利益がある場合において借地権設定時の贈与価額を算定する時は、上記の算式により計算した金額から実際に支払っている権利金の額及び供与した特別の経済的利益を控除した金額が贈与価額となり、その控除する金額が時価相当額であるため、自用地としての価額は、土地の通常の取引価額を使用します。

※2　相当の地代の年額は、下記の算式により計算した金額をいいます（相当地代通達1）。

> 自用地としての価額（相続税評価額）の過去3年間における平均額×6％

※3　通常の地代の年額は、通常の借地権部分を控除した底地に対応する地代の額をいいますので、下記の算式により求めます。

> 自用地としての価額（相続税評価額）の過去3年間における平均額×（1－借地権割合）×6％

　ただし、同族会社の株式を保有している被相続人または贈与者が評価会社に一部の権利金の支払または特別の経済的利益があり、相当の地代を支払っている場合または相当の地代に満たない地代を支払っている場合において、上記の算式により計算した修正借地権割合が20％に満たない場合には、被相続人の土地が80％で評価されることの権衡を考慮し、自用地価額の20％で評価することとされています（相当地代通達6（注）・7、昭和43年10月28日付直資3-22他「相当の地代を収受している貸宅地の評価について」通達）。

③　土地の無償返還に関する届出書が提出されている場合の借地権の価額

　土地の無償返還に関する届出書が提出されている場合の当該土地に係る借地権の価額は、原則として、0として取り扱います（相当地代通達5）。

　ただし、同族会社の株式を保有している被相続人または贈与者が評価会社に土地を無償返還により賃貸している場合には、被相続人の土地が80％で評価されることの権衡を考慮

し、自用地価額の20％で評価することとされています。なお、無償返還による使用貸借の場合には、被相続人の土地は自用地で評価されることになるため、借地権の価額は常に0として取り扱います（相当地代通達8、昭和43年10月28日付直資3-22他「相当の地代を収受している貸宅地の評価について」通達）。

（6）借地権の相続税評価額（まとめ）

① 自用地価額×借地権割合を計上する場合

　通常の権利金を支払っている場合や借地権の認定課税がされている場合には、自用地×借地権割合を計上します。認定課税の除斥期間を経過しているものを含みますので、帳簿に借地権が計上されていない場合においても、土地賃借時において権利金の認定課税がされるべきものと考えられるものについては、借地権割合を乗じて計算することになります。なお、借地権の認定課税が一部されていると考えられるものについては、②の取扱いとなります。

　また、土地賃借時において無償返還に関する届出書を提出しておらず、原始発生的に借地権が生じている場合でも、その後、土地の無償返還に関する届出書を提出した場合には、③または④により計上することになります。従って、土地の無償返還に関する届出書を事後的に提出する場合には、慎重に検討する必要があります。

② 自用地価額×修正借地権割合を計上する場合

　土地賃借時において相当の地代に満たない地代を支払い認定課税が一部されていたと考えられる場合、一部の権利金の支払または経済的利益を供与していた場合、相当の地代の改訂方法に関する届出を固定型としており、その後、地価の上昇に伴い、自然発生的に借地権が発生している場合には、一部法人に借地権があると考えられますので、原則として、自用地価額×修正借地権割合を計上します。

　同族会社の株式を保有している被相続人または贈与者が評価会社に一部の権利金の支払または特別の経済的利益があり、相当の地代を支払っている場合または相当の地代に満たない地代を支払っている場合において、修正借地権割合が20％に満たない場合には、自用地価額の20％で評価します。

③ 自用地価額×20％を計上する場合

　同族会社の株式を保有している被相続人または贈与者が評価会社に土地を無償返還により賃貸している場合または相当の地代を収受している場合（権利金等の収受なし）には、80％との権衡を考慮する必要があるため、自用地価額の20％で評価します。

④　計上なし

　無償返還に関する届出書を使用貸借として提出している場合には、借地権は計上不要となります。また、相当の地代を支払っている場合や無償返還に関する届出書を賃貸借として提出している場合においても80％との権衡を考える必要がない場合には、計上不要となります。

　例えば、すべての株式を所有しているＡ社の社長に相続が発生した場合において、会社の経営に全く関与していない社長の叔父が相当の地代により土地を評価会社に賃貸しているときは、土地の80％評価の均衡を考える必要がないことから、Ａ社の株式評価上、自用地価額の20％で評価する必要性はないと考えられます。

▶実務上のポイント

　相当の地代を支払っている場合や土地を無償返還により賃貸している場合には、誰に地代を支払っているか確認することが重要になります。

　相当の地代を支払っていた場合に、評価会社において土地の自用地評価額の20％相当額を計上すべきか否が争われた裁決事例がありますので確認しておきましょう。

国税不服審判所　平成15年6月30日裁決（TAINS・Ｆ０－３－149）

（土地の自用地価額の20％相当額を借地権に計上するか否か）

　本件は、医療法人の贈与の出資の評価を行うにあたり、Ｂ社が相当地代を収受して医療法人に貸し付けている土地の自用地評価額の20％相当額は、医療法人の資産に計上するか否かが争われた事件です。

　原処分庁は、Ｂ社が相当地代を収受して医療法人に貸し付けているＨ土地及びＩ土地の自用地評価額の20％相当額についても、医療法人の資産に計上すべき旨を主張しましたが、国税不服審判所は、Ｂ社が贈与の当事者ではない本件においては、Ｈ土地及びＩ土地の自用地評価額の20％相当額を医療法人の資産に計上する必要性はないとしました。

　なお、納税者は、医療法人や贈与の場合には、土地の自用地評価額の20％相当額の計上は必要はないと主張していましたが、国税不服審判所は、「相当の地代に係る貸宅地通達」は、借地人が株式会社である場合及び相続税課税の場合にのみ限定して適用されるというものではなく、土地の所有者である地主が借地人である法人

を地主の所有に係る株式等で支配する関係にある場合には、相続または贈与を原因として株式等の所有権が他に移転するときにも同様に取り扱うことが、課税の公平の観点から合理的であり適切であるとして、医療法人の場合や贈与の場合にも適用があると判断しました。

6 匿名組合契約に係る航空機等を利用したオペレーティングリースの出資の評価

（1） 概　要

　評価会社が匿名組合契約に係る航空機等を利用したオペレーティングリースへ出資している場合には、その出資の評価を純資産価額の評価の計算上、どのように取り扱うかが問題となります。

　匿名組合契約とは、商法535条における匿名組合契約に基づくもので、匿名組合員が営業者に出資を行い、その営業から生じる利益を分配することによって、効力を生じるものになります。

　評価会社が匿名組合員として出資をしている場合には、利益分配を受ける権利を有していますが、匿名組合の解散時においては、商法542条により「匿名組合契約が終了したときは、営業者は、匿名組合員にその出資の価額を返還しなければならない。ただし、出資が損失によって減少したときは、その残額を返還すれば足りる。」とされ、出資金の返還請求権を有することになります。

　なお、出資の返還の計算にあたっては、民法681条（脱退した組合員の持戻し）の規定を準用し、解散時における組合の財産の状況に従って行うものと解されています。

　財産の時価は、課税時期における客観的交換価値とされていますので、匿名組合に係る出資の評価を行う場合には、上記の出資金の返還請求権の取扱いを考慮し、匿名組合の営業者の課税時期における資産及び負債を基に純資産価額方式に準じて評価を行い、出資の持分割合を乗じて算定することになります。

（2） 評価方法

　課税時期において匿名組合が終了したとした場合に匿名組合が分配を受けることができる清算金の額により評価を行います。具体的には、営業者のすべての財産及び債務を対象として、課税時期における各資産及び負債の相続税評価額を算定し、純資産価額の計算を行い、最後に評価会社の出資の持分割合を乗じて計算をすることになります。

　なお、匿名組合には法人税が課税されませんので、相続税評価額と帳簿価額の差額を算出する必要はありません。

第2章　評価明細書ごとに理解する非上場株式の評価実務

（3）　任意組合契約の場合

　任意組合契約とは、民法667条における組合契約に基づくもので、各当事者が出資をして共同の事業を営むことを約することによって、その効力を生ずるものになります。民法668条の規定により「各組合員の出資その他の組合財産は、総組合員の共有に属する」とされていますので、純資産価額方式に準じて評価することとされています。

　実際の計算においては、（2）と同様の計算方法になります。

```
▶実務上のポイント
```

　営業者の貸借対照表においては、資産はリース物件、負債はリース物件購入時の借入金であり減価償却費が多額になることによりリース物件の帳簿価額が当該リース物件の時価に比して低額となること等から、事業継続期間中のほとんどの期間において債務超過に近い状態になることも少なくありませんが、あくまでも相続税評価では匿名組合が解散をした場合に出資者に分配されるべき精算金の金額により評価することになりますので、出資の額を常に0として評価することはできません。

　なお、匿名組合契約に係る出資がある場合の類似業種比準価額の留意点については、128頁をご参照ください。

　匿名組合契約に係る出資の評価に関する裁決として、下記のものがあります。

```
国税不服審判所　平成20年7月25日裁決　（TAINS・F0－3－226）
```

　本件は、非上場株式の評価を行うにあたり、匿名組合員である評価会社が営業者に対して有する権利の評価は、課税時期において、匿名組合契約が終了した場合に匿名組合員が分配を受けることができる清算金の額をもって本件出資の評価額とするのが相当であると判断した事例です。

　納税者は、匿名組合契約に係る出資は、贈与当時の会計原則に従えば、マイナス評価になるため、零円になると主張したのに対し、課税庁は匿名組合に係る出資については、課税時期において匿名組合契約が終了したものとした場合に分配を受けることができる清算金の額によって評価することが相当であると主張を行いました。

　国税不服審判所においては、匿名組合員が有する権利は営業者に対する利益配当請求権と匿名組合終了時における出資金返還請求権が一体となっている権利であり、評価通達185の定めを準用して評価することが相当であると判断しました。

第7節　第5表　1株当たりの純資産価額（相続税評価額）の計算明細書

6　評価差額の留意点

　純資産価額の計算上、相続税評価額と帳簿価額の差額である含み益に対する法人税額等は、相続税評価額による純資産価額から控除することとされています。

　具体的な計算方法は評価通達186-2の規定により定められています。

◆評価通達

（評価差額に対する法人税額等に相当する金額）

186-2　185《純資産価額》の「評価差額に対する法人税額等に相当する金額」は、次の
　　(1)の金額から(2)の金額を控除した残額がある場合におけるその残額に37％（法人税（地
　　方法人税を含む。）、事業税（特別法人事業税を含む。）、道府県民税及び市町村民税の
　　税率の合計に相当する割合）を乗じて計算した金額とする。

(1)　課税時期における各資産をこの通達に定めるところにより評価した価額の合計額（以
　　下この項において「課税時期における相続税評価額による総資産価額」という。）から
　　課税時期における各負債の金額の合計額を控除した金額

(2)　課税時期における相続税評価額による総資産価額の計算の基とした各資産の帳簿価
　　額の合計額（当該各資産の中に、現物出資若しくは合併により著しく低い価額で受け
　　入れた資産又は会社法第2条第31号の規定による株式交換（以下この項において「株
　　式交換」という。）、会社法第2条第32号の規定による株式移転（以下この項において「株
　　式移転」という。）若しくは会社法第2条第32号の2の規定による株式交付（以下この
　　項において「株式交付」という。）により著しく低い価額で受け入れた株式（以下この
　　項において、これらの資産又は株式を「現物出資等受入れ資産」という。）がある場合
　　には、当該各資産の帳簿価額の合計額に、現物出資、合併、株式交換、株式移転又は
　　株式交付の時において当該現物出資等受入れ資産をこの通達に定めるところにより評
　　価した価額から当該現物出資等受入れ資産の帳簿価額を控除した金額（以下この項に
　　おいて「現物出資等受入れ差額」という。）を加算した価額）から課税時期における各
　　負債の金額の合計額を控除した金額

（注）

1　現物出資等受入れ資産が合併により著しく低い価額で受け入れた資産（以下（注）
　　1において「合併受入れ資産」という。）である場合において、上記(2)の「この通達に
　　定めるところにより評価した価額」は、当該価額が合併受入れ資産に係る被合併会社
　　の帳簿価額を超えるときには、当該帳簿価額とする。

2　上記(2)の「現物出資等受入れ差額」は、現物出資、合併、株式交換、株式移転又は
　　株式交付の時において現物出資等受入れ資産をこの通達に定めるところにより評価し
　　た価額が課税時期において当該現物出資等受入れ資産をこの通達に定めるところによ
　　り評価した価額を上回る場合には、課税時期において当該現物出資等受入れ資産をこ

第2章　評価明細書ごとに理解する非上場株式の評価実務

の通達に定めるところにより評価した価額から当該現物出資等受入れ資産の帳簿価額を控除した金額とする。

3　上記(2)のかっこ書における「現物出資等受入れ差額」の加算は、課税時期における相続税評価額による総資産価額に占める現物出資等受入れ資産の価額（課税時期においてこの通達に定めるところにより評価した価額）の合計額の割合が20％以下である場合には、適用しない。

非常に読みづらい規定となっていますが、上記通達の(2)の括弧書き及び注書きの1及び2については、作為的に作り出した評価差額を控除することを防止するための規定であり、注書きの3については要件緩和の取扱いになります。

ポイントとして、下記の点をしっかりとおさえておきましょう。

---

① 評価差額に対する税率
② 法人税等の控除が認められている理由
③ 控除不適用株式について
④ 人為的な含み益の控除制限
⑤ 現物出資により著しく低い価額で受け入れた資産がある場合の控除制限
⑥ 合併により著しく低い価額で受け入れた資産がある場合の控除制限
⑦ 株式移転、株式交換または株式交付により著しく低い価額で受け入れた資産がある場合の控除制限

---

1 評価差額に対する税率

法人税、事業税、同府県民税、市町村民税の税率によって決定がされますが、税率の改正に伴い下記の通り割合も変更となっていますので、適用税率を間違えないように注意しましょう。

37％の税率は、平成28年4月1日以後に相続遺贈または贈与により取得した非上場株式の評価に適用されます。

適用時期	割合
平成元年4月1日以降	53%
平成2年4月1日以降	51%
平成10年4月1日以降	47%
平成11年4月1日以降	42%
平成20年10月1日以降	45%

平成24年4月1日以降	42%
平成26年4月1日以降	40%
平成27年4月1日以降	38%
平成28年4月1日以降	37%

2 法人税等の控除が認められている理由について

（1）法人税等の控除の趣旨

　法人税等の控除は、昭和47年に設けられたものとなります。その後バブル期において法人税等を利用した節税手法が横行し、法人税等の控除が認められるか否かについて多くの裁判があり、法人税等の控除の趣旨が重要視されました。例えば、平成11年10月25日の横浜地裁（TAINS・Z245-8513）においては、法人税等の控除は、「相続人が会社の資産を自己のために自由に利用あるいは処分したい場合には、会社を解散、清算することにより、被相続人が所有していた株式数に見合う財産を手にするほかないところ、その場合に、法人に清算所得があった場合には、その清算所得に対して法人税等が課されるため、個人事業者が直接に事業用資産を所有している場合に比して法人税等相当額分だけ実質的な取り分が減少することになるから、両者の所有形態を経済的に同一の条件の下に置き換えた上で評価の均衡を図ろうとする趣旨から設けられたものである」とされています。

　他の裁判でも同様の趣旨の説明がなされていますが、おさえておきたいポイントとして個人が相続により取得した非上場株式に係る法人資産を取得する場合には、相続時に非上場株式の相続税の課税がなされ、会社の清算時においても清算所得に対する法人税等が課され、2回の課税がされることになるため、法人税等の控除が認められているということです。

（2）外国法人の非上場株式の評価を行う場合の法人税等の控除について

　法法2条4号に規定されている外国法人（国内に本店または主たる事務所を有していない法人をいいます）の株式の評価を純資産価額で行う場合において、含み益に係る法人税等の控除を行うことができるかどうかの問題が発生しますが、上記（1）の趣旨を踏まえ、法人税等の控除が認められるかどうかについて考えてみましょう。

　法人税等の控除が認められているのは、個人事業の相続の場合には、課税を受ける機会は相続税のみの一度だけであるのに対し、法人事業の相続の場合には、課税を受ける機会は法人税等と相続税の二度であるため、これらの調整を図るために将来法人を清算した場合において評価差額に対して課される法人税等を控除することが認められています。外国法人の場合には、課税を受ける機会は、その国において清算した場合に課される法人税等

と相続税の二度であるから、同様の考え方によりその国の評価差額に対して課される法人税等を控除することができると考えられます。

　なお、その国の評価差額に対して課される法人税等の計算については、評価差額に37％を乗じて計算することは認められず、その国の評価差額に対して課税されることになる税金（日本の法人税、事業税、道府県民税及び市長村民税に相当するもの）により計算を行う必要があります。

　なお、類似業種比準価額の計算の基礎となる類似業種の株価は、金融商品取引所に株式を上場しているすべての内国法人を対象としており、外国法人は対象となっていないため、類似業種比準価額での計算はできないことにも注意しておきましょう。

3 法人税等控除不適用株式について

　評価差額は、上記の趣旨から認められたものとなりますので、個人と法人の間で１回のみ控除をすれば足りるとするものであることから、法人が所有する非上場株式の評価を行う際には、評価差額に対する法人税等相当額は控除しないで算定するものとします。法人が所有する非上場株式は、他の株式と「科目」欄を別にして、「法人税額等相当額の控除不適用の株式」などと記載します。この取扱いは、法人が所有している財産を著しく低い価額で現物出資し、人為的に含み益を作り出すという租税回避行為を防止するために平成２年通達改正により設けられたものとなります。

4 人為的な含み益の控除制限

　3で解説した控除不適用株式も人為的な含み益の控除の制限の１つになります。バブル期の節税手法として人為的な含み益を作り出して株価を下げる租税回避行為が行われ、その租税回避行為とその行為を認めないとする通達改正が度々行われてきました。

改正時期	租税回避行為	改正内容
平成２年通達改正	法人が所有している財産を著しく低い価額で現物出資等を行い、子会社・孫会社等を設立し、法人税等の控除を親会社、子会社、孫会社等で行い株式の価額を下げる租税回避行為	評価会社が所有している非上場株式の評価を行う場合には、法人税等の控除を認めないものとされた。
平成６年通達改正	個人が所有している非上場株式を現物出資により著しく低い価額で受け入れ、人為的に評価差	現物出資により著しく低い価額で受け入れた非上場株式がある場合には、人為的に作り出した

	額を作り出し、法人税等の控除を利用した租税回避行為	法人税等の控除は認めないとされた。
平成11年通達改正	平成6年通達改正においては、非上場株式を著しく低い価額で現物出資した場合の通達改正であり、現物出資以外の行為や上場株式を著しく低い価額で現物出資した場合については、通達の適用対象外であると考えた納税者が行った租税回避行為	対象となる資産を非上場株式からすべての資産に拡大するとともに、合併も対象となる行為に追加された。
平成12年通達改正		商法の改正に伴い、株式交換や株式移転の制度も対象となる行為に追加された。 緩和措置として、現物出資等の受入資産の価額の合計額が資産の価額の合計額の20%以下である場合には適用除外とする措置が追加された。
令和3年通達改正		会社法の改正に伴い、株式交付の制度も対象となる行為に追加された。

▶実務上のポイント

　評価差額に対する法人税等の控除が設けられた趣旨を理解し、その趣旨から、個人と法人間で1回のみしか控除は認められないこと、また、租税回避目的で人為的に作り出された評価差額まで認める趣旨ではないということを理解しておきましょう。

　ケースによっては、法人税等の控除を行うか否か判断に迷う場合もあるかと思いますが、その趣旨や改正の背景を理解して、法人税等の控除を行うか否かについて慎重に判断することが重要になります。

5 現物出資により著しく低い価額で受け入れた資産がある場合の控除制限

（1）　基本的な考え方

　例えばA社の株主である甲がA社株式のすべてをB社に現物出資した場合において、数年後に甲が死亡した場合には、B社の株式の純資産価額の計算上、A社株式を評価することになりますが、現物出資により時価よりも低く受け入れている場合には、下記の通り含み益の控除の制限が必要となります。

これは、租税回避行為として人為的な含み益を創出することにより株式の価額を下げる手法を防止するために設けられたものとなります。

① 現物出資時から株式の価値が増額した場合

結論：下記の図の(a)の含み益は控除不可となります。

相続開始時点においては、相続開始時点における価額（相続税評価額）と帳簿価額との差額が含み益となりますので、下記の通り(a)の部分及び(b)の部分に相当する含み益が生じていることになります。

この場合において(a)の含み益に相当する部分は人為的な評価差額として控除が認められないことになりますので、第5表で(a)の部分に相当する金額の含み益を控除することになります。一方で(b)の含み益の部分については、現物出資時から相続開始時までにおける含み益に相当するもので、いわば自然発生的に生じた含み益となりますので、通常通り含み益は控除することになります。

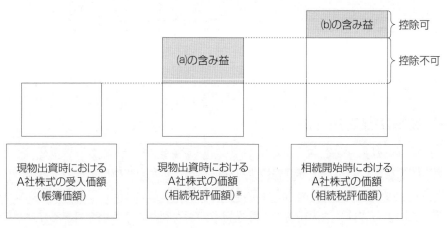

※ 現物出資時におけるA社株式の価額は、現物出資時における評価通達を適用して評価を行うことになります。

② 現物出資時から株式の価値が減額した場合

結論：下記の図の(b)の含み益は控除不可となります。

相続開始時点においては、相続開始時点における価額（相続税評価額）と帳簿価額との差額が含み益となりますので、下記の通り(b)の部分に相当する含み益が生じていることになります。

この含み益に相当する金額はいわば人為的に作成された部分となりますので、控除が認められないことになります。

第7節　第5表　1株当たりの純資産価額（相続税評価額）の計算明細書

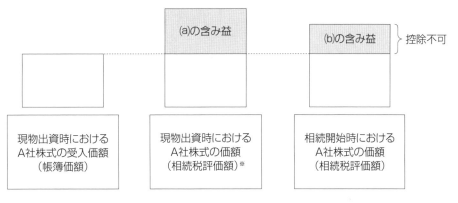

※　現物出資時におけるA社株式の価額は、現物出資時における評価通達を適用して評価を行うことになります。

（2）　評価差額の計算方法

下記の㊁から㊄を控除して控除が認められない評価差額を算出することになります。

第5表（一部抜粋）

科　　　目	相続税評価額	帳　簿　価　額
	千円	千円
土地等の価額の合計額	㊆	
現物出資等受入れ資産の価額の合計額	㊁	㊄

㊁の欄には、各資産の中に、現物出資により著しく低い価額で受け入れた資産がある場合に、現物出資時におけるその現物出資等受入れ資産の相続税評価額と課税時期におけるその現物出資等受入れ資産の相続税評価額のいずれか低い金額を記載します。

㊄の欄は、㊁に対応する資産の帳簿価額を記載することになります。

① 適用除外

課税時期における相続税評価額による総資産価額に占める現物出資等受入れ資産の相続税評価額の合計の割合が20％以下の場合には、評価差額の制限の適用はありません。これは、実務上の評価の簡便性に考慮し平成12年の通達改正により設けられたものとなります。

② 現物出資時の価額の算定が困難である場合

直近の申告書や決算書等では、現物出資の事実が確認できないため、過去に現物出資の事実がないかをヒアリング等によりよく確認することが重要となります。

確認した結果、過去に現物出資があれば現物出資時の相続税評価額を算定することになりますが、現物出資財産が非上場株式の場合には、その当時の会社の決算書や申告書が必要になります。

しかしながら、現物出資により著しく低い価額で資産を受け入れる節税手法はバブル期に行われていることが多く、20年以上前の申告書、決算書の入手が困難なケースも考えられます。

そのような場合には、下記の図の通り、現物出資時における価額の算定ができないため、正確に評価差額の控除の計算をすることが実務上できないという問題点があります。

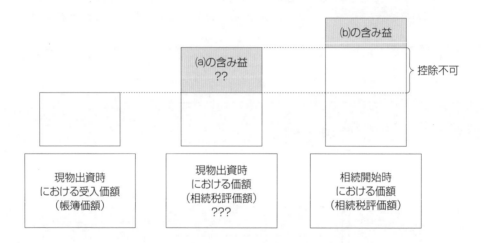

課税時期における現物出資の受入れ資産の価額が資産の相続税評価額の合計額の20％以下である場合には、適用除外となりますので問題はありませんが、20％を超えた場合には法人税等の控除について個別事案によってよく検討することが必要になります。

現物出資時から株式の価値が減額した場合には、相続開始時点の受入れ資産の価額の計算で問題ありませんが、反対に現物出資時から株式の価値が増額した場合には、現物出資時点における相続税評価額が必要になるため、この場合には例えば下記のいずれかの方法で申告することを検討することになるかと思われます。

	評価方法	問題点
1	課税時期における現物出資等受入れ資産の相続税評価額から帳簿価額を控除した残額を控除不可とする方法	本来控除ができる現物出資時から課税時期までの自然発生的な含み益の控除がされないため、株式の価額は高く算定されることになります。
2	現物出資時における現物出資等受入れ資産の相続税評価額を合理的に求める方法	現物出資を行った年度の近くの申告書や決算書等がある場合や純資産が一定額ずつ増加するような場合には、ある程度合理的な数値が得られる可能性がありますが、通常、合理的な方法により求めることは困難になります。
3	帳簿の保存義務が10年であること、全く控除を認めないとなると課税の公平性が保てないことを考慮し、評価差額の制限を考慮しないで簡便的に評価する方法	本来控除されない現物出資時点における相続税評価額と帳簿価額の差額が控除されることになりますので、適正な評価とはなりません。

　適正な評価の観点からは、上記２の方法により評価することが相当であると考えられますが、合理的な算定がどこまでできるか、個別事案によって慎重に検討が必要になります。

６ 合併により著しく低い価額で受け入れた資産がある場合の控除制限

（１）　基本的な考え方

　例えばＡ社及びＢ社の株主である甲がＡ社を被合併法人、Ｂ社を合併法人として吸収合併した場合に、Ａ社が所有している上場株式や不動産をＡ社の帳簿価額よりも低い価額でＢ社が受け入れた場合には、下記の通り含み益の控除の制限が必要になります。

　含み益の控除の制限の趣旨は、現物出資と同様で人為的な含み益を創出することにより株式の価額を下げる手法を防止するために設けられたものとなります。

① 　合併により著しく低い価額で受け入れた資産がある場合

　結論：下記の図の(a)の含み益は控除不可となります。

　相続開始時点においては、相続開始時点における価額（相続税評価額）と帳簿価額との差額が含み益となりますので、下記の通り(a)の部分及び(b)の部分に相当する含み益が生じていることになります。

　この場合において(a)の含み益に相当する部分は人為的な評価差額として控除が認められないことになりますので、第５表で(a)の部分に相当する金額の含み益を控除することになります。一方で(b)の含み益の部分については、自然発生的に生じた含み益となりますので、通常通り含み益は控除することになります。

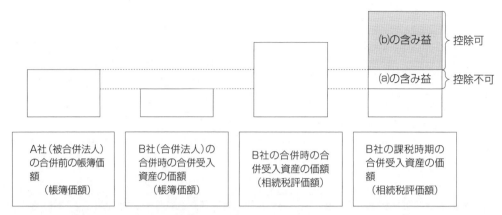

※　B社の合併時の合併受入資産の価額（帳簿価額）＜B社の合併時の合併受入資産の価額（相続税評価額）が前提となります。
　　B社の合併時の合併受入資産の価額（帳簿価額）≧B社の合併時の合併受入資産の価額（相続税評価額）の場合には人為的な含み益は発生しないことになります。

（2）　評価差額の計算方法

下記の㋩から㋬を控除して控除が認められない評価差額を算出することになります。

第5表（一部抜粋）

科　　目	相続税評価額	帳簿価額
	千円	千円
土地等の価額の合計額	㋑	
現物出資等受入れ資産の価額の合計額	㋩	㋬

㋩の欄には、各資産の中に、合併により著しく低い価額で受け入れた資産がある場合には、合併受入資産に係る被合併法人の帳簿価額と合併時における被合併法人の受入資産の相続税評価額と課税時期の受入資産の相続税評価額のうち一番低い価額を記載することになります。

㋬の欄は、㋩に対応する資産の帳簿価額を記載することになります。

（3）　適用除外

現物出資と同様に、20％以下基準で適用除外となります。

▶実務上のポイント

合併により著しく低い価額で受け入れた資産がないかどうかを確認することが重要となります。

7 株式移転または株式交換により著しく低い価額で受け入れた資産がある場合の控除制限

（1） 基本的な考え方

① 株式移転について

　株式移転とは、1または2以上の株式会社がその発行済株式の全部を新たに設立する株式会社に取得させることをいいます（会法2条32号）。持株会社を設立する場合等によく利用されています。下記の図のようにA社及びB社の株主である甲がC社を親会社、A社及びB社を子会社とする株式移転を行い持株会社を作出する手法があります。

　本質的には、甲がC社にA社株式及びB社株式の現物出資を行い対価としてC社株式を取得することになりますので、現物出資と同様にC社のA社株式及びB社株式の受入価額が移転時における価額に比して低い場合には、人為的な含み益が生じることになります。

　含み益の控除の制限部分も197頁の現物出資と同じとなります。

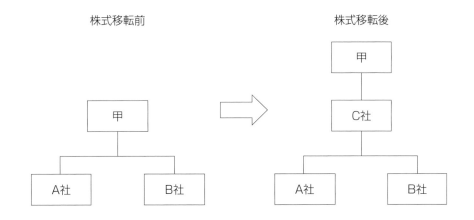

② 株式交換について

　株式交換とは、株式会社がその発行済株式の全部を他の株式会社または合同会社に取得させることをいいます（会法2条31号）。

　株式移転は新たに法人を設立し、その設立された会社が親会社になるのに対して、株式交換は既存の2つの会社のうち、いずれか一方の会社が親会社になります。例えば、下記の図のように兄弟会社であるA社及びB社の株式について、株式交換を利用することでA社を親会社、B社を子会社とすることができます。

　組織再編で親子関係を創出させたい場合や株主の整理をしたい場合等の場面で利用がなされています。

　本質的には甲がB社株式をA社に現物出資し、対価としてA社株式を取得することになりますので、現物出資と同様にA社のB社株式の受入価額が移転時における価額に比して低い場合には、人為的な含み益が生じることになります。

含み益の控除の制限部分も197頁の現物出資と同じとなります。

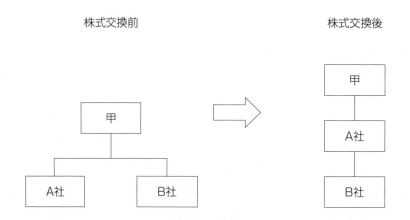

③ 受入価額について

　現行の株式移転または株式交換の親会社における子会社株式の受入価額については、法人税法上、その株式移転または株式交換が適格株式移転または適格株式交換か否か、さらに「適格」であれば完全子会社の株主数が50人未満であるか否かによって下記の通り異なります。

	子会社の株主数	親会社の子会社株式の受入価額
適格	50人未満 （法令119条1項10号イ・12号イ）	完全子会社株主が有していた株式の簿価＋ 完全子会社の株式を取得するために要した費用の額
	50人以上 （法令119条1項10号ロ・12号ロ）	完全子法人の前期期末時の簿価純資産価額＋ 前期期末時から取得の直前までの資本金等の額等の増減額＋ 完全子会社の株式を取得するために要した費用の額
非適格 （法令119条1項27号）		その取得の時における子会社株式の取得のために通常要する価額

　適格の場合には、基本的には株主の取得価額または簿価純資産価額により資産の受入れが行われますので、含み益が発生している会社については、子会社株式の相続税評価額と帳簿価額では評価差額が生じることになります。
　これに対して非適格の場合には、税法上の取得価額は取得時における価額、すなわち、時価となっていますが、ここでの時価はあくまでも法人税上の時価となりますので、実際に受け入れた価額である帳簿価額と相続税評価額で場合によっては評価差額が生じることもありえます。

（注） 適格株式交換・適格株式移転とは、法法2条12の17・18に規定されていますが、100％の完全支配関係がある法人間の株式交換・株式移転、50％超の支配関係がある法人関係の株式交換・株式移転、共同で事業を営むための株式交換・株式移転で一定の要件を満たしたものをいいます。

（2） 評価差額の計算方法

下記の㊂から㊛を控除して控除が認められない評価差額を算出することになります。

第5表（一部抜粋）

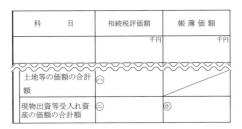

考え方は197頁の現物出資と同様になります。

㊂の欄には、株式の中に、株式移転または株式交換により著しく低い価額で受け入れた資産がある場合に、株式移転または株式交換の時におけるその株式の相続税評価額と課税時期におけるその株式の相続税評価額のいずれか低い金額を記載します。

㊛の欄は、㊂に対応する株式の帳簿価額を記載することになります。

（3） 適用除外

現物出資と同様に20％以下基準で適用除外となります。

▶実務上のポイント

評価会社の中に相続税評価額が大きい株式がある場合には、その取得の経緯を必ず確認しましょう。

また、これから株式移転や株式交換を行う場合には、将来の株価評価のために移転時における相続税評価額を計算し、記録として残すようにしましょう。

第２章　評価明細書ごとに理解する非上場株式の評価実務

8 株式交付により著しく低い価額で受け入れた資産がある場合の控除制限

（1）　基本的な考え方

　株式交付制度は、令和元年12月４日に可決成立した会社法の一部を改正する法律（令和３年３月１日施行）によって新設された制度です。会社法に規定する株式交付とは、株式会社が他の株式会社をその子会社とするために当該他の株式会社の株式を譲り受け、当該株式の譲渡人に対して当該株式の対価として当該株式会社の株式を交付することをいいます（会法２条32の２号）。

　株式交換と類似する制度となりますが、その主な違いは下記の通りとなります。

株式交換と株式交付との主な違い

	株式交換	株式交付
取引後の子会社の議決権割合	100%	50%超〜100%
取引主体	親会社と子会社の株式交換契約（会法767条）に基づき実行	親会社と子会社の株主との合意に基づき実行

　株式交付制度を利用することで自己株を対価とし、他の会社を買収して子会社化することができます。例えば、下記の図のようにＡ社の株主が、甲、乙及び丙の場合において、甲の所有しているＡ社株式をＢ社が譲り受け、その対価としてＢ社株式を交付することで、Ｂ社は買収資金を用意することなく、Ａ社を子会社とすることができます。

　この株式交付制度を利用するためには、会社法の規定に基づき計画及び実行する必要が

ありますが、主な留意点は下記の通りです（会法2条32の2号、774条の2、3、会法施行規則3条3項1号、4条の2）。

① 株式交付親会社（B社）及び株式交付子会社（A社）は、いずれも株式会社であること
② 株式交付親会社（B社）は、一定の事項を記載した株式交付計画を作成すること
③ 株式交付は、株式交付子会社（A社）を子会社（議決権割合は50％超）とするために行うものであること
④ 株式交付親会社（B社）は対価として金銭を交付することもできるが、必ず株式交付親会社（B社）の株式を交付すること

　上記の株式交付制度は、現物出資に関する規制の対象外とされていますが、本質的には甲がA社株式をB社に現物出資し対価としてB社株式を取得することになります。現物出資と同様にB社のA社株式の受入価額が移転時における価額に比して低い場合には、人為的な含み益が生じることになりますので、考え方は現物出資と同様になります。

（2）　評価差額の計算方法

　下記の㊁から㊭を控除して、控除が認められない評価差額を算出することになります。

第5表（一部抜粋）

　考え方は197頁の現物出資と同様になります。

　㊁の欄には、株式の中に、株式交付により著しく低い価額で受け入れた資産がある場合に、株式交付の時におけるその株式の相続税評価額と課税時期におけるその株式の相続税評価額のいずれか低い金額を記載します。

　㊭の欄は、㊁に対応する株式の帳簿価額を記載することになります。

（3）　適用除外

　現物出資と同様に、20％以下基準で適用除外となります。

第2章　評価明細書ごとに理解する非上場株式の評価実務

（4）　株式交付により株式を譲渡した株主の税務上の取扱い

　株式交付により株式を譲渡した株主（甲）は、原則として株式の譲渡所得課税が発生しますが、対価が株式交付親会社（B社）の株式のみである場合には、課税の繰り延べが行われます。対価が株式交付親会社（B社）の株式と金銭等である場合には、対価の合計額のうち株式交付親会社（B社）の株式の価額の占める割合が80％以上である場合には、株式部分は課税の繰り延べが行われ、金銭等の部分は課税されることになります。ただし、令和5年度の税制改正により令和5年10月1日以後に行われる株式交付については、課税の繰り延べの適用対象から、株式交付の直後の株式交付親会社が「一定の同族会社」に該当する場合を除外することとされました（措法37の13の4、1項）。

　同族会社とは、会社の株主等（自己株式を有する会社を除く）の3人以下並びにこれらと一定の特殊の関係のある個人及び法人がその会社の発行済株式（自己株式を除く）の50％超を有する会社をいいます（法法2条10号）が、「一定の同族会社」とは、同族会社であることについての判定の基礎となった株主のうちに同族会社でない法人がある場合には、その法人をその判定の基礎となる株主から除外して判定するものとした場合においても同族会社となるものに限ることとされています（措法37の13の4、1項）。従って、いわゆる非同族の同族会社に該当する場合には、適用除外となっていないため、要件を満たせば、課税の繰り延べ措置を受けることができます。

（5）　人為的な含み益が発生する可能性

　上記（4）の課税の繰り延べ措置を受けるためには、株式交付親会社が株式交付後において「一定の同族会社」に該当しないことが要件となるため、同族関係者間の株式交付制度は利用されることは想定されず、租税回避行為を目的として不当に安い価額で子会社株式を受け入れることは通常ないかと考えられます。しかしながら、全く想定できないということではないかと思料されますので、評価通達の含み益の控除制限の中に株式交付は含まれています（評価通達186-2）。

第7節 第5表 1株当たりの純資産価額（相続税評価額）の計算明細書

5 - 8 までのまとめ

第5表の控除制限がある金額については、次の㊁-㋭により求めることになります。

	相続税評価額（㊁）	帳簿価額（㋭）
現物出資	現物出資の時における相続税評価額と課税時期の時における相続税評価額のいずれか低い金額	㊁に対応する帳簿価額
株式移転 株式交換 株式交付	株式移転、株式交換、株式交付の時における相続税評価額と課税時期の時における相続税評価額のいずれか低い金額	㊁に対応する帳簿価額
合併	合併受入資産に係る被合併法人の帳簿価額と合併時における被合併法人の受入資産の相続税評価額と課税時期の受入資産の相続税評価額のうち一番低い金額	㊁に対応する帳簿価額

（1）控除の制限について

現物出資と株式移転、株式交換、株式交付については控除の制限の考え方は同様になりますが、合併の場合には少し異なりますので、その違いを理解しておく必要があります。

合併の場合には、被合併法人から合併法人に資産が引き継がれるという継続性がありますので、被合併法人がもともと持っていた資産の帳簿価額がその後上昇した場合の含み益もすべて控除の対象となります。制限があるのは、被合併法人の帳簿価額を下回る価額で受け入れた場合となります。

（2）著しく低い価額での受け入れについて

現物出資や合併の場合には、現在の会社法等の下で著しく低い価額で受け入れることはできませんので、バブル期に節税スキームで利用された手法が現在も帳簿価額として計上されているケースに注意が必要となります。

それに対して、株式移転または株式交換については、上記204頁で解説した通り特に適格株式移転または適格株式交換の場合には、基本的に評価差額が生じることになりますので注意が必要になります。

株式交付については、上記208頁で解説した通り、通常は著しく低い価額で受け入れることはないと考えられます。

7 土地等の範囲

第5表においては、土地保有特定会社の判定の基礎となる土地等の金額（土地保有特定

会社の判定の分子の金額）を記載することになりますが、その土地等の範囲は下記の通りとなります。なお、直前期末方式により計算している時には、直前期末方式で計算をした各資産の評価額に基づき、土地保有割合を計算します。

土地等の範囲	留意点
土地	保有目的、所有期間は問わず、すべての土地等が含まれることになります。
土地の上に存する権利など	土地の上に存する権利の評価は、評価通達9の区分に基づきそれぞれ権利の別に評価を行うことになります。 また、被相続人または贈与者が評価会社に土地を無償返還により賃貸している場合や相当の地代により賃貸している場合には、20％（法人が建物を賃貸している場合には20％×（1−0.3×賃貸割合））が評価会社の借地権として計上されることになります。 帳簿上に記載がない場合に計上漏れが多いところになりますので注意が必要となります。 同様に構築物を目的とする土地の賃借権も対象になります。
棚卸資産に分類される土地等	保有目的、所有期間は問わず、すべての土地等が対象になります。 棚卸資産が土地等である場合には、評価通達133の定めによるたな卸商品等の評価に従って評価されます。

8　株式等の範囲

第5表においては、株式等保有特定会社の判定の基礎となる株式、出資及び新株予約権付社債（会法2条22号に規定する新株予約権付社債）の金額（株式等保有特定会社の判定の分子の金額）を記載することになりますが、その株式等の範囲は下記の通りとなります。

株式等に含まれるもの	株式等に含まれないもの
株式会社、持分会社、医療法人等の出資 （上場株式、店頭登録銘柄株式、国外株式、取引相場のない株式等） 新株予約権付社債	民法上の組合等に対する出資、公社債（例えば、レバレッジドリースによる出資は民法上の組合や匿名組合に対する出資となりますので出資には含まれません。）
株式等の拠出による信託受益権 不動産投資信託の受益証券（会社型）	貸付信託、証券投資信託の受益証券 不動産投資信託の受益証券（契約型） 小口化不動産の出資持分
株式形態のゴルフ会員権	預託金形態のゴルフ会員権

なお、直前期末方式により計算している時には、直前期末方式で計算をした各資産の評価額に基づき、株式等保有割合を計算します。

基本的な考え方として、評価会社が有しているまたは有しているとみなされる株式及び出資が対象となります。有しているとみなされる株式とは法法12条の規定により評価会社

が信託財産を有しているとみなされる場合（信託財産の収益の受益権しか持っていない場合を除く）のことになりますが、その信託財産に株式等が含まれている場合には、その株式等も含まれることになります。評価会社が例えば証券会社である場合において株式等を預かっている場合には有しているとはみなされませんので、株式及び出資には含まれません。

　また、所有目的や所有期間を問わず、すべての株式及び出資が対象になります。

　実務上は、評価会社が非上場株式を所有している場合において、その非上場株式が適正に評価（法人税等の控除不可（196頁参照）、相互保有株式の評価（第5章参照））されているか否かによって株式等の保有割合も変わってきますので、特に評価会社が非上場株式を所有している場合には、注意しましょう。

　◆法人税法

第12条　信託の受益者（受益者としての権利を現に有するものに限る。）は当該信託の信託財産に属する資産及び負債を有するものとみなし、かつ、当該信託財産に帰せられる収益及び費用は当該受益者の収益及び費用とみなして、この法律の規定を適用する。ただし、集団投資信託、退職年金等信託、特定公益信託等又は法人課税信託の信託財産に属する資産及び負債並びに当該信託財産に帰せられる収益及び費用については、この限りでない。

9　Q&A

Q1　死亡退職金及び保険差益に対する法人税額等の計上

　甲株式会社の代表取締役である甲が令和6年8月に死亡しました。甲の死亡に伴い、生命保険金を甲株式会社が受け取り、その一部を原資として死亡退職金及び弔慰金を支払っている場合における甲株式会社の第5表「1株当たりの純資産価額（相続税評価額）の計算明細書」の資産の部及び負債の部に計上する相続税評価額及び帳簿価額はそれぞれいくらになるのでしょうか。

　なお、純資産価額の計算においては、直前期末方式（直前期末の資産及び負債の帳簿価額に基づき評価する方式）により計算するものとします。

◯保険に関する事項

直前期末の甲株式会社の保険積立金は60,000千円であり、その内訳は下記の通りです。

① 代表取締役甲を被保険者とする生命保険契約の積立金：50,000千円

⇒ 甲の死亡に伴い、甲株式会社に生命保険金100,000千円が支払われています。なお、甲の直前期末時点の解約返戻金は90,000千円です。

② 甲以外の取締役、従業員を被保険者とする生命保険契約の積立金：10,000千円

⇒ 甲の直前期末時点の解約返戻金は7,000千円です。

◯退職金及び弔慰金に関する事項

甲の死亡に伴い、死亡退職金20,000千円、弔慰金6,000千円（役員報酬月額の6か月分）を相続人に支給しています。なお、甲の死因は、業務上以外の事由に基づくものです。

◯会社に関する事項

甲株式会社の直前期末における法人税の申告書別表七（一）に記載されている欠損金の翌期控除額は4,000千円です。

A 本問における第5表「1株当たりの純資産価額（相続税評価額）の計算明細書」の資産の部及び負債の部に計上する資産の内訳は下記の通りとなります。

◇資産の部

（単位：千円）

	相続税評価額	帳簿価額
生命保険金請求権	100,000	100,000
保険積立金	7,000	10,000

◇負債の部

（単位：千円）

	相続税評価額	帳簿価額
未払退職金等	20,000	20,000
保険差益に対する法人税額等	7,400	7,400

第7節　第5表　1株当たりの純資産価額（相続税評価額）の計算明細書

❶　生命保険金請求権及び保険積立金

　被相続人の死亡を保険事故として、評価会社が受け取った生命保険金は、保険事故の発生により課税時期において生命保険金請求権が確定していますので、生命保険金を「帳簿価額」「相続税評価額」にそれぞれ計上します。

　上記の生命保険金に対応する保険積立金がある場合には、その保険積立金を控除した残存保険積立金を帳簿価額に計上し、残存保険積立金の直前期末時点の解約返戻金を相続税評価額に計上します。

❷　未払退職金等及び弔慰金

　被相続人の死亡により、相続人その他の者に支給することが確定した退職手当金、功労金その他これらに準ずる給与の金額（以下「退職金等」という）については、本来的には相続開始時点において確定しているものではありませんので、負債に計上しないことになりますが、退職金等が個人の相続財産として課税されていることに鑑み、負債に計上することが認められています。

　弔慰金については、原則として個人の相続財産として課税対象外とされていますので、負債に計上することができません。ただし、弔慰金でも実質的に退職金等として認められる部分または一定金額を超える部分は、退職金等として課税されますので、課税対象となった部分は、負債に計上することができます。

　上記の一定金額は、被相続人の死亡が業務上の死亡でないときは、普通給与の半年分に相当する金額、被相続人の死亡が業務上の死亡であるときは、普通給与の3年分に相当する金額となります（相基通3−20）。

　本問の場合には、死因は業務上以外の事由に基づくものですので、普通給与の半年分に相当する6,000千円は、課税対象外となり、負債に計上することはできません。

❸　保険差益に対する法人税額等

　評価会社が仮決算を行っていないため、課税時期の直前期末における資産及び負債を基として1株当たりの純資産価額（相続税評価額によって計算した金額）を計算する場合における保険差益（生命保険金−保険積立金−退職金等−弔慰金）に対応する法人税額等は、仮決算方式との整合性を図るため、負債に計上することが認められています。なお、評価会社に欠損金がある場合には、保険差益から欠損金を控除した残額に対して税率を乗じることになります。

　従って、保険差益に対する法人税額等は、下記の通り求めることになります。

213

第2章　評価明細書ごとに理解する非上場株式の評価実務

(単位：千円)

項目	金額
（1）生命保険金等	100,000
（2）保険積立金	50,000
（3）退職金等	20,000
（4）弔慰金	6,000
（5）保険差益（1）－（2）－（3）－（4）	24,000
（6）欠損金の繰越控除額	4,000
（7）課税される所得金額（5）－（6）	20,000
（8）保険差益に対する法人税額等（7）×37%	7,400

▶実務上のポイント

　生命保険金請求権、保険積立金、未払退職金等、弔慰金、保険差益に対する法人税額等の取扱いは個別論点として確認しておくことが重要となります。保険差益に対する法人税額等については、課税所得の算定が誤りやすい部分となりますので、留意しておきましょう。

Q2　直前期末方式と仮決算方式の比較　　―資産の部―

　直前期末方式を採用した場合、仮決算方式を採用した場合の次の①から⑪の取扱いについて教えてください。

①　Aの期間に土地の売買契約を締結し手付金を受領、Bの期間に決済を行い土地の引渡しを行った場合

②　Bの期間に土地の売買契約を締結し手付金を受領、Cの期間に決済を行い土地の引渡しを行った場合

③　Aの期間から継続して支払っている養老保険の保険積立金とBの期間においてその養老保険の保険料を支払っている場合

④　Bの期間に有価証券の売却があった場合

⑤　減価償却の計算を行う場合の計算期間

⑥　3年以内に取得した土地等及び家屋等の3年以内の起算時点

⑦　貸家建付地における賃貸割合の計算時点

⑧　Bの期間に法人税の申告期限が到来しており、欠損金の繰り戻しによる法人

税の還付請求を行っている場合
⑨ Cの期間に欠損金繰り戻しによる法人税の還付請求を行った場合
⑩ Cの期間に株式の割当ての効力が生じ、預金の払込みを受けた場合
（割当ての基準日は直前期末とする）
⑪ Bの期間に株式の割当ての効力が生じ、預金の払込みを受けた場合
（割当ての基準日は直前期末とする）

A　それぞれの取扱いは下記の通りになります。

	直前期末方式	仮決算方式
① Aの期間に土地の売買契約を締結し手付金を受領、Bの期間に決済を行い、土地の引渡しを行った場合	土地としての評価ではなく、未収金として残代金請求権として資産に計上します。 なお、土地の売却益となる場合にはその売却益に対する法人税額等は負債の部に計上します。	処理なし。 （土地の売却金額が預貯金等に含まれています）
② Bの期間に土地の売買契約を締結し手付金を受領、Cの期間に決済を行い土地の引渡しを行った場合	明確な根拠はありませんが、直前期末時点において有していた土地の時価が相続時点において顕在化しているため、売却金額を資産に計上することが、適正な評価となりえます。課税上、弊害がない場合には、売却がなかったものとして土地として評価することも認められるものと考えられます。	残代金は、未収金に該当し残代金請求権として資産に計上します。
③ Aの期間から継続して支払っている養老保険の保険積立金の取扱いとBの期間においてその養老保険を継続して支払っている場合	直前期末時点における解約返戻金を計上します。	課税時期における解約返戻金を計上します。

④	Bの期間に有価証券の売却があった場合	明確な根拠はありませんが、直前期末時点において有していた有価証券の時価が相続時点において顕在化しているため、売却金額を資産に計上することが、適正な評価となりえます。課税上、弊害がない場合には、売却がなかったものとして有価証券として評価することも認められるものと考えられます。	売却金額を預貯金等として資産計上することになります。
⑤	減価償却の計算を行う場合の計算期間	直前期末まで計算します。	課税時期まで計算します。
⑥	3年以内に取得した土地等及び家屋等の3年以内の起算時点	課税時期から起算します。	
⑦	貸家建付地における賃貸割合の計算時点	課税時期に基づく賃貸割合で計算します。	
⑧	Bの期間に法人税の申告期限が到来しており、欠損金の繰り戻しによる法人税の還付請求を行っている場合	課税時期において還付請求権が発生しているため、資産計上を行います。	
⑨	Cの期間に欠損金繰り戻しによる法人税の還付請求を行った場合	課税時期において還付請求権が発生していないため、資産計上は不要となります。	
⑩	Cの期間に株式の割当ての効力が生じ、預金の払込みを受けた場合（割当ての基準日は直前期末とする）	課税時期においては割当ての権利が確定していないため、増資による資産増加額は考慮しません。 この場合には株式の価額の修正及び株式に関する権利の価額の評価が第3表で必要となります。	
⑪	Bの期間に株式の割当ての効力が生じ、預金の払込みを受けた場合（割当ての基準日は直前期末とする）	増資払込金額等として資産に計上します。 直前期末基準であったとしても、増資後の株式数で計算がなされるため、増資払込金額を財産に計上する必要があります。	増資によって支払われた金額は預貯金等として計上されています。
		この場合には類似業種比準価額の調整計算が第4表で必要となります。	

第7節　第5表　1株当たりの純資産価額（相続税評価額）の計算明細書

▶実務上のポイント

純資産価額の計算はあくまでも課税時期における各資産及び各負債、課税時期の発行済株式総数に基づき計算をしているため、直前期末基準で計算をする際には、課税時期で確定している事実に基づき一部修正が必要になることに留意しておきましょう。

実務上は、明確な根拠がなく、判断に迷う場合も少なくありませんが、仮決算方式ではどのように計算がなされるのかを考えることが、適正な評価をするうえで重要となります。

Q3　直前期末方式と仮決算方式の比較　―負債の部―

直前期末方式を採用した場合、仮決算方式を採用した場合の次の①から⑧の取扱いについて教えてください。

① Aの期間に対応する法人税、消費税、住民税、事業税等
② Bの期間に対応する法人税、消費税、住民税、事業税等
③ Aの期間に賦課期日が到来している固定資産税等
④ Bの期間に賦課期日が到来している固定資産税等
⑤ Cの期間に配当金の効力が生じた配当金を評価会社が支払った場合
　（配当金の基準日は直前期末とする）
⑥ Bの期間に配当金の効力が生じた配当金を評価会社が支払った場合
　（配当金の基準日は直前期末とする）
⑦ 被相続人の死亡により確定した退職手当金等
⑧ Bの期間に自己株式の取得があった場合

第2章　評価明細書ごとに理解する非上場株式の評価実務

A　それぞれの取扱いは下記の通りになります。

	直前期末方式	仮決算方式
① Aの期間に対応する法人税、消費税、住民税、事業税等	負債として計上します。	課税時期において未払であるものについては負債として計上します。
② Bの期間に対応する法人税、消費税、住民税、事業税等	負債として計上しません。	負債として計上します。
③ Aの期間に賦課期日が到来している固定資産税等	直前期末時点で未払であるものを負債として計上します。	課税時期時点において未払であるものを負債として計上します。
④ Bの期間に賦課期日が到来している固定資産税等	負債に計上しません。	課税時期時点において未払であるものを負債として計上します。
⑤ Cの期間に配当金の効力が生じた配当金 （配当金の基準日は直前期末とする）	課税時期においては権利が確定していないため、負債としては計上しません。 この場合には、株式の価額の修正及び株式に関する権利の価額の評価が第3表で必要となります。	
⑥ Bの期間に配当金の効力が生じた配当金 （配当金の基準日は直前期末とする）	未払配当金として負債に計上します。 直前期末基準であったとしても課税時期において支払うべき配当金が確定している場合には、負債に計上します。	配当金がまだ支払われていない場合には、未払配当金として負債に計上します。
	この場合には類似業種比準価額の調整計算が第4表で必要となります。	
⑦ 被相続人の死亡により確定した退職手当金等	負債として計上します。	
⑧ Bの期間に自己株式の取得があった場合	課税時期現在の発行済株式数は自己株式が控除されているため、自己株式の取得に要した金額も純資産価額から除外する必要があります。 従って、負債の相続税評価額及び帳簿価額に自己株式の取得に要した金額を計上します。	自己株式の取得に要した金額は預金等から減額されているため、特に調整は不要となります。

218

Q4 課税時期が直後期末に近い場合

課税時期が令和6年3月30日で直後期末が令和6年3月31日である場合には、直後期末における貸借対照表等を基に純資産価額を計算することはできますか？

A 直前期末時点における貸借対照表等により算定することよりも合理的な数値が得られ、かつ、課税時期から直後期末までの間の資産及び負債について著しく増減がないため評価額の計算に影響が少ないと認められる時には、直後期末における貸借対照表等により計算することができます。

純資産価額の計算時期については、原則として課税時期における各資産及び各負債の金額によることとされていますが、課税時期において仮決算を行うことの実務上の煩雑さを考慮し、財産及び債務の著しい変動がない限りにおいては、直前期末時点の各資産及び各負債の金額により計算することができるものとされています。

課税時期が直後期末に近い場合には、直後期末時点で計算することがより合理的な数値が得られることになりますので、直後期末により計算することも相当であると考えられます。

▶実務上のポイント

直後期末による計算は明確に認められると規定されているわけではありませんので、直後期末で計算することの合理性を確認しておくことが必要になります。

また、純資産価額で直後期末を基に計算をした場合であっても、類似業種比準価額は必ず直前期末の数値を使用することにも留意をしておきましょう。

類似業種比準価額で直後期末の数値の使用が認められないのは、純資産価額に比べて株式の価額の操作を容易に行うことができるためです。

Q5 建物附属設備の計上の可否

A社は飲食店業を営んでおり、1号店は自社所有の建物ですが、2号店及び3号店は賃借している建物になります。

A社の貸借対照表には、建物附属設備の内装工事（電気設備、給排水設備、冷暖

房設備）として、下記の通り計上されていますが、いずれも建物と構造上一体となって利用がされており、独立した所有権の対象にはなりません。

　この場合における A 社の第 5 表の純資産価額の計算明細書の資産の部に計上する建物附属設備の相続税評価額は 0 として問題ないでしょうか。

建物附属設備の帳簿価額（減価償却控除後）

	1 号店 自社所有	2 号店 賃貸借※1	3 号店 賃貸借※2
電気設備	500万円	400万円	600万円
給排水設備	150万円	120万円	200万円
冷暖房設備	100万円	80万円	150万円

※1　A 社の社長の友人から賃借している建物で賃料は相場で支払っていますが、賃貸借契約書は作成されていません。

※2　他社へ相場で賃料を支払っていますが、賃貸借契約書には、賃借人が支出した有益費の償還請求はできないものとする旨の記載がされています。

A　1 号店及び 3 号店における建物附属設備の相続税評価額については 0 となりますが、2 号店における建物附属設備については、賃貸借契約終了時において有益費償還請求権を有し、財産評価の対象になると考えられます。

❶　建物附属設備の評価（1 号店）

　家屋の所有者が有する電気設備（ネオンサイン、投光器、スポットライト、電話機、電話交換機及びタイムレコーダー等を除く）、ガス設備、衛生設備、給排水設備、温湿度調整設備、消火設備、避雷針設備、昇降設備、じんかい処理設備等で、その家屋に取り付けられ、その家屋と構造上一体となっているものについては、その家屋の価額に含めて評価する（評価通達92（1））とされています。従って、1 号店における建物附属設備については、上記の通達の通り、家屋に含めて評価しますので、建物附属設備単独では評価する必要はありません。しかしながら、2 号店及び 3 号店については、家屋の所有者と建物附属設備の所有者が異なるため、上記の通達を適用することができません。

❷　賃借建物に設置した附属設備の財産評価の計上の可否（2 号店・3 号店）

　賃借人が有益費を支出したときは、賃貸借終了の時に賃貸人は、その支出した金額または価値増加額のいずれかを償還しなければならない（民法608条 2 項、196条 2 項）とされて

います。この場合における有益費とは、建物の価値を増加させる費用をいいますが、賃借人が有益費を支出したときは、賃貸人は価値増加部分に対して不当利得を得ることからその費用の償還をしなければならないとされています。従って、賃借人からすれば、将来的に有益費については償還されることになりますので、財産評価の対象になります。ただし、有益費償還請求権を放棄する特約がある場合には、賃借人は有益費の償還を請求することができないとされていますので、財産評価の対象にはなりません。

2号店については、賃貸借契約がなく、有益費償還請求権を放棄する特約もないと考えられますので、財産評価をする必要がありますが、3号店については、賃貸借契約で有益費償還請求権を放棄する特約がありますので、財産評価の対象にならないと考えられます。なお、附属設備の相続税評価額の計算にあたり、有益費償還請求権を放棄したといえるため、有益費償還請求権を有額評価することは相当でないとした平成2年1月22日の裁決事例（TAINS・J39-4-02）があります。

◆民法

（賃借人による費用の償還請求）

第608条

2 賃借人が賃借物について有益費を支出したときは、賃貸人は、賃貸借の終了の時に、第196条第2項の規定に従い、その償還をしなければならない。ただし、裁判所は、賃貸人の請求により、その償還について相当の期限を許与することができる。

（占有者による費用の償還請求）

第196条

2 占有者が占有物の改良のために支出した金額その他の有益費については、その価格の増加が現存する場合に限り、回復者の選択に従い、その支出した金額又は増価額を償還させることができる。（略）

---

❸ 有益費償還請求権の評価（2号店）

有益費として償還請求できる金額は、その有益費の支出による価格の増加が現存する場合に限り、賃貸人の選択により下記の金額のいずれかによることとされています（民法196条2項）。

・賃借人が支出した金額

・価値増加額

評価通達上、具体的な評価の決まりはありませんが、評価通達129（一般動産の評価）に準じて評価するかまたは181頁の家屋の固定資産税評価額に乗じる倍率に記載されている増

第２章　評価明細書ごとに理解する非上場株式の評価実務

改築等に係る部分の価額の評価方法に準じて評価することが相当であると考えられます。

▶実務上のポイント

　賃借物件の建物附属設備における財産評価の必要性の有無は、賃貸借契約の内容によって決まるため、賃借している建物がある場合には、賃貸借契約書を入手し、検討することが必要となります。

Q6　営業権の純資産価額の算定

　Ａ社は３月決算となりますが、前事業年度の10月にＢ社を吸収合併しており、その際に営業権を40,000千円で取得しています。前事業年度の貸借対照表の営業権には、６か月分の営業権償却を控除した36,000千円が計上されています。

　当事業年度においてＡ社の株式を贈与した場合におけるＡ社の第５表の純資産価額の計算明細書の資産の部に計上する営業権の相続税評価額及び帳簿価額はそれぞれいくらになるのでしょうか。営業権の持続年数に応じる基準年利率による複利年金現価率は9.995とします。

　Ａ社の直前事業年度以前３年間における所得の金額及び直前事業年度における総資産価額は、下記の通りとなります。Ａ社は過去10年間の間に欠損は生じたことがない会社になります。

■直前事業年度以前３年間における所得の金額

	①所得の金額※1	②非経常的な損益の額※2	③支払利子等の額※3	④役員報酬の額※4
直前事業年度の前々事業年度	45,000千円	20,000千円	4,000千円	20,000千円
直前事業年度の前事業年度	40,000千円	△10,000千円	3,500千円	22,000千円
直前事業年度	50,000千円	0千円	3,000千円	24,000千円

※1　法人税法に規定する各事業年度の所得の金額
※2　直前事業年度の前々事業年度においては、本社工場の移転に伴う不動産売却益として20,000千円が発生しています。直前事業年度の前事業年度においては、取引先の倒産に伴い10,000千円の貸倒損失が発生しています。
※3　銀行借入に伴う利息となります。
※4　損金に算入された役員報酬の金額となります。

■総資産価額

　直前期末における総資産（営業権を除く）を評価通達に定めるところにより評価した価額は700,000千円となります。

A　　第５表の純資産価額の計算明細書の資産の部に計上する営業権は下記の通りとなります。

（単位：千円）

	相続税評価額	帳簿価額
営業権	0	36,000

❶　営業権の評価

　営業権の評価は、帳簿価額の計上の有無にかかわらず、次の算式によって計算した金額によって評価する（評価通達165・166）こととされています。平均利益金額が5,000万円以下の場合は、標準企業者報酬額が平均利益金額の２分の１以上の金額となるため、営業権の評価は０となります。

平均利益金額×0.5－標準企業者報酬額－総資産価額 × 0.05 ＝超過利益金額

超過利益金額 × 営業権の持続年数（原則として、10年とする）に応ずる基準年利率による複利年金現価率＝営業権の価額

　本問の場合の超過利益金額は、下記の通りマイナスとなりますので営業権の評価は０円となります。

　67,166,666円　　×　0.5　－　　　30,149,999円　　　－　[700,000,000円　×　0.05]　＜　０円
　平均利益金額❷　　　　　　　　　標準企業者報酬額❸　　　　　総資産価額❹

❷　平均利益金額の算定

　平均利益金額は、課税時期の直前期末以前３年間における所得の金額の合計額の３分の１に相当する金額（その金額が、課税時期の直前期末以前１年間の所得の金額を超える場合には、課税時期の直前期末以前１年間の所得の金額とする）とします。この場合における所得の金額は、法法22条（各事業年度の所得の金額）１項に規定する所得の金額に損金に算入された繰越欠損金の控除額を加算した金額としますが、その所得の金額の計算の基礎に次に掲げる金額が含まれているときは、これらの金額は、いずれもなかったものとみなして計算します。

　イ　非経常的な損益の額

ロ　借入金等に対する支払利子の額及び社債発行差金の償却費の額

ハ　損金に算入された役員給与の額

　従って、本問の場合の平均利益金額の計算は下記の通りとなります。非経常的な損益の額については符号を間違えないように留意しましょう。直前事業年度の前々事業年度の所得の金額45,000,000円の中には、非経常的な利益として不動産売却益が20,000,000円含まれており、これを除外する必要があるため、控除します。

営業権の評価明細書（一部抜粋）

平均利益金額の計算	年分又は事業年度	① 事業所得の金額又は所得の金額（繰越欠損金の控除額を加算した金額）	② 非経常的な損益の額	③ 支払利子等の額	④ 青色事業専従者給与額等又は損金に算入された役員給与の額	⑤ （①±②＋③＋④）
	直前事業年度の前々事業年度	45,000,000	−20,000,000	4,000,000	20,000,000	㋑ 49,000,000 円
	直前事業年度の前事業年度	40,000,000	10,000,000	3,500,000	22,000,000	㋺ 75,500,000
	前年分又は直前事業年度	50,000,000	0	3,000,000	24,000,000	㋩ 77,000,000
	（㋑＋㋺＋㋩）× $\frac{1}{3}$ ＝ 67,166,666 円…⑥			平均利益金額 （㋩の金額と⑥の金額のうちいずれか低い方の金額） ＝ 67,166,666 円…⑦		

❸　標準企業者報酬額

　標準企業者報酬額は、次に掲げる平均利益金額の区分に応じ、次に掲げる算式により計算した金額となります。

平均利益金額の区分	標準企業者報酬額
1億円以下	平均利益金額 × 0.3 ＋ 1,000万円
1億円超　3億円以下	平均利益金額 × 0.2 ＋ 2,000万円
3億円超　5億円以下	平均利益金額 × 0.1 ＋ 5,000万円
5億円超	平均利益金額 × 0.05 ＋ 7,500万円

　本問の場合には、標準企業者報酬額の計算は、下記の通りとなります。

67,166,666円×0.3+10,000,000円＝30,149,999円

❹　総資産価額

　総資産価額は、評価通達に定めるところにより評価した課税時期直前に終了した事業年度の末日における総資産の価額となります。

　本問の場合には、総資産価額は700,000,000円となります。

第7節　第5表　1株当たりの純資産価額（相続税評価額）の計算明細書

▶**実務上のポイント**

　帳簿価額として営業権の記載がない場合においても営業権の評価がないか確認する必要があります。平均利益金額の算定は、法人税の所得金額に損金算入の役員報酬の金額を加算等して求めることになりますので、法人税の所得金額が5,000万円以下であることをもって営業権の計上をしない判断は計上漏れとなる可能性がありますので、実務上は、営業権の評価明細書を基に計上の有無を確認する必要があります。

Q7　借地権の計上（個人から法人へ使用貸借があった場合）

　経営者甲が所有しているA土地及びB土地は、甲が100%保有している甲株式会社に賃貸していますが、その概要は下記の通りとなります。経営者甲が甲株式を令和6年に後継者である乙に贈与する場合において、甲株式会社の第5表の純資産価額の計算明細書の資産の部に計上するA土地及びB土地の相続税評価額及び帳簿価額はそれぞれいくらになるのでしょうか。

　なお、甲株式会社はA土地及びB土地について借地権の認定課税を受けたことはありません。

	A土地	B土地
地代の支払状況	固定資産税相当の支払	固定資産税相当の支払
権利金の有無	なし	なし
建物の所有者と利用状況	甲株式会社が所有し本店として利用	甲株式会社が所有し支店として利用
借地契約の開始時期	昭和20年	昭和40年
権利金収受の慣行	昭和20年当時、権利金の収受は行われていなかったが、昭和40年から権利金の収受が行われるようになった。	昭和40年当時権利金の収受が行われている地域に該当する。
土地の無償返還に関する届出書の提出	有（昭和56年に使用貸借として提出）	無
贈与年の自用地評価額	80,000千円	100,000千円
贈与年の借地権割合	70%	60%

225

第2章　評価明細書ごとに理解する非上場株式の評価実務

A　第5表の純資産価額の計算明細書の資産の部に計上する借地権の内訳は下記の通りとなります。

（単位：千円）

	相続税評価額	帳簿価額
A土地の借地権	0	0
B土地の借地権	60,000	0

❶　使用貸借取引

　使用貸借は、当事者の一方がある物を引き渡すことを約し、相手方がその受け取った物について無償で使用及び収益をして契約が終了したときに返還をすることを約することによって、その効力を生じ（民法593条）、使用貸借においては、借主は借用物の通常の必要費を負担することになります（民法595条1項）。固定資産税は通常の必要費となりますので、A土地及びB土地については、私法上は使用貸借取引となります。

❷　借地権の認定課税

　法人が土地を賃借する場合において、借地権の取引慣行があるにもかかわらず権利金を支払わないときは、次に掲げる場合を除き、その法人に対して借地権の認定課税が行われます（法法22条、法令137条、法基通13−1−2、13−1−3、13−1−7）。法人の借地権課税の変遷、土地の無償返還に関する届出制度については、184頁・186頁参照。

　・相当の地代を支払っている場合

　・その借地権の設定等に係る契約書において、将来借地人がその土地を無償で返還することが定められており、かつ、「土地の無償返還に関する届出書」を借地人と連名で遅滞なく土地所有者の納税地を所轄する税務署長に提出している場合

❸　借地権の計上の可否

■A土地について

　借地契約を開始した昭和20年当時においては、権利金収受の慣行がないため、借地権の認識を法人でする必要がありませんが、昭和40年に権利金の収受が行われるようになったことから自然発生的に借地権が昭和40年当時から発生していることになります。借地権を認識しない場合には、その後の昭和55年の法人税基本通達の改正により土地の無償返還に関する届出書を提出する必要があり、その提出をしているため、法人に借地権はないものとして取り扱います。

　使用貸借による土地の無償返還に関する届出書の提出があった場合には、土地所有者は自

226

第7節 第5表 1株当たりの純資産価額（相続税評価額）の計算明細書

用地で評価されることになるため、A土地の借地権の価額は0となります（相当地代通達5・8）。

■B土地について

　借地契約を開始した昭和40年当時においては、権利金収受の慣行があるため、原始発生的に借地権が発生し、昭和40年に認定課税がされるべきであると考えられます。借地権を認識しない場合には、その後の昭和55年の法人税基本通達の改正により土地の無償返還に関する届出書も提出するべきところ、その提出もされていないことから、法人に借地権があるものとして財産評価を行うことになります。

　従って、B土地の借地権の価額は、自用地価額×借地権割合により評価します。

▶実務上のポイント

　使用貸借があった場合の借地権の計上については、土地賃借時に原始発生的に借地権が発生しているのか、土地賃借後に自然発生的に借地権が発生しているのか、土地の無償返還に関する届出書が提出されているのかにより、借地権に計上するべき金額を決定することになります。

Q8　借地権の計上（土地の無償返還に関する届出書の期限及び内容の変更）

　経営者甲が所有しているA土地及びB土地は、甲が100％保有している甲株式会社に賃貸していますが、その概要は下記の通りとなります。経営者甲が甲株式を令和6年に後継者である乙に贈与する場合において、甲株式会社の第5表の純資産価額の計算明細書の資産の部に計上するA土地及びB土地の相続税評価額及び帳簿価額はそれぞれいくらになるのでしょうか。

　なお、甲株式会社はA土地及びB土地について借地権の認定課税を受けたことはありません。

	A土地	B土地
地代の支払状況	固定資産税相当の支払	賃貸借契約開始時の昭和62年においては固定資産税相当の支払であったが、会社の好業績で安定したことを契機に平成4年に固定資産税相当の3倍に変更しており、賃貸借契約の

227

第2章　評価明細書ごとに理解する非上場株式の評価実務

		作成も同年に行っている。賃貸借契約においては、将来、土地の返還を無償で行う旨の特約がされている。
権利金の有無	なし	なし
建物の所有者と利用状況	甲株式会社が所有し本店として利用	甲株式会社が所有し支店として利用
借地契約の開始時期	昭和50年	昭和62年
権利金収受の慣行	昭和50年当時、権利金の収受が行われる地域に該当する。	昭和62年当時権利金の収受が行われている地域に該当する。
土地の無償返還に関する届出書の提出	有（昭和62年に使用貸借として提出）	有（昭和62年に使用貸借として提出）
贈与年の自用地評価額	80,000千円	100,000千円
贈与年の借地権割合	80%	70%

A 　第5表の純資産価額の計算明細書の資産の部に計上する借地権の金額の内訳は下記の通りとなります。なお、B土地については土地の無償返還に関する届出内容の変更がありますので、速やかに土地の無償返還に関する届出書を賃貸借として提出し直す必要があります。

（単位：千円）

	相続税評価額	帳簿価額
A土地の借地権	0	0
B土地の借地権	20,000	0

❶　土地の無償返還に関する届出書が提出されている場合の純資産価額の計上金額

土地の無償返還に関する届出書が提出されている場合の当該土地に係る借地権の価額は、原則として、0として取り扱います。ただし、同族会社の株式を保有している被相続人または贈与者が評価会社に土地を無償返還により賃貸している場合には、被相続人の土地が80％で評価されることの権衡を考慮し、自用地価額の20％で評価することとされています。なお、無償返還が使用貸借の場合には、被相続人の土地は自用地で評価されることになるため、借地権の価額は常に0として取り扱います（昭和43年10月28日付直資3－22他「相当の地代を収受している貸宅地の評価について」通達、相当地代通達5・8）。

❷ 土地の無償返還に関する届出書の提出期限（A土地）

　土地の無償返還に関する届出書は、昭和55年12月25日における法人税基本通達の改正により、通常収受するべき権利金または相当の地代を収受しない土地の賃貸借取引または使用貸借取引がある場合において、借地権の設定等に係る契約書において将来借地人等がその土地を無償で返還することが定められており、かつ、その旨を借地人等との連名の書面により遅滞なく土地所有者の納税地の所轄税務署長（国税局の調査課所管法人にあっては、所轄国税局長）に届け出たときは、借地権の認定課税は行わない（法基通13－1－7）ことを定めたものとなります。この通達は、昭和55年12月25日以降の土地の賃貸等に適用されますが、同日前の土地の賃貸等については経過的な取扱いとして、権利金の認定課税が行われていない場合（認定課税の除斥期間を経過しているものを含む）において、この通達の適用を受けることにつき、遅滞なくその旨の届出を行っている場合には、上記の通達の適用を受けることができるものとされています。

　土地の無償返還に関する届出書の提出期限は、上記の通り「遅滞なく」とされていますが、具体的にいつまでかは定められていません。平成29年3月29日の裁決事例（TAINS・F0－3－540）は、被相続人が所有している土地の上に被相続人の同族会社が所有する建物を昭和44年に新築し、その後、平成15年に土地の無償返還に関する届出書を提出し、平成25年に相続が発生している事案で、土地の無償返還に関する届出書の有効性が争われました。その裁決の中で、不服審判所は、「遅滞なくの判断は原処分庁に委ねられている」として、税務署が有効と判断した場合には、相当期間経過後の土地の無償返還に関する届出書の提出の効力を認めました。

　平成9年2月17日の裁決事例（TAINS・F0－3－008）は、昭和33年に被相続人から土地を無償で借り受け、同族会社が建物を建築し、その後、平成3年に相続が発生している事案で、土地の無償返還に関する届出書が提出されていない場合の土地の評価については法人に借地権が存在するとされた事例ですが、その裁決の中で、不服審判所は、「土地に係る無償返還届出書は、少なくとも、本件相続の開始日までに原処分庁に対し提出されていなければ、本件土地の利用権の価額が存在する」とし、相続開始日までに土地の無償返還に関する届出書の提出があれば、その提出は有効であることを暗に示唆しています。

　実際の実務においては、土地の無償返還に関する届出書の後出しは行われており、租税負担回避等の課税上の弊害がない限りにおいて認められるものと考えられます。

　例えば、A土地を仮に売却するにあたり、個人の土地売却に係る所得を法人ではなく個人に全て帰属させるために、土地の無償返還に関する届出書を提出し、法人の課税を免れようとする場合には、法人税の租税回避行為となり認められるべきものではありません。

　本問の場合には、そのような租税回避行為はありませんので、A土地の無償返還に関

第2章　評価明細書ごとに理解する非上場株式の評価実務

する届出書の提出は、相当期間経過後に行われていますが、有効なものと考えられます。

　従って、無償返還に関する届出書が使用貸借であるA土地は、借地権の価額は0となります。

❸　土地の無償返還に関する届出書の提出に変更があった場合（B土地）

　土地の無償返還に関する届出書には、「土地の所有又は使用に関する権利等に変動が生じた場合には、速やかにその旨を届け出ることとします。」と記載がされていますので、使用貸借から賃貸借に変更があった場合には、速やかに、土地の無償返還に関する届出書を提出し直す必要があります。法律上の速さの順番としては、「直ちに」→「速やかに」→「遅滞なく」とされていますので、「遅滞なく」よりは、早く提出する必要があります。ただし、「速やかに」についても具体的な期限がありませんので、上記❷の「遅滞なく」と同様、課税上の弊害がない限りは認められるものであると考えられます。

　本問の場合には、昭和62年当時、使用貸借による土地の無償返還に関する届出書を提出していますので、法人に借地権はないものとして課税上は行うことになり、その後、賃貸借となっても法人に借地権が発生することはありませんので、法人税の課税上は、何ら弊害はないと考えられます。従って、土地の無償返還に関する届出書が賃貸借であるB土地は、借地権の価額は、自用地としての価額の100分の20に相当する金額により評価します。

❹　同族会社等の行為計算否認規定との関係

　土地の無償返還に関する届出書が受理されている場合においても、その届出書の提出自体が相続税の負担を不当に減少させることを目的としたものである場合には、その提出がなかったものとして取り扱われる可能性もあります。

　例えば、土地の無償返還に関する届出書を使用貸借により提出し、株式の贈与を行うときは借地権の価額を0とし贈与を行い、相続開始直前において相続税の負担を減少することを目的として、土地の無償返還に関する届出書を賃貸借として提出し、自用地としての価額の100分の80に相当する金額により被相続人の土地の評価をすることは、不当に相続税の負担を減少するものとして認められるべきではないかと考えられます。たとえ、土地の無償返還に関する届出書の受理があったとしても、同族会社等の行為又は計算の否認規定（相法64条）により、土地の無償返還に関する届出書の提出がなかったものとして、課税処分が行われる可能性もあります。従って、土地の契約内容に変更があった場合には、その理由をよく確認することが重要となります。

第7節 第5表 1株当たりの純資産価額（相続税評価額）の計算明細書

> **▶実務上のポイント**
>
> 土地の無償返還に関する届出書は、土地賃貸の開始時点において、当事者同士に無償で返還する意図があるかどうかが前提となりますので、当時の土地賃貸借の内容をよく確認することが不可欠となります。また、無償で返還する意思があった場合においても、土地貸付時において、土地の無償返還に関する届出書を提出しておらず、原始発生的に借地権が生じており法人に借地権があると考えられる場合には、土地の無償返還に関する届出書を提出する必要がない場合もありますので、提出する前に借地権が法人に帰属しているのかどうかも含めてよく検討することが重要となります。

Q_9　借地権の計上（個人から法人へ相当の地代に満たない地代の収受があった場合）

　経営者甲が所有しているＡ土地は、甲が株式を100％保有している甲株式会社に賃貸していますが、経営者甲が甲株式を令和6年に後継者である乙に贈与する予定です。

　土地の賃貸借の概要は下記の通りとなります。なお、甲株式会社はＡ土地について借地権の認定課税を受けたことはありません。

	Ａ土地
地代の支払状況	相当の地代に満たない地代
権利金の有無	なし
建物の所有者と利用状況	甲株式会社が所有し本店として利用
借地契約の開始時期	昭和62年
権利金収受の慣行	昭和62年当時権利金の収受が行われている地域に該当する。
土地の無償返還に関する届出書の提出	無
相当の地代の改訂方法に関する届出書の提出	無
贈与年の自用地評価額	100,000千円
贈与年以前3年間の自用地価額の平均額	100,000千円
贈与年の相当の地代の年額	6,000千円
贈与年の借地権割合	60%

　上記の場合において、実際に支払っている土地の地代が次のそれぞれの場合には、甲株式会社の第5表「一株当たりの純資産価額（相続税評価額）の計算明細書」の

231

第2章　評価明細書ごとに理解する非上場株式の評価実務

資産の部に計上するＡ土地の借地権の相続税評価額は、それぞれいくらになるのでしょうか。
（1）　相当の地代の90%を実際に支払っている場合
（2）　相当の地代の70%を実際に支払っている場合
（3）　相当の地代の30%を実際に支払っている場合

A　第5表「一株当たりの純資産価額（相続税評価額）の計算明細書」の資産の部に計上する借地権の相続税評価額は下記の通りとなります。

（単位：千円）

	相続税評価額
（1）相当の地代の90%を実際に支払っている場合	20,000
（2）相当の地代の70%を実際に支払っている場合	30,000
（3）相当の地代の30%を実際に支払っている場合	60,000

❶　相当の地代に満たない地代を支払う場合の借地権の価額

権利金の支払がなく、相当の地代に満たない地代を支払っている場合には、次の算式により借地権の価額を計算することになります（相当地代通達2・4）。

なお、「実際に支払っている地代の年額＜通常の地代の年額」である場合には、土地を賃借している法人に通常の借地権部分が帰属していると考えられるため、「自用地価額×借地権割合」で評価を行います。

（算式）

$$自用地としての価額 \times \underbrace{\left\{ 借地権割合 \times \left(1 - \frac{実際に支払っている地代の年額 - 通常の地代の年額}{相当の地代の年額 - 通常の地代の年額} \right) \right\}}_{修正借地権割合}$$

相当の地代の年額は、下記の算式により計算した金額をいいます（相当地代通達1）。

> 自用地としての価額（相続税評価額）の過去3年間における平均額×6％

通常の地代の年額は、通常の借地権部分を控除した底地に対応する地代の額をいいますので、下記の算式により求めます。

> 自用地としての価額（相続税評価額）の過去3年間における平均額×（1－借地権割合）×6％

ただし、同族会社の株式を保有している被相続人または贈与者に相当の地代に満たない地代を支払っている場合において、上記の算式により計算した修正借地権割合が20％に満

たない場合には、被相続人の土地が80％で評価されることの権衡を考慮し、自用地価額の20％で評価することとされています（相当地代通達７、昭和43年10月28日付直資３－22他「相当の地代を収受している貸宅地の評価について」通達）。

❷　本問の場合における借地権の価額

（１）　相当の地代の90％を実際に支払っている場合

　相当の地代に満たない地代を支払う場合の算式は、下記の通りとなります。本問の場合には、100,000千円×（１－60％）×６％＝2,400千円が通常の地代の年額となります。

$$100,000千円×\left\{\underbrace{60\%×\left(1-\frac{5,400千円-2,400千円}{6,000千円-2,400千円}\right)}_{修正借地権割合＝10\%}\right\}=10,000千円$$

　修正借地権割合が20％に満たない場合には、被相続人の土地が80％で評価されることの権衡を考慮し、自用地価額の20％で評価することとされていますので、借地権の価額は、10,000千円ではなく、20,000千円となります。

（２）　相当の地代の70％を実際に支払っている場合

　相当の地代に満たない地代を支払う場合の算式は、下記の通りとなります。

$$100,000千円×\left\{\underbrace{60\%×\left(1-\frac{4,200千円-2,400千円}{6,000千円-2,400千円}\right)}_{修正借地権割合＝30\%}\right\}=30,000千円$$

　従って、借地権の価額は30,000千円になります。

（３）　相当の地代の30％を実際に支払っている場合

　相当の地代に満たない地代を支払う場合の算式は、下記の通りとなります。

$$100,000千円×\left\{60\%×\left(1-\frac{1,800千円-2,400千円}{6,000千円-2,400千円}\right)\right\}$$

　「実際に支払っている地代の年額（1,800千円）＜通常の地代の年額（2,400千円）」である場合には、土地を賃借している法人に通常の借地権部分が帰属していると考えられるため、「自用地価額×借地権割合」で評価を行います。

　従って、借地権の価額は、60,000千円（100,000千円×60％）になります。

第2章　評価明細書ごとに理解する非上場株式の評価実務

▶実務上のポイント

　「土地の無償返還に関する届出書」の提出がない場合において、相当の地代及び権利金を支払っていない場合には、相当の地代に対してどれぐらいの地代を支払っているかが重要となります。地代の支払が少ないほど、借り得する部分が増えて、修正借地権割合が高くなりますが、借地権割合が限度となります。

Q_{10}　課税時期前3年以内に取得した土地等及び家屋等の借家権控除の適用の可否

　経営者甲が甲株式を令和6年9月に後継者である乙に贈与する予定ですが、課税時期前3年以内に取得した土地及び家屋の状況は、下記の通りとなります。

	A 土地及び家屋	B 土地及び家屋
取得年月日	令和4年4月	令和6年4月
取得価額	土地　100,000千円 建物　50,000千円（税抜）	土地　60,000千円 建物　20,000千円（税抜）
利用状況	新築マンションとして購入した後、令和4年4月に賃貸の用に供している。	オーナーチェンジ※1のマンションであり、賃借人がいる状態で購入している。売主が預かっていた預り敷金400千円は売主から承継している。
直前期末の帳簿価額	土地　100,000千円 建物　47,872千円※2	土地　60,000千円 建物　19,574千円※2
贈与年の建物の固定資産税評価額	29,000千円	14,000千円
贈与年の借地権割合	70%	60%

　※1　物件の所有者（オーナー）が、賃借人を維持したまま不動産の所有権を移転させること。
　※2　税務上の耐用年数に基づき計算した減価償却累計額を控除した後の価額。

　この場合において、甲株式会社の第5表「1株当たりの純資産価額（相続税評価額）の計算明細書」の資産の部に計上する「3年以内取得土地等」及び「3年以内取得家屋等」の相続税評価額及び帳簿価額はそれぞれいくらになるのでしょうか。

　なお、甲株式会社は3月決算であり、消費税の計算においては税抜方式を採用しています。純資産価額の計算においては、直前期末方式（直前期末の資産及び負債の帳簿価額に基づき評価する方式）により計算するものとします。

第7節　第5表　1株当たりの純資産価額（相続税評価額）の計算明細書

A　第5表「1株当たりの純資産価額（相続税評価額）の計算明細書」の資産の部に計上する「3年以内取得土地等」及び「3年以内取得家屋等」の内訳は、下記の通りとなります。

（単位：千円）

	相続税評価額	帳簿価額
3年以内取得土地等（A土地）	79,000	100,000
3年以内取得土地等（B土地）	60,000	60,000
3年以内取得家屋等（A家屋）	33,510	47,872
3年以内取得家屋等（B家屋）	19,574	19,574

❶　3年以内取得土地等及び3年以内取得家屋等の計上金額

　評価会社が課税時期前3年以内に取得または新築した土地及び土地の上に存する権利（以下「土地等」という）並びに家屋及びその附属設備または構築物（以下「家屋等」という）の価額は、課税時期における通常の取引価額に相当する金額によって評価するものとされています。

　この場合において、当該土地等または当該家屋等に係る帳簿価額が課税時期における通常の取引価額に相当すると認められる場合には、当該帳簿価額に相当する金額によって評価することができるものとするとされています（評価通達185括弧書）。

　課税実務上は、帳簿価額が通常の取引価額として認められない場合（買い急ぎや関連会社からの有利な価額による取得など適正な時価による取得として認められない場合）を除き、帳簿価額を基に評価することになります。帳簿価額が通常の取引価額として認められない場合には、不動産鑑定評価額等の合理的な方法によって時価を求めることになります。

❷　借家権控除の必要性

　平成25年7月1日の裁決事例（TAINSコード：F0-3-394）では、借家権控除の適用について、「借家権の設定に伴う建物及びその敷地利用の制約は、評価基本通達185括弧書に定める『通常の取引価額に相当する金額』の算定においても、同様に考慮することが合理的であると考えられることから、『通常の取引価額に相当する金額』を算定する場合においても、対象の土地及び建物が貸家建付地及び貸家に該当し、上記制約を考慮する必要があるときは、評価基本通達26及び93と同様の方法で貸家建付地及び貸家の価額を評価することが相当である」として、課税時期において現実に貸し付けられている場合には、借家権控除の必要性を説明しています。

　また、東京国税局課税第一部 資産課税課 資産評価官の「資産税審理研修資料」（平成27

年7月作成）の財産評価の審理上の留意点では、下記の通り記載がされています。

> 土地、建物の取得（新築）後、建物を賃貸の用に供したため、取得時の利用区分（自用の建物、自用地）と課税時期の利用区分（貸家、貸家建付地）が異なることとなり、その取得価額等から、課税時期における通常の取引価額を算定することが困難である貸家及び貸家建付地の価額については、まず、その貸家及び貸家建付地が自用の建物及び自用地であるとした場合の課税時期における通常の取引価額を求め、次にその価額を評基通93（貸家の評価）及び評基通26（貸家建付地の評価）の定めに準じて評価して差し支えないと考える。

　従って、取得時の利用区分が自用地・自用家屋で課税時期の利用区分が貸家建付地・貸家である場合には、借家権控除を行うことができます。

❸　A土地及び家屋の計上金額

　A土地及び家屋は、3年以内取得土地等及び家屋等に該当することになりますので、相続税評価額ではなく、通常の取引価額により評価を行います。従って、直前期末の帳簿価額（土地100,000千円・建物47,872千円）を基に評価を行うことになりますが、帳簿価額は新築で購入した金額であり、自用地としての通常の取引価額となります。A土地及び家屋は、課税時期において貸し付けられており、貸家の制約を考慮する必要があるため、貸家建付地及び貸家の評価として、借家権部分を減額します。

　従って、A土地及び家屋の相続税評価額に計上する金額は、下記の通りとなります。

A土地：

　100,000千円×（1−70%×30%）＝79,000千円

A家屋：

　47,872千円×（1−30%）＝33,510千円

❹　B土地及び家屋の計上金額

　B土地及び家屋は、3年以内取得土地等及び家屋等に該当することになりますので、相続税評価額ではなく、通常の取引価額により評価を行います。従って、直前期末の帳簿価額（土地60,000千円・建物19,574千円）を基に評価を行うことになります。

　B土地及び家屋は、オーナーチェンジにより購入したマンションであり、購入時の価額は、貸家建付地及び貸家としての価額であり、既に借家権控除が帳簿価額に反映されているため、A土地及び家屋のように減額はせずに帳簿価額をそのまま計上することになります。

第7節　第5表　1株当たりの純資産価額（相続税評価額）の計算明細書

▶実務上のポイント

3年以内取得土地等及び家屋等の計上金額を決定するためには、帳簿価額が通常の時価として認められない事情があるかどうか、購入時の利用区分が自用地・自用家屋または貸家建付地・貸家のいずれであるかを確認することが重要となります。

Q11　課税時期前3年以内に取得した土地等及び家屋等の取得等の日の判定

経営者甲（令和6年5月1日相続開始）が100％保有している甲株式会社の株式を長男が相続していますが、甲株式会社の資産の中にA土地があります。A土地は令和3年に古家付きの土地として購入しており、その後、古家の取壊しを行ったうえで、アスファルト舗装を行い、駐車場の用に供しています。

甲株式会社は3月決算で直前期末は令和6年3月31日となります。

A土地購入等に係る時系列及び詳細は、下記の通りとなります。

時系列	内容
令和3年3月15日	＜土地売買契約締結＞ 古家付きで土地売買契約の締結を行い、手付金20,000千円を支払っています。売買契約書には、売買代金総額200,000千円（土地代金200,000千円、建物代金0円）と記載され、売主は買主に売買代金全額の受領と同時に引渡しを行う旨が記載されています。
令和3年5月15日	＜土地売買代金の支払い及び引渡し＞ 残代金180,000千円、仲介手数料6,666千円及び固定資産税等精算金150千円を支払い、経理上、土地206,816千円（200,000千円＋6,666千円＋150千円）として処理を行っています。
令和3年6月15日	建物取壊費用5,500千円を支払い、経理上は土地5,500千円として処理を行っています。
令和3年9月15日	アスファルト舗装工事を行い、1,980千円の支払を行い、経理上は構築物1,980千円として処理を行っています。
令和6年3月31日	①A土地の帳簿価額

第2章　評価明細書ごとに理解する非上場株式の評価実務

212,316千円
②令和3年9月15日に取得した構築物に係る帳簿価額
1,639千円

　　上記の場合に、甲株式会社の第5表「1株当たりの純資産価額（相続税評価額）の計算明細書」の資産の部に計上するA土地、構築物の相続税評価額及び帳簿価額はそれぞれいくらになりますか。
　　なお、令和3年から令和6年までA土地の路線価に変動はないものとします。
　　また、純資産価額の計算においては、直前期末方式（直前期末の資産及び負債の帳簿価額に基づき評価する方式）により計算するものとします。

A　　第5表「1株当たりの純資産価額（相続税評価額）の計算明細書」の資産の部に計上する「3年以内取得土地等（A土地）」及び「3年以内取得家屋等（構築物）」の内訳は下記の通りとなります。

（単位：千円）

	相続税評価額	帳簿価額
3年以内取得土地等（A土地）	200,000※	212,316
3年以内取得家屋等（構築物）	1,639	1,639

※　簡便的な処理方法として、「212,316千円」としての計上も認められます。

❶　3年以内取得土地等及び3年以内取得家屋等の計上金額

　評価会社が課税時期前3年以内に取得または新築した土地及び土地の上に存する権利（以下「土地等」という）並びに家屋及びその附属設備または構築物（以下「家屋等」という）の価額は、課税時期における通常の取引価額に相当する金額によって評価するものとされています。

　この場合において、当該土地等または当該家屋等に係る帳簿価額が課税時期における通常の取引価額に相当すると認められる場合には、当該帳簿価額に相当する金額によって評価することができるものとするとされています（評価通達185括弧書）。

　帳簿価額が通常の取引価額として認められない場合として、買い急ぎや関連会社からの有利な価額による取得など適正な時価による取得として認められない場合や、取得時期から課税時期までの間における地価の急騰や資材の高騰があった場合など取得時期と課税時期の時価に大きな変動があった場合が考えられます。

❷ 取得等の日の判定

　評価通達185括弧書における課税時期前３年以内に取得または新築した場合における「取得等の日」の定義は明らかにされていませんが、平成11年11月30日の東京地裁判決（TAINSコード：Z245-8540）では、旧租税特別措置法（以下「旧措置法」という）69条の４（相続開始前３年以内に取得等をした土地等又は建物等についての相続税の課税価格の計算の特例）に係る「取得等の日」の意義について、下記の通り判示しています。

> 　本件特例（筆者注：旧措置法69条の４）は、相続開始前３年以内に被相続人が取得又は新築（取得等）をした土地等又は建物等がある場合について規定しているところ、相続税法において、相続財産等の「取得」とは所有権の取得を意味するのが通常であり（省略）、本件特例も相続税法の特例であることからすれば、本件特例にいう「取得等」とは、所有権の取得を意味すると解される。

　上記の旧措置法69条の４は、昭和63年12月に創設され、平成８年３月の税制改正において廃止されたものとなりますが、この規定は、昭和末期のバブル期において相続開始前の土地等及び家屋等を取得することによる相続税対策が横行したことを背景として、個人が相続開始前３年以内に取得または新築をした土地等及び家屋等について取得価額で課税するといった内容となります。この旧措置法69条の４は、あくまでも個人の取得に限られていましたが、法人においても同様の租税回避行為があったため、取引相場のない株式においても平成２年８月の評価通達の改正で課税時期前３年以内取得の取扱いが定められました。

　なお、旧措置法69条の４は、地価高騰時においては「取得価額 ＜ 時価」となり課税上の問題はありませんでしたが、反対に地価下落時においては、「取得価額 ＞ 時価」となり、課税処分が憲法29条に規定する財産権の侵害にあたることになります。平成７年10月17日の大阪地裁判決（TAINSコード：Z214-7593）では、相続税の申告において、相続開始前３年以内に取得した土地等をその取得価額で評価するという特例は、地価急落時のような著しく不合理な結果を来すことが明らかな場合には適用できないとして納税者の主張を一部認めた事例となります。このような背景から、前述の通り旧措置法69条の４は、平成８年３月の税制改正において廃止されましたが、評価通達185括弧書の課税時期前３年以内取得の取扱いは、廃止されませんでした。これは、評価通達185括弧書の評価方法は、取得価額ではなく、通常の取引価額（時価）と定め、あくまでも時価評価の観点から肯定され、旧措置法69条の４のような地価下落時においても財産権の侵害にはあたらないためと考えられます。

第2章　評価明細書ごとに理解する非上場株式の評価実務

旧措置法69条の4の規定と評価通達の取扱いを比較すると下記の通りとなります。

条文等	旧措置法69の4	評価通達185
取得時期	被相続人が課税時期前3年以内に取得または新築をしたもの	評価会社が課税時期前3年以内に取得または新築をしたもの
適用対象財産	土地等及び家屋等 居住用財産等を除く	土地等及び家屋等
評価方法	取得価額により評価	通常の取引価額により評価 帳簿価額が課税時期における通常の取引価額に相当すると認められる場合には、当該帳簿価額に相当する金額によって評価することができる。

　上記の通り、評価方法に差異はあるものの、取得時期や基本となる適用対象財産（土地等及び家屋等）については、同じとなります。

　そして、旧租税特別措置法関係通達69の4－3は、「取得等の日」について、下記の通り規定しています。

（土地等及び建物等の取得等の日）

　土地等又は建物等（建物及びその附属設備又は構築物をいう。）に係る取得又は新築の日は、次による。

(1)　他から取得した土地等又は建物等については、原則としてこれらの引渡しを受けた日とする。

(2)　自ら建設又は製作した建物等については、当該建設又は製作が完了した日とする。

(3)　他に請け負わせて建設又は製作した建物等については、当該建物等の引渡しを受けた日とする。

(注)　農地法第3条第1項《農地又は採草放牧地の権利移動の制限》若しくは第5条第1項本文《農地又は採草放牧地の転用のための権利移動の制限》の規定による許可を受けなければならない農地若しくは採草放牧地（以下この項において「農地等」という。）の取得又は同項第3号の規定による届出をしてする農地等の取得に係る当該取得の日は、当該許可があった日又は当該届出の効力が生じた日後に引渡しを受けたと認められる場合を除き、当該許可があった日又は当該届出の効力が生じた日によるものとする。

　なお、所得税においては、譲渡所得の総収入金額の収入すべき時期は、原則として資産

の引渡しがあった日とし、例外として契約の効力発生日を認めています（所基通36−12）。ただし、相続税における取得は、所有権の取得を意味するため、売買契約日ではなく、引渡しが行われた日が取得日となります。

通常の売買契約においては、代金決済の日を資産の引渡日とすることが実務上の慣行となりますが、その場合には、代金決済の日が取得日になります。本問の場合においても、売買契約書に売主は買主に売買代金全額の受領と同時に引渡しを行う旨が記載されていますので、残代金を支払った令和３年５月15日が土地の取得日となります。

❸　本問の場合の当てはめ
■Ａ土地の相続税評価額に計上するべき金額

直前期末基準を採用している場合においても相続開始を起算日として３年間遡りますので、令和３年５月１日から令和６年５月１日までの間に土地等及び家屋等を取得していれば、対象となります。本問の場合には、令和３年５月15日に土地を取得していますので、Ａ土地は３年以内取得土地等に該当することになります。

相続税評価額に計上する金額は、取得の日から課税時期までにおける路線価の変動がないため、通常の取引価額は、Ａ土地の購入時の土地代金である200,000千円が相当かと考えられます。

仮に路線価の変動がある場合には、通常の取引価額をどのようにして求めるかは、実務上、判断に迷うことになりますが、考えられる方法として、不動産鑑定評価を行う方法、取得価額を基に時点修正を行う方法、相続開始時点における路線価による評価額に1.25倍をする方法等があります。

また、帳簿価額により計上する方法も認められていますが、本問における帳簿価額は、仲介手数料、固定資産税等精算金及び取壊費用が含まれており、これらを除外していいかどうかについては明らかにされていないため、その判断に迷うことになります。

あくまでも評価通達185括弧書は、「帳簿価額が課税時期における通常の取引価額に相当すると認められる場合には、当該帳簿価額に相当する金額によって評価することができるものとする。」としていますので、これを厳密に解釈するのであれば、仲介手数料、固定資産税等精算金及び取壊費用も帳簿価額に含まれているため、除外するべきではないと解されます。また、第５表「１株当たりの純資産価額（相続税評価額）の計算明細書」は、相続税評価額と帳簿価額の差額として含み益を算出する目的もあり、帳簿価額には仲介手数料、固定資産税等精算金及び取壊費用が含まれているため、相続税評価額にも含めないと正しい含み益は算出できないため、仲介手数料、固定資産税等精算金及び取壊費用は除外するべきではないという解釈もできます。

第2章　評価明細書ごとに理解する非上場株式の評価実務

　一方で、相続税評価額は、課税時期における通常の取引価額、すなわち時価とされていますので、仲介手数料、固定資産税等精算金及び取壊費用は除外するべきであるという議論も当然あるかと思います。

　現時点において、課税時期3年以内の土地等の相続税評価額の詳細な求め方は確立していないためあくまでも私見となりますが、「通常の取引価額」として相続税評価額を求めたという主張で帳簿価額の時点修正を行い、仲介手数料、固定資産税等精算金及び取壊費用を除外したということであれば、通常の取引価額として認められることになろうかと思います。しかしながら、単に帳簿価額を使用するという場合には、簡便的な処理方法ということになりますので、仲介手数料、固定資産税等精算金及び取壊費用を除外しないでそのまま計上することが相当かと考えます。

　従って、本問の場合には、通常の取引価額に相当する金額は200,000千円となりますが、簡便的な処理方法として帳簿価額212,316千円も認められるものと考えられます。

■構築物の相続税評価額に計上するべき金額

　3年以内取得土地等及び家屋等の範囲には、構築物もその範囲に含まれていますので、相続開始前3年以内に構築物を取得した場合には、構築物の評価は、通常の取引価額により計上することになり、実務的には、帳簿価額により計上することになります。

　構築物の財産評価は、その構築物の再建築価額から、建築の時から課税時期までの期間（その期間に1年未満の端数があるときは、その端数は1年とする）の償却費の額の合計額または減価の額を控除した金額の100分の70に相当する金額によって評価する（評価通達97）とされていますが、間違って100分の70を乗じないように注意する必要があります。

> ▶実務上のポイント
>
> 　課税時期前3年以内の起算日は、直前期末ではなく、相続開始日となり、取得の日の判定は、原則として引渡日となります。3年以内取得土地等及び家屋等の相続税評価額に計上するべき金額は、原則として通常の取引価額であり、例外として帳簿価額を認めているという評価通達の規定を確認し、相続税評価額に計上すべき金額を検討する必要があります。

第7節　第5表　1株当たりの純資産価額（相続税評価額）の計算明細書

Q12　課税時期前3年以内に増築、改築、修繕を行った場合における建物等の相続税評価額の取扱い

　経営者甲（令和6年10月19日相続開始）が100％保有している甲株式会社の株式を長男が相続していますが、甲株式会社の資産の中にＡ支店土地建物、Ｂ支店土地建物及びＣ支店土地建物があります。各支店の土地建物の取得日と取得価額は、下記の通りとなりますが、課税時期前3年以内にＡ支店では増築工事を、Ｂ支店では大規模の模様替を、Ｃ支店では修繕工事を行っています。

	Ａ支店土地建物	Ｂ支店土地建物	Ｃ支店土地建物
取得日	昭和55年	平成3年	平成6年
取得価額	土地　200,000千円 建物　100,000千円	土地　70,000千円 建物　20,000千円	土地　60,000千円 建物　18,000千円
課税時期前3年以内の工事の内容	増築工事を行っており、増築面積は50㎡で床面積の変更登記も行っています。	大規模の模様替を行っており、法人税法上、資本的支出に該当します。	台風被害により、屋根が損壊し、原状回復のための工事を行っています。

　甲株式会社の第5表「1株当たりの純資産価額（相続税評価額）の計算明細書」の資産の部に計上する相続税評価額について、課税時期前3年以内に取得または新築した家屋等の相続税評価額は、通常の取引価額または帳簿価額によることとされていますが、各支店で行われた工事については、3年以内取得家屋等に該当することになりますか。それぞれの工事に係る建物等の評価方法についても教えてください。

　なお、甲株式会社は3月決算で直前期末は令和6年3月31日となります。

A　各支店におけるそれぞれの工事について3年以内取得家屋等に該当するか否か、また、その工事に係る建物等の評価方法は、下記の通りとなります。

243

第2章　評価明細書ごとに理解する非上場株式の評価実務

	A支店 増築工事	B支店 大規模の模様替工事	C支店 原状回復工事
3年以内取得家屋等	該当する	該当しない	該当しない
工事に係る建物の評価方法	通常の取引価額または帳簿価額により評価	固定資産税評価額または固定資産税評価が付されていない家屋の評価	評価しない

❶　3年以内取得土地等及び3年以内取得家屋等の計上金額

　評価会社が課税時期前3年以内に取得または新築した土地及び土地の上に存する権利（以下「土地等」という）並びに家屋及びその附属設備または構築物（以下「家屋等」という）の価額は、課税時期における通常の取引価額に相当する金額によって評価するものとされています。この場合において、当該土地等または当該家屋等に係る帳簿価額が課税時期における通常の取引価額に相当すると認められる場合には、当該帳簿価額に相当する金額によって評価することができるものとするとされています（評価通達185括弧書）。

　帳簿価額が通常の取引価額として認められない場合として、買い急ぎや関連会社からの有利な価額による取得など適正な時価による取得として認められない場合や、取得時期から課税時期までの間における地価の急騰や資材の高騰があった場合など取得時期と課税時期の時価に大きな変動があった場合が考えられます。

❷　3年以内取得家屋等に該当するか否かの判断

　相続開始前3年以内に工事が行われた場合には、その工事の種類によって、3年以内取得家屋等に該当するか否か異なります。増築は3年以内取得家屋等に該当しますが、改築、通常の修繕（資本的支出に該当しないもの）は、3年以内取得家屋等には、該当しないものとして取り扱います。資産価値の有無ではなく、資産の取得があったか否かを基準にして判断を行うことになります。

	増築	改築	通常の修繕
資産価値	あり	あり	なし
3年以内取得家屋等	該当する	該当しない	該当しない

　本節Q11で旧租税特別措置法（以下「旧措置法」という）69条の4について解説をしていますが、旧措置法69条の4の規定と評価通達185括弧書の取扱いは、いずれも「課税時期前3年以内に取得又は新築をした土地等及び家屋等」を対象としていますので、旧措置法69条の4の取扱いは参考になります。旧租税特別措置法関係通達69の4-4、69の4-

5には、家屋等の取得の範囲について下記の記載があります。通達上には、建物等と記載されていますが、評価通達185括弧書における家屋等と同義となります。

（建物等の新築に当たる場合）

69の4－4　次に該当する場合は、措置法第69条の4第1項に規定する「新築」に当たるものとする。

(1)　増築

(注)　増築部分に係る取得等の日は、69の4－3の(2)又は(3)による（筆者注：旧租税特別措置法関係通達69の4－3（土地等及び建物等の取得等の日）は、Q11で解説しています）。

(2)　旧建物等の取壊し又は除去に伴い生じた発生資材の一部を使用してする建物等の建築

(注)　旧建物等の発生資材の価格は、課税上弊害があると認められる場合を除き、新建物等の取得に要した金額に含めなくても差し支えない。

（土地等又は建物等の改良又は改造）

69の4－5　土地等又は建物等の改良又は改造を行った場合であっても、その改良又は改造により新たに土地等又は建物等を取得等したことにはならないのであるから留意する。

　上記通達に記載の通り、増築については新築に該当し、改造については建物等の取得には該当しない旨が記載されています。また、所得税や法人税においても建物の増築、構築物の拡張、延長等は建物等の取得にあたると定められています（所基通37-10、法基通7-8-1）。

　なお、不動産所得税における用語の意義として増築、改築は、下記の通り規定がされています（地方税法73条7号・8号）。

増築：

家屋の床面積又は体積を増加することをいう。

改築：

家屋の壁、柱、床、はり、屋根、天井、基礎、昇降の設備その他家屋と一体となって効用を果たす設備で政令で定めるものについて行われた取替え又は取付けで、その取替え又は取付けのための支出が資本的支出と認められるものをいう。

第2章　評価明細書ごとに理解する非上場株式の評価実務

　上記の改築の定義に記載されている「家屋と一体となって効用を果たす設備」で政令で定めるものは、次に掲げる設備をいいます（地方税法施行令36条の2）。

一　消火設備

二　空気調和設備

三　衛生設備

四　じんかい処理設備

五　電気設備

六　避雷針設備

七　運搬設備（昇降の設備を除く。）

八　給排水設備

九　ガス設備

十　造付金庫

十一　固定座席設備、回転舞台設備及び背景吊下設備

　また、上記の改築について、「地方税法の施行に関する取扱いについて（道府県税関係）」の第5章第1（納税義務者及び課税客体）の2（4）において下記の通り説明がなされています。

　改築については、通常の修繕は含まれない趣旨であるが、その認定に当たっては、次の事項に留意すること。（法73Ⅷ）

ア　家屋の「壁、柱、床、はり、屋根、天井、基礎、昇降の設備」には、間仕切壁、間柱、附け柱、揚げ床、最下階の床、廻り舞台の床、小ばり、ひさし、局部的な小階段、屋外階段その他これらに類する家屋の部分も含まれるものであること。

イ　改築に含まれる家屋と一体となって効用を果たす設備については、令第36条の2に定められているが、具体的判定については、法第388条第1項の規定に基づき総務大臣が告示した固定資産評価基準における取扱いによって家屋に含まれるものであるか否かを判定するものであること。

ウ　「取替え又は取付けのための支出が資本的支出」とは、所得税及び法人税の所得の計算に用いられる場合と概ね同様な観念であって、家屋の本来の耐用年数を延長させるようなものとか、あるいは価額を増加させるようなものであること。

　旧租税特別措置法関係通達69の4-5における「改造」の定義は明確ではありませんが、基本的な考え方として上記に記載されている改築とほぼ同義と考えて問題ないかと思いま

す。従って、「増築」は建物等の取得に該当し、「改造・改築」は建物等の取得にはあたらないと考えられます。すなわち、建物の増築、構築物の拡張、延長等などの明らかな量的な支出については、建物等の取得に該当し、「改造・改築」は、建物等の取得ではなく、資本的支出として取り扱います。そして、資本的支出に該当しないような通常の維持管理や原状回復のために要したものは修繕費として処理がなされます（法基通7－8－2）。

大規模の修繕や大規模の模様替は、建築基準法上は、下記の通り定義がされています（建築基準法2条5号、14号、15号）が、通常の修繕とされる部分を除き、上記で解説した地方税法73条8号に規定する「改築」に含まれることになります。

大規模の修繕：
建築物の主要構造部※の一種以上について行う過半の修繕をいう。

大規模の模様替：
建築物の主要構造部※の一種以上について行う過半の模様替をいう。

※　主要構造部とは、壁、柱、床、はり、屋根又は階段をいい、建築物の構造上重要でない間仕切壁、間柱、付け柱、揚げ床、最下階の床、回り舞台の床、小ばり、ひさし、局部的な小階段、屋外階段その他これらに類する建築物の部分を除くものとする。

❸　本問の場合の当てはめ

■A支店の増築工事

A支店の増築工事は、3年以内取得家屋等に該当しますので、通常の取引価額または増築工事に係る帳簿価額により評価を行います。増築工事以外の従前の建物部分については、相続開始年における固定資産税評価額により評価を行いますが、固定資産税評価額が増築工事により改訂されている場合には、改訂前の固定資産税評価額により財産評価を行う必要があります。

評価通達185括弧書は、「帳簿価額が課税時期における通常の取引価額に相当すると認められる場合には、当該帳簿価額に相当する金額によって評価することができるものとする。」としており、実務的には増築工事部分に係る帳簿価額により評価することが一般的となります。

ただし、工事金額について、関連会社からの有利な価額により工事が行われたなど適正な時価による取得として認められない場合や、取得時期から課税時期までの間における資材の高騰があった場合など取得時期と課税時期の時価に大きな変動があった場合には、帳簿価額が認められない可能性はあります。そのような場合には、通常の取引価額での計上を検討することになりますが、増築部分のみの不動産鑑定評価は困難であると考えられま

第2章　評価明細書ごとに理解する非上場株式の評価実務

すので、その評価方法としては、増築部分の再建築価額から減価償却に相当する金額を控除して求めることになります。

　なお、増築に伴い固定資産税評価額の見直しが行われている場合には、その見直し後の固定資産税評価額を時価として考え、増築前の建物とあわせて、その見直し後の固定資産税評価額を相続税評価額として計上しても問題はないかといった意見もあるかと思います。

　平成25年7月1日裁決（TAINSコード：F0-3-394）は、平成20年に相続開始した同族会社の株式を評価するにあたり、その同族会社が相続開始前3年以内に土地建物を取得（土地の価格は2億4,000万円、建物の税抜価格は2億円）し、当該建物の相続税評価額として、平成20年度の固定資産税評価額（89,059,794円）が通常の取引価額として認められた事例となります。

　ただし、上記記載の建物は、昭和61年5月20日に新築された鉄骨造陸屋根地下1階付3階建ての中古建物の取得の事案であり、相続開始まで約22年経過している場合の固定資産税評価額となります。一般的に、新築当初においては、「建物の時価評価額 ＞ 固定資産税評価額」となりますが、一定期間経過後は建物に係る固定資産税評価額が高止まりすることになりますので、「建物の時価評価額 ＜ 固定資産税評価額」になると考えられます。

　従って、課税上の弊害がない範囲内において、固定資産税評価額を時価として考えることができると解釈するべきとなりますので、上記の裁決事例の射程範囲は限定的であるといえます。私見としては、新築や本問のような増築の場合には、固定資産税評価額を通常の取引価額と考えることは適切ではないかと思います。

■B支店の大規模の模様替工事

　B支店の大規模の模様替工事は、3年以内取得家屋等には該当しませんが、改築に該当しますので、財産評価の必要があります。改築工事により固定資産税評価額が改訂されている場合には、その改訂された固定資産税評価額により評価を行います。ただし、固定資産税評価額の改訂がされていない場合には、181頁に記載の通り再建築価額から減価償却費を控除した価額の100分の70に相当する金額により評価することになります。

　なお、改築により固定資産税評価額が改訂される場合には、改築に係る在来分は控除され改築部分が加算されます。これに対し、固定資産税評価額が改訂されない場合には、改築に係る在来分（滅失部分）は控除されず、改築部分が加算されるため、滅失部分が控除されないことになり、不合理となります。

　従って、改築の場合には、本来的には固定資産税評価額の改訂をしてもらうことが適正な評価になりますので、固定資産税評価額の改訂を役所に依頼するかについて検討が必要

になります。通常の場合には、改訂された固定資産税評価額により評価した方が評価額は低くなりますが、毎年の固定資産税等の負担が増えることになります。

■C支店の修繕工事

　C支店の修繕工事は、原状回復のための工事であり、資産性を有しませんので、財産評価は不要となります。実務上においては、相続開始前に行われたリフォーム等の財産計上の可否について、その判断に迷うところとなりますが、❷で解説した地方税法73条8号に規定する「改築」に該当するか否かを検討するとよいかと思います。

　平成28年11月17日裁決（TAINSコード：F0-3-518）は、納税者が相続財産である家屋を、固定資産税評価額に1.0を乗じて計算した金額によって評価して相続税の申告をしたところ、原処分庁が、当該固定資産税評価額には、相続開始前に行われた改築工事による価値の上昇が反映されておらず、当該家屋は、増改築等に係る家屋の状況に応じた固定資産税評価額が付されていない家屋にあたるとして、納税者の家屋の評価額を否認した事案となります。当該事案の工事は、従前家屋の基礎、柱、梁及び屋根を残し、それ以外の部分については解体、撤去したうえで、新たに外壁、床、天井、室内壁等を構築し、内装の仕上げをし、設備を設置するなど、家屋全般にわたり改築を施すものであったため、いわゆる地方税法73条8号に規定する「改築」に該当し、財産評価が必要と考えられます。

> **▶実務上のポイント**
>
> 　増築、改築、通常の修繕で相続税評価額に計上するべき金額が異なりますので、工事見積書等も確認しながら、計上するべき金額を検討する必要があり、3年以内に行われた増築工事については、3年以内取得家屋等に該当することになります。

第 2 章　評価明細書ごとに理解する非上場株式の評価実務

Q13　課税時期前 3 年以内に取得した土地等及び建築中の家屋がある場合の取扱い

　経営者甲（令和 6 年 8 月 1 日相続開始）が100％保有している甲株式会社を長男が相続していますが、甲株式会社の資産の中に令和 5 年 7 月15日に取得しているＡ土地（取得価額200,000千円）があります。Ａ土地の上に賃貸用建物であるＡアパートを建築中でしたが、引渡しを受ける前に相続が発生しています。

　甲株式会社は 3 月決算で直前期末は令和 6 年 3 月31日となり、時系列及び詳細は、下記の通りとなります。

　この場合に、甲の相続税の甲株式会社の株式価額の算定上、第 5 表「1 株当たりの純資産価額（相続税評価額）の計算明細書」の資産の部に計上するＡ土地及び建築中の家屋等の相続税評価額及び帳簿価額はそれぞれいくらになりますか。

　なお、令和 5 年から令和 6 年までＡ土地の路線価に変動はないものとします。

　また、純資産価額の計算においては、仮決算方式（課税時期の資産及び負債の帳簿価額に基づき評価する方式）により計算するものとします。

【課税時期時点の帳簿価額】

● Ａ土地：200,000千円

● 建設仮勘定：60,000千円

【Ａ土地の令和 6 年における路線価に基づく相続税評価額】

● Ａ土地の自用地としての相続税評価額：160,000千円

● 借地権割合＝60％、借家権割合＝30％

【工事請負契約の内容】

● 工事請負契約日：令和 5 年10月 1 日

● 引渡予定日：令和 6 年 9 月30日

● 工事請負金額：100,000千円

【支払時期】

● 着手金30,000千円：令和 5 年10月 1 日（工事請負契約日）

● 中間金30,000千円：令和 6 年 6 月 1 日

● 最終金40,000千円：令和 6 年 9 月30日（引渡日）

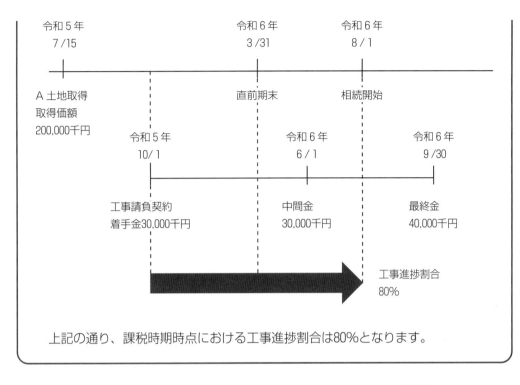

上記の通り、課税時期時点における工事進捗割合は80％となります。

A 第5表「1株当たりの純資産価額（相続税評価額）の計算明細書」の資産の部に計上する「3年以内取得土地等（A土地）」及び「建築中の家屋等（建設仮勘定）」の内訳は、下記の通りとなります。

（単位：千円）

科目	相続税評価額	帳簿価額
3年以内取得土地等（A土地）	200,000	200,000
建築中の家屋等（建設仮勘定）	36,000※	60,000

※ ① 建築中の家屋の評価：100,000千円 × 80％ × 70％ ＝ 56,000千円
　② 未払金：100,000千円 × 80％ － 60,000千円 ＝ 20,000千円
　③ ①－② ＝ 36,000千円

❶ 3年以内取得土地等及び3年以内取得家屋等の計上金額

　評価会社が課税時期前3年以内に取得または新築した土地及び土地の上に存する権利（以下「土地等」という）並びに家屋及びその附属設備または構築物（以下「家屋等」という）の価額は、課税時期における通常の取引価額に相当する金額によって評価するものとされています。

　この場合において、当該土地等または当該家屋等に係る帳簿価額が課税時期における通常の取引価額に相当すると認められる場合には、当該帳簿価額に相当する金額によって評

第２章　評価明細書ごとに理解する非上場株式の評価実務

価することができるものとするとされています（評価通達185括弧書）。

　帳簿価額が通常の取引価額として認められない場合として、買い急ぎや関連会社からの有利な価額による取得など適正な時価による取得として認められない場合や、取得時期から課税時期までの間における地価の急騰や資材の高騰があった場合など取得時期と課税時期の時価に大きな変動があった場合が考えられます。

❷　建築中の家屋は課税時期前３年以内に該当するか否か

　本節Q11において、旧租税特別措置法（以下「旧措置法」という）69条の４について解説をしていますが、旧措置法69条の４の規定と評価通達185括弧書の取扱いは、いずれも「課税時期前３年以内に取得又は新築をした土地等及び家屋等」を対象としていますので、旧措置法69の４の取扱いは参考になります。旧租税特別措置法関係通達69の４－３は、「取得等の日」について、下記の通り規定しています。

（土地等及び建物等の取得等の日）

　土地等又は建物等（建物及びその附属設備又は構築物をいう。）に係る取得又は新築の日は、次による。

(1)　他から取得した土地等又は建物等については、原則としてこれらの引渡しを受けた日とする。

(2)　自ら建設又は製作した建物等については、当該建設又は製作が完了した日とする。

(3)　他に請け負わせて建設又は製作した建物等については、当該建物等の引渡しを受けた日とする。

（注）注意書き省略

　上記の通り、他に請け負わせて建設した建物等については、当該建物等の引渡しを受けた日を建物等の取得の日としていますので、本問の場合には、課税時期時点において、まだ建物の取得等はしていないことになります。従って、建築中の家屋は３年以内取得家屋等に該当せず、通常通り財産評価を行うことになります。

❸　建築中の家屋の評価

　建築中の家屋は、下記の通り評価することになります（評価通達89、91）。

建築中の家屋の価額＝費用現価の額×70％

　費用現価の額とは、相続開始日までにその家屋に投下された建築費用の額を、課税時期の価額に引き直した額の合計額のことをいいます。実務的には、工事請負金額に工事進捗

率を乗じて計算することになりますので、課税時期における工事進捗率を建築会社に確認することになります。

本問の場合には、費用現価の額は、80,000千円（100,000千円 × 80%（工事進捗率））となりますので、建築中の家屋の評価は、56,000千円（80,000千円 × 70%）となります。

❹ 工事請負金額に係る債権債務

上記❸で計算した費用現価の額は、工事完了金額を意味しますので、その工事完了金額に対して既に支払っている金額が大きい場合には、その超過部分については前渡金として資産となり、反対にその工事完了金額に対して既に支払っている金額が少ない場合には、その不足部分については未払金として負債となります。

- 費用現価の額 ＜ 支払済み金額 ➡ 差額は前渡金
- 費用現価の額 ＞ 支払済み金額 ➡ 差額は未払金

本問の場合には、20,000千円（100,000千円 × 80% －（30,000千円 ＋ 30,000千円））が未払金となります。

❺ 借家権控除の適用の可否

借家権の減額の趣旨は、利用について制約を受け、借家権を消滅させるためには立退料の支払が必要になるためとされていますので、相続開始時点において、建物の賃貸借契約が開始されていない場合には、原則として、借家権控除の適用はありません。

本問の場合には、まだ建物自体が完成しておらず、相続開始時点において借家権は発生していませんので、借家権控除を適用することはできません。

❻ 本問の場合の当てはめ

■A土地

A土地は３年以内取得土地等に該当し、購入時と課税時期の路線価も同一となりますので、取得価額（帳簿価額）が通常の取引価額となります。従って、200,000千円が相続税評価額となります。

■建築中の家屋等

建築中の家屋等の評価は、建築中の家屋の評価に工事完了金額と支払金額との差額の債権債務を加減した金額が相続税評価額となります。

第2章　評価明細書ごとに理解する非上場株式の評価実務

　建築中の家屋の評価は、❸で計算した56,000千円であり、工事完了金額と支払金額との差額は❹で計算した未払金20,000千円となりますので、36,000千円（56,000千円－20,000千円）が相続税評価額となります。

　建築中の家屋の評価（56,000千円）と未払金（20,000千円）を、別々に資産の部と負債の部に表示する方法もありますが、あくまでも建設仮勘定60,000千円の財産評価が36,000千円（56,000千円－20,000千円）になりますので、建設仮勘定に対応する相続税評価額として表示した方がわかりやすいと思います。

　すなわち、帳簿価額である建設仮勘定60,000千円は、工事完了金額80,000千円と工事完了金額に対する未払金20,000千円に分解することができ、その工事完了金額80,000千円について財産評価を行い、未払金を控除したということになります。

　仮に未払金20,000千円を負債の部に計上する場合には、3年以内取得土地等（A土地）及び建築中の家屋等の資産及び負債の部に計上する相続税評価額及び帳簿価額は、下記の通りとなります。

（単位：千円）

表示箇所	科目	相続税評価額	帳簿価額
資産の部	3年以内取得土地等（A土地）	200,000	200,000
資産の部	建築中の家屋（建設仮勘定）	56,000	60,000
負債の部	未払金	20,000	0

　最終的に第5表「1株当たりの純資産価額（相続税評価額）の計算明細書」において計算される「相続税評価額による純資産価額」及び「帳簿価額による純資産価額」は、どちらで表示しても同じとなります。従って、未払金を負債の部に計上しても問題はありませんが、あくまでも建設仮勘定60,000千円に対応する相続税評価額が36,000千円（56,000千円－20,000千円）となりますので、上記の記載をする場合には、未払金の帳簿価額欄に20,000千円を計上しないように注意する必要があります。

▶実務上のポイント

　建築中の家屋の評価は、3年以内取得家屋等には該当しませんが、建築中の家屋の評価を行うとともに工事完了金額と支払金額との差額としての債権債務の計上も忘れないように注意する必要があります。

第 **8** 節

第6表 特定の評価会社の株式及び株式に関する権利の価額の計算明細書

> **第6表のポイント**
>
> ◉特定の評価会社の原則的評価方式の計算方法を確認する

1 第6表の役割

　この表は、特定の評価会社の株式及び株式に関する権利の評価に使用します。

　従って、一般の評価会社の場合には使用しません。

　具体的には、株主の区分に応じて、原則的評価方式が適用される株主については、純資産価額方式等による価額を計算し、特例的評価方式が適用される株主については、純資産価額等による価額と配当還元方式による価額のいずれか低い方を計算することになります。株式の権利が発生している場合には、株主の区分にかかわらず株式の権利の評価を行うことになります。

2 純資産価額方式等による価額

1 1株当たりの価額の計算

　第2表で判定された特定の評価会社の種類に応じて下記の通り計算することになります。

比準要素数1の会社 （大会社・中会社・小会社）	純資産価額方式と「類似業種比準価額×0.25＋純資産価額×0.75」のいずれか低い金額
株式等保有特定会社 （大会社・中会社・小会社）	純資産価額方式と「S1＋S2」方式のいずれか低い金額
土地保有特定会社	純資産価額方式
開業後3年未満 比準要素数0の会社	純資産価額方式
開業前 休業中の会社	純資産価額方式
清算中の会社	清算分配見込額を基礎にした価額

※　清算中の会社は第6表に計算欄が用意されていないため、適宜、計算根拠を記載した計算書を別途用意する必要があります。

2 株式の価額の修正

第3表と同様に配当、株式の割当て等による株価の修正が必要な場合には **1** で求めた株式の価額の修正計算を行います（104頁参照）。

3　配当還元方式による価額

第3表と同様に計算を行います。

なお、事業活動を行っていない開業前、休業中、清算中の会社については配当還元方式がなじまないため、適用されません。

4　株式に関する権利の価額

第3表と同様に配当期待権、株式の割当てを受ける権利等が発生している場合には、株式の評価額とは別に計算することになります（109頁参照）。

第 **9** 節

第7・8表　株式等保有特定会社の株式の価額の計算明細書

第7・8表のポイント

● S1+S2方式の計算方法
● 受取配当金等収受割合の計算方法

1 第7・8表の役割

　第2表の評価会社の判定で株式等保有特定会社として判定された場合に使用する明細書となります。従って、株式等保有特定会社ではない会社については、この明細書への記載は不要となります。

2 株式等保有特定会社の評価方法

1 株式等保有特定会社の評価の基本的な考え方

　株式等保有特定会社とは、通常の一般の評価会社に比べて、株式等の保有割合が高い会社をいいます。このような株式等の保有割合が高い会社については、株式等の価値をよく反映できる純資産価額方式により評価することが相当であるとされています。

　株式等については、純資産価額により計上するべきですが、一方で株式等以外のものについては、一般の評価会社と同様に類似業種比準方式と純資産価額方式の折衷方式により求めることも合理的な方法であると考えられます。従って、株式等以外のものについて類似業種比準方式と純資産価額方式の折衷方式により求めた価額（「S1の金額」といいます）と株式等について純資産価額方式により求めた価額（「S2の金額」といいます）の合計額によって株式を評価することも認められています。

　計算方法をまとめると下記の通りとなります。

第2章　評価明細書ごとに理解する非上場株式の評価実務

```
①　純資産価額方式
②　「S1の金額」＋「S2の金額」の合計額
③　①と②のいずれか低い価額
```

---

2 「S1＋S2」方式による株式の価額の計算方法　（評価通達189-3）

（1）　計算の全体像

　「S1＋S2」方式による株式の価額の計算については、計算明細書だけを見ていると何を計算しているのかがわからなくなってしまいますので、その計算の基本的な考え方をイメージしておくことが大切になります。

　基本的な考え方は、評価会社の財産の構成要素として株式等に係る部分（S2に対応する部分）と株式等以外の部分（S1に対応する部分）を分離して、それぞれの財産の特性に応じて下記の通り「S1の金額」と「S2の金額」を計算することになります。

S1の金額 （株式等以外）	株式等以外の部分については、一般の評価会社と同様に原則的評価方式により計算することができると考えられますので、評価会社の「会社の規模等」に応じた「Lの割合」により類似業種比準価額と純資産価額を折衷する方法により1株当たりの株式の価額を計算することになります。
S2の金額 （株式等）	株式等については、財産そのものの価値を良く反映し得る純資産価額方式により計算を行います。実際の計算においては、第5表における1株当たりの純資産価額と同様に計算します。

　S1の金額（株式等以外の部分）については、原則的評価方式である類似業種比準価額及び純資産価額を用いて計算することになりますが、株式等と株式等以外の部分に区分してそれぞれ計算する必要がありますので、類似業種比準価額及び純資産価額の修正計算をすることになります。具体的には、第4表で求めた類似業種比準価額のうち、株式等以外の部分を抽出するため、1株当たりの年配当金額Ⓑ、1株当たりの年利益金額Ⓒ、1株当たりの純資産価額Ⓓを株式等と株式等以外に分けて、株式等以外の部分を基に第4表の修正計算を行うことになります。

　また、第5表で求めた純資産価額も同様の考え方により、算定した純資産価額のうち、株式等以外の部分を基に第5表の修正計算を行います。

　次にS2の金額（株式等に対応する部分）についてですが、株式等に対応するものは、あくまでも純資産価額方式で計算することになりますので、類似業種比準価額の修正は不要となり、第5表で計算した株式等を基に純資産価額を求めることになります。

　具体的な計算イメージは、下記の通りとなります。

第9節　第7・8表　株式等保有特定会社の株式の価額の計算明細書

「S1+S2」方式の計算イメージ

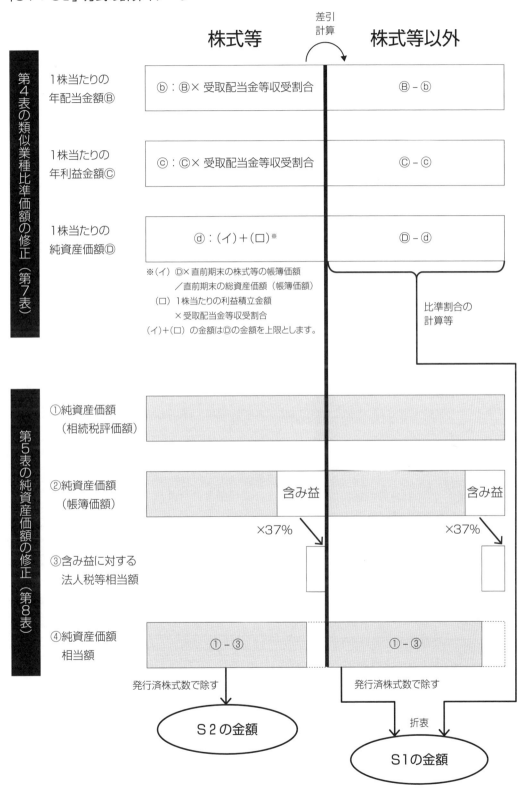

（2）　受取配当金等収受割合と第４表の修正計算

　第４表の類似業種比準価額の修正計算を行うために、下記の受取配当金等収受割合を使うことになります。受取配当金等収受割合をそれぞれ、１株当たりの年配当金額Ⓑと１株当たりの年利益金額Ⓒに乗じることにより、株式等に対応する年配当金額ⓑと年利益金額ⓒの算定をすることができます。

受取配当金等収受割合

$$\frac{\text{直前期末以前２年間の受取配当金等の額}^{※1}\text{の合計額}}{\text{直前期末以前２年間の受取配当金等の額}^{※1}\text{の合計額} + \text{直前期末以前２年間の営業利益}^{※2}\text{の金額の合計額}}$$

（注）　上記割合が１を超える場合や営業利益がマイナスの場合には１とします。

※１　法人から受ける剰余金の配当（株式または出資に係るものに限るものとし、資本金等の額の減少によるものを除く）、利益の配当、剰余金の分配（出資に係るものに限る）及び新株予約権付社債に係る利息の額をいう。

※２　当該営業利益の金額に受取配当金等の額が含まれている場合には、当該受取配当金等の額の合計額を控除した金額

　なお、１株当たりの純資産価額ⓓについては、株式等としての資産の価値も考慮する必要がありますので、株式等の価値部分と配当金の累積部分の合計額を求めることになります。

　従って、株式等に対応する１株当たりの年配当金額ⓑと年利益金額ⓒ及び１株当たりの純資産価額ⓓの計算方法をまとめると下記の通りとなります。

《株式等に対応する１株当たりの年配当金額・年利益金額・純資産価額の計算》

　ⓑ：Ⓑ×受取配当金等収受割合

　ⓒ：Ⓒ×受取配当金等収受割合

　ⓓ：（イ）＋（ロ）（ただし、Ⓓの金額が上限となります）

　（イ）：Ⓓ×$\dfrac{\text{直前期末の株式等の帳簿価額の合計額}}{\text{直前期末の総資産価額（帳簿価額）}}$

$$（ロ）：\frac{直前期末の利益積立金額^{※}}{1株当たりの資本金等の額を50円とした場合の発行済株式数} × 受取配当金等収受割合$$

※ 直前期末の利益積立金額が負数である場合には、（ロ）は0とする。

（3） 計算方法のまとめ

株式等保有特定会社は、純資産価額方式と「S1＋S2」方式のいずれか低い金額を選択します。

S1の計算金額（類似業種比準価額の修正計算）は下記の算式によって求めます。

$$① \quad A × \frac{(Ⓑ－ⓑ)／B+(Ⓒ－ⓒ)／C+(Ⓓ－ⓓ)／D}{3} × 斟酌率$$

$$② \quad ① × \frac{評価会社の1株当たりの資本金等の額}{50円}$$

《A：類似業種株価》

……課税時期の属する月以前3か月間の各月の株価、前年平均株価及び課税時期の属する月以前2年平均株価のうち最も低いものとする

《類似業種の比準要素》

B：課税時期の属する年の類似業種の1株当たりの年配当金額

C：課税時期の属する年の類似業種の1株当たりの年利益金額

D：課税時期の属する年の類似業種の1株当たりの純資産価額

《評価会社の比準要素》

Ⓑ：評価会社の1株当たりの年配当金額

Ⓒ：評価会社の1株当たりの年利益金額

Ⓓ：評価会社の1株当たりの純資産価額（帳簿価額によって計算した金額）

《株式等に対応する配当金額・利益金額・純資産価額の計算》

ⓑ：Ⓑ×受取配当金等収受割合

ⓒ：Ⓒ×受取配当金等収受割合

ⓓ：（イ）＋（ロ）（ただし、Ⓓの金額が上限となります）

第2章　評価明細書ごとに理解する非上場株式の評価実務

$$（イ）：Ⓓ×\dfrac{直前期末の株式等の帳簿価額の合計額}{直前期末の総資産価額（帳簿価額）}$$

$$（ロ）：\dfrac{直前期末の利益積立金額※}{\begin{matrix}1株当たりの資本金等の額を50円とした\\場合の発行済株式数\end{matrix}}×受取配当金等収受割合$$

　　※　直前期末の利益積立金額が負数である場合には、（ロ）は0とする。

《斟酌率》

　大会社＝0.7

　中会社＝0.6

　小会社＝0.5

また、S2の計算金額（純資産価額の修正計算）は下記の算式によって求めます。

$$\dfrac{株式等の相続税評価額※1－株式等に係る評価差額に対する法人税等相当額※2}{課税時期における発行済株式数}$$

※1　第5表の⑦の金額（株式等の価額の合計額欄の相続税評価額）
※2　株式等に係る評価差額に対する法人税等相当額は下記の①から③の計算要素及び④の算式に
　　より求めます。
　　①株式等に係る相続税評価額による純資産価額
　　②株式等に係る帳簿価額
　　③株式等に係る人為的な評価差額（含み益）
　　　……現物出資、合併、株式移転、株式交換または株式交付により著しく低い価額で株式ま
　　　　たは出資を受け入れた場合の評価差額
　　④（①－②－③）×37%

第3章

評価明細書への
記載方法

第3章（第2節～第9節）の見方

::::::::::::::::::::::::::: 第 2 節 :::::::::::::::::::::::::::

第1表の1　評価上の株主の判定
及び会社規模の判定の明細書

::

1　第1表の1の全体的な構成

　第1表の1は、相続または贈与により株式を取得した者が、原則的評価方式が適用される株主であるのか、特例的評価方式が適用される株主であるのかを判定するために使用する明細書となります。

　原則的評価方式か特例的評価方式かで評価方式に影響がない「清算中の会社」もしくは「開業前または休業中の会社」に該当する場合には、第1表の記載を省略しても差し支えありません。

　全体的な構成は、下記の通りとなります。**構成2-①**で株主判定のための基礎情報を記載し、次いで**2-②**で最終的に適用される評価方式が決定されることになります。

第1表の1の全体的な構成と実務上のポイント

構成	内　容	実務上のポイント
1-①	評価会社の基本情報を記載	
1-②	事業内容及び類似業種目を記載	業種目は類似業種の株価の算定で使用するため、慎重に判定する必要があります。 必ず日本標準産業分類及び日本標準産業分類と業種目の対比表（付録の3参照）を確認するようにしましょう。
2-①	株主判定のための基礎情報を記載	議決権数は一番重要な判定要素になりますので、38頁の議決権割合の留意事項に注意をしながら議決権数を記載することが重要となります。
2-②	原則的評価方式／特例的評価方式の判定	22頁の株主の判定手順を基に納税義務の判定を行います。

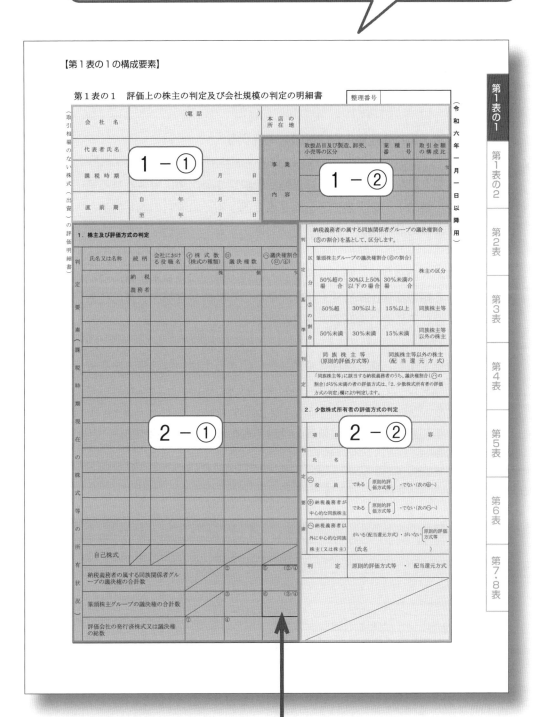

第3章のポイント

● 第1節で明細書の作成手順を理解する。

● 第2節から第4節で、評価方式を決定するために重要となる第1表の1、第1表の2、第2表におけるそれぞれの判定方法と具体的な明細書への記載方法を確認する。

● 第6節及び第7節で、評価額の計算の基礎となる第4表における類似業種比準価額と第5表における純資産価額の計算の仕方及びそれぞれの記載方法を確認する。

● 第9節で、株式等保有特定会社に関する全体的な計算方法を確認する。

● 第10節で、表示単位未満の端数処理の取扱いを確認する。

第1節 評価明細書の作成手順

　明細書を作成する場合には、評価方式を間違えないようにするために、明細書作成の手順が重要となります。第2章でも解説していますが、基本となる手順は下記の通りとなります。

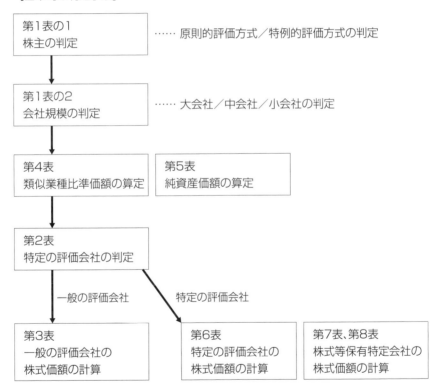

> **▶実務上のポイント**
>
> 　非上場株式の評価に慣れてくると、判定手順を飛ばして評価方式を誤ってしまうことがあります。例えば、第5表の純資産価額の計算を飛ばしてしまい正確に特定の評価会社の判定ができなくなり、評価方式を間違えるといったケースが典型例です。明細書の作成を省略する場合においても、上記の基本となる手順を踏まえることが重要となります。

第 **2** 節

第1表の1　評価上の株主の判定 及び会社規模の判定の明細書

1　第1表の1の全体的な構成

　第1表の1は、相続または贈与により株式を取得した者が、原則的評価方式が適用される株主であるのか、特例的評価方式が適用される株主であるのかを判定するために使用する明細書となります。

　原則的評価方式か特例的評価方式かで評価方式に影響がない「清算中の会社」もしくは「開業前または休業中の会社」に該当する場合には、第1表の記載を省略しても差し支えありません。

　全体的な構成は、下記の通りとなります。**構成2-①**で株主判定のための基礎情報を記載し、次いで**2-②**で最終的に適用される評価方式が決定されることになります。

第1表の1の全体的な構成と実務上のポイント

構　成	内　　容	実務上のポイント
1-①	評価会社の基本情報を記載	
1-②	事業内容及び類似業種目を記載	業種目は類似業種の株価の算定で使用するため、慎重に判定する必要があります。 必ず日本標準産業分類及び日本標準産業分類と業種目の対比表（付録の3参照）を確認するようにしましょう。
2-①	株主判定のための基礎情報を記載	議決権数は一番重要な判定要素になりますので、38頁の議決権割合の留意事項に注意をしながら議決権数を記載することが重要となります。
2-②	原則的評価方式／特例的評価方式の判定	22頁の株主の判定手順を基に納税義務の判定を行います。

第２節　第１表の１　評価上の株主の判定及び会社規模の判定の明細書

【第１表の１の構成要素】

第１表の１　評価上の株主の判定及び会社規模の判定の明細書

整理番号

（令和六年一月一日以降用）

（取引相場のない株式（出資）の評価明細書）

会社名	（電話　　　　）	本店の所在地	
代表者氏名	**1 − ①**	事業内容	取扱品目及び製造、卸売、小売等の区分　業種目番号　取引金額の構成比 **1 − ②** ％
課税時期	年　　　　月　　　日		
直前期	自　年　月　日 至　年　月　日		

判定要素（課税時期現在の株式等の所有状況）

1．株主及び評価方式の判定

氏名又は名称	続柄	会社における役職名	④株式数（株式の種類）	⑤議決権数	⑥議決権割合（⑥/④）
納税義務者			株	個	％

2 − ①

自己株式				
納税義務者の属する同族関係者グループの議決権の合計数		②	⑤	(②/④)
筆頭株主グループの議決権の合計数		③	⑥	(③/④)
評価会社の発行済株式又は議決権の総数	①	④	100	

判定要素　納税義務者の属する同族関係者グループの議決権割合（⑤の割合）を基として、区分します。

区分基準の割合	筆頭株主グループの議決権割合（⑥の割合）			株主の区分
	50％超の場合	30％以上50％以下の場合	30％未満の場合	
⑤の割合	50％超	30％以上	15％以上	同族株主等
	50％未満	30％未満	15％未満	同族株主等以外の株主

判定　同族株主等（原則的評価方式等）　　同族株主等以外の株主（配当還元方式）

「同族株主等」に該当する納税義務者のうち、議決権割合（⑥の割合）が5％未満の者の評価方式は、「2．少数株式所有者の評価方式の判定」欄により判定します。

2．少数株式所有者の評価方式の判定

項目	内容 **2 − ②**
判定要素	氏名
㋭役員	である（原則的評価方式等）・でない（次の㋬へ）
㋬納税義務者が中心的な同族株主	である（原則的評価方式等）・でない（次の㋑へ）
㋑納税義務者以外に中心的な同族株主（又は株主）	がいる（配当還元方式）・がいない（原則的評価方式等）（氏名　　　　　）
判定	原則的評価方式等　・　配当還元方式

269

2　1-②の記載方法

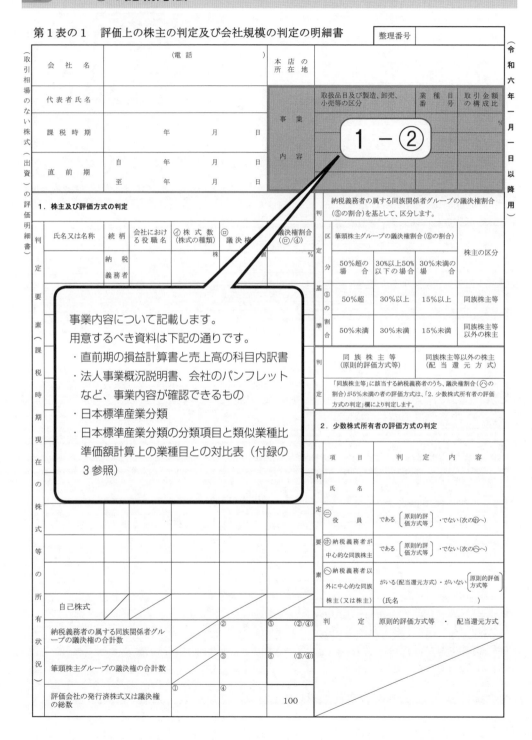

第2節　第1表の1　評価上の株主の判定及び会社規模の判定の明細書

　事業内容は類似業種比準価額の業種目を決定するのに重要な項目となります。具体的には下記の通り記載を行います。

1-②の具体的な記載方法

記載項目	記載内容
取扱品目及び製造、卸売、小売等の区分	評価会社の取引金額※を日本標準産業分類の分類項目ごとに区分し、それぞれ区分された分類項目の事業内容を記載します。 具体的には、損益計算書の売上高の科目内訳書や会社のパンフレットを基に日本標準産業分類を確認します。
業種目番号	類似業種比準価額を計算する場合にのみ業種目番号を記載します。具体的には、「日本標準産業分類の分類項目と類似業種比準価額計算上の業種目との対比表」（付録の3参照）に基づき、業種目の番号を記載します。
取引金額の構成比	評価会社の取引金額※を分母とし、分類項目ごとに区分した事業別の取引金額を分子として、それぞれの事業ごとに取引金額の構成比を記載します。

※　「取引金額」は直前期末以前1年間における評価会社の目的とする事業に係る収入金額（金融業・証券業については収入利息及び収入手数料）をいいます（評価個別通達　評価明細書の記載方法等　第1表の1の2（注）書き）。

《具体例》

　評価会社の売上高の科目内訳及びそれぞれの売上に対応する業種項目及び業種目番号は下記の通りです。この場合における事業内容の記載方法を確認しましょう。

科目内訳書の売上高			日本標準産業分類上の分類項目（業種目番号）
商品売上高	60,000千円	⇒	百貨店・総合スーパー（80）
不動産賃貸収入	30,000千円	⇒	不動産賃貸業（94）
駐車場収入	10,000千円	⇒	駐車場業（94）
合　計	100,000千円		

▶記載例

	取扱品目及び製造、卸売、小売等の区分	業種目番号	取引金額の構成比
事　業	百貨店・総合スーパー	80	60.0　％
	不動産賃貸業	94	30.0
内　容	駐車場業	94	10.0

第3章　評価明細書への記載方法

3　2－①の記載方法

第1表の1　評価上の株主の判定及び会社規模の判定の明細書

整理番号

（取引相場のない株式（出資）の評価明細書）（令和六年一月一日以降用）

会　社　名	（電話　　　　　　　　　）	本 店 の所 在 地			
代表者氏名		事業内容	取扱品目及び製造、卸売、小売等の区分	業 種 目番　　　号	取引金額の構成比
課 税 時 期	年　　　月　　　　日				％
直 前 期	自　　年　　　月　　　日至　　年　　　月　　　日				

1．株主及び評価方式の判定

判定要素（課税時期現在の株式等の所有状況）

氏名又は名称	続柄	会社における役職名	㋑株式数（株式の種類）	㋺議決権数	㋩議決権割合（㋺/④）
	納税義務者		株	個	％
自己株式					
納税義務者の属する同族関係者グループの議決権の合計数			②	⑤	（②/④）
筆頭株主グループの議決権の合計数			③	⑥	（③/④）
評価会社の発行済株式又は議決権の総数			①	④	100

納税義務者の属する同族関係者グループの議決権割合（⑤の割合）を基として、区分します。

判定基準

筆頭株主グループの議決権割合（⑥の割合）			株主の区分
50％超の場　合	30％以上50％以下の場合	30％未満の場　合	

判定要素

判定要素		
氏　名		
㋥　役　員	である（原則的評価方式等）・でない（次の㋭へ）	
㋭納税義務者が中心的な同族株主	である（原則的評価方式等）・でない（次の㋬へ）	
㋬納税義務者以外に中心的な同族株主（又は株主）	がいる（配当還元方式）・がいない（原則的評価方式等）（氏名　　　　　）	
判　　定	原則的評価方式等　・　配当還元方式	

> 判定要素について記載します。
> 用意するべき資料は下記の通りです。
> ・株主名簿
> ・法人株主がいる場合には、その法人の株主名簿等
> ・法人税の申告書別表二
> ・会社の謄本及び定款
> ・納税義務者の親族図

2－①

2-①は、株式を取得した納税義務者について、原則的評価方式と特例的評価方式のどちらが適用されるかを判定するための基礎情報を記載することになります。

　納税義務者ごとにこの第1表の1の作成が必要となりますので、被相続人の株式を相続人2人が相続する場合には、原則として第1表の1は2枚作成が必要になります。

　株主の記載の範囲は、納税義務者の属する同族関係者（27頁参照）グループを記載します。なお、納税義務者が筆頭株主グループでない場合には、筆頭株主グループについても記載をしておくといいでしょう。

2-①の具体的な記載方法

記載項目	記載内容
氏名又は名称	個人株主の場合には氏名を記載し、会社株主の場合には法人名を記載します。
続柄	納税義務者からみた続柄を記載します。
会社における役職名	課税時期または法定申告期限における役職名を、社長、代表取締役、副社長、専務、常務、会計参与、監査役等と具体的に記載します。 （評価個別通達 評価明細書の記載方法等 第1表の1の3（3））
㋑ 株式数 （株式の種類）	相続、遺贈または贈与による取得後の株式数を記載します。 種類株式を発行している場合には、株式数の下に株式の種類を記載することになります（279頁参照）。種類株式を発行していない場合には株式数のみ記載をします。
㋺ 議決権数	各株式数に応じた議決権数を記載します。 記載にあたっては、定款、謄本等により単元株制度や種類株式の有無を確認します。法人が株主である場合には、相互保有株式によって議決権に制限がないかどうかを確認します。 （38頁「議決権割合算定の留意事項」をご参照ください）
㋩ 議決権割合 （㋺／④）	評価会社の議決権の総数（④欄の議決権の総数）に占める議決権数（それぞれの株主の㋺欄の議決権数）の割合を、1％未満の端数を切り捨てて記載します。 「納税義務者の属する同族関係者グループの議決権の合計数（⑤（②／④））」欄及び「筆頭株主グループの議決権の合計数（⑥（③／④））」欄は、各欄において、1％未満の端数を切り捨てて記載します。 なお、これらの割合が50％超から51％未満までの範囲内にある場合には、1％未満の端数を切り上げて「51％」と記載します。 （評価個別通達 評価明細書の記載方法等 第1表の1の3（4））
自己株式	評価会社が自己株式を有している場合には、㋑株式数の欄に株式数を記載し、その自己株式が種類株式である場合には、株式の種類も記載します。

第3章　評価明細書への記載方法

1 未分割の場合の取扱い

相続税の申告書を提出する際に、株式が共同相続人及び包括受遺者の間において分割されていない場合の取扱いは、次によります。

> 「④　株式数（株式の種類）」欄には、納税義務者が有する株式（未分割の株式を除きます。）の株式数の上部に、未分割の株式の株式数を㋺と表示の上、外書で記載し、納税義務者が有する株式の株式数に未分割の株式の株式数を加算した数に応じた議決権数を「㋺　議決権数」に記載します。また、「納税義務者の属する同族関係者グループの議決権の合計数（⑤（②／④））」欄には、納税義務者の属する同族関係者グループが有する実際の議決権数（未分割の株式に応じた議決権数を含みます。）を記載します。

（出典）　評価個別通達　評価明細書の記載方法等　第1表の1の3（5）イ

《具体例》

被相続人甲の死亡により相続人である長男と二男が株式を遺産分割により取得する場合において、相続税の申告期限までに分割協議がまとまらなかった場合の株主欄の記載方法について確認しましょう。

● 親族図

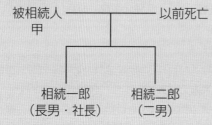

● 相続発生前の株式名簿

	株式数	議決権数
被相続人	80株	80個
長男	20株	20個
二男	0株	0個
合　計	100株	100個

▶記載例

① 納税義務者が長男である場合

氏名又は名称	続柄	会社における役職名	㋑株式数（株式の種類）	㋺議決権数	㋩議決権割合（㋺/④）
相続一郎	納税義務者	社長	株 ㋴80 20	個 100	% 100
納税義務者の属する同族関係者グループの議決権の合計数			②	100	⑤ (②/④) 100

② 納税義務者が二男である場合

氏名又は名称	続柄	会社における役職名	㋑株式数（株式の種類）	㋺議決権数	㋩議決権割合（㋺/④）
相続二郎	納税義務者		株 ㋴80	個 80	% 80
相続一郎	兄	社長	20	20	20
納税義務者の属する同族関係者グループの議決権の合計数			②	100	⑤ (②/④) 100

▶実務上のポイント

　非上場株式の中に未分割の株式がある場合には、それぞれの相続人が未分割の株式をすべて取得したものとみなして株主判定を行うことになりますので、相続人ごとに第1表の1を作成して正確に株主判定をすることが重要になります。

2　相互保有株式がある場合の取扱い

　評価会社の株主のうちに、会法308条1項の規定によりその株式につき議決権を有しないこととされる会社がある場合の取扱いは、次によります。なお、相互保有株式の議決権の取扱いについては38頁で解説をしています。

> 「氏名又は名称」欄には、その会社の名称を記載します。
> 「④株式数（株式の種類）」欄には、議決権を有しないこととされる会社が有する株式数を㊀と表示の上、記載し、「㊁議決権数」欄及び「㊂議決権割合（㊁／④）」欄は、「−」で表示します。

（出典）　評価個別通達 評価明細書の記載方法等　第１表の１の３（５）ロ

《具体例》

被相続人甲の死亡により相続人である長男がA社の株式を遺産分割により取得する場合の株主欄の記載方法について確認しましょう。なお、B社はA社の取引先であり、相互に株式を保有しています。

● 親族図

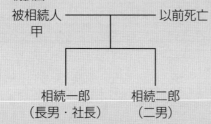

● A社株式（評価会社）

株　主	株式数	持株割合
甲	45株	45%
乙（甲の友人）	35株	35%
B社	20株	20%

● B社株式

株　主	株式数	持株割合
丙（甲の友人）	70株	70%
A社	30株	30%

第2節 第1表の1 評価上の株主の判定及び会社規模の判定の明細書

▶記載例

氏名又は名称	続 柄	会社における役職名	㋑ 株 式 数（株式の種類）	㋺ 議 決 権 数	㋩議決権割合（㋺/④）
相続一郎	納税義務者	社長	株 45	個 45	% 56
乙			35	35	43
Ｂ社			㊗ 20	－	－
納税義務者の属する同族関係者グループの議決権の合計数				② 45	⑤ （②/④） 56
筆頭株主グループの議決権の合計数				③ 45	⑥ （③/④） 56
評価会社の発行済株式又は議決権の総数		① 100		④ 80	100

▶実務上のポイント

　評価会社の中に会社株主がいる場合には、必ずその株主となっている会社の株主名簿等を確認して、相互保有株式として議決権が制限されていないかどうかを確認することが重要になります。

　上記の事例において、Ｂ社と相互に株式を保有していることを見落としてＢ社の議決権数を計算に入れてしまい、納税義務者の議決権割合を誤って45％（45／（45＋35＋20））と算出してしまうと、第5表において「同族株主等の議決権割合が50％以下の場合」に該当し、間違って80％の斟酌を行ってしまう結果となり、株価が過少評価になってしまうことになりますので注意が必要となります。

3 種類株式がある場合の取扱い

評価会社が種類株式を発行している場合には、次によります。

　「㋑　株式数（株式の種類）」欄の各欄には、納税義務者が有する株式の種類ごとに記載するものとし、上段に株式数を、下段に株式の種類を記載します。

　「㋺　議決権数」の各欄には、株式の種類に応じた議決権数を記載します（議決権

数は①株式数÷その株式の種類に応じた1単元の株式数により算定し、1単元に満たない株式に係る議決権数は切り捨てて記載します。)。

「㈥ 議決権割合（㊣／④）」の各欄には、評価会社の議決権の総数（④欄の議決権の総数）に占める議決権数（それぞれの株主の㊣欄の議決権数で、2種類以上の株式を所有している場合には、各株式に係る議決権数を合計した数）の割合を1％未満の端数を切り捨てて記載します。

(出典) 評価個別通達 評価明細書の記載方法等 第1表の1の3（5）ニ

《具体例》

被相続人甲の死亡により、相続人である長男が普通株式70株を、二男が種類株式（配当優先無議決権株式）30株をそれぞれ取得する場合の株主欄の記載方法について確認しましょう。

● 親族図

● 評価会社株式

株　主	株式数	株式の種類	
甲	70株	普通株式	➡ 長男が取得
	30株	種類株式A※	➡ 二男が取得

※　種類株式Aは配当優先無議決権株式（＝議決権の行使ができない株式）として
　　議決権の算定上は0として取り扱います。
　　詳細は第4章で解説します。

第2節　第1表の1　評価上の株主の判定及び会社規模の判定の明細書

▶種類株式の場合の記載例

氏名又は名称	続柄	会社における役職名	㋑ 株 式 数（株式の種類）	㋺ 議 決 権 数	㋩ 議決権割合（㋺/④）
相続一郎	納税義務者	社長	株 70（普通株式）	個 70	％ 100
相続二郎	弟	取締役	30（種類株式Ａ）	0	0
納税義務者の属する同族関係者グループの議決権の合計数				② 70	⑤ （②/④） 100
筆頭株主グループの議決権の合計数				③ 70	⑥ （③/④） 100
評価会社の発行済株式又は議決権の総数			① 100	④ 70	100

▶実務上のポイント

　種類株式については定款記載事項になりますので、必ず定款で種類株式の有無及びどのような種類株式が発行されているかを確認したうえで第1表の1を作成するようにしましょう。

279

第3章　評価明細書への記載方法

4　2-②の記載方法

第1表の1　評価上の株主の判定及び会社規模の判定の明細書　整理番号

（令和六年一月一日以降用）

（取引相場のない株式（出資）の評価明細書）

会　社　名	（電話　　　　）	本店の所在地	
代表者氏名		取扱品目及び製造、卸売、小売等の区分	業種目番号　取引金額の構成比
課税時期	年　　　月　　　日	事業内容	%
直前期	自　年　　月　　日 至　年　　月　　日		

1．株主及び評価方式の判定

判定要素（課税時期現在の株式等の所有状況）

氏名又は名称	続柄	会社における役職名	④株式数（株式の種類）	⑩議決権数	⑪議決権割合（⑩/④）
	納税義務者		株	個	%
自己株式					
納税義務者の属する同族関係者グループの議決権の合計数			②	⑤	(②/④)
筆頭株主グループの議決権の合計数			③	⑥	(③/④)
評価会社の発行済株式又は議決権の総数			①	④	100

判定基準　納税義務者の属する同族関係者グループの議決権割合（⑤の割合）を基として、区分します。

区分	筆頭株主グループの議決権割合（⑥の割合）			株主の区分
	50%超の場合	30%以上50%以下の場合	30%未満の場合	
⑤の割合	50%超	30%以上	15%以上	同族株主等
	50%未満	30%未満	15%未満	同族株主等以外の株主
判定	同族株主等（原則的評価方式等）		同族株主等以外の株主（配当還元方式）	

「同族株主等」に該当する納税義務者のうち、議決権割合（⑪の割合）が5%未満の者の評価方式は、「2．少数株式所有者の評価方式の判定」欄により判定します。

2．少数株式所有者の評価方式の判定

判定要素

項　目	判　定　内　容
氏　名	
㋑役員	である（価方式等）・でない（次の㋺へ）
㋺納税義務者が中心的な同族株主	である（原則的評価方式等）・でない（次の㋩へ）
㋩納税義務者以外に中心的な同族株主（又は株主）	がいる（配当還元方式）・がいない（原則的評価方式等）（氏名　　　　　）
判　定	原則的評価方式等　・　配当還元方式

> 評価会社の判定について記載します。
> 用意するべき資料は下記の通りです。
> ・株主名簿、親族図など中心的な同族株主（または株主）が確認できる資料

2-②

第2節　第1表の1　評価上の株主の判定及び会社規模の判定の明細書

　2-②は、納税義務者である株主について、原則的評価方式が適用されるのか特例的評価方式が適用されるのかを判定します。次頁の判定手順に従い、下記の通り記載を行います。

　納税義務者の評価方式の判定が目的ですので、判定手順に従い、評価方式が確定すれば、その後の欄の項目については記載をする必要はありません。

2-②の具体的な記載方法

記載内容	記載方法
判定基準／判定	次頁の判定手順①（筆頭株主グループの議決権割合）と判定手順②（納税義務者の属する同族関係者グループの議決権割合）を確認し、該当する欄を〇で囲みます。 「同族株主等」に該当した納税義務者については、判定手順③（納税義務者の議決権割合）を確認します。5％以上に該当した場合には、2-②の記載は完了ですが、5％未満である場合には、「2．少数株式所有者の評価方式の判定」欄により評価方式の判定を行います。
氏名	「同族株主等」に該当した納税義務者のうち、議決権割合が5％未満である者の氏名を記載します。
㊀　役員	次頁の判定手順④（納税義務者が役員であるか）を確認し、該当する欄を〇で囲みます。 役員判定については、課税時期時点または申告期限において役員であれば役員であると判定します。
㊭　納税義務者が中心的な同族株主	次頁の判定手順⑤（納税義務者が中心的な株主であるか）を確認し、該当する欄を〇で囲みます。 この判定は、筆頭株主グループの議決権割合が30％未満である場合には、判定不要になります。
㊁　納税義務者以外に中心的な同族株主（又は株主）	次頁の判定手順⑥（納税義務者以外に中心的な同族株主がいるか）及び判定手順⑦（納税義務者以外に中心的な株主がいるか）を確認し、該当する欄を〇で囲みます。

▶実務上のポイント

　次頁の判定手順のフローチャートとともに、納税義務者ごとに間違いなく評価方式の判定を行うようにしましょう。

第3章　評価明細書への記載方法

[株主の判定]

①筆頭株主グループの
　議決権割合

50%超	30%以上50%以下	30%未満
同族株主が いる会社		同族株主の いない会社

⇩　　⇩　　⇩

②納税義務者の属する
　同族関係者グループ
　の議決権割合

50%未満	30%未満	15%未満
50%超⇒③へ	30%以上⇒③へ	15%以上⇒③へ

→特例的評価方式

③納税義務者の議決権
　割合

5％以上	5％以上	5％以上
5％未満⇒④へ	5％未満⇒④へ	5％未満⇒④へ

→原則的評価方式

④納税義務者が役員

である	である	である
でない⇒⑤へ	でない⇒⑤へ	でない⇒⑦へ

→原則的評価方式

⑤納税義務者が中心的
　な同族株主

である	である
でない⇒⑥へ	でない⇒⑥へ

→原則的評価方式

⑥納税義務者以外に中
　心的な同族株主

がいる	がいる
がいない	がいない

→特例的評価方式
→原則的評価方式

⑦納税義務者以外に中
　心的な株主

がいる
がいない

→特例的評価方式
→原則的評価方式

第2節　第1表の1　評価上の株主の判定及び会社規模の判定の明細書

前頁の株主の判定と第1表の1との対応関係は下記の通りとなります。

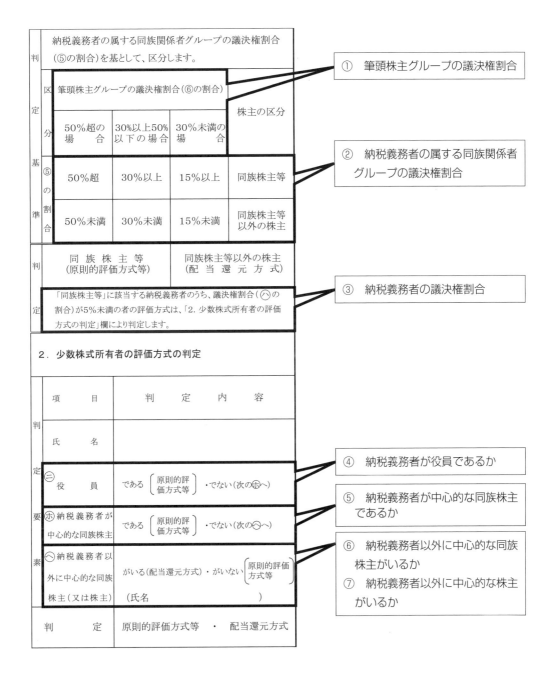

▶第1表の1の記載例

被相続人甲は兄弟で事業を営んでいましたが、相続発生に伴い、被相続人が所有していた株式は長男が160株、二男が40株相続することになりました。

なお、長男はこの会社の役員にもなっていますが、二男は会社員として他の会社に勤務しています。この場合における第1表の1を作成してみましょう。

前提事項

■評価会社の基本情報

会社名	：家具製造株式会社
本店所在地	：神奈川県座間市○－○－○
課税時期	：令和6年6月27日
発行済株式総数	：1,000株
会社の決算日	：毎年3月31日
事業内容	：家具製造業

■株式の異動と株主構成

株　主	株式数 （相続発生前）	株式数 （相続発生後）	役職名
相続太郎	800株	800株	代表取締役
甲	200株	－	取締役
相続一郎（長男）	－	160株	取締役
相続二郎（二男）	－	40株	

■親族図

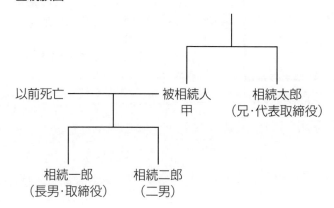

記載例

①納税義務者が長男の場合

第1表の1　評価上の株主の判定及び会社規模の判定の明細書　　整理番号

（令和六年一月一日以降用）

（取引相場のない株式（出資）の評価明細書）

会 社 名	（電話　　　　　　　　）家具製造株式会社	本 店 の所 在 地	神奈川県座間市○-○-○			
代表者氏名	相続　太郎	事 業内 容	取扱品目及び製造、卸売、小売等の区分	業 種 目番 号	取引金額の構成比	
課 税 時 期	6 年　6 月　27 日		家具製造業	51	100.0 %	
直 前 期	自　5 年　4 月　1 日至　6 年　3 月　31 日					

1. 株主及び評価方式の判定

納税義務者の属する同族関係者グループの議決権割合（⑤の割合）を基として、区分します。

判定要素（課税時期現在の株式等の所有状況）	氏名又は名称	続柄	会社における役職名	④ 株式数（株式の種類）	⑭ 議決権数	⑭ 議決権割合（⑭/④）
				株	個	%
	相続　一郎	納税義務者	取締役	160	160	16
	相続　二郎	弟		40	40	4
	相続　太郎	伯父	代表取締役	800	800	80

	判 定 基 準
区分	筆頭株主グループの議決権割合（⑥の割合）

	50%超の場合	30%以上50%以下の場合	30%未満の場合	株主の区分
⑤の割合	50%超	30%以上	15%以上	同族株主等
	50%未満	30%未満	15%未満	同族株主等以外の株主

判定	同 族 株 主 等（原則的評価方式等）	同族株主等以外の株主（配 当 還 元 方 式）

「同族株主等」に該当する納税義務者のうち、議決権割合（⑭の割合）が5%未満の者の評価方式は、「2. 少数株式所有者の評価方式の判定」欄により判定します。

2. 少数株式所有者の評価方式の判定

	項　目	判 定 内 容
判定要素	氏　名	
	㋥ 役　員	である（原則的評価方式等）・でない（次の㋬へ）
	㋬ 納税義務者が中心的な同族株主	である（原則的評価方式等）・でない（次の㋭へ）
	㋭ 納税義務者以外に中心的な同族株主（又は株主）	がいる（配当還元方式）・がいない（原則的評価方式等）（氏名　　　　　）
判　定		原則的評価方式等　・　配当還元方式

		④ 株式数	⑭ 議決権数	⑭ 議決権割合
	自己株式			
	納税義務者の属する同族関係者グループの議決権の合計数		② 1,000	⑤ （②/④）100
	筆頭株主グループの議決権の合計数		③ 1,000	⑥ （③/④）100
	評価会社の発行済株式又は議決権の総数	① 1,000	④ 1,000	100

285

②納税義務者が二男の場合

第1表の1　評価上の株主の判定及び会社規模の判定の明細書

整理番号 ［　　　］

会　社　名	（電話　　　　　） **家具製造株式会社**		本店の所在地	**神奈川県座間市○-○-○**	
代表者氏名	**相続　太郎**		事業内容	取扱品目及び製造、卸売、小売等の区分 **家具製造業** ／ 業種目番号 **51** ／ 取引金額の構成比 **100.0 ％**	
課税時期	**6** 年 **6** 月 **27** 日				
直前期	自 **5** 年 **4** 月 **1** 日 ／ 至 **6** 年 **3** 月 **31** 日				

（令和六年一月一日以降用）

1．株主及び評価方式の判定

氏名又は名称	続柄	会社における役職名	㋑株式数（株式の種類）	㋺議決権数	㋩議決権割合（㋺/④）
相続　二郎	納税義務者		**40** 株	**40** 個	**4** %
相続　一郎	兄	取締役	**160**	**160**	**16**
相続　太郎	伯父	代表取締役	**800**	**800**	**80**
自己株式					
納税義務者の属する同族関係者グループの議決権の合計数				② **1,000**	⑤（②/④）**100**
筆頭株主グループの議決権の合計数				③ **1,000**	⑥（③/④）**100**
評価会社の発行済株式又は議決権の総数			① **1,000**	④ **1,000**	**100**

納税義務者の属する同族関係者グループの議決権割合（⑤の割合）を基として、区分します。

判定基準の割合	筆頭株主グループの議決権割合（⑥の割合）			株主の区分
区分	（50%超の場合）	30%以上50%以下の場合	30%未満の場合	
⑤の割合	（50%超）	30%以上	15%以上	（同族株主等）
	50%未満	30%未満	15%未満	同族株主等以外の株主

判定 （同族株主等（原則的評価方式等）） ／ 同族株主等以外の株主（配当還元方式）

「同族株主等」に該当する納税義務者のうち、議決権割合（㋩の割合）が5%未満の者の評価方式は、「2. 少数株式所有者の評価方式の判定」欄により判定します。

2．少数株式所有者の評価方式の判定

項　目	判　定　内　容
氏　名	**相続　二郎**
㋥役員	である〔原則的評価方式等〕・（でない）（次の㋭へ）
㋭納税義務者が中心的な同族株主	である〔原則的評価方式等〕・（でない）（次の㋬へ）
㋬納税義務者以外に中心的な同族株主（又は株主）	（がいる）（配当還元方式）・がいない〔原則的評価方式等〕（氏名　　　　　）
判　定	原則的評価方式等 ・ （配当還元方式）

<解説>
　上記の具体例は31頁で確認したものと同様になりますので、評価方式の具体的な判定については、長男は32頁、二男は33頁で復習しておきましょう。
　二男が中心的な同族株主に該当するか否かを判定する際に、伯父は中心的な同族株主の対象となる親族に含まない点に留意しておきましょう。

▶実務上のポイント
　株主判定は、納税義務者ごとに、それぞれ判定することに留意しておきましょう。

非上場株式は誰が相続するかによって相続税額が変わる！？

　上記の事例のように非上場株式は誰が相続するかによって株式評価額が変わることがあります。遺産分割次第で税額に影響が出ることは相続人にとっても重要なことになりますので、実務担当者等が相続人に対し、どのような場合に原則的評価方式が適用され、どのような場合に特例的評価方式が適用されるのかを説明することが求められます。

　また、上記の事例において仮に相続人の長男及び二男が両方とも会社経営に関与しておらず、役員になっていない場合の評価方法を考えてみましょう。

　そのような場合には、相続後の議決権割合が5％以上になった相続人には原則的評価方式が適用され、5％未満になった相続人には特例的評価方式が適用されることになります。

　設例の場合には、20％の議決権割合を相続することになっていますので、長男または二男のいずれかは必ず原則的評価方式により計算せざるを得ない状況となります。

　もし、甲の生前にこのような問題があることがわかっていたとすれば、株式の売却、遺言書の作成、種類株式の導入等の色々な対策ができます。

　非上場株式の評価のルールは、課税の公平を図るため画一的に評価方法が定められていますが、全く会社経営に関与しない相続人に原則的評価方式が適用されてしまい、多額の納税負担の発生により納税困難に陥る場合もあります。

　従って、非上場株式を所有している方の相続税の負担や株式の承継方法について、会社の経営に一番よく関与している実務担当者等がアドバイスをする必要があります。

第 **3** 節

第１表の２　評価上の株主の判定
及び会社規模の判定の明細書（続）

1　第１表の２の全体的な構成

　第１表の２は、評価会社が大会社、中会社、小会社のいずれに該当するかを判定するための明細書となります。

　評価会社が「開業前または休業中の会社」や「開業後３年未満の会社等」に該当する場合など、評価会社を純資産価額方式のみで計算する場合には、第１表の２を記載する必要はありません。

　全体的な構成は、下記の通りとなります。**構成１‐①**で会社判定のための基礎情報を記載し、次いで１‐②で最終的に適用される会社の規模とＬの割合を決定することになります。

第１表の２の全体的な構成と実務上のポイント

構　成	内　　容	実務上のポイント
1‐①	会社規模の判定の以下３要素を記載 ・直前期末の総資産価額 ・直前期末以前１年間の取引金額 ・直前期末以前１年間における従業員数	類似業種比準価額の計算で使用するＬの割合を決定するための３要素でもあるため、間違えると株価にも大きく影響を与えることになります。
1‐②	会社規模の判定	従業員の人数が70人以上に該当すれば大会社で決定ですが、70人未満の場合には、１‐①で記載した３要素を基に会社の規模とＬの割合を決定します。
②	増（減）資の状況その他評価上の参考事項を記載	株式の価額の計算を行う上でその他重要な事項を記載します。

第3節　第1表の2　評価上の株主の判定及び会社規模の判定の明細書（続）

【第1表の2の構成要素】

第1表の2　評価上の株主の判定及び会社規模の判定の明細書（続）　　会社名＿＿＿＿＿

（取引相場のない株式（出資）の評価明細書）

（令和六年一月一日以降用）

3．会社の規模（Lの割合）の判定

項　　目	金　　額	項　　目	人　　数
直前期末の総資産価額（帳簿価額）	千円		人
		直前期末以前1年間における従業員数	［従業員数の内訳］
直前期末以前1年間の取引金額	千円		（継続勤務従業員数）＋（継続勤務従業員以外の従業員の労働時間の合計時間数）／1,800時間

1－①

（人）＋（　　　時間）／1,800時間

ⓑ　直前期末以前1年間における従業員数に応ずる区分

70人以上の会社は、大会社（ⓒ及びⓓは不要）

70人未満の会社は、ⓒ及びⓓにより判定

ⓒ　直前期末の総資産価額（帳簿価額）及び直前期末以前1年間における従業員数に応ずる区分				ⓓ　直前期末以前1年間の取引金額に応ずる区分			会社規模とLの割合（中会社）の区分	
総　資　産　価　額（帳　簿　価　額）			従業員数	取　　引　　金　　額				
卸　売　業	小売・サービス業	卸売業、小売・サービス業以外		卸　売　業	小売・サービス業	卸売業、小売・サービス業以外		
20億円以上	15億円以上	15億円以上	35　人　超	30億円以上	20億円以上	15億円以上	大　会　社	
4億円以上20億円未満	5億円以上15億円未満	5億円以上15億円未満	35　人　超	7億円以上20億円未満	5億円以上20億円未満	4億円以上15億円未満	0.90	中
2億円以上4億円未満	2億5,000万円以上5億円未満	2億5,000万円以上5億円未満	35人以下	2億5,000万円以上7億円未満	2億5,000万円以上5億円未満	2億円以上4億円未満	0.75	会社
7,000万円以上2億円未満	4,000万円以上2億5,000万円未満	5,000万円以上2億5,000万円未満	5　人　超20人以下	2億円以上3億5,000万円未満	6,000万円以上2億5,000万円未満	8,000万円以上2億円未満	0.60	
7,000万円未満	4,000万円未満	5,000万円未満	5　人　以　下	2億円未満	6,000万円未満	8,000万円未満	小　会　社	

1－②

・「会社規模とLの割合（中会社）の区分」欄は、ⓒ欄の区分（「総資産価額（帳簿価額）」と「従業員数」とのいずれか下位の区分）とⓓ欄（取引金額）の区分とのいずれか上位の区分により判定します。

判定	大　会　社	中　　会　　社			小　会　社
		L　の　割　合			
		0.90	0.75	0.60	

4．増（減）資の状況その他評価上の参考事項

②

第3章 評価明細書への記載方法

2　1-①の記載方法

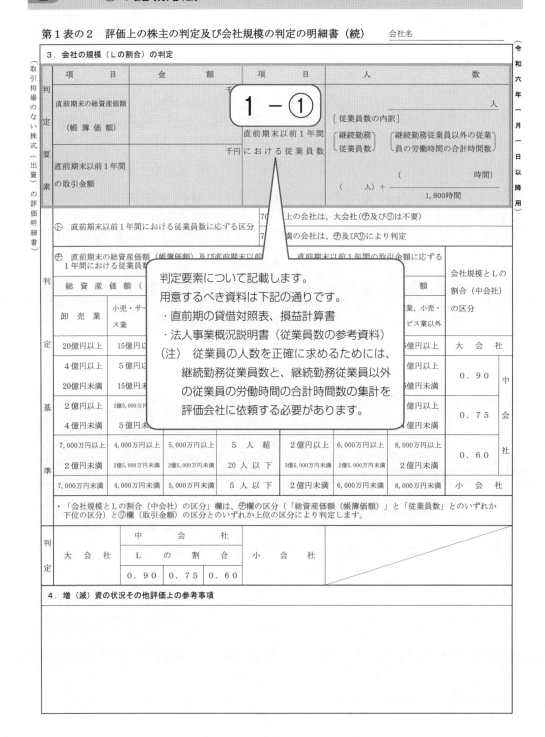

第3節　第1表の2　評価上の株主の判定及び会社規模の判定の明細書（続）

　Lの割合を算定するための3要素は、下記の点について留意してそれぞれ記載を行います。

1－①の具体的な記載方法

記載項目	記載内容
直前期末の総資産価額（帳簿価額）	直前期末における評価会社の貸借対照表に記載されている総資産価額の合計額が基礎になりますが、下記の点に留意する必要があります。 （評価個別通達　評価明細書の記載方法等　第1表の2の1（1）注書き） 1　固定資産の減価償却累計額を間接法によって表示している場合には、各資産の帳簿価額の合計額から減価償却累計額を控除します。 2　売掛金、受取手形、貸付金等に対する貸倒引当金は控除しないことに留意してください。 3　前払費用、繰延資産、税効果会計の適用による繰延税金資産など、確定決算上の資産として計上されている資産は、帳簿価額の合計額に含めて記載します。 4　収用や特定の資産の買換え等の場合において、圧縮記帳引当金勘定に繰り入れた金額及び圧縮記帳積立金として積み立てた金額並びに翌事業年度以降に代替資産等を取得する予定であることから特別勘定に繰り入れた金額は、帳簿価額の合計額から控除しないことに留意してください。
直前期末以前1年間の取引金額	直前期における評価会社の損益計算書の売上高を使用します。 （注）　直前期の事業年度が1年未満であるときの取引金額の計算方法については、68頁参照
会社の従業員数	「継続勤務従業員数」の欄には、直前期末以前1年間においてその期間継続して評価会社に勤務していた従業員で、かつ、就業規則等で定められた1週間当たりの労働時間が30時間以上の従業員（以下「継続勤務従業員」といいます）の人数を記載します。 「継続勤務従業員以外の従業員の労働時間の合計時間数」の欄には、直前期末以前1年間の途中で入社または退社した従業員、勤務時間が週30時間未満のアルバイトなどの継続勤務従業員以外の従業員の年間労働時間の合計時間数を記載します。 合計人数が例えば30.5人である場合には、従業員数は30人超に該当することになりますので、合計人数は小数点1位まで求めておきましょう。 なお、代表取締役、専務、常務などの役員については従業員には含まれない点については、留意しておきましょう（70頁参照）。

第3章　評価明細書への記載方法

3　1-②の記載方法

第1表の2　評価上の株主の判定及び会社規模の判定の明細書（続）　会社名 _____

（取引相場のない株式（出資）の評価明細書）

（令和六年一月一日以降用）

3．会社の規模（Lの割合）の判定

判定要素	項　　目	金　　額	項　　目	人　　数
	直前期末の総資産価額 （帳簿価額）	千円	直前期末以前1年間における従業員数	人
	直前期末以前1年間の取引金額	千円		〔従業員数の内訳〕 （継続勤務 　従業員数）＋（継続勤務従業員以外の従業 　員の労働時間の合計時間数） （　　人）＋ （　　　　時間）/1,800時間

判定基準								
㋺　直前期末以前1年間における従業員数に応ずる区分				70人以上の会社は、大会社（㋩及び㋥は不要） 70人未満の会社は、㋩及び㋥により判定				
㋩　直前期末の総資産価額（帳簿価額）及び直前期末以前1年間における従業員数に応ずる区分				㋥　直前期末以前1年間の取引金額に応ずる区分				会社規模とLの割合（中会社）の区分
総資産価額（帳簿価額）			従業員数	取引金額				
卸売業	小売・サービス業	卸売業、小売・サービス業以外		卸売業	小売・サービス業	卸売業、小売・サービス業以外		
20億円以上	15億円以上	15億円以上	35　人　超	30億円以上	20億円以上	15億円以上		大　会　社
4億円以上 20億円未満	5億円以上 15億円未満	5億円以上 15億円未満	35人超	7億円以上 30億円未満	5億円以上 20億円未満	4億円以上 15億円未満		0.90 　中
2億円以上 4億円未満	2億5,000万円以上 5億円未満	2億5,000万円以上 5億円未満	20　人　超 35　人　以　下	3億5,000万円以上 7億円未満	2億5,000万円以上 5億円未満	2億円以上 4億円未満		0.75 　会
7,000万円以上 2億円未満	4,000万円以上 2億5,000万円未満	5,000万円以上 2億5,000万円未満	5　人　超 20　人　以	2億円以上 3億5,000万円未満	6,000万円以上 2億5,000万円未満	8,000万円以上 2億円未満		0.60 　社
7,000万円未満	4,000万円未満	5,000万円未満	5　人　以	2億円未満	6,000万円未満	8,000万円未満		小　会　社

・「会社規模とLの割合（中会社）の区分」欄は、㋩欄の「総資産価額（帳簿価額）」と「従業員数」とのいずれか下位の区分）と㋥欄（取引金額）の区分とのいずれか上位により判定します。

判定	大　会　社	中　会　社	

1 - ②

4．増（減）資の

判定基準について記載します。
用意するべき資料は下記の通りです。
・日本標準産業分類の分類項目と類似業種比準価額計算上の
　業種目との対比表（付録の3参照）

第3節　第1表の2　評価上の株主の判定及び会社規模の判定の明細書（続）

　会社の規模の判定を行う際には、次の手順で行います。

㋑直前期末以前1年間における従業員数に応ずる区分	70人以上か否かを区分し、該当する区分に○印を付けます。

従業員が70人以上の会社の場合には、㋒及び㋓の判定は不要　（大会社で決定）
70人未満の場合には、㋒及び㋓の判定へ

㋒直前期末の総資産価額（帳簿価額）及び直前期末1年間における従業員数に応ずる区分	業種の区分※に応じて総資産価額が5区分のいずれに該当するのかを判断し、該当する区分に○印を付けます。 従業員数も同様に○印を付けます。
㋓直前期末以前1年間の取引金額に応ずる区分	業種の区分※に応じて取引金額が5区分のいずれに該当するのかを判断し、該当する区分に○印を付けます。
会社規模とLの割合（中会社）の区分	㋒欄の区分（「総資産価額（帳簿価額）」と「従業員数」とのいずれか下位の区分）と、㋓欄（取引金額）の区分とのいずれか上位の区分により判定を行い、該当する区分に○を付けます。

※　業種区分の判定

　評価会社が「卸売業」、「小売・サービス業」または「卸売業、小売・サービス業以外」のいずれの業種に該当するかは、直前期末以前1年間の取引金額に基づいて判定し、その取引金額のうちに2以上の業種に係る取引金額が含まれている場合には、それらの取引金額のうち最も多い取引金額に係る業種によって判定します（評価個別通達　評価明細書の記載方法等　第1表の2の1（4））。

　実際の判定にあたっては、日本標準産業分類で分類項目を確認した後で、付録の3の表に基づき規模区分を判定するための業種を特定する必要があります。

第1表の1

第1表の2

第2表

第3表

第4表

第5表

第6表

第7・8表

第3章　評価明細書への記載方法

4 ②の記載方法

第1表の2　評価上の株主の判定及び会社規模の判定の明細書（続）　会社名＿＿＿＿＿＿＿

（取引相場のない株式（出資）の評価明細書）

（令和六年一月一日以降用）

3．会社の規模（Lの割合）の判定

<table>
<tr><td rowspan="3">判定要素</td><td colspan="2">項　目</td><td colspan="2">金　額</td><td colspan="2">項　目</td><td colspan="4">人　数</td></tr>
<tr><td colspan="2">直前期末の総資産価額
（帳簿価額）</td><td colspan="2">千円</td><td colspan="2" rowspan="2">直前期末以前1年間における従業員数</td><td colspan="4">[従業員数の内訳]
人
（継続勤務従業員数）＋（継続勤務従業員以外の従業員の労働時間の合計時間数）
（　　人）＋ （　　　時間）／1,800時間</td></tr>
<tr><td colspan="2">直前期末以前1年間
の取引金額</td><td colspan="2">千円</td></tr>
</table>

<table>
<tr><td rowspan="11">判定基準</td><td colspan="4">㋑　直前期末以前1年間における従業員数に応ずる区分</td><td colspan="3">70人以上の会社は、大会社（㋺及び㋩は不要）</td><td rowspan="2"></td></tr>
<tr><td colspan="4"></td><td colspan="3">70人未満の会社は、㋺及び㋩により判定</td></tr>
<tr><td colspan="4">㋺　直前期末の総資産価額（帳簿価額）及び直前期末以前1年間における従業員数に応ずる区分</td><td colspan="3">㋩　直前期末以前1年間の取引金額に応ずる区分</td><td rowspan="2">会社規模とLの割合（中会社）の区分</td></tr>
<tr><td colspan="3">総 資 産 価 額（帳 簿 価 額）</td><td rowspan="2">従 業 員 数</td><td colspan="3">取 引 金 額</td></tr>
<tr><td>卸 売 業</td><td>小売・サービス業</td><td>卸売業、小売・サービス業以外</td><td>卸 売 業</td><td>小売・サービス業</td><td>卸売業、小売・サービス業以外</td></tr>
<tr><td>20億円以上</td><td>15億円以上</td><td>15億円以上</td><td>35 人 超</td><td>30億円以上</td><td>20億円以上</td><td>15億円以上</td><td>大　会　社</td></tr>
<tr><td>4億円以上
20億円未満</td><td colspan="6" rowspan="4">増（減）資の状況その他評価上の参考事項について記載します。
用意するべき資料は下記の通りです。
・課税時期後の会社の謄本、定款
・直前期末以前3年間の法人税の申告書、決算書、株主資本等変動計算書
・剰余金の配当に関する議事録</td><td>0. 90　中</td></tr>
<tr><td>2億円以上
4億円未満</td><td>0. 75　会</td></tr>
<tr><td>7,000万円以上
2億円未満</td><td>0. 60　社</td></tr>
<tr><td>7,000万円未満</td><td>小　会　社</td></tr>
<tr><td colspan="7">・「会社規模とLの割合（中会社）の区分」欄は、㋺欄の「総資産価額（帳簿価額）」と「従業員数」とのいずれか下位の区分と㋩欄（取引金額）の区分とのいずれか　　　　　により判定します。</td><td></td></tr>
</table>

<table>
<tr><td rowspan="2">判定</td><td rowspan="2">大　会　社</td><td colspan="3">中　　　会　　　社</td><td rowspan="2">小　会　社</td></tr>
<tr><td colspan="3">L の 割 合</td></tr>
<tr><td></td><td></td><td>0. 90</td><td>0. 75</td><td>0. 60</td><td></td></tr>
</table>

4．増（減）資の状況その他評価上の参考事項

②

第3節 第1表の2 評価上の株主の判定及び会社規模の判定の明細書（続）

　　増資の状況その他評価上の参考事項欄は、株式の価額の計算を行う上で重要な事項として下記の通り記載を行います。

(1) 課税時期の直前期末以後における増（減）資に関する事項

　　例えば、増資については、次のように記載します。

　　　　増資年月日　　　　令和○年○月○日

　　　　増資金額　　　　　○○○千円

　　　　増資内容　　　　　1：0.5（1株当たりの払込金額50円、株主割当）

　　　　増資後の資本金額　○○○千円

(2) 課税時期以前3年間における社名変更、増（減）資、事業年度の変更、合併及び転換社債型新株予約権付社債（財産評価基本通達197(4)に規定する転換社債型新株予約権付社債、以下「転換社債」といいます。）の発行状況に関する事項

(3) 種類株式に関する事項

　　例えば、種類株式の内容、発行年月日、発行株式数等を、次のように記載します。

　　　　種類株式の内容　　議決権制限株式

　　　　発行年月日　　　　令和○年○月○日

　　　　発行株式数　　　　○○○○○株

　　　　発行価額　　　　　1株につき○○円（うち資本金に組み入れる金額○○円）

　　　　1単元の株式の数　○○○株

　　　　議決権　　　　　　○○の事項を除き、株主総会において議決権を有しない。

　　　　転換条項　　　　　令和○年○月○日から令和○年○月○日までの間は株主からの請求により普通株式への転換可能（当初の転換価額は○○円）

　　　　償還条項　　　　　なし

　　　　残余財産の分配　　普通株主に先立ち、1株につき○○円を支払う。

(4) 剰余金の配当の支払いに係る基準日及び効力発生日

(5) 剰余金の配当のうち、資本金等の額の減少に伴うものの金額

(6) その他評価上参考となる事項

（出典）　評価個別通達　評価明細書の記載方法等　第1表の2の2

▶ 第1表の2の記載例

　評価会社は家具製造業を営む会社であり、直前期末の貸借対照表及び損益計算書並びに直前期末以前1年間における従業員数等の状況は下記の通りです。

　この場合における第1表の2を作成してみましょう。

前提事項

■評価会社の基本情報

　　会社名　　　　：家具製造株式会社

　　課税時期　　　：令和6年5月15日

　　会社の決算日：毎年3月31日

　　事業内容　　　：家具製造業

■貸借対照表

(単位：千円)

科　目	金　額	科　目	金　額
流動資産	118,028	流動負債	6,800
現金	230	買掛金	5,000
預貯金	78,000	短期借入金	1,000
売掛金	27,000	未払法人税等	800
原材料	6,400	固定負債	200,000
仕掛品	6,600	長期借入金	200,000
前渡金	14	負債合計	206,800
貸倒引当金	-216	資本金	25,000
固定資産	370,605	利益剰余金	260,833
建物	230,000	利益準備金	10,000
建物附属設備	81,286	土地圧縮積立金	20,000
構築物	8,000	圧縮積立金	15,000
機械装置	62,000	繰越利益剰余金	215,833
車両運搬具	5,000		
工具・器具備品	3,150		
減価償却累計額	-116,831		
土地	98,000		
投資その他の資産	4,000		
出資金	4,000	純資産合計	285,833
資産合計	492,633	負債及び純資産合計	492,633

■損益計算書（一部抜粋）

売上高（製造売上高）　400,000千円

■従業員数

① 就業規則で定められた１週間当たりの労働時間が30時間以上の従業員数　26人

② 週30時間未満のアルバイト等の従業員の１年間の労働時間の合計数　6,300時間

③ 役員構成（指名委員会等設置会社には該当しない）

代表取締役　１名　専務取締役　１名

取締役　２名（週30時間以上勤務しており、①の従業員数には含まれていない。

なお、職制上の地位は有していない）

■剰余金の配当に関する事項

令和５年６月27日の定時株主総会において次の通り決議をしている。

① 配当金の総額　　：5,000,000円

② １株当たりの配当額：10円

③ 基準日　　　　　：令和５年３月31日

④ 効力発生日　　　：令和５年６月27日

令和６年６月26日の定時株主総会において次の通り決議をしている。

① 配当金の総額　　：4,000,000円

② １株当たりの配当額：8円

③ 基準日　　　　　：令和６年３月31日

④ 効力発生日　　　：令和６年６月26日

記載例

第1表の2　評価上の株主の判定及び会社規模の判定の明細書（続）　会社名 家具製造株式会社

（取引相場のない株式（出資）の評価明細書）

（令和六年一月一日以降用）

3．会社の規模（Lの割合）の判定

判定要素

項　　目	金　　額	項　　目	人　　数
直前期末の総資産価額 （帳簿価額）	千円 492,849	直前期末以前1年間における従業員数	31.5 人 〔従業員数の内訳〕 （継続勤務従業員数）（継続勤務従業員以外の従業員の労働時間の合計時間数）
直前期末以前1年間の取引金額	千円 400,000		（ 28 人）＋ $\dfrac{6,300 \text{時間}}{1,800\text{時間}}$

判定基準

㋑	直前期末以前1年間における従業員数に応ずる区分	70人以上の会社は、大会社（㋺及び㋩は不要） 70人未満の会社は、㋺及び㋩により判定

㋺ 直前期末の総資産価額（帳簿価額）及び直前期末以前1年間における従業員数に応ずる区分				㋩ 直前期末以前1年間の取引金額に応ずる区分			会社規模とLの割合（中会社）の区分	
総 資 産 価 額 （ 帳 簿 価 額 ）			従業員数	取　引　金　額				
卸 売 業	小売・サービス業	卸売業、小売・サービス業以外		卸 売 業	小売・サービス業	卸売業、小売・サービス業以外		
20億円以上	15億円以上	15億円以上	35 人 超	30億円以上	20億円以上	15億円以上	大 会 社	
4億円以上 20億円未満	5億円以上 15億円未満	5億円以上 15億円未満	35 人 超	7億円以上 30億円未満	5億円以上 20億円未満	4億円以上 15億円未満	0．90	中会社
2億円以上 4億円未満	2億5,000万円以上 5億円未満	2億5,000万円以上 5億円未満	20 人 超 35 人 以 下	3億5,000万円以上 7億円未満	2億5,000万円以上 5億円未満	2億円以上 4億円未満	0．75	
7,000万円以上 2億円未満	4,000万円以上 2億5,000万円未満	5,000万円以上 2億5,000万円未満	5 人 超 20 人 以 下	2億円以上 3億5,000万円未満	6,000万円以上 2億5,000万円未満	8,000万円以上 2億円未満	0．60	
7,000万円未満	4,000万円未満	5,000万円未満	5 人 以 下	2億円未満	6,000万円未満	8,000万円未満	小 会 社	

・「会社規模とLの割合（中会社）の区分」欄は、㋺欄の区分（「総資産価額（帳簿価額）」と「従業員数」とのいずれか下位の区分）と㋩欄（取引金額）の区分とのいずれか上位の区分により判定します。

判定

大 会 社	中　　会　　社			小 会 社	
	L の 割 合				
	0．90	0．75	0．60		

4．増（減）資の状況その他評価上の参考事項

剰余金の配当に関する事項
　(1)支払に係る基準日　令和6年3月31日
　(2)効力発生日　　　　令和6年6月26日

<解説>

①直前期末の総資産価額について

　貸借対照表の資産合計の金額を基に、下記の通り調整を行い求めます。

　　　492,633千円＋216千円（貸倒引当金）＝492,849千円

　なお、減価償却累計額は控除した金額を使用しますが、純資産の部に計上されている圧縮積立金は控除をしないことに留意しておきましょう。

②従業員の算定について

　継続勤務従業員の人数の算定を行う場合に、役員の範囲については十分注意する必要があります。

　従業員には、社長、理事長並びに法令71条（使用人兼務役員とされない役員）１項１号、２号及び４号に掲げる役員は含まないこととされています。

◆法人税法施行令（使用人兼務役員とされない役員）

第71条　法第34条第６項（役員給与の損金不算入）に規定する政令で定める役員は、次に掲げる役員とする。
　一　代表取締役、代表執行役、代表理事及び清算人
　二　副社長、専務、常務その他これらに準ずる職制上の地位を有する役員
　四　取締役（指名委員会等設置会社の取締役及び監査等委員である取締役に限る。）、会計参与及び監査役並びに監事

　指名委員会等を設置している場合の取締役については、代表取締役と同様に従業員の人数に算入しませんが、指名委員会等を設置していない場合で、専務や常務などの職制上の地位を有していない取締役については、従業員として人数の算定対象になりますので注意が必要となります。

③増（減）資の状況その他評価上の参考事項

　直前期末から課税時期までの間に配当金の効力が発生したものがある場合には、第３表で株式の価額の修正があります。参考事項には配当基準日及び効力発生日を記載しておきます。

▶実務上のポイント

　従業員数の人数算定は誤りが多いところになります。従業員数が５人、20人、35人、70人のそれぞれのラインに近い場合には、会社区分の判定に影響がありますので、正確に人数を求めるようにしましょう。

第 **4** 節

第2表　特定の評価会社の判定の明細書

　第2表は、評価会社が特定の評価会社に該当するか否かを判定する明細書となります。

　配当還元方式を適用できる株主について、原則的評価方式等の計算を省略する場合（原則的評価方式等により計算した価額が配当還元価額よりも明らかに高いと認められる場合)には、第2表は記載する必要はありません。

　全体的な構成は、下記の通りとなります。具体的には82頁で解説の通り、(1 － ①)⇒(1 － ②)⇒(1 － ③)⇒(1 － ④)⇒(1 － ⑤)⇒(1 － ⑥) の順に判定を行います。

第2表の全体的な構成と実務上のポイント

構　成	内　　容	実務上のポイント
1－⑥	比準要素数1の会社の判定	第4表に記載する類似業種比準価額の各数値が適正に求められているかどうかが重要となります。（1－①から④に該当した場合には記載不要）
1－⑤	株式等保有特定会社の判定	第5表により株式等保有割合が適正に求められているかどうかが重要となります。（1－①から④に該当した場合には記載不要）株式等保有特定会社の場合には、Ｌの割合を使用するため、比準要素数1の会社の判定も必要になります。
1－④	土地保有特定会社の判定	第5表により土地保有割合が適正に求められているかどうかが重要となります。（1－①から③に該当した場合には記載不要）
1－③	開業後3年未満の会社・比準要素数0の会社の判定	第4表より記載することになりますので、類似業種比準価額の数値が適正に求められているかどうかが重要となります。（1－①から②に該当した場合には記載不要）
1－②	開業前又は休業中の会社等の判定	（1－①に該当した場合には記載不要）
1－①	清算中の会社の判定	
2	特定の評価会社の判定結果	特定の評価会社に該当した場合のみ〇で囲みます。

300

第4節　第2表　特定の評価会社の判定の明細書

【第2表の構成要素】

第2表　特定の評価会社の判定の明細書　　　　　会社名

（令和六年一月一日以降用）

	判　定　要　素						判定基準	(1)欄のいずれか2の判定要素が0であり、かつ、(2)欄のいずれか2以上の判定要素が0である（該当）・でない（非該当）
1. 比準要素数1の会社	（1）直前期末を基とした判定要素							
	第4表の㉑の金額	第4表の㉒の金額	第4表の㉓の金額	1－⑥		第4表の㉒の金額		
	円　銭 0	円	円 銭		円 0	円	判定	該　当　　非該当

1－⑥

	判　定　要　素			判定基準	③の割合が50%以上である	③の割合が50%未満である
2. 株式等保有特定会社	総資産価額（第5表の①の金額）	株	株式等保有割合（②／①）			
	① 千円	1－⑤	③ ％	判定	該　当	非該当

1－⑤

	判　定　要　素			会　社　の　規　模　の　判　定
	総　資　産　価　額（第5表の①の金額）	土地等の価額の合計額（第5表の㋬の金額）	土地保有割合（⑤／④）	（該当する文字を○で囲んで表示します。）
3. 土地保有特定会社	④ 千円	⑤ 千円	⑥ ％	大会社・中会社・小会社

1－④

	判定基準　会社の規模	大			小　会　社（総資産価額（帳簿価額）が次の基準に該当する会社）
					・卸売業　　　　　　　　　　　・卸売業 20億円以上　　　7,000万円以上20億円未満 ・小売・サービス業　　　　　・小売・サービス業 15億円以上　　　4,000万円以上15億円未満 ・上記以外の業種　　　　　　・上記以外の業種 15億円以上　　　5,000万円以上15億円未満
	⑥の割合	70%以上	70%未満	90%以上	90%未満	70%以上	70%未満	90%以上	90%未満
	判　定	該当	非該当	該当	非該当	該当	非該当	該当	非該当

4. 開業後3年未満の会社等	（1）開業後3年未満の会社	判　定　要　素		判定基準	課税時期において開業後3年未満である	課税時期において開業後3年未満でない
		開業年月日	年　月　日	判定	該　当	非　該　当
	（2）比準要素数0の会社	直前期末を基		判定基準	直前期末を基とした判定要素がいずれも0である（該当）・でない（非該当）	
		判定要素	第4表の㉑の金額　第4表の㉒の金額　㉓の金額			
			円　銭 0　円　円	判定	該　当	非　該　当

1－③

5. 開業前又は休業中	1－②	休業中の会社の判定		定
			該当	非該当

6. 清算中の	1－①		定
			非該当

1－②　　1－①

7. 特定の評価会社の判定結果	1. 比準要素数1の会社　　　　　　　2. 株式等保有特定会社 3. 土地保有特定会社　　　　　　　　4. 開業後3年未満の会社等 5. 開業前又は休業中の会社　　　　　6. 清算中の会社

2

該当する番号を○で囲んでください。なお、上記の「1. 比準要素数1の会社」欄から「6. 清算中の会社」欄の判定において2以上に該当する場合には、後の番号の判定によります。

第2表の記載内容は次頁で解説します。
用意するべき資料は下記の通りとなります。
・第4表・第5表
・相続後の会社の謄本

第3章　評価明細書への記載方法

　1-③から⑥は「判定要素」、「判定基準」、「判定」の3つの欄がありますが、実際に記載を要するのは「判定要素」の各欄と「判定」欄であり、該当する文字を○で囲んで表示します。

第2表の具体的な記載方法

構　成	内　容	判定要素の記載事項、留意点
1-⑥	比準要素数1の会社の判定	第4表から転記することになりますが、特に©1、©2の利益金額については、1年の利益金額と2年平均の利益金額で選択することができることになっており、どちらを選択するかによって判定結果が異なることもあるため、注意が必要となります。
1-⑤	株式等保有特定会社の判定	第5表から転記することになります。
1-④	土地保有特定会社の判定	割合は1％未満の端数を切り捨てて記載します。
1-③	開業後3年未満の会社の判定	実際に営業を開始した日を記載します。 実務上は、明らかに3年を経過しているものについては、会社謄本より設立日を記載することで問題はないかと思いますが、3年を経過しているか判断に迷うときには、開業年月日について、実際に営業を開始した日、所得を得るために具体的な活動をした日等を確認して、開業年月日をいつにするのかを検討する必要があります。
	比準要素数0の会社の判定	比準要素数1の会社と同様の考え方です。
1-②	開業前又は休業中の会社の判定	開業前とは、設立日から営業を開始する日までの期間をいいます。 休業中の会社とは、課税時期の前後において長期間企業活動をしていない会社である場合をいいます。課税時期の直前期の利益金額や配当金額が存在し、課税時期においてたまたま一時的に休業をしており、課税時期後に事業を再開することが明らかである場合には、「休業中の会社」として取り扱わないことが相当であると考えられます。
1-①	清算中の会社の判定	解散等をした後、清算手続に入っている会社をいいます。
2	特定の評価会社の判定結果の判定	特定の評価会社に該当した場合のみ○で囲みます。

▶ 第2表の記載例

　評価会社は家具製造業を営む会社であり、創業者である社長が46年間事業を行ってきましたが、相続発生に伴い、後継者である長男が社長が所有していた株式をすべて相続することになりました。

　評価会社の第4表及び第5表、その他の事項は下記の通りです。この場合における第2表を作成してみましょう。

前提事項

■評価会社の基本情報

会社名	：家具製造株式会社
課税時期	：令和6年5月15日
会社の決算日	：毎年3月31日
設立年月日	：昭和45年5月1日（営業を開始した日は昭和45年5月15日）
会社の規模	：中会社

■第4表（一部抜粋）

		直前期末以前2（3）年間の年平均配当金額				比準要素数1の会社・比準要素数0の会社の判定要素の金額		
2比準要素等の金額の計算	1株50円当たりの年配当金額	⑥年配当金額	⑦左のうち非経常的な配当金額	⑧差引経常的な年配当金額（⑥－⑦）	年平均配当金額	⑨/⑤	⑧ 2 円	0 銭
		事業年度						
		直前期 1,200千円	千円	⑦ 1,200千円	⑨（⑦+㋺）÷2 1,200千円	⑩/⑤	㋭ 2 円	0 銭
		直前々期 1,200千円	千円	㋺ 1,200千円		1株（50円）当たりの年配当金額（⑧）の金額		
		直前々期の前期 1,200千円	千円	㋩ 1,200千円	⑩（㋺+㋩）÷2 1,200千円	⑧	2 円	0 銭
	1株50円当たりの年利益金額	直前期末以前2（3）年間の利益金額				比準要素数1の会社・比準要素数0の会社の判定要素の金額		
		事業年度	⑪法人税の課税所得金額	⑫非経常的な利益金額	⑬受取配当等の益金不算入額	⑭左の所得税額	⑮損金算入した繰越欠損金の控除額	⑯差引利益金額（⑪－⑫+⑬－⑭+⑮）
		直前期 36,000千円	0千円	0千円	0千円	0千円	㋥ 36,000千円
		直前々期 35,000千円	0千円	0千円	0千円	0千円	㋬ 35,000千円
		直前々期の前期 34,000千円	0千円	0千円	0千円	0千円	㋣ 34,000千円
	1株（50円）当たりの純資産価額の計算	直前期末（直前々期末）の純資産価額				比準要素数1の会社・比準要素数0の会社の判定要素の金額		
		事業年度	⑰資本金等の額	⑱利益積立金額	⑲純資産価額（⑰+⑱）	⑨/⑤	㋬ 900 円	
						⑳/⑤	㋭ 883 円	
		直前期 30,000千円	510,000千円	㋠ 540,000千円		1株（50円）当たりの純資産価額（㋬）の金額		
		直前々期 30,000千円	500,000千円	㋷ 530,000千円		⑩ 900 円		

比準要素1：⑨/⑤ 又は ㋭（㋥+㋬）÷2 ／⑤ ⑥ 59 円
⑩/⑤ 又は ⑩（㋬+㋣）÷2 ／⑤ ⑥' 57 円
1株（50円）当たりの年利益金額 ⓒ 59 円

303

■第5表（一部抜粋）

1. 資産及び負債の金額（課税時期現在）			
資 産 の 部			
科　　　目	相続税評価額	帳簿価額	備考
	千円	千円	
〜〜〜〜〜〜〜〜〜	〜〜〜〜〜〜〜〜	〜〜〜〜〜〜〜〜	
合　　計	① 496,949	② 492,849	
株式等の価額の合計額	㋑ 4,000	㋺ 4,000	
土地等の価額の合計額	㋩ 200,000		
現物出資等受入れ資産の価額の合計額	㋥	㋭	

304

記載例

第2表　特定の評価会社の判定の明細書　　会社名 家具製造株式会社

（令和六年一月一日以降用）

1. 比準要素数1の会社

判　定　要　素						判定基準	[1]欄のいずれか2の判定要素が0であり、かつ、[2]欄のいずれか2以上の判定要素が0である（該当）・でない（非該当）	
（1）直前期末を基とした判定要素			（2）直前々期末を基とした判定要素					
第4表の⑤₁の金額	第4表の⑥₁の金額	第4表の⑦₁の金額	第4表の⑤₂の金額	第4表の⑥₂の金額	第4表の⑦₂の金額	判定	該　当	（非該当）
円　銭　2　0	円　59	円　900	円　銭　2　0	円　57	円　883			

2. 株式等保有特定会社

判　定　要　素			判定基準	③の割合が50%以上である	③の割合が50%未満である
総資産価額（第5表の①の金額）	株式等の価額の合計額（第5表の④の金額）	株式等保有割合（②／①）			
①　千円　496,949	②　千円　4,000	③　％　0	判定	該　当	（非該当）

3. 土地保有特定会社

判　定　要　素			会社の規模の判定（該当する文字を○で囲んで表示します。）
総資産価額（第5表の①の金額）	土地等の価額の合計額（第5表の⑥の金額）	土地保有割合（⑤／④）	
④　千円　496,949	⑤　千円　200,000	⑥　％　40	大会社・（中会社）・小会社

判定基準	会社の規模	大会社	中会社	小会社（総資産価額（帳簿価額）が次の基準に該当する会社）	
				・卸売業　20億円以上	・卸売業　7,000万円以上20億円未満
				・小売・サービス業　15億円以上	・小売・サービス業　4,000万円以上15億円未満
				・上記以外の業種　15億円以上	・上記以外の業種　5,000万円以上15億円未満
	⑥の割合	70%以上	70%未満	90%以上	90%未満	70%以上	70%未満	90%以上	90%未満
	判定	該当	非該当	該当	（非該当）	該当	非該当	該当	非該当

4. 開業後3年未満の会社等

（1）開業後3年未満の会社

判定要素	判定基準	課税時期において開業後3年未満である	課税時期において開業後3年未満でない
開業年月日　昭45年5月15日	判定	該　当	（非該当）

（2）比準要素数0の会社

判定要素	直前期末を基とした判定要素			判定基準	直前期末を基とした判定要素がいずれも0である（該当）・でない（非該当）	
	第4表の⑤₁の金額	第4表の⑥₁の金額	第4表の⑦₁の金額			
	円　銭　2　0	円　59	円　900	判定	該　当	（非該当）

5. 開業前又は休業中の会社

開業前の会社の判定		休業中の会社の判定	
該　当	（非該当）	該　当	（非該当）

6. 清算中の会社

判　定	
該　当	（非該当）

7. 特定の評価会社の判定結果

1. 比準要素数1の会社　　　　2. 株式等保有特定会社

3. 土地保有特定会社　　　　　4. 開業後3年未満の会社等

5. 開業前又は休業中の会社　　6. 清算中の会社

該当する番号を○で囲んでください。なお、上記の「1. 比準要素数1の会社」欄から「6. 清算中の会社」欄の判定において2以上に該当する場合には、後の番号の判定によります。

（取引相場のない株式（出資）の評価明細書）

<解説>

評価会社の判定手順及び判定結果は下記の通りとなります。

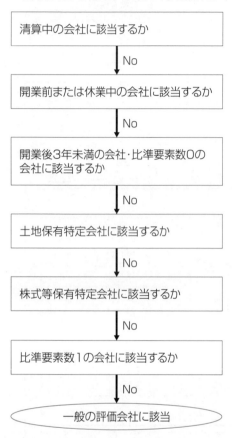

開業年月日は、実際に営業を開始した日を記載しますので、昭和45年5月15日と記載して判定することになります。

比準要素数0の会社や比準要素数1の会社の判定で使用する第4表の㉑の金額及び㉒の金額については、第4表で1年間の利益金額で計算するか、2年間の平均金額で計算するかで選択適用することができますので、第4表を作成するときに注意しましょう（331頁参照）。

土地保有特定会社及び株式等保有特定会社の判定については、第5表の土地等の価額の合計額並びに株式等の価額の合計額が正確に求められているか必ず確認しましょう。

▶実務上のポイント

　第2表の判定を省略して評価方式の判定を間違えてしまうことは、実務上少なくありません。例えば、従業員が70人超で大会社に該当するため、類似業種比準価額で計算をして申告をしていたが、実は株式等保有特定会社に該当し、後日修正申告になるような誤りが挙げられます。

　特定の評価会社に該当するか否かは、株式価額の算定上、非常に重要な事項になりますので、第4表及び第5表を正確に計算して特定の評価会社の判定を行うようにしましょう。

第 **5** 節

第3表　一般の評価会社の株式及び株式に関する権利の価額の計算明細書

1　第3表の全体的な構成

　第3表は、一般の評価会社と判定された会社の最終的な株式の評価額を記載する明細書となります。

　特定の評価会社と判定された場合には、最終的な株式の評価額の記載は第6表にて行いますので、第3表は使用しないことになります。

　全体的な構成は、下記の通りとなります。

　原則的評価方式が適用される株主の場合には、1－①及び1－②で株式の評価額を算定します。特例的評価方式が適用される株主の場合には、1－①及び1－②で原則的評価方式による価額の算定と、2で配当還元方式による価額の算定を行い、その後に原則的評価方式による価額と配当還元方式による価額のいずれか低い価額を最終的な株式の価額とします。

　なお、配当期待権など株式に関する権利の価額がある場合には、株主の区分にかかわらず3の該当する欄に記載することになります。

第3表の全体的な構成と株主区分ごとの記載の要否

構　成	内　　容	原則的評価方式が適用される株主	特例的評価方式が適用される株主
1-①	原則的評価方式による価額	記載必要	記載必要※1
1-②	株式の価額の修正※2	該当する場合のみ記載必要	該当する場合のみ記載必要※1
2	配当還元方式による価額	記載不要	記載必要
3	株式に関する権利の価額※2	該当する場合のみ記載必要	該当する場合のみ記載必要
4	株式及び株式に関する権利の価額	記載必要	記載必要

※1　明らかに原則的評価方式による価額＞配当還元方式による価額である場合には、「1. 原則的評価方式による価額」は記載を省略して問題ありません。

※2　漏れやすい項目になりますので、どのような場合に修正や記載が必要なのか確認しておきましょう。

第5節　第3表　一般の評価会社の株式及び株式に関する権利の価額の計算明細書

【第3表の構成要素】

第3表　一般の評価会社の株式及び株式に関する権利の価額の計算明細書　　会社名

（令和六年一月一日以降用）

（取引相場のない株式（出資）の評価明細書）

1　原則的評価方式による価額

1株当たりの価額の計算の基となる金額

類似業種比準価額（第4表の㉖、㉗又は㉘の金額）	1株当たりの純資産価額（第5表の⑪の金額）	1株当たりの純資産価額の80%相当額（第5表の⑫の記載がある場合のその金額）
①　　　　　　円	②　　　　　　円	③　　　　　　円

1株当たりの価額の計算

区　分	1株当たりの価額の算定方法	1株当たりの価額
大会社の株式の価額	次のうちいずれか低い方の金額（② ... 額）　イ　①の金額　ロ　②の金額　**1－①**	④　　　　　円
中会社の株式の価額	（①と②とのいずれか低い方の金額 × Lの割合）＋（②の金額（③の金額があるときは③の金額）×（1－ Lの割合））	⑤　　　　　円
小会社の株式の価額	次のうちいずれか低い方の金額（③の金額があるときは③の金額）　イ　②の金額　ロ　（①の金額 × 0.50）＋（イの金額 × 0.50）	⑥　　　　　円

株式の価額の修正

課税時期において配当期待権の発生している場合	株式の価額〔④、⑤又は⑥の金額〕 － 1株当たりの配当金額　**1－②**　銭	修正後の株式の価額　⑦　　　円
課税時期において株式の割当てを受ける権利、株主となる権利又は株式無償交付期待権の発生している場合	株式の価額〔④、⑤又は⑥（⑦があるときは⑦）の金額〕＋ 割当てを受ける1株当たりの払込金額 × 1株当たりの割当株式数 ÷（1株＋ 1株当たりの割当株式数又は交付株式数　株）	修正後の株式の価額　⑧　　　円

2　配当還元方式による価額

1株当たりの資本金等の額、発行済株式数等

1株当たりの資本金等の額	直前期末の発行済株式数	直前期末の自己株式数	1株当たりの資本金等の額を50円とした場合の発行済株式数（⑨ ÷ 50円）	1株当たりの資本金等の額（⑨÷（⑩－⑪））
⑨　　千円	⑩　　株	⑪　　株	⑫　　株	⑬　　円

直前期末以前2年間の配当金額

事業年度	⑭ 年配当金額	⑮ 左のうち非経常的な配当金額	⑯ 差引経常的な年配当金額（⑭ － ⑮）	年平均配当金額
直前期	千円	千円　㋑	千円	⑰（㋑＋㋺）÷ 2　千円
直前々期	千円　**2**		千円	

1株（50円）当たりの年配当金額

年平均配当金額（⑰の金額） ÷ ⑫の株式数 ＝	⑱　　円　　銭	この金額が2円50銭未満の場合は2円50銭とします。

配当還元価額

⑱の金額 / 10% × ⑬の金額 / 50円 ＝	⑲　　円	⑳　　円	⑳の金額が、原則的評価方式により計算した価額を超える場合には、原則的評価方式により計算した価額とします。

3　株式に関する権利の価額（1.及び2.に共通）

配当期待権	1株当たりの予想配当金額（　円　銭） － 源泉徴収されるべき所得税相当額（　円　銭）	㉑　円　銭
株式の割当てを受ける権利（割当株式1株当たりの価額）	⑧（配当還元方式の場合は⑳）の金額 － 割当株式1株当たりの払込金額　**3**	㉒　円
株主となる権利（割当株式1株当たりの価額）	⑧（配当還元方式の場合は⑳）の金額（課税時期後にその株主となる権利につき払い込むべき金額があるときは、その金額を控除した金額）	㉓　円
株式無償交付期待権（交付される株式1株当たりの価額）	⑧（配当還元方式の場合は⑳）の金額	㉔　円

4．株式及び株式に関する権利の価額（1.及び2.に共通）

株式の評価額　**4**	円
株式に関する権利の評価額	（円　銭）

309

第3章　評価明細書への記載方法

2　1－①、1－②、3の記載方法

第3表　一般の評価会社の株式及び株式に関する権利の価額の計算明細書　会社名

（取引相場のない株式（出資）の評価明細書）

（令和六年一月一日以降用）

1－①

1－②

3

原則的評価方式による価額及び株式に関する権利の価額について記載します。
用意するべき資料は下記の通りです。
・第4表、第5表
・直前期末から課税時期までの配当や増資に係る議事録
・直前期末と直前々期末の個別注記表、株主資本等変動計算書

4．株式及び株式に関する権利の価額
（1．及び2．に共通）

310

第5節　第3表　一般の評価会社の株式及び株式に関する権利の価額の計算明細書

　一般の評価会社で原則的評価方式が適用される株主の株式の価額は1－①及び1－②の明細書で計算をすることになります。

1－①、1－②の具体的な記載方法

記載項目		記載内容
1－①	1株当たりの価額の計算	第4表及び第5表に基づき記載することになります。 実務上は、大会社で類似業種比準価額＜純資産価額が明らかである場合には、類似業種比準価額の計算のみで行うことは少なくありません。 また、純資産価額がマイナスである場合には、類似業種比準価額の算定は不要となります。 ⑤及び⑥の各金額について表示単位未満の端数を切り捨てることにより0となる場合には、分数または小数点（課税時期基準、本章第10節参照）により記載します。
1－②	株式の価額の修正	直前期末から課税時期までの間に配当期待権や株式の割当てを受ける権利等が発生している場合には記載を要します。 第4表での修正と混同しやすい箇所となりますので、注意しておきましょう。 （詳細は、142頁で解説しています。） 記載上の留意点として、「1株当たりの割当株式数」及び「1株当たりの割当株式数又は交付株式数」は、1株未満の株式数を切り捨てずに実際の株式数を記載しますので、注意しておきましょう。 ⑦及び⑧の各金額について表示単位未満の端数を切り捨てることにより0となる場合には、分数または小数点（課税時期基準、本章第10節参照）により記載します。

　原則的評価方式が適用される株主、特例的評価方式が適用される株主に共通して、下記の事由が発生している場合には、それぞれ株式の権利の価額を記載します。なお、株式に関する権利が複数発生している場合には、それぞれの金額ごとに別に記載します。

3の具体的な記載方法

記載項目	該当事由
配当期待権	配当金交付の基準日の翌日から配当金交付の効力が発生する日までの間に課税時期がある場合に記載します。 配当期待権の価額は、円単位で円未満2位（銭単位）により記載します。
株式の割当てを受ける権利	株式の割当基準日の翌日から株式の割当ての日までの間に課税時期がある場合に記載します。㉒の金額について表示単位未満の端数を切り捨てることにより0となる場合には、分数または小数点（課税時期基準、本章第10節参照）により記載します。
株主となる権利	会社設立の場合には、株式の申込みに対して割当てがあった日の翌日から会社設立登記の前日までの間、株式の割当ての場合には、株式の申込みに対して割当てがあった日の翌日から払込期日までの間に課税時期がある場合に記載します。㉓の金額について表示単位未満の端数を切り捨てることにより0となる場合には、分数または小数点（課税時期基準、本章第10節参照）により記載します。
株式無償交付期待権	株式無償交付の基準日の翌日から株式の無償交付の効力が発生する日までの間に課税時期がある場合に記載します。

第3章　評価明細書への記載方法

3　2、4の記載方法

第3表　一般の評価会社の株式及び株式に関する権利の価額の計算明細書　　会社名　　　　　　　　　（令和六年一月一日以降用）

配当還元方式による価額について記載します。
用意するべき資料は下記の通りです。
・直前期末の法人税の申告書
・直前期、直前々期の株主資本変動計算書、個別注記表

2

一般の評価会社の最終値である株式の評価額、株式に関する権利の評価額について解説します。

4

312

配当還元方式による価額の計算は、下記の通り記載を行います。

２の具体的な記載方法

記載項目	記載内容
１株当たりの資本金等の額、発行済株式数等	「直前期末の資本金等の額」欄の⑨の金額は、法人税申告書別表五（一）の「差引翌期首現在資本金等の額」の「差引合計額」欄の金額を記載します。 ⑬の金額について表示単位未満の端数を切り捨てることにより０となる場合には、分数または小数点（直前期末基準、本章第10節参照）により記載します。
直前期末以前２年間の配当金額	第４表の１株当たりの年配当金額の求め方と同様の考え方になります。 「年配当金額」欄には、各事業年度中に配当金交付の効力が発生した剰余金の配当（資本金等の額の減少によるものを除きます）の金額を記載します。 「左のうち非経常的な配当金額」欄は、年配当金額のうち、特別配当・記念配当等のように、毎期継続的に発生するものではない配当金額を記載します。 「直前期」欄の記載にあたって、１年未満の事業年度がある場合には、直前期末以前１年間に対応する期間に配当金交付の効力が発生した剰余金の配当金額の合計額を記載します。「直前々期」の欄についても、これに準じて記載します。
「配当還元価額」欄の⑲及び⑳の金額	⑲及び⑳の各金額について表示単位未満の端数を切り捨てることにより０となる場合には、分数または小数点（直前期末基準、本章第10節参照）により記載します。 原則的評価方式により計算した価額が配当還元価額よりも高いと認められるときには、「１．原則的評価方式による価額」欄の計算を省略しても差し支えありません。

法人税の申告書（別表五（一）一部抜粋）

Ⅱ　資本金等の額の計算に関する明細書

区　　　分		期　首　現　在 資本金等の額 ①	当　期　の　増　減		差引翌期首現在 資本金等の額 ①－②＋③
			減 ②	増 ③	④
資本金又は出資金	32	円	円	円	円
資　本　準　備　金	33				
	34				
	35				
差　引　合　計　額	36				

最後に、一般の評価会社の最終値である株式の評価額及び株式に関する権利の評価額を記載します。

４の具体的な記載方法

記載項目	該当事由
株式の評価額	原則的評価方式が適用される株主の場合には、④欄から⑧欄までにより計算をした最終値を記載します。 特例的評価方式が適用される株主の場合には、⑳欄の値を記載します。
株式に関する権利の評価額	㉑欄から㉔欄までにより計算した株式に関する権利の価額を記載します。

313

▶第3表の記載例

第1表で特例的評価方式が適用された株主について、評価会社が下記の前提事項である場合における第3表を作成してみましょう。

前提事項

■評価会社の基本情報

会社名　　　：家具製造株式会社

課税時期　　：令和6年6月27日

会社の決算日：毎年3月31日

会社の規模　：中会社でLの割合は0.75

■剰余金の配当に関する事項

令和6年6月28日の定時株主総会で次の通り決議をしている。

① 配当金の総額　　　：1,200,000円

② 1株当たりの配当額：20円

③ 基準日　　　　　　：令和6年3月31日

④ 効力発生日　　　　：令和6年6月28日

■第4表（一部抜粋）

1. 1株当たりの資本金等の額等の計算		直前期末の資本金等の額 ① 30,000 千円	直前期末の発行済株式数 ② 61,000 株	直前期末の自己株式数 ③ 1,000 株	1株当たりの資本金等の額（①÷（②－③）） ④ 500 円	1株当たりの資本金等の額を50円とした場合の発行済株式数（①÷50円） ⑤ 600,000 株
2. 比準要素等の金額	1株50円当たりの年配当金額	直前期末以前2（3）年間の年平均配当金額			比準要素数1の会社・比準要素数0の会社の判定要素の金額	
		事業年度 ⑥年配当金額	⑦左のうち非経常的な配当金額	⑧差引経常的な年配当金額（⑥－⑦）	年平均配当金額 ⑨/⑤ ⑨ 2 円 0 銭	
		直前期 1,200千円	⑦ 千円	⑦ 1,200 千円	⑨（⑦+⑨）÷2 1,200 千円 ⑩/⑤ ⑩ 2 円 0 銭	
		直前々期 1,200千円	⑥ 千円	⑥ 1,200 千円	⑩（⑥+⑨）÷2 1,200 千円 1株（50円）当たりの年配当金額（⑨の金額）	
		直前々期の前期 1,200千円	千円	⑨ 1,200 千円	⑧ 2 円 0 銭	
	1株50円当たりの	直前期末以前2（3）年間の利益金額				比準要素数1の会社・比準要素数0の会社の判定要素の金額
		事業年度	⑪法人税の課	⑫非経常的な ⑬受取配当等の	⑭左の所得税	⑮損金算入した繰越欠損金の ⑯差引利益金額（⑪－⑫+⑬ ⑨又は⑥+⑨）÷2 © 円

		A（うち最も低いもの）	割　合	3	＝ ・ 0

計算		1株当たりの比準価額	比準価額（㉒と㉕とのいずれか低い方の金額）　×　④の金額／50円	㉖ 2,624 円
比準価額の修正	直前期末の翌日から課税時期までの間に配当金交付の効力が発生した場合	比準価額（㉖の金額） －	1株当たりの配当金額 円 銭	修正比準価額 ㉗ 円
	直前期末の翌日から課税時期までの間に株式の割当て等の効力が発生した場合	比準価額〔㉖（㉗がある（ときは㉗）の金額）〕＋	割当株式1株当たりの払込金額 円 銭 × 1株当たりの割当株式数 株）÷（1株＋ 1株当たりの割当株式数又は交付株式数 株）	修正比準価額 ㉘ 円

314

■第5表（一部抜粋）

2. 評価差額に対する法人税額等相当額の計算			3. 1株当たりの純資産価額の計算		
相続税評価額による純資産価額 （①－③）	⑤	290,149　千円	課税時期現在の純資産価額 （相続税評価額）　　　　　　（⑤－⑧）	⑨	288,632　千円
帳簿価額による純資産価額 （（②＋㈡－㈮－④）、マイナスの場合は0）	⑥	286,049　千円	課税時期現在の発行済株式数 （（第1表の1の①）－自己株式数）	⑩	1,000　株
評価差額に相当する金額 （⑤－⑥、マイナスの場合は0）	⑦	4,100　千円	課税時期現在の1株当たりの純資産価額 （相続税評価額）　　　　　　（⑨÷⑩）	⑪	288,632　円
評価差額に対する法人税額等相当額 （⑦×37%）	⑧	1,517　千円	同族株主等の議決権割合（第1表の1の⑤の割合）が50％以下の場合　　　（⑪×80％）	⑫	円

315

第3表 一般の評価会社の株式及び株式に関する権利の価額の計算明細書

会社名 家具製造株式会社
（令和六年一月一日以降用）

1 原則的評価方式による価額

1株当たりの価額の計算の基となる金額

類似業種比準価額（第4表の㉖、㉗又は㉘の金額）	1株当たりの純資産価額（第5表の⑪の金額）	1株当たりの純資産価額の80％相当額（第5表の⑫の記載がある場合のその金額）
① 2,624 円	② 288,632 円	③ 円

1株当たりの価額の計算

区分	1株当たりの価額の算定方法	1株当たりの価額
大会社の株式の価額	次のうちいずれか低い方の金額（②の記載がないときは①の金額） イ ①の金額 ロ ②の金額	④ 円
中会社の株式の価額	（①と②とのいずれか低い方の金額 × Lの割合 0.75）＋（②の金額（③の金額があるときは③の金額）×（1 − Lの割合 0.75））	⑤ 74,126 円
小会社の株式の価額	次のうちいずれか低い方の金額 イ ②の金額（③の金額があるときは③の金額） ロ （①の金額 × 0.50）＋（イの金額 × 0.50）	⑥ 円

株式の価額の修正

	株式の価額	1株当たりの配当金額	修正後の株式の価額
課税時期において配当期待権の発生している場合	[④、⑤又は⑥の金額] −	20円 0銭	⑦ 74,106 円
課税時期において株式の割当てを受ける権利、株主となる権利又は株式無償交付期待権の発生している場合	株式の価額 ((④、⑤又は⑥（⑦があるときは⑦）の金額)+ 割当株式1株たりの払込金額 円 × 1株当たり割当株式数 株) ÷ (1株＋ 1株当たりの割当株式数又は交付株式数 株)		⑧ 円

2 配当還元方式による価額

1株当たりの資本金等の額、発行済株式数等

直前期末の資本金等の額	直前期末の発行済株式数	直前期末の自己株式数	1株当たりの資本金等の額を50円とした場合の発行済株式数（⑨÷50円）	1株当たりの資本金等の額（⑨÷（⑩−⑪））
⑨ 30,000 千円	⑩ 61,000 株	⑪ 1,000 株	⑫ 600,000 株	⑬ 500 円

直前期末以前2年間の配当金額

事業年度	⑭ 年配当金額	⑮ 左のうち非経常的な配当金額	⑯ 差引経常的な年配当金額（⑭−⑮）	年平均配当金額
直前期	1,200 千円	イ 千円	イ 1,200 千円	⑰ (イ+ロ)÷2 千円
直前々期	1,200 千円	ロ 千円	ロ 1,200 千円	1,200

1株（50円）当たりの年配当金額

年平均配当金額（⑰の金額）÷ ⑫の株式数 ＝ ⑱ 2円50銭
（この金額が2円50銭未満の場合は2円50銭とします。）

配当還元価額

$\dfrac{⑱の金額}{10\%} \times \dfrac{⑬の金額}{50円}$ ＝ ⑲ 250 円　⑳ 250 円

⑲の金額が、原則的評価方式により計算した価額を超える場合には、原則的評価方式により計算した価額とします。

3 株式に関する権利の価額（1.及び2.に共通）

	1株当たりの予想配当金額	源泉徴収されるべき所得税相当額		
配当期待権	(20円 0銭) − (4円 08銭)	㉑ 15円 92銭		
株式の割当てを受ける権利（割当株式1株当たりの価額）	⑧（配当還元方式の場合は⑳）の金額 − 割当株式1株当たりの払込金額 円	㉒ 円		
株主となる権利（割当株式1株当たりの価額）	⑧（配当還元方式の場合は⑳）の金額（課税時期後にその株主となる権利につき払い込むべき金額があるときは、その金額を控除した金額）	㉓ 円		
株式無償交付期待権（交付される株式1株当たりの価額）	⑧（配当還元方式の場合は⑳）の金額	㉔ 円		

4. 株式及び株式に関する権利の価額（1.及び2.に共通）

株式の評価額	250 円
株式に関する権利の評価額	（円 92 銭） 15

＜解説＞

1．原則的評価方式による価額

　評価会社は中会社になりますので、中会社の区分欄で1株当たりの価額の計算をすることになります。なお、課税時期において配当期待権が発生していますので、株式の価額の修正も必要になります。

　設例のように明らかに原則的評価方式による価額＞配当還元方式による価額である場合には、「1．原則的評価方式による価額」欄の記載は省略しても問題はありません。

2．配当還元方式による価額

　1株当たりの資本金等の額、発行済株式数等及び直前期末以前2年間の配当金額については、第4表の1株当たりの年配当金額と同様に記載を行います。

　1株（50円）当たりの年配当金額の計算では、1,200千円÷600,000株＝2円となりますが、2円50銭未満となりますので、2円50銭と記載を行います。

3．株式に関する権利の価額

　課税時期において配当期待権が発生していますので、配当期待権から源泉所得税（20円×20.42％）を控除した金額を記載します。

　なお、配当期待権は円未満2位まで求めて記載をします。

4．株式及び株式に関する権利の価額

　特例的評価方式が適用される株主の場合の株式の評価額は、⑳欄より転記をします。

　株式に関する権利の評価額は、記載漏れが少なくない箇所になりますので、留意しておきましょう。

> ### ▶実務上のポイント
>
> 　特例的評価方式が適用される株主の場合には、原則的評価方式による価額の計算を省略することが少なくありませんが、純資産価額が0であること等により、原則的評価方式による価額＜配当還元価額となる場合もありえますので、注意しましょう。

第6節

第4表　類似業種比準価額等の 計算明細書

1　第4表の全体的な構成

　第4表は、類似業種比準価額を計算するための明細書となります。

　清算中の会社、開業前または休業中の会社、開業後3年未満の会社、土地保有特定会社に該当する場合には、類似業種比準価額の計算をしないため、第4表は使用しないことになります。

　全体的な構成は、下記の通りとなります。**構成1及び2-①②③**で類似業種比準価額を計算するための情報を記載し、次いで**構成3-①**で類似業種比準価額の計算を行います。

第4表の全体的な構成と実務上のポイント

構　成	内　容	実務上のポイント
1	1株当たりの資本金等の額等の計算	法人税の申告書等のどこの金額を基に記載するかをしっかりと確認しましょう。
2-①	1株当たりの年配当金額の計算	
2-②	1株当たりの年利益金額の計算	
2-③	1株当たりの純資産価額の計算	
3-①	1株当たりの比準価額の計算	必ず日本標準産業分類での確認と日本標準産業分類と業種目の対比表（付録の3参照）の確認を行うようにしましょう。
3-②	比準価額の修正	計上漏れが多いところになりますので、どのような場合に修正が必要であるかをしっかりと確認しておきましょう。株式等保有特定会社に該当する場合には、第7表で計算を行いますので、第4表での比準価額の修正の記載は不要となります。

第6節　第4表　類似業種比準価額等の計算明細書

【第4表の構成要素】

第4表　類似業種比準価額等の計算明細書　　会社名

（令和六年一月一日以降用）

（取引相場のない株式（出資）の評価明細書）

1・1株当たりの資本金等の額等の計算

| 直前期末の資本金等の額 ① 千円 | 直前期末の発行済株式数 ② | 直前期末の自己株式数 株 | 1株当たりの資本金等の額（①÷（②－③）） ④ 円 | 1株当たりの資本金等の額を50円とした場合の発行済株式数（①÷50円） ⑤ 株 |

1

2・比準要素等の金額の計算

1株当たりの年配当金額

直前期末以前2（3）年間の年平均配当金額

事業年度	⑥ 年配当金額	⑦ 左のうち非経常的な配当金額	⑧ 差引経常的な年配当金額（⑥－⑦）	年平均配当金額	比準要素数1の会社・比準要素数0の会社の判定要素の金額
直前期	千円	千円		㋑ ÷2 千円	⑨⑤ ⑧円 銭
直前々期	千円	千円		㋺ ÷2 千円	⑩⑤ ⑧円 銭
直前々期の前期	千円	千円			1株（50円）当たりの年配当金額 ㋥ ⑧円 銭

2－①

1株（50円）当たりの年利益金額

直前期末以前2（3）年間の利益金額

事業年度	⑪法人税の課税所得金額	⑫非経常的な利益金額	⑬受取配当等の益金不算入額	⑭左の所得税額	⑮損金算入した繰越欠損金の控除額	⑯差引利益金額（⑪－⑫＋⑬－⑭＋⑮）	比準要素数1の会社・比準要素数0の会社の判定要素の金額
直前期	千円	千円	千円	千円	千円	㋩ 千円	⑪又は（㋩＋㋥）÷2 ⑯円
直前々期	千円	千円	千円	千円	千円	㋥ 千円	⑱ ⑯円
直前々期の前期	千円	千円	千円	千円	千円		ⓒ

2－②－1　　**2－②－2**

1株（50円）当たりの純資産価額

直前期末（直前々期末）の純資産価額

事業年度	⑰ 資本金等の額	⑱ 利益積立金額	⑲ 純資産価額（⑰＋⑱）	比準要素数1の会社・比準要素数0の会社の判定要素の金額
直前期	千円	千円	千円	⑲⑤
直前々期	千円	千円	千円	⑳⑤ 1株（50円）当たりの純資産価額（⑤の金額） ⑪

2－③

3・類似業種比準価額の計算

1株（50円）当たりの比準価額の計算

類似業種と業種目番号	(No.)		区分	1株（50円）当たりの年配当金額	1株（50円）当たりの年利益金額	1株（50円）当たりの純資産価額	1株（50円）当たりの比準価額
類似業種	課税時期の属する月 月 ㋺ 円		評価会社	⑧ 円 銭 0	ⓒ 円	Ⓓ 円	※ ㉒×㉓×0.7
	課税時期の属する月の前月 月 ㋻ 円		類似業種 B 円 銭 0	C 円	D 円	
	課税時期の属する月の前々月 月 ㋼ 円		要素別比準割合 ⑧／B	ⓒ／C	Ⓓ／D	※中会社は0.6 小会社は0.5 とします。
	前年平均株価 ㋟ 円					
	課税時期の属する月以前2年間の平均株価 ⑳ 円		比準割合 (⑧／B＋ⓒ／C＋Ⓓ／D)／3 ＝ ㉑			㉒ 円 銭 0
株価 A ㋺、㋻、㋼、㋟及び⑳のうち最も低いもの 円						

3－①

類似業種と業種目番号	(No.)		区分	1株（50円）当たりの年配当金額	1株（50円）当たりの年利益金額	1株（50円）当たりの純資産価額	1株（50円）当たりの比準価額
類似業種	課税時期の属する月 月 ㋕ 円		評価会社	⑧ 円 銭 0	ⓒ 円	Ⓓ 円	※ ㉓×㉔×0.7
	課税時期の属する月の前月 月 ㋛ 円		類似業種 B 円 銭 0	C 円	D 円	
	課税時期の属する月の前々月 月 ㋜ 円		要素別比準割合 ⑧／B	ⓒ／C	Ⓓ／D	※中会社は0.6 小会社は0.5 とします。
	前年平均株価 ㋡ 円					
	課税時期の属する月以前2年間の平均株価 ㉟ 円		比準割合 (⑧／B＋ⓒ／c＋Ⓓ／D)／3 ＝ ㉕			㉔ 円 銭 0
株価 A ㋕、㋛、㋜、㋡及び㉟のうち最も低いもの 円						

3－②

| 1株当たりの比準価額 | 比準価額（㉒と㉔とのいずれか低い方の金額） × ④の金額／50円 | ㉕ 円 |

比準価額の修正

| 直前期末の翌日から課税時期までの間に配当金交付の効力が発生した場合 | 比準価額（㉕の金額） － 1株当たりの配当金額 | 修正比準価額 ㉖ 円 |
| 直前期末の翌日から課税時期までの間に株式の割当て等の効力が発生した場合 | 比準価額 ㉕（㉖があるときは㉖）の金額 ＋ 割当株式1株当たりの払込金額 円 銭 × 1株当たりの割当株式数又は交付株式数 株 ÷ (1株＋ 株) | 修正比準価額 ㉗ 円 |

319

第3章　評価明細書への記載方法

2　1、2-①の記載方法

第4表　類似業種比準価額等の計算明細書

会社名

（令和六年一月一日以降用）

1. 1株当たりの資本金等の額等の計算

1

2-①

> 1株当たりの資本金等の額等の計算及び1株当たりの年配当金額について記載します。
> 用意するべき資料は下記の通りです。
> ・直前期、直前々期、直前々期の前期の法人税申告書、株主資本等変動計算書、個別注記表

320

2-①については、配当金の効力がいつ発生したかが重要となります。実際には、個別注記表や株主資本等変動計算書を確認して求めることになります。

1、2-①の具体的な記載方法

	記載項目	記載内容
1	直前期末の資本金等の額	「直前期末の資本金等の額」欄の①の金額は、法人税申告書別表五（一）「利益積立金額及び資本金等の額の計算に関する明細書」の「差引翌期首現在資本金等の額」の「差引合計額」欄の金額を記載します。④の金額について表示単位未満の端数を切り捨てることにより0となる場合には、分数または小数点（直前期末基準、本章第10節参照）により記載します。
2-①	⑥年配当金額	「直前期」欄は、直前期末以前1年間に配当金交付の効力が発生した剰余金の配当（資本金等の額の減少によるものを除きます）の金額を記載します。 事業年度が1年未満である場合にも、同様に直前期末以前1年間の間に配当金交付の効力が発生した剰余金の配当金額を使用することになります。 「直前々期」及び「直前々期の前期」の各欄についても、これに準じて記載します。
	⑦左のうち非経常的な配当金額	⑥で計上した年配当金額のうち、特別配当や記念配当等のように毎期継続して発生するものでないものを記載します。
	1株（50円）当たりの年配当金額	⑧欄の金額をそのまま使用します。

第3章　評価明細書への記載方法

3　2-②-1の記載方法

第4表　類似業種比準価額等の計算明細書　　会社名

（取引相場のない株式（出資）の評価明細書）

1. 1株当たりの資本金等の額等の計算

| | 直前期末の資本金等の額 ① 千円 | 直前期末の発行済株式数 ② 株 | 直前期末の自己株式数 ③ 株 | 1株当たりの資本金等の額（①÷（②-③）） ④ 円 | 1株当たりの資本金等の額を50円とした場合の発行済株式数（①÷50円） ⑤ 株 |

（令和六年一月一日以降用）

2. 比準要素等の金額の計算

1株50円当たりの年配当金額

直前期末以前2（3）年間の年平均配当金額

事業年度	⑥年配当金額	⑦左のうち非経常的な配当金額	⑧差引経常的な年配当金額（⑥-⑦）	年平均配当金額
直前期	千円	千円	㋑ 千円	⑨（㋑+㋺）÷2 千円
直前々期	千円	千円	㋺ 千円	
直前々期の前期	千円	千円	㋩ 千円	⑩（㋺+㋩）÷2 千円

比準要素数1の会社・比準要素数0の会社の判定要素の金額
⑨/⑤　　Ⓑ1 円 銭 0
⑩/⑤　　Ⓑ2 円 銭 0
1株（50円）当たりの年配当金額（Ⓑ1の金額）
Ⓑ 円 銭

1株50円当たりの年利益金額

直前期末以前2（3）年間の利益金額

| 事業年度 | ⑪法人税の課税所得金額 | ⑫非経常的な利益金額 | ⑬受取配当等の益金不算入額 | ⑭左の所得税額 | ⑮損金算入した繰越欠損金の控除額 | ⑯差引利益金額（⑪-⑫+⑬-⑭+⑮） |
| 直前期 | 千円 | 千円 | 千円 | 千円 | 千円 | ㋥ 千円 |

2-②-1

| 直前々期 | 千円 | | | 千円 | 千円 | ㋭ 千円 |
| 直前々期の前期 | 千円 | 千円 | 千円 | 千円 | 千円 | ㋬ 千円 |

比準要素数1の会社・比準要素数0の会社の判定要素の金額
㋥/⑤ 又は （㋥+㋭）÷2 / ⑤　Ⓒ1 円
㋭/⑤ 又は （㋭+㋬）÷2 / ⑤　Ⓒ2 円
1株（50円）当たりの年利益金額
［㋥/⑤ 又は （㋥+㋭）÷2 / ⑤ の金額］
Ⓒ 円

1株50円当たりの純資産価額

直前期末（直前期末）の純資産価額

事業年度	⑰資本金等の額	⑱利益積立金額	⑲純資産価額（⑰+⑱）
直前期	千円	千円	千円
直前々期	千円	千円	千円

比準要素数1の会社・比準要素数0の会社の判定要素の金額
⑲/⑤　Ⓓ1 円
⑲/⑤　Ⓓ2 円
1株（50円）当たりの純資産価額（Ⓓ1の金額）
Ⓓ 円

> 1株当たりの利益金額について記載します。
> 用意するべき資料は下記の通りです。
> ・直前期、直前々期、直前々期の前期の法人税申告書、損益計算書、科目内訳書

3. 類似業種比準価額の計算

| | 類似業種と業種目番号 | | 1株（50円）当たりの年配当金額 | 1株（50円）当たりの年利益金額 | 1株（50円）当たりの純資産価額 | 1株（50円）当たりの比準価額 |

1株（50円）当たりの比準価額の計算

類似業種の株価	課税時期の属する月	月 ㋑ 円	比準割合の計算	区分
	課税時期の属する月の前月	月 ㋺ 円		評価会社	Ⓑ 円 銭 0	Ⓒ 円	Ⓓ 円	⑳×㉑×0.7
	課税時期の属する月の前々月	月 ㋩ 円		類似業種	B 円 銭 0	C 円	D 円	※
	前年平均株価	㋥ 円		要素別比準割合	Ⓑ/B ・	Ⓒ/C ・	Ⓓ/D ・	中会社は0.6 小会社は0.5 とします。
	課税時期の属する月以前2年間の平均株価	㋭ 円		比準割合	Ⓑ/B + Ⓒ/C + Ⓓ/D / 3 = .	㉑	㉒ 円 銭 0
	A（㋑、㋺、㋩、㋥及び㋭のうち最も低いもの）	⑳ 円						

	類似業種と業種目番号	（No. ）					1株（50円）当たりの比準価額
類似業種の株価	課税時期の属する月	月 ㋭ 円	比準割合の計算	区分	1株（50円）当たりの年配当金額	1株（50円）当たりの年利益金額	1株（50円）当たりの純資産価額	
	課税時期の属する月の前月	月 ㋬ 円		評価会社	Ⓑ 円 銭 0	Ⓒ 円	Ⓓ 円	㉓×㉔×0.7
	課税時期の属する月の前々月	月 ㋣ 円		類似業種	B 円 銭 0	C 円	D 円	※
	前年平均株価	㋠ 円		要素別比準割合	Ⓑ/B ・	Ⓒ/C ・	Ⓓ/D ・	中会社は0.6 小会社は0.5 とします。
	課税時期の属する月以前2年間の平均株価	㋷ 円		比準割合	Ⓑ/B + Ⓒ/C + Ⓓ/D / 3 = .	㉔	㉕ 円 銭 0
	A（㋭、㋬、㋣、㋠及び㋷のうち最も低いもの）	㉓ 円						

1株当たりの比準価額
比準価額（㉒と㉕とのいずれか低い方の金額） × ④の金額/50円
㉖ 円

比準価額の修正

直前期末の翌日から課税時期までの間に配当金交付の効力が発生した場合
比準価額（㉖の金額） - 1株当たりの配当金額 円 銭
修正比準価額 ㉗ 円

直前期末の翌日から課税時期までの間に株式の割当て等の効力が発生した場合
比準価額（㉖（㉗があるときは㉗）の金額） + 割当株式1株当たりの払込金額 円 銭 × 1株当たりの割当株式数 株 ÷ （1株＋ 1株当たりの割当株式数又は交付株式数 株）
修正比準価額 ㉘ 円

第6節 第4表 類似業種比準価額等の計算明細書

　下記の記載項目は法人税の申告書からそのまま転記することが少なくありませんので、次頁以降を参照し、法人税の申告書のどの部分から転記をするのか確認しておきましょう。

2－②－1の具体的な記載方法

記載項目	記載内容
⑪法人税の課税所得金額	法人税申告書別表四の最終値である「所得金額又は欠損金額」（52欄）を記載します。 負数であったとしてもそのまま記載することになります。 事業年度が1年未満である場合には、「直前期」欄においては、直前期末以前1年間の利益金額を計上することになりますが、容易に計算ができないため、月数按分の方法により求めることになります（153頁をご参照ください）。
⑫非経常的な利益金額	損益計算書、科目内訳書等から固定資産売却益、保険差益等の非経常的な利益の金額を記載します。非経常的な損益は通算し、プラスの値であれば非経常的な利益としてその値を記載しますが、マイナスの値であれば0とします。
⑬受取配当等の益金不算入額	法人税申告書別表四の「受取配当等の益金不算入額」（14欄）及び「外国子会社から受ける剰余金の配当等の益金不算入額」（15欄）の合計額を記載することになります。 ただし、「受取配当等の益金不算入額」（14欄）のうち、みなし配当金額に対応する益金不算入額は除外します。受取配当等の明細及びみなし配当金額の有無は別表八（一）で確認します。 また、「外国子会社から受ける剰余金の配当等の益金不算入額」（15欄）のうち、外国子会社合算制度の適用がある外国法人からの益金不算入額がある場合には、特定課税対象金額に達するまでの金額は除外します。 外国法人からの受取配当等の明細は別表八（二）で確認し、特定課税対象金額は別表十七（三の七）で確認します。法人税申告書別表四の益金不算入額の減算項目との関係については132頁参照。
⑭左の所得税額	上記の受取配当等の益金不算入額に対応する所得税額及び外国源泉税等の額を記載します。 具体的には、「受取配当等の益金不算入額」（14欄）に対応する所得税額は、別表六（一）を確認します。 「外国子会社から受ける剰余金の配当等の益金不算入額」（15欄）に対応する外国源泉税等の額は、別表八（二）の損金不算入とされる外国源泉税等の額を確認します。
⑮損金算入した繰越欠損金の控除額	法人税申告書別表四の44欄を記載します。

　2－②－1と対応する法人税の申告書は次頁以降の通りとなります。

323

第3章 評価明細書への記載方法

2-②-1と別表四との対応関係

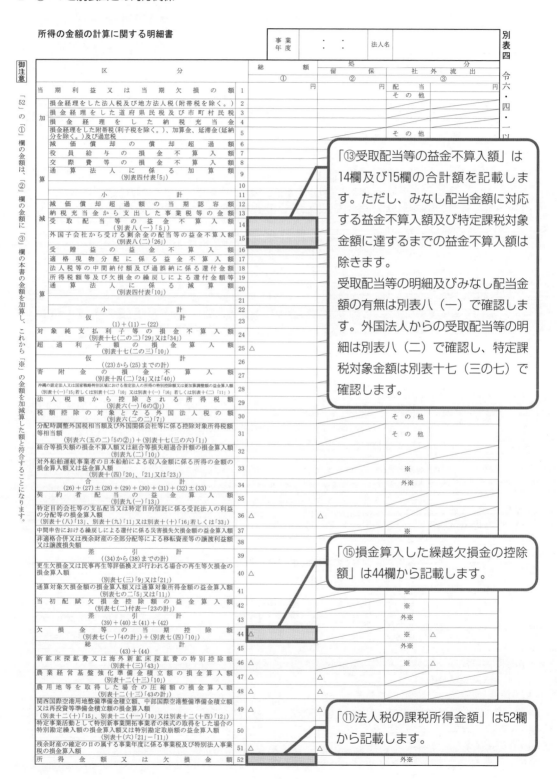

第6節　第4表　類似業種比準価額等の計算明細書

2-②-1と別表八（一）との対応関係

受取配当等の益金不算入に関する明細書

> 別表四（14欄）に記載されます。

別表八（一）令六・四・一以後終了事業年度分

完全子法人株式等に係る受取配当等の額 （9の計）	1	円	非支配目的株式等に係る受取配当等の額 （33の計）	4	円
関連法人株式等に係る受取配当等の額 （16の計）	2		受取配当等の益金不算入額 (1)＋((2)－(20の計))＋(3)×50％＋(4)×(20％又は40％)	5	
その他株式等に係る受取配当等の額 （26の計）	3				

> みなし配当金額に対応する益金不算入額は除く必要がありますので、受取配当等の明細の中にみなし配当金額が含まれていないか確認します。

受取配当等の額の明細

完全子法人株式等	法　人　名	6					
	本　店　の　所　在　地	7					計
	受取配当等の額の計算期間	8					
	受　取　配　当　等　の　額	9					
関連法人株式等	法　人　名	10					
	本　店　の　所　在　地	11					
	受取配当等の額の計算期間	12	・　・	・　・	・　・	・　・	
	保　有　割　合	13					
	受　取　配　当　等　の　額	14	円	円	円	円	円
	同上のうち益金の額に算入される金額	15					
	益金不算入の対象となる金額 (14)－(15)	16					
	(34)が「不適用」の場合又は別表八（一）付表「13」が「非該当」の場合 (16)×0.04	17					
	同上以外の場合 $\frac{(16)}{(16の計)}$	18					
	支払利子等の10％相当額 (((38)×0.1)又は(別表八（一）付表「14」))×(18)	19	円	円	円	円	円
	受取配当等の額から控除する支払利子等の額 (17)又は(19)	20					
その他株式等	法　人　名	21					
	本　店　の　所　在　地	22					計
	保　有　割　合	23					
	受　取　配　当　等　の　額	24	円	円	円	円	円
	同上のうち益金の額に算入される金額	25					
	益金不算入の対象となる金額 (24)－(25)	26					
非支配目的株式等	法人名又は銘柄	27					
	本　店　の　所　在　地	28					計
	基　準　日　等	29	・　・	・　・	・　・	・　・	
	保　有　割　合	30					
	受　取　配　当　等　の　額	31	円	円	円	円	円
	同上のうち益金の額に算入される金額	32					
	益金不算入の対象となる金額 (31)－(32)	33					

支払利子等の額の明細

令第19条第2項の規定による支払利子控除額の計算	34	適用・不適用			
当期に支払う利子等の額	35	円	超過利子額の損金算入額 （別表十七（二の三）「10」）	37	円
国外支配株主等に係る負債の利子等の損金不算入額、対象純支払利子等の損金不算入額又は恒久的施設に帰せられるべき資本に対応する負債の利子の損金不算入額 （別表十七（一）「35」と別表十七（二の二）「29」のうち多い金額）又は（別表十七（二の二）「34」と別表十七の二（二）「17」のうち多い金額）	36		支払利子等の額の合計額 (35)－(36)＋(37)	38	

第1表の1　第1表の2　第2表　第3表　第4表　第5表　第6表　第7・8表

325

2-②-1と別表八（二）との対応関係

外国子会社から受ける配当等の益金不算入等に関する明細書

事業年度　・・／・・　　法人名

別表八(二)　令六・四・一以後終了事業年度分

外国子会社の名称等	名称	1				
	本店又は主たる事務所の所在地　国名又は地域名	2				
	所在地	3				
	主たる事業	4				
	発行済株式等の保有割合	5	%	%	%	%
	発行済株式等の通算保有割合	6	%	%	%	%
益金不算入額の計算	支払義務確定日	7	・・	・・	・・	・・
	支払義務確定日までの保有期間	8				
	剰余金の配当等の額	9	（　）円	（　）円	（　）円	（　）円
	(9)の剰余金の配当等の額に係る外国源泉税等の額	10	（　）円	（　）円	（　）円	（　）円
	法第23条の2第2項第1号に掲げる剰余金の配当等の額の該当の有無	11	有・無	有・無	有・無	有・無
	法第23条の2第3項又は第4項の適用の有無	12	有・無	有・無	有・無	有・無
	損金算入等の額の計算の対象となる受取配当 (9)の元本である株式又は出資の総数又は総額につき外国子会社により支払われた剰余金の配当等の額	13	（　）円	（　）円	（　）円	（　）円
	(13)のうち外国子会社の所得の金額の計算上損金の額に算入された…	14	（　）円	（　）円	（　）円	（　）円
	損金算入対応受取配当 (9)×(14)/(13)	15				
	益金不算入の対象とならない損金算入配当 (9)又は(15)	16				
	(16)に対応する外国源泉 (10)又は((10)×(14)/(13))	17				
	剰余金の配当等の額に係る費用 ((9)-(16))×5%	18				
額等の計算	法第23条の2の規定により益金不算入とされる剰余金の配当等の額 (9)-(16)-(18)	19				
	措置法第66条の8第2項又は第8項の規定により益金不算入とされる剰余金の配当等の額 （別表十七(三の七)「23」+「24」）	20				
	(16)のうち措置法第66条の8第3項又は第9項の規定により益金不算入とされる損金算入配当等の額 （別表十七(三の七)「25」）	21				
	(9)のうち益金不算入とされる剰余金の配当等の額	22				
	法第39条… 外国…	23				
	(23)のうち…損金不算入… （別表十七(三の七)「28」）	24				
	(10)のうち損金不算入とされる外国源泉税等の額 (23)-(24)（マイナスの場合は0）	25				
	益金不算入とされる剰余金の配当等の額の合計 （(22)欄の合計）	26				円
	損金不算入とされる外国源泉税等の額の合計 （(25)欄の合計）	27				

（別表四（15欄）についての注記）
別表四（15欄）に記載されます。外国子会社合算税制の適用がある外国法人からの益金不算入額がある場合には、特定課税対象金額及び間接特定課税対象金額に達するまでの金額は除外する必要があります。20欄または21欄に記載がある場合には、外国子会社合算税制の適用がある外国法人からの益金不算入額がありますので、別表十七（三の七）を確認します。

（27欄についての注記）
「⑭左の所得税額」のうち別表四の「外国子会社から受ける剰余金の配当等の益金不算入額」（15欄）に対応する外国源泉税等の額は27欄を確認します。

第6節　第4表　類似業種比準価額等の計算明細書

2-②-1と別表六（一）との対応関係

所得税額の控除に関する明細書

事業年度	： ：	法人名	

別表六(一)

令六・四・一以後終了事業年度分

区　　　分		収　入　金　額 ①	①について課される所得税額 ②	②のうち控除を受ける所得税額 ③
公社債及び預貯金の利子、合同運用信託、公社債投資信託及び公社債等運用投資信託（特定公社債等運用投資信託を除く。）の収益の分配並びに特定公社債等運用投資信託の受益権及び特定目的信託の社債的受益権に係る剰余金の配当	1	円	円	円
剰余金の配当（特定公社債等運用投資信託の受益権及び特定目的信託の社債的受益権に係るものを除く。）、利益の配当、剰余金の分配及び金銭の分配（みなし配当等を除く。）	2			
集団投資信託（合同運用信託、公社債投資信託及び公社債等運用投資信託(特定公社債等運用投資信託を除く。)を除く。）の収益の分配	3			
割　引　債　の　償　還　差　益	4			
そ　　　の　　　他	5			
計	6			

剰余金の配当（特定公社債等運用投資信託の受益権及び特定目的信託の社債的受益権に係るものを除く。）、利益の配当、剰余金の分配及び金銭の分配（みなし配当等を除く。）、集団投資信託（合同運用信託、公社債投資信託及び公社債等運用投資信託（特定公社債等運用投資信託を除く。）を除く。）の収益の分配又は割引債の償還差益に係る控除を受ける所得税額の計算

個別法による場合	銘　　柄	収　入　金　額 7	所　得　税　額 8	配当等の計算期間 9	(9)のうち元本所有期間 10	所有期間割合 (10)/(9) (小数点以下3位未満切上げ) 11	控除を受ける所得税額 (8)×(11) 12
		円	円	月	月		円

「⑭左の所得税額」のうち別表四の「受取配当等の益金不算入額」（14欄）に対応する所得税額は、12欄、19欄で別表八（一）の受取配当等の益金不算入の対象となった配当等に係る所得税額を確認します。

銘柄別簡便法による場合	銘　　柄	収　入　金　額 13	14	15	16	17	(15)+(17) (18) 18	控除を受ける所得税額 (14)×(18) 19
		円	円					円

その他に係る控除を受ける所得税額の明細

支払者の氏名又は法人名	支払者の住所又は所在地	支払を受けた年月日	収　入　金　額 20	控除を受ける所得税額 21	参　　考
		・　・	円	円	
		・　・			
		・　・			
		・　・			
		・　・			
計					

第1表の1　第1表の2　第2表　第3表　第4表　第5表　第6表　第7・8表

327

第3章　評価明細書への記載方法

2-②-1と別表十七（三の七）との対応関係

特定課税対象金額等がある場合の外国法人から受ける配当等の益金不算入額等の計算に関する明細書	事業年度	・　・ ・　・	法人名	

別表十七（三の七）　令六・四・一以後終了事業年度分

外　国　法　人　の　名　称	1		本店又はこれに準ずるものの所在地	国　名　又　は　地　域　名	3		
外　国　法　人　の　事　業　年　度	2	・　　・ ・　　・		所　　　在　　　地	4		
支　払　義　務　確　定　日	5	・　　・　・　　・　・　　・　・　　・					計
支払義務確定日までの保有期間	6						
発　行　済　株　式　等　の　保　有　割　合	7	%	%	%	%		
発　行　済　株　式　等　の　通　算　保　有　割　合	8	%	%	%	%		
剰　余　金　の　配　当　等　の　額	9						
(9)　に　係　る　外　国　源　泉　税　等　の　額	10						
(9)のうち当る場合に算入すべき損金額に該当す	(9)のうち外国子会社配当益金不算入の対象とならない損金算入配当等の額（別表八（二）「16」）	11					
	外国子会社配当益金不算入の対象となる剰余金の配当等の額（9）－（11）	12					
特　定　課　税　対　象　金　額	13	(31)の合計	(17)の①	(17)の②	(17)の③		
((9)又は(12))と(13)のうち少ない金額	14						
差　　　引　(13)－(14)	15						
(11)と(15)のうち少ない金額	16						
差　　　引　(15)－(16)	17	①	②	③			
間　接　特　定　課　税　対　象　金　額	18	(別表十七（三の八）「23」)	(22)の①	(22)の②	(22)の③		
((9)又は(12))と(18)のうち少ない金額	19						
差　　　引　(18)－(19)	20						
(11)と(20)のうち少ない金額	21						
差　　　引　(20)－(21)	22	①	②	③			
益金不算入額の計算	損金算入配当以外の外国子会社配当に係る益金不算入額　(14)×5%＋(19)×5%	23	（　　　　円）	（　　　　円）	（　　　　円）	（　　　　円）	
	損金算入配当　(14)×5%＋(19)×5%	24	（　　　　円）	（　　　　円）	（　　　　円）	（　　　　円）	
	(16)＋(21)	25	（　　　　円）	（　　　　円）	（　　　　円）	（　　　　円）	
	益　金　不　算　入　額　(24)＋(25)	26	（　　　　円）	（　　　　円）	（　　　　円）	（　　　　円）	
	上記以外の配当に係る益金不算入額　(14)＋(19)	27	（　　　　円）	（　　　　円）	（　　　　円）	（　　　　円）	円
(23)及び(24)に係る外国源泉税等の額　(10)×(14)＋(19)／(9)	28	（　　　　円）	（　　　　円）	（　　　　円）	（　　　　円）		

特定課税対象金額の明細	請求権等勘案直接保有株式等の保有割合	29	%	当　期　発　生　額（別表十七（三の二）「26」、別表十七（三の三）「7」又は別表十七（三の四）「9」）×(29)	30	
	事　業　年　度	前期繰越額又は当期発生額 31	当　期　控　除　額 32	翌　期　繰　越　額（31）－（32） 33		
	・　・ ・　・					
	当　　期　　分	(30)				
	合　　　計					

> 剰余金の配当等の額（9欄）のうち、外国子会社の所得に対する合算課税が行われている部分の金額、すなわち、特定課税対象金額及び間接特定課税対象金額に達するまでの金額（14欄＋19欄の合計額）は、別表四の加算調整で益金に加算されていますので、二重課税となるため益金不算入とされています（措法66条の8）。類似業種比準価額の1株当たりの年利益金額の計算においても、外国子会社の所得に対する合算課税が行われている部分の金額は除外する必要があるため、第4表の⑬受取配当等の益金不算入額から除外します。

328

第6節 第4表 類似業種比準価額等の計算明細書

◉Column

法人税の別表の読み取りについて

　非上場株式の価額算定は、その評価体系自体も複雑なものとなっていますが、評価が難しいと感じる理由の一つに法人税の別表の読み取りが関係してきます。

　特に類似業種比準価額の明細書作成については、法人税の別表からの転記が多くなりますので、ある程度の法人税の知識が必要になってきます。

　実務上、最低限おさえておきたい法人税の別表と非上場株式の明細書の関係性を下記にまとめましたので確認しておきましょう。

法人税の別表と非上場株式の明細書の関係性

法人税の別表	非上場株式の明細書作成上確認する内容
別表二 同族会社等の判定に関する明細書	第1表の1の株主判定における株主情報や発行済株式総数について参考となる情報を確認します。
別表四 所得の金額の計算に関する明細書	第4表の類似業種比準価額計算上の評価会社の年利益金額の「⑪法人税の課税所得金額」「⑬受取配当等の益金不算入額」は別表四を確認します。
別表五（一） 利益積立金額及び資本金等の額の計算に関する明細書	第5表の純資産価額計算上における資産の部の帳簿価額を記載する際に、別表五（一）Ⅰ利益積立金額の計算に関する明細書を確認し、帳簿価額に加算または減額をするものがないか確認します。 また、第4表の類似業種比準価額計算上の評価会社の「⑰資本金等の額」、「⑱利益積立金額」は、別表五（一）を確認し転記します。
別表五（二） 租税公課の納付状況等に関する明細書	第5表の純資産価額計算上の負債の部に計上する租税公課の未払について確認します。
別表六（一） 所得税額の控除に関する明細書	第4表の類似業種比準価額計算上の評価会社の年利益金額の「⑭左の所得税額」の記載にあたり確認します。

第3章　評価明細書への記載方法

4　2-②-2の記載方法

第4表　類似業種比準価額等の計算明細書

会社名 _____

（取引相場のない株式（出資）の評価明細書）

（令和六年一月一日以降用）

> ⓒ₁、ⓒ₂及びⓒの欄は負数の時は0としますが、資本金等がマイナスの場合にはマイナスの金額を記載します（344頁参照）。

> 2-②-2

> 比準要素数1の会社、比準要素数0の会社の判定要素となる1株当たりの年利益金額と比準割合の計算で使用する1株（50円）当たりの年利益金額ⓒについて記載します。

1.1株当たりの資本金等の額等の計算

	直前期末の資本金等の額	直前期末の発行済株式数	直前期末の自己株式数	1株当たりの資本金等の額（①÷（②−③））	1株当たりの資本金等の額を50円とした場合の発行済株式数（①÷50円）
	① 千円	② 株	③ 株	④ 円	⑤ 株

2.比準要素等の金額の計算

1株（50円）当たりの年配当金額

直前期末以前2（3）年間の年平均配当金額

事業年度	⑥年配当金額	⑦左の非経常的な配当金額		⑧差引経常的な年配当金額（⑥−⑦）
直前期	千円	千円		⑨ ⑧/⑤ 円 銭 0
直前々期	千円	千円		⑩ ⑧/⑤ 円 銭 0
直前々期の前期	千円	千円		

1株（50円）当たりの年配当金額 ⓑ ⑨⑩の金額　円 銭 0

1株（50円）当たりの年利益金額

直前期末以前2（3）年間の利益金額

事業年度	⑪法人税の課税所得金額	⑫非経常的な利益金額	⑬受取配当等の益金不算入額	⑭左の所得税額	⑮損金算入した繰越欠損金の控除額	⑯差引利益金額（⑪−⑫+⑬−⑭+⑮）
直前期	千円	千円	千円	千円	⊖ 千円	ⓒ₁
直前々期	千円	千円	千円	千円	⊖ 千円	ⓒ₂
直前々期の前期	千円	千円	千円	千円	⊖ 千円	

比準要素数1の会社・比準要素数0の会社の判定要素の金額

ⓒ又は（ⓒ₁+ⓒ₂）÷2

比準要素数1の会社・比準要素数0の会社の判定要素の金額
⊖又は⊕ ⓒ/⑤

1株（50円）当たりの年利益金額

ⓒ ⓒ又は（ⓒ₁+ⓒ₂）÷2 の金額 ⑤

1株（50円）当たりの純資産価額

直前期末（直前々期末）の純資産価額

事業年度	⑰資本金等の額	⑱利益積立金額	⑲純資産価額（⑰+⑱）
直前期	千円	千円	ⓓ₁ 千円
直前々期	千円	千円	ⓓ₂ 千円

比準要素数1の会社・比準要素数0の会社の判定要素の金額 ⓓ₁ 円／ⓓ₂ 円

1株（50円）当たりの純資産価額 ⓓ ⑲/⑤ の金額 円

3.類似業種比準価額の計算

類似業種と業種目番号			1株（50円）当たりの年配当金額	1株（50円）当たりの年利益金額	1株（50円）当たりの純資産価額	1株（50円）当たりの比準価額
類似業種の株価	課税時期の属する月	㋑月 ⑱円	評価会社	ⓑ 0	ⓒ	ⓓ	⑳ × ㉑ × 0.7
	課税時期の属する月の前月	㋺月 ⑲円	類似業種	B 円 銭 0	C 円	D 円	※中会社は0.6 小会社は0.5とします。
	課税時期の属する月の前々月	㋩月 ⑳円	要素別比準割合	ⓑ/B	ⓒ/C	ⓓ/D	
	前年平均株価	㊁円	比準割合				
	課税時期の属する月以前2年間の平均株価	㋥円		$\dfrac{\frac{ⓑ}{B}+\frac{ⓒ}{C}+\frac{ⓓ}{D}}{3}$ = ㉑			㉒ 円 銭 0
	A ㋑㋺㋩㊁及び㋥のうち最も低いもの	⑳円					

類似業種と業種目番号		(No.)	区分	1株（50円）当たりの年配当金額	1株（50円）当たりの年利益金額	1株（50円）当たりの純資産価額	1株（50円）当たりの比準価額
類似業種の株価	課税時期の属する月	㋬月 ㋬円	評価会社	ⓑ 円 銭 0	ⓒ 円	ⓓ 円	㉓ × ㉔ × 0.7
	課税時期の属する月の前月	㋑月 ㋑円	類似業種	B 円 銭 0	C 円	D 円	※中会社は0.6 小会社は0.5とします。
	課税時期の属する月の前々月	㋹月 ㋹円	要素別比準割合	ⓑ/B	ⓒ/C	ⓓ/D	
	前年平均株価	㋥円	比準割合				
	課税時期の属する月以前2年間の平均株価	㋦円		$\dfrac{\frac{ⓑ}{B}+\frac{ⓒ}{C}+\frac{ⓓ}{D}}{3}$ = ㉔			㉕ 円 銭 0
	A ㋬㋑㋹㋥及び㋦のうち最も低いもの	㉓円					

1株当たりの比準価額	比準価額（㉒と㉕とのいずれか低い方の金額） × ④の金額／50円	㉖ 円

比準価額の修正	直前期末の翌日から課税時期までの間に配当金交付の効力が発生した場合	比準価額（㉖の金額） − 1株当たりの配当金額 円 銭	修正比準価額 ㉗ 円
	直前期末の翌日から課税時期までの間に株式の割当等の効力が発生した場合	比準価額 ［㉖（㉗がある ときは㉗）の金額］ + 割当株式1株当たりの払込金額 円 銭 × 1株当たりの割当株式数 株 ÷（1株 + 1株当たりの割当株式数又は交付株式数 株）	修正比準価額 ㉘ 円

330

2－②－2の具体的な記載方法

記載項目	記載内容
「Ⓒ1及びⒸ2」欄	Ⓒ1欄は$\dfrac{㋥}{5}$の金額と$\dfrac{(㋥+㋭)\div 2}{5}$の金額でいずれかを選択します。 Ⓒ2欄は$\dfrac{㋭}{5}$の金額と$\dfrac{(㋭+㋬)\div 2}{5}$の金額でいずれかを選択します。 　「Ⓒ1」及び「Ⓒ2」欄では、1年間の利益金額を使用するのか、2年間の平均額の利益金額を使用するのかを選択することができます。これらの欄は最終的に比準要素数1または0の判定の基礎に使用されます。例えば、㋥の金額がプラスの数値で、㋥の金額と㋭の金額との平均額がマイナスの数値の場合、マイナスの数値を選択すれば、特定の評価会社に該当し、プラスの数値を選択すれば特定の評価会社に該当しないというケースも十分ありえます（92頁 Q1参照）。 　従って、実務上、特定の評価会社に該当することを避ける場合には、いずれか数値が大きい方を選択することになります。
「Ⓒ」欄	Ⓒ欄は$\dfrac{㋥}{5}$の金額と$\dfrac{(㋥+㋭)\div 2}{5}$の金額でいずれかを選択します。 Ⓒ1欄と合わせる必要はありませんので、例えばⒸ1欄で$\dfrac{㋥}{5}$を選択し、Ⓒ欄で$\dfrac{(㋥+㋭)\div 2}{5}$を選択することもできます。 Ⓒ欄は比準割合の分子となる金額ですので、低い方が株式の価額も下がることになります。

第3章　評価明細書への記載方法

5　2-③の記載方法

第4表　類似業種比準価額等の計算明細書

会社名

（取引相場のない株式（出資）の評価明細書）

（令和六年一月一日以降用）

| 1.1株当たりの資本金等の額等の計算 | 直前期末の資本金等の額 ① 千円 | 直前期末の発行済株式数 ② 株 | 直前期末の自己株式数 ③ 株 | 1株当たりの資本金等の額（①÷（②-③）） ④ 円 | 1株当たりの資本金等の額を50円とした場合の発行済株式数（①÷50円） ⑤ 株 |

2. 比準要素等の金額の計算

	1株(50円)当たりの年配当金額	直前期末以前2（3）年間の年平均配当金額				比準要素数1の会社・比準要素数0の会社の判定要素の金額
		事業年度	⑥年配当金額	⑦左のうち非経常的な配当金額	⑧差引経常的な年配当金額（⑥-⑦）	年平均配当金額	⑨/⑤	Ⓑ 円 銭 0
		直前期	千円	千円	⑨			
		直前々期	千円	千円	⑩			Ⓑ' 円 銭 0
		直前々期の前期	千円	千円				

> Ⓓ、Ⓓ及びⒹの欄は、負数の時は0としますが、資本金等がマイナスの場合にはマイナスの金額を記載します（344頁参照）。

	1株(50円)当たりの年利益金額	直前期末以前2（3）年間						
		事業年度	⑪法人税の課税所得金額	⑫非経常的な利益金額	⑬受取配当等の益金不算入額	⑭左の所得税額	⑮損金算入した繰越欠損金の控除額	⑯差引利益金額（⑪-⑫+⑬-⑭+⑮）	Ⓒ又は（⑯+⑯）÷2 ⒸⒸ 円
		直前期	千円	千円	千円	千円	千円	⊜	Ⓒ又は（⑯+⑯）÷2 ⒸⒸ
		直前々期	千円	千円	千円	千円	千円	⑯	1株(50円)当たりの年利益金額（⊜又は⑯+⑯）÷2の金額）
		直前々期の前期	千円	千円	千円	千円	千円	⑯	

	1株(50円)当たりの純資産価額	直前期末（直前々期末）の純資産価額				比準要素数1の会社・比準要素数0の会社の判定要素の金額
		事業年度	⑰資本金等の額	⑱利益	資産価額（⑰+⑱）	⑰/⑤ ⒹⒹ	
		直前期	千円			⑰/⑤ ⒹⒹ	
		直前々期	千円		㋥	1株(50円)当たりの純資産価額（⑰/⑤の金額） Ⓓ 円	

2-③

3. 類似業種比準価額の計算

		類似業種と業種目番号 (No.)		区分	1株(50円)当たりの年配当金額	1株(50円)当たりの年利益金額	1株(50円)当たりの純資産価額	1株(50円)当たりの比準価額
	類似業種の株価	課税時期の属する月	⑦ 月 ⑦ 円	比準割	評価会社	Ⓑ 円 銭 0	Ⓒ 円	Ⓓ 円	⑳×㉑×0.7 ※中会社は0.6 小会社は0.5 とします。
		課税時期の属する月の前月	⑧ 月 ⑧ 円		類似				
		課税時期の属する月の前々月							
		前年平均株価							㉒ 円 銭 0
		課税時期の属する月以前2年間の平均株価							
		A ⑦、⑧、⑨、⑫及び⑦のうち最も低いもの							

> 1株当たりの純資産価額の記載方法について解説します。用意するべき資料は下記の通りです。
> ・直前期、直前々期の法人税申告書別表五（一）

		類似業種と業種目番号 (No.)		区分	1株(50円)当たりの年配当金額	1株(50円)当たりの年利益金額	1株(50円)当たりの純資産価額	1株(50円)当たりの比準価額
	類似業種の株価	課税時期の属する月	⑦ 月 ⑦ 円	比準割合の計算	評価会社	Ⓑ 円 銭 0	Ⓒ 円	Ⓓ 円	㉓×㉑×0.7 ※中会社は0.6 小会社は0.5 とします。
		課税時期の属する月の前月	⑨ 月 ⑨ 円		類似業種 B	Ⓑ 円 銭 0	C	D	
		課税時期の属する月の前々月	⑦ 月 ⑦ 円		要素別比準割合	Ⓑ/B	Ⓒ/C	Ⓓ/D	
		前年平均株価	⑫ 円		比準割合	Ⓑ/B + Ⓒ/C + Ⓓ/D / 3 = ㉔			
		課税時期の属する月以前2年間の平均株価	⑦ 円						㉓ 円 銭 0
		A ⑦、⑨、⑦、⑫及び⑦のうち最も低いもの							

比準価額の修正

1株当たりの比準価額	比準価額（㉒と㉓とのいずれか低い方の金額）　×　④の金額/50円	㉕ 円
直前期末の翌日から課税時期までの間に配当金交付の効力が発生した場合	比準価額（㉕の金額）　-　円　銭	修正比準価額 ㉖ 円
直前期末の翌日から課税時期までの間に株式の割当て等の効力が発生した場合	比準価額（㉕（㉖があるときは㉖）の金額）+　円　銭　×　株）÷（1株+　株）	修正比準価額 ㉗ 円

332

第6節　第4表　類似業種比準価額等の計算明細書

2-③については、下記の通り法人税申告書の別表五（一）より転記します。

利益積立金額及び資本金等の額の計算に関する明細書

事業年度	： ：	法人名	

別表五(一)　令六・四・一以後終了事業年度分

御注意

この表は、通常の場合には次の式により検算ができます。

〔期首現在利益積立金額合計「31」①〕＋〔別表四留保所得金額又は欠損金額「52」〕－〔中間分・確定分の通算税効果額の合計額〕＝〔差引翌期首現在利益積立金額合計「31」④〕

I　利益積立金額の計算に関する明細書

区　分		期首現在利益積立金額 ①	当期の増減 減 ②	当期の増減 増 ③	差引翌期首現在利益積立金額 ①－②＋③ ④
利　益　準　備　金	1	円	円	円	円
積　立　金	2				
	3				
	4				
	5				
	6				
	7				
	8				

直前期末（直前々期末）の純資産価額

1株（50円）当たりの純資産価額	事業年度	⑰　資本金等の額	⑱　利益積立金額	⑲　純資産価額（⑰＋⑱）
	直前期	千円	千円	㋩　千円
	直前々期	千円	千円	㋥　千円

> 「⑰直前期の資本金等の額」は、直前期の別表五（一）の「Ⅱ資本金等の額の計算に関する明細書」の「差引合計額」の欄より転記します。マイナスであったとしてもマイナスのまま転記します。

> 「⑱直前期の利益積立金額の額」は、直前期の別表五（一）の「Ⅰ利益積立金額の計算に関する明細書」の「差引合計額」の欄より転記します。マイナスであったとしてもマイナスのまま転記します。

繰越損					
納	未				
				中間	
未納法人税等	未払通算税効果額（附帯税の額に係る部分の金額を除く。）	28		確定	
	未納道府県民税（均等割を含む。）	29	△	△ 中間	△
				確定 △	
	未納市町村民税（均等割を含む。）	30	△	△ 中間	△
				確定 △	
差　引　合　計　額		31			

Ⅱ　資本金等の額の計算に関する明細書

区　分		期首現在資本金等の額 ①	当期の増減 減 ②	当期の増減 増 ③	差引翌期首現在資本金等の額 ①－②＋③ ④
資本金又は出資金	32	円	円	円	円
資　本　準　備　金	33				
	34				
	35				
差　引　合　計　額	36				

第3章　評価明細書への記載方法

6　3－①の記載方法

第4表　類似業種比準価額等の計算明細書

会社名

（取引相場のない株式（出資）の評価明細書）

（令和六年一月一日以降用）

1．1株当たりの資本金等の額等の計算	直前期末の資本金等の額 ① 千円	直前期末の発行済株式数 ② 株	直前期末の自己株式数 ③ 株	1株当たりの資本金等の額（①÷（②－③）） ④ 円	1株当たりの資本金等の額を50円とした場合の発行済株式数（①÷50円） ⑤ 株

2．比準要素等の金額の計算

1株（50円）当たりの年配当金額

直前期末以前2（3）年間の年平均配当金額

事業年度	⑥ 年配当金額	⑦ 左のうち非経常的な配当金額	⑧ 差引経常的な年配当金額（⑥－⑦）	年平均配当金額	比準要素数1の会社・比準要素数0の会社の判定要素の金額
直前期	千円	千円	㋑ 千円	⑨（㋑＋㋺）÷2 千円	⑨/⑤　㋰ 円 銭 0
直前々期	千円	千円	㋺ 千円		⑩/⑤ 円 銭 0
直前々期の前期	千円	千円	㋩ 千円	⑩（㋺＋㋩）÷2 千円	1株（50円）当たりの年配当金額（⑥の金額）⑪ 円 銭

直前期末以前2（3）年間の利益金額

> 1株当たりの比準価額について記載します。
> 用意するべき資料は下記の通りです。
> ・令和〇〇年分の類似業種比準価額計算上の業種目及び業種目別株価等について（法令解釈通達）
> ・第1表の1（事業内容）
> ・第1表の2（Lの割合）

3．類似業種比準価額の計算

	類似業種と業種目番号 (No.)			区　分	1株（50円）当たりの年配当金額	1株（50円）当たりの年利益金額	1株（50円）当たりの純資産価額	1株（50円）当たりの比準価額
類似業種の株価	課税時期の属する月 ⑦ 月 円		比準割合の計算	評価会社	⑧ 円 銭 0	© 円	⑩ 円	⑳×㉑×0.7 ※
	課税時期の属する月の前月 ㋵ 月 円			類似業種 B	円 銭 0	C 円	D 円	※ 中会社は0.6 小会社は0.5 とします。
	課税時期の属する月の前々月 ㋷ 月 円			要素別比準割合	⑧/B　・	©/C	⑩/D	
	前年平均株価 月 円 課税時期の属する月以前2年間の平均株価 ⑳ 円			比準割合	⑧/B＋©/C＋⑩/D 3　＝　・		㉑	㉒ 円 銭 0
A（⑦、㋵、㋷及び㋦のうち最も低いもの）								

（以下、②欄の計算部分）

1株当たりの比準価額	比準価額（㉒と㊸とのいずれか低い方の金額） × ④の金額/50円	㉖ 円 銭 0

比準価額の修正	直前期末の翌日から課税時期までの間に配当金交付の効力が発生した場合	比準価額（㉖の金額） － 1株当たりの配当金額 円 銭	修正比準価額 ㉗ 円
	直前期末の翌日から課税時期までの間に株式の割当て等の効力が発生した場合	比準価額〔㉖（㉗があるときは㉗）の金額〕＋ 割当株式1株当たりの払込金額 円 銭× 1株当たりの割当株式数 株）÷（1株＋ 1株当たりの割当株式数又は交付株式数 株）	修正比準価額 ㉘ 円

334

第6節　第4表　類似業種比準価額等の計算明細書

　類似業種の株価及び1株当たりの年配当金額、年利益金額、純資産価額は、国税庁のホームページに公表されているものを使用します。具体的な記載内容は下記の通りです。

3-①の具体的な記載方法

記載項目	記載内容
類似業種と業種目番号	第1表の1の「事業内容」欄に記載された評価会社の事業内容に応じて、国税庁のホームページに公表されている「令和〇〇年分の類似業種比準価額計算上の業種目及び業種目別株価等について（法令解釈通達）」に定める類似業種比準価額計算上の業種目※及びその番号を記載します（業種目の判定のフローチャートは120頁参照）。
「類似業種の株価」及び「比準割合の計算」の各欄	該当年分の「令和〇〇年分の類似業種比準価額計算上の業種目及び業種目別株価等について（法令解釈通達）」より、類似業種の株価A、年配当金額B、年利益金額C及び純資産価額Dの金額をそれぞれ記載します。
1株(50円)当たりの比準価額	会社の規模によってそれぞれ次の通り計算します。 大会社　　類似業種の株価　×　比準割合　×　0.7 中会社　　　　//　　　　×　　//　　×　0.6 小会社　　　　//　　　　×　　//　　×　0.5
1株当たりの比準価額	類似業種の年配当金額、年利益金額、純資産価額は、1株当たりの資本等の額を50円として比準価額の計算をしているため、評価会社の実際の1株当たりの比準価額に計算をし直します。 ㉖の金額について表示単位未満の端数を切り捨てることにより0となる場合には、分数または小数点（直前期末基準、本章第10節参照）により記載します。

※　業種目の区分に応じて、使用する類似業種の業種目はそれぞれ次の通りです（評価個別通達　評価明細書の記載方法等　第4表の4）。

業種目の区分の状況	類似業種
判定した業種目が小分類に区分されている業種目の場合	小分類の業種目とその業種目の属する中分類の業種目とをそれぞれ記載します。
判定した業種目が中分類に区分されている業種目の場合	中分類の業種目とその業種目の属する大分類の業種目とをそれぞれ記載します。
判定した業種目が大分類に区分されている業種目の場合	大分類の業種目を記載します。

第3章　評価明細書への記載方法

7　3－②の記載方法

第4表　類似業種比準価額等の計算明細書

会社名 _____

（令和六年一月一日以降用）

（取引相場のない株式（出資）の評価明細書）

1．1株当たりの資本金等の額等の計算

	直前期末の資本金等の額	直前期末の発行済株式数	直前期末の自己株式数	1株当たりの資本金等の額（①÷（②－③））	1株当たりの資本金等の額を50円とした場合の発行済株式数（①÷50円）
	① 千円	② 株	③ 株	④ 円	⑤ 株

2．比準要素等の金額の計算

1株（50円）当たりの年配当金額

直前期末以前2（3）年間の年平均配当金額

事業年度	⑥ 年配当金額	⑦ 左のうち非経常的な配当金額	⑧ 差引経常的な年配当金額（⑥－⑦）	年平均配当金額
直前期	千円	千円 ㋑	千円	⑨（㋑+㋺）÷2 千円
直前々期	千円	千円 ㋺	千円	
直前々期の前期	千円	千円 ㋩	千円	⑩（㋺+㋩）÷2 千円

比準要素数1の会社・比準要素数0の会社の判定要素の金額

⑨/⑤　⑧ 円 銭 0

⑩/⑤　⑩ 円 銭 0

1株（50円）当たりの年配当金額（⑧/⑤の金額）

⑬ 円 銭

1株（50円）当たりの年利益金額

直前期末以前2（3）年間の利益金額

事業年度	⑪法人税の課税所得金額	⑫非経常的な利益金額	⑬受取配当等の益金不算入額	⑭左の所得税額	⑮損金算入した繰越欠損金の控除額	⑯差引利益金額（⑪－⑫+⑬－⑭+⑮）
直前期	千円	千円	千円	千円 ㋥	千円	千円
直前々期	千円	千円	千円	千円 ㋭	千円	千円
直前々期の前期	千円	千円	千円	千円 ㋬	千円	千円

比準要素数1の会社・比準要素数0の会社の判定要素の金額

⑯/⑤ 又は（㋥+㋭）÷2 ⓒ 円

⑯/⑤ 又は（㋭+㋬）÷2 ⓒ 円

1株（50円）当たりの年利益金額〔⑯/⑤ 又は（㋥+㋭）÷2 の金額〕

ⓒ 円

1株（50円）当たりの純資産価額

直前期末（直前々期末）の純資産価額

事業年度	⑰ 資本金等の額	⑱ 利益積立金額	⑲ 純資産価額（⑰+⑱）
直前期	千円	千円 ㋠	千円
直前々期	千円	千円 ㋷	千円

比準要素数1の会社・比準要素数0の会社の判定要素の金額

⑲/⑤　ⓓ 円

⑲/⑤　ⓓ 円

1株（50円）当たりの純資産価額（⑲/⑤の金額）

ⓓ 円

3．類似業種比準価額の計算

1株（50円）当たりの比準価額の計算

類似業種と業種目番号		(No.)	
課税時期の属する月	㋑ 月	㋺ 円	
課税時期の属する月の前月	㋺ 月	㋩ 円	
課税時期の属する月の前々月	㋩ 月	㋥ 円	
前年平均株価		㋭ 円	
課税時期の属する月以前2年間の平均株価		㋬ 円	
A（㋺、㋩、㋥、㋭及び㋬のうち最も低いもの）		⑳ 円	

区分	1株(50円)当たりの年配当金額	1株(50円)当たりの年利益金額	1株(50円)当たりの純資産価額
評価会社	⑱ 円 銭 0	ⓒ 円	ⓓ 円
類似業種 B	円 銭 0	C 円	D 円
要素別比準割合	⑱/B ．	ⓒ/C ．	ⓓ/D ．

比準割合 ＝ （⑱/B + ⓒ/C + ⓓ/D）÷ 3 ＝ ㉑ ．

1株(50円)当たりの比準価額

⑳ × ㉑ × 0.7 ＝ ㉒ 円 銭 0

※ 中会社は0.6 小会社は0.5 とします。

類似業種と業種目番号		(No.)	
課税時期の属する月	㋑ 月	円	
課税時期の属する月の前月		円	
課税時期の属する月の前々月		円	
前年平均株価			
課税時期の属する月以前2年間の平均株価			
A（㋺、㋩、㋥及び㋭のうち最も低い）		円	

区分	1株(50円)当たりの年配当金額	1株(50円)当たりの年利益金額	1株(50円)当たりの純資産価額
評価	円 銭 0		

⑳ × ㉒ × 0.7 ＝ ㉓ 円 銭 0

※ 中会社は0.6 小会社は0.5 とします。

> 比準価額の修正について記載します。
> 用意するべき資料は下記の通りです。
> ・直前期末の翌日から課税時期までの配当や増資に係る議事録
> ・直前期末の個別注記表

3－②

1株当たりの比準価額 （㉒と㉔とのいずれか低い方の金額）× ④の金額/50円 ＝ ㉖ 円

比準価額の修正

直前期末の翌日から課税時期までの間に配当金交付の効力が発生した場合	比準価額（㉖の金額） － 1株当たりの配当金額	修正比準価額 ㉗ 円
直前期末の翌日から課税時期までの間に株式の割当て等の効力が発生した場合	比準価額〔㉖（㉗があるときは㉗）の金額〕＋ 割当株1株当たりの払込金額 円 銭 × 1株当たりの割当株式数又は交付株式数 株 ÷ （1株＋ 株）	修正比準価額 ㉘ 円

直前期末の翌日から課税時期までの間に配当金の交付の効力が発生した場合または新株式の効力が発生した場合には、類似業種比準価額の修正が必要になりますので、それぞれ下記の通り記載をする必要があります。

3－②の具体的な記載方法

記載項目	記載内容
直前期末の翌日から課税時期までの間に配当金の交付の効力が発生した場合	課税時期後の配当金の支払に関する資料を確認し、1株当たりの配当金額を記載します。 ㉗の金額について表示単位未満の端数を切り捨てることにより0となる場合には、分数または小数点（直前期末基準、本章第10節参照）により記載します。
直前期末の翌日から課税時期までの間に株式の割当て等の効力が発生した場合	株式の割当て等の事実を確認し、「1株当たりの割当株式数」及び「1株当たりの割当株式数又は交付株式数」について、1株未満の株式数を切り捨てずに実際の株式数を記載します。 ㉘の金額について表示単位未満の端数を切り捨てることにより0となる場合には、分数または小数点（課税時期基準、本章第10節参照）により記載します。

　なお、第3表の「株式の価額の修正」欄の記載と混同しやすいところとなりますので、142頁を基に第3表と第4表の違いを確認しておきましょう。

▶ 第4表の記載例

　甲の死亡により長男がＡ社株式のすべてを相続により取得した場合における第4表を作成してみましょう。

1　資本金等がプラスの場合

前提事項

■評価会社の基本情報

　会社名　　　：家具製造株式会社

　課税時期　　：××年6月27日

　会社の決算日：毎年3月31日

　事業内容　　：家具製造業

　会社の規模　：中会社

■相続前後における株主と所有株式数

株　　主	株式数 （相続発生前）	株式数 （相続発生後）	役職名
甲	60,000株	－	
長男	－	60,000株	代表取締役
Ａ社	1,000株	1,000株	
発行済株式数	61,000株	61,000株	

■Ａ社の直前期末における法人税申告書別表五（一）の記載例（抜粋）

（単位：円）

利益積立金額及び資本金等の額の計算に関する明細書		事業 年度	：　：	法人名	

Ⅰ　利益積立金額の計算に関する明細書				
区　　　分	期　首　現　在 利 益 積 立 金 額	当　期　の　増　減		差引翌期首現在 利 益 積 立 金 額 ①－②＋③
		減	増	
	①	②	③	④
〜等〜　〜（〜　〜計〜を含む。）			確定　△	
差　引　合　計　額 31	500,000,000	○○○	○○○	510,000,000

Ⅱ　資本金等の額の計算に関する明細書				
区　　　分	期　首　現　在 資 本 金 等 の 額	当　期　の　増　減		差引翌期首現在 資 本 金 等 の 額 ①－②＋③
		減	増	
	①	②	③	④
資 本 金 又 は 出 資 金 32	40,000,000 円	円	円	40,000,000 円
資　本　準　備　金 33				
自　己　株　式 34	△10,000,000			△10,000,000
35				
差　引　合　計　額 36	30,000,000			30,000,000

■直前期末以前３年間の年配当金額と法人税の課税所得金額

（単位：円）

	年配当金額[1]	法人税の課税所得金額[2]
直前期	1,200,000	36,000,000
直前々期	1,200,000	35,000,000
直前々期の前期	1,200,000	34,000,000

※１　記念配当や特別配当に該当するものはない。
　　　直前期から課税時期までの間に配当金の効力が発生した配当金が1,200,000円あるが、１株当たりの配当金は20円である。

※２　法人税の課税所得金額のうち、非経常的な利益はない。
　　　また、Ａ社は受取配当金を収受しておらず、過年度において欠損金が生じたことはない。

■評価会社の業種目と類似業種の株価

業種目		中分類 その他の製造業 （番号51）	大分類 製造業 （番号10）
株価	課税時期の属する月（６月）	229円	252円
	課税時期の属する月の前月（５月）	223円	252円
	課税時期の属する月の前々月（４月）	221円	259円
	前年平均株価	200円	222円
	課税時期の属する月以前２年間の平均株価	201円	224円

■評価会社の業種目と類似業種の１株当たりの年配当金額、年利益金額、純資産価額

業種目	中分類 その他の製造業 （番号51）	大分類 製造業 （番号10）
類似業種の１株当たりの年配当金額	2.5円	4.40円
類似業種の１株当たりの年利益金額	18円	31円
類似業種の１株当たりの純資産価額	200円	285円

記載例

第 4 表　類似業種比準価額等の計算明細書

会社名　**家具製造株式会社**

（取引相場のない株式（出資）の評価明細書）

（令和六年一月一日以降用）

1. 1株当たりの資本金等の額等の計算

	直前期末の資本金等の額	直前期末の発行済株式数	直前期末の自己株式数	1株当たりの資本金等の額（①÷（②-③））	1株当たりの資本金等の額を50円とした場合の発行済株式数（①÷50円）
	① 30,000 千円	② 61,000 株	③ 1,000 株	④ 500 円	⑤ 600,000 株

2. 比準要素等の金額の計算

1株(50円)当たりの年配当金額

直前期末以前2（3）年間の年平均配当金額

事業年度	⑥年配当金額	⑦左のうち非経常的な配当金額	⑧差引経常的な年配当金額（⑥-⑦）	年平均配当金額	比準要素数1の会社・比準要素数0の会社の判定要素の金額
直前期	1,200 千円	千円	⑦ 1,200 千円	⑨(⑦+⑩)÷2　1,200 千円	⑨/⑤　⑧₁ 2 円 0 銭
直前々期	1,200 千円	千円	⑩ 1,200 千円	⑩(⑪+⑧)÷2　1,200 千円	⑩/⑤　⑧₂ 2 円 0 銭
直前々期の前期	1,200 千円	千円	⑧ 1,200 千円		1株(50円)当たりの年配当金額（⑧₁）の金額　⑧ 2 円 0 銭

1株(50円)当たりの年利益金額

直前期末以前2（3）年間の利益金額

事業年度	⑪法人税の課税所得金額	⑫非経常的な利益金額	⑬受取配当等の益金不算入額	⑭左の所得税額	⑮損金算入した繰越欠損金の控除額	⑯差引利益金額（⑪-⑫+⑬-⑭+⑮）	比準要素数1の会社・比準要素数0の会社の判定要素の金額
直前期	36,000 千円	0 千円	0 千円	0 千円	0 千円	⑭ 36,000 千円	⑯/⑤ 又は (⑯+⑰)÷2　©₁ 60 円
直前々期	35,000 千円	0 千円	0 千円	0 千円	0 千円	⑰ 35,000 千円	⑰/⑤ 又は (⑰+⑱)÷2　©₂ 58 円
直前々期の前期	34,000 千円	0 千円	0 千円	0 千円	0 千円	⑱ 34,000 千円	1株(50円)当たりの年利益金額 [⑯/⑤ 又は (⑯+⑰)÷2 の金額]　© 59 円

1株(50円)当たりの純資産価額

直前期末（直前々期末）の純資産価額

事業年度	⑰資本金等の額	⑱利益積立金額	⑲純資産価額（⑰+⑱）	比準要素数1の会社・比準要素数0の会社の判定要素の金額
直前期	30,000 千円	510,000 千円	⑲ 540,000 千円	⑲/⑤　Ⓓ₁ 900 円
直前々期	30,000 千円	500,000 千円	⑰ 530,000 千円	⑰/⑤　Ⓓ₂ 883 円
				1株(50円)当たりの純資産価額（Ⓓ₁）の金額　Ⓓ 900 円

3. 類似業種比準価額の計算

類似業種と業種目番号　製造業（No. 10）

	1株(50円)当たりの株価		区分	1株(50円)当たりの年配当金額	1株(50円)当たりの年利益金額	1株(50円)当たりの純資産価額	1株(50円)当たりの比準価額
類似業種の株価	課税時期の属する月	6月 ㉒ 252円	評価会社	⑧ 2 円 0 銭	© 59	Ⓓ 900	⑳×㉓×0.7
	課税時期の属する月の前月	5月 ㉒ 252円	類似業種	B 4 円 40 銭	C 31	D 285	※中会社は0.6小会社は0.5とします。
	課税時期の属する月の前々月	4月 ㉔ 259円	要素別比準割合	⑧/B 0.45	©/C 1.90	Ⓓ/D 3.15	
	前年平均株価	㉒ 222円	比準割合	$\frac{\frac{⑧}{B}+\frac{©}{C}+\frac{Ⓓ}{D}}{3}$ =	㉑ 1.83		㉒ 243円 70銭
	課税時期の属する月以前2年間の平均株価	㉓ 224円					
	A（⑦、㉒、㉔、㉒及び㉓のうち最も低いもの）	⑳ 222円					

類似業種と業種目番号　その他の製造業（No. 51）

	1株(50円)当たりの株価		区分	1株(50円)当たりの年配当金額	1株(50円)当たりの年利益金額	1株(50円)当たりの純資産価額	1株(50円)当たりの比準価額
類似業種の株価	課税時期の属する月	6月 ㉒ 229円	評価会社	⑧ 2 円 0 銭	© 59	Ⓓ 900	㉓×㉓×0.7
	課税時期の属する月の前月	5月 ㉒ 223円	類似業種	B 2 円 50 銭	C 18	D 200	※中会社は0.6小会社は0.5とします。
	課税時期の属する月の前々月	4月 ㉔ 221円	要素別比準割合	⑧/B 0.80	©/C 3.27	Ⓓ/D 4.50	
	前年平均株価	㉒ 200円	比準割合	$\frac{\frac{⑧}{B}+\frac{©}{C}+\frac{Ⓓ}{D}}{3}$ =	㉔ 2.85		㉕ 342円 00銭
	課税時期の属する月以前2年間の平均株価	㉓ 201円					
	A（⑦、㉒、㉔、㉒及び㉓のうち最も低いもの）	㉓ 200円					

比準価額の計算

1株当たりの比準価額	比準価額（㉒と㉕とのいずれか低い方の金額） × $\frac{④の金額}{50円}$	㉖ 2,437 円

比準価額の修正

直前期末の翌日から課税時期までの間に配当金交付の効力が発生した場合	比準価額（㉖の金額） － 20 円 銭	修正比準価額　㉗ 2,417 円
直前期末の翌日から課税時期までの間に株式の割当て等の効力が発生した場合	比準価額（㉖（㉗があるときは㉗）の金額）＋ 割当株式1株当たりの払込金額 円 銭 × 1株当たりの割当株式数 株）÷（1株＋ 1株当たりの割当株式数又は交付株式数 株）	修正比準価額　㉘ 円

＜解説＞

1．1株当たりの資本金等の額等の計算

　類似業種比準価額の計算は、1株当たりの資本金等の額を50円とした場合の発行済株式数を基に計算をすることになります。自己株式がある場合には、発行済株式総数から控除することに留意しておきましょう。

2．比準要素等の金額の計算

　1株当たりの年利益金額の$Ⓒ_1$と$Ⓒ_2$及び$Ⓒ$は、1年間の年利益金額と2年間の平均利益金額を選択することができますが、記載例においては、$Ⓒ_1$と$Ⓒ_2$は高い方を選択し、$Ⓒ$については低い方を選択して記載をしています。

　$Ⓒ_1$と$Ⓒ_2$については第2表の比準要素数0の会社、比準要素数1の会社の判定で使用しますので、高い方を選択しておいた方が特定の評価会社に該当する可能性が低くなります。

　これに対して、$Ⓒ$については第4表で比準価額を求める計算要素になりますので、低い方を選択した方が類似業種比準価額は低くなります。

　1株当たりの純資産価額については、法人税の別表のどの部分から転記をすればいいのかをしっかりとおさえておきましょう。

3．類似業種比準価額の計算

　家具製造業の場合には、日本標準産業分類に基づき判定した類似業種が中分類の「その他の製造業」に分類されることになりますが、納税義務者の選択によりその分類された中分類が属する大分類の類似業種である「製造業」の類似業種でも計算をすることができますので、実務上は、両方計算を行い、いずれか低い方を選択することになります。

▶実務上のポイント

　選択適用ができる項目については、納税者のニーズに合わせて有利選択をする必要があります。

　また、直前期末の翌日から課税時期までの間に配当金の効力が発生している場合には、比準価額の修正が必要となります。漏れやすい項目になりますので、配当を行っている会社については注意しておきましょう。

2 資本金等がマイナスの場合

前提事項

■評価会社の基本情報

会社名　　　：家具製造株式会社

課税時期　　：××年6月27日

会社の決算日：毎年3月31日

事業内容　　：家具製造業

会社の規模　：中会社

■相続前後における株主と所有株式数

株　主	株式数 （相続発生前）	株式数 （相続発生後）	役職名
甲	50,000株	―	
長男	―	50,000株	代表取締役
A社	11,000株	11,000株	
発行済株式数	61,000株	61,000株	

■A社の直前期末における法人税申告書別表五（一）の記載例（抜粋）

（単位：円）

利益積立金額及び資本金等の額の計算に関する明細書

事　業 年　度	：	：	法人名	

I　利益積立金額の計算に関する明細書

区　　分	期首現在 利益積立金額 ①	当期の増減 減 ②	当期の増減 増 ③	差引翌期首現在 利益積立金額 ①−②+③ ④
等～			確定 △	
差　引　合　計　額 31	500,000,000	○○○	○○○	510,000,000

II　資本金等の額の計算に関する明細書

区　　分	期首現在 資本金等の額 ①	当期の増減 減 ②	当期の増減 増 ③	差引翌期首現在 資本金等の額 ①−②+③ ④
資本金又は出資金 32	40,000,000 円	円	円	40,000,000 円
資　本　準　備　金 33				
自　己　株　式 34	△50,000,000			△50,000,000
35				
差　引　合　計　額 36	△10,000,000			△10,000,000

■直前期末以前３年間の年配当金額と法人税の課税所得金額

(単位：円)

	年配当金額※１	法人税の課税所得金額※２
直前期	1,200,000	36,000,000
直前々期	1,200,000	35,000,000
直前々期の前期	1,200,000	34,000,000

※１ 記念配当や特別配当に該当するものはない。

※２ 法人税の課税所得金額のうち、非経常的な利益はない。

また、Ａ社は受取配当金を収受しておらず、過年度において欠損金が生じたことはない。

■評価会社の業種目と類似業種の株価

業種目		中分類 その他の製造業 （番号51）	大分類 製造業 （番号10）
株価	課税時期の属する月（６月）	229円	252円
	課税時期の属する月の前月（５月）	223円	252円
	課税時期の属する月の前々月（４月）	221円	259円
	前年平均株価	200円	222円
	課税時期の属する月以前２年間の平均株価	201円	224円

■評価会社の業種目と類似業種の１株当たりの年配当金額、年利益金額、純資産価額

業種目	中分類 その他の製造業 （番号51）	大分類 製造業 （番号10）
類似業種の１株当たりの年配当金額	2.5円	4.40円
類似業種の１株当たりの年利益金額	18円	31円
類似業種の１株当たりの純資産価額	200円	285円

第4表 類似業種比準価額等の計算明細書

会社名 家具製造株式会社

(取引相場のない株式(出資)の評価明細書) (令和六年一月一日以降用)

1．1株当たりの資本金等の額等の計算

	直前期末の資本金等の額 ①	直前期末の発行済株式数 ②	直前期末の自己株式数 ③	1株当たりの資本金等の額 (①÷(②-③)) ④	1株当たりの資本金等の額を50円とした場合の発行済株式数 (①÷50円) ⑤
	△10,000 千円	61,000 株	11,000 株	△200 円	△200,000 株

2．比準要素等の金額の計算

1株(50円)当たりの年配当金額

直前期末以前2(3)年間の年平均配当金額

事業年度	⑥年配当金額	⑦左のうち非経常的な配当金額	⑧差引経常的な年配当金額(⑥-⑦)	年平均配当金額
直前期	1,200 千円	千円	㋑ 1,200 千円	⑨(㋑+㋺)÷2 1,200 千円
直前々期	1,200 千円	千円	㋺ 1,200 千円	
直前々期の前期	1,200 千円	千円	㋩ 1,200 千円	⑩(㋺+㋩)÷2 1,200 千円

比準要素数1の会社・比準要素数0の会社の判定要素の金額

| ⑨/⑤ | ㋥ △6 円 0 銭 |
| ⑩/⑤ | ㋭ △6 円 0 銭 |

1株(50円)当たりの年配当金額 (㋥の金額)
⑪ △6 円 0 銭

1株(50円)当たりの年利益金額

直前期末以前2(3)年間の利益金額

事業年度	⑪法人税の課税所得金額	⑫非経常的な利益金額	⑬受取配当等の益金不算入額	⑭左の所得税額	⑮損金算入した繰越欠損金の控除額	⑯差引利益金額(⑪-⑫+⑬-⑭+⑮)
直前期	36,000 千円	0 千円	0 千円	0 千円	0 千円	㋥ 36,000 千円
直前々期	35,000 千円	0 千円	0 千円	0 千円	0 千円	㋭ 35,000 千円
直前々期の前期	34,000 千円	0 千円	0 千円	0 千円	0 千円	㋬ 34,000 千円

比準要素数1の会社・比準要素数0の会社の判定要素の金額

| ㋥ 又は (㋥+㋭)÷2 / ⑤ | ⑰ △180 円 |
| ㋭ 又は (㋭+㋬)÷2 / ⑤ | ⑱ △175 円 |

1株(50円)当たりの年利益金額 [⑰ 又は (㋥+㋭)÷2 の金額]
ⓒ △177 円

1株(50円)当たりの純資産価額

直前期末(直前々期末)の純資産価額

事業年度	⑰資本金等の額	⑱利益積立金額	⑲純資産価額 (⑰+⑱)
直前期	△10,000 千円	510,000 千円	㋣ 500,000 千円
直前々期	△10,000 千円	500,000 千円	㋠ 490,000 千円

比準要素数1の会社・比準要素数0の会社の判定要素の金額

| ㋣/⑤ | ⑲ △2,500 円 |
| ㋠/⑤ | ⑳ △2,450 円 |

1株(50円)当たりの純資産価額 (⑲の金額)
Ⓓ △2,500 円

3．類似業種比準価額の計算

1株(50円)当たりの比準価額の計算

類似業種と業種目番号	製造業 (No.10)	区分	1株(50円)当たりの年配当金額	1株(50円)当たりの年利益金額	1株(50円)当たりの純資産価額	1株(50円)当たりの比準価額
課税時期の属する月	6月 ㋐ 252	評価会社	Ⓑ △6 円 0 銭	Ⓒ △177 円	Ⓓ △2,500 円	⑳×㉑×0.7 ※中会社は0.6 小会社は0.5とします。
課税時期の属する月の前月	5月 ㋑ 252	類似業種 B	4 円 40 銭	C 31 円	D 285 円	
課税時期の属する月の前々月	4月 ㋒ 259	要素別比準割合	Ⓑ/B △1.36	Ⓒ/C △5.70	Ⓓ/D △8.77	
前年平均株価	㋓ 222	比準割合	Ⓑ/B + Ⓒ/C + Ⓓ/D / 3 = △5.27			㉒ △701 円 90 銭
課税時期の属する月以前2年間の平均株価	㋔ 224					
A (㋐、㋑、㋒、㋓及び㋔のうち最も低いもの)	⑳ 222					

類似業種と業種目番号	その他の製造業 (No.51)	区分	1株(50円)当たりの年配当金額	1株(50円)当たりの年利益金額	1株(50円)当たりの純資産価額	1株(50円)当たりの比準価額
課税時期の属する月	6月 ㋐ 229	評価会社	Ⓑ △6 円 0 銭	Ⓒ △177 円	Ⓓ △2,500 円	㉓×㉔×0.7 ※中会社は0.6 小会社は0.5とします。
課税時期の属する月の前月	5月 ㋑ 223	類似業種 B	2 円 50 銭	C 18 円	D 200 円	
課税時期の属する月の前々月	4月 ㋒ 221	要素別比準割合	Ⓑ/B △2.40	Ⓒ/C △9.83	Ⓓ/D △12.50	
前年平均株価	㋓ 200	比準割合	Ⓑ/B + Ⓒ/C + Ⓓ/D / 3 = △8.24			㉕ △988 円 80 銭
課税時期の属する月以前2年間の平均株価	㋔ 201					
A (㋐、㋑、㋒、㋓及び㋔のうち最も低いもの)	㉓ 200					

比準価額の計算

1株当たりの比準価額	比準価額 (㉒と㉕とのいずれか低い方の金額) × ④の金額/50円	㉖ 2,807 円

比準価額の修正

| 直前期末の翌日から課税時期までの間に配当金交付の効力が発生した場合 | 比準価額 (㉖の金額) − 1株当たりの配当金額 円 銭 | 修正比準価額 ㉗ 円 |
| 直前期末の翌日から課税時期までの間に株式の割当等の効力が発生した場合 | 比準価額 [㉖(㉗があるときは㉗)の金額] + 割当株式1株当たりの払込金額 円 銭 × 1株当たりの割当株式数 株 ÷ (1株 + 1株当たりの割当株式数又は交付株式数 株) | 修正比準価額 ㉘ 円 |

344

<解説>

1．1株当たりの資本金等の額等の計算

　資本金等がマイナスの場合には、最終的な計算の仕組みでマイナスを連乗することにより結果としてプラスの正しい数値が得られることになりますので、マイナスの金額で計算することになります。

2．比準要素等の金額の計算

　1株当たりの年配当金額の㉛と㉜及び⑧については、通常であればマイナスになることはありませんが、1株当たりの資本金等の額を50円とした場合の発行済株式数がマイナスの値になりますので、1株当たりの年配当金額の㉛と㉜及び⑧もマイナスの値が算出されます。この場合はそのままマイナスの金額を記載します。

　1株当たりの年利益金額の①と⑫及び©、1株当たりの純資産価額①と⑫及び⑩については、マイナスになる場合には、通常の場合には0として記載をしますが、資本金等がマイナスとなっている場合には、そのままマイナスの金額を記載します。

3．類似業種比準価額の計算

　中分類である「その他の製造業」の1株（50円）当たりの比準価額（△988.8円）と大分類である「製造業」の1株（50円）当たりの比準価額（△701.9円）のいずれか低い方を選択することになりますが、最終的にマイナスは連乗でプラスになりますので、マイナスがないものと考えて988.8円＞701.9円で701.9円の方を選択して計算することになります。

▶実務上のポイント

　資本金等がマイナスの場合であっても、法人税の申告書別表五（一）の資本金等の額をそのまま記載することになります。

　実務上、資本金等がマイナスになることは多くはありませんので、特殊な事例としておさえておきましょう。

第 **7** 節

第5表　1株当たりの純資産価額（相続税評価額）の計算明細書

1　第5表の全体的な構成

純資産価額を計算するための別表となります。

具体的には、下記の通りとなります。**構成1、2、4、5**で純資産価額を計算するための情報を記載し、次いで**構成6**で1株当たりの純資産価額の計算を行います。

なお、**構成3**については、第2表で特定の評価会社を判定するための基礎情報を記載することになります。

第5表の全体的な構成と実務上のポイント

構　成	内　　容		実務上のポイント
1	資産の部		3年以内取得土地等、家屋等の有無、借地権の有無をしっかりと確認しましょう。
2	負債の部		未払法人税等や未払退職金等の計上漏れに注意しましょう。
3		株式等の価額の合計額	株式等保有特定会社の判定に使用します。特に株式等の範囲に気をつけましょう。
		土地等の価額の合計額	土地保有特定会社の判定に使用します。借地権の計上金額の漏れに気をつけましょう。
4	現物出資等受入れ資産の価額の合計額		現物出資、合併、株式移転、株式交換または株式交付の有無について確認しましょう。
5	評価差額に対する法人税額等相当額の計算		課税時期によって使用する税率が変わりますので、税率が正しいか確認するようにしましょう。
6	1株当たりの純資産価額の計算		課税時期現在における発行済株式数を基に計算しているか確認しましょう。

第7節　第5表　1株当たりの純資産価額（相続税評価額）の計算明細書

【第5表の構成要素】

第5表　1株当たりの純資産価額（相続税評価額）の計算明細書　　会社名＿＿＿＿＿＿＿＿

（令和六年一月一日以降用）

（取引相場のない株式（出資）の評価明細書）

1. 資産及び負債の金額（課税時期現在）

資　産　の　部				負　債　の　部			
科　　目	相続税評価額	帳簿価額	備考	科　　目	相続税評価額	帳簿価額	備考
	千円	千円			千円	千円	
		1				**2**	
合　計	①	②		合　計	③	④	

株式等の価額の合計額	㋑	㋺				
土地等の価額の合計額	㋩		**3**		**4**	
現物出資等受入れ資産の価額の合計額	㋥	㋭				

2. 評価差額に対する法人税額等相当額の計算			3. 1株当たりの純資産価額の計算		
相続税評価額による純資産価額 （①－③）		千円	課税時期現在の純資産価額 （相続税評価額）（⑤－⑧）	⑨	千円
帳簿価額による純資産価額 （（②＋㋭）－㋩－④）		千円 **5**	課税時期現在の発行済株式数 （第1表の⑤ **6**		株
評価差額に相当する金額 （⑤－⑥）、マイナスの場合は0）	⑦	千円	課税時期現在の1株当たりの純資産価額 （相続税評価額）（⑨÷⑩）	⑪	円
評価差額に対する法人税額等相当額 （⑦×37%）	⑧	千円	同族株主等の議決権割合（第1表の1の⑤の 割合）が50%以下の場合（⑪×80%）	⑫	円

347

第3章　評価明細書への記載方法

2　1の記載方法

第5表　1株当たりの純資産価額（相続税評価額）の計算明細書　　会社名＿＿＿＿＿＿＿＿＿

（取引相場のない株式（出資）の評価明細書）

（令和六年一月一日以降用）

1. 資産及び負債の金額（課税時期現在）

資　産　の　部				負　債　の　部			
科　　目	相続税評価額	帳簿価額	備考	科　　目	相続税評価額	帳簿価額	備考
	千円	千円			千円	千円	
合　計	①	②		合　計	③	④	
株式等の価額の合計額	㋑	㋺					
土地等の価額の合計額	㋩						
現物出資等受入れ資産の価額の合計額	㋥	㋭					

> 1
>
> 資産の部について記載します。
> 用意するべき資料は下記の通りです。
> ・直前期末の貸借対照表、科目内訳書、減価償却明細（仮決算方式により計算する場合には課税時期時点におけるこれらの書類）
> ・課税時期現在（直前期末方式を採用する場合には直前期末時点）の保険解約返戻金が確認できる資料
> ・課税時期の属する年分の名寄帳、固定資産税課税明細、路線価図等の土地評価資料など

2. 評価差額に対する法人税額等相当額の計算			3. 1株当たりの純資産価額の計算		
相続税評価額による純資産価額　　　（①－③）	⑤	千円	課税時期現在の純資産価額（相続税評価額）　　　（⑤－⑧）	⑨	千円
帳簿価額による純資産価額（（②＋㋭－㋥－④）、マイナスの場合は0）	⑥	千円	課税時期現在の発行済株式数（（第1表の1の①）－自己株式数）	⑩	株
評価差額に相当する金額（⑤－⑥、マイナスの場合は0）	⑦	千円	課税時期現在の1株当たりの純資産価額（相続税評価額）　　　（⑨÷⑩）	⑪	円
評価差額に対する法人税額等相当額（⑦×37%）	⑧	千円	同族株主等の議決権割合（第1表の1の⑤の割合）が50%以下の場合　　（⑪×80%）	⑫	円

348

第7節　第5表　1株当たりの純資産価額（相続税評価額）の計算明細書

　第5表の資産の部は、直前期末の貸借対照表（仮決算方式により計算をしている場合には、課税時期時点の貸借対照表の金額）を基に、下記の通り評価を行い記載します。

　科目名については、基本的には貸借対照表に表示されている科目をそのまま使用することで問題ありませんが、「3年以内取得土地等」「3年以内取得家屋等」「法人税等控除不適用株式等」は、他の科目と分けて記載を行います。

　相続税評価額及び帳簿価額の計上金額等をまとめると下記の通りとなります。

	相続税評価額	帳簿価額
計上金額	評価会社の各資産の相続税評価額は、評価通達の定めにより評価した価額により計上をしますので、帳簿価額に記載のないものであったとしても、借地権や評価の対象となる営業権がある場合には計上を要します。	帳簿価額とは、会計上の帳簿価額ではなく、税務上の帳簿価額となります。減価償却超過額のある減価償却資産については、貸借対照表に計上がされている帳簿価額に減価償却超過額に相当する金額を加算する必要があります。
計上を要しないもの	繰延資産や繰延税金資産等の財産性がないものについてはその計上を要しないこととなります。	

　科目別の留意点は下記の通りとなります。

科　目	相続税評価額	帳簿価額
減価償却資産	個人の事業用資産と同様に評価通達に基づき計算することになります。減価償却の計算期間について仮決算基準を採用している場合には、課税時期までの期間で計算しますが、直前期末基準を採用している場合には、直前期末までの期間で計算することになります。 また、圧縮記帳をしている場合には、圧縮記帳適用前の取得価額を基に計算します。建物附属設備は、家屋の固定資産税の評価に含まれている場合には、0として評価して差し支えありません。	固定資産に係る減価償却累計額、特別償却準備金及び圧縮記帳に係る引当金または積立金の金額がある場合には、それらを控除した金額をその固定資産の帳簿価額とします。
法人税等控除不適用株式等	非上場株式等については、評価差額に対する法人税額等相当額の控除は行わないで計算することになります（196頁参照）。	
	法人税等控除不適用株式等として他の有価証券とは区分して記載をすることになります。	

第3章　評価明細書への記載方法

借地権	土地を賃借している場合の借地権の相続税評価額については、「通常の権利金」や「相当の地代」の支払の有無、「相当の地代の改訂方法に関する届出書」「土地の無償返還に関する届出書」の提出の有無、地代の変遷を確認して計上金額を決定する必要があります（183頁参照）。	
3年以内取得土地等・	課税時期における通常の取引価額で評価することになります（180頁参照）。	
3年以内取得家屋等	3年以内取得土地等、3年以内取得家屋等として区分して記載をします。	
営業権等	営業権として平均利益金額が5,000万円超となる場合には、評価対象財産として検討する必要がありますが、5,000万円以下である場合には、営業権は0になります（評価通達165、166）。	営業権に含めて評価の対象となる特許権、漁業権等の資産の帳簿価額は、営業権の帳簿価額に含めて記載します。
生命保険金請求権	被相続人の死亡に伴い生命保険金を取得した場合には、生命保険金請求権として受け取った生命保険金を資産に計上します。	
保険金積立金	仮決算方式を採用している場合には相続開始時点の解約返戻金を計上します。直前期末方式を採用している場合には直前期末時点の解約返戻金を計上します。	上記生命保険金に対応する保険積立金額がある場合には、除外した金額を計上します。

▶実務上のポイント

　資産の部の相続税評価額は、原則的には会社のすべての資産を課税時期における相続税評価により計上することになりますが、実務的な煩雑さを考慮し、課税上、弊害がないと認められる資産については、簡便的な処理として帳簿価額をそのまま使用しても差し支えないと思われます。

　また、資産の部の帳簿価額は、貸借対照表の金額をそのまま転記することが少なくありませんが、法人税申告書別表五（一）で留保されている金額がないか確認するようにしましょう。

第7節 第5表 1株当たりの純資産価額（相続税評価額）の計算明細書

3 2の記載方法

第5表　1株当たりの純資産価額（相続税評価額）の計算明細書　　会社名＿＿＿＿＿＿＿＿＿＿

（令和六年一月一日以降用）

1. 資産及び負債の金額（課税時期現在）

（取引相場のない株式（出資）の評価明細書）

資　産　の　部				負　債　の　部			
科　　目	相続税評価額	帳簿価額	備考	科　　目	相続税評価額	帳簿価額	備考
	千円	千円			千円	千円	

> 負債の部について記載します。
> 用意するべき資料は下記の通りです。
> ・直前期末の貸借対照表、科目内訳書、法人税の申告書、地方税の申告書（仮決算方式で計算する場合には、課税時期におけるこれらの書類）
> ・死亡退職金がある場合には退職金に関する議事録など

2

合　　計	①	②		合　　計	③	④	
株式等の価額の合計額	イ	ロ					
土地等の価額の合計額	ハ						
現物出資等受入れ資産の価額の合計額	ニ	ホ					

2. 評価差額に対する法人税額等相当額の計算			**3. 1株当たりの純資産価額の計算**		
相続税評価額による純資産価額 （①－③）	⑤	千円	課税時期現在の純資産価額 （相続税評価額）　　　（⑤－⑧）	⑨	千円
帳簿価額による純資産価額 （（②＋ニ－ホ）－④）、マイナスの場合は0）	⑥	千円	課税時期現在の発行済株式数 （（第1表の1の①）－自己株式数）	⑩	株
評価差額に相当する金額 （⑤－⑥、マイナスの場合は0）	⑦	千円	課税時期現在の1株当たりの純資産価額 （相続税評価額）　　　（⑨÷⑩）	⑪	円
評価差額に対する法人税額等相当額 （⑦×37%）	⑧	千円	同族株主等の議決権割合（第1表の1の⑤の割合）が50%以下の場合　　　（⑪×80%）	⑫	円

第1表の1 / 第1表の2 / 第2表 / 第3表 / 第4表 / 第5表 / 第6表 / 第7・8表

第3章　評価明細書への記載方法

　第5表の負債の部は、直前期末の貸借対照表（仮決算方式により計算をしている場合には、課税時期時点の貸借対照表の金額）を基に、下記の通り評価を行い記載します。

　科目名については、基本的には貸借対照表に表示されている科目をそのまま使用することで問題ありません。

　相続税評価額及び帳簿価額の計上金額等をまとめると下記の通りとなります。

	相続税評価額	帳簿価額
計上金額	原則として、課税時期（直前期末基準を採用している場合には直前期末時点）において債務が確定しているものを計上することになります。	原則として、相続税評価額と一致することになります。
計上を要しないもの	引当金、繰延税金負債等の債務として確定していないものについては、原則としてその計上を要しないこととなります。	

　科目別の留意点は下記の通りとなります。

科　目	相続税評価額	帳簿価額
未払退職金	被相続人の死亡により、相続人その他の者に支給することが確定した退職手当金、功労金その他これらに準ずる給与の金額（「以下「退職金等」という）については、本来的には相続開始時点において確定しているものではありませんので、負債に計上しないことになりますが、退職金等が個人の相続財産として課税されていることに鑑み、負債に計上することが認められています。 弔慰金については個人の相続財産としては非課税であるため、控除することができませんが、弔慰金が退職金等とみなされた場合には、相続財産として課税されることになりますので、控除も認められます。 生命保険金を原資として被相続人に係る死亡退職金、弔慰金を支払った場合には、保険差益（生命保険金－保険積立金－支払退職金－弔慰金）について課されることとなる法人税額等（現行37%）についても負債に計上します。 なお、評価会社に欠損金がある場合には、保険差益から欠損金を控除した残額に対して税率を乗じることになります。	
社葬費用	相続税の課税価格の計算上も控除が認められているため、社会通念上相当と認められるものに限り負債に計上します。	
未払固定資産税・未払法人税等	未払税金※については、帳簿に負債としての記載がない場合であっても、負債として「相続税評価額」欄及び「帳簿価額」欄のいずれにも記載します。固定資産税及び都市計画税は、個人の債務に計上する金額と同様の考え方になります。なお、固定資産税等の賦課期日は1月1日になります。	

※　相続税評価額及び帳簿価額に計上する未払税金

仮決算方式	直前期末方式
課税時期以前に賦課期日のあった固定資産税及び都市計画税の税額のうちに、課税時期において未払であるもの	直前期末以前に賦課期日のあった固定資産税及び都市計画税の税額のうちに、直前期末時点において未払であるもの
課税時期の属する事業年度に係る法人税額、消費税額等、事業税額、道府県民税額及び市町村民税額のうち、その事業年度開始の日から課税時期までの期間に対応する金額で、課税時期において未払であるもの	直前期末の事業年度に係る法人税額、消費税額等、事業税額、道府県民税額及び市町村民税額で、直前期末時点において未払であるもの

▶実務上のポイント

　負債の部の相続税評価額は、未払税金の計上漏れが少なくありませんので、忘れないように気をつけましょう。

第3章　評価明細書への記載方法

4　3の記載方法

第5表　1株当たりの純資産価額（相続税評価額）の計算明細書　　会社名＿＿＿＿＿＿＿＿＿

（取引相場のない株式（出資）の評価明細書）

（令和六年一月一日以降用）

1. 資産及び負債の金額（課税時期現在）

資　産　の　部				負　債　の　部			
科　　目	相続税評価額	帳簿価額	備考	科　　目	相続税評価額	帳簿価額	備考
	千円	千円			千円	千円	
合　　計	①	②		合　　計	③	④	
株式等の価額の合計額	㋑	㋺					
土地等の価額の合計額	㋩						
現物出資等受入れ資産の価額の合計額	㊁	㋭					

> 株式等の価額の合計額及び土地等の価額の合計額について記載します。

3

2. 評価差額に対する法人税額等相当額の計算			3. 1株当たりの純資産価額の計算		
相続税評価額による純資産価額　（①－③）	⑤	千円	課税時期現在の純資産価額（相続税評価額）　（⑤－⑧）	⑨	千円
帳簿価額による純資産価額　（（②＋㊁－㋭－④）、マイナスの場合は0）	⑥	千円	課税時期現在の発行済株式数　（第1表の1の①）－自己株式数）	⑩	株
評価差額に相当する金額　（⑤－⑥、マイナスの場合は0）	⑦	千円	課税時期現在の1株当たりの純資産価額（相続税評価額）　（⑨÷⑩）	⑪	円
評価差額に対する法人税額等相当額　（⑦×37%）	⑧	千円	同族株主等の議決権割合（第1表の1の⑤の割合）が50%以下の場合　（⑪×80%）	⑫	円

354

第7節　第5表　1株当たりの純資産価額（相続税評価額）の計算明細書

3の内容は、第2表で株式等保有割合及び土地保有割合を求めるための重要な数値となりますので、下記の点に留意してそれぞれ記載するようにしましょう。

3の具体的な記載方法

記載項目	記載内容
株式等の価額の合計額	①の金額には、資産の部に計上されている有価証券、出資金、新株予約権付社債、法人税等控除不適用株式等の相続税評価額の合計額を記載します。 回の金額には、資産の部に計上されている有価証券、出資金、新株予約権付社債、法人税等控除不適用株式等の帳簿価額の合計額を記載します。 株式等に含まれるもの、含まれないものの範囲[※1]が重要になります。
土地等の価額の合計額	⑪の金額には、資産の部に計上されている土地、借地権、3年以内取得土地等の相続税評価額の合計額を記載します。 対象となる土地等の範囲[※2]が重要になります。

[※1]　株式等に含まれるもの、含まれないものの範囲

株式等に含まれるもの	株式等に含まれないもの
株式会社、持分会社、医療法人等の出資 （上場株式、店頭登録銘柄株式、国外株式、取引相場のない株式等） 新株予約権付社債	民法上の組合等に対する出資、公社債（例えば、レバレッジドリースによる出資は民法上の組合や匿名組合に対する出資となりますので出資には含まれません）
株式等の拠出による信託受益権 不動産投資信託の受益証券（会社型）	貸付信託、証券投資信託の受益証券 不動産投資信託の受益証券（契約型） 小口化不動産の出資持分
株式形態のゴルフ会員権	預託金形態のゴルフ会員権

[※2]　土地等の範囲

土地等の範囲	留意点
土地	保有目的、所有期間は問わず、すべての土地等が含まれることになります。
土地の上に存する権利など	借地権は当然含まれます。 被相続人または贈与者が評価会社に土地を無償返還により賃貸している場合や、相当の地代により賃貸している場合も対象となります。 同様に構築物を目的とする土地の賃借権も対象になります。
棚卸資産に分類される土地など	保有目的、所有期間は問わず、すべての土地等が対象になります。 棚卸資産の土地等である場合の評価は、評価通達133の定めによるたな卸商品等の評価方法により計算します。

355

第3章　評価明細書への記載方法

5　4の記載方法

第5表　1株当たりの純資産価額（相続税評価額）の計算明細書　会社名＿＿＿＿＿＿＿＿＿＿＿＿

（令和六年一月一日以降用）

（取引相場のない株式（出資）の評価明細書）

1. 資産及び負債の金額（課税時期現在）

資　産　の　部				負　債　の　部			
科　　目	相続税評価額	帳簿価額	備考	科　　目	相続税評価額	帳簿価額	備考
	千円	千円			千円	千円	

> 現物出資等受入れ資産の価額の合計額について記載します。
> 用意するべき資料は、次の区分に応じてそれぞれ下記の通りです。
> ・現物出資時における相続税評価額が、受入価額（帳簿価額）を上回る場合
> 　……現物出資時における相続税評価額を計算するための資料
> ・合併による受入価額（帳簿価額）が被合併法人の合併前の合併受入資産に係る帳簿価額を下回る場合
> 　……合併時における被合併法人の合併前の帳簿価額
> ・株式移転、株式交換または株式交付時における相続税評価額が受入価額（帳簿価額）を上回る場合
> 　……株式移転、株式交換または株式交付時における株式の相続税評価額を計算するための資料

合　　　計	①	②		合　　　計	③	④	
株式等の価額の合計額	㋑	㋺					
土地等の価額の合計額	㋩						
現物出資等受入れ資産の価額の合計額	㋥	㋭					

4

2. 評価差額に対する法人税額等相当額の計算

		千円
相続税評価額による純資産価額（①－③）	⑤	
帳簿価額による純資産価額（（②＋㋥－㋭－④）、マイナスの場合は0）	⑥	
評価差額に相当する金額（⑤－⑥、マイナスの場合は0）	⑦	
評価差額に対する法人税額等相当額（⑦×37%）	⑧	

3. 1株当たりの純資産価額の計算

課税時期現在の純資産価額（相続税評価額）（⑤－⑧）	⑨	千円
課税時期現在の発行済株式数（第1表の1の①－自己株式数）	⑩	株
課税時期現在の1株当たりの純資産価額（相続税評価額）（⑨÷⑩）	⑪	円
同族株主等の議決権割合（第1表の1の⑤の割合）が50%以下の場合（⑪×80%）	⑫	円

356

第7節　第5表　1株当たりの純資産価額（相続税評価額）の計算明細書

　控除制限がある金額については、㊁−㊭により求めることになります。

　課税時期における相続税評価額による総資産価額に占める現物出資等受入れ資産の相続税評価額の合計の割合が20％以下の場合には、評価差額の制限の適用はありませんので、「現物出資等受入れ資産の価額の合計額」欄は、記載しません。

4の具体的な記載方法

	相続税評価額（㊁）	帳簿価額（㊭）
現物出資等受入れ資産の価額の合計額	各資産の中に、現物出資、合併、株式交換、株式移転または株式交付により著しく低い価額で受け入れた資産がある場合には、それぞれ次に掲げる区分に応じてそれぞれに掲げる金額の合計額を記載します。 (1)　現物出資の場合 　現物出資の時における相続税評価額と課税時期の時における相続税評価額のいずれか低い金額 (2)　合併の場合 　合併受入資産に係る被合併法人の帳簿価額と合併時における被合併法人の受入資産の相続税評価額と課税時期の受入資産の相続税評価額のうち一番低い金額 (3)　株式移転、株式交換または株式交付の場合 　株式移転、株式交換または株式交付時における相続税評価額と課税時期における相続税評価額のいずれか低い金額	㊁に対応する著しく低い価額で受け入れた資産の帳簿価額を記載します。

357

第3章　評価明細書への記載方法

6　5、6の記載方法

第5表　1株当たりの純資産価額（相続税評価額）の計算明細書　　会社名＿＿＿＿＿＿＿＿＿＿

（取引相場のない株式（出資）の評価明細書）

（令和六年一月一日以降用）

1. 資産及び負債の金額（課税時期現在）

資 産 の 部				負 債 の 部			
科　　目	相続税評価額	帳簿価額	備考	科　　目	相続税評価額	帳簿価額	備考
	千円	千円			千円	千円	
合　　計	①	②		合　　計	③	④	

株式等の価額の合計額			
土地等の価額の合計額			
現物出資等受入れ資産の価額の合計額	㊁	㋭	

> 評価差額に対する法人税額等相当額の計算について記載します。

> 1株当たりの純資産価額の計算について記載します。

2. 評価差額に対する法人税額等相当額の計算

相続税評価額による純資産価額	⑤	千円
（①－③）		
帳簿価額による純資産価額		千円
（（②＋㊁－㋭）－④）		
評価差額に相当する金額	⑦	千円
（⑤－⑥、マイナスの場合は0）		
評価差額に対する法人税額等相当額	⑧	千円
（⑦×37％）		

5

3. 1株当たりの純資産価額の計算

課税時期現在の純資産価額	⑨	千円
（相続税評価額）　（⑤－⑧）		
課税時期現在の発行済株式数		株
（第1表の）		
課税時期現在の1株当たりの純資産価額	⑪	円
（相続税評価額）　（⑨÷⑩）		
同族株主等の議決権割合（第1表の1の⑤の割合）が50％以下の場合	⑫	円
（⑪×80％）		

6

358

第7節　第5表　1株当たりの純資産価額（相続税評価額）の計算明細書

　1株当たりの純資産価額の計算の最終値は⑪欄または⑫欄に記載することになります。80%の斟酌の有無に気を付けましょう。

5、6の具体的な記載方法

	記載項目	記載内容
5	相続税評価額による純資産価額	マイナスの場合には、「0」と記載します。この場合には株式の価額は0となります。
	帳簿価額による純資産価額 評価差額に相当する金額	マイナスとなる場合には、「0」と記載します。
	評価差額に対する法人税額等相当額	課税時期によって使用する税率が変わりますので注意しておきましょう。（194頁参照）
6	⑩課税時期現在の発行済株式数	課税時期における実際の発行済株式の総数から自己株式数を控除した株式数を記載します。第5表は、第4表の類似業種比準価額の計算のように、1株当たりの資本金等を50円とみなした場合の発行済株式数の考え方はありませんので、第4表との違いを確認しておきましょう。
	⑪課税時期現在の1株当たりの純資産価額（相続税評価額）	単位は円になりますので、計算誤りに注意しましょう。 ⑪の金額について表示単位未満の端数を切り捨てることにより0となる場合には、分数または小数点（課税時期基準、本章第10節参照）により記載します。
	⑫同族株主等の議決権割合（第1表の1の⑤の割合）が50%以下の場合	⑪の金額に80%を乗じて計算した金額を記載します。漏れやすい項目になりますので注意しましょう。 （80%の斟酌の適用の可否については、164頁参照） ⑫の金額について表示単位未満の端数を切り捨てることにより0となる場合には、分数または小数点（課税時期基準、本章第10節参照）により記載します。

▶第5表の記載例

　甲（100%株式を所有）の死亡により長男がすべての株式（1,000株）を取得した場合における第5表を作成してみましょう。なお、直前期末時点の貸借対照表は下記の通りであり、直前期末方式により第5表を計算するものとします。

前提事項

■貸借対照表

（単位：千円）

資産の部			負債の部	
科　　目	帳簿価額	相続税評価額	科　　目	帳簿価額
流動資産	118,028	－	流動負債	6,800
現金	230	230	買掛金	5,000
預貯金	78,000	78,010	短期借入金	1,000
売掛金	27,000	27,000	未払法人税等	800
原材料	6,400	6,400	固定負債	200,000
仕掛品	6,600	6,600	長期借入金	200,000
前渡金	14	14	負債合計	206,800
貸倒引当金	－216	－	資本金	25,000
固定資産※1	370,605	－	利益剰余金	260,833
建物	118,169	88,000	利益準備金	10,000
建物附属設備	81,286	35,000	繰越利益剰余金	250,833
構築物	8,000	5,600		
機械装置	62,000	62,000		
工具・器具備品	3,150	140		
土地A※2	50,000	150,000		
土地B※3	48,000	42,000		
投資その他の資産	4,000	－		
保険積立金※4	4,000	－	純資産合計	285,833
資産合計	492,633	－	負債及び純資産合計	492,633

※1　減価償却資産については、減価償却累計額が控除されている。

※2　圧縮記帳により25,000千円が控除されており、取得価額は75,000千円である。

※3　課税時期の8か月前に購入しており、取得価額は48,000千円である。

※4　甲の死亡に伴い保険金が20,000千円発生しているが、甲の相続人に退職金として10,000千円、弔慰金として1,000千円を支払っている。

※5　直前期末において賦課期日が到来している固定資産税等の額が3,000千円あるが、直前期末時点で未払である。

記載例

第5表 1株当たりの純資産価額（相続税評価額）の計算明細書　　会社名 **家具製造株式会社**

（令和六年一月一日以降用）

（取引相場のない株式（出資）の評価明細書）

1. 資産及び負債の金額（課税時期現在）

資産の部				負債の部			
科目	相続税評価額	帳簿価額	備考	科目	相続税評価額	帳簿価額	備考
	千円	千円			千円	千円	
現金	230	230		買掛金	5,000	5,000	
預貯金	78,010	78,000		短期借入金	1,000	1,000	
売掛金	27,000	27,000		未払法人税等	800	800	
原材料	6,400	6,400		長期借入金	200,000	200,000	
仕掛品	6,600	6,600		未払退職金等	10,000	10,000	※4
前渡金	14	14		保険差益の法人税等	1,850	1,850	※4
建物	88,000	118,169		未納固定資産税等	3,000	3,000	※5
建物附属設備	35,000	81,286					
構築物	5,600	8,000					
機械装置	62,000	62,000					
工具・器具備品	140	3,150					
土地A	150,000	50,000					
3年以内取得土地等	48,000	48,000	※3				
生命保険金等	20,000	20,000	※4				

> 保険差益の法人税等
> （20,000千円 − 4,000千円 − 10,000千円 − 1,000千円）×37％＝1,850千円

合計	① 526,994	② 508,849		合計	③ 221,650	④ 221,650	
株式等の価額の合計額	㋑ 0	㋺ 0					
土地等の価額の合計額	㋬ 198,000						
現物出資等受入れ資産の価額の合計額	㋭	㋬					

2. 評価差額に対する法人税額等相当額の計算

相続税評価額による純資産価額（①−③）	⑤	305,344	千円
帳簿価額による純資産価額（（②＋㋭−㋬）−④）、マイナスの場合は0	⑥	287,199	千円
評価差額に相当する金額（⑤−⑥、マイナスの場合は0）	⑦	18,145	千円
評価差額に対する法人税額等相当額（⑦×37％）	⑧	6,713	千円

3. 1株当たりの純資産価額の計算

課税時期現在の純資産価額（相続税評価額）（⑤−⑧）	⑨	298,631	千円
課税時期現在の発行済株式数（（第1表の1の①）−自己株式数）	⑩	1,000	株
課税時期現在の1株当たりの純資産価額（相続税評価額）（⑨÷⑩）	⑪	298,631	円
同族株主等の議決権割合（第1表の1の⑤の割合）が50％以下の場合（⑪×80％）	⑫		円

＜解説＞

①減価償却資産について

　帳簿価額は減価償却累計額を控除した金額を記載します。事例においてはすでに減価償却累計額は控除されていますので、貸借対照表に計算されている帳簿価額をそのまま計上することになります。

　なお、帳簿価額は税務上の帳簿価額となりますので、減価償却超過額がある場合には貸借対照表に計上されている帳簿価額に減価償却超過額を加算し、圧縮積立金により積み立てられている金額がある場合には、その積立金額は控除することにも留意しておきましょう。

　相続税評価額については、評価通達に基づき計算することになりますが、償却費の計算にあたっては、直前期末方式を採用している場合には直前期末時点までの償却費を計算することになります。

②土地Aについて

　圧縮記帳により25,000千円控除されていますが、帳簿価額は控除後の金額を使用することになります。

③土地Bについて

　課税時期前3年以内に取得した土地になりますので、科目も土地とは区別して、「3年以内取得土地等」として表示し、課税時期における通常の取得価額により計上することになります。実務上は、取得価額が通常の取引価額として相当であると認められる場合には、そのまま取得価額で計上をすることになります。

④生命保険金、死亡退職金、弔慰金について

　生命保険金等は資産に計上、未払退職金等は負債に計上されますが、弔慰金については負債に計上されない点については、留意しておきましょう（179頁参照）。

⑤未納固定資産税等について

　直前期末時点において賦課期日が到来しているものについては、債務が確定していますので、まだ支払われていないものについては、負債に計上することになります。

　実務上、漏れが多い項目となりますので、必ず確認をするようにしましょう。

⑥備考について

　明確なルールはありませんが、例えば土地や有価証券などのように計算の根拠資料がある場合には、（注１）（注２）などと記載し、根拠資料にも（注１）（注２）と記載をしておくといいでしょう。

▶実務上のポイント

　第５表の計算をどこまで正確に行うかは、ケースによって異なってきますが、上記に掲げる項目は、第５表の純資産価額の計算をする上で最低限確認するべき事項となりますので、しっかりとおさえておきましょう。

第 **8** 節

第6表 特定の評価会社の株式及び株式に関する権利の価額の計算明細書

　第6表は、特定の評価会社と判定された会社の最終的な株式の価額を記載する明細書となります。

　一般の評価会社と判定された場合には、最終的な株式の価額の記載は第3表で行いますので、第6表は使用しないことになります。

　全体的な構成は、下記の通りとなります（第3表と同じ構成となります）。

　原則的評価方式が適用される株主の場合には、1－①及び1－②で株式の評価額を算定します。

　特例的評価方式が適用される株主の場合には、1－①及び1－②で純資産価額方式等による価額を算定し、さらに2で配当還元方式による価額を求めた後に、純資産価額方式等による価額と配当還元方式による価額のいずれか低い価額を最終的な株式の価額とします。

　なお、配当期待権など株式に関する権利の価額がある場合には、株主の区分にかかわらず3の該当する欄に記載することになります。

第6表の全体的な構成と株主区分ごとの記載の要否

構　成	内　容	原則的評価方式が適用される株主	特例的評価方式が適用される株主
1－①	純資産価額方式等による価額	記載必要	記載必要[1]
1－②	株式の価額の修正[2]	該当する場合のみ記載が必要	該当する場合のみ記載が必要[1]
2	配当還元方式による価額	記載不要	記載必要
3	株式に関する権利の価額[2]	該当する場合のみ記載が必要	該当する場合のみ記載が必要
4	株式及び株式に関する権利の価額	記載必要	記載必要

※1　明らかに純資産価額方式等による価額＞配当還元方式による価額である場合には、「1．純資産価額方式等による価額」は記載を省略して問題ありません。

※2　漏れやすい項目になりますので、どのような場合に修正や記載が必要なのか確認しておきましょう。

第8節　第6表　特定の評価会社の株式及び株式に関する権利の価額の計算明細書

【第6表の構成要素】

第6表　特定の評価会社の株式及び株式に関する権利の価額の計算明細書　会社名

（取引相場のない株式（出資）の評価明細書）

令和六年一月一日以降用

1　純資産価額方式等による価額

1株当たりの価額の計算の基となる金額	類似業種比準価額（第4表の㉖、㉗又は㉘の金額）	1株当たりの純資産価額（第5表の⑪の金額）	1株当たりの純資産価額の80％相当額（第5表の⑫の記載がある場合のそのその金額）
	①　　円	②　　円	③　　円

1株当たりの価額の計算

株式の区分	1株当たりの価額の算定方法等	1株当たりの価額
比準要素数1の会社の株式	次のうちいずれか低い イ ②の金額（③の金額があるときはその金額）　ロ （①の金額×0.25）＋（②の金額（③の金額があるときはその金額）×0.75）	④　　円
株式等保有特定会社の株式	（第8表の㉗の金額）	⑤　　円
土地保有特定会社の株式	（②の金額（③の金額があるときはその金額））	⑥　　円
開業後3年未満の会社等の株式	（②の金額（③の金額があるときはその金額））	⑦　　円
開業前又は休業中の会社の株式	（②の金額）	⑧　　円

株式の価額の修正

課税時期において配当期待権の発生している場合	株式の価額（④、⑤、⑥、⑦又は⑧の金額）	1株当たりの配当金額	修正後の株式の価額
		⑨　　円　　銭	⑨　　円

1 - ①

1 - ②

課税時期において株式の割当てを受ける権利、株主となる権利又は株式無償交付期待権の発生している場合	株式の価額（④、⑤、⑥、⑦又は⑧（⑨があるときは⑨）の金額	割当株式1株当たりの払込金額	1株当たりの割当株式数又は交付株式数	修正後の株式の価額
	円	株	株	⑩　　円

2　配当還元方式による価額

1株当たりの資本金等の額、発行済株式数等	直前期末の資本金等の額	直前期末の発行済株式数	直前期末の自己株式数	1株当たりの資本金等の額を50円とした場合の発行済株式数（⑪÷50円）	1株当たりの資本金等の額（⑪÷（⑫－⑬））
	⑪　　千円	⑫　　株	⑬　　株	⑭　　株	⑮　　円

直前期末以前2年間の配当金額	事業年度	⑯年配当金額	⑰左のうち非経常的な配当金額	⑱差引経常的な年配当金額（⑯－⑰）	年平均配当金額
	直前期	千円	千円	千円	⑲（イ＋ロ）÷2　千円
	直前々期	千円	千円	千円	

2

1株（50円）当たりの年配当金額	年平均配当金額（⑲の金額）　÷⑭の株式数　＝	⑳　　円　　銭	この金額が2円50銭未満の場合は2円50銭とします。

配当還元価額	⑳の金額/10%　×　⑮の金額/50円　＝	㉑　　円	㉒　　円	㉑の金額が、純資産価額方式等により計算した価額を超える場合には、純資産価額方式等により計算した価額とします。

3　株式に関する権利の価額（1.及び2.に共通）

配当期待権	1株当たりの予想配当金額（　円　銭）－　源泉徴収されるべき所得税相当額（　円　銭）	㉓　　円　　銭
株式の割当てを受ける権利（割当株式1株当たりの価額）	⑩（配当還元方式の場合は㉒）の金額－　割当株式1株当たりの払込金額	㉔　　円
株主となる権利（割当株式1株当たりの価額）	⑩（配当還元方式の場合は㉒）の金額（課税時期後にその株主となる権利につき払い込むべき金額があるときは、その金額を控除した金額）	㉕　　円
株式無償交付期待権（交付される株式1株当たりの価額）	⑩（配当還元方式の場合は㉒）の金額	㉖　　円

3

4.株式及び株式に関する権利の価額（1.及び2.に共通）

株式の評価額	円
株式に関する権利の評価額	円（　円　銭）

4

第6表の記載内容について解説します。用意するべき資料は下記の通りです。
・第4表、第5表（株式等保有特定会社の場合には第8表）
・直前期末から課税時期までの配当や増資に係る議事録
・直前期末と直前々期末の個別注記表、株主資本等変動計算書

第3章　評価明細書への記載方法

　　第3表と同様の書き方ですが、具体的には下記の通り記載します。

第6表の具体的な記載方法

記載項目		記載内容
1－①	1株当たりの価額の計算	下表「特定の評価会社の区分と評価方法」に応じてそれぞれの評価方式に基づき評価を行います。 「1株当たりの価額の計算の基となる金額」には第4表と第5表でそれぞれ求めた各数値を記載することになります。 ④の金額について表示単位未満の端数を切り捨てることにより0となる場合には、分数または小数点（課税時期基準、本章第10節参照）により記載します。
1－②	株式の価額の修正	直前期末から課税時期までの間に配当期待権や株式の割当てを受ける権利等が発生している場合には記載を要します。 第3表の1－②と同様の記載を行います。
2		第3表と同様に記載を行うことになります。 なお、事業活動を行っていない開業前、休業中、清算中の会社については配当還元方式がなじまず、適用されませんので記載は不要となります。
3		第3表と同様に記載を行うことになります。
4		第3表と同様に記載を行うことになります。

特定の評価会社の区分と評価方法

区分	評価方法
比準要素数1の会社	純資産価額方式と「類似業種比準価額×0.25＋純資産価額×0.75」のいずれか低い金額
株式等保有特定会社 （大会社・中会社・小会社）	純資産価額方式と「S1＋S2」方式のいずれか低い金額
土地保有特定会社	純資産価額方式
開業後3年未満の会社・ 比準要素数0の会社	純資産価額方式
開業前又は休業中の会社	純資産価額方式
清算中の会社※	清算分配見込額を基礎にした価額

※　清算中の会社は第6表に計算欄が用意されていないため、適宜、計算根拠を記載した計算書を別途用意する必要があります。

▶第6表の記載例

甲（100%株式を所有）の死亡により長男がすべての株式（60,000株）を取得しました。評価会社の第5表は下記の通りであり、土地保有特定会社に該当しています。この場合における第6表を作成してみましょう。

前提事項

■評価会社の基本情報

会社名 ： ○○不動産会社

課税時期 ： ××年6月27日

会社の決算日 ： 毎年3月31日

■第5表（一部抜粋）

第5表 1株当たりの純資産価額（相続税評価額）の計算明細書　　会社名　○○不動産会社

1. 資産及び負債の金額（課税時期現在）

資産の部				負債の部			
科 目	相続税評価額	帳簿価額	備考	科 目	相続税評価額	帳簿価額	備考
預貯金	10,000千円	10,000千円		未払法人税等	800千円	800千円	
建物	30,000	118,169		長期借入金	200,000	200,000	
建物附属設備	17,000	25,000					
構築物	5,600	8,000					
土地	1,000,000	700,000					
合 計	① 1,062,600	② 861,169		合 計	③ 200,800	④ 200,800	
株式等の価額の合計額	㋑	㋺					
土地等の価額の合計額	㋩ 1,000,000						
現物出資等受入れ資産の価額の合計額	㋥	㋭					

2. 評価差額に対する法人税額等相当額の計算			3. 1株当たりの純資産価額の計算		
相続税評価額による純資産価額（①-③）	⑤	861,800千円	課税時期現在の純資産価額（相続税評価額）（⑤-⑧）	⑨	787,271千円
帳簿価額による純資産価額（(②+㋭-㋥-④)、マイナスの場合は0）	⑥	660,369千円	課税時期現在の発行済株式数（第1表の1の①-自己株式数）	⑩	60,000株
評価差額に相当する金額（⑤-⑥、マイナスの場合は0）	⑦	201,431千円	課税時期現在の1株当たりの純資産価額（相続税評価額）（⑨÷⑩）	⑪	13,121円
評価差額に対する法人税額等相当額（⑦×37%）	⑧	74,529千円	同族株主等の議決権割合（第1表の1の⑤の割合）が50%以下の場合（⑪×80%）	⑫	円

（令和六年一月一日以降用）

367

第6表　特定の評価会社の株式及び株式に関する権利の価額の計算明細書　　会社名　○○不動産会社

（令和六年一月一日以降用）

（取引相場のない株式（出資）の評価明細書）

1　純資産価額方式等による価額

1株当たりの価額の計算の基となる金額	類似業種比準価額（第4表の㉖、㉗又は㉘の金額）	1株当たりの純資産価額（第5表の⑪の金額）	1株当たりの純資産価額の80％相当額（第5表の⑫の記載がある場合のその金額）
	①　　　　　　円	②　　　　13,121　円	③　　　　　　円

1株当たりの価額の計算	株式の区分	1株当たりの価額の算定方法等	1株当たりの価額
	比準要素数1の会社の株式	次のうちいずれか低い方の金額 イ　②の金額（③の金額があるときは③の金額） ロ　（①の金額 × 0.25）＋（イの金額 × 0.75）	④　　　　　円
	株式等保有特定会社の株式	（第8表の㉗の金額）	⑤　　　　　円
	土地保有特定会社の株式	（②の金額（③の金額があるときはその金額））	⑥　　13,121　円
	開業後3年未満の会社等の株式	（②の金額（③の金額があるときはその金額））	⑦　　　　　円
	開業前又は休業中の会社の株式	（②の金額）	⑧　　　　　円

株式の価額の修正	課税時期において配当期待権の発生している場合	株式の価額 （④、⑤、⑥、⑦又は⑧の金額） － 1株当たりの配当金額　円　銭	修正後の株式の価額 ⑨　　　　　円
	課税時期において株式の割当てを受ける権利、株主となる権利又は株式無償交付期待権の発生している場合	株式の価額 （④、⑤、⑥、⑦又は⑧（⑨があるときは⑨）の金額）＋ 割当株式1株当たりの払込金額　円 × 1株当たりの割当株式数　株 ÷（1株＋　株）	修正後の株式の価額又は交付株式数 ⑩　　　　　円

2　配当還元方式による価額

1株当たりの資本金等の額、発行済株式数等	直前期末の資本金等の額	直前期末の発行済株式数	直前期末の自己株式数	1株当たりの資本金等の額を50円とした場合の発行済株式数（⑪÷50円）	1株当たりの資本金等の額（⑪÷（⑫－⑬））
	⑪　　　千円	⑫　　　株	⑬　　　株	⑭　　　株	⑮　　　円

直前期末以前2年間の配当金額	事業年度	⑯年配当金額	⑰左のうち非経常的な配当金額	⑱差引経常的な年配当金額（⑯ － ⑰）	年平均配当金額
	直前期	千円	イ　千円	千円	⑲（イ＋ロ）÷2　千円
	直前々期	千円	ロ　千円	千円	

1株(50円)当たりの年配当金額	年平均配当金額（⑲の金額） ÷ ⑭の株式数 ＝	⑳　　　円　銭	この金額が2円50銭未満の場合は2円50銭とします。

| 配当還元価額 | ⑳の金額 / 10%　×　⑮の金額 / 50円　＝ | ㉑　　　円 | ㉒　　　円 | ㉑の金額が、純資産価額方式等により計算した価額を超える場合には、純資産価額方式等により計算した価額とします。 |

3　株式に関する権利の価額（1及び2に共通）

配当期待権	1株当たりの予想配当金額（　円　銭） － 源泉徴収されるべき所得税相当額（　円　銭）	㉓　　　円　銭
株式の割当てを受ける権利 （割当株式1株当たりの価額）	⑩（配当還元方式の場合は㉒）の金額 － 割当株式1株当たりの払込金額　円	㉔　　　円
株主となる権利 （割当株式1株当たりの価額）	⑩（配当還元方式の場合は㉒）の金額（課税時期後にその株主となる権利につき払い込むべき金額があるときは、その金額を控除した金額）	㉕　　　円
株式無償交付期待権 （交付される株式1株当たりの価額）	⑩（配当還元方式の場合は㉒）の金額	㉖　　　円

4．株式及び株式に関する権利の価額（1．及び2．に共通）

株式の評価額	13,121　円
株式に関する権利の評価額	（　円　銭）

368

＜解説＞

　土地保有特定会社に該当した場合には、純資産価額のみで計算をすることになりますので、類似業種比準価額の計算は不要となります。

　また、特定の評価会社に該当した場合の最終的な株式の価額の記載は、第3表ではなく、第6表で行います。

▶実務上のポイント

　土地等の範囲について漏れをなくし、正確に土地保有割合を算定することが重要になります。特に帳簿上、記載のない借地権の計上漏れには十分注意をしましょう。

━━━━━━━━━━ 第 **9** 節 ━━━━━━━━━━

第7・8表　株式等保有特定会社の株式の価額の計算明細書

1　第7・8表の全体的な構成

　第7表・第8表は、第2表の評価会社の判定で株式等保有特定評価会社として判定された場合にのみ使用する明細書になります。株式等保有特定会社の計算は、258頁で解説の通り、「Ｓ1の金額（株式等以外）＋Ｓ2の金額（株式等）」により計算することになります。

　第7表ではＳ1の金額のうち、類似業種比準価額の修正計算を行い、第8表ではＳ1の金額のうち、純資産価額の修正計算とＳ1の最終的な価額の計算及びＳ2の金額の計算をそれぞれ行うことで、株式等保有特定会社の最終値である株式の価額を求めることになります。

1　第7表の全体的な構成

　構成Ｓ1-①-1・2でＳ1に対応する類似業種比準価額の計算の基礎となる評価会社の1株当たりの年配当金額、年利益金額、純資産価額の各数値を求め、次いで**構成Ｓ1-①-3**でＳ1に対応する1株当たりの比準価額を求めることになります。**構成Ｓ1-①-4**は直前期末の翌日から課税時期までに配当や株式の割当て等があった場合のみ記載することになります。

第7表の全体的な構成と実務上のポイント

構　成		内　容	実務上のポイント
Ｓ1	①-1	受取配当金等の収受割合の計算	受取配当金等の収受割合を使ってＳ1に対応する年配当金額、年利益金額、純資産価額の各数値を求めることになります。
	①-2	Ｓ1に対応する下記の数値を算出 1株当たりの年配当金額（Ⓑ－ⓑ） 1株当たりの年利益金額（Ⓒ－ⓒ） 1株当たりの純資産価額（Ⓓ－ⓓ）	
	①-3	Ｓ1に対応する1株当たりの比準価額の計算	日本標準産業分類での確認と日本標準産業分類と業種目の対比表（付録の3参照）の確認を行うことが重要となります。
	①-4	第4表に準じて記載をすることになります。	

370

第9節　第7・8表　株式等保有特定会社の株式の価額の計算明細書

【第7表の構成要素】

第7表　株式等保有特定会社の株式の価額の計算明細書　会社名

（取引相場のない株式（出資）の評価明細書）

1. S1の金額

受取配当金等収受割合の計算

事業年度	① 直前期	② 直前々期	合計（①+②）	受取配当金等収受割合（④÷（④+⑤）） ※小数点以下3位未満切り捨て
受取配当金等の額			千円	
営業利益の金額			千円	

（令和六年一月一日以降用）

S1-①-1

	1株（50円）当たりの年配当金額（第4表の⑧）	⑧の金額（③×⑥）	⑧-⑥の金額（③-④）	
⑧-⑥の金額	③ 円 銭	④ 円 銭 0	⑤ 円 銭 0	
⑥-⑦の金額	1株（50円）当たりの年利益金額（第4表の⑥）	⑥の金額（⑥×⑥）	⑥-⑦の金額（⑥-⑦）	
	⑥ 円	⑦ 円	⑧ 円	

S1-①-2

	（イ）の金額	1株（50円）当たりの純資産価額（第4表の⑨）	直前期末の株式等の額（帳簿価額）	直前期末の総資産価額（帳簿価額）	（イ）の金額（⑨×（⑩÷⑪））
⑨-⑥の金額	⑨ 円			千円	⑫ 円

（ロ）の金額	利益積立金額（第4表の⑱の「直前期」欄の金額）	1株当たりの資本金等の額を50円とした場合の発行済株式数（第4表の⑤の株式数）	（ロ）の金額（（⑬÷⑭）×⑥）
	⑬ 千円	⑭ 株	⑮ 円

⑥の金額（⑫+⑮）	⑪-⑥の金額（⑨-⑯）	（注）1 ⑥の割合は、1を上限とします。
⑯ 円	⑰ 円	2 ⑯の金額は、⑯の金額（⑨の金額）を上限とします。

（類似業種比準価額の計算）

1株（50円）当たりの比準価額の計算

類似業種と業種目番号		(No.)	区 分	1株（50円）当たりの年配当金額	1株（50円）当たりの年利益金額	1株（50円）当たりの純資産価額	1株（50円）当たりの比準価額
類似業種の株価	課税時期の属する月	㋑ 月 円	評価会社	⑤ 円 銭 0	⑧ 円	⑰ 円	⑱×⑲×0.7
	課税時期の属する月の前月	㋺ 月 円	類似業種	B 円 銭 0	C 円	D 円	※中会社は0.6 小会社は0.5 とします。
	課税時期の属する月の前々月	㋩ 月 円	要素別比準割合	⑤/B	⑧/C	⑰/D	
	前年平均株価	㋥ 円	比準割合				
	課税時期の属する月以前2年間の平均株価	㋭ 円		⑤/B+⑧/C+⑰/D ÷3 =	⑲	⑳ 円 銭 0
	A ㋑㋺㋩㋥及び㋭のうち最も低いもの	⑱ 円					

S1-①-3

類似業種と業種目番号		(No.)	区 分	1株（50円）当たりの年配当金額	1株（50円）当たりの年利益金額	1株（50円）当たりの純資産価額	1株（50円）当たりの比準価額
類似業種の株価	課税時期の属する月	㋥ 月 円	評価会社	⑤ 円	⑧ 円	⑰ 円	㉑×㉒×0.7
	課税時期の属する月の前月	㋠ 月 円	類似業種	B 円 銭 0	C 円	D 円	※中会社は0.6 小会社は0.5 とします。
	課税時期の属する月の前々月	㋷ 月 円	要素別比準割合	⑤/B	⑧/C	⑰/D	
	前年平均株価	㋦ 円	比準割合				
	課税時期の属する月以前2年間の平均株価	㋸ 円		⑤/B+⑧/C+⑰/D ÷3 =	㉒	㉓ 円 銭 0
	A ㋥㋠㋷㋦及び㋸のうち最も低いもの	㉑ 円					

1株当たりの比準価額	比準価額（⑳と㉓とのいずれか低い方の金額）×	第4表の④の金額/50円	㉔ 円

（比準価額の修正）

直前期末の翌日から課税時期までの間に配当金交付の効力が発生した場合	比準価額（㉔の金額）	1株当たりの配当金額	修正比準価額 ㉕ 円

S1-①-4

直前期末の翌日から課税時期までの間に株式の割当て等の効力が発生した場合	比準価額（㉔（㉕があるときは㉕）の金額）+ 円 銭 ×	1株当たりの割当株式数又は交付株式数（ 株）÷（1株+ 株）	修正比準価額 ㉖ 円

371

第3章　評価明細書への記載方法

2 第8表の全体的な構成

　構成S1-②でS1（株式等以外）に対応する純資産価額の計算を行い、次いで**構成S1-③**でS1に対応する1株当たりの金額の計算を行います。次に**構成S2**でS2（株式等）に対応する純資産価額の計算を行い、**構成3**で株式等保有特定会社の最終値である株式の価額を求めることになります。

第8表の全体的な構成と実務上のポイント

構　成	内　容	実務上のポイント
S1-②	S1に対応する純資産価額を計算	人為的な含み益がある場合には注意しましょう。
S1-③	S1に対応する1株当たりの金額を計算	比準要素数1の会社とそれ以外の会社（大会社、中会社、小会社）の区分に応じて計算を行います。
S2	S2（株式等）に対応する株式等を計算	人為的な含み益がある場合には注意しましょう。
3	株式等保有特定評価会社の最終値を記載	「S1＋S2」＞純資産価額となる場合も少なくありませんので、必ず有利判定を行うようにしましょう。

　第8表での計算のイメージについては、259頁を参照してください。

第9節　第7・8表　株式等保有特定会社の株式の価額の計算明細書

【第8表の構成要素】

第8表　株式等保有特定会社の株式の価額の計算明細書（続）　　会社名

（令和六年一月一日以降用）

（取引相場のない株式（出資）の評価明細書）

1. S₁の金額（続）

純資産価額（相続税評価額）の修正計算

相続税評価額による純資産価額 （第5表の⑤の金額）	課税時期現在の株式等の価額の 合計額　（第5表の⓪の金額）	差　　引 （①−②）
①　　　　　　　　　千円	②　　　　　　　　　千円	③　　　　　　　　　千円

帳簿価額による純資産価額 （第5表の⑥の金額）	株式等の帳簿価額の合計額 （第5表の㋥+（㋭−㋬）の金額）(注)	差　　引 （④−⑤）
④　　　　　　　　　千円	⑤　　　　　　　　　千円	⑥　　　　　　　　　千円

S1 − ②

評価差額に相当する金額 （③−⑥）	……額等相当額	課税時期現在の修正純資産価額 （相続税評価額）　　（③−⑧）
⑦　　　　　　　　　千円	⑧　　　　　　　　　千円	⑨　　　　　　　　　千円

課税時期現在の発行済株式数 （第5表の⑩の株式数）	課税時期現在の修正後の1株当たりの 純資産価額（相続税評価額）（⑨÷⑩）	(注) 第5表の㋥及び㋬の金額に株式等 以外の資産に係る金額が含まれてい る場合には、その金額を除いて計算 します。
⑩　　　　　　　　　株	⑪　　　　　　　　　円	

1株当たりのS₁の金額の計算の基となる金額

修正後の類似業種比準価額 （第7表の㉔、㉘又は㉙の金額）	修正後の1株当たりの純資産価額 （相続税評価額）　（⑪の金額）
⑫　　　　　　　　　円	⑬　　　　　　　　　円

1株当たりのS₁の金額の計算

区　分	1株当たりのS₁の金額の算定方法	1株当たりのS₁の金額
比準要素数1である会社のS₁の金額	次のうちいずれか低い方の金額 イ　⑬の金額 ロ　（⑫の金額 × 0.25）+ ……	⑭　　　　　　　円
上記以外の会社 大会社のS₁の金額	次のうちいずれか低い方の金額…… イ　⑫の金額 ロ　⑬の金額	⑮　　　　　　　円
上記以外の会社 中会社のS₁の金額	（⑫と⑬とのいずれか低い方の金額 × Lの割合 0.　） +（⑬の金額 ×（1− Lの割合 0.　））	⑯　　　　　　　円
上記以外の会社 小会社のS₁の金額	次のうちいずれか低い方の金額 イ　⑬の金額 ロ　（⑫の金額 × 0.50）+（⑬の金額 × 0.50）	⑰　　　　　　　円

S1 − ③

2. S₂の金額

課税時期現在の株式等の価額の合計額 （第5表の㋕の金額）	株式等の帳簿価額の合計額 （第5表の㋥+（㋭−㋬）の金額）(注)	株式等に係る評価差額に相当する金額 （⑱−⑲）	⑳の評価差額に対する法人税額等相当額 （⑳×37%）
⑱　　　　　千円	⑲　　　　　千円	⑳　　　　　千円	㉑　　　　　千円

S₂の純資産価額相当額 （⑱−㉑）	課税時期現在の発行済株式数 （第5表の⑩の株式数）	……の金額 （㉒÷㉓）	(注) 第5表の㋥及び㋬の金額に株式等以外の資産に係る金額が含まれている場合には、その金額を除いて計算します。
㉒　　　　　千円	㉓　　　　　株	㉔　　　　　円	

S2

3. 株式等保有特定会社の株式の価額

1株当たりの純資産価額（第5表の ⑪の金額（第5表の⑫の金額がある ときはその金額））	S₁の金額とS₂の金額との合計額 （……⑰）+ ㉔）	株式等保有特定会社の株式の価額 （㉕と㉖とのいずれか低い方の金額）
㉕	㉖　　　　　　　円	㉗　　　　　　　円

3

第1表の1　第1表の2　第2表　第3表　第4表　第5表　第6表　**第7・8表**

第3章　評価明細書への記載方法

2　第7表の記載方法

第7表　株式等保有特定会社の株式の価額の計算明細書　　会社名

（令和六年一月一日以降用）

（取引相場のない株式（出資）の評価明細書）

1.S1の金額

	事業年度	① 直　前　期	② 直前々期	合計（①＋②）	受取配当金等収受割合
受取配当金等収受割合の計算	受取配当金等の額			千円	（㋑÷（㋺＋㋩）※小数点以下3位未満切り捨て
	営業利益の金額			千円	

S1-①-1

㋑－㋺の金額	1株（50円）当たりの年配当金額（第4表の㋑）	⑤の金額（③×㋺）	㋑－㋺の金額（③－④）

S1-①-2

㋩－㋥の金額	㋩－㋥の金額（⑥－⑦）

（イ）の金額	1株（50円）当たりの純資産価額（第4表の㋥）	直前期末の株式等の帳簿価額の合計額	直前期末の総資産価額（帳簿価額）	（イ）の金額（⑨×（⑩÷⑪））
（ロ）の金額	利益積立金額（第4表の⑱の「直前期」欄の金額）	1株当たりの資本金等の額を50円とした場合の発行済株式数（第4表の⑤の株式数）	（ロ）の金額（⑬÷⑭）×⑩）

新しくおさえておく記載箇所について解説します。

用意するべき資料は下記の通りです。

・直前期、直前々期における損益計算書

・直前期における貸借対照表

・直前期、直前々期における法人税の申告書別表八（一）受取配当等の益金不算入に関する明細書（みなし配当の有無の確認）

（類似業種比準価額の計算）

S1-①-3

（類似業種比準価額の修正計算）

（比準価額の修正）

S1-①-4

374

第9節　第7・8表　株式等保有特定会社の株式の価額の計算明細書

　第7表はいずれもＳ１の金額（株式等以外の部分）を計算することになりますが、新しくおさえておく記載箇所は、下記の項目のみとなります。

　その他については、第4表から記載するか、第4表に準じて記載を行います。

第7表の具体的な記載方法

記載項目		記載内容
Ｓ１-①-１	受取配当金等の額	直前期及び直前々期の各事業年度の受取配当金等の額の総額を、それぞれの各欄に記載します。 受取配当金等の範囲は、「法人から受ける剰余金の配当（株式又は出資に係るものに限るものとし、資本金等の額の減少によるものを除く。）、利益の配当、剰余金の分配（出資に係るものに限る。）及び新株予約権付社債に係る利息」とされています。 （注）「直前期」欄の剰余金の配当について、１年未満の事業年度がある場合には、直前期末以前１年間に対応する期間に配当金交付の効力が発生した剰余金の配当金額の合計額を計算します。なお、「直前々期」の各欄についても、これに準じて計算します。
	営業利益の金額	各事業年度の営業利益の金額（営業利益の金額に受取配当金等の額が含まれている場合には、受取配当金等の額を控除した金額）を記載します。
	受取配当金等収受割合	小数点以下３位未満の端数を切り捨てて記載します。 （その割合が１を超えた場合や営業利益がマイナスの場合には１とします）
Ｓ１-①-２	直前期末の株式等の帳簿価額の合計額	第5表を直前期末方式により計算をしている場合には、第5表の◎の金額を記載します。 第5表を仮決算方式により計算をしている場合には、直前期末における税務上の株式等の帳簿価額の合計額を記載します。
	直前期末の総資産価額（帳簿価額）	第1表の2の直前期末の総資産価額（帳簿価額）を記載します。

375

第3章 評価明細書への記載方法

3 第8表の記載方法

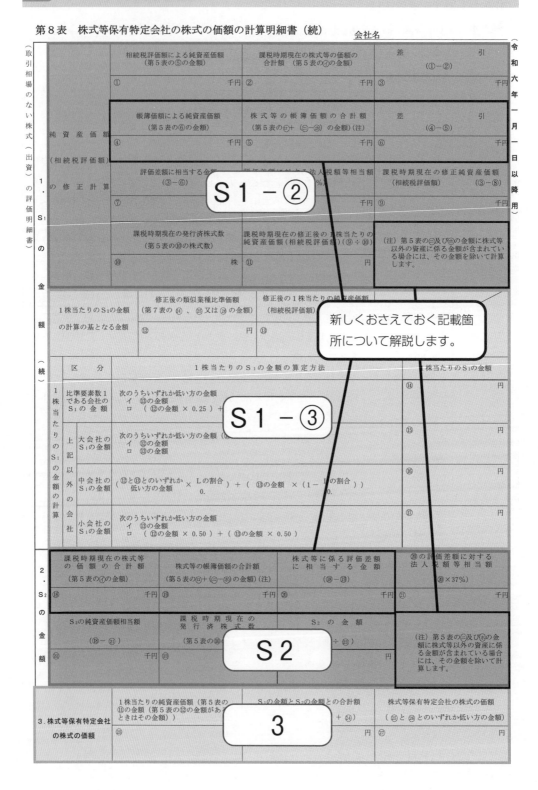

第8表の新しくおさえておく記載箇所は、下記の項目のみとなります。なお、⑪、⑭、⑯、⑰、㉔及び㉖の各金額について表示単位未満の端数を切り捨てることにより0となる場合には、分数または小数点（課税時期基準、本章第10節参照）により記載します。

その他については、第5表や第7表から記載するか、第5表に準じて記載を行います。

人為的な含み益（第5表で計算した現物出資等受入れ資産の価額の合計額欄の㊁－㊕の金額）がある場合には、複雑な計算構造となっていますので、下記の図で確認します。

そもそも第5表の純資産価額の計算は、相続税評価額から帳簿価額を控除し評価差額に対する法人税額等相当額を算出しますが、人為的な含み益を排除するために、人為的な含み益は帳簿価額に加算する方法により計算がされています。

下記のS1（株式等以外）の帳簿価額の④欄はすでに第5表の⑥の計算で人為的な含み益が加算された金額であることに留意しておきましょう。

⑤欄は第5表の㊁＋（㊁－㊕）の金額で計算しますが、ここで加算をしている（㊁－㊕）は株式等に対応する人為的な含み益となりますので、最終的に⑥欄で差し引きで計算される金額は、株式等以外に対応する人為的な含み益が含まれることになります。

下記のS2（株式等）の評価額の計算は、第5表と同様の考え方に基づき、株式等に対応する評価差額の計算を行います。

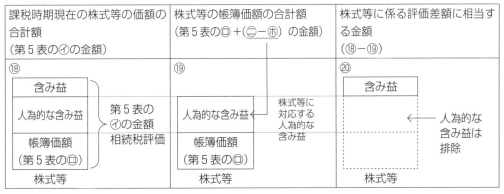

（注）⑳欄がマイナスの場合には0と記載します。

▶ 第7・8表の記載例

　甲の死亡に伴い甲が所有していたＡ社の株式（60,000株）は長男が相続により取得しています。

　Ａ社は子会社株式を100％保有しており、株式等保有特定会社に該当しています。この場合におけるＡ社の第7表及び第8表を作成してみましょう。

前提事項

■評価会社の基本情報

　会社名　　　：Ａ社

　課税時期　　：××年6月1日

　会社の決算日：毎年3月31日

　発行済株式数：61,000株（うち、自己株式1,000株が含まれている）

■損益計算書上の営業利益金額、受取配当金額

	営業利益金額	受取配当金額
直前期	30,000千円	10,000千円
前々期	30,000千円	10,000千円

　営業利益金額の中に受取配当金額は含まれていない。

　受取配当金額10,000千円については、毎期継続して子会社から受け取っている配当金である。

■第1表の2

第1表の2　評価上の株主の判定及び会社規模の判定の明細書（続）　　会社名　**A社**

（令和六年一月一日以降用）

（取引相場のない株式（出資）の評価明細書）

３．会社の規模（Ｌの割合）の判定

項　目	金　額	項　目	人　数
直前期末の総資産価額 （帳簿価額）	千円 1,008,849	直前期末以前1年間における従業員数	31.5 人 〔従業員数の内訳〕 （継続勤務 従業員数）　（継続勤務従業員以外の従業 員の労働時間の合計時間数） （ 28 人）＋ （ 6,300 時間）/1,800時間
直前期末以前1年間 の取引金額	千円 250,000		

㋑　直前期末以前1年間における従業員数に応ずる区分　　70人以上の会社は、大会社（㋺及び㋩は不要）
　　　　　　　　　　　　　　　　　　　　　　　　　　70人未満の会社は、㋺及び㋩により判定

総　資　産　価　額　（　帳　簿　価　額　）			従業員数	取　引　金　額			会社規模とLの割合（中会社）の区分
卸　売　業	小売・サービス業	卸売業、小売・サービス業以外		卸　売　業	小売・サービス業	卸売業、小売・サービス業以外	
20億円以上	15億円以上	15億円以上	35 人 超	30億円以上	20億円以上	15億円以上	大　会　社
4億円以上 20億円未満	5億円以上 15億円未満	（5億円以上 15億円未満）	35 人 超	7億円以上 30億円未満	5億円以上 20億円未満	4億円以上 15億円未満	0．90　中
2億円以上 4億円未満	2億5,000万円以上 5億円未満	2億5,000万円以上 5億円未満	（20 人 超 35 人 以 下）	3億5,000万円以上 7億円未満	2億5,000万円以上 5億円未満	（2億円以上 4億円未満）	（0．75）　会
7,000万円以上 2億円未満	4,000万円以上 2億5,000万円未満	5,000万円以上 2億5,000万円未満	5 人 超 20 人 以 下	2億円以上 3億5,000万円未満	6,000万円以上 2億5,000万円未満	8,000万円以上 2億円未満	0．60　社
7,000万円未満	4,000万円未満	5,000万円未満	5 人 以 下	2億円未満	6,000万円未満	8,000万円未満	小　会　社

㋺　直前期末の総資産価額（帳簿価額）及び直前期末以前1年間における従業員数に応ずる区分

㋩　直前期末以前1年間の取引金額に応ずる区分

・「会社規模とLの割合（中会社）の区分」欄は、㋺欄の区分（「総資産価額（帳簿価額）」と「従業員数」とのいずれか下位の区分）と㋩欄（取引金額）の区分とのいずれか上位の区分により判定します。

判定	大　会　社	中　会　社 Ｌ　の　割　合			小　会　社	
		0．90	（0．75）	0．60		

４．増（減）資の状況その他評価上の参考事項

379

■第4表

第4表　類似業種比準価額等の計算明細書

会社名　A社

（取引相場のない株式（出資）の評価明細書）

（令和六年一月一日以降用）

1. 1株当たりの資本金等の額等の計算

1. 1株当たりの資本金等の額等の計算	直前期末の資本金等の額 ①	直前期末の発行済株式数 ②	直前期末の自己株式数 ③	1株当たりの資本金等の額（①÷（②－③）） ④	1株当たりの資本金等の額を50円とした場合の発行済株式数（①÷50円） ⑤
	30,000 千円	61,000 株	1,000 株	500 円	600,000 株

2. 比準要素等の金額の計算

1株（50円）当たりの年配当金額

直前期末以前2（3）年間の年平均配当金額

事業年度	⑥年配当金額	⑦左のうち非経常的な配当金額	⑧差引経常的な年配当金額（⑥－⑦）	年平均配当金額	比準要素数1の会社・比準要素数0の会社の判定要素の金額	
直前期	2,700 千円	千円	㋑ 2,700 千円	⑨（㋑＋㋺）÷2　2,700 千円	⑨/⑤　㋑ 4 円	50 銭
直前々期	2,700 千円	千円	㋺ 2,700 千円	⑩（㋺＋㋩）÷2　2,700 千円	⑩/⑤　㋺ 4 円	50 銭
直前々期の前期	2,700 千円	千円	㋩ 2,700 千円		1株（50円）当たりの年配当金額　㋑ 4 円	50 銭

1株（50円）当たりの年利益金額

直前期末以前2（3）年間の利益金額

事業年度	⑪法人税の課税所得金額	⑫非経常的な利益金額	⑬受取配当等の益金不算入額	⑭左の所得税額	⑮損金算入した繰越欠損金の控除額	⑯差引利益金額（⑪－⑫＋⑬－⑭＋⑮）	比準要素数1の会社・比準要素数0の会社の判定要素の金額	
直前期	36,000 千円	0 千円	10,000 千円	2,042 千円	0 千円	㋥ 43,958	⑯ 又は（⑯＋㋥）÷2　㋑ 73 円	
直前々期	35,000 千円	0 千円	10,000 千円	2,042 千円	0 千円	㋬ 42,958	⑰ 又は（⑰＋㋬）÷2　㋺ 71 円	
直前々期の前期	34,000 千円	0 千円	10,000 千円	2,042 千円	0 千円	㋦ 41,958	1株（50円）当たりの年利益金額［㋑/⑤ 又は（㋑＋㋺）÷2 の金額］ ㋩ 72 円	

1株（50円）当たりの純資産価額

直前期末（直前々期末）の純資産価額

事業年度	⑰資本金等の額	⑱利益積立金額	⑲純資産価額（⑰＋⑱）	比準要素数1の会社・比準要素数0の会社の判定要素の金額	
直前期	30,000 千円	510,000 千円	㋠ 540,000 千円	㋠/⑤　㋑ 900 円	
直前々期	30,000 千円	500,000 千円	㋷ 530,000 千円	㋷/⑤　㋺ 883 円	
				1株（50円）当たりの純資産価額（㋑ の金額）　㋩ 900 円	

3. 類似業種比準価額の計算

類似業種と業種目番号 製造業 （No. 10）		区分	1株（50円）当たりの年配当金額	1株（50円）当たりの年利益金額	1株（50円）当たりの純資産価額	1株（50円）当たりの比準価額
類似業種の株価	課税時期の属する月 6月　㋥ 252	評価会社	㋑ 4 円 50 銭	㋩ 72 円	㋩ 900 円	⑳ × ㉑ × 0.7
	課税時期の属する月の前月 5月　㋦ 252	類似業種	B 4 円 40 銭	C 31 円	D 285 円	※
	課税時期の属する月の前々月 4月　㋠ 259	要素別比準割合	㋑/B 1.02	㋩/C 2.32	㋩/D 3.15	（中会社は0.6 小会社は0.5 とします。）
	前年平均株価 222	比準割合	㉑ = （㋑/B ＋ ㋩/C ＋ ㋩/D）÷3 = 2.16			㉒ 287 円 70 銭
	課税時期の属する月以前2年間の平均株価 ㋷ 240					
	A（㋥、㋦、㋠、㋷及び㋣のうち最も低いもの） 222					

類似業種と業種目番号 その他の製造業 （No. 51）		区分	1株（50円）当たりの年配当金額	1株（50円）当たりの年利益金額	1株（50円）当たりの純資産価額	1株（50円）当たりの比準価額
類似業種の株価	課税時期の属する月 6月　㋥ 229	評価会社	㋑ 4 円 50 銭	㋩ 72 円	㋩ 900 円	㉓ × ㉔ × 0.7
	課税時期の属する月の前月 5月　㋦ 223	類似業種	B 2 円 50 銭	C 18 円	D 200 円	※
	課税時期の属する月の前々月 4月　㋠ 221	要素別比準割合	㋑/B 1.80	㋩/C 4.00	㋩/D 4.50	（中会社は0.6 小会社は0.5 とします。）
	前年平均株価 200	比準割合	㉔ = （㋑/B ＋ ㋩/C ＋ ㋩/D）÷3 = 3.43			㉕ 411 円 60 銭
	課税時期の属する月以前2年間の平均株価 210					
	A（㋥、㋦、㋠、㋷及び㋣のうち最も低いもの） 200					

計算

1株当たりの比準価額	比準価額（㉒と㉕とのいずれか低い方の金額） × ④の金額/50円	㉖ 2,877 円

比準価額の修正

直前期末の翌日から課税時期までの間に配当金交付の効力が発生した場合	比準価額（㉖の金額） － 1株当たりの配当金額　円　銭	修正比準価額 ㉗ 円
直前期末の翌日から課税時期までの間に株式の割当等の効力が発生した場合	［比準価額（㉖（㉗があるときは㉗）の金額）＋割当株式1株当たりの払込金額　円　銭 × 1株当たりの割当株式数　株］÷（1株＋1株当たりの割当株式数又は交付株式数　株）	修正比準価額 ㉘ 円

380

■第5表（直前期末方式により計算）

第5表　1株当たりの純資産価額(相続税評価額)の計算明細書　　会社名　Ａ社

1. 資産及び負債の金額（課税時期現在）

資産の部				負債の部			
科　目	相続税評価額	帳簿価額	備考	科　目	相続税評価額	帳簿価額	備考
現金	千円 230	千円 230		買掛金	千円 5,000	千円 5,000	
預貯金	78,010	78,000		短期借入金	1,000	1,000	
売掛金	27,000	27,000		未払法人税等	800	800	
原材料	6,400	6,400		長期借入金	200,000	200,000	
仕掛品	6,600	6,600		未払退職金等	15,000	15,000	
前渡金	14	14		保険差益の法人税等	1,520	1,520	
建物	88,000	118,169		未納固定資産税等	3,000	3,000	
建物附属設備	35,000	81,286					
構築物	5,600	8,000					
機械装置	62,000	62,000					
工具・器具備品	140	3,150					
控除不適用株式等	1,700,000	500,000					
土地	150,000	50,000					
3年以内取得土地等	48,000	48,000					
生命保険金等	20,000	20,000					
合　計	① 2,226,994	② 1,008,849		合　計	③ 226,320	④ 226,320	
株式等の価額の合計額	㋑ 1,700,000	㋺ 500,000					
土地等の価額の合計額	㋩ 198,000						
現物出資等受入れ資産の価額の合計額	㋥	㋭					

2. 評価差額に対する法人税額等相当額の計算		3. 1株当たりの純資産価額の計算		
相続税評価額による純資産価額　　（①−③）	⑤ 2,000,674 千円	課税時期現在の純資産価額（相続税評価額）　　（⑤−⑧）	⑨ 1,549,961	千円
帳簿価額による純資産価額（(②+㋥−㋭−④)、マイナスの場合は0)	⑥ 782,529 千円	課税時期現在の発行済株式数（(第1表の1の①)−自己株式数)	⑩ 60,000	株
評価差額に相当する金額（⑤−⑥、マイナスの場合は0)	⑦ 1,218,145 千円	課税時期現在の1株当たりの純資産価額（相続税評価額）　　（⑨÷⑩)	⑪ 25,832	円
評価差額に対する法人税額等相当額（⑦×37％)	⑧ 450,713 千円	同族株主等の議決権割合(第1表の1の⑤の割合)が50％以下の場合　　（⑪×80％)	⑫	円

381

記載例

第7表　株式等保有特定会社の株式の価額の計算明細書　　会社名　A社

（取引相場のない株式（出資）の評価明細書）　（令和六年一月一日以降用）

1. S₁の金額

受取配当金等収受割合の計算

事業年度	① 直前期	② 直前々期	合計（①+②）	受取配当金等収受割合 （㋑÷（㋑+㋺）） ※小数点以下3位未満切り捨て
受取配当金等の額	10,000 千円	10,000 千円	㋑ 20,000 千円	㋩ 0.250
営業利益の金額	30,000 千円	30,000 千円	㋺ 60,000 千円	

ⓑ−ⓑの金額

1株（50円）当たりの年配当金額（第4表のⓑ）	ⓑの金額（③×㋩）	Ⓑ−ⓑの金額（③−④）
③ 4円 50銭	④ 1円 10銭	⑤ 3円 40銭

ⓒ−ⓒの金額

1株（50円）当たりの年利益金額（第4表のⓒ）	ⓒの金額（⑥×㋩）	Ⓒーⓒの金額（⑥−⑦）
⑥ 72円	⑦ 18円	⑧ 54円

ⓓ−ⓓの金額

（イ）の金額	1株（50円）当たりの純資産価額（第4表のⒹ）	直前期末の株式等の帳簿価額の合計額	直前期末の総資産価額（帳簿価額）	（イ）の金額（⑨×（⑩÷⑪））
	⑨ 900円	⑩ 500,000 千円	⑪ 1,008,849 千円	⑫ 446円

（ロ）の金額	利益積立金額（第4表の⑱の「直前期」欄の金額）	1株当たりの資本金等の額を50円とした場合の発行済株式数（第4表の⑤の株式数）	（ロ）の金額（（⑬÷⑭）×㋩）
	⑬ 510,000 千円	⑭ 600,000 株	⑮ 212円

ⓓの金額（⑫+⑮）	Ⓓ−ⓓの金額（⑨−⑯）
⑯ 658円	⑰ 242円

（注）1　㋩の割合は、1を上限とします。
　　　2　⑯の金額は、Ⓓの金額（⑨の金額）を上限とします。

1株（50円）当たりの類似業種比準価額の計算

類似業種と業種目番号　製造業（No. 10　）

類似業種の株価		区分	1株（50円）当たりの年配当金額	1株（50円）当たりの年利益金額	1株（50円）当たりの純資産価額	1株（50円）当たりの比準価額
課税時期の属する月	㋬6月 252円	評価会社	Ⓑ(⑤) 3円 40銭	Ⓒ(⑧) 54円	Ⓓ(⑰) 242円	⑱×⑲×0.7 ※（中会社は0.6 小会社は0.5 とします。）
課税時期の属する月の前月	㋭5月 252円	類似業種	B 4円 40銭	C 31円	D 285円	
課税時期の属する月の前々月	㋮4月 259円	要素別比準割合	(⑤)/B 0.77	(⑧)/C 1.74	(⑰)/D 0.84	
前年平均株価	㋫ 222円	比準割合	\(\frac{(⑤)/B + (⑧)/C + (⑰)/D}{3}\) = ⑲ 1.11			
課税時期の属する月以前2年間の平均株価	㋯ 240円					
A（㋬、㋭、㋮、㋫及び㋯のうち最も低いもの）	⑱ 222円					⑳ 147円 80銭

類似業種と業種目番号　その他の製造業（No. 51　）

類似業種の株価		区分	1株（50円）当たりの年配当金額	1株（50円）当たりの年利益金額	1株（50円）当たりの純資産価額	1株（50円）当たりの比準価額
課税時期の属する月	㋬6月 229円	評価会社	Ⓑ(⑤) 3円 40銭	Ⓒ(⑧) 54円	Ⓓ(⑰) 242円	㉑×㉒×0.7 ※（中会社は0.6 小会社は0.5 とします。）
課税時期の属する月の前月	㋭5月 223円	類似業種	B 2円 50銭	C 18円	D 200円	
課税時期の属する月の前々月	㋮4月 221円	要素別比準割合	(⑤)/B 1.36	(⑧)/C 3.00	(⑰)/D 1.21	
前年平均株価	㋫ 200円	比準割合	\(\frac{(⑤)/B + (⑧)/C + (⑰)/D}{3}\) = ㉒ 1.85			
課税時期の属する月以前2年間の平均株価	㋯ 210円					
A（㋬、㋭、㋮、㋫及び㋯のうち最も低いもの）	㉑ 200円					㉓ 222円 0銭

1株当たりの比準価額の計算

1株当たりの比準価額	比準価額（⑳と㉓とのいずれか低い方の金額） × 第4表の④の金額／50円	㉔ 1,478円

比準価額の修正

直前期末の翌日から課税時期までの間に配当金交付の効力が発生した場合	比準価額（㉔の金額） − 1株当たりの配当金額　円　銭	修正比準価額　㉕ 円
直前期末の翌日から課税時期までの間に株式の割当て等の効力が発生した場合	比準価額（㉔（㉕があるときは㉕）の金額） + 割当株式1株当たりの払込金額　円　銭 × 1株当たりの割当株式数　株 ÷（1株+　株）	修正比準価額　㉖ 円

382

記載例

第8表 株式等保有特定会社の株式の価額の計算明細書（続）　　会社名　Ａ社

（令和六年一月一日以降用）

		相続税評価額による純資産価額（第5表の⑤の金額）	課税時期現在の株式等の価額の合計額（第5表の⑦の金額）	差　引（①－②）
		① 2,000,674 千円	② 1,700,000 千円	③ 300,674 千円
	純資産価額（相続税評価額）の修正計算	帳簿価額による純資産価額（第5表の⑥の金額）	株式等の帳簿価額の合計額（第5表の⊖＋（⊜－⊙）の金額）(注)	差　引（④－⑤）
1.S₁の金額		④ 782,529 千円	⑤ 500,000 千円	⑥ 282,529 千円
		評価差額に相当する金額（③－⑥）	評価差額に対する法人税額等相当額（⑦×37%）	課税時期現在の修正純資産価額（相続税評価額）（③－⑧）
		⑦ 18,145 千円	⑧ 6,713 千円	⑨ 293,961 千円
		課税時期現在の発行済株式数（第5表の⑩の株式数）	課税時期現在の修正後の1株当たりの純資産価額（相続税評価額）（⑨÷⑩）	(注) 第5表の⊜及び⊙の金額に株式等以外の資産に係る金額が含まれている場合には、その金額を除いて計算します。
		⑩ 60,000 株	⑪ 4,899 円	

取引相場のない株式（出資）の評価明細書

	1株当たりのS₁の金額の計算の基となる金額	修正後の類似業種比準価額（第7表の㉔、㉕又は㉖の金額）	修正後の1株当たりの純資産価額（相続税評価額）（⑪の金額）	
		⑫ 1,478 円	⑬ 4,899 円	

（続）

1株当たりのS₁の金額の計算	区　分	1株当たりのS₁の金額の算定方法	1株当たりのS₁の金額
	比準要素数1である会社のS₁の金額	次のうちいずれか低い方の金額　イ ⑬の金額　ロ （⑫の金額 × 0.25）＋（⑬の金額 × 0.75）	⑭ 円
	上記以外の会社 大会社のS₁の金額	次のうちいずれか低い方の金額（⑬の記載がないときは⑫の金額）　イ ⑫の金額　ロ ⑬の金額	⑮ 円
	中会社のS₁の金額	（⑫と⑬とのいずれか低い方の金額 × Lの割合 0.75 ）＋（⑬の金額 ×（1－ Lの割合 0.75 ））	⑯ 2,333 円
	小会社のS₁の金額	次のうちいずれか低い方の金額　イ ⑬の金額　ロ （⑫の金額 × 0.50）＋（⑬の金額 × 0.50）	⑰ 円

2.S₂の金額	課税時期現在の株式等の価額の合計額（第5表の⑦の金額）	株式等の帳簿価額の合計額（第5表の⊖＋（⊜－⊙）の金額）(注)	株式等に係る評価差額に相当する金額（⑱－⑲）	⑳の評価差額に対する法人税額等相当額（⑳×37%）
	⑱ 1,700,000 千円	⑲ 500,000 千円	⑳ 1,200,000 千円	㉑ 444,000 千円
	S₂の純資産価額相当額（⑱－㉑）	課税時期現在の発行済株式数（第5表の⑩の株式数）	S₂の金額（㉒÷㉓）	(注) 第5表の⊜及び⊙の金額に株式等以外の資産に係る金額が含まれている場合には、その金額を除いて計算します。
	㉒ 1,256,000 千円	㉓ 60,000 株	㉔ 20,933 円	

3.株式等保有特定会社の株式の価額	1株当たりの純資産価額（第5表の⑪の金額（第5表の⑫の金額があるときはその金額））	S₁の金額とS₂の金額との合計額（（⑭、⑮、⑯又は⑰）＋㉔）	株式等保有特定会社の株式の価額（㉕と㉖とのいずれか低い方の金額）
	㉕ 25,832 円	㉖ 23,266 円	㉗ 23,266 円

383

＜解説＞

　第7表と第8表は類似業種比準価額の修正計算及び純資産価額の修正計算となりますので、そのまま転記をすることが多いですが、受取配当金等収受割合は、第7表ではじめて求めることになりますので、慎重に割合の計算を行いましょう。

　受取配当金等収受割合の求め方を復習すると下記の通りとなります。損益計算書に計上されている受取配当金や営業利益をそのまま使用すると間違えることもありますので、受取配当金等の額※1と営業利益※2の定義を確認しておきましょう。

受取配当金等収受割合

$$\frac{\text{直前期末以前2年間の受取配当金等の額※1の合計額}}{\text{直前期末以前2年間の受取配当金等の額※1の合計額}\ +\ \text{直前期末以前2年間の営業利益※2の金額の合計額}}$$

（注）　上記割合が1を超える場合や営業利益がマイナスの場合には1とします。

※1　法人から受ける剰余金の配当（株式又は出資に係るものに限るものとし、資本金等の額の減少によるものを除く）、利益の配当、剰余金の分配（出資に係るものに限る）及び新株予約権付社債に係る利息をいう。

※2　当該営業利益の金額に受取配当金等の額が含まれている場合には、当該受取配当金等の額の合計額を控除した金額

▶実務上のポイント

　第7表及び第8表の計算過程は一見複雑ではありますが、第4表及び第5表の修正計算となりますので、全体像と受取配当金等収受割合の求め方をおさえておけば、問題なく計算することができます。

第10節

表示単位未満の端数処理の取扱い

令和5年9月28日に「「相続税及び贈与税における取引相場のない株式等の評価明細書の様式及び記載方法等について」の一部改正について（法令解釈通達）」が公表され、表示単位未満の端数処理の取扱いが変更されました。

1 改正の概要

取引相場のない株式（出資）の評価明細書の記載方法等について、表示単位未満の金額に係る端数処理の取扱いが改正されました。例えば、類似業種比準価額の計算における1株当たりの資本金等の額が0円となる場合には、令和5年以前においては類似業種比準価額が0円となっていましたが、株式価額が適切に反映されないため、端数処理の見直しが行われることになりました。

2 改正の時期

令和6年1月1日以後に相続、遺贈または贈与により取得した財産の評価に適用されます。

3 「評価明細書の記載方法等」の変更

端数処理の取扱いは、「取引相場のない株式（出資）の評価明細書の記載方法等」の1頁目のまた書き及び（注1）に集約がなされ、小数点未満の端数処理については、同頁の（注1）（2）において課税時期基準と直前期末基準の区分を設けて、内容が整理されました。

第3章　評価明細書への記載方法

「取引相場のない株式（出資）の評価明細書の記載方法等」の1頁目（一部抜粋）

【令和6年1月1日以降用】

取引相場のない株式（出資）の評価明細書の記載方法等

　取引相場のない株式（出資）の評価明細書は、相続、遺贈又は贈与により取得した取引相場のない株式及び持分会社の出資等並びにこれらに関する権利の価額を評価するために使用します。

　なお、この明細書は、第1表の1及び第1表の2で納税義務者である株主の態様の判定及び評価会社の規模（Lの割合）の判定を行い、また、第2表で特定の評価会社に該当するかどうかの判定を行い、それぞれについての評価方式に応じて、第3表以下を記載し作成します。

　また、この明細書は、各表の記載方法等に定めるところにより記載するものとし、各欄の金額は、各表の記載方法等に定めがあるものを除き、各欄の表示単位未満の端数を切り捨てて記載します。

　（注）1　各欄の金額の記載に当たっては、上記に定めるもののほか、次のことに留意してください。

　　⑴　各欄の金額のうち、他の欄から転記するものについては、転記元の金額をそのまま記載します。

　　⑵　各欄の金額のうち、各表の記載方法等において、表示単位未満の端数を切り捨てることにより0となる場合に、次のイ又はロ（各表の記載方法等には、これらを区分して表記しています。）により記載することとされているものについては、当該端数を切り捨てず、分数により記載します。ただし、納税義務者の選択により、当該金額については、小数により記載することができます。

　　　当該金額を小数により記載する場合には、小数点以下の金額のうち、次のイ又はロの区分に応じ、それぞれイ又はロに掲げる株式数の桁数に相当する数の位未満の端数を切り捨てたものを当該各欄に記載します（端数処理の例参照）。

　　イ　分数等（課税時期基準）

　　　課税時期現在の発行済株式数（第1表の1の「1．株主及び評価方式の判定」の「評価会社の発行済株式又は議決権の総数」欄の①の株式数（評価会社が課税時期において自己株式を有する場合には、その自己株式の数を控除したもの）をいいます。）

　　ロ　分数等（直前期末基準）

　　　直前期末の発行済株式数（第4表の「1．1株当たりの資本金等の額等の計算」の「直前期末の発行済株式数」欄の②の株式数（評価会社が直前期末において自己株式を有する場合には、その自己株式の数を控除したもの）をいいます。）

　（端数処理の例）第4表の④の金額を計算する場合

1．1株当たりの資本金 等の額等の計算	直前期末の 資本金等の額	直前期末の 発行済株式数	直前期末の 自己株式数	1株当たりの資本金等の額 （①÷（②-③））
	①　　　　千円	②　　　　株	③　　　　株	④　　　　円
	3,000	4,500,000	0	0.6666666

　④の金額の計算　3,000千円　÷　（4,500,000株-0株）＝ 0.666666666……

　この場合、発行済株式数（②-③ ＝ 4,500,000 株）が7桁であるため、その桁数（小数点以下7位）未満の端数を切り捨てた金額を④の金額として記載します。

第10節　表示単位未満の端数処理の取扱い

4 改正前の端数処理で計算した場合

　例えば、下記の前提事項及び第4表、第5表の記載がある場合において、乙の相続により丙が株式を相続した場合には、第3表において原則的評価方式による価額が0円、配当還元方式による価額も0円となり、株式の価額が0円となるため、丙が取得した株式評価は0円となります。

■前提事項

- 株主は、甲が30,000,000株、甲と親族外である乙が5,000,000株所有
- 乙の相続により丙（甲の同族関係者には該当しない）が株式を取得
- 直前期末の資本金等の額が30,000,000円
- 直前期末の発行済株式数35,000,000株
- 相続時点の発行済株式数35,000,000株
- 会社の規模区分は小会社で、特定の評価会社には該当しない

第3章　評価明細書への記載方法

■第4表

第4表　類似業種比準価額等の計算明細書

会社名　株式会社 ●●

（取引相場のない株式（出資）の評価明細書）

（平成三十年一月一日以降用）

1．1株当たりの資本金等の額等の計算	直前期末の資本金等の額	直前期末の発行済株式数	直前期末の自己株式数	1株当たりの資本金等の額（①÷（②－③））	1株当たりの資本金等の額を50円とした場合の発行済株式数（①÷50円）
	① 30,000 千円	② 35,000,000 株	③ 株	④ 0 円	⑤ 600,000 株

2．比準要素等の金額の計算

1株（50円）当たりの年配当金額

直前期末以前2（3）年間の年平均配当金額					比準要素数1の会社・比準要素数0の会社の判定要素の金額
事業年度	⑥ 年配当金額	⑦ 左のうち非経常的な配当金額	⑧ 差引経常的な年配当金額（⑥－⑦）	年平均配当金額	⑨/⑤ ⑱ 0 円 0 銭
直前期	千円 0	千円 0	⑦ 千円 0	⑨（⑦+⑤）÷2 千円 0	⑩/⑤ ⑲ 円 0 銭 0
直前々期	千円 0	千円 0	⑤ 千円 0	⑩（⑥+⑧）÷2 千円 0	1株（50円）当たりの年配当金額（⑱）の金額
直前々期の前期	千円 0	千円 0	⑧ 千円 0		⑧ 0 円 0 銭

1株（50円）当たりの年利益金額

直前期末以前2（3）年間の利益金額						比準要素数1の会社・比準要素数0の会社の判定要素の金額
事業年度	⑪法人税の課税所得金額	⑫非経常的な利益金額	⑬受取配当等の益金不算入額	⑭左の所得税額	⑮損金算入した繰越欠損金の控除額	⑯差引利益金額（⑪-⑫+⑬-⑭+⑮）
直前期	千円 5,000	千円 0	千円 0	千円 0	千円 0	⊜ 5,000 / ⑤又は（⊜+⊝）÷2 ⊚ 7 円
直前々期	千円 4,000	千円 0	千円 0	千円 0	千円 0	⊝ 4,000 / ⊜+⊚÷2 ⊙ 6 円
直前々期の前期	千円 5,000	千円 0	千円 0	千円 0	千円 0	⊚ 5,000

1株（50円）当たりの年利益金額〔⊜/⑤ 又は（⊜+⊝）÷2 / ⑤ の金額〕 ⓒ 7 円

1株（50円）当たりの純資産価額

直前期末（直前々期末）の純資産価額				比準要素数1の会社・比準要素数0の会社の判定要素の金額
事業年度	⑰ 資本金等の額	⑱ 利益積立金額	⑲ 純資産価額（⑰+⑱）	⊕/⑤ ⑩ 63 円
直前期	千円 30,000	千円 8,000	⊕ 38,000 千円	⊗/⑤ ⑪ 55 円
直前々期	千円 30,000	千円 3,000	⊗ 33,000 千円	1株（50円）当たりの純資産価額（⑩）の金額 ⓓ 63 円

3．類似業種比準価額の計算

類似業種と業種目番号　金属製品製造業（No. 31 ）

		区分	1株（50円）当たりの年配当金額	1株（50円）当たりの年利益金額	1株（50円）当たりの純資産価額	1株（50円）当たりの比準価額
類似業種の株価	課税時期の属する月 4月 ⑨ 258 円	評価会社	⑧ 0 円 0 銭	ⓒ 7 円	ⓓ 63 円	⑳×㉑×0.7 ※ 〔中会社は0.6 小会社は0.5 とします。〕
	課税時期の属する月の前月 3月 ⊗ 248 円	類似業種	B 5 円 80 銭	C 34 円	D 365 円	
	課税時期の属する月の前々月 2月 ⊿ 240 円	要素別比準割合	⑧/B 0.00	ⓒ/C 0.20	ⓓ/D 0.17	
	前年平均株価 ⑨ 238 円	比準割合	(⑧/B + ⓒ/C + ⓓ/D)÷3 = ㉑ 0.12			㉒ 14 円 20 銭
	課税時期の属する月以前2年間の平均株価 ⑦ 247 円					
	A〔⑨,⊗,⊿及び⑦のうち最も低いもの〕 ⑳ 238					

類似業種と業種目番号　その他の金属製品製造業（No. 33 ）

		区分	1株（50円）当たりの年配当金額	1株（50円）当たりの年利益金額	1株（50円）当たりの純資産価額	1株（50円）当たりの比準価額
類似業種の株価	課税時期の属する月 4月 ⑦ 276 円	評価会社	⑧ 0 円 0 銭	ⓒ 7 円	ⓓ 63 円	㉓×㉔×0.7 ※ 〔中会社は0.6 小会社は0.5 とします。〕
	課税時期の属する月の前月 3月 ⑨ 270 円	類似業種	B 6 円 50 銭	C 35 円	D 389 円	
	課税時期の属する月の前々月 2月 ⑦ 262 円	要素別比準割合	⑧/B 0.00	ⓒ/C 0.20	ⓓ/D 0.16	
	前年平均株価 ⑨ 255 円	比準割合	(⑧/B + ⓒ/C + ⓓ/D)÷3 = ㉔ 0.12			㉕ 15 円 30 銭
	課税時期の属する月以前2年間の平均株価 ㉓ 265 円					
	A〔⑦,⑨,⑦及び⑨のうち最も低いもの〕 ㉓ 255					

比準価額の計算

1株当たりの比準価額	比準価額（㉒と㉕とのいずれか低い方） 14 円 20 銭 ×	④の金額 0 円 / 50円	㉖ 0 円

比準価額の修正

直前期末の翌日から課税時期までの間に配当金交付の効力が発生した場合	比準価額（㉖）	1株当たりの配当金額	修正比準価額
	円 － 円 銭		㉗ 円

直前期末の翌日から課税時期までの間に株式の割当て等の効力が発生した場合	比準価額（㉖）（㉗があるときは㉗）	割当株式1株当たりの払込金額	1株当たりの割当株式数	1株当たりの割当株式数又は交付株式数	修正比準価額
	（ 円 +	円 銭 ×	株）÷（1株 + 株）		㉘ 円

388

第10節　表示単位未満の端数処理の取扱い

■第5表

第5表　1株当たりの純資産価額（相続税評価額）の計算明細書　　会社名　株式会社 ●●

平成三十年一月一日以降用

（取引相場のない株式（出資）の評価明細書）

1. 資産及び負債の金額（課税時期現在）

資産の部				負債の部			
科　目	相続税評価額	帳簿価額	備考	科　目	相続税評価額	帳簿価額	備考
資産	千円 90,000	千円 85,000		負債	千円 60,000	千円 60,000	
合　計	① 90,000	② 85,000		合　計	③ 60,000	④ 60,000	
株式等の価額の合計額	㋑	㋺					
土地等の価額の合計額	㋩						
現物出資等受入れ資産の価額の合計額	㋥	㋭					

2. 評価差額に対する法人税額等相当額の計算

相続税評価額による純資産価額（①−③）	⑤	30,000	千円
帳簿価額による純資産価額（（②＋㋩−㋥−④）、マイナスの場合は0）	⑥	25,000	千円
評価差額に相当する金額（⑤−⑥、マイナスの場合は0）	⑦	5,000	千円
評価差額に対する法人税額等相当額（⑦×37%）	⑧	1,850	千円

3. 1株当たりの純資産価額の計算

課税時期現在の純資産価額（相続税評価額）（⑤−⑧）	⑨	28,150	千円
課税時期現在の発行済株式数（（第1表の1の①−自己株式数）	⑩	35,000,000	株
課税時期現在の1株当たりの純資産価額（相続税評価額）（⑨÷⑩）	⑪	0	円
同族株主等の議決権割合（第1表の1の⑤の割合）が50%以下の場合（⑪×80%）	⑫		円

389

第3章　評価明細書への記載方法

■第3表（一部抜粋）

第3表　一般の評価会社の株式及び株式に関する権利の価額の計算明細書

会社名　**株式会社 ●●**

（平成三十年一月一日以降用）

1. 原則的評価方式による価額

（取引相場のない株式（出資）の評価明細書）

1株当たりの価額の計算の基となる金額	類似業種比準価額 （第4表の㉖、㉗又は㉘の金額）	1株当たりの純資産価額 （第5表の⑪の金額）	1株当たりの純資産価額の80%相当額（第5表の⑫の記載がある場合のその金額）
	① 0 円	② 円	③ 円

1株当たりの価額の計算

区分	1株当たりの価額の算定方法	1株当たりの価額
大会社の株式の価額	①の金額と②の金額とのいずれか低い方の金額 （②の記載がないときは①の金額）	④ 円
中会社の株式の価額	①と②とのいずれか低い方の金額　Lの割合　　②の金額（③の金額があるときは③の金額）　Lの割合 （　　円×0.　　）+（　　円×（1-0.　　））	⑤ 円
小会社の株式の価額	②の金額（③の金額があるときは③の金額）と次の算式によって計算した金額とのいずれか低い方の金額 ①の金額　　　　　　　　　　②の金額（③の金額があるときは③の金額） （ 0 円×0.50）+（ 0 円×0.50）= 0 円	⑥ 0 円

株式の価額の修正

	株式の価額 （④、⑤又は⑥）	1株当たりの配当金額	修正後の株式の価額
課税時期において配当期待権の発生している場合	円-	円 銭	⑦ 円

	株式の価額 （④、⑤又は⑥（⑦があるときは⑦））	割当株式1株当たりの払込金額	1株当たりの割当株式数	1株当たりの割当株式数又は交付株式数	修正後の株式の価額
課税時期において株式の割当てを受ける権利、株主となる権利又は株式無償交付期待権の発生している場合	（ 円+	円×	株）÷(1株+	株)	⑧ 円

2. 配当還元方式による価額

1株当たりの資本金等の額、発行済株式数等	直前期末の資本金等の額	直前期末の発行済株式数	直前期末の自己株式数	1株当たりの資本金等の額を50円とした場合の発行済株式数（⑨÷50円）	1株当たりの資本金等の額（⑨÷（⑩-⑪））
	⑨ 30,000 千円	⑩ 35,000,000 株	⑪ 0 株	⑫ 600,000 株	⑬ 0 円

直前期末以前2年間の配当金額

事業年度	⑭年配当金額	⑮左のうち非経常的な配当金額	⑯差引経常的な年配当金額（⑭-⑮）	年平均配当金額
直前期	0 千円	0 千円	㋑ 0 千円	⑰（㋑+㋺）÷2 千円
直前々期	0 千円	0 千円	㋺ 0 千円	0

1株（50円）当たりの年配当金額	年平均配当金額（⑰）	⑫の株式数	⑱	
	0 千円 ÷	600,000 株 =	2 円 50 銭	この金額が2円50銭未満の場合は2円50銭とします。

配当還元価額	⑱の金額	⑬の金額	⑲	⑳	
	2 円 50 銭 10% ×	0 円 50円 =	0 円	0	⑲の金額が、原則的評価方式により計算した価額を超える場合には、原則的評価方式により計算した価額とします。

390

第10節　表示単位未満の端数処理の取扱い

5　改正の内容

（1）　計算結果により0円となった場合に分数または課税時期における発行済株式数の桁数で端数を処理（課税時期基準）

　第5表における1株当たりの純資産価額や1株当たりの純資産価額の80%相当額の算定、第3表における中会社または小会社の1株当たりの価額の算定等において、計算結果により0円となった場合には、分数表示をするか、評価会社の課税時期における発行済株式数（第1表の1①の株式数（評価会社が課税時期において自己株式を有する場合には、その自己株式の数を控除したもの））の桁数に相当する数の位未満の端数を切り捨てたものを記載します。

　上記の設例における第5表の⑪欄、⑫欄の金額及び第3表の⑥欄の金額については、下記のいずれかで記載をすることになります。なお、分数表示に決まりはありませんので、約数で表示しても問題はありません。

	分数表示	小数点表示[※1]
第5表の⑪	28,150,000/35,000,000	0.80428571
第5表の⑫	225,200,000/350,000,000[※2]	0.64342856[※2]
第3表の⑥	310,400,000/700,000,000[※3]	0.44342856[※3]

[※1] 課税時期の発行済株式数は35,000,000株であるため、8桁未満の端数を切り捨て

[※2] 分数表示
　　　28,150,000/35,000,000×8/10＝225,200,000/350,000,000
　　　小数点表示
　　　0.80428571×8/10＝0.64342856

[※3] 分数表示
　　　426/1,750（第4表の㉖、下記（2）参照）×0.5+225,200,000/350,000,000×0.5
　　　＝426/3,500+225,200,000/700,000,000＝310,400,000/700,000,000
　　　小数点表示
　　　0.24342856（第4表の㉖、下記（2）参照）×0.5+0.64342856×0.5＝0.44342856

（2）　計算結果により0円となった場合に分数または直前期末における発行済株式数の桁数で端数を処理（直前期末基準）

　第4表で類似業種比準価額の計算をする場合における1株当たりの資本金等の額の算定や1株当たりの比準価額の算定、第3表で配当還元価額の計算をする場合における1株当たりの資本金等の額の算定や配当還元価額の算定等において、計算結果により0円となった場合には、分数表示をするか、評価会社の直前期末における発行済株式数（第4表の②の株式数（評価会社が直前期末において自己株式を有する場合には、その自己株式の数を控除し

たもの))の桁数に相当する数の位未満の端数を切り捨てたものを記載します。

　上記の設例における第4表の④欄、第4表の㉖欄の金額、第3表の⑬欄の金額及び第3表の⑲欄の金額については、下記のいずれかで記載をすることになります。なお、分数表示に決まりはありませんので、約数で表示しても問題はありません。

	分数表示	小数点表示[※1]
第4表の④	30,000,000/35,000,000	0.85714285
第4表の㉖	426/1,750[※2]	0.24342856[※2]
第3表の⑬	30,000,000/35,000,000	0.85714285
第3表の⑲	75/175[※3]	0.42857142[※3]

[※1]　直前期末の発行済株式数は35,000,000株であるため、8桁未満の端数を切り捨て

[※2]　分数表示
　　　14.2×30,000,000/35,000,000×1/50=426,000,000/1,750,000,000=426/1,750
　　　小数点表示
　　　14.2×0.85714285/50=0.24342856

[※3]　分数表示
　　　2.5/0.1×30,000,000/35,000,000×1/50=750,000,000/1,750,000,000=75/175
　　　小数点表示
　　　2.5/0.1×0.85714285/50=0.42857142

　上記により原則的評価方式による価額は310,400,000/700,000,000（0.44342856）円（第3表の⑥）となり、配当還元価額方式による価額は75/175（0.42857142）円となり、丙が取得した株式の評価金額は、2,142,857円（5,000,000株×75/175（0.42857142）円）となります。

6 改正後の計算明細書

　上記の設例における改正後の第4表、第5表及び第3表は、下記の通りとなります。分数表示と小数点表示の方法がありますが、小数点表示で記載してあります。

第10節　表示単位未満の端数処理の取扱い

■第4表

第4表　類似業種比準価額等の計算明細書

会社名　株式会社 ●●

（令和六年一月一日以降用）

（取引相場のない株式（出資）の評価明細書）

1. 1株当たりの資本金等の額等の計算

	直前期末の資本金等の額 ① 千円	直前期末の発行済株式数 ② 株	直前期末の自己株式数 ③ 株	1株当たりの資本金等の額（①÷（②－③）） ④ 円	1株当たりの資本金等の額を50円とした場合の発行済株式数（①÷50円） ⑤ 株
	30,000	35,000,000		0.85714285	600,000

2. 比準要素等の金額の計算

直前期末以前2（3）年間の年平均配当金額

事業年度	⑥ 年配当金額	⑦ 左のうち非経常的な配当金額	⑧ 差引経常的な年配当金額（⑥－⑦）	年平均配当金額
直前期	千円 0	千円 0	㋑ 千円 0	⑨（㋑＋㋺）÷2 千円 0
直前々期	千円 0	千円 0	㋺ 千円 0	
直前々期の前期	千円 0	千円 0	㋩ 千円 0	⑩（㋺＋㋩）÷2 千円 0

比準要素数1の会社・比準要素数0の会社の判定要素の金額

⑨/⑤	⑧ 円 0	銭 0
⑩/⑤	⑧ 円 0	銭 0

1株（50円）当たりの年配当金額（⑧）の金額　⑧ 0 円 0 銭

直前期末以前2（3）年間の利益金額

事業年度	⑪法人税の課税所得金額	⑫非経常的な利益金額	⑬受取配当等の益金不算入額	⑭左の所得税額	⑮損金算入した繰越欠損金の控除額	⑯差引利益金額（⑪－⑫＋⑬－⑭＋⑮）
直前期	千円 5,000	千円 0	千円 0	千円 0	千円 0	千円 5,000
直前々期	千円 4,000	千円 0	千円 0	千円 0	千円 0	4,000
直前々期の前期	千円 5,000	千円 0	千円 0	千円 0	千円 0	5,000

比準要素数1の会社・比準要素数0の会社の判定要素の金額

⑯/⑤ 又は（⑯＋㋥）÷2	㋑ 7 円
⑯/⑤ 又は（⑯＋㋭）÷2	㋺ 6 円

1株（50円）当たりの年利益金額［⑤ 又は（⑯＋㋥）÷2 の金額］　© 7 円

直前期末（直前々期末）の純資産価額

事業年度	⑰資本金等の額	⑱利益積立金額	⑲純資産価額（⑰＋⑱）
直前期	千円 30,000	千円 8,000	千円 38,000
直前々期	千円 30,000	千円 3,000	千円 33,000

比準要素数1の会社・比準要素数0の会社の判定要素の金額

⑲/⑤	㋑ 63 円
⑲/⑤	㋺ 55 円

1株（50円）当たりの純資産価額（㋑）の金額　Ⓓ 63 円

3. 類似業種比準価額の計算

類似業種と業種目番号　**金属製品製造業**（No. 31　）

類似業種の株価			区分	1株（50円）当たりの年配当金額	1株（50円）当たりの年利益金額	1株（50円）当たりの純資産価額	1株（50円）当たりの比準価額
課税時期の属する月	4月	㋑ 258 円	評価会社	⑧ 円 0 銭 0	© 円 7	Ⓓ 円 63	⑳×㉓×0.7 ※
課税時期の属する月の前月	3月	㋺ 248 円	類似業種	B 円 5 銭 80	C 34	D 365	※ 中会社は0.6 小会社は0.5 とします。
課税時期の属する月の前々月	2月	㋩ 240 円	要素別比準割合	⑧/B 0.00	©/C 0.20	Ⓓ/D 0.17	
前年平均株価		㋥ 238 円	比準割合	（⑧/B ＋ ©/C ＋ Ⓓ/D）÷3 ＝ 0.12		㉓ 0.12	㉔ 14 円 20 銭
課税時期の属する月以前2年間の平均株価		㋭ 247 円					
A ㋑,㋺,㋩,㋥及び㋭のうち最も低いもの		⑳ 238					

類似業種と業種目番号　**その他の金属製品製造業**（No. 33　）

類似業種の株価			区分	1株（50円）当たりの年配当金額	1株（50円）当たりの年利益金額	1株（50円）当たりの純資産価額	1株（50円）当たりの比準価額
課税時期の属する月	4月	㋠ 276 円	評価会社	⑧ 円 0 銭 0	© 円 7	Ⓓ 円 63	㉓×㉔×0.7 ※
課税時期の属する月の前月	3月	㋷ 270 円	類似業種	B 円 6 銭 50	C 35	D 389	※ 中会社は0.6 小会社は0.5 とします。
課税時期の属する月の前々月	2月	㋦ 262 円	要素別比準割合	⑧/B 0.00	©/C 0.20	Ⓓ/D 0.16	
前年平均株価		㋨ 255 円	比準割合	（⑧/B ＋ ©/C ＋ Ⓓ/D）÷3 ＝ 0.12		㉓ 0.12	㉕ 15 円 30 銭
課税時期の属する月以前2年間の平均株価		㋹ 265 円					
A ㋠,㋷,㋦,㋨及び㋹のうち最も低いもの		㉓ 255					

比準価額の計算

1株当たりの比準価額	比準価額（㉔と㉕とのいずれか低い方の金額）　×　④の金額/50円	㉖ 0.24342856 円

比準価額の修正

直前期末の翌日から課税時期までの間に配当金交付の効力が発生した場合	比準価額（㉖の金額）－1株当たりの配当金額　円　銭	修正比準価額 ㉗ 円
直前期末の翌日から課税時期までの間に株式の割当て等の効力が発生した場合	比準価額［㉖（㉗がある ときは㉗）の金額］＋割当株式1株当たりの払込金額　円　銭×1株当たりの割当株式数　株÷（1株＋1株当たりの割当株式数又は交付株式数　株）	修正比準価額 ㉘ 円

393

第3章　評価明細書への記載方法

■第5表

第5表　1株当たりの純資産価額（相続税評価額）の計算明細書　会社名　株式会社 ●●

（取引相場のない株式（出資）の評価明細書）

（令和六年一月一日以降用）

1. 資産及び負債の金額（課税時期現在）

資　産　の　部				負　債　の　部			
科　　目	相続税評価額	帳簿価額	備考	科　　目	相続税評価額	帳簿価額	備考
資産	90,000 千円	85,000 千円		負債	60,000 千円	60,000 千円	
合　　計	① 90,000	② 85,000		合　　計	③ 60,000	④ 60,000	
株式等の価額の合計額	㋑	㋺					
土地等の価額の合計額	㋩						
現物出資等受入れ資産の価額の合計額	㋥	㋭					

2. 評価差額に対する法人税額等相当額の計算				3. 1株当たりの純資産価額の計算			
相続税評価額による純資産価額　（①－③）	⑤	30,000	千円	課税時期現在の純資産価額（相続税評価額）　（⑤－⑧）	⑨	28,150	千円
帳簿価額による純資産価額　（（②＋㋭－㋥－④）、マイナスの場合は0）	⑥	25,000	千円	課税時期現在の発行済株式数　（（第1表の1の①）－自己株式数）	⑩	35,000,000	株
評価差額に相当する金額　（⑤－⑥、マイナスの場合は0）	⑦	5,000	千円	課税時期現在の1株当たりの純資産価額（相続税評価額）　（⑨÷⑩）	⑪	0.80428571	円
評価差額に対する法人税額等相当額　（⑦×37%）	⑧	1,850	千円	同族株主等の議決権割合（第1表の1の⑤の割合）が50%以下の場合　（⑪×80%）	⑫	0.64342856	円

第 10 節　表示単位未満の端数処理の取扱い

■第3表（一部抜粋）

第3表　一般の評価会社の株式及び株式に関する権利の価額の計算明細書　会社名 株式会社 ●●

（令和六年一月一日以降用）

（取引相場のない株式（出資）の評価明細書）

1 原則的評価方式による価額

		1株当たりの価額の計算の基となる金額	類似業種比準価額（第4表の㉖、㉗又は㉘の金額）① 0.24342856 円	1株当たりの純資産価額（第5表の⑪の金額）② 0.80428571 円	1株当たりの純資産価額の80％相当額（第5表の⑫の記載がある場合のその金額）③ 0.64342856 円

1 株当たりの価額の計算	区　分	1 株 当 た り の 価 額 の 算 定 方 法	1 株 当 た り の 価 額
	大会社の株式の価額	次のうちいずれか低い方の金額（②の記載がないときは①の金額） イ　①の金額 ロ　②の金額	④　　　　　　　円
	中会社の株式の価額	（①と②とのいずれか × Lの割合）＋（②の金額（③の金額があるときは③の金額）× （1 － Lの割合）） 低い方の金額　　0.　　　　　　　　　　　　　　　　　　　　　　　　　　0.	⑤　　　　　　　円
	小会社の株式の価額	次のうちいずれか低い方の金額（③の金額があるときは③の金額） イ　②の金額 ロ　（①の金額 × 0.50）＋（イの金額 × 0.50）	⑥　　　　　　　円 0.44342856

株式の価額の修正

課税時期において配当期待権の発生している場合	株式の価額 ［④、⑤又は⑥の金額］ － 1株当たりの配当金額 円　　　銭	修正後の株式の価額 ⑦　　　　　　円
課税時期において株式の割当てを受ける権利、株主となる権利又は株式無償交付期待権の発生している場合	株式の価額 ［（④、⑤又は⑥（⑦があるときは⑦）の金額］＋ 割当株式1株当たりの払込金額 円 × 1株当たりの割当株式数 株 ）÷（1株＋ 1株当たりの割当株式数又は交付株式数 株 ）	修正後の株式の価額 ⑧　　　　　　円

2 配当還元方式による価額

1株当たりの資本金等の額、発行済株式数等	直前期末の資本金等の額 ⑨ 30,000 千円	直前期末の発行済株式数 ⑩ 35,000,000 株	直前期末の自己株式数 ⑪ 0 株	1株当たりの資本金等の額を50円とした場合の発行済株式数（⑨÷50円）⑫ 600,000 株	1株当たりの資本金等の額（⑨÷（⑩－⑪））⑬ 0.85714285 円

直前期末以前2年間の配当金額	事業年度	⑭ 年 配 当 金 額	⑮ 左のうち非経常的な配当金額	⑯ 差引経常的な年配当金額（⑭－⑮）	年平均配当金額
	直前期	0 千円	0 千円	㋑ 0 千円	⑰（㋑＋㋺）÷2 千円
	直前々期	0 千円	0 千円	㋺ 0 千円	0

1株（50円）当たりの年配当金額	年平均配当金額（⑰の金額）÷ ⑫の株式数　＝	⑱ 2 円 50 銭	この金額が2円50銭未満の場合は2円50銭とします。

配当還元価額	⑱の金額 / 10% × ⑬の金額 / 50円 ＝	⑲ 0.42857142 円	⑳ 0.42857142	⑲の金額が、原則的評価方式により計算した価額を超える場合には、原則的評価方式により計算した価額とします。

395

第3章　評価明細書への記載方法

7　改正後における評価明細書ごとの端数処理

　今回の改正で端数処理に影響がある部分を評価明細書ごとに表示すると、下記の通りとなります。課税時期基準と直前期末基準で使い分けがされていますので、課税時期と直前期末において発行済株式数（自己株式を有する場合には、その自己株式の数を控除したもの）が異なる時には注意が必要となります。

■第3表

項目	改正の内容
1株当たりの価額の計算 中会社の株式の価額（⑤） 小会社の株式の価額（⑥） 株式の価額の修正 課税時期において配当期待権の発生している場合（⑦） 株式の価額の修正 課税時期において株式の割当てを受ける権利、株主となる権利又は株式無償交付期待権の発生している場合（⑧）	表示単位未満の端数を切り捨てることにより0となった場合には、**5 改正の内容（1）**に準じて分数または少数点（課税時期基準）で記載
1株当たりの資本金等の額（⑬） 配当還元価額（⑲）	表示単位未満の端数を切り捨てることにより0となった場合には、**5 改正の内容（2）**に準じて分数または少数点（直前期末基準）で記載
株式の割当てを受ける権利（㉒） 株主となる権利（㉓）	表示単位未満の端数を切り捨てることにより0となった場合には、**5 改正の内容（1）**に準じて分数または少数点（課税時期基準）で記載

■第4表

項目	改正の内容
1株当たりの資本金等の額（④） 1株当たりの比準価額（㉖） 比準価額の修正 直前期末の翌日から課税時期までの間に配当金交付の効力が発生した場合（㉗）	表示単位未満の端数を切り捨てることにより0となった場合には、**5 改正の内容（2）**に準じて分数または少数点（直前期末基準）で記載
比準価額の修正 直前期末の翌日から課税時期までの間に株式の割当て等の効力が発生した場合（㉘）	表示単位未満の端数を切り捨てることにより0となった場合には、**5 改正の内容（1）**に準じて分数または少数点（課税時期基準）で記載

第10節 表示単位未満の端数処理の取扱い

■第5表

項目	改正の内容
課税時期現在の1株当たりの純資産価額（⑪）	表示単位未満の端数を切り捨てることにより0となった場合には、**5 改正の内容（1）**に準じて分数または少数点（<u>課税時期基準</u>）で記載
同族株主等の議決権割合が50％以下の場合（⑫）	

■第6表

項目	改正の内容
1株当たりの価額の計算 比準要素数1の会社の株式（④）	表示単位未満の端数を切り捨てることにより0となった場合には、**5 改正の内容（1）**に準じて分数または少数点（<u>課税時期基準</u>）で記載
株式の価額の修正 課税時期において配当期待権の発生している場合（⑨）	
株式の価額の修正 課税時期において株式の割当てを受ける権利、株主となる権利又は株式無償交付期待権の発生している場合（⑩）	
1株当たりの資本金等の額（⑮）	表示単位未満の端数を切り捨てることにより0となった場合には、**5 改正の内容（2）**に準じて分数または少数点（<u>直前期末基準</u>）で記載
配当還元価額（㉑）	
株式の割当てを受ける権利（㉔）	表示単位未満の端数を切り捨てることにより0となった場合には、**5 改正の内容（1）**に準じて分数または少数点（<u>課税時期基準</u>）で記載
株主となる権利（㉕）	

■第7表

項目	改正の内容
1株当たりの比準価額（㉔）	表示単位未満の端数を切り捨てることにより0となった場合には、**5 改正の内容（2）**に準じて分数または少数点（<u>直前期末基準</u>）で記載
比準価額の修正 直前期末の翌日から課税時期までの間に配当金交付の効力が発生した場合（㉕）	
比準価額の修正 直前期末の翌日から課税時期までの間に株式の割当て等の効力が発生した場合（㉖）	表示単位未満の端数を切り捨てることにより0となった場合には、**5 改正の内容（1）**準じて分数または少数点（課税時期基準）で記載

第3章　評価明細書への記載方法

■第8表

項目	改正の内容
課税時期現在の修正後の１株当たりの純資産価額（⑪） 　１株当たりのＳ１の金額の計算 ● 比準要素数１である会社のＳ１の金額（⑭） ● 中会社のＳ１の金額（⑯） ● 小会社のＳ１の金額（⑰） Ｓ２の金額（㉔） Ｓ１の金額とＳ２の金額との合計額（㉖）	表示単位未満の端数を切り捨てることにより０となった場合には、 **5 改正の内容（1）** に準じて分数または少数点（<u>課税時期基準</u>）で記載

398

第4章

種類株式を発行
している場合の評価

第4章のポイント

●どのような種類株式があるのか確認する。

●種類株式がある場合の議決権数の算定方法を理解する。

●種類株式の4つの評価方法と明細書の書き方を確認する。

第 **1** 節

種類株式の概要

1 株主の権利と種類株式

種類株式を理解するためには、まず株主の権利を理解しておく必要があります。

会社法上の株主の権利は下記の3つがあります。

① 剰余金の配当を受ける権利

② 残余財産の分配を受ける権利

③ 株主総会における議決権など、会社の経営に参与する権利

一方で株式会社が資金調達・支配関係の多様化に対応できるように、①会法107条の規定ですべての株式の内容として特別なものを定めることを認め、②会法108条の規定では権利の異なる種類の株式を発行することを認めています。

具体的には、会法107条の規定では、「株式会社は、その発行する全部の株式の内容として次に掲げる事項を定めることができる」とされています。

① 譲渡による当該株式の取得について当該株式会社の承認を要すること

② 当該株式について、株主が当該株式会社に対してその取得を請求することができること

③ 当該株式について、当該株式会社が一定の事由が生じたことを条件としてこれを取得することができること

次いで会法108条（異なる種類の株式）1項の規定では、株式会社は一定の事項について異なる定めをした内容の異なる2以上の種類の株式を発行することができると定めています。内容の異なる2以上の種類の株式のうち、権利に制約等がないものを一般的に普通株式といい、権利に制約等があるものを種類株式といいます。種類株式は、具体的には下記の9つの種類がありますが、それぞれを組み合わせて種類株式を発行することもできます。

第4章　種類株式を発行している場合の評価

株式の種類	内　容
1　配当優先株式 　　配当劣後株式	剰余金の配当について異なる定めを置くことができます。 実務上、会社が株主に配当する剰余金の金額や順位について、普通株式よりも優先権を持つ配当優先株式が多く利用されています。 配当優先株式には、①累積型・非累積型、②参加型・非参加型の別があります。 ①　累積型・非累積型 　ある事業年度において所定の優先配当金の金額が支払われなかった場合に、翌期以降の分配可能額から支払われるものを累積型といい、翌期以降には繰り越さないものが非累積型になります。 ②　参加型・非参加型 　参加型とは、所定の優先配当を受け取った後にさらに残余の配当がある場合にその残余の配当も追加して受け取れるものをいい、非参加型とは残余の配当は受け取れないものをいいます。
2　残余財産分配優先 　　株式 　　残余財産分配劣後 　　株式	残余財産の分配について異なる定めを置くことができます。 実務上、会社を清算した場合に、その会社の残余財産の分配を受ける金額や順位について、普通株式よりも優先権を持つ残余財産分配優先株式の利用が一般的となります。 また、残余財産の分配についても参加型と非参加型があります。
3　議決権制限株式	株主総会における議決権行使をすることができる事項について異なる定めを置くことができます。 議決権が全くないものを無議決権株式といいますが、経営権に関与しない株主に、上記1の配当優先株式と組み合わせ、配当優先無議決権株式を持たせて経営の安定を図る利用方法がなされています。
4　譲渡制限株式	株式を譲渡する場合に、発行会社の承認を必要とする株式のことをいいます。 ここでいう譲渡制限株式は、株式の種類ごとに譲渡制限を設けることができる株式のことをいいますので、株式の全部について譲渡制限を設ける株式譲渡制限会社とは分けて考える必要があります。
5　取得請求権付株式	株主が発行会社に株式を買い取ることを請求できる株式のことをいいます。取得の対価として株式、社債、新株予約権、新株予約権付社債だけでなく、その他の財産も交付することができます。
6　取得条項付株式	予め定めた一定の事由が生じた場合に、発行会社が主導権をもってその株式を強制的に取得することができる株式のことをいいます。取得請求権付株式と同様に、取得の対価として株式、社債、新株予約権、新株予約権付社債だけでなく、その他の財産も交付することができます。
7　全部取得条項付株 　　式	2種類以上の株式を発行する会社が、株主総会の特別決議によって、その株式の全部を強制的に取得することができる株式のことをいいます。 実務上は、少数株主を排除するスクイーズアウトの場面や、既存の株式の種類を転換するためにいったん会社が株式を取得し、その対価として新しい種類の株式を交付する等の利用方法がされています。

	第 1 節　種類株式の概要

| 8 | 拒否権付株式 | 会社の重要決議等について拒否権を行使できる株式のことをいい、黄金株ともいわれています。
例えば、取締役等の選解任に関する議決権、合併・事業譲渡等に関する議決権等について特定の株主に拒否権を付与する株式で、この株主が同意しない限りその事項については決定することができないようにすることができます。
事業承継の場面でまだ後継者に経営を完全に任せることができないときに現経営者が拒否権付株式を持ち経営を監視する場合や、経営統合や取締役の選解任などについて友好的企業等が拒否権を持つように設計し敵対的買収に備える場合に利用がなされています。 |
| 9 | 取締役等の選解任権付株式 | 会社の取締役や監査役の選任・解任についての議決権を有する株式のことをいいます。実務上の例としては、ベンチャー企業等で取締役等の選任を行う場合に株主間の合意を法的にも保障するために利用されています。 |

2　種類株式の発行手続

　種類株式を導入するにあたっては、原則としてその内容について次に定める事項及び発行可能種類株式総数を定款で定めることが必要となります（会法108条 2 項）。例外として定款に「内容の要綱」を定め、その細目を株主総会（取締役会設置会社にあっては株主総会または取締役会）の決議によって定める旨を定款で定めることができます（会法108条 3 項）。

　定款変更を行うにあたっては株主総会の特別決議が必要となります。

	株式の種類	定款で定める内容
1	配当優先株式 配当劣後株式	当該種類の株主に交付する配当財産の価額の決定の方法、剰余金の配当をする条件その他剰余金の配当に関する取扱いの内容
2	残余財産分配優先株式 残余財産分配劣後株式	当該種類の株主に交付する残余財産の価額の決定の方法、当該残余財産の種類その他残余財産の分配に関する取扱いの内容
3	議決権制限株式	イ　株主総会において議決権を行使することができる事項 ロ　当該種類の株式につき議決権の行使の条件を定めるときは、その条件
4	譲渡制限株式	イ　当該株式を譲渡により取得することについて当該株式会社の承認を要する旨 ロ　一定の場合においては株式会社が会法136条（株主からの承認の請求）または137条（株式取得者からの承認の請求）の承認をしたものとみなすときは、その旨及び当該一定の場合

403

5	取得請求権付株式	イ	当該種類の株式についての会法107条2項2号に定める事項（株主が当該株式会社に対して当該株主の有する株式を取得することを請求することができる旨その他一定の事項）
		ロ	当該種類の株式一株を取得するのと引換えに当該株主に対して当該株式会社の他の株式を交付するときは、当該他の株式の種類及び種類ごとの数またはその算定方法
6	取得条項付株式	イ	当該種類の株式についての会法107条2項3号に定める事項（一定の事由が生じた日に当該株式会社がその株式を取得する旨及びその事由その他一定の事項）
		ロ	当該種類の株式一株を取得するのと引換えに当該株主に対して当該株式会社の他の株式を交付するときは、当該他の株式の種類及び種類ごとの数またはその算定方法
7	全部取得条項付株式	イ	会法171条1項1号に規定する取得対価の価額の決定の方法
		ロ	当該株主総会の決議をすることができるか否かについての条件を定めるときは、その条件
8	拒否権付株式	イ	当該種類株主総会の決議があることを必要とする事項
		ロ	当該種類株主総会の決議を必要とする条件を定めるときは、その条件
9	取締役等の選解任権付株式	イ	当該種類株主を構成員とする種類株主総会において取締役または監査役を選任すること及び選任する取締役または監査役の数
		ロ	イの定めにより選任することができる取締役または監査役の全部または一部を他の種類株主と共同して選任することとするときは、当該他の種類株主の有する株式の種類及び共同して選任する取締役または監査役の数
		ハ	イまたはロに掲げる事項を変更する条件があるときは、その条件及びその条件が成就した場合における変更後のイまたはロに掲げる事項
		ニ	イからハまでに掲げるもののほか、法務省令で定める事項

種類株式の評価

種類株式については多種多様な株式の発行が認められていますが、非上場株式の評価上は下記の2点に留意が必要になります。

① 議決権数の算定（第1表の1）
② 株式の評価方法（第3表・第4表・第5表等）

1 議決権数の算定（第1表の1）

1 概　要

種類株式には、株主総会における議決権の行使について、全部または一部を制限することができる議決権制限株式がありますが、非上場株式の評価上、同族株主に該当するか否かの判定は、持株割合ではなく議決権割合により行うことから、無議決権株式については、議決権がないものとして同族株主の判定を行う必要があります。また、議決権が制限されている種類株式については、制限された範囲で議決権を行使することも可能であり、さらに、議決権を行使することができる事項によって会社支配に影響する度合いを区別することも困難であることから、評価上は普通株式と同様に議決権があるものとして取り扱います。

株式の種類	株主の有する議決権の数
無議決権株式	含めないで計算
議決権一部制限株式	含めて計算

2 具体例

甲社は、Cを2代目社長としてCと甲の兄弟で経営をしている同族会社ですが、甲が死亡したことにより相続人であるA及びBが甲の所有している株式を相続することになりました。

なお、会社の株主名簿は下記の通り記載がされており、甲が所有していた普通株式は遺

第4章　種類株式を発行している場合の評価

産分割協議の結果、役員（取締役）である相続人Aが普通株式20株を、相続人Bが種類株式A（配当優先無議決権株式）をそれぞれ取得することになりました。

この場合の相続後における各株主の議決権割合の算定、相続人Aと相続人Bの納税義務の判定及び明細書への記載方法はどのようになるか考えていきましょう。

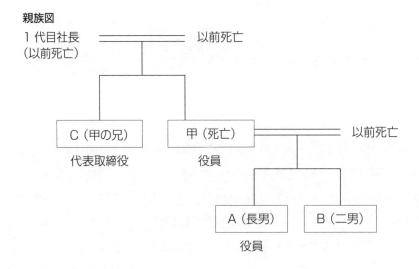

(1) 議決権割合の算定の判定

相続後における議決権割合を算定すると下記の通りとなります。

株主	所有株式数	株式の種類	議決権の数	議決権割合
C	60株	普通株式	60個	75%
A	20株	普通株式	20個	25%
B	20株	配当優先無議決権株式	0個	―

406

(2) 相続人Aの株主判定（22頁参照）

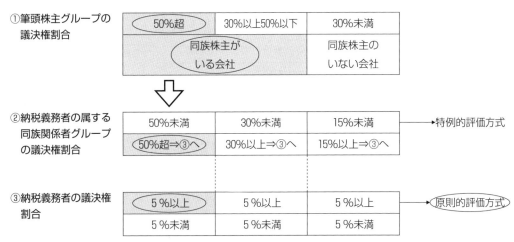

従って、Aは原則的評価方式が適用される株主に該当することになります。

(3) 相続人Bの株主判定（22頁参照）

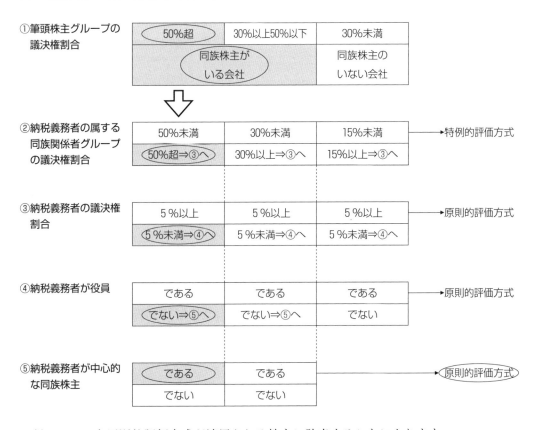

従って、Bも原則的評価方式が適用される株主に該当することになります。

第4章　種類株式を発行している場合の評価

(4)　明細書への記載方法

相続人Aの株主判定

第1表の1　評価上の株主の判定及び会社規模の判定の明細書

整理番号

会 社 名	（電話　　　　　） 甲社		本 店 の 所 在 地	
代表者氏名	C			取扱品目及び製造、卸売、小売等の区分 ／ 業 種 目 番 号 ／ 取 引 金 額 の 構 成 比
課 税 時 期	年　　　月　　　日		事業内容	
直 前 期	自　　　年　　　月　　　日 至　　　年　　　月　　　日			

（取引相場のない株式（出資）の評価明細書）

（令和六年一月一日以降用）

1.　株主及び評価方式の判定

氏名又は名称	続柄	会社における役職名	④株式数（株式の種類）	㋺議決権数	㋩議決権割合（㋺/④）
A	納税義務者	取締役	普通株式 20株	20個	25%
B	弟		種類株式A 20	0	0
C	伯父	代表取締役	普通株式 60	60	75

（判定要素（課税時期現在の株式等の所有状況））

自己株式					
納税義務者の属する同族関係者グループの議決権の合計数				② 80	⑤（②/④）100
筆頭株主グループの議決権の合計数				③ 80	⑥（③/④）100
評価会社の発行済株式又は議決権の総数	① 100			④ 80	⑦ 100

判定基準

納税義務者の属する同族関係者グループの議決権割合（⑤の割合）を基として、区分します。

区分	筆頭株主グループの議決権割合（⑥の割合）			株主の区分
	50%超の場合	30%以上50%以下の場合	30%未満の場合	
⑤の割合	50%超	30%以上	15%以上	同族株主等
	50%未満	30%未満	15%未満	同族株主等以外の株主

判定	同族株主等（原則的評価方式等）	同族株主等以外の株主（配当還元方式）

「同族株主等」に該当する納税義務者のうち、議決権割合（㋩の割合）が5%未満の者の評価方式は、「2. 少数株式所有者の評価方式の判定」欄により判定します。

2.　少数株式所有者の評価方式の判定

判定要素	項　目	判　定　内　容
	氏　名	
	㋥ 役　員	である〔原則的評価方式等〕・でない（次の㋭へ）
	㋭ 納税義務者が中心的な同族株主	である〔原則的評価方式等〕・でない（次の㋬へ）
	㋬ 納税義務者以外に中心的な同族株主（又は株主）	がいる（配当還元方式）・がいない〔原則的評価方式等〕 （氏名　　　　　　）
判　定		原則的評価方式等　・　配当還元方式

408

第2節　種類株式の評価

相続人Bの株主判定

第1表の1　評価上の株主の判定及び会社規模の判定の明細書

整理番号　　　　　

（令和六年一月一日以降用）

（取引相場のない株式（出資）の評価明細書）

会　社　名	甲社	（電話　　　　　　）	本　店　の所　在　地		
代表者氏名	C		事　業内　容	取扱品目及び製造、卸売、小売等の区分 / 業種目番号 / 取引金額の構成比	
課　税　時　期	年　　　月　　　日				%
直　前　期	自　　　年　　　月　　　日 至　　　年　　　月　　　日				

1．株主及び評価方式の判定

判定要素（課税時期現在の株式等の所有状況）	氏名又は名称	続柄	会社における役職名	④株式数（株式の種類）	⑩議決権数	⑦議決権割合（⑩/④）
	B	納税義務者		種類株式A 20	0個	0%
	A	兄	取締役	普通株式 20	20	25
	C	伯父	代表取締役	普通株式 60	60	75
	自己株式					
	納税義務者の属する同族関係者グループの議決権の合計数				② 80	⑤（②/④） 100
	筆頭株主グループの議決権の合計数				③ 80	⑥（③/④） 100
	評価会社の発行済株式又は議決権の総数		① 100		④ 80	100

納税義務者の属する同族関係者グループの議決権割合（⑤の割合）を基として、区分します。

区分基準の割合	筆頭株主グループの議決権割合（⑥の割合）			株主の区分
	（50%超の場合）	30%以上50%以下の場合	30%未満の場合	
⑤の割合	（50%超）	30%以上	15%以上	（同族株主等）
	50%未満	30%未満	15%未満	同族株主等以外の株主

判定	（同族株主等（原則的評価方式等））	同族株主等以外の株主（配当還元方式）

「同族株主等」に該当する納税義務者のうち、議決権割合（⑦の割合）が5%未満の者の評価方式は、「2．少数株式所有者の評価方式の判定」欄により判定します。

2．少数株式所有者の評価方式の判定

判定要素	項　目	判　定　内　容
	氏　名	B
⑤	役　員	である（原則的評価方式等）・（でない）（次の⑧へ）
⑧	納税義務者が中心的な同族株主	（である）（原則的評価方式等）・でない（次の⑨へ）
⑨	納税義務者以外に中心的な同族株主（又は株主）	がいる（配当還元方式）・がいない（原則的評価方式等）（氏名　　　　　）
判　定		（原則的評価方式等）　・　配当還元方式

409

第4章　種類株式を発行している場合の評価

▶実務上のポイント

　種類株式がある場合には、議決権の数に制限がないかどうかを確認し、正確に議決権割合を算定することが重要となります。

2　種類株式の評価について

　種類株式については、理論上はその組み合わせにより何百種類もの種類株式が想定されますが、現時点で国税庁から評価方法が情報として公表されているものは、「資産評価企画官情報第1号 種類株式の評価について（情報）平成19年3月9日」のみであり、その内容を整理すると下記4つの株式に区分することができます。

① 配当優先株式

② 無議決権株式

③ 社債類似株式

④ 拒否権付株式

　実際にこれ以外の種類株式の評価を行うにあたっては、種類株式の発行目的や内容をよく吟味して慎重に評価をすることが必要になります。

1 配当優先株式について

（1）概　要

　配当優先株式とは普通株式に比べて、剰余金の配当を優先的に受ける権利を持つ株式のことをいいます。

　配当優先株式は事業承継の株式承継の分野で活用が期待されています。例えば、事業を承継する後継者以外の親族に配当を優先しつつ議決権を制限した株式を承継させ、後継者には普通株式を承継させる等のケースが考えられます。

　そのような場合に、後継者と後継者以外の株式の評価方法が問題になりますが、その評価方法は下記の通りとなります。

（2）評価方法

　配当について優先・劣後のある株式を発行している会社の株式については、配当金の多寡により株式の価額も異なりますので、株式の種類ごとにそれぞれ評価明細書を作成する必要があります。

　社債類似株式に該当するものを除き、具体的には下記の通り計算することになります。

① 類似業種比準方式（第4表）

　配当金の多寡により1株当たりの年配当金額⒝が異なるため、株式の種類ごとに第4表を作成します。

　なお、1株当たりの年利益金額ⓒ及び1株当たりの純資産価額ⓓについては、配当の優先・劣後による影響はないため、普通株式と同じ金額になります。

比準割合の計算要素	計算方法
1株当たりの年配当金額⒝	種類株式ごとに受け取った金額で計算
1株当たりの年利益金額ⓒ	通常通り計算
1株当たりの純資産価額ⓓ	通常通り計算

② 純資産価額方式（第5表）

　純資産価額方式で評価する場合には、配当金の多寡は評価の要素となっていないことから、配当優先の有無にかかわらず、評価通達185《純資産価額》の定めにより評価します。

　従って、株式の種類を問わず、第5表は普通株式と同じ評価明細になります。

③ 配当還元方式（第3表）

　配当還元方式による価額については、株式の種類ごとに実際に受け取った配当金を基に計算することになります。

　従って、それぞれの株式の種類ごとに明細書を作成することが必要になります。

（3） 明細書の書き方

　配当優先株式を発行している場合には、配当金を基に計算をしている第4表の類似業種比準価額及び第3表の配当還元価額は、配当優先株式と普通株式では価値が違いますので、それぞれ分けて明細書を作成する必要がありますが、第5表の純資産価額については、配当の多寡に関わらず、同じ金額になりますので、明細書は同じものを使用します。

第4章　種類株式を発行している場合の評価

① 類似業種比準方式（第4表）の明細書の書き方

記載項目		記載内容
1．1株当たりの資本金等の額等の計算	①直前期末の資本金等の額	種類株式ごとに区分せず記載します。
	②直前期末の発行済株式数	発行済株式の総数は通常通り記載を行い、評価する種類株式の総数を内書きします。 例えば、配当優先株式を評価する場合には、配当優先株式の総数を内書きし、普通株式を評価する場合には、普通株式の総数を内書きすることになります。
	③直前期末の自己株式数	自己株式の総数は通常通り記載を行い、評価する種類株式の自己株式数を内書きします。
	④1株当たりの資本金等の額	種類株式ごとに区分せず記載します。
	⑤1株当たりの資本金等の額を50円とした場合の発行済株式数	通常通り記載をするとともに、種類株式ごとに1株当たりの年配当金額Ⓑを計算するため、発行済株式の総数（自己株式数控除後）に占める評価する種類株式の総数（自己株式数控除後）の割合を乗じたものを内書きにします。
2．比準要素等の金額の計算	1株（50円）当たりの年配当金額	種類株式ごとに記載します。 この場合、「1株（50円）当たりの年配当金額Ⓑ（Ⓑ1、Ⓑ2）」を計算するときの株式数は、「1．1株当たりの資本金等の額等の計算」の「⑤1株当たりの資本金等の額を50円とした場合の発行済株式数」欄に記載した通常の株式数ではなく、上記⑤で計算した評価する種類株式に対応する内書きした株式数を使用します。
	1株（50円）当たりの年利益金額	種類株式ごとに区分せず記載します。
	1株（50円）当たりの純資産価額	種類株式ごとに区分せず記載します。

② 純資産価額方式（第5表）の明細書の書き方

種類株式ごとに区分せずに通常通り記載します。

第2節　種類株式の評価

③　配当還元方式（第3表）の明細書の書き方

記載項目		記載内容
1株当たりの資本金等の額、発行済株式数等	⑨直前期末の資本金等の額	種類株式ごとに区分せず記載します。
	⑩直前期末の発行済株式数	発行済株式の総数は通常通り記載を行い、評価する種類株式の総数を内書きします。 例えば、配当優先株式を評価する場合には、配当優先株式の総数を内書きし、普通株式を評価する場合には、普通株式の総数を内書きすることになります。
	⑪直前期末の自己株式数	自己株式の総数は通常通り記載を行い、評価する種類株式の自己株式数を内書きします。
	⑫1株当たりの資本金等の額を50円とした場合の発行済株式数	通常通り記載をするとともに、種類株式ごとに1株当たりの年配当金額を計算するため、発行済株式の総数（自己株式数控除後）に占める評価する種類株式の総数（自己株式数控除後）の割合を乗じたものを内書きにします。
	⑬1株当たりの資本金等の額	種類株式ごとに区分せず記載します。
直前期末以前2年間の配当金額		種類株式ごとに記載します。 この場合、「1株（50円）当たりの年配当金額」を計算する場合の株式数は、「1株当たりの資本金等の額、発行済株式数等」の「⑫1株当たりの資本金等の額を50円とした場合の発行済株式数」欄に記載した通常の株式数ではなく、上記⑫で計算した評価する種類株式に対応する内書きした株式数を使用します。
1株（50円）当たりの年配当金額		

（4）　具体例と明細書の作成

　配当優先株式が発行されている場合で間違えやすい箇所は第4表となりますので、具体例を基に第4表を作成してみましょう。

《具体例》

　甲の死亡により長男がA社の普通株式を、二男がA社の配当優先株式を下記の通り相続により取得した場合における長男及び二男が納税義務者である場合の第4表をそれぞれ作成してみましょう。

　評価会社（A社）の前提事項は、下記の通りであり、大会社に該当するものとします。

第4章　種類株式を発行している場合の評価

【相続前後における株主と所有株式数】

株　　主	株式数 （相続発生前）	株式数 （相続発生後）	左記のうち 配当優先株式数	役職名
甲	50,000株	－	－	
長男	－	30,000株	－	代表取締役
二男	－	20,000株	20,000株	
A社	10,000株	10,000株	－	
発行済株式数	60,000株	60,000株	20,000株	

【A社の直前期末における法人税申告書別表五（一）の記載例（抜粋）】

(単位：円)

利益積立金額及び資本金等の額の計算に関する明細書	事　業 年　度	：　：	法人名	

Ⅰ　利益積立金額の計算に関する明細書				
区　　　　　分	期　首　現　在 利　益　積　立　金　額	当　期　の　増　減		差引翌期首現在 利　益　積　立　金　額 ①－②＋③
		減	増	
	①	②	③	④
差　引　合　計　額 31	480,000,000	○○○	○○○	500,000,000

Ⅱ　資本金等の額の計算に関する明細書				
区　　　　　分	期　首　現　在 資　本　金　等　の　額	当　期　の　増　減		差引翌期首現在 資　本　金　等　の　額 ①－②＋③
		減	増	
	①	②	③	④
資　本　金　又　は　出　資　金 32	30,000,000 円	円	円	30,000,000 円
資　本　準　備　金 33				
自　　己　　株　　式 34	△10,000,000			△10,000,000
35				
差　引　合　計　額 36	20,000,000			20,000,000

第2節　種類株式の評価

【直前期末以前3年間の年配当金額と法人税の課税所得金額】

（単位：円）

	年配当金額[1] 普通株式	年配当金額[1] 配当優先株式	法人税の課税所得金額[2]
直前期	3,000,000	2,400,000	36,000,000
直前々期	3,000,000	2,400,000	35,000,000
直前々期の前期	3,000,000	2,400,000	34,000,000

[1]　記念配当や特別配当に該当するものはない。

[2]　法人税の課税所得金額のうち、非経常的な利益はない。また、A社は受取配当金を収受しておらず、過年度において欠損金が生じたことはない。

【評価会社の業種目と類似業種の株価】

業種目		中分類 その他の製造業 （番号51）	大分類 製造業 （番号10）
株価	課税時期の属する月（6月）	229円	252円
	課税時期の属する月の前月（5月）	223円	252円
	課税時期の属する月の前々月（4月）	221円	259円
	前年平均株価	200円	222円
	課税時期の属する月以前2年間の平均株価	201円	224円

【評価会社の業種目と類似業種の1株当たりの配当金額、利益金額、純資産価額】

業種目	中分類 その他の製造業 （番号51）	大分類 製造業 （番号10）
類似業種の1株当たりの年配当金額	2.5円	4.4円
類似業種の1株当たりの年利益金額	18円	31円
類似業種の1株当たりの純資産価額	200円	285円

第４章　種類株式を発行している場合の評価

①　長男が納税義務者である場合（普通株式の評価）

第４表　類似業種比準価額等の計算明細書

会社名　Ａ社

1．1株当たりの資本金等の額等の計算	① 直前期末の資本金等の額	② 直前期末の発行済株式数	③ 直前期末の自己株式数	④ 1株当たりの資本金等の額（①÷（②－③））	⑤ 1株当たりの資本金等の額を50円とした場合の発行済株式数（①÷50円）
	20,000 千円 内40,000	内40,000 60,000 株	内10,000 10,000 株	400 円	内240,000 400,000 株

2．比準要素等の金額の計算

1株(50円)当たりの年配当金額

直前期末以前2（3）年間の年平均配当金額					比準要素数1の会社・比準要素0の会社の判定要素の金額		
事業年度	⑥ 年配当金額	⑦ 左のうち非経常的な配当金額	⑧ 差引経常的な年配当金額（⑥－⑦）	年平均配当金額	⑨/⑤	⑨ 円 12	銭 50
直前期	3,000 千円	千円	⑧ 3,000 千円	⑨(イ+ロ)÷2 3,000 千円	⑩/⑤	⑩ 円 12	銭 50
直前々期	3,000 千円	千円	⑧ 3,000 千円		1株(50円)当たりの年配当金額 ⑧ の金額		
直前々期の前期	3,000 千円	千円	⑧ 3,000 千円	⑩(ロ+ハ)÷2 3,000 千円	Ⓑ	12 円	50銭

1株(50円)当たりの年利益金額

直前期末以前2（3）年間の利益金額						比準要素数1の会社・比準要素0の会社の判定要素の金額		
事業年度	⑪法人税の課税所得金額	⑫非経常的な利益金額	⑬受取配当等の益金不算入額	⑭左の所得税額	⑮損金算入した繰越欠損金の控除額	⑯差引利益金額（⑪－⑫+⑬－⑭+⑮）	⑯/⑤ 又は（⑯+⑯)÷2/⑤	Ⓒ 88 円
直前期	36,000 千円	千円	千円	千円	千円	⊖ 36,000 千円	⑯/⑤ 又は（⑯+⑯)÷2/⑤	86 円
直前々期	35,000 千円	千円	千円	千円	千円	㊥ 35,000 千円	1株(50円)当たりの年利益金額 ［⑯/⑤ 又は（⑯+⑯)÷2/⑤ の金額］	
直前々期の前期	34,000 千円	千円	千円	千円	千円	㊦ 34,000 千円	Ⓒ	88 円

1株(50円)当たりの純資産価額

直前期末（直前々期末）の純資産価額				比準要素数1の会社・比準要素0の会社の判定要素の金額		
事業年度	⑰ 資本金等の額	⑱ 利益積立金額	⑲ 純資産価額（⑰+⑱）	⑰/⑤	Ⓓ₁	1,300 円
直前期	20,000 千円	500,000 千円	㋑ 520,000 千円	㋺/⑤	Ⓓ₂	1,250 円
直前々期	20,000 千円	480,000 千円	㋺ 500,000 千円	1株(50円)当たりの純資産価額（Ⓓ₁の金額） Ⓓ		1,300 円

3．類似業種比準価額の計算

	類似業種と業種目番号 製造業（No. 10）			区分	1株(50円)当たりの年配当金額		1株(50円)当たりの年利益金額		1株(50円)当たりの純資産価額		1株(50円)当たりの比準価額
1株(50円)当たりの比準価額の計算	類似業種の株価	課税時期の属する月	6月 ㋑ 252	比準割合の計算	評価会社	Ⓑ 12 円 50 銭	Ⓒ	88 円	Ⓓ	1,300 円	⑳ × ㉑ × 0.7 ※
		課税時期の属する月の前月	5月 ㋺ 252		類似業種	B 4 円 40 銭	C	31 円	D	285 円	※（中会社は0.6 小会社は0.5 とします。）
		課税時期の属する月の前々月	4月 ㋩ 259		要素別比準割合	Ⓑ/B 2.84	Ⓒ/C	2.83	Ⓓ/D	4.56	
		前年平均株価	㋥ 222								
		課税時期の属する月以前2年間の平均株価	㋭ 224		比準割合	Ⓑ/B + Ⓒ/C + Ⓓ/D ÷ 3 =			㉑ 3.41		㉒ 529 円 90 銭
		A（㋑、㋺、㋩、㋥及び㋭のうち最も低いもの）	⑳ 222								
	類似業種と業種目番号 その他の製造業（No. 51）			区分	1株(50円)当たりの年配当金額		1株(50円)当たりの年利益金額		1株(50円)当たりの純資産価額		1株(50円)当たりの比準価額
	類似業種の株価	課税時期の属する月	6月 ㋬ 229	比準割合の計算	評価会社	Ⓑ 12 円 50 銭	Ⓒ	88 円	Ⓓ	1,300 円	㉓ × ㉔ × 0.7 ※
		課税時期の属する月の前月	5月 ㋣ 223		類似業種	B 2 円 50 銭	C	18 円	D	200 円	※（中会社は0.6 小会社は0.5 とします。）
		課税時期の属する月の前々月	4月 ㋠ 221		要素別比準割合	Ⓑ/B 5.00	Ⓒ/C	4.88	Ⓓ/D	6.50	
		前年平均株価	㋷ 200								
		課税時期の属する月以前2年間の平均株価	㋦ 201		比準割合	Ⓑ/B + Ⓒ/C + Ⓓ/D ÷ 3 =			㉔ 5.46		㉕ 764 円 40 銭
		A（㋬、㋣、㋠、㋷及び㋦のうち最も低いもの）	㉓ 200								

4．1株当たりの比準価額の計算

1株当たりの比準価額	比準価額（㉒と㉕とのいずれか低い方の金額）　×　④の金額/50円	㉖ 4,239 円
比準価額の修正	直前期末の翌日から課税時期までの間に配当金交付の効力が発生した場合	比準価額（㉖の金額）　－　円　銭	修正比準価額 ㉗ 円
	直前期末の翌日から課税時期までの間に株式の割当て等の効力が発生した場合	比準価額（㉖（㉗があるときは㉗）の金額）＋割当株式1株当たりの払込金額 円 銭 × 1株当たりの割当株式数 株）÷（1株＋1株当たりの割当株式数又は交付株式数 株）	修正比準価額 ㉘ 円

416

第2節　種類株式の評価

②　二男が納税義務者である場合（配当優先株式の評価）

第4表　類似業種比準価額等の計算明細書

会社名 Ａ社

（令和六年一月一日以降用）

（取引相場のない株式（出資）の評価明細書）

1．1株当たりの資本金等の額等の計算	直前期末の資本金等の額①	直前期末の発行済株式数②	直前期末の自己株式数③	1株当たりの資本金等の額（①÷（②－③））④	1株当たりの資本金等の額を50円とした場合の発行済株式数（①÷50円）⑤
	千円 20,000	内20,000 株 60,000	内0 株 10,000	円 400	内160,000 株 400,000

2．比準要素等の金額の計算

1株（50円）当たりの年配当金額

直前期末以前2（3）年間の年平均配当金額

事業年度	⑥年配当金額	⑦左のうち非経常的な配当金額	⑧差引経常的な年配当金額（⑥－⑦）	年平均配当金額	比準要素数1の会社・比準要素数0の会社の判定要素の金額
直前期	千円 2,400	千円	⑥ 2,400 千円	⑨（⑥＋⑧）÷2 千円 2,400	⑨ ⑤分の⑨ ⑧ 15 円 0 銭
直前々期	千円 2,400	千円	⑧ 2,400 千円	⑩（⑥＋⑥）÷2 千円 2,400	⑩ ⑤分の⑩ ⑧ 15 円 0 銭
直前々期の前期	千円 2,400	千円	⑥ 2,400 千円		1株（50円）当たりの年配当金額（⑧の金額）⑧ 15 円 0 銭

1株（50円）当たりの年利益金額

直前期末以前2（3）年間の利益金額

事業年度	⑪法人税の課税所得金額	⑫非経常的な利益金額	⑬受取配当等の益金不算入額	⑭左の所得税額	⑮損金算入した繰越欠損金の控除額	⑯差引利益金額（⑪－⑫＋⑬－⑭＋⑮）	比準要素数1の会社・比準要素数0の会社の判定要素の金額
直前期	千円 36,000	千円	千円	千円	千円	⑯ 36,000	⑥ 又は（⑥＋⑥）÷2 ⑥ 88 円
直前々期	千円 35,000	千円	千円	千円	千円	⑥ 35,000	⑥ 又は（⑥＋⑥）÷2 ⑥ 86 円
直前々期の前期	千円 34,000	千円	千円	千円	千円	⑥ 34,000	1株（50円）当たりの年利益金額〔⑥⑤ 又は（⑥＋⑥）÷2 の金額〕 ⑥ 88 円

1株（50円）当たりの純資産価額

直前期末（直前々期末）の純資産価額

事業年度	⑰資本金等の額	⑱利益積立金額	⑲純資産価額（⑰＋⑱）	比準要素数1の会社・比準要素数0の会社の判定要素の金額
直前期	千円 20,000	千円 500,000	⑥ 520,000 千円	⑥ ⑤分の⑥ ⑥ 1,300 円
直前々期	千円 20,000	千円 480,000	⑥ 500,000 千円	⑥ ⑤分の⑥ ⑥ 1,250 円
				1株（50円）当たりの純資産価額（⑥の金額）⑥ 1,300 円

3．類似業種比準価額の計算

類似業種と業種目番号　製造業（No. 10）

		区分	1株（50円）当たりの年配当金額	1株（50円）当たりの年利益金額	1株（50円）当たりの純資産価額	1株（50円）当たりの比準価額
類似業種の株価	課税時期の属する月 6月 ⑦ 252 円	評価会社	⑧ 15 円 0 銭	⑥ 88 円	⑥ 1,300 円	⑳×㉑×0.7
	課税時期の属する月の前月 5月 ⑧ 252 円	類似業種 B	4 円 40 銭	C 31	D 285	※中会社は0.6 小会社は0.5 とします。
	課税時期の属する月の前々月 4月 ⑨ 259 円	要素別比準割合	⑧/B 3.40	⑥/C 2.83	⑥/D 4.56	
	前年平均株価 ⑦ 222 円					㉒ 557 円 80 銭
	課税時期の属する月以前2年間の平均株価 ⑦ 224 円	比準割合	$\frac{\frac{⑧}{B}+\frac{⑥}{C}+\frac{⑥}{D}}{3}$ =		㉑ 3.59	
	A（⑦、⑧、⑨、⑦及び⑦のうち最も低いもの）⑳ 222 円					

類似業種と業種目番号　その他の製造業（No. 51）

		区分	1株（50円）当たりの年配当金額	1株（50円）当たりの年利益金額	1株（50円）当たりの純資産価額	1株（50円）当たりの比準価額
類似業種の株価	課税時期の属する月 6月 ⑦ 229 円	評価会社	⑧ 15 円 0 銭	⑥ 88 円	⑥ 1,300 円	㉓×㉔×0.7
	課税時期の属する月の前月 5月 ⑤ 223 円	類似業種 B	2 円 50 銭	C 18	D 200	※中会社は0.6 小会社は0.5 とします。
	課税時期の属する月の前々月 4月 ⑥ 221 円	要素別比準割合	⑧/B 6.00	⑥/C 4.88	⑥/D 6.50	
	前年平均株価 ⑦ 200 円					㉕ 810 円 60 銭
	課税時期の属する月以前2年間の平均株価 ⑦ 201 円	比準割合	$\frac{\frac{⑧}{B}+\frac{⑥}{C}+\frac{⑥}{D}}{3}$ =		㉔ 5.79	
	A（⑦、⑤、⑥、⑦及び⑦のうち最も低いもの）㉓ 200 円					

比準価額の計算

1株当たりの比準価額	比準価額（㉒と㉕とのいずれか低い方の金額）× ④の金額÷50円	㉖ 4,462 円

比準価額の修正

直前期末の翌日から課税時期までの間に配当金交付の効力が発生した場合	比準価額（㉖の金額）　－　　　円　　　銭	修正比準価額 ㉗　　　円
直前期末の翌日から課税時期までの間に株式の割当て等の効力が発生した場合	比準価額〔㉖（㉗がある ときは㉗）の金額〕＋ 割当株式1株当たりの払込金額　円　銭× 1株当たりの割当株式数　株 ÷（1株＋ 1株当たりの割当株式数又は交付株式数　株）	修正比準価額 ㉘　　　円

417

第4章　種類株式を発行している場合の評価

> **▶実務上のポイント**
>
> 　1株当たりの資本金等の額を50円とした場合の発行済株式数（⑤）は、それぞれ1株当たりの年配当金額Ⓑ、1株当たりの年利益金額Ⓒ、1株当たりの純資産価額Ⓓの計算で使用することになりますが、1株当たりの年配当金額Ⓑで使用する発行済株式数は各種類株式ごとに下記の通り算定することが必要になります。
>
> | 比準割合の計算要素 | 使用する1株当たりの資本金等の額を50円とした場合の発行済株式数（⑤） |
> |---|---|
> | 1株当たりの年配当金額Ⓑ | 種類株式ごとに計算
配当優先株式　400,000株×20,000株/50,000株＝160,000株
普通株式　　　400,000株×30,000株/50,000株＝240,000株 |
> | 1株当たりの年利益金額Ⓒ | 通常通り400,000株 |
> | 1株当たりの年純資産価額Ⓓ | 通常通り400,000株 |

2 無議決権株式について

（1）概　要

　無議決権株式とは株主総会において議決権が行使できない株式をいいます。

　納税義務の判定では、前述の通り、議決権の数に含めないで取り扱うことになりますので注意が必要です。

　この無議決権株式は、事業承継の場面で創業者から長男（後継者）と二男に株式を承継させたい場合において、経営権は長男に集約させるため、議決権のある株式を長男に承継させ、二男には配当優先とともに議決権のない株式（配当優先無議決権株式）を承継させる等の利用がなされています。

　この場合において、長男が相続または贈与で承継する議決権のある株式の評価と、二男が承継する無議決権株式の評価が問題となっていましたが、国税庁の情報により下記の通り取り扱われることになりました。

（2）評価方法

　無議決権株式の評価については、原則として議決権の有無にかかわらず株式の価額は同額となりますが、原則的評価方式が適用される株主については、納税義務者の選択適用によって下記の条件の下に、議決権のない株式については5％を減額した金額とし、議決権のある株式については減額した5％に相当する部分を加算して株式の価額を求めることも認められています。

　この5％の調整計算については、あくまでも原則的評価方式が適用される株主間で行わ

418

第2節　種類株式の評価

れることになりますので、特例的評価方式が適用される株主についてはこの5％の調整計算の適用がない点については、十分注意をしておく必要があります。

選択適用を受けるための条件

① 相続または遺贈により株式を取得していること
② 相続税の申告期限までに評価会社の株式の遺産分割協議が確定していること
③ 相続税の申告期限までに「無議決権株式の評価の取扱いに係る選択届出書」（次頁参照）が所轄税務署長に提出されていること
④ 調整計算の算式に基づく無議決権株式及び議決権のある株式の評価額の算定根拠を適宜の様式に記載し、評価明細書に添付していること

　5％の調整計算の具体的な算式は、下記の通りとされています（資産評価企画官情報第1号　種類株式の評価について（情報）（平成19年3月9日）1⑵無議決権株式の評価）。

調整計算の算式

無議決権株式の評価額（単価）　＝　　A　×　　0.95

議決権のある株式への加算額　＝　（ A × 無議決権株式の株式総数（注1） × 0.05 ） ＝ X

議決権のある株式の評価額（単価）　＝　（ B × 議決権のある株式の株式総数（注1） ＋ X ） ÷ 議決権のある株式の株式総数（注1）

　　A…調整計算前の無議決権株式の1株当たりの評価額

　　B…調整計算前の議決権のある株式の1株当たりの評価額

（注1）「株式総数」は、同族株主が当該相続または遺贈により取得した当該株式の総数をいう（配当還元方式により評価する株式及び次項の **3** に掲げる社債類似株式を除く）。

（注2）「A」及び「B」の計算において、当該会社が社債類似株式を発行している場合は、次項の **3** に掲げる社債類似株式を社債として、議決権のある株式及び無議決権株式を評価した後の評価額。

▶実務上のポイント

　議決権のある株式の評価額（単価）を求めるときにB×1.05としないように注意しておきましょう。

419

第4章　種類株式を発行している場合の評価

（別　紙）

（　　枚中の　　枚目）

無議決権株式の評価の取扱いに係る選択届出書

平成　　年　　月　　日

_____税務署長　殿

住　所_____

氏　名_____印

住　所_____

氏　名_____印

住　所_____

氏　名_____印

（被相続人氏名）

　平成____年____月____日に相続開始した被相続人_____に係る相続

（法人名）

税の申告において、相続又は遺贈により同族株主が取得した_____の

発行する無議決権株式の価額について、この評価減の取扱いを適用する前の評価額からそ

の価額に5パーセントを乗じて計算した金額を控除した金額により評価するとともに、当

該控除した金額を当該相続又は遺贈により同族株主が取得した当該会社の議決権のある株

式の価額に加算して申告することを選択することについて届出します。

（注）　相続または遺贈により株式を取得した原則的評価方式が適用されるすべての株主の住所及び氏名の記載
　　　と押印が必要となります。

第２節　種類株式の評価

（３）　具体例

　無議決権株式が発行されている場合において、419頁記載の５％の調整計算について、具体例を基に、評価明細書に添付することになる算式根拠の計算明細を作成してみましょう。

《具体例》

　甲の死亡により長男がＡ社の普通株式を、二男がＡ社の配当優先無議決権株式を下記の通り相続により取得した場合における、長男及び二男が納税義務者である場合のそれぞれの株式の価額の計算明細を作成してみましょう。なお、長男及び二男は株式の価額の算定にあたり、５％の調整計算を行うことで合意しています。

　評価会社の前提事項は、下記の通りであり、大会社に該当するものとします。

相続前後における株主と所有株式数

株主	株式数 （相続発生前）	株式数 （相続発生後）	左記のうち 配当優先 無議決権株式数	役職名
甲	50,000株	－	－	
長男	－	30,000株	－	代表取締役
二男	－	20,000株	20,000株	
Ａ社	10,000株	10,000株	－	
発行済株式数	60,000株	60,000株	20,000株	

第３表の原則的評価方式による１株当たりの価額

配当優先無議決権株式	@4,089円
普通株式	@3,940円

【調整計算の算式根拠の記載例】

調整計算を選択した場合の無議決権株式及び議決権のある株式の評価額の計算明細

(1)　無議決権株式の１株当たりの価額

　4,089円×0.95＝3,884.55円

(2)　議決権のある株式への加算額

　4,089円×20,000株×0.05＝4,089,000円

第4章　種類株式を発行している場合の評価

(3)　議決権のある株式の1株当たりの価額

　　　（3,940円×30,000株＋4,089,000円）÷30,000株＝4,076.3円

(注1)　選択適用を受けるための条件として、調整計算の算定根拠を評価明細書に記載することとされています（419頁の選択適用を受けるための条件④）が、様式の定めはありませんので、上記のような計算明細を添付することになります。

(注2)　無議決権株式の1株当たりの価額及び議決権のある株式の1株当たりの価額の計算の結果生じた端数については、明確なルールはありませんが、計算構造上、原則評価と選択適用による評価は一致することを基本としているため、円未満切捨の端数処理を行わずに計算をすることが適切であると考えられます。

▶実務上のポイント

　原則評価の場合と選択適用による評価の場合の全体としての価額の一致については、下記の通り計算をして確認するようにしましょう。

原則評価

株主	株式数	単価	相続税評価額
長男	30,000株	@3,940円	118,200,000円
二男	20,000株	@4,089円	81,780,000円
合　計			199,980,000円

例外評価

株主	株式数	単価（端数処理前）	相続税評価額
長男	30,000株	@4,076.3円	122,289,000円
二男	20,000株	@3,884.55円	77,691,000円
合　計			199,980,000円

一致

3　社債類似株式について

(1)　概　要

　社債類似株式とは次の条件を満たす株式とされていますが、その特徴は、株主側の立場からみると、普通株式に優先して毎期継続的に配当が期待できること、一定期日において株式を売却することになること、その売却価額は発行価額以下とされていること、経営に参加できる権利がないことになります。

　これらの特徴は株式というよりは社債に近いことから、株式ではなく社債として計算することとなっています。

第2節　種類株式の評価

【条件】

① 配当金については優先して分配する。

　　また、ある事業年度の配当金が優先配当金に達しないときは、その不足額は翌事業年度以降に累積することとするが、優先配当金を超えて配当しない。

② 残余財産の分配については、発行価額を超えて分配は行わない。

③ 一定期日において、発行会社は本件株式の全部を発行価額で償還する。

④ 議決権を有しない。

⑤ 他の株式を対価とする取得請求権を有しない。

(出所)　資産評価企画官情報第1号　種類株式の評価について（情報）（平成19年3月9日）　2 社債類似株式の評価

（2）　評価方法

　社債類似株式自体は、社債と同様に評価をすることになりますので、評価通達197-2（3）に準じて評価をすることになります。

　社債類似株式以外の株式の評価を行う場合には、非上場株式の評価明細書により株式の価額を計算することになりますが、下記の2点がポイントとなります。

- 社債類似株式は、資本ではなく社債として取り扱う。
- 社債類似株式に対応する配当は、配当金ではなく、社債利息として取り扱う。

　具体的には、下記の通り計算を行います。

① 類似業種比準方式（第4表）

　社債類似株式に係る配当金については、社債利息として取り扱うため、1株当たりの年配当金額（Ⓑ）の計算上は、その配当金はないものとして除外して計算し、1株当たりの年利益金額（Ⓒ）の計算上は、費用として取り扱うため、年利益金額から控除して計算します。

　社債類似株式の発行価額の総額は、資本金等の額及び1株当たりの純資産価額（Ⓓ）の計算上、控除して計算します。

　社債類似株式の株式数は、発行済株式数、自己株式数から除外して計算します。

② 純資産価額方式（第5表）

　社債類似株式の発行価額の総額は、社債として取り扱いますので、負債の部の相続税評

第4章　種類株式を発行している場合の評価

価額及び帳簿価額に計上します。

社債類似株式の株式数は、発行済株式数から除外して計算します。

③　配当還元方式（第3表）

社債類似株式に係る配当金については、社債利息として取り扱うため、1株当たりの年配当金額の計算上は、その配当金はないものとして除外して計算します。

社債類似株式の発行価額の総額は、資本金等の額の計算上、控除して計算します。

社債類似株式の株式数は、発行済株式数、自己株式数から除外して計算します。

（3）　明細書の書き方

第3表の配当還元方式及び第4表の類似業種比準方式の明細書の記載では、社債類似株式に対応するものは、いずれも外書きで表示することになります。

①　類似業種比準方式（第4表）の明細書の書き方

記載項目		記載内容
1．1株当たりの資本金等の額等の計算	①直前期末の資本金等の額	資本金等の額のうち社債類似株式の発行価額の総額を控除した金額を記載し、控除した金額は外書きします。
	②直前期末の発行済株式数	発行済株式の総数のうち、社債類似株式の株式数は控除した株式数を記載し、控除した株式数は外書きします。
	③直前期末の自己株式数	自己株式数のうち、社債類似株式数は控除し、控除した株式数は外書きします。
	④1株当たりの資本金等の額	上記①から③で控除した後の金額及び株式数で①÷（②－③）で求めた金額を記載します。
	⑤1株当たりの資本金等の額を50円とした場合の発行済株式数	①で控除した後の資本金等の額÷50円で計算した株式数を記載します。
2．比準要素等の金額の計算	1株（50円）当たりの年配当金額	年配当金額から社債類似株式に対応する年配当金は控除して記載し、控除した年配当金額は、外書きで記載します。
	1株（50円）当たりの年利益金額	法人税の課税所得金額から社債類似株式に対応する年配当金額相当額は控除し、控除した金額は外書きで記載します。
	1株（50円）当たりの純資産価額	資本金等の額のうち社債類似株式の発行価額の総額を控除した金額を記載し、控除した金額は外書きします。利益積立金額については、通常通り記載を行います。

424

② 純資産価額方式（第5表）の明細書の書き方

記載項目		記載内容
1．資産及び負債の金額	負債の部	社債類似株式の発行価額の総額は負債の部の相続税評価額及び帳簿価額に計上します。 この場合の科目名は、「社債類似株式」として記載します。
3．1株当たりの純資産価額の計算	課税時期現在の発行済株式数	発行済株式の総数のうち、社債類似株式数は控除して記載します。

③ 配当還元方式（第3表）の明細書の書き方

記載項目		記載内容
1株当たりの資本金等の額、発行済株式数等	⑨直前期末の資本金等の額	資本金等の額のうち社債類似株式の発行価額の総額を控除した金額を記載し、控除した金額は外書きします。
	⑩直前期末の発行済株式数	発行済株式の総数のうち、社債類似株式の株式数は控除した株式数を記載し、控除した株式数は外書きします。
	⑪直前期末の自己株式数	自己株式数のうち、社債類似株式数は控除し、控除した株式数は外書きします。
	⑫1株当たりの資本金等の額を50円とした場合の発行済株式数	⑨で控除した後の資本金等の額÷50円で計算した株式数を記載します。
	⑬1株当たりの資本金等の額	上記⑨から⑪で控除した後の金額及び株式数で ⑨÷（⑩－⑪）で求めた金額を記載します。
直前期末以前2年間の配当金額		年配当金額から社債類似株式に対応する年配当金は控除して記載し、控除した年配当金額は、外書きで記載します。
1株（50円）当たりの年配当金額		

（4）　具体例と明細書の作成

　社債類似株式が発行されている場合で間違えやすい箇所は第4表及び第5表となりますので、具体例を基に第4表及び第5表の作成と明細書の書き方の確認をしましょう。

《具体例》

　甲の死亡により長男がA社の普通株式を、二男がA社の配当優先無議決権株式（いわゆる社債類似株式に該当するものとする）を下記の通り相続により取得した場合における、長男が納税義務者である場合の第4表及び第5表を作成してみましょう。

第4章　種類株式を発行している場合の評価

　評価会社の前提事項は下記の通りです。中会社に該当し、Lの割合は0.75とします。

【相続前後における株主と所有株式数】

株主	株式数 （相続発生前）	株式数 （相続発生後）	左記のうち 社債類似株式数	役職名
甲	50,000株	―	―	
長男	―	30,000株	―	代表取締役
二男	―	20,000株	20,000株	
A社	10,000株	10,000株	―	
発行済株式数	60,000株	60,000株	20,000株	

【A社の直前期末における法人税申告書別表五（一）の記載例（抜粋）】

（単位：円）

利益積立金額及び資本金等の額の計算に関する明細書					事業 年度	： ：	法人名	

Ⅰ　利益積立金額の計算に関する明細書

区　　　分	期首現在 利益積立金額 ①	当期の増減 減 ②	当期の増減 増 ③	差引翌期首現在 利益積立金額 ①－②＋③ ④
差　引　合　計　額 31	480,000,000	○○○	○○○	500,000,000

Ⅱ　資本金等の額の計算に関する明細書

区　　　分	期首現在 資本金等の額 ①	当期の増減 減 ②	当期の増減 増 ③	差引翌期首現在 資本金等の額 ①－②＋③ ④
資本金又は出資金 32	30,000,000 円		円	円 30,000,000 円
資本準備金 33				
自　己　株　式 34	△5,000,000			△5,000,000
35				
差　引　合　計　額 36	25,000,000			25,000,000

（注）　資本金等のうち、社債類似株式の発行価額は、10,000,000円である。

第2節　種類株式の評価

【直前期末以前3年間の年配当金額と法人税の課税所得金額】

(単位：円)

	年配当金額[1] 普通株式	年配当金額[1] 社債類似株式	法人税の課税所得金額[2]
直前期	3,000,000	2,400,000	36,000,000
直前々期	3,000,000	2,400,000	35,000,000
直前々期の前期	3,000,000	2,400,000	34,000,000

※1　記念配当や特別配当に該当するものはない。

※2　法人税の課税所得金額のうち、非経常的な利益はない。また、A社は受取配当金を収受しておらず、過年度において欠損金が生じたことはない。

【評価会社の業種目と類似業種の株価】

	業種目	中分類 その他の製造業 （番号51）	大分類 製造業 （番号10）
株価	課税時期の属する月（6月）	229円	252円
	課税時期の属する月の前月（5月）	223円	252円
	課税時期の属する月の前々月（4月）	221円	259円
	前年平均株価	200円	222円
	課税時期の属する月以前2年間の平均株価	201円	224円

【評価会社の業種目と類似業種の1株当たりの配当金額、利益金額、純資産価額】

業種目	中分類 その他の製造業 （番号51）	大分類 製造業 （番号10）
類似業種の1株当たりの年配当金額	2.5円	4.4円
類似業種の1株当たりの年利益金額	18円	31円
類似業種の1株当たりの純資産価額	200円	285円

【純資産価額の計算】

	相続税評価額	帳簿価額
資産の部	300,000,000	200,000,000
負債の部	50,000,000	50,000,000

　長男が納税義務者である場合の第4表及び第5表は次の通りとなります。

第４章　種類株式を発行している場合の評価

納税義務者が長男である場合の記載例（社債類似株式以外の株式の評価）

第４表　類似業種比準価額等の計算明細書

会社名　Ａ社

（取引相場のない株式（出資）の評価明細書）

（令和六年一月一日以降用）

1. 1株当たりの資本金等の額等の計算	直前期末の資本金等の額	直前期末の発行済株式数	直前期末の自己株式数	1株当たりの資本金等の額（①÷（②-③））	1株当たりの資本金等の額を50円とした場合の発行済株式数（①÷50円）
	① 外10,000 千円　15,000	② 外20,000 株　40,000	③ 10,000 株	④ 500 円	⑤ 300,000 株

2. 比準要素等の金額の計算

1株50円当たりの年配当金額

直前期末以前2（3）年間の年平均配当金額

事業年度	⑥年配当金額	⑦左のうち非経常的な配当金額	⑧差引経常的な年配当金額（⑥-⑦）	年平均配当金額	比準要素数1の会社・比準要素数0の会社の判定要素の金額
直前期	外2,400 千円　3,000	千円	㋑ 3,000 千円	⑨（㋑+㋺）÷2　3,000 千円	⑨/⑤　⑧ᴀ 10 円 0 銭
直前々期	外2,400 千円　3,000	千円	㋺ 3,000 千円	⑩（㋺+㋩）÷2　3,000	⑩/⑤　⑧ᴮ 10 円 0 銭
直前々期の前期	外2,400 千円　3,000	千円	㋩ 3,000 千円		1株（50円）当たりの年配当金額 ⑧（ᴮ₁）の金額　⑧ 10 円 0 銭

1株50円当たりの年利益金額

直前期末以前2（3）年間の利益金額

事業年度	⑪法人税の課税所得金額	⑫非経常的な利益金額	⑬受取配当等の益金不算入額	⑭左の所得税額	⑮損金算入した繰越欠損金の控除額	⑯差引利益金額（⑪-⑫+⑬-⑭+⑮）	比準要素数1の会社・比準要素数0の会社の判定要素の金額
直前期	外2,400 千円　33,600	千円	千円	千円	千円	㋥ 33,600 千円	ⓒ/⑤又は（ⓒ+ⓓ）÷2　ⓒᴀ 110 円
直前々期	外2,400 千円　32,600	千円	千円	千円	千円	㋭ 32,600	ⓒ/⑤又は（ⓓ+ⓔ）÷2　ⓒᴮ 107 円
直前々期の前期	外2,400 千円　31,600	千円	千円	千円	千円	㋬ 31,600	1株（50円）当たりの年利益金額 ⓒ/⑤又は（ⓒ+ⓓ）÷2 の金額　ⓒ 110 円

1株50円当たりの純資産価額

直前期末（直前々期末）の純資産価額

事業年度	⑰資本金等の額	⑱利益積立金額	⑲純資産価額（⑰+⑱）	比準要素数1の会社・比準要素数0の会社の判定要素の金額
直前期	外10,000 千円　15,000	500,000 千円	515,000 千円	ⓛ/⑤　ⓓ₁ 1,716 円
直前々期	外10,000 千円　15,000	480,000 千円	495,000 千円	ⓜ/⑤　ⓓ₂ 1,650 円
				1株（50円）当たりの純資産価額（ⓛ/⑤）の金額　ⓓ 1,716 円

3. 類似業種比準価額の計算

類似業種と業種目番号	製造業（No. 10）	区分	1株（50円）当たりの年配当金額	1株（50円）当たりの年利益金額	1株（50円）当たりの純資産価額	1株（50円）当たりの比準価額
1株50円当たりの類似業種の株価	課税時期の属する月 6月　㋕ 252	評価会社	⑧ 10 円 0 銭	ⓒ 110 円	ⓓ 1,716 円	⑳ × ㉑ × 0.7 ※
	課税時期の属する月の前月 5月　㋖ 252	類似業種 B	B 4 円 40 銭	C 31	D 285	※中会社は0.6 小会社は0.5 とします。
	課税時期の属する月の前々月 4月　㋗ 259	要素別比準割合	⑧/B 2.27	ⓒ/C 3.54	ⓓ/D 6.02	
	前年平均株価　㋘ 222	比準割合	（⑧/B + ⓒ/C + ⓓ/D）÷3 ＝ ㉑ 3.94			㉒ 524 円 80 銭
	課税時期の属する月以前2年間の平均株価　㋙ 224					
	A（㋕、㋖、㋗、㋘及び㋙のうち最も低いもの）⑳ 222					

類似業種と業種目番号	その他の製造業（No. 51）	区分	1株（50円）当たりの年配当金額	1株（50円）当たりの年利益金額	1株（50円）当たりの純資産価額	1株（50円）当たりの比準価額
類似業種の株価	課税時期の属する月 6月　㋕ 229	評価会社	⑧ 10 円 0 銭	ⓒ 110 円	ⓓ 1,716 円	㉓ × ㉔ × 0.7 ※
	課税時期の属する月の前月 5月　㋖ 223	類似業種 B	B 2 円 50 銭	C 18	D 200	※中会社は0.6 小会社は0.5 とします。
	課税時期の属する月の前々月 4月　㋗ 221	要素別比準割合	⑧/B 4.00	ⓒ/C 6.11	ⓓ/D 8.58	
	前年平均株価　㋘ 200	比準割合	（⑧/B + ⓒ/C + ⓓ/D）÷3 ＝ ㉔ 6.23			㉕ 747 円 60 銭
	課税時期の属する月以前2年間の平均株価　㋙ 201					
	A（㋕、㋖、㋗、㋘及び㋙のうち最も低いもの）㉓ 200					

計算

1株当たりの比準価額	比準価額（㉒と㉕とのいずれか低い方の金額）× ④の金額/50円	㉖ 5,248 円

比準価額の修正	直前期末の翌日から課税時期までの間に配当金交付の効力が発生した場合	比準価額（㉖の金額）－ 1株当たりの配当金額 円 銭	修正比準価額 ㉗ 円
	直前期末の翌日から課税時期までの間に株式の割当等の効力が発生した場合	比準価額（㉖（㉗があるときは㉗）の金額）＋ 割当株式1株当たりの払込金額 円 銭 × 1株当たりの割当株式数 株 ÷（1株＋ 1株当たりの割当株式数又は交付株式数 株）	修正比準価額 ㉘ 円

428

第2節　種類株式の評価

第5表　1株当たりの純資産価額（相続税評価額）の計算明細書　会社名　Ａ社

（令和六年一月一日以降用）

（取引相場のない株式（出資）の評価明細書）

1. 資産及び負債の金額（課税時期現在）

資　産　の　部				負　債　の　部			
科　　目	相続税評価額	帳簿価額	備考	科　　目	相続税評価額	帳簿価額	備考
	千円	千円			千円	千円	
資産	300,000	200,000		負債	50,000	50,000	
				社債類似株式	10,000	10,000	
合　　計	① 300,000	② 200,000		合　　計	③ 60,000	④ 60,000	
株式等の価額の合計額	㋑	㋺					
土地等の価額の合計額	㋩						
現物出資等受入れ資産の価額の合計額	㊁	㋭					

2. 評価差額に対する法人税額等相当額の計算

相続税評価額による純資産価額（①－③）	⑤	240,000	千円
帳簿価額による純資産価額（（②＋㊁－㋭－④）、マイナスの場合は0）	⑥	140,000	千円
評価差額に相当する金額（⑤－⑥、マイナスの場合は0）	⑦	100,000	千円
評価差額に対する法人税額等相当額（⑦×37%）	⑧	37,000	千円

3. 1株当たりの純資産価額の計算

課税時期現在の純資産価額（相続税評価額）（⑤－⑧）	⑨	203,000	千円
課税時期現在の発行済株式数（（第1表の1の①）－自己株式数）	⑩	30,000	株
課税時期現在の1株当たりの純資産価額（相続税評価額）（⑨÷⑩）	⑪	6,766	円
同族株主等の議決権割合（第1表の1の⑤の割合）が50%以下の場合（⑪×80%）	⑫		円

429

第4章　種類株式を発行している場合の評価

▶実務上のポイント

　社債類似株式については、資本ではなく負債とみなし、かつ、社債類似株式に係る配当金については、配当ではなく支払利息とみなす点を踏まえて、明細書を作成するようにしましょう。明細書作成上は、社債類似株式は外書き表示で記載をすることになります。

（5）　社債類似株式に準じて評価するべきもの

　種類株式は、402頁で解説の通り9つの種類がありますので、その組み合わせにより様々な種類株式を発行することができます。

　国税庁の情報によれば、423頁の条件に該当するものについては、社債類似株式として取り扱うこととされていますが、その条件が少し異なる場合にどのように評価をするべきかという問題点があります。

　社債として評価をするべきか、株式として評価をするべきかについては、株主の立場で次に掲げる社債及び株式の特徴を確認して判断することになります。

確認すべき項目	社債としての特徴	株式としての特徴
法定果実（配当）	安定して毎期継続して一定額の配当を受けることが期待できる。	配当を受ける権利がある。
投資額の回収	発行価額相当額の回収が可能。	回収額は株式の価額による。
会社の経営権	議決権がない。	議決権がある。

　具体的には、定款により剰余金の配当、議決権行使の定め、会社の取得条項付株式の定め等の株式の種類の内容を確認し、上記の3つの社債としての特徴を満たすものについては、原則的には、社債類似株式と同様に評価を行います。

　なお、筆者の私見となりますが、社債類似株式は累積型の優先配当を前提にしています。仮に非累積型の優先配当であったとしても他の点で社債の類似性が認められれば、課税上の弊害がない限り、社債類似株式として評価することが相当であると考えられます。

　また、社債類似株式として評価を行う場合において株式の転換権が付与されている場合には、評価通達197-5（転換社債型新株予約権付社債の評価）に準じて評価することになります。

　この社債類似株式に準じて評価を行う場合の具体例が国税庁の質疑応答事例にありますので確認しておきましょう。

第2節　種類株式の評価

質疑応答事例

種類株式の評価（その1）－上場会社が発行した利益による消却が予定されている非上場株式の評価

▶照会要旨

上場会社であるＡ社が発行した非上場の株式（株式の内容は下表のとおり）は、Ｘ年以降に利益による消却が予定されている償還株式ですが、このような株式の価額はどのように評価するのでしょうか。

項目	内容
払込金額	1株当たり500円
優先配当金	1株当たり15円 非累積条項：ある事業年度の配当金が優先配当金に達しないときは、その不足額は翌事業年度以降に累積しない。 非参加条項：優先株主に対して優先配当金を超えて配当を行わない。
残余財産の分配	普通株式に先立ち、株式1株につき500円を支払い、それ以上の残余財産の分配は行わない。
消却	発行会社はいつでも本件株式を買い入れ、これを株主に配当すべき利益をもって当該買入価額により消却することができる。 （注）　消却の場合の買入価額は決定されておらず、Ｘ年3月31日までに消却する予定はない。
強制償還	発行会社は、Ｘ年3月31日以降は、いつでも1株当たり500円で本件株式の全部又は一部を償還することができる。
議決権	法令に別段の定めがある場合を除き、株主総会において議決権を有しない。
株式の併合、分割、新株予約権	法令に別段の定めがある場合を除き、株式の分割又は併合を行わない。また、新株予約権（新株予約権付社債を含む。）を有しない。
普通株式への転換	本件株式は、転換予約権を付与しない。また、強制転換条項を定めない。

▶回答要旨

本件の株式の価額は、利付公社債の評価方法（財産評価基本通達197-2（3））に準じて、払込金額である1株当たり500円と課税時期において残余財産の分配が行われるとした場合に分配を受けることのできる金額とのいずれか低い金額により評価します。

第4章　種類株式を発行している場合の評価

（理由）

　本件株式は、普通株式に優先して配当があり、また、払込金額（500円）を償還することを前提としているため、配当を利息に相当するものと考えると、普通株式よりも利付公社債に類似した特色を有するものと認められますので、利付公社債に準じて評価します。

　ただし、払込金額を限度として残余財産の優先分配をすることとしていることから、課税時期において残余財産の分配が行われた場合に受けることのできる当該分配金額が、払込金額を下回る場合には、その分配を受けることのできる金額によって本件株式を評価します。

区分	普通株式	本件株式	利付公社債
果実の稼得	配当可能利益の範囲内で劣後配当（総会決議）⇒上限なし	配当可能利益の範囲内で優先配当（総会決議）⇒優先配当額が上限	確定利払い
元本の回収	償還はなく、残余財産の分配として時価純資産価額の持分相当を劣後分配⇒上限なし	払込金額を償還（時期未定）又は払込金額を限度に残余財産を優先分配⇒払込金額が上限	額面金額を償還（時期確定）
議決権、新株予約権等の付与	有	無	無
普通株式への転換	－	無	無

【関係法令通達】

財産評価基本通達197-2（3）

（出所）　国税庁ホームページ　質疑応答事例

質 疑 応 答 事 例

種類株式の評価（その2）－上場会社が発行した普通株式に転換が予定されている非上場株式の評価

▶照会要旨

　相続により、上場会社であるＢ社が発行した普通株式に転換が予定されている非上場の株式（株式の内容は下表のとおり）を取得しましたが、未だ転換請求期間前です。このような株式の価額はどのように評価するのでしょうか。

第2節　種類株式の評価

項目	内容
払込金額	1株当たり700円
優先配当金	1株当たり14円 非累積条項：ある事業年度の配当金が優先配当金に達しないときは、その不足額は翌事業年度以降に累積しない。 非参加条項：優先株主に対して優先配当金を超えて配当を行わない。
残余財産の分配	普通株式に先立ち、株式1株につき700円を支払い、それ以上の残余財産の分配は行わない。
消却	発行会社はいつでも本件株式を買い入れ、これを株主に配当すべき利益をもって当該買入価額により消却することができる。 （注）　優先株主から申出のある都度、取締役会に諮ることとしているが、買入価額は未定であり、申出があっても買い入れる可能性は少ない。
議決権	法令に別段の定めがある場合を除き、株主総会において議決権を有しない。
株式の併合、分割、新株予約権	法令に別段の定めがある場合を除き、株式の併合又は分割を行わない。また、新株予約権（新株予約権付社債を含む。）を有しない。
普通株式への転換	普通株式への転換を請求できる。 1　転換請求期間：X年1月31日からX+5年1月30日まで 2　当初転換価格：原則としてX年1月31日の普通株式の価額、ただし、当該価額が200円を下回る場合には200円（下限転換価格） 3　転換価格の修正：原則として、X+1年1月31日からX+4年1月31日までの毎年1月31日の普通株式の価額に修正される。ただし、当該価額が200円を下回る場合には200円 4　転換により発行される株式数：優先株式の発行価額÷転換価格
普通株式への一斉転換	X+5年1月30日までに転換請求のなかった優先株式は、X+5年1月31日をもって普通株式に一斉転換される。転換価格は、原則としてX+5年1月31日の普通株式の価額。ただし、当該価額が200円を下回る場合は200円。

▶回答要旨

　本件株式の価額は、原則として、利付公社債の評価方法（財産評価基本通達197-2（3））に準じて、払込金額である1株当たり700円を基として評価します。

　ただし、課税時期が転換請求期間前である場合には、将来転換される普通株式数が未確定であることから、転換日における普通株式の価額が下限転換価格を下回るリスクを考慮して、本件株式を下限転換価格で普通株式に転換したとした場合の普通株式数（注）を基として、上場株式の評価方法（財産評価基本通達169（1））に準じて評価した価額によっても差し支えありません。

（注）　下限転換価格で転換された場合、普通株式は、本件株式1株当たり3.5株（優

433

第4章　種類株式を発行している場合の評価

先株式の発行価額（700円）÷下限転換価格（200円））発行されることとなる（上表を参照）。

（理由）

　本件株式は、普通株式に優先して配当があり、また、普通株式に先立ち払込金額を限度として残余財産の分配が行われることから、その配当を利息に相当するものと考えると、普通株式よりも利付公社債に類似した特色を有すると認められますので、利付公社債に準じて評価します。

　ところで、転換時において、普通株式の価額が下限転換価格を上回っている場合には、普通株式の価額で普通株式に転換されることとなりますので、次の算式のとおり普通株式の価額がいくらであっても所有者にとって転換することによる価値の変動はないこととなります。

（転換後の株式数）

評価額＝普通株式の価額×（発行価額（700円）÷普通株式の価額）

　　　＝発行価額（700円）

　しかし、転換時に普通株式の価額が下限転換価格を下回っている場合には、次の算式のとおり下限転換価格によって、普通株式に転換することとなりますので、価値の変動が生ずることとなります。

（転換後の株式数）

評価額＝普通株式の価額×（発行価額（700円）÷下限転換価額（200円））

　　　＝普通株式の価額×3.5株

　したがって、課税時期が転換請求期間前である場合には、下限転換価格で普通株式に転換したとした場合の普通株式数を基として、上場株式の評価方法に準じて評価した価額によっても差し支えありません。

【関係法令通達】

財産評価基本通達169（1）、197-2（3）

（出所）国税庁ホームページ　質疑応答事例

第2節　種類株式の評価

4 拒否権付株式について

拒否権付株式については、普通株式と同様に評価を行います。

拒否権付株式とは、会法108条1項8号に規定する株主総会の決議に対して拒否権の行使が認められた株式をいいます。

▶**実務上のポイント**

　種類株式の評価で取扱いが明らかになったのは、上記の 1 から 4 までの株式についてですが、あくまでも相続または贈与の場合に適用される評価であり、譲渡をした場合の株価については明らかにされていませんので、その点は留意しておく必要があります。種類株式を譲渡した場合の時価については、第9章第4節で解説しています。

第 **5** 章

相互保有株式が
あった場合の評価

第5章のポイント

●相互保有株式の議決権制限の3つの留意点について確認する。

●相互保有株式がある場合の純資産価額の算定方法について確認する。

第 **1** 節

相互保有株式がある場合の留意点

　複数の非上場会社がお互いに相手方の発行済株式を保有している場合には、非上場株式の評価上、下記の３つの点に留意する必要があります。

1　納税義務の判定

　38頁でも解説の通り、相互保有株式の場合には評価会社が相手方の株式の25％以上の議決権を持っている場合には、議決権の制限がありますので納税義務の判定に注意が必要となります。

2　純資産価額の算定

　相互保有株式評価の問題は、純資産価額を求める際に問題となります。下記の図の通りそれぞれＡ社株式の価額及びＢ社株式の価額を求める場合には、それぞれの株式の評価金額が相互に影響をし合う関係となりますので、連立方程式を利用して評価金額を求めることになります。

<table>
<tr><td align="center">Ａ社の純資産</td><td align="center">Ｂ社の純資産</td></tr>
<tr>
<td align="center">Ｂ社株式
（議決権割合20％）</td>
<td rowspan="2" align="center">Ａ社株式
（議決権割合30％）</td>
</tr>
<tr>
<td align="center">Ｂ社株式以外の財産</td>
</tr>
<tr>
<td></td>
<td align="center">Ａ社株式以外の財産</td>
</tr>
</table>

第5章　相互保有株式があった場合の評価

3 株式等保有特定会社の判定

2 の連立方程式を利用して得られたＡ社株式の価額及びＢ社株式の価額を基に、それぞれＡ社、Ｂ社が株式等保有特定会社に該当していないか確認するようにしましょう。

実務上、大会社で類似業種比準価額で計算をして申告をしていたが、実際は株式等保有特定会社に該当していたという誤りは少なくありませんので、注意しましょう。

株式評価金額の算定

1 概　要

　非上場株式の評価の算定要素として類似業種比準価額、純資産価額、配当還元価額がありますが、問題になるのは純資産価額の算定を使用する場合のみとなります。類似業種比準価額は配当金額、利益金額、純資産価額（帳簿価額）の3要素を基に算定することになりますが、この場合の純資産価額はあくまでも帳簿価額となりますので、それぞれ相互に株式を持っている場合であっても問題なく算定することができます。

2 連立方程式による株式評価金額の算定

　連立方程式の考え方をシンプルにするために、下記の事例の前提事項を使って、①相互保有会社A社・B社をそれぞれ純資産価額方式のみで評価する場合、②相互保有会社A社・B社をそれぞれ純資産価額と類似業種比準価額の折衷方式で評価する場合、③相互保有会社A社・B社のいずれもが株式等保有特定会社に該当しない場合、④相互保有会社A社・B社のいずれもが株式等保有特定会社に該当した場合のそれぞれの連立方程式をひも解いて解説していきます。

《具体例》

　最終的に求めたい数値を、A社が持っているB社株式の価額（x）とB社が持っているA社株式の価額（y）とします。

A社の純資産価額

B社株式（ｘ） （所有割合20%）
B社株式以外の財産（a）

B社の純資産価額

A社株式（ｙ） （所有割合30%）
A社株式以外の財産 (b)

《純資産価額に関する前提事項》

　ｘ：A社の所有するB社株式の相続税評価額

　ｙ：B社の所有するA社株式の相続税評価額

　ａ：A社のB社株式以外の資産の相続税評価額の合計額から負債の相続税評価額の合計額を控除した金額

　ｂ：B社のA社株式以外の資産の相続税評価額の合計額から負債の相続税評価額の合計額を控除した金額

$$\frac{\text{A社所有のB社株式数}}{\text{B社の発行済株式総数（自己株式は除きます）}} = 20\%$$

$$\frac{\text{B社所有のA社株式数}}{\text{A社の発行済株式総数（自己株式は除きます）}} = 30\%$$

《類似業種比準価額に関する前提事項》

　　　A社のLの割合はLa

　　　B社のLの割合はLb

　　　A　＝　A社の類似業種株価　×　A社の発行済株式総数（自己株式を除く）

　　　B　＝　B社の類似業種株価　×　B社の発行済株式総数（自己株式を除く）

① 　A社、B社ともに純資産価額により評価金額を求める場合

　この場合のｘ、ｙの金額を算式で表すと下記の通りとなります。

$$\begin{cases} x = (y + b) \times 20\% \\ y = (x + a) \times 30\% \end{cases}$$

第2節　株式評価金額の算定

この連立方程式を解くと下記の通りとなります。

$$x = \frac{20\%\,(a \times 30\% + b)}{1 - (20\% \times 30\%)}$$

$$y = \frac{30\%\,(b \times 20\% + a)}{1 - (20\% \times 30\%)}$$

②　A社、B社ともに類似業種比準価額と純資産価額により評価金額を求める場合

$$\begin{cases} x = \{B \times Lb + (y + b) \times (1 - Lb)\} \times 20\% \\ y = \{A \times La + (x + a) \times (1 - La)\} \times 30\% \end{cases}$$

この連立方程式を解くと下記の通りとなります。

$$x = \frac{20\% \times <B \times Lb + (1 - Lb)\,[30\% \times \{A \times La + a \times (1 - La)\} + b]>}{1 - (20\% \times 30\%)\,(1 - La)\,(1 - Lb)}$$

$$y = \frac{30\% \times <A \times La + (1 - La)\,[20\% \times \{B \times Lb + b \times (1 - Lb)\} + a]>}{1 - (20\% \times 30\%)\,(1 - La)\,(1 - Lb)}$$

③　A社、B社のいずれもが株式等保有特定会社に該当しない場合

　A社・B社のいずれもが株式等保有特定会社に該当しない場合には、上記②の算式をおさえておけば計算することができます。例えば、純資産価額方式のみで求める場合には、La、Lb、A、Bにそれぞれ0を代入することにより算式を求めることができます。

　また、A社のみ純資産価額方式でB社が折衷方式の場合には、La、Aにそれぞれ0を代入し、B社のみ純資産価額方式でA社が折衷方式の場合には、Lb、Bにそれぞれ0を代入することにより求めることができます。連立方程式をまとめると次の通りとなります。

$$x = \frac{20\% \times <B \times Lb + (1 - Lb)\,[30\% \times \{A \times La + a \times (1 - La)\} + b]>}{1 - (20\% \times 30\%)\,(1 - La)\,(1 - Lb)}$$

$$y = \frac{30\% \times <A \times La + (1 - La)\,[20\% \times \{B \times Lb + b \times (1 - Lb)\} + a]>}{1 - (20\% \times 30\%)\,(1 - La)\,(1 - Lb)}$$

第5章　相互保有株式があった場合の評価

《純資産価額に関する前提事項》

x：A社の所有するB社株式の相続税評価額

y：B社の所有するA社株式の相続税評価額

a：A社のB社株式以外の資産の相続税評価額の合計額から負債の相続税評価額の合計額を控除した金額

b：B社のA社株式以外の資産の相続税評価額の合計額から負債の相続税評価額の合計額を控除した金額

20％：実際には下記の算式により求めた割合に置き換えて計算します。

$$\frac{\text{A社所有のB社株式数}}{\text{B社の発行済株式総数（自己株式は除きます）}}$$

30％：実際には下記の算式により求めた割合に置き換えて計算します。

$$\frac{\text{B社所有のA社株式数}}{\text{A社の発行済株式総数（自己株式は除きます）}}$$

《類似業種比準価額に関する前提事項》

A社のLの割合はLa

B社のLの割合はLb

A＝A社の類似業種株価×A社の発行済株式総数（自己株式を除く）

B＝B社の類似業種株価×B社の発行済株式総数（自己株式を除く）

④　A社、B社ともに株式等保有特定会社に該当した場合

上記①の純資産価額の連立方程式で計算した金額または下記の「S1＋S2方式」に対応する連立方程式で計算した金額のいずれかを使用することになります。

「S1＋S2方式」は納税者の選択により計算することができるとされている任意の計算となりますので、①の連立方程式で計算しても問題はありません。

$$
\begin{cases}
x = （BS1 ＋ BS2）× 20\% \\
\quad = （BS1 ＋ y ＋ d）× 20\% \\
y = （AS1 ＋ AS2）× 30\% \\
\quad = （AS1 ＋ x ＋ c）× 30\%
\end{cases}
$$

BS1 ＝ B社のS1の金額（株式等以外の部分）

= 1株当たりのＳ１の金額 × Ｂ社の発行済株式総数（自己株式は除きます）

ＢＳ２ = Ｂ社のＳ２の金額（株式等）

= ｙ ＋ ｄ （Ｂ社の所有するＡ社株式以外の株式等の相続税評価額）

ＡＳ１ = Ａ社のＳ１の金額（株式等以外の部分）

= 1株当たりのＳ１の金額 × Ａ社の発行済株式総数（自己株式は除きます）

ＡＳ２ = Ａ社のＳ２の金額（株式等）

= ｘ ＋ ｃ （Ａ社の所有するＢ社株式以外の株式等の相続税評価額）

この連立方程式を解くと下記の通りとなります。

$$x = \frac{20\% \times \{(ＢＳ１ ＋ ｄ ＋ 30\% （ＡＳ１ ＋ ｃ）\}}{1 － (20\% \times 30\%)}$$

$$y = \frac{30\% \times \{(ＡＳ１ ＋ ｃ ＋ 20\% （ＢＳ１ ＋ ｄ）\}}{1 － (20\% \times 30\%)}$$

3 株式等保有特定会社と評価金額の算定

　多くの非上場株式の評価にあたっては、類似業種比準価額及び純資産価額の折衷方式により求めることになりますので、基本的には 2 の③の方法により連立方程式を解くことになりますが、その連立方程式で求めた価額を基に株式等保有特定会社を判定した結果、いずれかまたは両方が株式等保有特定会社に該当した場合には、前提となる連立方程式も誤りとなりますので、連立方程式の計算のやり直しをする必要があります。ただし、Ａ社、Ｂ社は相互に株式の価額に影響し合うため、計算のやり直しをした結果、また前提の連立方程式が誤りという場合もありえます。そのような場合には、評価の安全性を考慮し、純資産価額方式のみで連立方程式を解き、算出されたｘ、ｙの金額を基に株式等保有特定会社の判定を行うことが適当であると考えられます。

　実務上の取扱いが明確になっていませんので、評価会社の資産の状況で個々に検討をする必要がありますが、判断に迷ったときには、純資産価額を基本に考えるようにしましょう。

第6章

合併があった
場合の評価

第6章のポイント

●課税時期前に合併があった場合の類似業種比準価額の基本的な
　求め方を理解する。

●合併があった場合の類似業種比準価額の合理性の考え方を理解
　する。

●課税時期前に合併があった場合の純資産価額の計算の留意点を
　確認する。

第 1 節 合併があった場合の類似業種比準価額の適用

1 課税時期前に合併があった場合の基本的な考え方

　課税時期前に合併があった場合において、評価会社に類似業種比準価額を適用して計算を行う場合には、評価会社の配当金額、利益金額、純資産価額をどのように計算するかの問題があります。

　例えば、下図のようなケースを考えてみましょう。

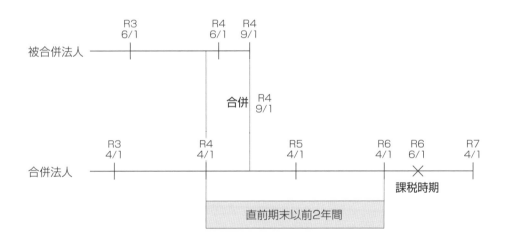

　まず配当金額については、合併法人の直前期末以前2年間の配当金額を使用することになりますので、令和4年4月1日から令和6年3月31日までの間に支払の効力が発生した配当金を使用することになります。この場合において合併法人のみの配当を使用すると被合併法人の配当実績が考慮されませんので不合理になります。従って、被合併法人と合併法人を合算して配当金を算定することになります。

　次に利益金額について考えていきたいと思います。

　利益金額を直前期末以前2年間で計算する場合には、同様に合併法人と被合併法人の利益金額を合算して求めることになります。上図のケースの場合には、合併法人の直前期末

第6章　合併があった場合の評価

以前2年間の利益金額と、被合併法人の合併事業年度（R4.6.1～R4.8.31）の利益金額と合併前事業年度（R3.6.1～R4.5.31）の利益金額×2/12（月数按分）を合計した利益金額を合算する方法が一般的になるかと考えられます。

　最後に純資産価額の算定ですが、上記の場合には令和6年3月31日の純資産価額を使用することになりますので、特に留意点はなく通常通り計算することができます。

　従って、基本的な考え方として、合併前の期間の配当金額及び利益金額を計算する場合には被合併法人と合併法人のそれぞれの配当金額及び利益金額を合算することにより求めることができます。

2　類似業種比準価額で計算できない場合

　課税時期前に合併があった場合においても、前述の通り、被合併法人と合併法人の配当金額及び利益金額の合算により合理的な数値が得られれば問題はありませんが、合併前と合併後において事業内容に大きな変更等があった場合はどうでしょうか。例えば、被合併法人の採算性の合わない事業を一部廃止したことにより合併後の利益率が上がり、配当率が高くなった場合には、被合併法人の配当金額をそのまま合算しても合理的な数値が得られなくなってしまいます。その場合には、合併前の期間の利益金額及び配当金額をそのまま使用することができなくなりますので、類似業種比準価額を使用すること自体に問題が発生することになります。

　そのような場合には類似業種比準価額は使用することはできませんので、評価通達5を適用して類似業種比準価額の考え方を準用するか、または全く類似業種比準価額を使用できない場合には、評価の安全性の観点から第5表の純資産価額により評価します。

450

第 2 節

合併があった場合の類似業種比準価額と純資産価額の計算上の留意点

　類似業種比準価額の適用の可否の判断については、実務上、明確になっているわけではありませんが、課税時期がそれぞれ下記の場合にそれぞれの類似業種比準価額及び純資産価額がどのように計算されるのかについて考察していきたいと思います。

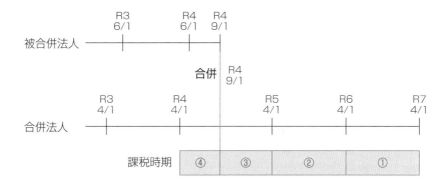

1 課税時期の前々期に合併があった場合（①）

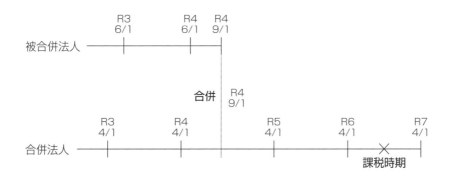

1 合併後に会社実態に変化がない場合

　合併前後において会社実態に大きな変化がない場合には、合併前の期間においては被合併法人及び合併法人の配当金額・利益金額を合算することによって適正な配当金額及び利

451

第6章　合併があった場合の評価

益金額を算定することができます。

第4表の類似業種比準価額及び第5表の純資産価額の計算方法と留意点をまとめると次の通りとなります。

第4表

計算要素	計算方法・留意点
業種目	直前期末以前1年間における合併法人の取引金額を基に判定
配当金額	R4.4.1 ～ R6.3.31までの期間に配当金の効力が発生した合併法人と被合併法人の配当金を合算した金額を基に算定
利益金額	●直前期末以前1年間における利益金額 　R5.4.1 ～ R6.3.31までの期間の合併法人の利益金額を基に算定 ●直前期末以前2年間における利益金額の平均額 　R4.4.1 ～ R6.3.31までの期間の合併法人の利益金額と被合併法人の5か月分の利益金額として合理的に計算された金額を合算した金額を基に算定
純資産価額	R6.3.31の合併法人の純資産価額を基に算定

第5表

科　目	計算方法・留意点
3年以内取得土地等・家屋等	適格合併・非適格合併を問わず、合併により取得した土地等または家屋等も3年以内取得土地等・家屋等として取り扱われ、通常の取引価額により評価をする必要があります。

2 合併後に会社実態に変化がある場合

合併前後において、例えば被合併法人の一部の事業の廃止や変更等で合併前後で会社の実態に大きな変化がある場合には、合併前の期間における配当金額や利益金額を使用することの合理性がありませんので、単純に合算しても適正な評価を求めることはできません。

この場合には、基本的な考え方として類似業種比準方式を採用することはできませんので、純資産価額方式のみで評価することが、評価の安全性から適当であるといえます。

しかしながら、たまたま課税時期の直前において合併があったことにより類似業種比準価額の計算ができないとすれば、課税の公平や適正な評価実務の観点から好ましくないといえます。

ここからは筆者の私見となりますが、合併後から直前事業年度末または課税時期までの期間の実績を基に配当金及び利益金額の各要素を求めて簡便的に類似業種の比準要素を計算した結果、その求められた数値に合理性があれば類似業種比準価額により計算できると

考えられます。

　この点も踏まえ、第４表の類似業種比準価額及び第５表の純資産価額の計算方法と留意点をまとめると次の通りとなります。

第４表

計算要素	計算方法・留意点
業種目	直前期末以前１年間における合併法人の取引金額を基に判定
配当金額	R4.4.1 〜 R6.3.31までの期間に合併前の期間があるため、基本的には算定不可。 ただし、被合併法人及び合併法人が合併前の期間において配当実績が一度もなく、かつ、合併後においても配当実績がない、または配当する予定がない場合には配当金額を０として計算しても差し支えないと考えられます。 また、２年間の配当金は算定不可ですが、直前期末以前１年間の配当金額については算定できますので、直前期末以前１年間の配当金額が異常でない場合には配当金額を１年間で求めることも検討できます。 そもそも配当金額については、１年間の配当では、たまたま配当が多かったり少なかったりすることを危惧して２年間と定めていますので、使用する１年間の配当金額が通常のものとして認められた場合で２年間の配当金額を計算できない場合には１年間の配当金額で計算することも合理性があるといえます。
利益金額	●直前期末以前１年間における利益金額 　R5.4.1 〜 R6.3.31までの期間の合併法人の利益金額を基に算定 ●直前期末以前２年間における利益金額の平均額 　合併前の期間の利益金額を使用することになるため、算定不可。 　従って、利益金額の計算にあたっては、直前期末以前１年間における利益金額により算定することになります。
純資産価額	R6.3.31の合併法人の純資産価額を基に算定

第５表

科　目	計算方法・留意点
３年以内取得土地等·家屋等	適格合併・非適格合併を問わず、合併により取得した土地等または建物等も３年以内取得土地等・家屋等として取り扱われ、通常の取引価額により評価をする必要があります。

2 課税時期の前期に合併があった場合（②）

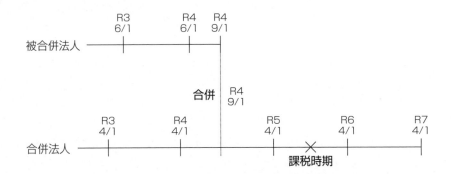

1 合併後に会社実態に変化がない場合

　合併前後において会社実態に大きな変化がない場合には、合併前の期間においては被合併法人及び合併法人の配当金額・利益金額を合算することによって適正な配当金額及び利益金額を算定することができます。

　第4表の類似業種比準価額及び第5表の純資産価額の計算方法と留意点をまとめると次の通りとなります。

第4表

計算要素	計算方法・留意点
業種目	直前期末以前1年間における合併法人及び被合併法人の取引金額の合計額を基に判定
配当金額	R3.4.1～R5.3.31までの期間に配当金の効力が発生した合併法人と被合併法人の配当金を合算した金額を基に算定
利益金額	●直前期末以前1年間における利益金額 　R4.4.1～R5.3.31までの期間における合併法人の利益金額と被合併法人の5か月分の利益金額として合理的に計算された金額を合算した金額を基に算定 ●直前期末以前2年間における利益金額の平均額 　R3.4.1～R5.3.31までの期間における合併法人の利益金額と被合併法人の17か月分の利益金額として合理的に計算された金額を合算した金額を基に算定
純資産価額	R5.3.31の合併法人の純資産価額を基に算定

第2節　合併があった場合の類似業種比準価額と純資産価額の計算上の留意点

第5表

科　目	計算方法・留意点
3年以内取得 土地等・家屋等	適格合併・非適格合併を問わず、合併により取得した土地等または建物等も3年以内取得土地等・家屋等として取り扱われ通常の取引価額により評価をする必要があります。

2 合併後に会社実態に変化がある場合

　基本的な考え方は 1 2 で解説した通りとなりますが、前々期に合併があった場合に比べて合併後の期間における配当金の実績及び利益金額の算定が困難であることが想定されますので、より慎重な判断が求められることになります。その点も踏まえ、第4表の類似業種比準価額及び第5表の純資産価額の計算法と留意点をまとめると次の通りとなります。

第4表

計算要素	計算方法・留意点
業種目	直前期末以前1年間の取引金額を使用することはできませんので、合併後の期間の取引金額を基に判定を行います。
配当金額	基本的には算定不可。 ただし、被合併法人及び合併法人が合併前の期間において配当実績が一度もなく、かつ、合併後においても配当実績がない、または配当する予定がない場合には配当金額を0として計算しても差し支えないと考えられます。 また、2年間の配当金は算定不可ですが、合併後から課税時期までの期間が1年ある場合において、その配当金額が異常でない場合には配当金額を1年間で求めることも検討できます。
利益金額	基本的には算定不可。 ただし、1年間を通じて毎月の利益金額に大きな変動がない場合には、合併後から直前期までの期間を月数按分の方法により求めることは検討できます。 また、合併後から課税時期までの期間を1つの期間として利益金額の算定が可能であり、月数按分の方法により合理的な数値が得られる場合には当該金額を使用することも合理的な方法であると考えられます。
純資産価額	R5.3.31の合併法人の純資産価額を基に算定

第5表

科　目	計算方法・留意点
3年以内取得 土地等・家屋等	適格合併・非適格合併を問わず、合併により取得した土地等または建物等も3年以内取得土地等・家屋等として取り扱われ、通常の取引価額により評価をする必要があります。

3 課税時期の直前に合併があった場合（③）
（合併事業年度に課税時期がある場合）

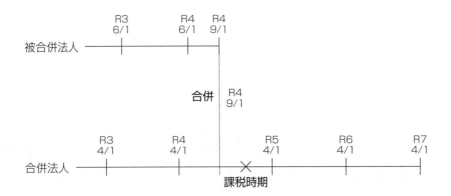

1 合併後に会社実態に変化がない場合

合併前後において会社実態に大きな変化がない場合には、合併前の期間においては被合併法人及び合併法人の配当金額・利益金額を合算することによって適正な配当金額及び利益金額を算定することができます。

第4表の類似業種比準価額及び第5表の純資産価額の計算方法と留意点をまとめると次の通りとなります。

第4表

計算要素	計算方法・留意点
業種目	直前期末以前1年間における合併法人及び被合併法人の取引金額の合計額を基に判定
配当金額	R2.4.1～R4.3.31までの期間に配当金の効力が発生した合併法人と被合併法人の配当金を合算した金額を基に算定
利益金額	● 直前期末以前1年間における利益金額 　R3.4.1～R4.3.31までの期間における合併法人の利益金額と被合併法人の1年間分の利益金額として合理的に求めた金額を合算した金額を基に算定 ● 直前期末以前2年間における利益金額の平均額 　R2.4.1～R4.3.31までの期間における合併法人の利益金額と被合併法人の2年間分の利益金額として合理的に求めた金額を合算した金額を基に算定
純資産価額	R4.3.31の合併法人の純資産価額及びR4.8.31の被合併法人の純資産価額を合算した金額で算定

第5表

科　目	計算方法・留意点
3年以内取得 土地等・家屋等	適格合併・非適格合併を問わず、合併により取得した土地等または建物等も3年以内取得土地等・家屋等として取り扱われ、通常の取引価額により評価をする必要があります。

　直前期末基準は、直前期末から課税時期までの間の資産及び負債について著しく増減がないと認められる場合に限り、使用することができます。

　合併があった場合には、資産及び負債に大きな変動がある場合が通常となりますので、直前期末基準の適用は認められず、仮決算方式により評価する必要があります。

2 合併後に会社実態に変化がある場合

　基本的な考え方は 1 2 で解説した通りとなりますが、前々期または前期に合併があった場合に比べて合併後の期間における配当金の実績及び利益金額の算定が困難であることが想定されますので、基本的には類似業種比準価額の算定は困難になるかと思います。

　この点も踏まえ、第4表の類似業種比準価額及び第5表の純資産価額の計算方法と留意点をまとめると次の通りとなります。

第4表

計算要素	計算方法・留意点
業種目	合併後の期間が短く、業種目を判定することが困難になります。 ただし、例えば被合併法人の事業を一部廃止しただけであれば、その廃止した事業の取引金額を除外して判定することもできると思いますので、個々の事案によって取引金額を修正できるか検討が必要になります。
配当金額	基本的には算定不可。 ただし、被合併法人及び合併法人が合併前の期間において配当実績が一度もなく、かつ、合併後においても配当実績がないまたは配当する予定がない場合には配当金額を0として計算しても差し支えないと考えられます。
利益金額	基本的には算定不可。 ただし、合併後から課税時期までの期間を1つの期間として利益金額の算定が可能であり、月数按分の方法により合理的な数値が得られる場合には当該金額を使用することは検討できます。
純資産価額	R4.3.31の合併法人の純資産価額及びR4.8.31の被合併法人の純資産価額を合算した金額で算定。ただし課税時期時点の純資産価額と乖離が大きい場合には使用不可

第6章 合併があった場合の評価

第5表

科　目	計算方法・留意点
3年以内取得土地等・家屋等	適格合併・非適格合併を問わず、合併により取得した土地等または建物等も3年以内取得土地等・家屋等として取り扱われ、通常の取引価額により評価をする必要があります。

　直前期末基準は、直前期末から課税時期までの間の資産及び負債について著しく増減がないと認められる場合に限り、使用することができます。

　合併があった場合には、資産及び負債に大きな変動がある場合が通常となりますので、直前期末基準の適用は認められず、仮決算方式により評価する必要があります。

4 課税時期の直後に合併があった場合（④）（合併事業年度に課税時期がある場合）

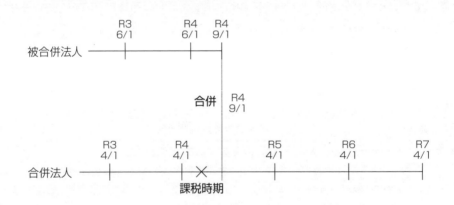

　上記のように課税時期後に合併があった場合には、合併は課税時期後の事実となりますので、基本的には合併がなかったものとして通常通り類似業種比準価額及び純資産価額を計算することになります。課税時期前に合併契約があり課税時期後に合併があった場合については合併契約の事実を考慮して合理的に1株当たりの価額を計算することを検討する必要があります。下記裁決事例を確認しておきましょう。

> 　　国税不服審判所　平成11年3月26日裁決（TAINS・J57－4－32）
> 　　大阪高等裁判所　平成13年11月1日判決（TAINS・Z249－8775）
>
> （課税時期が合併契約締結後合併期日までの間にある場合における1株当たりの純資産価額の計算）

本件は、課税時期が合併契約締結後合併期日までの間にある場合において、被合併法人の１株当たりの純資産価額の計算上、合併法人の純資産価額も考慮して評価するべきか否かについて争われた事例となります。

　納税者は、課税時期においては、本件合併契約は既に締結されており、課税時期から５か月余り経過した合併後の合併法人の純資産価額は０となり、評価通達６（この通達の定めにより難い場合の評価）が適用されるべきとし、１株当たりの価額を零円にすべきであるとの主張を行いました。

　これに対して、課税庁は本件合併は課税時期においてまだ行われていないことから、被合併法人の１株当たりの純資産価額の計算は、合併法人の純資産価額は考慮せず、被合併法人の１株当たりの純資産価額14万2,595円で評価を行うべきとの主張を行いました。

　国税不服審判所は、納税者が主張している零円の主張については、課税時期から５か月余り経過した合併法人の純資産価額を根拠としているが、相続財産の評価の原則が相続税法第22条で規定するとおり、当該財産の取得の時における時価であるから認められるものではないとし、評価通達６項を適用するべきではないとし、被合併法人の１株当たりの純資産価額14万2,595円で評価をするべきとの判断を行いました。

　本件については、一審である京都地裁の判決（平成12年11月17日）を経て、二審である大阪高等裁判所の判決（平成13年11月１日）において、「合併手続中である被合併法人の株式の価額は、それ以前と比較して、合併相手方の会社の資産、経営状況等の諸事情によって相当な影響を受けることは容易に推認することができる。しかし、本件株式が取引相場のない株式であることなどから、本件において上記の特有の事情が本件株式の価額にどの程度の影響を与えたかを的確に認定するに足りる証拠はない。したがって、本件株式の価額が本件相続開始時点ですでに零にまで落ち込んだと認めるべき証拠もない。」として最終的には、被合併法人の１株当たりの純資産価額は14万2,595円である判断を行いました。

▶実務上のポイント

　課税時期が合併契約締結後合併期日までの間にある場合については、合併法人の会社の決算書等の数値を考慮するか否かを検討する必要があります。合併契約の事実を考慮せずに評価通達によって評価した被合併法人の１株当たりの価額と合併契約の事実を考慮して合理的に計算した１株当たりの価額（課税時期で合理的に計算した金額）の乖離が大きければ総則６項（８章参照）を検討するべきことになります。

第7章

医療法人その他の
出資の評価

第7章のポイント

●評価が必要な医療法人をおさえておく。

●医療法人の特徴（非営利性・配当禁止）を理解し、明細書の作成上の留意点を確認する。

●医療法の改正を踏まえ、国税庁の情報を理解しておく。

●医療法人以外のその他の出資については、出資の性格に応じてどの評価通達が適用されるのかをおさえておく。

第 1 節

医療法人の出資の評価

1 医療法人の概要

1 医療法人の特徴

　医療法人とは、医療法39条、44条の規定により、病院、診療所または介護老人保健施設を開設しようとする社団または財団が、都道府県知事の認可を受けて設立される法人のことをいいます。

　医療法においては、営利を目的として、病院、診療所または助産所を開設しようとする者に対しては、開設許可を与えないことができるとされています（医療法7条）。また、医療法人は剰余金の配当の禁止が明示されており（医療法54条）非営利の法人であることが規定されています。

　医療法人は社団であるものと財団であるものに分類がなされ、さらに社団については持分ありと持分なしに分類がなされます。財団は設立者の寄附行為であり出資ではありませんので、評価の対象にはなりません。また、社団法人で持分がないものについては出資の概念がありませんので評価の対象にはなりません。

　従って、財産評価で問題になるものは持分ありの医療法人ということになります。この持分ありの医療法人は出資の払い戻しが認められているため、当然、出資の評価も必要になってきます。

　以上をまとめますと下記の通りとなります。

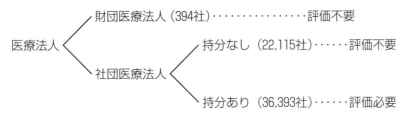

（注）　法人の数は令和6年3月31日時点の数（厚生労働省調べ）

第7章 医療法人その他の出資の評価

社団医療法人の組織について―理事と社員の違いは？

　医療法人は、医療法及び定款に基づき管理運営がされていますが、基本的な考え方は株式会社と類似しています。まず、医療法人の最高意思決定機関である社員総会（株式会社でいう株主総会）において理事（株式会社でいう取締役）及び監事（株式会社でいう監査役）が選任されます。次に理事会（株式会社でいう取締役会）において医療法人の理事長（株式会社でいう代表取締役）が選任されます。医療法においては、原則として3名以上の理事と1名以上の監事を置かなければならないとされています。

●**社員総会（最高意思決定機関）**

定款で理事等の役員に任せたものを除き、決議を行う。

定時総会は年2回（決算月と決算日から2か月後）に設定している定款が多い。

社員・理事・監事の選任及び解任も行う。

| 社員 | 社員 | 社員 | 社員 |

●**社員**

従業員のことではなく、法人の意思決定に参加できる者をいいます。

株式会社の株主と似ていますが、1人1議決権であるため、出資金額の多寡に応じて議決権が行使されるわけではない点は株式会社との大きな相違点となります。また、通常は出資者＝社員になることが多いのですが、社員はあくまでも社員総会により選任がなされ出資の義務がありませんので、出資をしない社員もいる点も株式会社と大きく異なる点となります。

　　　　　　　　　　　　　理事の選任　　　　　　監事の選任

●**理事会（執行機関）**

理事によって構成される合議体

理事長の選任・解任を行う。

| 理事長 | 理事 | 理事 | 理事 |

- 理事長　医療法人の代表者、業務を総理します。
- 理事　　理事会の方針の決定、医療法人の業務を行います。

●**監事（監査機関）**

医療法人の業務・財産状況の監査等を行います。

2 医療法人の類型

　平成19年4月1日に施行された第5次医療法改正においては、医療法人の非営利性を強化する趣旨から、平成19年4月1日以降は出資持分の定めのある医療法人の設立は認められないことになり、それまでの持分ありの社団医療法人については、経過措置型医療法人として存続することになりました。その他の改正としては、社会医療法人が新設されたほか、持分の定めのない社団医療法人は「基金」制度の採用が可能となりました。

　医療法人の類型は、改正前後で下記の通りとなります。

平成19年4月1日前の医療法人の類型

財団医療法人	特定医療法人（税法） 特別医療法人 一般の財団医療法人
持分なし社団医療法人	特定医療法人（税法） 特別医療法人 一般の持分なし社団医療法人
持分あり社団医療法人	出資額限度法人 一般の持分あり社団医療法人

平成19年4月1日以降の医療法人の類型

財団医療法人	特定医療法人（税法） <u>社会医療法人（医療法で新設）</u> 一般の財団医療法人 <u>※特別医療法人は5年間経過措置後に廃止</u>
持分なし社団医療法人	特定医療法人（税法） <u>社会医療法人（医療法で新設）</u> 一般の持分なし社団医療法人（<u>基金制度選択可能</u>） <u>※特別医療法人は5年間経過措置後に廃止</u>
持分あり社団医療法人 （経過措置型医療法人）	出資額限度法人　　｝<u>平成19年4月1日以降は</u> 一般の持分あり社団医療法人　<u>設立不可</u>

第 7 章　医療法人その他の出資の評価

> **▶実務上のポイント**
>
> 　医療法人の出資としての評価が必要なのは、網かけ部分の持分あり社団医療法人の
> みとなります。

　医療法人の類型に関する用語については、「出資持分のない医療法人への円滑な移行マ
ニュアル」（厚生労働局医政局　平成23年 3 月発行）第 1 章 7 ～ 9 頁に下記の通り説明がされ
ていますので、確認しておきましょう。

●出資額限度法人

　出資持分のある医療法人であって、社員の退社に伴う出資持分の払戻しや医療法
人の解散に伴う残余財産分配の範囲につき、払込出資額を限度とする旨を定款で定
めているものをいいます。

　出資額限度法人は、出資持分のある医療法人の一類型ですが、医療法人の財産評
価額や社員の出資割合にかかわらず、出資持分の払戻請求権及び残余財産分配請求
権の及ぶ範囲が、当該社員が実際に出資した額そのものに限定される点に特徴があ
ります。

●基金制度を採用した医療法人

　出資持分のない医療法人の一類型であり、法人の活動の原資となる資金の調達手
段として、定款の定めるところにより、基金の制度を採用しているものをいいます。
基金拠出型法人などと呼ばれることもあります。

　平成19年施行の第 5 次医療法改正で新たに導入された類型であり、基金の拠出者
は、医療法人に対して劣後債権に類似した権利を有するに過ぎません。

　第 5 次医療法改正後に医療法人を新設するケースにおいては、基金制度を採用し
た医療法人の形態をとることが一般的になっていると思われます。なお、後述の社
会医療法人や特定医療法人は基金制度を用いることはできませんので、基金制度を
採用した医療法人が、社会医療法人の認定又は特定医療法人の承認を受けようとす
る場合には、基金を拠出者に返還し、定款から基金に関する定めを削除することが
必要になります。

※　基金とは：社団医療法人に拠出された金銭その他の財産であって、当該医療法人が拠出
　　者に対して医療法施行規則第30条の37及び第30条の38並びに当該医療法人と当該拠出者と

466

の間の合意の定めるところに従い返還義務（金銭以外の財産については、拠出時の当該財産の価額に相当する金銭の返還義務）を負うものをいいます。

出資持分のある医療法人から基金制度を採用した医療法人へ移行する場合、もともとの出資額にその時の時価評価額を使うと配当所得が発生する場合があるので注意が必要です。

●特定医療法人

租税特別措置法第67条の2第1項に規定する特定の医療法人をいいます。

昭和39年に創設された類型で、社団医療法人でも財団医療法人でも承認対象となりえますが、社団医療法人については、出資持分のない医療法人であることが必要です。

後出の社会医療法人同様、承認の要件は厳格ですが、国税庁長官の承認を得られれば、法人税の軽減税率が適用されるなど、税制上の優遇措置を受けることができます。

●社会医療法人

医療法人のうち、医療法第42条の2の第1項各号に掲げる要件に該当するものとして、政令で定めるところにより都道府県知事の認定を受けたものをいいます。

平成19年施行の第5次医療法改正において新設された類型で、社団医療法人でも財団医療法人でも認定対象となり得ますが、社団医療法人については、出資持分のない医療法人であることが必要です。

社会医療法人の認定要件は厳格ですが、その認定を受けると、本来業務である病院、診療所及び介護老人保健施設から生じる所得について法人税が非課税になるとともに、直接救急医療等確保事業に供する資産について固定資産税及び都市計画税が非課税になるなど、税制上の優遇措置を受けることができます。また、医療法第42条の2の第1項柱書に定める収益業務を行うことも認められます。

3 持分ありの社団医療法人について

財産評価が必要となる持分ありの社団医療法人については、465頁で解説の通り、平成19年4月以降は設立不可になり、既存の持分あり社団医療法人は経過措置型医療法人として位置づけられ、持分なし社団医療法人の移行が促進されています。

厚生労働省は平成23年3月に「出資持分のない医療法人への円滑な移行マニュアル」を

発行し、移行推進を図っています。また税制面においても持分の定めのある医療法人から持分の定めのない医療法人への円滑な移行を図るため、持分放棄に伴い発生する残存出資者に対する贈与税や医療法人の持分に対して課税される相続税について納税猶予制度が創設されており、平成26年10月1日から3年間を移行の期限として特例が用意されました。

しかしながら、実際の移行は容易ではなく、平成19年の医療法の改正から平成29年までの持分ありの減少数は下記の通りわずかに留まっていました。

移行が進まないのは、持分を放棄したことにより医療法人に対して課税されるみなし贈与課税（相法66条4項）が原因となります（詳細については 4 参照）。そこで、平成29年度税制改正により租税特別措置法を改正するとともに、平成29年6月に医療法を改正し、平成29年10月1日以後に認定を受ける医療法人については、みなし贈与課税を非課税とする規定が創設されました（詳細については 5 参照）。あわせて、医療法人の持分に対して課税される相続税や贈与税に係る納税猶予制度も3年間（平成29年10月から令和2年（2020年）9月30日まで）延長され、さらに令和2年度税制改正及び令和5年度税制改正により令和8年（2026年）12月31日まで延長となりました。

実務上は、持分ありの医療法人数は今後減少するものの、まだまだ評価の必要性はなくならないため、医療法人の出資の評価についてはしっかりと学習する必要があります。

	平成19年	平成29年
持分あり社団医療法人	43,203社	40,186社
持分なし社団医療法人	424社	12,439社

（注1） 法人の数は厚生労働省調べ
（注2） 持分あり医療法人から持分なし医療法人への移行は促進されていますが、反対に持分なし医療法人から持分あり医療法人への移行は禁止されています。

4 持分なしへの移行が進まない理由

持分ありの社団医療法人が持分なしに移行する方法には、下記の方法があります。

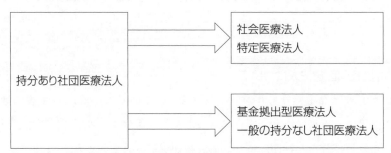

上段の社会医療法人及び特定医療法人への移行については、同族経営の一定制限や残余

財産の国等の帰属などの法的な要件を満たすのが容易ではないため、簡単に移行はできないのが実情となります。

下段の基金拠出型医療法人及び一般の持分なし社団医療法人への移行については、出資者全員が、同時に出資持分の放棄を行うと、当該放棄に伴う出資者の権利の消滅に係る経済的利益は、医療法人に帰属することになり、その放棄に伴い放棄をした者の親族その他これらの特別の関係がある者の相続税または贈与税の負担が不当に減少した結果となると認められたときは、その医療法人に対し相法66条4項の規定により贈与税が課税されることになります。

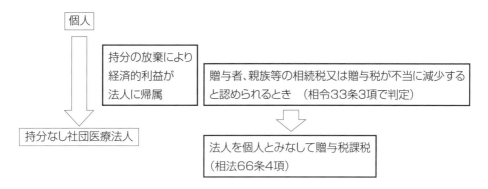

持分なし社団医療法人に贈与税が課税されないようにするためには、相令33条3項の1号から4号までの要件を満たしている必要がありますが、同族経営の一定制限や残余財産の国等への帰属などの要件を満たす必要があり、同族法人の医療法人の場合には要件を満たすことが難しいため、移行が進まない大きな要因となっています。

ただし、いったん贈与税を納付して移行をしてしまえば、その後の出資者の相続税の負担は生じないことから同族経営を維持したい場合には、株価対策とともに贈与税を納付して移行する方法もあります。

(参考)

◆相続税法

(人格のない社団又は財団等に対する課税)
第66条　代表者又は管理者の定めのある人格のない社団又は財団に対し財産の贈与又は遺贈があった場合においては、当該社団又は財団を個人とみなして、これに贈与税又は相続税を課する。この場合においては、贈与により取得した財産について、当該贈与をした者の異なるごとに、当該贈与をした者の各1人のみから財産を取得したものとみなして算出した場合の贈与税額の合計額をもって当該社団又は財団の納付すべき贈与税額とする。
2　前項の規定は、同項に規定する社団又は財団を設立するために財産の提供があった

場合について準用する。

3　前2項の場合において、第1条の3又は第1条の4の規定の適用については、第1項に規定する社団又は財団の住所は、その主たる営業所又は事務所の所在地にあるものとみなす。

4　前3項の規定は、持分の定めのない法人に対し財産の贈与又は遺贈があった場合において、当該贈与又は遺贈により当該贈与又は遺贈をした者の親族その他これらの者と第64条第1項に規定する特別の関係がある者の相続税又は贈与税の負担が不当に減少する結果となると認められるときについて準用する。この場合において、第1項中「代表者又は管理者の定めのある人格のない社団又は財団」とあるのは「持分の定めのない法人」と、「当該社団又は財団」とあるのは「当該法人」と、第2項及び第3項中「社団又は財団」とあるのは「持分の定めのない法人」と読み替えるものとする。

5　第1項（第2項において準用する場合を含む。）又は前項の規定の適用がある場合において、これらの規定により第1項若しくは第2項の社団若しくは財団又は前項の持分の定めのない法人に課される贈与税又は相続税の額については、政令で定めるところにより、これらの社団若しくは財団又は持分の定めのない法人に課されるべき法人税その他の税の額に相当する額を控除する。

6　第4項の相続税又は贈与税の負担が不当に減少する結果となると認められるか否かの判定その他同項の規定の適用に関し必要な事項は、政令で定める。

◆相続税法施行令

（人格のない社団又は財団等に課される贈与税等の額の計算の方法等）
第33条

3　贈与又は遺贈により財産を取得した法第65条第1項に規定する持分の定めのない法人が、次に掲げる要件の全てを満たすとき（一般社団法人又は一般財団法人（当該贈与又は遺贈の時において次条第4項各号に掲げるものに該当するものを除く。次項において「一般社団法人等」という。）にあっては、次項各号に掲げる要件の全てを満たすときに限る。）は、法第66条第4項の相続税又は贈与税の負担が不当に減少する結果となると認められないものとする。

一　その運営組織が適正であるとともに、その寄附行為、定款又は規則において、その役員等のうち親族関係を有する者及びこれらと次に掲げる特殊の関係がある者（次号において「親族等」という。）の数がそれぞれの役員等の数のうちに占める割合は、いずれも3分の1以下とする旨の定めがあること。

イ　当該親族関係を有する役員等と婚姻の届出をしていないが事実上婚姻関係と同様の事情にある者

ロ　当該親族関係を有する役員等の使用人及び使用人以外の者で当該役員等から受ける金銭その他の財産によって生計を維持しているもの

ハ　イ又はロに掲げる者の親族でこれらの者と生計を一にしているもの

第1節　医療法人の出資の評価

　　ニ　当該親族関係を有する役員等及びイからハまでに掲げる者のほか、次に掲げる
　　　法人の法人税法第2条第15号（定義）に規定する役員（（1）及び次条第3項第6
　　　号において「会社役員」という。）又は使用人である者
　　（1）　当該親族関係を有する役員等が会社役員となっている他の法人
　　（2）　当該親族関係を有する役員等及びイからハまでに掲げる者並びにこれらの
　　　　者と法人税法第2条第10号に規定する政令で定める特殊の関係のある法人を判
　　　　定の基礎にした場合に同号に規定する同族会社に該当する他の法人
　二　当該法人に財産の贈与若しくは遺贈をした者、当該法人の設立者、社員若しくは
　　役員等又はこれらの者の親族等（次項第2号において「贈与者等」という。）に対し、
　　施設の利用、余裕金の運用、解散した場合における財産の帰属、金銭の貸付け、資
　　産の譲渡、給与の支給、役員等の選任その他財産の運用及び事業の運営に関して特
　　別の利益を与えないこと。
　三　その寄附行為、定款又は規則において、当該法人が解散した場合にその残余財産
　　が国若しくは地方公共団体又は公益社団法人若しくは公益財団法人その他の公益を
　　目的とする事業を行う法人（持分の定めのないものに限る。）に帰属する旨の定めが
　　あること。
　四　当該法人につき法令に違反する事実、その帳簿書類に取引の全部又は一部を隠蔽
　　し、又は仮装して記録又は記載をしている事実その他公益に反する事実がないこと。

5 平成29年10月1日以後の新認定医療法人制度

　認定医療法人（平成29年10月1日から令和8年（2026年）12月31日の間に厚生労働大臣認定
を受けた医療法人）については、個人の持分の放棄（その認定医療法人がその認定移行計画に
記載された移行の期限までに新医療法人への移行をする場合におけるその移行の起因となる放棄
に限るものとし、その個人の遺言による放棄を除く）をしたことによりその認定医療法人が
経済的利益を受けた場合であっても、みなし贈与課税（相法66条4項の規定）は適用され
ないことになりました（措法70条の7の14、1項）。

　なお、上記の規定の適用を受けた認定医療法人が、非課税適用に係る贈与税の申告書の
提出期限から、その認定医療法人が新医療法人への移行をした日から起算して6年を経過
する日までの間に、厚生労働大臣認定が取り消された場合には、その認定医療法人を個人
とみなして、その医療法人が受けた経済的利益について贈与税が課税されます（措法70条
の7の14、2項）。

　従来では持分なし医療法人に贈与税が課税されないようにするためには、相令33条3項
1号から4号までの要件を満たしている必要があり、例えば役員の親族関係者は3分の1
以下であること等の厳しい要件がありましたが、平成29年10月1日以後については、認定

医療法人制度を利用することで、最終的に贈与税課税が適用されないことになりました。

2 医療法人の明細書の作成手順

　株式会社と同様ですが、医療法人の場合には常に原則的評価方式が採用されますので、第1表の1で原則的評価方式か特例的評価方式かの判定は不要となります。

　なお、医療法人の場合であったとしても会社の規模区分及び特定の評価会社の判定は必要になります。

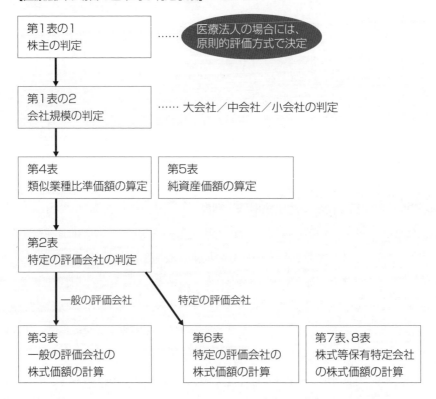

第1節 医療法人の出資の評価

3 医療法人の評価上のポイント及び明細書の作成方法

　医療法人の評価を行う際には、剰余金の配当が禁止されていること、各社員の議決権が平等であることの2点を踏まえつつ、各明細書の注意点をおさえておくことが必要となります。

評価明細書	留意点
第1表の1 株主の判定明細書	1人1議決権となり、各出資者の議決権は平等となります。また配当が無く配当還元方式による評価はなじまないため、原則的評価方式で評価することになります。従って、評価方式の判定は不要となります。
第1表の2 会社規模の判定明細書	大会社、中会社、小会社の判定は必要になります。 業種は「小売・サービス業」の区分になります。
第2表 特定の評価会社の判定の明細書	医療法人であっても、特定の評価会社に該当するかどうかの判定も必要になります。 「比準要素数1の会社」の判定及び「比準要素数0の会社」の判定は、配当が禁止されていますので、判定要素は利益金額及び純資産価額の2要素のみとなります。
第3表 一般の評価会社の株式の価額等の計算明細書	配当還元方式による価額及び配当期待権の欄は使用しません。
第4表 類似業種比準価額等の計算明細書	類似業種の比準割合の計算の分母は配当がないため、「3」ではなく「2」に修正します。 医療法人の業種目はその他の産業となります。
第5表 純資産価額の計算明細書	同族会社の議決権割合が50%以下の場合の80%の斟酌の必要性はないことから記載は要しません。 営業権の評価は不要となります。
第6表 特定の評価会社の株式の価額等の計算明細書	第3表と同様に配当還元方式による価額及び配当期待権の欄は使用することはありません。
第7表・8表 株式等保有特定会社の株式の価額の計算明細書	第4表と同様の留意点となります。

　具体的な明細書の記載方法については、次頁以降で解説していますので、確認しましょう。

第7章 医療法人その他の出資の評価

第1表の1　評価上の株主判定及び会社規模の判定の明細書

　第1表の1は、納税義務者が原則的評価方式が適用される株主であるか特例的評価方式が適用される株主であるかを判定するための明細書となりますが、医療法人の場合には配当がなく、配当還元方式による評価はなじまないため、常に原則的評価方式が適用される株主に該当することになります。

　従って、株主判定を行うために記載をしていた議決権数、議決権割合及び株主判定のための判定基準などの欄の記載は不要になります。

明細書の記載上の留意点

❶　事業内容

　医療法人の業種目はその他の産業とされています。

❷　判定要素

　この欄は、評価対象の医療法人の出資者の状況を記載します。

医療法人は配当がなく、配当還元方式による評価はなじまないため、原則的評価方式のみで評価がなされます。

　従って議決権割合を考慮する必要もありませんので、議決権の欄も不要になります。

　もっとも医療法人の議決権は、議決権者である社員が1人1議決権を所有しており、医療法人の出資者と社員は別々となりますので、社員であっても出資をしていない者もいます。

474

第1節　医療法人の出資の評価

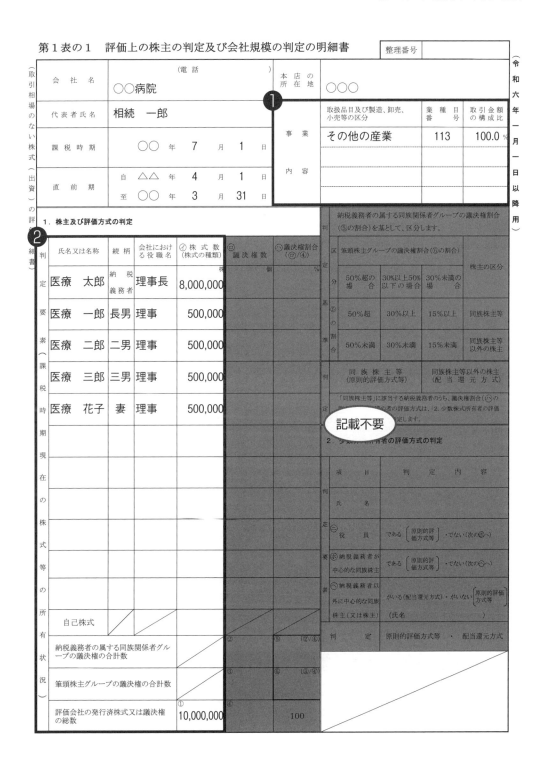

第7章　医療法人その他の出資の評価

第1表の2　評価上の株主の判定及び会社規模の判定の明細書（続）

　第1表の2は会社の規模区分を判定するための明細書となります。医療法人の場合についても、類似業種比準価額の使用割合であるLの割合などを決定するために、会社の規模区分判定を行います。

明細書の記載上の留意点

❶　直前期末以前1年間における従業員数

　70頁でも解説していますが、従業員には、社長、理事長並びに法令71条《使用人兼務役員とされない役員》1項1号、2号及び4号に掲げる役員は含まないことに留意してください。

　医療法人の場合には、理事・監事は従業員には含まれないことになります。

　◆法人税法施行令

（使用人兼務役員とされない役員）

第71条　法第34条第6項（役員給与の損金不算入）に規定する政令で定める役員は、次に掲げる役員とする。

　一　代表取締役、代表執行役、代表理事及び清算人

　二　副社長、専務、常務その他これらに準ずる職制上の地位を有する役員

　四　取締役（指名委員会等設置会社の取締役及び監査等委員である取締役に限る。）、会計参与及び監査役並びに監事

---

❷　判定基準の業種区分

　小売・サービス業の区分で判定を行います。

第1節 医療法人の出資の評価

第1表の2　評価上の株主の判定及び会社規模の判定の明細書（続）　　会社名 ○○病院

（取引相場のない株式（出資）の評価明細書）

（令和六年一月一日以降用）

3．会社の規模（Lの割合）の判定

判定要素	項　　目	金　　額	項　　目	人　　数
	直前期末の総資産価額（帳簿価額）	千円 950,000	直前期末以前1年間における従業員数	32 人
	直前期末以前1年間の取引金額	千円 500,000		［従業員数の内訳］ 継続勤務従業員数（30人）＋ 継続勤務従業員以外の従業員の労働時間の合計時間数（3,600 時間）／1,800時間

㋑　直前期末以前1年間における従業員数に応ずる区分

70人以上の会社は、大会社（㋺及び㋩は不要）

70人未満の会社は、㋺及び㋩により判定

判定基準	㋺　直前期末の総資産価額（帳簿価額）及び直前期末以前1年間における従業員数に応ずる区分				㋩　直前期末以前1年間の取引金額に応ずる区分			会社規模とLの割合（中会社）の区分	
	総　資　産　価　額（帳　簿　価　額）				取　　引　　金　　額				
	卸　売　業	小売・サービス業	卸売業、小売・サービス業以外	従業員数	卸　売　業	小売・サービス業	卸売業、小売・サービス業以外		
	20億円以上	15億円以上	15億円以上	35 人 超	30億円以上	20億円以上	15億円以上	大　会　社	
	4億円以上 20億円未満	5億円以上 15億円未満	5億円以上 15億円未満	35 人 超	7億円以上 30億円未満	5億円以上 20億円未満	4億円以上 15億円未満	0.90	中会社
	2億円以上 4億円未満	2億5,000万円以上 5億円未満	2億5,000万円以上 5億円未満	20 人 超 35 人 以下	3億5,000万円以上 7億円未満	2億5,000万円以上 5億円未満	2億円以上 4億円未満	0.75	
	7,000万円以上 2億円未満	4,000万円以上 2億5,000万円未満	5,000万円以上 2億5,000万円未満	5 人 超 20 人 以下	2億円以上 3億5,000万円未満	6,000万円以上 2億5,000万円未満	8,000万円以上 2億円未満	0.60	小会社
	7,000万円未満	4,000万円未満	5,000万円未満	5 人 以下	2億円未満	6,000万円未満	8,000万円未満	小　会　社	

・「会社規模とLの割合（中会社）の区分」欄は、㋺欄の区分（「総資産価額（帳簿価額）」と「従業員数」とのいずれか下位の区分）と㋩欄（取引金額）の区分とのいずれか上位の区分により判定します。

判定	大　会　社	中　　会　　社			小　会　社
		L　の　割　合			
		0.90	0.75	0.60	

4．増（減）資の状況その他評価上の参考事項

医療法人の場合には小売・サービス業の区分で判定を行います。

477

第7章　医療法人その他の出資の評価

第2表　特定の評価会社の判定の明細書

　第2表は特定の評価会社に該当するか否かを判定するための明細書となります。医療法人であったとしても特定の評価会社に該当することはありますので、第4表及び第5表の記載完了後に特定の評価会社の判定を行います。

明細書の記載上の留意点

❶　比準要素数1の会社

　医療法人は配当が禁止されていますので、年利益金額、純資産価額の2要素で比準要素数1の会社に該当するか否かを判断することになります。従って©1の金額、①1の金額のいずれかが0であり、かつ©2の金額、①2の金額のいずれか1以上の判定要素が0である場合には、比準要素数1の会社に該当することになります。

❷　比準要素数0の会社

　医療法人は配当が禁止されていますので、年利益金額、純資産価額の2要素で比準要素数0の会社に該当するか否かを判断することになります。

　従って、©1の金額と①1の金額がいずれも0である場合には比準要素数0の会社に該当することになります。

478

第1節　医療法人の出資の評価

第2表　特定の評価会社の判定の明細書　　会社名 ○○病院

（令和六年一月一日以降用）

取引相場のない株式（出資）の評価明細書

1. 比準要素数1の会社

	判　定　要　素						判定基準	(1)欄のいずれか2の判定要素が0であり、かつ、(2)欄のいずれか2以上の判定要素が0	
	(1)直前期末を基とした判定要素			(2)直前々期末を基とした判定要素				である（該当）・でない（非該当）	
	第4表の⑨の金額	第4表の⑩の金額	第4表の⑪の金額	第4表の⑨₂の金額	第4表の⑩₂の金額	第4表の⑪₂の金額			
	円 銭	円	円	円 銭	円	円	判定	該　当	非該当
	345	4,050		335	3,950				○非該当

2. 株式等保有特定会社

	判　定　要　素			判定基準	③の割合が50%以上である	③の割合が50%未満である
	総資産価額（第5表の①の金額）	株式等の価額の合計額（第5表の④の金額）	株式等保有割合（②／①）			
	① 千円	② 千円	③ ％	判定	該　当	非該当
	1,002,424	0	0			○非該当

3. 土地保有特定会社

	判　定　要　素			
	総資産価額（第5表の①の金額）	土地等の価額の合計額（第5表の⑥の金額）	土地保有割合（⑤／④）	会社の規模の判定（該当する文字を○で囲んで表示します。）
	④ 千円	⑤ 千円	⑥ ％	
	1,002,424	430,000	42	大会社・○中会社・小会社

判定基準	会社の規模	大　会　社	中　会　社	小　会　社（総資産価額（帳簿価額）が次の基準に該当する会社）	
				・卸売業　　　　　　20億円以上	・卸売業　　7,000万円以上20億円未満
				・小売・サービス業　15億円以上	・小売・サービス業　4,000万円以上15億円未満
				・上記以外の業種　　15億円以上	・上記以外の業種　5,000万円以上15億円未満
	⑥の割合	70%以上 / 70%未満	90%以上 / 90%未満	70%以上 / 70%未満	90%以上 / 90%未満
	判定	該当 / 非該当	該当 / ○非該当	該当 / 非該当	該当 / 非該当

4. 開業後3年未満の会社等

(1) 開業後3年未満の会社

	判定要素	判定基準	課税時期において開業後3年未満である	課税時期において開業後3年未満でない
	開業年月日　昭55年 6月27日	判定	該　当	○非該当

(2) 比準要素数0の会社

	直前期末を基とした判定要素			判定基準	直前期末を基とした判定要素がいずれも0	
判定要素	第4表の⑨₁の金額	第4表の⑩₁の金額	第4表の⑪₁の金額		である（該当）・でない（非該当）	
	円 銭	円	円	判定	該　当	非該当
	345	4,050				○非該当

5. 開業前又は休業中の会社

	開業前の会社の判定		休業中の会社の判定	
	該当	非該当	該当	非該当

6. 清算中の会社

	判　定	
	該　当	非該当

7. 特定の評価会社の判定結果

1. 比準要素数1の会社　　　2. 株式等保有特定会社

3. 土地保有特定会社　　　　4. 開業後3年未満の会社等

5. 開業前又は休業中の会社　6. 清算中の会社

該当する番号を○で囲んでください。なお、上記の「1. 比準要素数1の会社」欄から「6. 清算中の会社」欄の判定において2以上に該当する場合には、後の番号の判定によります。

第7章　医療法人その他の出資の評価

第3表　一般の評価会社の株式及び株式に関する権利の価額の計算明細書

　第3表は、医療法人が一般の評価会社である場合の最終的な株式の評価額及び株式に関する権利の評価額を計算する明細書となります。

　医療法人の場合には配当が禁止されているため、配当に関連する欄は記載不要となります。

明細書記載上の留意点

❶　原則的評価方式による価額

　株式の評価額を計算するため、一般の評価会社である場合には必ず「1株当たりの価額の計算の基となる金額」及び「1株当たりの価額の計算」欄は記載が必要となります。

　「株式の価額の修正」欄は課税時期において株式の割当てを受ける権利、株主となる権利または株式無償交付期待権の発生している場合のみ記載します。

❷　株式に関する権利の価額

　配当期待権以外に株式に関する権利が発生している場合のみ記載します。

第1節　医療法人の出資の評価

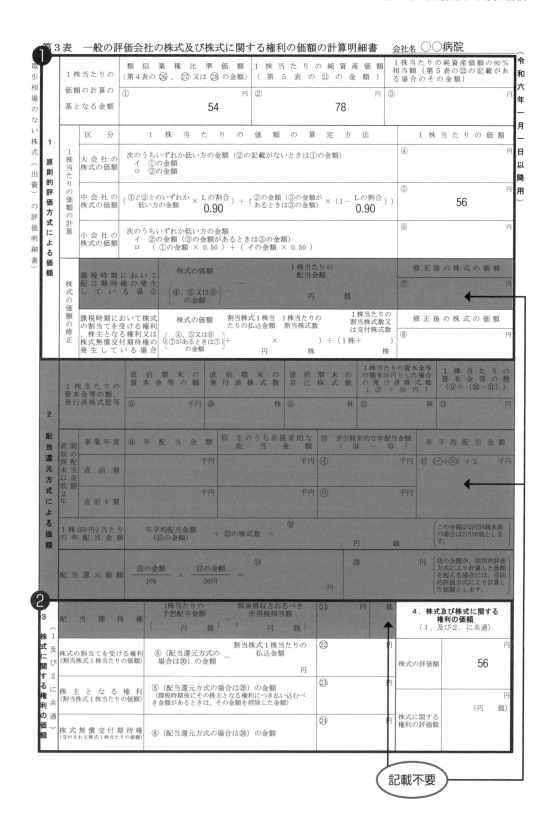

第7章　医療法人その他の出資の評価

第4表　類似業種比準価額等の計算明細書

第4表は類似業種比準価額を計算するための明細書となります。

類似業種比準価額の比準割合を計算する比準要素は年配当金額、年利益金額、純資産価額の3つになりますが、このうち年配当金額は医療法人の場合には配当がないため比準割合の計算から除外することになります。

従って比準割合は下記の算式の通り、分母を3ではなく2として計算します（評価通達194-2）。

$$
比準割合 \; = \; \frac{\dfrac{©}{C} + \dfrac{Ⓓ}{D}}{2}
$$

なお、これまでと同様に配当に関連する欄は記載不要となります。

明細書の記載の留意点

❶　比準割合

計算明細書はすでに算式が記載されていますが$\dfrac{Ⓑ}{B}$は0とし、分母は3から2に修正して計算をします。

❷　類似業種と業種目番号

医療法人の類似業種はその他の産業（大分類）となります。

なお、業種目が中分類及び小分類である場合には、評価通達181のただし書きによりそれぞれ大分類及び中分類により計算することも認められていますが、医療法人の場合には業種目が大分類であるため、類似業種の株価はその他の産業のみで計算します。

第1節　医療法人の出資の評価

第4表　類似業種比準価額等の計算明細書

会社名　○○病院

（取引相場のない株式（出資）の評価明細書）

（令和六年一月一日以降用）

1. 1株当たりの資本金等の額等の計算	直前期末の資本金等の額 ① 10,000 千円	直前期末の発行済株式数 ② 10,000,000 株	直前期末の自己株式数 ③ 株	1株当たりの資本金等の額（①÷（②−③）） ④ 1 円	1株当たりの資本金等の額を50円とした場合の発行済株式数（①÷50円） ⑤ 200,000 株

2. 比準要素等の金額の計算

1株(50円)当たりの年配当金額

	直前期末以前2(3)年間の年平均配当金額				比準要素数1の会社・比準要素数0の会社の判定要素の金額	
事業年度	⑥ 年配当金額	⑦ 左のうち非経常的な配当金額	⑧ 差引経常的な年配当金額（⑥−⑦）	年平均配当金額	⑨/⑤	⑤ 円 0 銭
直前期	千円	千円	⑦ 千円	⑨(⑦+⑦)÷2 千円	⑩/⑤	⑧ 円 銭
直前々期	千円	千円	⑦ 千円		1株(50円)当たりの年配当金額 ⑧ (⑨)の金額	
直前々期の前期	千円	千円	⑦ 千円	⑩(⑦+⑦)÷2 千円	Ⓑ 円 銭	

1株(50円)当たりの年利益金額

	直前期末以前2(3)年間の利益金額					比準要素数1の会社・比準要素数0の会社の判定要素の金額	
事業年度	⑪法人税の課税所得金額	⑫非経常的な利益金額	⑬受取配当等の益金不算入額	⑭左の所得税額	⑮損金算入した繰越欠損金の控除額	⑯差引利益金額（⑪−⑫＋⑬−⑭＋⑮）	ⓒ₁ 又は (⑯+⑯)÷2 345 円
直前期	70,000 千円	千円	千円	千円	千円	⑯ 70,000 千円	ⓒ₂ 又は (⑯+⑯)÷2 335 円
直前々期	68,000 千円	千円	千円	千円	千円	⑯ 68,000 千円	1株(50円)当たりの年利益金額 [⑯ 又は (⑯+⑯)÷2 の金額]
直前々期の前期	66,000 千円	千円	千円	千円	千円	ⓢ 66,000 千円	Ⓒ 345 円

1株(50円)当たりの純資産価額

	直前期末(直前々期末)の純資産価額			比準要素数1の会社・比準要素数0の会社の判定要素の金額	
事業年度	⑰ 資本金等の額	⑱ 利益積立金額	⑲ 純資産価額（⑰＋⑱）	⑲/⑤	⑪ 4,050 円
直前期	10,000 千円	800,000 千円	810,000 千円	⑲/⑤	⑪ 3,950 円
直前々期	10,000 千円	780,000 千円	790,000 千円	1株(50円)当たりの純資産価額（⑪の金額） Ⓓ 4,050 円	

3. 類似業種比準価額の計算

類似業種と業種目番号　その他の産業　(No. 113)

1株(50円)当たりの類似業種の株価				区分	1株(50円)当たりの年配当金額	1株(50円)当たりの年利益金額	1株(50円)当たりの純資産価額	1株(50円)当たりの比準価額
課税時期の属する月	7月	⑦	251 円	比準割合の計算	評価会社	Ⓑ 円 銭	ⓒ 345 円	Ⓓ 4,050 円	㉑×㉒×0.7 ※
課税時期の属する月の前月	6月	⑧	262 円		類似業種 B	円 銭	C 20 円	D 199 円	※ 中会社は0.6 小会社は0.5 とします。
課税時期の属する月の前々月	5月	⑨	242 円		要素別比準割合	Ⓑ/B	ⓒ/C 17.25	Ⓓ/D 20.35	
前年平均株価		⑩	250 円						
課税時期の属する月以前2年間の平均株価		⑦	247 円						
A ⑦、⑧、⑨、⑩及び⑦のうち最も低いもの		㉑	242 円	比準割合	$\dfrac{\frac{Ⓑ}{B}+\frac{ⓒ}{C}+\frac{Ⓓ}{D}}{3\to2}$ = ㉑ 18.80			㉒ 2,729 円 70 銭

類似業種と業種目番号　(No.　　)

1株(50円)当たりの類似業種の株価				区分	1株(50円)当たりの年配当金額	1株(50円)当たりの年利益金額	1株(50円)当たりの純資産価額	1株(50円)当たりの比準価額
課税時期の属する月	月		円	比準割合の計算	評価会社	Ⓑ 円 銭 0	ⓒ	Ⓓ	㉓×㉔×0.7 ※
課税時期の属する月の前月	月		円		類似業種	円 銭 0	C	D	※ 中会社は0.6 小会社は0.5 とします。
課税時期の属する月の前々月	月		円		要素別比準割合	Ⓑ/B 0	ⓒ/C	Ⓓ/D	
前年平均株価			円						
課税時期の属する月以前2年間の平均株価			円						
A うち最も低いもの			円	比準割合	$\dfrac{\frac{Ⓑ}{B}+\frac{ⓒ}{C}+\frac{Ⓓ}{D}}{3}$			円 銭 0

1株当たりの比準価額	比準価額（㉒と㉕とのいずれか低い方の金額） × ④の金額/50円	㉖ 54 円

比準価額の修正

直前期末の翌日から課税時期までの間に配当金交付の効力が発生した場合	比準価額（㉖の金額） −	1株当たりの配当金額 円 銭	修正比準価額 ㉗ 円
直前期末の翌日から課税時期までの間に株式の割当等の効力が発生した場合	比準価額 [㉖ (㉗がある ときは㉗)の金額] ＋	割当株式1株当たりの払込金額 円 銭 ×	1株当たりの割当株式数 株 ÷（1株＋ 1株当たりの割当株式数又は交付株式数 株）	修正比準価額 ㉘ 円

①　比準割合

②　その他の産業

業種目が大分類のみであるため記載不要

配当に関連するものであるため記載不要

第7章　医療法人その他の出資の評価

第5表　1株当たりの純資産価額（相続税評価額）の計算明細書

　第5表は純資産価額を計算するための明細書となります。医療法人の場合には通常の株式会社と同様に記載をしますが、下記の点に留意しておきましょう。

明細書の記載上の留意点

❶　株式及び出資の価額の合計額、土地等の価額の合計額

　医療法人であっても特定の評価会社に該当する場合には、それぞれの特定の評価会社による評価を行うことになりますので、株式及び出資の価額の合計額、土地等の価額の合計額の記載も忘れないようにしましょう。

❷　1株当たりの純資産価額の計算

　医療法人の場合には、議決権割合に応じて評価が変わることはありませんので、同族株主等の議決権割合が50％以下の場合の80％の斟酌はする必要がありません。

その他留意点

《資産の部の営業権》

　通常の株式会社と違い、営業権については評価をする必要はありません。

　これは、評価通達165の注書きでは、「医師、弁護士等のようにその者の技術、手腕又は才能等を主とする事業に係る営業権で、その事業者の死亡と共に消滅するものは、評価しない。」とされており、個人医師に準じて医療法人も評価する必要がないものと解されています。

484

第1節　医療法人の出資の評価

第5表　1株当たりの純資産価額（相続税評価額）の計算明細書　　会社名　○○病院

1. 資産及び負債の金額（課税時期現在）									
資　産　の　部				負　債　の　部					
科　　目	相続税評価額	帳簿価額	備考	科　　目	相続税評価額	帳簿価額	備考		
現金及び預金	300,000 千円	300,000 千円		買掛金	20,000 千円	20,000 千円			
未収金	100,000	100,000		未払金	23,000	23,000			
医薬品	1,000	1,000		長期借入金	150,000	150,000			
診察材料	500	500		未払法人税等	4,000	4,000			
医療用備品	924	924							
建物	150,000	230,000							
建物附属設備	0	50,000							
医療用機器備品	20,000	23,000							
土地	430,000	250,000							
合　　計	① 1,002,424	② 955,424		合　　計	③ 197,000	④ 197,000			
株式等の価額の合計額	㋑ 0	㋺ 0							
土地等の価額の合計額	㋩ 430,000								
現物出資等受入れ資産の価額の合計額	㋥	㋭							

① （取引相場のない株式（出資）の評価明細書）

（令和六年一月一日以降用）

2. 評価差額に対する法人税額等相当額の計算			3. 1株当たりの純資産価額の計算		
相続税評価額による純資産価額 （①－③）	⑤	805,424 千円	課税時期現在の純資産価額 （相続税評価額）　（⑤－⑧）	⑨	788,034 千円
帳簿価額による純資産価額 （（②＋㋥－㋭－④）、マイナスの場合は0）	⑥	758,424 千円	課税時期現在の発行済株式数 （第1表の1の①）－自己株式数）	⑩	10,000,000 株
評価差額に相当する金額 （⑤－⑥、マイナスの場合は0）	⑦	47,000 千円	課税時期現在の1株当たりの純資産価額 （相続税評価額）　（⑨÷⑩）	⑪	78 円
評価差額に対する法人税額等相当額 （⑦×37%）	⑧	17,390 千円	同族株主等の議決権割合（第1表の1の⑤の割合）が50%以下の場合　（⑪×80%）	⑫	円

②

記載不要

第 7 章　医療法人その他の出資の評価

4　Q & A

Q1　医療法人の出資の評価方法

　同族関係者でない甲と乙が下記の通り、医療法人（出資額限度法人以外の持分ありの医療法人）の出資をしている場合において、乙に相続が発生した場合には、乙の相続人が承継する医療法人の出資の評価金額はいくらになるのでしょうか。

　乙の相続人は乙の長男のみであり、乙の長男は医療法人の出資者たる地位を承継するものとします。

【医療法人の株主と出資状況】

株主	続柄	役職	出資金（口数）
医療　太郎（甲）		理事長	5,000,000円 （5,000,000口）
医療　一郎	甲の長男	理事	1,000,000円 （1,000,000口）
医療　二郎	甲の二男	理事	1,000,000円 （1,000,000口）
医療　花子	甲の配偶者	監事	1,000,000円 （1,000,000口）
相続　清（乙）		理事	1,000,000円 （1,000,000口）
相続　実	乙の長男	理事	1,000,000円 （1,000,000口）

社員は上記の 6 名であり、乙の相続発生に伴い医療法人の社員は 5 名になります。

【医療法人の株式価額】

	1 株当たりの価額
類似業種比準価額	@10円
純資産価額	@20円

　医療法人は、小会社に該当するものとします。仮に配当還元価額を適用した場合には 1 株当たりの価額は 0 円になります。

A　乙の相続人である長男が承継する医療法人の出資の評価は15,000,000円（@15円×1,000,000口）となります。

486

第1節　医療法人の出資の評価

❶　株主判定

　医療法人は配当がなく、配当還元方式による評価はなじまないため、原則的評価方式のみで評価されます（評価通達194－2）。

　また、医療法人の議決権は、社員が1人1議決権を所有しており、相続後の乙の長男の議決権保有割合は20％（5分の1）、反対に甲一族の議決権割合は80％（5分の4）となりますが、医療法人は議決権割合に関係なく原則的評価方式が適用されることになりますので、下記の通り第1表の1における議決権数や議決権割合、株主判定の記載は不要となります。

第1表の1の記載例（抜粋）

1.　株主及び評価方式の判定

氏名又は名称	続柄	会社における役職名	㋐株式数（株式の種類）	㋑議決権数	㋒議決権割合（㋑/④）
相続　実	納税義務者	理事	2,000,000 株	個	％
医療　太郎		理事長	5,000,000		
医療　一郎		理事	1,000,000		
医療　二郎		理事	1,000,000		
医療　花子		監事	1,000,000		

	②	⑤ （②/④）
自己株式		
納税義務者の属する同族関係者グループの議決権の合計数	②	⑤ （②/④）
筆頭株主グループの議決権の合計数	③	⑥ （③/④）
評価会社の発行済株式又は議決権の総数	① 10,000,000	④ 100

判定基準

納税義務者の属する同族関係者グループの議決権割合（⑤の割合）を基として、区分します。

区分基準	筆頭株主グループの議決権割合（⑥の割合）			株主の区分
	50％超の場合	30％以上50％以下の場合	30％未満の場合	
⑤の割合	50％超	30％以上	15％以上	同族株主等
	50％未満	30％未満	15％未満	同族株主等以外の株主

同族株主等（原則的評価方式等）	同族株主等以外の株主（配当還元方式）

「同族株主等」に該当する納税義務者のうち、議決権割合（㋒の割合）が5％未満の者の評価方式は、「2.少数株式所有者の評価方式の判定」欄により判定します。

2.　少数株式所有者の評価方式の判定

項目	判定内容
氏名	
㋩役員	である〔原則的評価方式等〕・でない（次の㋭へ）
㋭納税義務者が中心的な同族株主	である〔原則的評価方式等〕・でない（次の㋬へ）
㋬納税義務者以外に中心的な同族株主（又は株主）	がいる（配当還元方式）・がいない〔原則的評価方式等〕（氏名　　　）
判定	原則的評価方式等　・　配当還元方式

第7章　医療法人その他の出資の評価

❷　第5表における80％の斟酌の適用の可否

　納税義務者の属する同族関係者グループの議決権割合が50％以下である場合には、支配力の格差を考慮して80％の斟酌が認められています（評価通達185ただし書）。ただし、医療法人は上述の通り、1人1議決権とされており、支配力の格差を考慮する必要がないことから、80％の斟酌は不要とされています（評価通達194−2）。

　従って、1株当たりの純資産価額は16円（20円×80％）ではなく、20円となることに留意する必要があります。

❸　株式価額

　上記❶及び❷により医療法人の1株当たりの出資の価額は、15円（10円×0.5＋20円×0.5）となります。

Q2　医療法人の種類と相続税の評価　その1

　次のそれぞれの場合に死亡した社員に相続税は課税されますか。

（1）　持分ありの医療法人が持分なしの医療法人に移行した後に社員が死亡した場合

（2）　持分ありの医療法人が基金拠出型医療法人に移行した後に基金拠出者が死亡した場合

A　（1）　持分なしの医療法人への移行時に出資持分の放棄がなされているため、相続税の課税対象にはなりません。

（2）　基金拠出型法人については、（1）と同様に移行時に出資持分の放棄がなされているため、出資に対して相続税の対象にはなりませんが、基金拠出者に対しては、将来医療法人から返還されるべき債権となりますので、評価通達 204（貸付金債権の評価）に準じて評価することになります。

第 1 節　医療法人の出資の評価

▶実務上のポイント

　評価通達194-2（医療法人の出資の評価）が必要となる場合は、持分あり社団医療法人（経過措置型医療法人）のみが対象になります。

　平成19年4月1日以降の医療法人の類型は下記の通りですが、具体的には出資額限度法人と一般の持分あり医療法人が該当します。

財団医療法人	特定医療法人（税法） 社会医療法人（医療法） 一般の財団医療法人 ※特別医療法人は5年間経過措置後に廃止
持分なし社団医療法人	特定医療法人（税法） 社会医療法人（医療法） 一般の持分なし社団医療法人（基金制度選択可能） ※特別医療法人は5年間経過措置後に廃止
持分あり社団医療法人 （経過措置型医療法人）	出資額限度法人 一般の持分あり社団医療法人

Q3　医療法人の種類と相続税の評価　その2

　次のそれぞれの医療法人の出資者が死亡した場合において、（1）相続人が出資者たる地位を承継した場合と（2）出資者たる地位を承継せず出資持分払戻請求権を行使した場合に課税される相続税の評価と税務上の留意点について教えてください。

・出資額限度法人

・出資額限度法人以外の一般の持分あり社団医療法人

A　次の医療法人の区分に応じて下記の通り相続税が課税されることになります。

　相続人が出資持分払戻請求権を行使した場合には、出資額限度法人の場合には、残存出資者に対する贈与税の問題が発生し、一般の持分あり社団医療法人の場合にはみなし配当課税の問題が生じることになりますので、留意しておいてください。

第7章　医療法人その他の出資の評価

	（1）　相続人が出資者たる地位を承継した場合	（2）　相続人が出資持分払戻請求権を行使した場合
出資額限度法人	評価通達194-2（医療法人の出資の評価）の定めにより評価	出資額相当額により評価
上記以外の持分ありの社団医療法人		出資持分払戻請求権から源泉所得税を控除した金額により評価

（1）　相続人が出資者たる地位を承継した場合

　出資額限度法人及び一般の持分あり社団医療法人は、持分のある社団医療法人であるため、評価通達194-2（医療法人の出資の評価）の定めにより評価することになります。

　なお、出資額限度法人については、次のことから、その出資の価額は、通常の出資持分の定めのある医療法人の出資と同様に評価されます。

①　出資額限度法人は、出資持分の定めを有する医療法人であり、出資者の権利についての制限は将来社員が退社した場合に生じる出資払戻請求権または医療法人が解散した場合に生じる残余財産分配請求権について払込出資額の範囲に限定することであって、これらの出資払戻請求権等が行使されない限りにおいては、社員の医療法人に対する事実上の権限に影響を及ぼすものとはいえないこと

②　出資額限度法人においては、出資払戻請求権等が定款の定めにより払込出資額に制限されることとなるとしても、定款の後戻り禁止や医療法人の運営に関する特別利益供与の禁止が法令上担保されていないこと

③　他の通常の出資持分の定めのある医療法人との合併により、当該医療法人の出資者となることが可能であること

（2）　出資者たる地位を承継せず出資持分払戻請求権を行使した場合

　出資額限度法人及び一般の持分あり社団医療法人の社員の死亡により相続人が持分払戻請求権を行使した場合には、社員が死亡と同時に定款の定めに従って出資持分払戻請求権を取得することになりますので、出資持分払戻請求権により評価をすることになります。

　具体的な出資持分払戻請求権の評価については、相続開始時点における定款の定めに従い、出資持分払戻請求権により評価することになります。出資額限度法人の場合には出資額で評価されることになり、一般の持分あり社団医療法人の場合には、出資に応じての評価になりますので、医療法人の純資産の金額等を基に実際に医療法人から払い込まれた金額で評価することになります。この場合において、出資額を超える金額の払い戻しを受けた場合には、死亡した退社社員に対するみなし配当課税が生じることになりますので、源

泉所得税がある場合には、源泉所得税控除後の分配額に基づき評価することになります。

　なお、出資額限度法人の場合には残存出資者については出資持分の価額の増加につながるため、相法9条の規定によるみなし課税の問題が生じることになりますが、次のいずれにも該当しない出資額限度法人においては、残存出資者に対するみなし贈与課税は発生しないことになります。

ア．　当該出資額限度法人に係る出資、社員及び役員が、その親族、使用人など相互に特殊な関係を持つ特定の同族グループによって占められていること
イ．　当該出資額限度法人において社員（退社社員を含む）、役員（理事・監事）またはこれらの親族等に対し特別な利益を与えると認められるものであること

▶実務上のポイント

　相続人が出資持分払戻権を行使した場合には、出資持分払戻請求権が被相続人に帰属します。出資金を超える払戻金額を受けた場合には被相続人の準確定申告書の提出が必要となりますので注意しておきましょう。

　持分の定めのある医療法人が出資額限度法人に移行した場合の課税関係の詳細は厚生労働省医政局が国税庁に対して下記の事前照会を平成16年6月に行っており、国税庁としての見解は、照会通りの取扱いで差し支えない旨の回答が行われているため、参考情報として確認しておきましょう。

【参考】

医政発第0608002号
平成16年6月8日

国税庁課税部長　西江　章　殿

厚生労働省医政局長　岩尾　總一郎

持分の定めのある医療法人が出資額限度法人に移行した場合等の課税関係について（照会）

　医療法人は、医療法（昭和23年法律第205号）第39条の規定により、病院、診療所又は介護老人保健施設を開設しようとする財団又は社団が、都道府県知事（二以上の都道府県の区域において病院、診療所又は介護老人保健施設を開設する場合にあっては、厚生労働大臣）の認可を受けて設立される非営利の法人である。医療法においては、営利を目的として、病院、診療所又は助産所を開設しようとする者に対しては、開設許可を与えないこととされている（医療法第7条）

第 7 章　医療法人その他の出資の評価

ところであり、医療法人制度（医療法第 4 章）においては、剰余金の配当の禁止が明示されている（医療法第54条）など、非営利の法人であることが規定されている。

この医療法人のうち、社団であるもの（以下「社団医療法人」という。）には、出資持分の定めのないものと、出資持分の定めのあるものとがある（財団医療法人には出資の概念がない。）。さらに、社団医療法人のうち、持分の定めのあるものは、定款を変更して、持分の定めのないものに移行することができるが、逆に、持分の定めのないものから持分の定めのあるものに移行することはできないとされている（医療法施行規則（昭和23年厚生省令第50号）第30条の36）。

この社団医療法人については、厚生労働省では、社団の医療法人定款例（医療法人制度の改正及び都道府県医療審議会について（昭和61年健政発第410号）別添 4 ）を示してきたところであるが、「これからの医業経営の在り方に関する検討会」最終報告（平成15年 3 月26日）の指摘を踏まえ、出資持分の定めのある社団医療法人の一類型として、出資持分を残したまま、社員の退社時における出資払戻請求権及び医療法人の解散時における残余財産分配請求権に関し、その法人財産に及ぶ範囲を実際の払込出資額を限度とすることを定款上明らかにした医療法人（以下「出資額限度法人」という。）の新規設立認可や既存の出資持分のある社団医療法人からの定款変更の認可が円滑に行われるよう、次の内容を盛り込んだ「モデル定款」を示すことを考えている。

○「出資額限度法人」のモデル定款の内容等
出資持分の定めのある社団医療法人のうち、定款により、次のような定めを設けているものを、「出資額限度法人」ということとする。
（1）　社員資格を喪失したものは、払込出資額を限度として払戻しを請求することができる。
（2）　本社団が解散した場合の残余財産は、払込出資額を限度として分配するものとする。
（3）　解散したときの払込出資額を超える残余財産は、社員総会の議決により、都道府県知事の認可を経て、国若しくは地方公共団体又は租税特別措置法（昭和32年法律第26号）第67条の 2 に定める特定医療法人若しくは医療法第42条第 2 項に定める特別医療法人に帰属させるものとする。
（4）　（1）から（3）までの定めは変更することができないものとする。ただし、特定医療法人又は特別医療法人に移行する場合はこの限りではない。

この出資額限度法人については、定款を変更して出資額限度法人へ移行する時点、変更後の定款の下で社員（出資者）の退社等が生じた時点等の課税上の取扱いについても、これを明確にする必要があるところ、現行の定款の定めによる出資額限度法人については、下記のとおり取り扱われるものと解して差し支えないか、貴庁の見解を承りたく照会する。

なお、照会に当たっては、平成16年 3 月31日現在の医療法及び同関係法令を前提としており、出資持分の定めのある社団医療法人において、社員（出資者）の社員資格の喪失や、法人の解散時に、当該法人の財産に対し出資持分の払戻請求権の及ぶ範囲を定款上如何に定めるかについては、当該法人の自治の範囲内であり、移行後の定款を変更することも医療法第 4 章及び同関係法令において特段制限されているものではないことを申し添える。

記

１．定款を変更して出資額限度法人へ移行する場合

法人税、所得税及び贈与税等の課税は生じない。

（理由）

　出資持分の定めのある医療法人の出資額限度法人への移行とは、出資持分に応じて法人財産に
対する権利を有していた出資者の権利に関して、社員の合意に基づく定款変更により、将来退社
したときの出資払戻請求権又は当該医療法人が解散した場合の残余財産分配請求権について払込
出資額を限度とする旨定めることをいう。

　このように出資額限度法人は、定款の変更により出資に係る権利を制限することとするもので
あるが、依然として出資持分の定めを有する社団医療法人であり、この定款変更をもって、医療
法人の解散・設立があったとみることはできないから、医療法人の清算所得課税、出資者のみな
し配当課税、出資払込みに伴うみなし譲渡所得課税等の問題は生じないものと解される。

　また、定款変更により出資額限度法人に移行したとしても、医療法上は、再び定款を変更して
元の出資持分の定めのある医療法人に戻ることについての規制がなく、後戻りが可能であること
等からすれば、出資額限度法人への移行により、従来出資者に帰属していた法人財産に対する持
分のうち払込出資額を超える部分（評価益等の未実現利益を含む。以下「剰余金相当部分」とい
う。）が確定的に他の者に移転したということもできない。

２．出資額限度法人の出資の評価を行う場合

　相続税・贈与税の計算における出資の価額は、通常の出資持分の定めのある医療法人と同様、
財産評価基本通達（昭和39年直資第56号・直審（資）第17号）194－２の定めに基づき評価される。

（理由）

　出資額限度法人に移行しても、次のことから、その出資の価額は、通常の出資持分の定めのあ
る医療法人の出資と同様に評価される。

① 　出資額限度法人は、依然として、出資持分の定めを有する医療法人であり、出資者の権利に
ついての制限は将来社員が退社した場合に生じる出資払戻請求権又は医療法人が解散した場合
に生じる残余財産分配請求権について払込出資額の範囲に限定することであって、これらの出
資払戻請求権等が行使されない限りにおいては、社員の医療法人に対する事実上の権限に影響
を及ぼすものとはいえないこと
② 　出資額限度法人においては、出資払戻請求権等が定款の定めにより払込出資額に制限される
こととなるとしても、定款の後戻り禁止や医療法人の運営に関する特別利益供与の禁止が法令
上担保されていないこと
③ 　他の通常の出資持分の定めのある医療法人との合併により、当該医療法人の出資者となるこ
とが可能であること

第7章　医療法人その他の出資の評価

３．社員が出資払込額の払戻しを受けて退社した場合

　定款の後戻りが可能であるとしても、社員のうちの１名が退社し、定款の定めに従って出資払込額の払戻しを受けて当該退社社員の出資が消滅した場合には、その時点において、当該出資に対応する剰余金相当部分について払い戻さないことが確定することとなる。
　なお、株式会社等営利法人は医療法人の社員となることができないと解されていることから、個人社員が退社した場合の課税関係についてみると、以下のとおりとなる。

（１）　退社した個人社員の課税関係

　退社に伴い出資払込額を限度として持分の払戻しを受ける金額が、当該持分に対応する資本等の金額を超えない限りにおいては、課税関係は生じない。

（理由）
　法人からの退社により持分の払戻しを受けた場合において、当該払戻しを受けた金額が所得税法施行令（昭和40年政令第96号）第61条第２項第６号の規定により計算した当該持分に対応する資本等の金額（法人税法（昭和40年法律第34号）第２条第16号）を超えるときのその超える部分の金額は、所得税法（昭和40年法律第33号）第25条の規定により、配当とみなすこととされているが、出資額限度法人において、個人社員が退社に伴い出資払込額を限度として持分の払戻しを受ける金額が、当該持分に対応する資本等の金額を超えない限りにおいては、同条の規定により配当とみなされる部分は生じない。
　また、社員が法人からの退社による持分の払戻しとして交付を受けた金額等は、配当とみなされる部分を除き、譲渡所得の収入金額とみなすこととされているが（租税特別措置法第37条の10第４項第６号）、その払戻しを受ける金額は払込出資額を限度とするものであるから、その額は通常、取得額（払込出資額）と同額となり、原則として、譲渡所得の課税は生じない。

（２）医療法人に対する法人税（受贈益）の課税関係

課税関係は生じない。

（理由）
　医療法人にとっては、定款に従い退社社員に出資払込額を払い戻すという出資金額の減少を生ずる取引（資本等取引）に当たるため、一般の営利法人と同様、課税関係は生じない。

（３）　残存出資者又は医療法人に対する贈与税の課税関係

　残存する他の出資者の有する出資持分の価額の増加について、みなし贈与の課税（相続税法（昭和25年法律第73号）第９条）の問題が生じることとなるが、次のいずれにも該当しない出資額限度法人においては、原則として、他の出資者に対するみなし贈与の課税は生じないものと解される。
　ア．当該出資額限度法人に係る出資、社員及び役員が、その親族、使用人など相互に特殊な関係をもつ特定の同族グループによって占められていること

494

イ．当該出資額限度法人において社員（退社社員を含む）、役員（理事・監事）又はこれらの親族等に対し特別な利益を与えると認められるものであること

　上記に該当するかどうかは、当該出資額限度法人の実態に即して個別に判断されるものである。

　その際、次に掲げるところに該当しない場合にあっては、上記ア又はイにそれぞれ該当しないものとされる。

（アについて）

① 出資者の３人及びその者と法人税法施行令（昭和40年政令第97号）第４条第１項又は第２項に定める特殊の関係を有する出資者の出資金額の合計額が、出資総額の50％を超えていること

② 社員の３人及びその者と法人税法施行令第４条第１項に定める特殊の関係を有する社員の数が総社員数の50％を超えていること

③ 役員のそれぞれに占める親族関係を有する者及びこれらと租税特別措置法施行令（昭和32年政令第43号）第39条の25第１項第２号イからハまでに掲げる特殊な関係がある者の数の割合が３分の１以下であることが定款で定められていないこと

【参考条文】
○ 法人税法施行令（昭和40年政令第97号）（抄）
（同族関係者の範囲）

第４条　法第２条第10号（同族会社の意義）に規定する政令で定める特殊の関係のある個人は、次に掲げる者とする。
　一　株主等の親族
　二　株主等と婚姻の届出をしていないが事実上婚姻関係と同様の事情にある者
　三　株主等（個人である株主等に限る。次号において同じ。）の使用人
　四　前３号に掲げる者以外の者で株主等から受ける金銭その他の資産によつて生計を維持しているもの
　五　前３号に掲げる者と生計を一にするこれらの者の親族
２　法第２条第10号に規定する政令で定める特殊の関係のある法人は、次に掲げる会社とする。
　一　同族会社であるかどうかを判定しようとする会社の株主等（当該会社が自己の株式又は出資を有する場合の当該会社を除く。以下この項及び次項において「判定会社株主等」という。）の１人（個人である判定会社株主等については、その１人及びこれと前項に規定する特殊の関係のある個人。以下この項において同じ。）が有する他の会社の株式の総数又は出資の金額の合計額が当該他の会社の発行済株式の総数又は出資金額（その有する自己の株式又は出資を除く。次号及び第３号において同じ。）の100分の50を超える数の株式又は出資の金額に相当する場合における当該他の会社
　二　判定会社株主等の１人及びこれと前号に規定する特殊の関係のある会社が有する他の会社の株式の総数又は出資の金額の合計額が当該他の会社の発行済株式の総数又は出資金額の100分の50を超える数の株式又は出資の金額に相当する場合における当該他の会社

第7章　医療法人その他の出資の評価

　　三　判定会社株主等の1人及びこれと前2号に規定する特殊の関係のある会社が有する他の
　　　会社の株式の総数又は出資の金額の合計額が当該他の会社の発行済株式の総数又は出資金
　　　額の100分の50を超える数の株式又は出資の金額に相当する場合における当該他の会社
　3　（略）

　○　租税特別措置法施行令（昭和32年政令第43号）（抄）
　　（法人税率の特例の適用を受ける医療法人の要件等）
　第39条の25　法第67条の2第1項に規定する政令で定める要件は、次に掲げる要件とする。
　　一　（略）
　　二　その運営組織が適正であるとともに、その理事、監事、評議員その他これらの者に準ず
　　　るもの（以下この項において「役員等」という。）のうち親族関係を有する者及びこれら
　　　と次に掲げる特殊の関係がある者（以下次号において「親族等」という。）の数がそれぞ
　　　れの役員等の数のうちに占める割合が、いずれも3分の1以下であること。
　　　　イ　当該親族関係を有する役員等と婚姻の届出をしていないが事実上婚姻関係と同様の事
　　　　　情にある者
　　　　ロ　当該親族関係を有する役員等の使用人及び使用人以外の者で当該役員等から受ける金
　　　　　銭その他の財産によつて生計を維持しているもの
　　　　ハ　イ又はロに掲げる者の親族でこれらの者と生計を一にしているもの
　　三から五まで　（略）
　2から6まで　（略）

（イについて）
①　出資額限度法人の定款等において、次に掲げる者に対して、当該法人の財産を無償で利用
　させ、又は与えるなど特別の利益を与える旨の定めがある場合
　ⅰ　当該法人の社員又は役員
　ⅱ　当該法人の社員又は役員の親族
　ⅲ　当該法人の社員又は役員と次に掲げる特殊の関係がある者（次の②において「特殊の関
　　係がある者」という。）
　　（ⅰ）当該法人の社員又は役員とまだ婚姻の届出をしないが事実上婚姻関係と同様の事情
　　　　にある者及びその者の親族でその者と生計を一にしているもの
　　（ⅱ）当該法人の社員又は役員の使用人及び使用人以外の者でその者から受ける金銭その
　　　　他の財産によって生計を維持しているもの並びにこれらの者の親族でこれらの者と
　　　　生計を一にしているもの
　　（ⅲ）当該法人の社員又は役員が法人税法（昭和40年法律第34号）第2条第15号に規定す
　　　　る役員（以下「会社役員」という。）となっている他の会社
　　（ⅳ）当該法人の社員又は役員、その親族、上記（ⅰ）及び（ⅱ）に掲げる者並びにこれ
　　　　らの者と法人税法第2条第10号に規定する政令で定める特殊の関係にある法人を判
　　　　定の基礎とした場合に同号に規定する同族会社に該当する他の法人
　　（ⅴ）上記（ⅲ）又は（ⅳ）に掲げる法人の会社役員又は使用人
②　当該出資額限度法人が社員、役員又はその親族その他特殊の関係がある者に対して、次に
　掲げるいずれかの行為をし、又は行為をすると認められる場合
　ⅰ　当該法人の所有する財産をこれらの者に居住、担保その他の私事に利用させること。
　ⅱ　当該法人の他の従業員に比し有利な条件で、これらの者に金銭の貸付けをすること。

496

iii　当該法人の所有する財産をこれらの者に無償又は著しく低い価額の対価で譲渡すること。

iv　これらの者から金銭その他の財産を過大な利息又は賃借料で借り受けること。

v　これらの者からその所有する財産を過大な対価で譲り受けること、又はこれらの者から公益を目的とする事業の用に供するとは認められない財産を取得すること。

vi　これらの者に対して、当該法人の理事、監事、評議員その他これらの者に準ずるものの地位にあることのみに基づき給与等（所得税法（昭和40年法律第33号）第28条第1項に規定する「給与等」をいう。以下同じ。）を支払い、又は当該法人の他の従業員に比し過大な給与等を支払うこと。

vii　これらの者の債務に関して、保証、弁済、免除又は引受け（当該法人の設立のための財産の提供に伴う債務の引受けを除く。）をすること。

viii　契約金額が少額なものを除き、入札等公正な方法によらないで、これらの者が行う物品の販売、工事請負、役務提供、物品の賃貸その他の事業に係る契約の相手方となること。

ix　事業の遂行により供与する公益を主として、又は不公正な方法で、これらの者に与えること。

なお、剰余金相当部分に相当する利益は残存出資者へ移転されるものと解されるから、医療法人への贈与があったものとみる必要はないため、相続税法第66条第4項の規定に基づく医療法人に対する贈与税課税の問題は生じない。

（理由）

個人社員が出資払込額の払戻しを受けて退社した場合には、当該出資に対応する剰余金相当部分が医療法人に留保され、残存出資者の出資割合が増加することから、結果として、その出資の評価額が増加することとなる。この場合の増加額は、社員の退社前の医療法人資産の状況及び出資額（口数）に基づいて財産評価基本通達194－2により評価した評価額と当該退社後の医療法人資産の状況及び出資額（口数）に基づく同評価額との差額により求められる。

この評価額の増加は、社員相互の合意による定款変更の結果であるから、原則として、退社社員から残存出資者への利益の移転と捉えることができ、相続税法第9条に規定するみなし贈与の課税が生じることとなる。

ただし、相続税法基本通達9－2の取扱いなどを踏まえれば、特定の同族グループによる同族支配の可能性がないと認められる医療法人については、一般的にはその利益を具体的に享受することがないと考えられるから、そのような法人にあっては、みなし贈与の課税は生じないものと解される。

<u>4．社員が死亡により退社した場合</u>

（1）相続税の課税関係

社員が死亡により退社した場合において、定款の定めにより出資を社員の地位とともに相続等することができることとされている出資額限度法人の当該被相続人に係る出資を相続等したとき、また、出資払戻請求権を相続等により取得した相続人等がその払戻しに代えて出資を取得し、社員たる地位を取得することとなるときには、当該出資又は出資払戻請求権の価額は、

第7章　医療法人その他の出資の評価

出資としての評価額となり、上記2のとおり、財産評価基本通達194－2の定めに基づき評価した価額となる。

　一方、社員の死亡退社に伴い、その出資に関する出資払戻請求権を取得した相続人等が現実に出資払戻額の払戻しを受けたときには、当該出資払戻請求権については、出資払込額により評価する。

（2）他の出資者の課税関係

　上記（1）で、死亡した社員の相続人等が出資払込額の払戻しを受け、出資を相続しなかった場合であって、当該出資に係る剰余金相当額が残存する他の出資者に帰属するものとして前記3（3）の場合と同様の判定に基づき、他の出資者が退社した社員から出資の価額の増加額に相当する利益の贈与を受けたものとして取り扱われるときには、みなし贈与の課税が生じることとなる。

　なお、この場合において、当該残存する他の出資者が被相続人（死亡した退社社員）からの相続等により他の財産を取得しているときには、その利益は、当該他の相続財産に加算され相続税の課税対象となる（相続税法第19条）。

（3）その他の課税関系

　退社社員（被相続人）の所得税の課税関係及び医療法人の法人税の課税関係については、前記3（1）及び（2）の場合と同様となる。

第 **2** 節

医療法人以外の出資の評価

　出資の評価については、評価通達194から196により評価方法が定められていますが、その評価方法の概要をまとめると下記の通りとなります。

　医療法人においては、第1節で解説した通りとなりますので、この節では医療法人以外の出資の評価を確認します。

評価通達	194	195	196
適用会社	持分会社 ・合名会社 ・合資会社 ・合同会社	信用金庫、信用組合、農業協同組合、漁業協同組合等 （注）　営利を目的として事業を行わない組合等	企業組合 漁業生産組合等 （注）　営利を目的とする事業を営む組合等
評価方法	持分の承継 ⇒取引相場のない株式の評価に準じて評価 持分の払い戻し ⇒払戻金額または純資産価額を基に評価	払込済出資金額によって評価	取引相場のない株式に関する純資産価額方式を準用して評価

1 持分会社の出資の評価

1 概　要

　持分会社とは合名会社、合資会社、合同会社のことをいいます。なお、旧有限会社への出資については、株式会社として存続するものとされているため、株式会社と同じ評価方法が適用されます。

　まず、合名会社、合資会社、合同会社の相違点を整理すると、下記の通りとなります。

第7章　医療法人その他の出資の評価

	合名会社	合資会社	合同会社
社員の議決権	原則として1人1議決権		
社員の責任	無限責任社員	無限責任社員 有限責任社員	有限責任社員
出資の払い戻し	出資の払い戻しが認められている		出資の払い戻しが制限
退社に伴う持分の払い戻し	持分の払い戻しを請求することができる。 この場合の持分の払い戻しは、出資の払い戻しとは異なり、退社の時における持分会社の財産の状況に従って行われます。		

2 評価方法

　持分会社は、会社に対する出資となりますので、非上場株式と同様に取引相場のない株式の評価の定めに従い、評価通達178から同通達193までの定めに準じて評価することになります。

　しかし、株式会社は出資を限度として責任を負うのに対し、合名会社及び合資会社の無限責任社員は、評価会社の債務も連帯債務に該当することに鑑み、評価会社が債務超過である場合の当該債務超過部分については、相続税の課税価格計算上、被相続人の債務として債務控除の対象になります。

　また、株式会社とは違い持分会社には退社に伴う持分の払戻請求権が会法611条1項で認められており、その計算方法は同条2項において「退社した社員と持分会社との間の計算は、退社の時における持分会社の財産の状況に従ってしなければならない。」とされていますので、退社に伴い持分の払い戻しをした場合には、上記の会社法の規定に基づく払戻金額により評価し、その金額が明らかでない場合には純資産価額を基に計算することになります。この場合における純資産価額の計算は、課税時期における各資産の相続税評価額の合計額から課税時期における各負債の相続税評価額の合計額を控除した残額に持分を乗じた金額により評価を行い、法人税等相当額は控除しないことが相当であると考えられます。これは、退社に伴う持分の払い戻しが「退社した社員と持分会社との間の計算は、退社の時における持分会社の財産の状況に従ってしなければならない。」とされているためです。

　なお、この払戻請求権は死亡と同時に被相続人に帰属するとされていますので、出資金額を超える払戻金額を受けた場合には、死亡した社員に対するみなし配当課税が生じることになりますので、源泉所得税がある場合には、源泉所得税控除後の分配額に基づき評価をします。

以上をまとめると下記の通りとなります。

	持分を承継した場合	持分の払い戻しをした場合
持分会社の出資の評価方法	取引相場のない株式の評価に準じて評価	払戻金額または純資産価額を基に評価 （注1）　法人税等相当額の控除の適用なし （注2）　みなし配当による源泉所得税がある場合には控除後の金額

（注）　連帯債務を負っている無限責任社員で評価会社が債務超過である場合には、債務超過相当額が負債として個人の債務として債務控除の対象になります。

2　農業協同組合等、企業組合等の出資の評価

　農業協同組合等の出資の評価は、評価通達195の定めにより評価し、企業組合等の出資の評価は評価通達196の定めにより評価をします。

　それぞれの適用会社及び評価方法をまとめると下記の通りとなります。

評価通達	195	196
適用会社	信用金庫、信用組合、 農業協同組合、漁業協同組合等 （注）　営利を目的として事業を行わない組合等	企業組合 漁業生産組合等 （注）　営利を目的とする事業を営む組合等
評価方法	払込済出資金額によって評価	取引相場のない株式に関する純資産価額方式を準用して評価

　実務上は、それぞれの組合が評価通達の195に該当するのか196に該当するのか、あるいはいずれにも該当しないのかを判断をすることになりますが、評価通達195の定めは、農業協同組合のように、その組合の行う事業によって、その組合員及び会員のために最大の奉仕をすることを目的とし営利を目的として事業を行わない組合等に対する出資を評価するときに適用します。一方、同196の定めは、企業組合、漁業生産組合等のように、それ自体が1個の企業体として営利を目的として事業を行うことができる組合等に対する出資を評価するときに適用することとしています。

　具体例として、下記の質疑応答事例（信用金庫等の出資の評価）を確認しておきましょう。

第7章　医療法人その他の出資の評価

質疑応答事例

信用金庫等の出資の評価

▶照会要旨

　次に掲げる法人に対する出資者に相続が開始し、定款等の定めに基づき、その相続人が当該出資者の地位を承継することとなったときには、財産評価基本通達のいずれの定めによって評価するのでしょうか。

　① 　信用金庫の出資

　② 　信用組合の出資

　③ 　農事組合法人の出資

　④ 　協業組合の出資

▶回答要旨

　①及び②については、財産評価基本通達195の定めにより、原則として払込済出資金額によって評価します。

　③については、財産評価基本通達196の定めにより、純資産価額（相続税評価額によって計算した金額）を基として、出資の持分に応ずる価額によって評価します。

　④については、財産評価基本通達194の定めに準じて評価します。この場合において、財産評価基本通達185のただし書及び同188から188－5までの定めは適用しません。

（理由）

　財産評価基本通達195の定めは、農業協同組合のように、その組合の行う事業によって、その組合員及び会員のために最大の奉仕をすることを目的とし営利を目的として事業を行わない組合等に対する出資を評価するときに適用します。一方、同196の定めは、企業組合、漁業生産組合等のように、それ自体が1個の企業体として営利を目的として事業を行うことができる組合等に対する出資を評価するときに適用することとしています。なお、協業組合については、組合ではあるが、相互扶助等の組合原則を徹底しているというよりは、会社制度の要素を多く取り込んでおり、その実態は持分会社に近似すると認められることから、同195、196の定めは適用しません。

　これらのことから、①及び②については財産評価基本通達195の定めにより、③については同196の定めにより、④については、その実態を考慮し、同194の定めに準じて評価します。

502

第2節　医療法人以外の出資の評価

　(注)　協業組合の出資を財産評価基本通達194の定めに準じて評価する場合には、各組合員の議決権は原則として平等であり、出資と議決権が結びついていないことから、同185のただし書及び同188から188－5までの定めは適用がないことに留意してください。

【関係法令通達】

財産評価基本通達185、188～188－5、194、195、196

（出所）国税庁ホームページ　質疑応答事例

質疑応答事例

企業組合の定款に特別の定めがある場合の出資の評価

▶照会要旨

　企業組合が、その定款を「組合員が脱退したときは組合員の本組合に対する出資額を限度として持分を払い戻すものとする。」と変更した場合には、その出資又は出資払戻請求権はどのように評価するのでしょうか。

▶回答要旨

1　法令の規定により払込出資金額しか返還されないことが担保されている場合

　　法令の規定により、現実に払込出資金額しか返還されないことが担保されている場合には払込出資金額によって評価します。

（参考）

○　消費生活協同組合法

　第21条

　脱退した組合員は、定款の定めるところにより、その払込済出資額の全部又は一部の払戻しを請求することができる。

2　法令の規定により払込出資金額しか返還されないことが担保されていない場合

　法令の規定により、払込出資金額しか返還されないことが担保されていない場合であって、出資持分の相続について定款に別段の定めがある等により、その持分を承継する場合には、財産評価基本通達196《企業組合等の出資の評価》の定めによって評価します。

　ただし、法令の規定により、払込出資金額しか返還されないことが担保されていない場合であっても、出資持分を承継することなく、相続人等が現実に出資払戻請

503

第7章　医療法人その他の出資の評価

求権を行使して出資の払戻しを受けたときには、その払戻しを受けた出資の金額によって評価します。

　なお、相続人等が現実に出資の払戻しを受けた場合において、当該出資に係る剰余金相当額が残存する他の出資者に帰属するときには、他の出資者が脱退した組合員から出資の価額の増加額に相当する利益の贈与を受けたものとして、相続税法第9条に規定するみなし贈与の課税が生じる場合があります。

（参考）

○　中小企業等協同組合法

　　第20条

　　組合員は、第18条又は前条第1項第1号から第4号までの規定により脱退したときは、定款の定めるところにより、その持分の全部又は一部の払戻を請求することができる。

　2　前項の持分は、脱退した事業年度の終における組合財産によって定める。

　　（第3項　省略）

【関係法令通達】

　　財産評価基本通達196

　　消費生活協同組合法第21条

　　中小企業等協同組合法第20条

　　相続税法第9条

（出所）国税庁ホームページ　質疑応答事例

第**8**章

時価とは

第 8 章のポイント

●相続税法22条における時価と評価通達の位置づけについて確認
　する。

●最高裁令和 4 年判決における総則 6 項の適用判断の枠組みを理
　解する。

●総則 6 項の適用のあり方について理解する。

●適正な評価実務を行うための留意点を理解する。

第 1 節

時価と評価通達の位置づけ

　相法22条は、相続、遺贈または贈与により取得した財産の価額は、原則として、当該財産の取得の時における時価による旨を定めています。そして、評価通達１項（時価の意義）では、「財産の価額は、時価によるものとし、時価とは、課税時期において、それぞれの財産の現況に応じ、不特定多数の当事者間で自由な取引が行われる場合に通常成立すると認められる価額をいい、その価額は、この通達の定めによって評価した価額による。」とされています。そして非上場株式の場合には、評価通達178から189－７までの定めにより時価を算定することになります。

　もっとも、評価通達は、上級行政機関が下級行政機関の職務権限の行使を指揮するために発した通達に過ぎませんので、納税者に対する法的効力はありません。しかしながら、租税の目的とするところの１つには課税の公平性がありますので、非上場株式をある程度、画一的に評価をする必要があります。評価通達の役割としては、課税の公平性や安全性に着目をして画一的な評価を行うことにありますので、課税実務においてもこの評価通達による評価が大原則になります。

　そして、評価通達は、評価の安全性を考慮していますので、相法22条に規定する時価以下の金額で評価することが前提となっています。現に路線価は時価（地価公示価格）の８割での評価が前提となっていますし、令和６年１月１日以後に適用されている居住用の区分所有財産の評価については、理論的な市場価額の６割になるように個別通達が運用されています。非上場株式の場合においても、一般的に類似業種比準価額が時価よりも低い価額であることは周知の事実となっています。

　従って、評価通達による価額と相法22条の時価との乖離はそもそもある程度は想定がされていることになります。ところが、その評価通達による価額と相法22条の時価との著しい乖離を納税者が意図して作出した場合には、他の納税者と比較し、看過できない不均衡が生じることになるため、次に解説する評価通達第１章総則６項（以下、「総則６項」という）の定めにより、国税庁長官の指示を受けて他の合理的な評価方法が認められます。

第 2 節

総則6項の適用

1 総則6項の定め

　総則6項では、「この通達の定めによって評価することが著しく不適当と認められる財産の価額は、国税庁長官の指示を受けて評価する。」とされていますので、「著しく不適当」という実質的な要件と「国税庁長官の指示」という形式的な要件が必要とされています。

2 形式的な要件

　総則6項には、「国税庁長官の指示」とありますが、法的な要件とはされておらず、国税庁長官の指示を得ずに行った総則6項の適用も違法ではないとされています。例えば、平成9年9月30日の東京地裁判決（TAINSコード：Z228－7994）は、国税庁長官の指示なく総則6項により更正処分が行われた事件となりますが、下記の通り判示しています。

> 評価通達は、あくまで、国税庁内部における上位の行政組織から下位の行政組織に対する、評価に当たつての基準及び手続の指示という性格を有するものであつて、評価通達自体が対外的に法規範と同様の効力を有するものではなく、（省略）本件各処分の適法性は、原告らの課税価格を算定するに当たり被告が調査によつて採用した本件土地の価額が客観的時価以内にあるか否かによつて判断されるものであるから、仮に、被告が、本件土地の評価を評価通達の定める路線価方式によらずに行うに当たり、国税庁長官の個別的な指示を得ていなかつたとしても、そのことの一事をもつて、被告の行つた本件土地の評価、ひいては、それを基礎としてなされた本件各処分が違法となるべきものでないことは明らかである。

　土地や非上場株式が評価通達に依拠している以上、手続も厳格に行うべきだと思いますが、国税庁長官の指示の有無にかかわらず総則6項が適用される点には、注意が必要です。

第2節　総則6項の適用

3　実質的な要件

　総則6項には、「著しく不適当」とありますが、その内容の意味するところは明確にされていません。過去の裁判例においては「通達に定める評価方式によらないことが相当是認される特別な事情」、最近の判例においては「評価通達の定める方法による画一的な評価を行うことが実質的な租税負担の公平に反するというべき事情」という言葉に置き換えられて判決がされています。

　例えば、大阪地裁平成12年2月23日判決（TAINS・Z246-8594）では「通達は法規としての性格を有しないが、評価基本通達に定められた評価方式が合理的なものである限り、租税平等主義という観点から、特定の納税者あるいは特定の相続財産又は贈与財産についてのみ、評価基本通達に定める評価方法以外の方法によって評価を行うことは許されない。しかし、評価基本通達に定められた評価方式によるべきとの趣旨が右のようなものであることからすれば、評価基本通達に定める評価方式を画一的に適用するという形式的な平等を貫くことによって、かえって、実質的な租税負担の公平を著しく害することが明らかである等の特別な事情がある場合には、別の評価方式によることが許される。」と判示しています。

　また、最高裁令和4年4月19日判決（TAINS・Z888-2406、以下「最高裁令和4年判決」という）においては、「相続税の課税価格に算入される財産の価額について、評価通達の定める方法による画一的な評価を行うことが実質的な租税負担の公平に反するというべき事情がある場合には、合理的な理由があると認められるから、当該財産の価額を評価通達の定める方法により評価した価額を上回る価額によるものとすることが上記の平等原則に違反するものではないと解するのが相当である」とされています。

■最高裁令和4年判決について

　最高裁令和4年判決は、相続開始前にマンション2棟を約14億円で購入し、納税者がそのマンション2棟を約3.3億円で評価したことに対して、課税庁が総則6項に基づき鑑定価額約12.7億円で更正処分をした事件となります。この最高裁令和4年判決では、総則6項の適用の判断の枠組みを下記の通り判断しています。

> (1)　相続税法22条は、相続等により取得した財産の価額を当該財産の取得の時における時価によるとするが、ここにいう時価とは当該財産の客観的な交換価値をいうものと解される。そして、評価通達は、上記の意味における時価の評価方法を定めたものであるが、上級行政機関が下級行政機関の職務権限の行使を指揮するために発した通達にすぎず、これが国民に対し直接の法的効力を有するというべき根拠は見

第8章 時価とは

当たらない。そうすると、相続税の課税価格に算入される財産の価額は、当該財産の取得の時における客観的な交換価値としての時価を上回らない限り、同条に違反するものではなく、このことは、当該価額が評価通達の定める方法により評価した価額を上回るか否かによって左右されないというべきである。(省略)

(2)　他方、租税法上の一般原則としての平等原則は、租税法の適用に関し、同様の状況にあるものは同様に取り扱われることを要求するものと解される。そして、評価通達は相続財産の価額の評価の一般的な方法を定めたものであり、課税庁がこれに従って画一的に評価を行っていることは公知の事実であるから、課税庁が、特定の者の相続財産の価額についてのみ評価通達の定める方法により評価した価額を上回る価額によるものとすることは、たとえ当該価額が客観的な交換価値としての時価を上回らないとしても、合理的な理由がない限り、上記の平等原則に違反するものとして違法というべきである。もっとも、上記に述べたところに照らせば、相続税の課税価格に算入される財産の価額について、評価通達の定める方法による画一的な評価を行うことが実質的な租税負担の公平に反するというべき事情がある場合には、合理的な理由があると認められるから、当該財産の価額を評価通達の定める方法により評価した価額を上回る価額によるものとすることが上記の平等原則に違反するものではないと解するのが相当である。

　最高裁令和4年判決の枠組みから、課税庁が評価通達を上回る価額（相法22条に規定する時価以下の金額）で課税することは、平等原則の観点から原則として違法となりますが、評価通達の定める方法による画一的な評価を行うことが実質的な租税負担の公平に反するというべき事情がある場合には、合理的な理由があると認められるため、違法にはならないということになります。

■令和6年東京地裁判決について

　令和6年1月18日の東京地裁判決（TAINSコード：Z888－2556）は、上記の最高裁判決が判示されてから初めての総則6項に係る判決で、上記の事情の有無を考察したうえで判示しています。東京地裁判決は、相続人が相続により取得したO社株式の評価について、納税者が評価通達に基づく類似業種比準価額として1株当たり8,186円で評価したのに対して、課税庁は大手アドバイザリー会社作成の株式価値算定報告書に基づき1株当たり80,373円と評価し、更正処分等を行ったことに対して、請求人が、原処分の取消しを求めた事件となります。背景として、被相続人が相続開始（平成26年6月11日）の直前の平成26年5月29日においてV社との間でO社株式を1株当たり105,068円で譲渡する基本合意

510

書の締結を行っており、その直後に相続があり、被相続人から株式を承継した相続人が上記の基本合意価額105,068円で譲渡したことが問題になっています。相続直前のＭ＆Ａにおける基本合意では、譲渡契約の締結及び譲渡予定価格について法的拘束力はないものとされていますので、相続開始時点において、譲渡することが確定したものではない状況で相続が発生しています。そして、評価通達と相法22条の時価との乖離が著しいことが明らかであるＯ社株式の評価について、総則６項が適用されるか否かが問題となりました。東京地裁は、令和４年最高裁判決の総則６項の判断枠組みに照らして、下記の通り判示し、総則６項の適用はないものとして、更正処分等は違法であるとしています。

> ア　最高裁令和４年判決は、実質的には、特段の事情がある場合に評価通達６を適用することを肯定しているものと解されるが、当該特段の事情としてどのようなものが挙げられるかについて一般論として明示はしておらず、被相続人側の租税回避目的による租税回避行為がない場合について直接判示したものとは解されない。もっとも、最高裁令和４年判決が租税回避行為をしなかった他の納税者との不均衡、租税負担の公平に言及している点に鑑みると、租税回避行為をしたことによって納税者が不当ないし不公平な利得を得ている点を問題にしていることがうかがわれる。
> イ　本件においては、最高裁令和４年判決の事案とは異なり、本件被相続人及び本件相続人らが相続税その他の租税回避の目的でＯ社株式の売却を行った（又は行おうとした）とは認められない。そうすると、本件各更正処分等の適否は、本件相続開始日以前に本件通達評価額を大きく超える金額での売却予定があったＯ社株式について、実際に本件相続開始日直後に当該金額で予定どおりの売却ができ、その代金を本件相続人らが得たことをもって、この事実を評価しなければ、「（取引相場のない大会社の株式を相続しながら評価通達の定める方法による評価額を大幅に超えるこのような売却による利益を得ることができなかった）他の納税者と原告らとの間に看過し難い不均衡を生じさせ、実質的な租税負担の公平に反する」（最高裁令和４年判決）といえるかどうかによって判断すべきこととなる。
> ウ　相続開始後に納税、遺産分割、事業承継のための親族間での株式等事業承継用資産の集約その他の理由により、相続財産の一部を売却して現金化することは格別稀有な事情ではないが、かかる際に評価通達の定める方法による評価額よりも相当高額で現金化することができたとしても、当該売却やそれに向けて交渉をすること自体は何ら不当ないし不公平なことではなく、仮にそのような売却を行うことができたとしても、売却価額ではなく評価通達の定める方法による評価額で当該財産を評価して相続税を申告することが問題視されることは一般的ではない。また、相続開

第8章　時価とは

始後に相続財産を評価通達の定める方法による評価額よりも著しく高い価格で売却することができたとしても、その売却価額が当該財産の（被相続人による）取得価額よりも高額であれば、当該売却による利益は譲渡所得税による納税対象とされることになるし、これによって相続時と売却時に二度納税することになる。こうした点をも考慮すれば、相続税を軽減するために被相続人の生前に多額の借金をした上であらかじめ不動産などを購入して評価通達の定める方法における現金と不動産など他の財産に係る評価額の差異を利用する相続税回避行為をしているような場合でない限り、当該相続対象財産を評価通達の定める方法による評価額を超える価格で評価して課税しなければ相続開始後に相続財産の売却をしなかった又はすることができなかった他の納税者と比較してその租税負担に看過し難い不均衡があるとまでいうことは困難である。

逆に、ある財産を相続して評価通達の定める方法による評価額で相続税を納税した上で、一定期間経過後に当該財産を上記評価額と比して著しく高い価格で売却することができた者を想定すると、相続財産を高値で処分したことは共通するのに、本件各更正処分等のように相続直近の時期に売却した者のみ当該売却価格に着目されて評価通達の定める方法による評価額を超える財産評価を受けて高額の相続税納税義務を負うという不利益が生ずることも想定される。そうすると、相続直後に相続財産を評価通達の定める方法による評価額を著しく超える価額で売却した（又はすることができた）者が売却しなかった（又はすることができなかった）者に比して常に有利であるとも限らず、むしろ、相続財産を相続開始直後に売却した場合にのみ評価通達の定める方法による評価額を超える財産評価を受けることは、明らかに前者にとって不利であるともいえる。このように考えると、相続開始直後に相続財産の一部を高額で売却することができたとしても、その事実に着目して相続課税をしなければ他の納税者との間で租税負担に看過し難い不均衡があるとは必ずしも断じ得ない。

エ　本件では、本件相続開始日直後に本件売却価格という評価通達の定める方法による評価額を大幅に上回る高値で本件相続株式を売却することができたという事情に加え、本件相続開始日以前から本件被相続人がO社株式の売却の交渉をしており、かつ、その生前の段階でV社との間でその譲渡予定価格まで基本合意していたという事情が認められる。しかしながら、この場合であっても、最終的に本件相続株式の売却が成立し、本件相続人らが本件通達評価額を大幅に上回る代金を現に取得したという事情がなければ、およそ本件算定報告額をもって課税しなければ他の納税者との間に看過し難い不均衡が生ずるということはできない。

第2節　総則6項の適用

（省略）

　　加えて、相続開始後に評価通達の定める方法による評価額より著しく高い価額での売却によってほぼ同額の利得を得た納税者を想定した場合においても、上記売却に向けた交渉が相続の前後にまたがっている納税者に対して当該売却額に着目した相続課税をしなければ、相続開始後に売却に向けた交渉を開始した納税者との間に租税負担の点で看過し難い不均衡があるともいえない（むしろ、前者に対してのみ高額の課税をすることの方が不公平とも考えられる。）。

　　以上によれば、本件相続の開始前からO社株式の譲渡予定価格が事実上合意されていたという事情をもって、特段の事情（の一部）ということはできない。

オ　また、評価通達は、評価通達6が適用される場合を除き、公開株式のように個別性が低く客観的な価格が容易に算定され又は判明するような相続財産でない限り、不動産など個別の評価において、あらかじめ定められた一定の方法で算出された価格をもって当該相続財産の価格と評価することとしており、当該方法によって算定された価格ではなく、相続開始後に行われた当該財産の具体的な取引価格を参照したり、類似の取引事例を考慮して当該財産を評価したりする方法は採用していない。仮に、課税庁が相続開始後の取引といった個別事情を考慮するとなれば、相続開始日と売却時期がどの程度接近していれば当該売却の事実を考慮するのか、評価通達の定める方法による評価額と売却価額の間にどの程度の差があれば評価通達6に基づく個別評価をするか、個別評価をするとしてどのように評価するかといった点が問題になるところ、これらについての基準はなく、課税庁が個別的にその適否を判断することにならざるを得ない。しかしながら、そのようなこと自体、課税庁による恣意的判断が介入したり、他の事例との間で不合理な差異が生じたりする余地があって、評価通達の趣旨や平等原則の要請に反するというべきであり、適用の有無の別やその具体的方法の差異について、納税者間に不均衡又は不利益が生ずる可能性を否定することができない。

　　これを納税者側から見ると、相続税の申告前に、相続後に全部又は一部の相続財産を評価通達の定める方法による評価額とは異なる額で売却した場合において、上記評価額に従って算出した額で申告をすべきかどうか、いかなる場合にこれと異なる額で申告をすべきか、異なる額で申告をするとしていかなる額で申告すべきかが一切明らかでないこととなるし、同様に、相続税申告後に相続財産を売却した場合に、その売却額に従って算出した額で修正申告をすべきかどうかも明らかでない。また、納税者側が、評価通達の定める方法による評価額に依って申告をした場合には、事後的に課税庁の判断で上記評価額とも売却額とも異なる額を前提とした予測

513

第8章　時価とは

可能性のない更正処分を受ける危険を負わなければならない。評価通達6という極めて抽象的な規定を除けば、法令にも評価通達その他の通達にもかかる事態が具体的に想定されているとは解し難い点も併せて考えれば、納税者側が租税回避行為をしていたような場合は別として、納税者がかかる不安定な地位に置かれ、不利益を受けるのは、申告納税制度や評価通達の趣旨に照らし、強い疑問が残るものといわざるを得ない。

カ　以上の点を考慮すれば、本件のように、相続財産となるべき株式売却に向けた交渉が相続開始前から進行しており、相続開始後に実際に相続開始前に合意されていた価格で売却することができ、かつ、当該価格が評価通達の定める方法による評価額を著しく超えていたという事実をもってしても、直ちに納税者側に不当ないし不公平な利得があるという評価をすることは相当ではなく、<u>評価通達6を納税者の不利に適用するに当たっては、上記オで説示したような不均衡や不利益等を納税者に甘受させるに足りる程度の一定の納税者側の事情が必要と解すべきである。</u>例えば、被相続人の生前に実質的に売却の合意が整っており、かつ、売却手続を完了することができたにもかかわらず、相続税の負担を回避する目的をもって、他に合理的な理由もなく、殊更売却手続を相続開始後まで遅らせたり、売却時期を被相続人の死後に設定しておいたりしたなどの場合であるとか、<u>最高裁令和4年判決の事例のように、納税者側が、それがなかった場合と比較して相続税額が相当程度軽減される効果を持つ多額の借入れやそれによる不動産等の購入といった積極的な行為を相続開始前にしていたという程度の事情が特段の事情として必要なものと解される。</u>

（下線部は筆者による）

■総則6項の実質的な適用要件（納税者不利に適用する場合）

最高裁令和4年判決及び上記の東京地裁判決から、総則6項を納税者の不利に適用するにあたっては、下記の要件が必要になると考えられます。

（1）　評価通達による評価と相法22条の時価との間に著しい乖離が存在すること

（2）　上記の著しい乖離は納税者（贈与者及び被相続人を含む）が意図して作出したものであること

最高裁令和4年判決の事件については、上記2つの要件が満たされている一方、令和6年の東京地裁の事件については、（1）の要件は満たされていますが、（2）の要件は満たされていません。すなわち、総則6項の適用は、単に著しい乖離のみでは成立せず、著しい乖離を利用した納税者らの行為が必要と考えられます。納税者らの行為が著しい乖離を

514

生み出すために行われたものである場合には、看過することができない特別な事情がある
として、総則6項が適用されることになります。

　もっとも、上記の適用要件は筆者の私見であり、本書執筆時点において、東京地裁は控
訴されている状況となりますので、今後の国税局の情報や裁判の動向によって取扱いが変
わる可能性があります。

■本来の総則6項の考え方と財産評価や税額負担措置のあり方

　総則6項は、総則6項以外の評価通達の方法で画一的に評価するとかえって実質的な租
税負担の公平を著しく害するなどの事情がある場合には他の合理的な評価方法で評価する
旨を定めています。然らば、総則6項の本来の目的とするところは、相法22条の時価評価
を行うにあたり、総則6項以外の評価通達の定めを補完することにあります。

　総則6項以外の評価通達では、相法22条の時価と著しく乖離をすることが想定される場
合に、その乖離を是正する措置がしばしば行われてきました。例えば、平成2年8月の評
価通達の改正では、評価通達185括弧書において、評価会社が課税時期前3年以内に取得
した土地等及び家屋等の価額は、課税時期における通常の取引価額に相当する金額によっ
て評価することとされました。

　しかしながら、このような乖離を補完する定めを個別に・網羅的に評価通達に定めること
は困難であるため、包括的な定めとして総則6項があるといえます。このように総則6項が
乖離を補完する役割を担っているという意味において、時価と評価通達による価額との間に
著しい乖離がある場合には、総則6項の適用の範疇になるのは当然であり、本来であれば、
総則6項の適用にあたり租税回避の有無を要件とするべきではないように考えられます。

　その一方で、著しい乖離のみをもって総則6項を適用し、個別評価額で課税処分を行っ
た場合には、課税の予測可能性や納税資金の確保が損なわれることになります。従って、
総則6項の適用要件が課税当局によって明確にされていない以上、課税の予測可能性及び
課税の平等原則の見地から、著しい乖離を納税者（贈与者及び被相続人を含む）が意図して
作出した場合に限って、総則6項が適用されるべきとなります。

　相法22条における時価と評価通達による価額との乖離自体を問題視するのであれば、評
価通達の見直しを行うと同時に総則6項の適用要件を明確にし、課税当局と納税者が、ど
のような場合に総則6項が適用されるかについて共通認識しておく必要があります。

　また仮に評価通達の見直しや総則6項の適用要件の明確化が行われた場合には、非上場
株式の評価が高くなり、事業承継の観点から税金負担で問題になることも想定されますが、
それは評価自体の問題ではなく、事業承継税制のような政策的な措置によって税額負担措
置を考慮するべきかと考えられます。

第8章　時価とは

4　現行の実務における総則6項の適用のあり方

　最高裁令和4年判決により、総則6項の適用は課税の公平の観点から議論されるべきであり、「時価＜評価通達による価額」と「時価＞評価通達による価額」の場合で、下記の通り総則6項の適用のあり方が異なってきます。

■時価＜評価通達による価額の場合

　例えば、時価が100であるとした場合において評価通達による価額が120であるとします。この場合に評価通達による価額120での課税は相法22条違反となりますので、当然、評価通達での評価は違法な課税ということになります。評価通達自体、評価の安全性に配慮されたものとなりますので、一般的には評価通達が時価を超えることは多くはありませんが、財産の個別性や特異性を画一的に評価することができない場合も当然ありえます。

　例えば、平成13年12月6日の東京高裁の判決（TAINSコード・Z251－9031）は、路地状敷地で再建築が不可能である土地の時価をめぐり争われた事件で、時価＜評価通達による価額の事案となります。納税者は、当初申告において当該土地の評価を過大に評価していたため、更正の請求を行いました。納税者主張の当該土地の時価は鑑定評価額264,600千円であり、課税当局は路線価評価額498,678千円としたのに対して、東京高裁が認定した鑑定評価額は371,700千円でした。これを課税庁側から見れば、更正の請求があった時点において、更正の請求の内容を調査し、時価＜評価通達による価額である可能性を確認し、国税庁長官の指示を受けて、総則6項の規定を適用すべき事案であったといえます。反対に納税者側からすれば、そもそも路線価評価額による相続税課税が相法22条違反であることから、路線価評価によらず、合理的な時価を算定し、時価＜評価通達による価額であることを確認し、その時価に基づき申告を行うことになります。

　非上場株式の例としては、458頁で紹介をした、相続開始時点においては合併契約の締結がなされ、相続後に合併があった場合で合併後においては株式の価値はほぼ0になるとされる場合については、相続開始時点においては、合併がほぼ確実に行われるという特別な事情がありますので、総則6項の適用を検討することになります。

■時価＞評価通達による価額の場合

　例えば、時価が100であるとした場合において評価通達による価額が50であるとします。この場合には、課税の公平の観点から課税当局が評価通達による価額50を上回る価額で課税することは、原則として許されるべきものではないことになります。ただし、50で課税するとかえって納税者間の公平が損なわれる特別な事情がある場合には、総則6項の適用

第2節　総則6項の適用

となり、課税当局は国税庁長官の指示を受けて、評価通達による価額以外の別の評価方法で課税することが許容されます。ここでの課税は、時価以下であれば相法22条の時価の観点から問題がないことになります。

これを納税者側からすると、時価＞評価通達による価額の場合には、評価通達による価額で申告を行えば原則として問題ないのですが、時価と評価通達による価額の著しい乖離を意図的に作出した場合には、総則6項の適用対象となります。

過去の判決事例では、法人税等の控除を利用する節税スキームであったり、原則的評価方式を免れるために配当還元方式を利用したりする場合の節税スキームを否認する場面で使われてきました。

196頁で紹介した、通達改正前に租税回避目的で人為的に作り出した法人税等の控除を行うことはまさにその典型であり、租税回避行為を行うか否かによって所有している会社の株式の実態は同じであるにもかかわらず著しく低い価額で株価算定がなされ、かえって課税実務の公平性を損なうという問題がありました。

通達改正前は人為的な法人税等の控除の制限の定めはまだない状態でしたが、そのような租税回避行為を防止するために、総則6項を適用した事例が数多くあります。

もっとも租税回避行為の否認は総則6項の適用ではなく相法64条の同族会社等の行為計算否認の範疇であるとの考えもありますので、課税実務の現場としては、両規定に十分に注意して、著しく不適当に該当しないのかどうか、その節税となった同族会社の行為が何のために行われたのかを十分によく検討することが必要になります。

以上のように総則6項は、「時価＜評価通達による価額」と「時価＞評価通達による価額」の場合で適用のあり方が異なってきます。

5 時価の算定方法

総則6項を課税当局が適用する場合には、まず時価と評価通達による価額が著しく乖離していることが前提となり、かつ、その時価以下の金額で課税することになりますので、時価算定が重要となります。最近の裁決事例（令和3年8月27日裁決、令和4年3月25日裁決）や裁判事例（令和6年1月18日東京地裁判決）においては、いずれも時価算定においては、公認会計士等の第三者機関に依頼しており、その算定にあたっては、日本公認会計士協会から公表されている経営研究調査会研究報告第32号「企業価値評価ガイドライン」（平成19年5月16日公表、平成25年7月3日改正）が利用されています。

令和4年3月25日の裁決（TAINS・F0－3－863）では、審判所は、企業価値評価ガイ

第8章　時価とは

ドラインの株式価値算定を下記の通り総括しています。

我が国においては、本件株式のような非上場会社の株式評価に関し、日本公認会計士協会が本件ガイドラインを作成しており、これがM＆Aや事業再編成等の取引や、会社法に基づき裁判所が株式価格を決定する際等に、広く用いられていることは公知である。本件ガイドラインは、企業価値を評価する方法を、①インカム・アプローチ、②マーケット・アプローチ及び③ネットアセット・アプローチの３つに大別し、各方法を次のAないしCのとおり評価している。

A　インカム・アプローチ

　インカム・アプローチとは、評価対象会社から期待される利益やキャッシュフローに基づいて評価する方法で、将来の収益獲得能力や固有の性質を評価結果に反映させる点で優れているものの、事業計画等の将来情報に対する恣意性の排除が難しいことも多く、客観性が問題となるケースもある。

B　マーケット・アプローチ

　マーケット・アプローチとは、評価対象会社と類似する会社、事業ないし取引事例と比較することによって相対的に価値を評価する方法であり、市場での取引環境の反映など一定の客観性に優れているが、そもそも類似する上場会社が無いようなケースでは評価が困難である。

C　ネットアセット・アプローチ

　ネットアセット・アプローチとは、帳簿上の純資産を基礎として、一定の時価評価等に基づく修正を行う評価方法である。本来、株式は、会社資産に対する割合的持分としての性質を有し、会社の有する総資産価値の割合的支配権を表象したものであり、株主は、株式を保有することによって会社財産を間接的に保有するものであることに加え、当該株式の理論的・客観的な価値は、会社の総資産の価額を発行済株式総数で除したものと考えられることから、評価対象会社の貸借対照表の資産負債を時価で評価して得られる時価純資産額に基づき１株当たりの時価純資産額を算出するネットアセット・アプローチは、取引相場のない株式の原則的な評価方法といえる。しかし、ネットアセット・アプローチは、帳簿作成が適正で時価等の情報が取りやすい状況であれば、客観性に優れていることが期待されるものの、のれん等が適正に計上されていない場合には、将来の収益能力の反映や、市場での取引環境の反映は難しい。

　そして、本件ガイドラインは、上記３つの評価方法は、いずれも優れた点と問題点とを有しており、また、同時にそれぞれの評価方法が相互に問題点を補完する関係にあるとし、評価対象会社をインカム・アプローチ、マーケット・アプローチ及びネットアセット・アプローチのそれぞれの視点から把握し、当該会社の動態的な価値や静態的な価値について多面的に分析し、偏った視点のみからの価値算定にならないように留意しつつ、それぞれの評価結果を比較・検討しながら最終的に総合評価するのが実務上一般的であるとしている。

そして、最近の傾向においては、公認会計士等の第三者機関が企業価値評価ガイドラインに従って算定した価額（以下、「株価算定書の価額」）を時価として捉えていることが少な

くありません。

　令和４年３月25日の裁決は、相続開始直前に被相続人が関係会社から借入（73億円）を行い、ホールディング会社の自己株式を１株@76円で取得（約73億円）し、１株@18円で相続税申告を行ったことに対して、課税庁が総則６項を適用し、公認会計士等の第三者機関の株価算定書の価額を基に１株@55円（再調査で１株@46.48円に変更）で更正処分等を行った事案となります。国税不服審判所はその算定された価額（１株@46.48円）を、合理的な評価方法により控えめに算定されたものとして、時価以下のものと認めています。

　企業価値評価ガイドラインにおいては、DCF法等のインカム・アプローチが用いられています。DCF法が時価としては適当ではないとする意見も当然ありますが、「経営承継法における非上場株式等評価ガイドライン」においては、DCF法の記載もあるため、時価算定方法として完全に否定はできないといえます。また、会社法における株式買取請求の場面において裁判所で価格決定を行う際にも、DCF法は時価を算定する１つの手法とされており、他の時価算定方法である配当還元方式、純資産方式等と折衷させる等して、個々の事案に応じて「公正な価格」を決定しています。従って、DCF法は時価を検討する上で否定することができない方法としてその地位を獲得しているといえます。

　もっとも、DCF法は恣意性が介入するため、評価の画一性から評価通達に入る余地はないとはいえますが、時価と評価通達の著しい乖離を意図的に利用した納税者に対しては、評価通達とは異なる評価方法で課税することが許容されますので、相法22条の時価以下の金額で課税することは違法にはなりません。

　令和６年１月18日東京地裁判決においては、510頁で解説の通り総則６項の適用はないものとされましたが、課税処分としては、公認会計士等の第三者機関の株価算定書の価額に基づき更正処分を行っています。そして、その株価算定書はDCF法に重きを置いて算定がなされており、時価純資産価額を遥かに上回る金額で課税処分がなされています。

　従って総則６項が適用される場合には、納税者が予測できない金額で課税がなされる可能性もありますので、注意が必要といえます。

　また、相続税における時価の取扱いではありませんが、所得税の時価算定においては、著しく不適当と認められる場合を除き、評価通達の準用が認められています。その著しく不適当の例示として、評価通達の例により算定した株式の価額が、会計上算定した株式の価額の２分の１以下となるような場合をいうとされています（令和５年７月７日、課個２－22他、「所得税基本通達の制定について」の一部改正について　「株式の価額の算定方法に関する所得税基本通達の解説」）。このことからも課税当局は、会計上算定した株式の価額を時価として捉えていることがわかります。

第 3 節

適正な評価実務の検討

　適正な評価実務を行うにあたり、評価時点の確認、租税回避行為の有無、関係する条文、通達等の確認に留意する必要があります。

1 評価時点

　相法22条では、財産の取得時における時価により財産を評価することが求められており、課税時期の現況が非常に重要な意味を持ってきます。第2節における令和6年の東京地裁判決の事件においては、相続開始直前においてM&Aによる基本合意がありましたが、その基本合意に法的拘束力がなく、課税時期においては時価が顕在化しているものではありませんので、原則通り、評価通達による類似業種比準価額で課税がされるべきといえます。

　税務上は、課税時期現在の状況によって時価を検討することが必要となり、課税時期後の事実や状況はあくまでも参考に留めるべきであると考えられます。

2 租税回避行為の有無

　評価通達により算定した価額が著しく低くなる場合には、その原因となる事実や納税者ら（贈与者、被相続人、相続人、同族関係者を含む）が行った行為の経済的合理性の有無を確認する必要があります。特に配当還元価額と原則的評価方式による価額の乖離を利用した節税や組織再編を利用した節税においては評価通達により算定された金額は否認される可能性が高いといえます。総則6項の規定の適用のみならず、相法64条による同族会社等の行為計算否認の規定にも注意をする必要があります。

　例えば、原則的評価方式が適用されるのか特例的評価方式が適用されるのかを判断するにあたり、本来明らかに原則的評価方式が適用されるにもかかわらず、課税時期前の株式の異動や種類株式の活用により特例的評価方式となる場合もありえます。そのような場合には本当に特例的評価方式により計算を行っていいのかどうか、課税時期前の株主の異動や定款変更事由を確認したうえで実質的な判断が求められることになります。

第3節　適正な評価実務の検討

　東京地裁平成11年3月25日判決（TAINS・Z241－8368）は、第三者が50％超の議決権割合を確保することとされている株式会社の株式を被相続人が取得し、被相続人が同族株主以外の株主となる場合において、売却を希望するときは、純資産価額による買取りが保障されているときに、配当還元価額（1株当たり208円）により計算をするべきか、課税時期時点における売却価額である純資産価額（1株当たり1万7,223円）により評価をするべきかが争われた事例となりますが、東京高裁は「評価通達に定められた評価方式を形式的に適用するとかえって実質的な租税負担の公平を著しく害するなど、右評価方式によらないことが正当と是認されるような特別の事情がある場合には、他の合理的な方式により評価することが許されるものであり、本件は、そのような特別の事情がある場合に当たり、評価通達の定めによらないで評価するのが相当である。従って、株式の価額は、相続開始日の前月末現在における別件発行における引受価格（1株当たり1万7,223円）とみるのが相当である」と判示しています。

　結論からすれば、配当還元方式で評価できないことが当たり前のように感じると思いますが、実際の実務においては最初から取得の経緯や買戻権の有無等がわからない場合もありますので、非上場株式の評価を行うときには、取得原因や取得価額もあわせて確認しておくといいでしょう。

3　参考条文、通達等について

　適正な評価を行うにあたっては、下記の条文及び評価通達も確認しておきましょう。

　先に述べた通り、租税回避行為があった場合には総則6項の規定ではなく、相法64条の規定の範疇であるとする場合もありますので、両規定に注意しておく必要があります。

◆相続税法

（評価の原則）

第22条　この章（第3章　財産の評価）で特別の定めのあるものを除くほか、相続、遺贈又は贈与により取得した財産の価額は、当該財産の取得の時における時価により、当該財産の価額から控除すべき債務の金額は、その時の現況による。

（同族会社等の行為又は計算の否認等）

第64条　同族会社等の行為又は計算で、これを容認した場合においてはその株主若しくは社員又はその親族その他これらの者と政令で定める特別の関係がある者の相続税又は贈与税の負担を不当に減少させる結果となると認められるものがあるときは、税務署長は、相続税又は贈与税についての更正又は決定に際し、その行為又は計算にかかわらず、その認めるところにより、課税価格を計算することができる。

第8章　時価とは

4　合併、分割、現物出資若しくは法人税法第2条第12号の5の2に規定する現物分配
若しくは同条第12号の16に規定する株式交換等若しくは株式移転（以下この項におい
て「合併等」という。）をした法人又は合併等により資産及び負債の移転を受けた法人
（当該合併等により交付された株式又は出資を発行した法人を含む。以下この項におい
て同じ。）の行為又は計算で、これを容認した場合においては当該合併等をした法人若
しくは当該合併等により資産及び負債の移転を受けた法人の株主若しくは社員又はこ
れらの者と政令で定める特別の関係がある者の相続税又は贈与税の負担を不当に減少
させる結果となると認められるものがあるときは、税務署長は、相続税又は贈与税に
ついての更正又は決定に際し、その行為又は計算にかかわらず、その認めるところに
より、課税価格を計算することができる。

◆評価通達

（評価方法の定めのない財産の評価）

5　この通達に評価方法の定めのない財産の価額は、この通達に定める評価方法に準じ
て評価する。

（この通達の定めにより難い場合の評価）

6　この通達の定めによって評価することが著しく不適当と認められる財産の価額は、
国税庁長官の指示を受けて評価する。

（特定の評価会社の株式）

189（一部抜粋）　なお、評価会社が、株式等保有特定会社又は土地保有特定会社に該当
する評価会社かどうかを判定する場合において、課税時期前において合理的な理由も
なく評価会社の資産構成に変動があり、その変動が株式等保有特定会社又は土地保有
特定会社に該当する評価会社と判定されることを免れるためのものと認められるとき
は、その変動はなかったものとして当該判定を行うものとする。

522

|||||||||||||||||||||||||||||||| 第 **4** 節 ||||||||||||||||||||||||||||||||

Q & A

|||||||||||||||||||||||||||||||||||||||||||||||||||||||||||||||||||||||||||||||||

Q1 相続開始直前にM＆Aにより購入した非上場株式の評価
　　 －総則6項の適用の可否－

　A社の代表取締役である甲は、A社株式を67％所有していますが、令和6年4月5日に相続が発生しています。A社は、令和5年10月にM＆Aにより非上場会社であるB社の株式を60億円で取得しています。A社は3月決算のホールディングスカンパニーであり、株式等保有特定会社に該当しますので、第5表「1株当たりの純資産価額（相続税評価額）の計算明細書」においてB社株式の相続税評価額を算出する必要があります。

　B社は大会社に該当し、特定の評価会社には該当しませんので、類似業種比準価額で計算すると10億円の相続税評価額となりますが、B社株式の相続税評価額は10億円として問題ないでしょうか。それとも総則6項の定めにより評価通達とは別の取得価額や鑑定価額を検討するべきでしょうか。

　甲の相続開始時の年齢は60歳であり、70歳まで代表取締役として就任した後に会長になる予定でしたが、交通事故による急死で相続が発生しています。B社の買収はA社の収益拡大、エリア拡大を意図したものであり、相続税の節税対策を目的としたものではありません。

　なお、60億円の価額決定までの経緯は、B社の代表取締役としては100億円を希望していましたが、A社の監査法人から将来キャッシュフローを見据えて60億円（純資産20億円、のれん代40億円）が限度であると伝えられ、60億円で取引価額が決まったものとなります。B社の株式の譲渡先についてはA社以外に他の候補会社はありませんでした。

A　　評価通達に基づき計算した類似業種比準価額10億円と相法22条における時価との乖離が著しいだけでは、総則6項の適用はないと考えられますので、課税

第8章　時価とは

の公平の観点から評価通達に基づき10億円で評価します。ただし、今後の国税局の情報や裁判例によって、取扱いに変更が生じることもあります。

❶　総則6項の実質的な適用要件（納税者の不利に適用する場合）

　本章第2節に記載した最高裁令和4年判決及び東京地裁判決から総則6項を納税者の不利に適用するにあたっては、下記の要件が必要になると考えられます。

（1）　評価通達による評価と相法22条の時価との間に著しい乖離が存在すること

（2）　上記の著しい乖離は納税者（贈与者及び被相続人を含む）が意図して作出したものであること

　総則6項の適用は、単に著しい乖離のみでは成立せず、著しい乖離を利用した納税者らの行為が必要と考えられます。納税者らの行為が著しい乖離を生み出すために行われたものである場合には、看過することができない特別な事情があるとして、総則6項が適用されます。

　なお、本書執筆時点においては、令和6年の東京地裁判決の事件は、国側が控訴しており、総則6項の適用がないことが確定されたわけではありませんので、今後の裁判の動向に注意しながら個々の事案ごとに慎重に判断する必要があります。

❷　本問への当てはめ

　本問の場合においては、相法22条の時価と評価通達による価額の著しい乖離がありますが、被相続人や納税者らの行為は一切ありませんので、上記❶の適用要件（2）は満たしていません。従って、総則6項の適用はないと考えられます。

　また、取得価額60億円については、A社1社のみで合意された主観的な価額で「不特定多数の当事者間で自由な取引が行われる場合に通常成立すると認められる価額」には該当しませんので、相法22条の時価とは言えない価額となります。

　もっとも、評価通達に基づき類似業種比準価額で計算した金額10億円が適正な時価ではないとする意見もあるかと思います。しかしながら、評価通達が評価の安全性に配慮されたものであり、相法22条の時価以下で課税することが前提となっていますので、時価以下の金額で課税することに違法性はありません。現に路線価は時価の8割での評価が前提となっていますし、令和6年1月1日以後に適用されている居住用の区分所有財産の評価については、理論的な市場価額の6割になるように個別通達が運用されています。

　非上場株式の場合においても、一般的に類似業種比準価額が市場価額よりも低い価額であることは周知の事実となっています。ある納税者に対して類似業種比準価額を容認し、別の納税者に対して類似業種比準価額を認めないとすれば、それは課税の公平性を損ない、

憲法14条の租税公平主義に反します。

　本問の場合において、類似業種比準価額である10億円以外で課税する場合には、10億円で課税すると他の納税者との間でかえって不平等が生じる特別な事情が必要となります。その特別な事情がないと判断される本問の場合においては、総則 6 項の適用がありませんので、原則通り評価通達により算定された価額10億円で課税されます。

▶実務上のポイント

　令和 4 年最高裁判決の総則 6 項適用の判断枠組みや令和 6 年東京地裁判決の総則 6 項適用の判断枠組みの当てはめの考え方は、今後の実務において重要な裁判事例となります。

Q2　相続開始直前に被相続人が自己株式を取得した場合の非上場株式の評価　－総則 6 項の適用の可否－

　A 社の取締役会長である甲は令和 6 年 4 月22日に相続が発生しています。甲は 4 年前に代表権を長男である乙に移譲し、自らは会長として A 社の非常勤役員として勤務していましたが、令和 5 年にガンを患い余命半年の宣告を受けました。甲は遺言書を作成するとともに相続税の軽減対策のために金融機関から300,000千円の借入を行い、 A 社が保有する自己株式を300,000千円（時価純資産価額＠20,000円×15,000株）で取得しました。

　その後、甲の死亡により A 社株式を相続した乙は、 A 社株式の相続税評価額を30,000千円（類似業種比準価額＠2,000円×15,000株）と評価し相続税の申告を行っています。また、相続税の納税資金に充てるため、乙は A 社に相続で取得した A 社株式を306,000千円（時価純資産価額＠20,400円×15,000株）で売却しています。

　甲の自己株式取得前後及び相続後の株主の株式数と議決権割合は、それぞれ下記の通りとなります。

第 8 章　時価とは

株　主 ＼ 時　期	自己株式取得前		自己株式取得後		相続開始後	
	株式数	議決権割合	株式数	議決権割合	株式数	議決権割合
甲（被相続人）	－	－	15,000	(25%)	－	－
乙（被相続人の長男）	36,000	(80%)	36,000	(60%)	51,000	(85%)
同族株主の株式数合計	36,000	(80%)	51,000	(85%)	51,000	(85%)
Ａ社取締役	9,000	(20%)	9,000	(15%)	9,000	(15%)
小計	45,000	(100%)	60,000	(100%)	60,000	(100%)
Ａ社（自己株式）	15,000	－	－	－	－	－
発行済株式数	60,000	－	60,000	－	60,000	－

　甲の自己株式の取得（Ａ社における自己株式の処分）については、所得税・法人税における時価として適正なものであり、また、乙の自己株式の売却（Ａ社における自己株式の取得）は、所得税・法人税における時価として適正なものとします。

　また、Ａ社は 3 月決算であり、Ａ社の従業員人数は150人で特定の評価会社には該当しませんので、類似業種比準価額が適用され、 1 株当たりの価額2,000円についても評価通達に従い適正なものとなります。

　上記のような事実関係の場合において、総則 6 項の定めにより評価通達とは別の評価方法で評価するべきとして課税当局から指摘を受けた場合には、Ａ社株式の類似業種比準価額30,000千円は認められないのでしょうか。認められなかった場合には、どのような評価方法で課税されることになりますか。

A 　総則 6 項の適用対象となり、類似業種比準価額30,000千円は認められるべきではないと考えられます。非上場株式について総則 6 項が適用される場合の課税方法に明確な基準はありませんが、本問においては、例えば、公認会計士等の第三者機関の株価算定書において課税の上限である時価を認定したうえで、その時価以下の金額の範囲内において次のような合理的な評価方法で課税されることが考えられます。

（1）　公認会計士等の第三者機関の株価算定書の価額

（2）　甲の自己株式の取得及び乙の自己株式の売却の経緯から鑑みて相続開始時点における時価純資産価額を基に計算した価額

（3）　第 5 表「 1 株当たりの純資産価額（相続税評価額）の計算明細書」で算出した純資産価額を基に計算した価額

❶　時価の意義と総則 6 項の定め

　相法22条は、相続、遺贈または贈与により取得した財産の価額は、当該財産の取得の時

における時価による旨を定めています。そして、評価通達1項（時価の意義）では、「財産の価額は、時価によるものとし、時価とは、課税時期において、それぞれの財産の現況に応じ、不特定多数の当事者間で自由な取引が行われる場合に通常成立すると認められる価額をいい、その価額は、この通達の定めによって評価した価額による。」とされています。そして非上場株式の場合には、評価通達178から189−7までの定めにより時価を算定します。

　もっとも、評価通達は、上級行政機関が下級行政機関の職務権限の行使を指揮するために発した通達に過ぎませんので、納税者に対する法的効力はありません。しかしながら、租税の目的とするところの1つには課税の公平性がありますので、非上場株式をある程度、画一的に評価をする必要があります。評価通達の役割としては、課税の公平性や安全性に着目して画一的な評価を行うことにありますので、課税実務においてもこの評価通達による評価が大原則になります。

　その一方で評価通達によると、かえって課税の公平を欠くことがあります。そのような場合に適用されるのが、総則6項になります。総則6項において「この通達の定めによって評価することが著しく不適当と認められる財産の価額は、国税庁長官の指示を受けて評価する。」と定められています。評価通達を画一的に適用した場合には、著しく課税の公平を欠く場合も生じることがあるため、個々の財産の態様に応じた適正な時価評価が行えるように定められています。

❷　総則6項の実質的な適用要件

　総則6項の実質的な適用要件については、本節Q1で解説をしていますが、納税者の不利に適用するにあたっては、下記の要件が必要になると考えられます。

　（1）　評価通達による評価と相法22条の時価との間に著しい乖離が存在すること
　（2）　上記の著しい乖離は納税者（贈与者及び被相続人を含む）が意図して作出したものであること

　上記の適用要件は、令和4年4月19日の最高裁判決及び令和6年1月18日の東京地裁判決から考察した現時点における筆者の私見であり、今後の裁判の動向に注意しながら個々の事案ごとに慎重に判断する必要があります。

❸　本問への当てはめ（総則6項の適用の可否）

　発行法人から自己株式を取得した場合の「その時における価額」の算定については、所基通23〜35共−9に基づき算定することとされています（第9章第5節Q2で解説）。売買実例もなく、発行法人と類似法人もない場合には、原則として「1株当たりの純資産価

額等を参酌して通常取引されると認められる価額」により株式の価額を算出するものとされ、例外として評価通達の準用が認められています。本問の場合には、時価純資産価額を基に計算していますので、前者の「１株当たりの純資産価額等を参酌して通常取引されると認められる価額」により求めていることになります。そして、相続時においては、類似業種比準価額で評価をしていますので、所得税における時価と評価通達による価額の乖離を被相続人が作出しているということができます。被相続人は、その乖離を利用して、借入を行い自社株式の取得をしています。

　従って、相法22条の時価と評価通達による価額の著しい乖離があり、かつ、被相続人が意図してその著しい乖離を作出したものとなりますので、総則６項の適用があると考えられます。

❹　相法22条における時価と本問の場合に課税されるべき金額の考察

　総則６項を課税当局が適用する場合には、相法22条の時価以下の金額で課税することになりますので、時価算定が重要となります。本章第２節の時価の算定方法で解説した通り、最近の裁決事例や裁判事例において課税当局は、企業価値評価ガイドラインにより合理的に算定された価額を時価と考えている傾向にあります。

　従って、本問においては、例えば、公認会計士等の第三者機関の株価算定書において課税の上限である時価を考察したうえで、その時価以下の金額の範囲内において次のような合理的な評価方法で課税されることが考えられます。

（１）　公認会計士等の第三者機関による株価算定書の価額

（２）　甲の自己株式の取得及び乙の自己株式の売却の経緯から鑑みて相続開始時点における時価純資産価額を基に計算した価額

（３）　第５表「１株当たりの純資産価額（相続税評価額）の計算明細書」で算出した純資産価額を基に計算した価額

▶実務上のポイント

　総則６項が適用される場合には、相法22条の時価以下の金額で合理的な方法により課税されることが許容されており、相法22条の時価が公認会計士等の第三者機関の株価算定書等で認定される場合には、納税者が予測できない金額で課税される可能性もありますので、注意が必要となります。

第**9**章

非上場株式の
所得税・法人税における
時価の算定方法と売買等の
課税関係

第 9 章のポイント

●非上場株式の所得税・法人税における時価の求め方を確認する。

●低額譲渡が行われた場合の課税関係を整理する。

●自己株式の取得が行われた場合の課税関係を整理する。

第 1 節

非上場株式の各税法における時価の定め

　相続税、所得税、法人税における非上場株式の時価に関する定めは、各税法における課税問題が異なるため、統一的に定められておらず、非常にわかりづらいものとなっていますが、現在の法令や通達を基に整理すると下記の通りとなります。

	相続税	所得税	法人税
時価評価が必要とされる場合	●非上場株式を贈与または相続もしくは遺贈（死因贈与を含む）で取得した場合 ●個人から著しく低い価額で譲り受けた場合（みなし贈与） ●一定の事由により既存株主の株式の価値が増額した場合（みなし贈与、みなし遺贈） 　　　　　　　　　　等	●個人から法人（発行法人を含む）に非上場株式を譲渡または遺贈した場合 ●有利な価額で法人から非上場株式を取得した場合 ●税制非適格ストックオプションを行使して取得した株式の価額算定を行う場合 　　　　　　　　　　等	●法人が非上場株式を譲渡した場合 ●法人が非上場株式を取得した場合 ●非上場株式について期末時の評価をする場合 ●増資を行う場合 ●組織再編で合併比率等の算定のために法人の株式の価額算定を行う場合 　　　　　　　　　　等
時価算定方法（原則）	評価通達の178から189－7までの定めにより算定。（第1章から第7章において解説）	所基通23～35共－9の定めにより評価	法基通9－1－13の定めにより評価
時価算定方法（例外）	著しく不適当と認められる場合には、総則6項により個別に評価（第8章で解説）	（取得） 所基通23～35共－9の定めにより評価通達を準用 （譲渡） 所基通59－6の定めにより評価通達を準用	法基通9－1－14の定めにより評価通達を準用

　非上場株式における相続税における時価算定方法の原則は、第1章から第7章で解説しており、時価算定方法の例外（総則6項の適用）は第8章で解説をしていますので、第9章においてはまず所得税及び法人税の時価の定めについて解説をしていきます。

所得税及び法人税の時価の定めは、複数の通達があり非常にわかりづらい内容となっていますが、基本的な時価算定方法のフローチャートは、下記の通りとなります。

【所得税・法人税における時価算定手順】

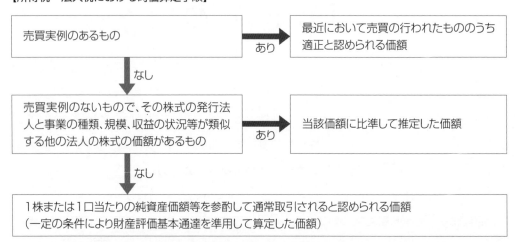

1 所得税の時価の定め

所得税の時価の算定方法については、所基通で、下記の通り定められています。

所基通	内容
23～35共－9 (原則的な時価の定め) (評価通達の準用)	有利発行（発行法人が時価よりも低い発行価額で新株の発行を行うことをいいます）で株式を取得した場合や税制非適格のストックオプションを行使して株式を取得した場合には、時価と払込金額等との差額に対して所得税の課税関係が生じることになります（所令84条）。 この場合の時価は、最近において適正な売買実例があればその価額とし、売買実例がない場合には、類似法人の株式価額に比準した価額とし、類似法人もない場合には、1株当たりの純資産価額等を参酌して通常取引されると認められる価額とされています。なお、純資産価額等を参酌して通常取引されると認められる価額の算定にあたっては、課税上の弊害がない限り、一定の条件の下に評価通達の178から189－7まで（取引相場のない株式の評価）の例により算定した価額を認めています。
59－6 (原則的な時価の定め) (評価通達の準用)	非上場株式を法人に低額譲渡した場合や法人に遺贈した場合には、所得税の時価で売却されたものとして、譲渡所得の課税がなされます。 この場合の時価は、原則として、所基通23～35共－9に準じて算定した価額によりますが、課税上の弊害がない限り、一定の条件の下に、評価通達の178から189－7まで（取引相場のない株式の評価）の例により算定した価額を認めています。

36−36 （上記23〜35共−9を準用）	使用者が役員または使用人に対して有価証券を支給する場合には、経済的利益をその役員または使用人が享受したとして、所得税の課税関係が生じることになります。 この場合の時価は、所基通23〜35共−9を準用することとされています。

　所基通の歴史を紐解くと、所基通23〜35共−9は昭和45年7月の所基通の制定当時から存在しており、非上場株式の原則的な時価を定めたものとなります。原則的な時価の定めでは、最近において適正な売買実例があればその価額とし、売買実例がない場合には、類似法人の株式価額を比準した価額とし、類似法人もない場合には、1株当たりの純資産価額等を参酌して通常取引されると認められる価額とされています。当時は、評価通達の準用については規定がなされていませんでした。

　所基通59−6における評価通達を準用する旨の定めは、平成12年の所基通の改正で設けられたものですが、それ以前においても所得税の時価の算定にあたって、評価通達を準用できるか否かについては議論されていました。平成12年7月13日の東京地裁（TAINSコード：Z248-8695）は、昭和62年当時の取引における株式の所得税の時価が問題となった事案となりますが、所基通23〜35共−9で合理的に計算ができない場合には、評価通達を準用することが相当であるとしており、評価通達の準用も場合によっては適用できると判示しています。

　なお、所基通36−36では、使用者が役員または使用人に対して有価証券を支給する場合におけるその役員または使用人が経済的利益を享受した場合の時価算定は、所基通23〜35共−9を準用する旨が定められていますが、この通達も昭和45年7月の所基通制定当時から存在しています。ただし、所基通36−36は評価通達の準用については記載がされておらず、所基通23〜35共−9についても令和5年7月の所得税の基本通達の改正まで評価通達の準用の記載がありませんでしたので、評価通達が準用できるか否かについては、明らかにされていませんでした。

　令和4年2月14日の東京地裁判決（TAINSコード：Z888-2419）においては、自己株式の処分により著しく低い価額で株式を取得した役員について給与所得の課税処分がなされ、取得した株式の価額が問題となりましたが、裁判所は所基通36−36について評価通達を準用した課税処分を認めています。所基通59−6は、所基通23〜35共−9及び36−36の後に規定されたものであり、所基通59−6における評価通達の準用も平成12年当時通達において明らかになったものであるという通達の歴史を紐解くと、所基通23〜35共−9の評価通達の準用は当然に認められるものと考えられます。この東京地裁の判決後、令和5年7月の所基通の改正により所基通23〜35共−9に評価通達を準用する定めが記載されましたので、上記の解釈は通達の改正で明確になりました。

第9章　非上場株式の所得税・法人税における時価の算定方法と売買等の課税関係

　また、税制適格ストックオプションについては、「新株予約権の行使に係る1株当たりの権利行使価額は、当該新株予約権に係る契約を締結した株式会社の株式の当該契約の締結の時における1株当たりの価額に相当する金額以上であること」が要件とされています（措法29条の2、1項3号）が、これまで上記の1株当たりの価額の算定方法が明らかにされていませんでした。令和5年7月7日の措通の改正により、原則として所基通23〜35共−9の例によって算定し、取引相場のない株式である場合には、原則によらず、一定の条件の下、評価通達の例によって算定することもできるとされています（措通29の2−1）。

　このように所得税の時価算定にあたり、評価通達の準用を広く認めてきた理由としては、所得税の原則的な時価の定めの適用にあたっては、売買実例や類似法人がない場合も多く、1株当たりの純資産価額等を参酌して通常取引されると認められる価額についても明確な基準があるわけではないため、時価算定が容易ではないこと、法基通では昭和55年当時から評価通達を準用する旨の定めがあったことが背景にあります。

　もっとも、評価通達を準用する場合には、取引としての時価を考察する必要がありますので、一定の条件の下に認められています。さらに課税上の弊害がある場合には、評価通達は準用ができないことになる点についても注意が必要となります。詳細は、 **4** で解説をしています。

2 法人税の時価の定め

　法人税の時価の算定方法については、法基通で、下記の通り定められています。

法基通	内容
4−1−5 9−1−13 （原則的な時価の定め）	市場有価証券等以外の株式について資産評定による評価益の益金算入の規定を適用する場合（法法25条3項）において、再生計画認可の決定があった時の当該株式の価額については4−1−5において定められています。 市場有価証券等以外の株式につき資産の評価損の損金不算入等の規定を適用する場合（法法33条2項）の当該株式の価額については、9−1−13において定められています。 いずれも原則的な時価の定めで、前述した所基通23〜35共−9とほとんど同じ内容となっています。 具体的には、期末以前6か月において適正な売買実例があればその価額とし、売買実例がない場合には、類似法人の株式価額を比準した価額とし、類似法人もない場合には、1株当たりの純資産価額等を参酌して通常取引されると認められる価額とされています。
4−1−6 9−1−14 （評価通達の準用）	市場有価証券等以外の株式で売買実例がないものについては、課税上弊害がない限り、一定の条件の下に評価通達の178から189−7まで（取引相場のない株式の評価）の例によって算定した価額を認めています。

534

2-3-4 (4-1-5及び4-1-6を準用)	法人が無償または低い価額で有価証券を譲渡した場合には、法人税の時価で売却されたものとして、譲渡損益を計算することになります（法法22条の2、4項、61条の2、1項）。この場合における時価の算定にあたっては、4-1-5及び4-1-6《市場有価証券等以外の株式の価額》の取扱いを準用する旨を定めています。
2-3-9 (4-1-5及び4-1-6を準用)	有利発行（発行法人が時価よりも低い発行価額で新株の発行を行うことをいいます）で株式を取得した場合には、時価と払込金額等との差額に対して法人税の課税関係が生じることになります（法令119条）。この場合の時価について、市場有価証券でない場合には、その新株または出資の払込期日において当該新株につき4-1-5及び4-1-6《市場有価証券等以外の株式の価額》に準じて合理的に計算される当該払込期日の価額とされています。

　法基通の歴史を紐解くと、非上場株式の原則的な時価を定めた法基通9-1-13（通達制定当時は法基通9-1-14）は昭和44年7月の法基通制定当時から存在しています。この通達は、法法33条の資産の評価損を計上する場合の期末時の時価の取扱いを定めたものとなります。内国法人がその有する資産の評価替えをしてその帳簿価額を減額した場合には、その減額した部分の金額は、その内国法人の各事業年度の所得の金額の計算上、損金の額に算入しないこととされていますが、発行法人の資産状態が著しく悪化した場合（破産手続開始や再生手続開始の決定があった場合など）には、評価替えの損金算入を認めています（法法33条1項、2項、法令68条、法基通9-1-9）。そして、評価替えをする資産の価額の求め方が法基通9-1-13に規定されています。

　この法基通9-1-13における原則的な時価の定めでは、期末以前6か月において適正な売買実例があればその価額とし、売買実例がない場合には、類似法人の株式価額に比準した価額とし、類似法人もない場合には、1株当たりの純資産価額等を参酌して通常取引されると認められる価額とされています。ただし、通達制定当時は、評価通達の準用については規定がなされていませんでしたので、売買実例や類似法人の株式価額もない場合には、時価算定が容易ではないことが問題となっていました。そこで、昭和55年の通達改正において、法基通9-1-14（昭和55年の新設時は法基通9-1-15）で評価通達の準用が認められました。ただし、評価通達は、贈与や相続という一時点における静的な時価評価であるのに対して、法人税ではゴーイングコンサーンを前提とした動的な時価評価を行う必要があることから、下記の2つの制約を設けた上、課税上弊害がない限り、評価通達の準用を認めることとされました。

①　その法人が「中心的な同族株主」に該当するときは、「小会社」に該当するものとして類似業種比準価額を用いて評価すること

②　純資産価額の計算上、土地及び上場有価証券は、相続税評価額ではなく、時価で計

第9章　非上場株式の所得税・法人税における時価の算定方法と売買等の課税関係

　算すること

　ところで相続税の非上場株式の価額計算における第5表の純資産価額の計算において、法人税額等相当額を控除する定めは、評価通達において昭和47年に設けられたものとなります。その趣旨は195頁で解説の通り、個人が相続により取得した非上場株式に係る法人資産を取得する場合には、相続時に非上場株式の相続税の課税がなされ、会社の清算時においても清算所得に対する法人税等が課税され、2回の課税がなされるため、法人税等の控除が認められているというものです。

　この点について、評価通達の準用を定めた法基通9－1－14（昭和55年の新設時は法基通9－1－15）では、通達の新設時において何ら記載がされていませんでしたので、控除の可否をめぐり課税当局と納税者で争われた事案が複数あります。控除肯定説としては、通達に記載がない以上は、評価通達を準用できると考え、控除否定説としては、法人税の時価は、ゴーイングコンサーンを前提とした動的な時価評価であり、清算を前提とはしていないため、法人税等の控除はするべきではないとの考えとなります。そして、平成12年の法基通の改正において、法人税額等相当額の控除はできないことが明らかにされました。

　なお、平成17年の企業再生関係税制において、内国法人について民事再生法の規定による再生計画認可の決定があったこと等特定の事実が生じた場合において、その内国法人がその有する資産の価額につき一定の事実が生じた時の価額による評定等を行っているときは、その資産の評価益の額または評価損の額は、その特定の事実が生じた日の属する事業年度の所得の金額の計算上、益金の額または損金の額に算入することとされました（法法25条3項、33条3項）。

　これに伴い、資産評定による評価益の益金算入の規定（法法25条3項）の適用を受ける場合の非上場株式の価額の取扱いについて法基通4－1－5（時価の原則的な定め）と4－1－6（評価通達を準用する定め）が新設されましたが、内容的には、法基通9－1－13（時価の原則的な定め）と9－1－14（評価通達を準用する定め）と重複していますので、本書においては、法基通9－1－13（時価の原則的な定め）と9－1－14（評価通達を準用する定め）で解説をしています。

　従って、法人税の時価の定めは、評価損に関する時価の定めからはじまり、現在の複雑な通達の内容となっていますが、本質的には、原則的な時価の定めが法基通9－1－13であり、評価通達を準用する定めが法基通9－1－14となります。

第1節　非上場株式の各税法における時価の定め

3 ▶ 所得税及び法人税における原則的な時価の定め

　所得税及び法人税の非上場株式の原則的な時価算定については、下記の通りとなります。

　それぞれの通達①において、所得税（所基通23〜35共−9）では「最近において」とされ、法人税（法基通9−1−13）では「事業年度終了の日前6月間において」とされています。しかしながら、大分地裁平成13年9月25日判決（TAINSコード：Z251-8982）では、個人から法人への低額譲渡の場合における株式の価額について、下記の通り6か月を超える売買価額も取引事例として認めており、「6か月間」に縛られる必要性はないと考えられます。

> 本件各取引より約1年1か月ないし2年5か月前になされたものであるが、本件会社のような同族会社においては、そもそも株式の取引事例が乏しいのが通常であり、また、上場されておらず、投機目的の取引がないため、上場株式のように価格が小刻みに大きく変動することもないから、この程度の時間的間隔をもって直ちに時価算定の参考にならないということはできない。

　従って、所得税と法人税の「売買実例のあるもの」の内容の差異は、実質的にないものと考えて問題ないかと思います。

（原則的な時価の定め）

所得税（所基通23〜35共−9）	法人税（法基通9−1−13）
①　売買実例のあるもの 　　最近において売買の行われたもののうち適正と認められる価額 （注）その株式の発行法人が、会社法第108条第1項《異なる種類の株式》に掲げる事項について内容の異なる種類の株式（以下「種類株式」という。）を発行している場合には、株式の種類ごとに売買実例の有無を判定することに留意する。	①　売買実例のあるもの 　　当該事業年度終了の日前6月間において売買の行われたもののうち適正と認められるものの価額
②　公開途上にある株式（省略）	②　公開途上にある株式（省略）
③　売買実例のないものでその株式の発行法人と事業の種類、規模、収益の状況等が類似する他の法人の株式の価額があるもの 　　当該価額に比準して推定した価額	③　売買実例のないものでその株式を発行する法人と事業の種類、規模、収益の状況等が類似する他の法人の株式の価額があるもの 　　当該価額に比準して推定した価額
④　①から③までに該当しないもの 　　権利行使日等または権利行使日等に最も近い日におけるその株式の発行法人の1株または1口当たりの純資産価額等を参酌して通常取引されると認められる価額	④　①から③までに該当しないもの 　　当該事業年度終了の日または同日に最も近い日におけるその株式の発行法人の事業年度終了の時における1株当たりの純資産価額等を参酌して通常取引されると認められる価額

第9章　非上場株式の所得税・法人税における時価の算定方法と売買等の課税関係

　なお、上記①の注意書きについては、令和5年7月の所基通の改正により追記されたものとなりますが、考え方は法人税においても同様になると考えられます。また、売買実例に該当するか否かについては、下記の点に注意する必要があります（令和5年7月7日、課個2－22他、「所得税基本通達の制定について」の一部改正について　「株式の価額の算定方法に関する所得税基本通達の解説」）。

● 売買実例のある株式とは、最近（概ね6月以内）において売買の行われた株式をいい、1事例であっても売買実例に該当します。

● いわゆる第三者割当増資は、売買実例とは言い難い面もありますが、金銭を負担して株式を取得する点に鑑み、売買実例として取り扱うこととしています。なお、売買実例のある株式の価額については、その価額が適正であると認められるものに限られていますので、増資の際の払込金額が通常の取引価額と認められない場合には、その払込価額によって、その株式の価額を評価することはできません。

● その株式を対象とした新株予約権の発行や行使は、その株式に関する取引に該当しませんので、売買実例には該当しません。

　非上場株式については、評価会社の売買実例がほとんどなく、あっても純然たる第三者との取引とは認められることは少なく、加えて類似法人の価額もほとんどデータが得られず、仮に情報が得られたとしても評価会社と類似法人の各資本の金額、法人の総資産、従業員の数、売上金額、経常損益の状況等の観点から類似法人に該当していると言えることが少ないため、類似法人を基に計算することも容易ではありません。従って、実務的には、④の純資産価額等を基に決定するか、または **4** の評価通達を準用する方法で時価を決定することが少なくありません。

4 所得税及び法人税における例外的な時価の定め（評価通達の準用）

　時価の原則的な定めは **3** の通りですが、課税上、弊害がない限りでは、評価通達を準用して評価することも認められています。

　ただし、所基通59－6の定めは、所法59条1項の下記の場合の適用についての定めであるため、個人から個人に譲渡する場合には適用対象から外れます。

● 贈与（法人に対するものに限る。）又は相続（限定承認に係るものに限る。）若しくは遺贈（法人に対するもの及び個人に対する包括遺贈のうち限定承認に係るものに限る。）

● 著しく低い価額の対価として政令で定める額による譲渡（法人に対するものに限る。）

第 1 節　非上場株式の各税法における時価の定め

　個人間の取引価額の定めは、税務上、明確に定まってはいませんが、低額で譲渡した場合には、譲受個人に対するみなし贈与課税の問題が発生し、所得税ではなく贈与税の課税問題となりますので、評価通達に基づき算定した価額で売買を行うことで課税上の問題は発生しないことになります。

(注)　個人から個人または法人への低額譲渡の課税については本章第 5 節 Q 4 参照、個人から法人に遺贈があった場合の課税については本章第 5 節 Q 8 参照。

　評価通達を準用する場合において同族株主判定をするときは、所得税（所基通59 - 6）については、譲渡をする前で判定を行うとされており、法人税（法基通 9 - 1 - 14）との大きな相違点となります。例えば、創業オーナーである個人株主が自社の保有する株式100％のうち10％相当の株式を取引先の会社に譲渡する場合には、譲渡前で判定されるため、同族株主としての評価（原則的評価方式）をすることになりますが、従業員に10％を売却する場合には、譲渡後で判定されるため、同族株主以外の株主としての評価（配当還元方式等）を行うことになります。

（評価通達を準用する場合）

所得税（所基通59 - 6）	法人税（法基通 9 - 1 - 14）
①　評価通達178、188、188 - 6、189 - 2、189 - 3 及び189 - 4 中「取得した株式」とあるのは「譲渡又は贈与した株式」と、同通達185、189 - 2、189 - 3 及び189 - 4 中「株式の取得者」とあるのは「株式を譲渡又は贈与した個人」と、同通達188中「株式取得後」とあるのは「株式の譲渡又は贈与直前」とそれぞれ読み替えるほか、読み替えた後の同通達185ただし書、189 - 2、189 - 3 又は189 - 4 において株式を譲渡又は贈与した個人とその同族関係者の有する議決権の合計数が評価する会社の議決権総数の50％以下である場合に該当するかどうか及び読み替えた後の同通達188の（1）から（4）までに定める株式に該当するかどうかは、<u>株式の譲渡又は贈与直前の議決権の数により判定すること。</u>	
②　当該株式の価額につき評価通達179の例により算定する場合（同通達189 - 3 の（1）において同通達179に準じて算定する場合を含む。）において、当該株式を譲渡又は贈与した個人が当該譲渡又は贈与直前に当該株式の発行会	①　当該株式の価額につき評価通達179の例により算定する場合において、当該法人が当該株式の発行会社にとって同通達188の（2）に定める「中心的な同族株主」に該当するときは、当該発行会社は常に同通達178に定める「小会

539

第9章　非上場株式の所得税・法人税における時価の算定方法と売買等の課税関係

社にとって同通達188の（2）に定める「中心的な同族株主」に該当するときは、当該発行会社は常に同通達178に定める「小会社」に該当するものとしてその例によること。	社」に該当するものとしてその例によること。
③　当該株式の発行会社が土地（土地の上に存する権利を含む。）又は金融商品取引所に上場されている有価証券を有しているときは、評価通達185の本文に定める「1株当たりの純資産価額（相続税評価額によって計算した金額）」の計算に当たり、これらの資産については、当該譲渡又は贈与の時における価額によること。	②　当該株式の発行会社が土地（土地の上に存する権利を含む。）又は金融商品取引所に上場されている有価証券を有しているときは、評価通達185の本文に定める「1株当たりの純資産価額（相続税評価額によって計算した金額）」の計算に当たり、これらの資産については当該事業年度終了の時における価額によること。
④　評価通達185の本文に定める「1株当たりの純資産価額（相続税評価額によって計算した金額）」の計算に当たり、同通達186－2により計算した評価差額に対する法人税額等に相当する金額は控除しないこと。・	③　評価通達185の本文に定める「1株当たりの純資産価額（相続税評価額によって計算した金額）」の計算に当たり、同通達186－2により計算した評価差額に対する法人税額等に相当する金額は控除しないこと。

　なお、上記の所基通59－6は、令和2年3月24日の最高裁の判決を受けて改正されたものとなりますが、同族株主のいない会社の株主についても、譲渡前の議決権数に基づき配当還元価額の適否を判定することが明確になりました。また、5％判定や1株当たりの純資産価額の計算上の80％の斟酌についても譲渡直前の議決権数により判定することが明確になりました。

　所基通59－6に基づき、評価通達188を読み替えた場合には、下記の通りとなります。

■読み替え後の評価通達188

　譲渡前の株式に基づき配当還元価額の適否を判定することの根拠となる通達になります。

（同族株主以外の株主等が取得した株式）

188　178≪取引相場のない株式の評価上の区分≫の「同族株主以外の株主等が譲渡又は贈与した株式」は、次のいずれかに該当する株式をいい、その株式の価額は、次項の定めによる。

　(1)　同族株主のいる会社の株式のうち、同族株主以外の株主の譲渡又は贈与した株式

　　　この場合における「同族株主」とは、課税時期における評価会社の株主のうち、株主の1人及びその同族関係者（法人税法施行令第4条≪同族関係者の範囲≫に規定する特殊の関係のある個人又は法人をいう。以下同じ。）の有する議決権の合計数が

その会社の議決権総数の30％以上（その評価会社の株主のうち、株主の１人及びその同族関係者の有する議決権の合計数が最も多いグループの有する議決権の合計数が、その会社の議決権総数の50％超である会社にあっては、50％超）である場合におけるその株主及びその同族関係者をいう。

⑵　中心的な同族株主のいる会社の株主のうち、中心的な同族株主以外の同族株主で、その者の株式の譲渡又は贈与直前の議決権の数がその会社の議決権総数の５％未満であるもの（課税時期において評価会社の役員（社長、理事長並びに法人税法施行令第71条第１項第１号、第２号及び第４号に掲げる者をいう。以下この項において同じ。）である者及び課税時期の翌日から法定申告期限までの間に役員となる者を除く。）の譲渡又は贈与した株式

　　この場合における「中心的な同族株主」とは、課税時期において同族株主の１人並びにその株主の配偶者、直系血族、兄弟姉妹及び１親等の姻族（これらの者の同族関係者である会社のうち、これらの者が有する議決権の合計数がその会社の議決権総数の25％以上である会社を含む。）の有する議決権の合計数がその会社の議決権総数の25％以上である場合におけるその株主をいう。

⑶　同族株主のいない会社の株主のうち、課税時期において株主の１人及びその同族関係者の有する議決権の合計数が、その会社の議決権総数の15％未満である場合におけるその株主の譲渡又は贈与した株式

⑷　中心的な株主がおり、かつ、同族株主のいない会社の株主のうち、課税時期において株主の１人及びその同族関係者の有する議決権の合計数がその会社の議決権総数の15％以上である場合におけるその株主で、その者の株式の譲渡又は贈与直前の議決権の数がその会社の議決権総数の５％未満であるもの（⑵の役員である者及び役員となる者を除く。）の譲渡又は贈与した株式

　　この場合における「中心的な株主」とは、課税時期において株主の１人及びその同族関係者の有する議決権の合計数がその会社の議決権総数の15％以上である株主グループのうち、いずれかのグループに単独でその会社の議決権総数の10％以上の議決権を有している株主がいる場合におけるその株主をいう。

上記の通達により、株主判定は、次の通りとなります。

[株主の判定]

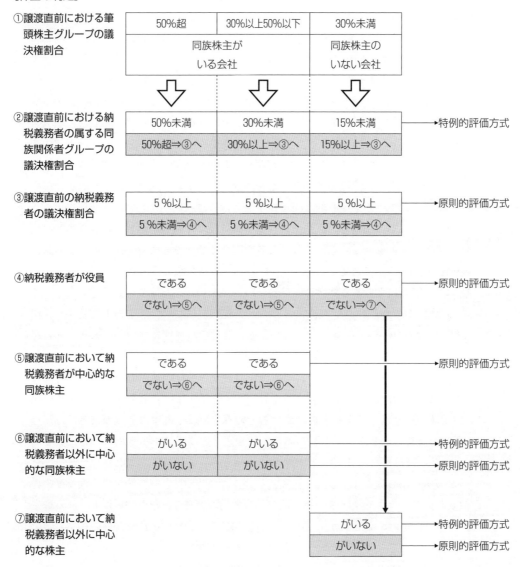

なお、所基通59－6の通達改正において、国税庁から情報（令和2年9月30日国税庁資産課税課情報第22号、付録の4参照）が公表されており、下記の点が明確になりました。所基通59－6の適用については、本章第5節Q1、Q2及びQ4〜Q6で解説しています。

① 中心的な同族株主に該当し、小会社に該当するとしても、類似業種比準価額の計算においては、評価会社の会社規模区分に基づき斟酌割合を適用すること

② 評価会社の子会社を評価する場合において、評価会社が中心的な同族株主に該当するときは、子会社も小会社に該当するものとして類似業種比準価額の使用割合は50％に制限されること（子会社が比準要素数1の会社である場合には、類似業種比準価額の使用割合

第1節　非上場株式の各税法における時価の定め

は25%になります）

③　評価会社の子会社を評価する場合においても①の通り取り扱われ、また土地及び上場有価証券は時価で評価され、法人税額等相当額も控除されないこと

　評価通達を準用する場合の株価算定方法は、上記の情報により明確になった一方、法人税の時価算定については、上記のような情報はありませんが、動的な時価の考え方は同じとなりますので、上記の情報は法人税の時価算定においても同様に扱われるべきかと考えられます。

　なお、所基通59－6は、個人から法人に譲渡する場合等の規定となりますので、譲渡前で株主判定を行うことになりますが、所基通36－36は、非上場株式を取得した場合の時価算定となりますので、株式を取得した後で株主判定を行うことになります。所基通36－36は所基通23〜35共－9を準用しており、所基通23〜35共－9は評価通達の準用を一定の条件の下で認めています。一定の条件について所基通59－6と所基通23〜35共－9を比較すると下記の通りとなります。

（評価通達を準用する場合）

所得税（所基通59－6）　譲渡課税	所得税（所基通23〜35共－9）　取得課税
①　評価通達178、188、188－6、189－2、189－3及び189－4中「取得した株式」とあるのは「譲渡又は贈与した株式」と、同通達185、189－2、189－3及び189－4中「株式の取得者」とあるのは「株式を譲渡又は贈与した個人」と、同通達188中「株式取得後」とあるのは「株式の譲渡又は贈与直前」とそれぞれ読み替えるほか、読み替えた後の同通達185ただし書、189－2、189－3又は189－4において株式を譲渡又は贈与した個人とその同族関係者の有する議決権の合計数が評価する会社の議決権総数の50%以下である場合に該当するかどうか及び読み替えた後の同通達188の（1）から（4）までに定める株式に該当するかどうかは、<u>株式の譲渡又は贈与直前の議決権の数により判定すること。</u>	
②　当該株式の価額につき評価通達 179の例により算定する場合（同通達189－3の（1）において同通達179に準じて算定する場合を含む。）において、当該株式を譲渡又は贈与した個人	①　当該株式の価額につき評価通達179の例により算定する場合（同通達189－3の（1）において同通達179に準じて算定する場合を含む。）において、当該<u>株式を取得した者が発行法人</u>

543

が当該譲渡又は贈与直前に当該株式の発行会社にとって同通達188の（2）に定める「中心的な同族株主」に該当するときは、当該発行会社は常に同通達178に定める「小会社」に該当するものとしてその例によること。	にとって同通達188の（2）に定める「中心的な同族株主」に該当するときは、発行法人は常に同通達178に定める「小会社」に該当するものとしてその例によること。
③　当該株式の発行会社が土地（土地の上に存する権利を含む。）又は金融商品取引所に上場されている有価証券を有しているときは、評価通達185の本文に定める「1株当たりの純資産価額（相続税評価額によって計算した金額）」の計算に当たり、これらの資産については、当該譲渡又は贈与の時における価額によること。	②　その株式の発行法人が土地（土地の上に存する権利を含む。）又は金融商品取引所に上場されている有価証券を有しているときは、評価通達185に定める「1株当たりの純資産価額（相続税評価額によって計算した金額）」の計算に当たり、これらの資産については、権利行使日等における価額によること。
④　評価通達185の本文に定める「1株当たりの純資産価額（相続税評価額によって計算した金額）」の計算に当たり、同通達186−2により計算した評価差額に対する法人税額等に相当する金額は控除しないこと。	③　評価通達185の本文に定める「1株当たりの純資産価額（相続税評価額によって計算した金額）」の計算に当たり、同通達186−2により計算した評価差額に対する法人税額等に相当する金額は控除しないこと。

　所基通23〜35共−9は、一定の条件の下に著しく不適当と認められるときを除き、評価通達の準用を認めています。この場合における「一定の条件」については、前述した情報（令和2年9月30日国税庁資産課税課情報第22号、付録の4参照）も参照するものとされ、「著しく不適当と認められるとき」とは、例えば、評価通達の例により算定した株式の価額が、会計上算定した株式の価額の2分の1以下となるような場合をいいます。この2分の1という基準は、所法59条1項2号及び所令169条の規定の考え方を参考としています。また、その株式の発行法人が、種類株式を発行している場合には、その内容を勘案して普通株式の価額を算定することとなります（令和5年7月7日、課個2−22他、「所得税基本通達の制定について」の一部改正について　「株式の価額の算定方法に関する所得税基本通達の解説」）。

　この株主判定を移転前で行うか移転後で行うかについては、所得税については、所基通59−6や裁判事例、最近の所基通の改正で明らかになってきましたが、法人税においては、何ら明確にされていません。法人が有価証券の譲渡をした場合の収入として認識すべき金額は、「その有価証券の譲渡の時における有償によるその有価証券の譲渡により通常得べき対価の額（第24条第1項（配当等の額とみなす金額）の規定により第23条第1項第1号又は第2号（受取配当等の益金不算入）に掲げる金額とみなされる金額がある場合には、そのみなされる金額に相当する金額を控除した金額）」とされています。この「通常得べき対価の額」

については、法人が売主である場合には、売主の立場として通常収受すべき金額になりますので、基本的には、譲渡前で株主判定を行うことが相当かと考えられます。ただし、法基通2－3－4は、下記の通り法基通4－1－5及び4－1－6を準用するとしか規定がなく、本当に譲渡前で株主判定を行っていいかどうかについては、疑問が残るところとなりますので、個々の事案に応じて慎重に対応する必要があります。

> ◆法人税基本通達
>
> 2－3－4　法人が無償又は低い価額で有価証券を譲渡した場合における法第61条の2第1項第1号《有価証券の譲渡損益の益金算入等》に規定する譲渡の時における有償によるその有価証券の譲渡により通常得べき対価の額の算定に当たっては、4－1－4《市場有価証券等の価額》並びに4－1－5及び4－1－6《市場有価証券等以外の株式の価額》の取扱いを準用する。

　上記の法基通2－3－4については、所基通59－6と同じ平成12年に新設がなされたものとなります。法基通2－3－4に、評価通達を準用する時に譲渡前で判定する旨が記載されていれば、不明瞭な点は解消されますが、そのような規定や解釈が存在していません。

　平成12年当時は、通達番号は2－3－3であり、9－1－13（原則的な時価の定め）及び9－1－14（評価通達の準用）の取扱いを準用する旨が記載されていました。当時の9－1－13（原則的な時価の定め）及び9－1－14（評価通達の準用）は、評価損の規定に関連するものとなり、あくまでも期末時の評価が問題となっていますので、期末時で株主判定を行えば問題ないと考えられますが、譲渡の場合には、株主判定を譲渡後で判定してしまうと課税上の弊害があることが想定されます。例えば、同族株主である法人が有している非上場株式（所有割合100％）のうち、60％部分を他の法人株主に譲渡した場合の対価として認識されるべき時価は、当然、譲渡前の株式の所有状況で判定されるべきであると考えられます。譲渡後で株主判定を行い、配当還元価額が適用できるという解釈にはなりえません。そうすると基本的には、所得税の時価算定と同じように、売主の課税が問題になる際には譲渡前で考えて、株式の取得側の課税が問題になる際には取得後で考えることが相当ではないかと考えられます。ただし、そもそも通達の準用の仕方に明確なルールがない以上、原則的評価方式が適用できるのか、特例的評価方式（配当還元価額等）が適用できるかを慎重に判断するとともに、評価通達の準用自体が課税上の弊害がない場合に限り認められていることを踏まえ、そもそも時価がいくらべであるべきかといった視点を持つことも重要になります。

545

第 2 節

非上場株式の譲渡を行った場合の課税関係の整理

　相続や贈与における非上場株式の評価については、原則として、評価通達に基づき画一的に行われます。第1章から第8章においては、相続や贈与における非上場株式の評価を確認してきましたが、実際の実務においては、相続や贈与のみならず、売買により株式を移転させる場面も少なくありません。

　売買の場合においては最初に売主、買主の当事者間の合意により価額が決定されることになります。この合意された金額に対して売主、買主のそれぞれの立場で課税関係が決定します。実務上、税務上の時価と著しく乖離する場合に、売主ないし買主に多額の税金が発生することになるため、税務上の時価に基づき売買価額を決定することは少なくありません。

　例えば、非上場株式を第三者に売却する場合など「純粋な経済合理性のある市場経済原理に基づいた売買価額が決定される間柄」であれば、税務の介入する余地がなく、当事者間で決定された価額が時価として認められることになります。一方、取引先や銀行などについては経営の関与があることから純然たる第三者とはなりえず、税務の介入があるため、留意する必要があります。

　実務上問題となるのが、税務上の時価よりも低い価額で譲渡した場合となります。低額譲渡の場合には、売主及び買主が個人であるのか法人であるかによって、下記の課税上の問題が発生することになります。

売主	買主	低額譲渡が行われた場合の課税上の問題
個人	個人	著しく低い価額で譲渡した場合には、買主個人はみなし贈与課税（相法7条）の問題が発生します。
個人	法人	著しく低い価額で譲渡した場合には、売主個人はみなし譲渡課税（所法59条1項、所令169条）の問題が発生します。 買主法人は時価よりも低い価額で譲り受けた場合には、受贈益課税の問題が発生します（法法22条2項）。 著しく低い価額で譲渡した場合には、売主から法人株主に対するみなし贈与課税（相法9条、相基通9－2）の問題が発生します。

法人	個人	法人が低額で譲渡した場合には、時価で売却されたものとして譲渡損益の計算を行います（法法61条の2、1項）。時価と対価との差額は、法人と個人間に雇用関係等があれば法人側では「賞与・役員賞与」（法基通9－2－9⑵）に、個人側では給与課税の対象となり、雇用関係がなければ法人側では原則として「寄附金」に、個人側では一時所得の課税対象となります。
法人	法人	法人が低額で譲渡した場合には、時価で売却されたものとして譲渡損益の計算を行います（法法61条の2、1項）。 時価と対価との差額は、原則として売主法人では「寄付金」となります。 買主法人では、原則として「受贈益」として課税対象となります。

　上記の法人は、発行法人以外の法人を前提にしています。自己株式の取得については、本章第3節及び第5節Q1をご参照ください。自己株式の処分については、本章第5節Q2をご参照ください。

1　個人から個人に譲渡した場合の課税関係

1 売主個人の課税関係

　個人から個人に非上場株式を譲渡した場合には、売買価額が資産の譲渡対価として取り扱われ、譲渡所得の課税対象となります。著しく低い価額で譲渡した場合（時価の2分の1未満の対価の額により譲渡した場合）には、みなし譲渡（所法59条1項）の適用はありませんので、売買価額が資産の譲渡対価として取り扱われますが、譲渡損が発生した場合には、その譲渡損はなかったものとみなされます（所法59条2項、所令169条）。

2 買主個人の課税関係

　買主である個人は、著しく低い価額で譲り受けた場合には、時価と対価との差額に対して贈与税の課税がなされます（相法7条）。みなし贈与課税の場合の「時価」は、原則として、評価通達を基にその算定がなされます。これは、個人間の売買においては、所法59条1項の適用がなく、また相法22条は、相続、遺贈または贈与により取得した財産の価額は、原則として、当該財産の取得の時における時価による旨を定めており、評価通達1（2）（時価の意義）では、「財産の価額は、時価によるものとし、時価とは、課税時期（中略）において、それぞれの財産の現況に応じ、不特定多数の当事者間で自由な取引が行われる場合に通常成立すると認められる価額をいい、その価額は、この通達の定めによって評価した価額による。」とされているため、相法7条の時価も、原則として、評価通達に基づき算定されることになるためです。

　ただし、土地及び土地の上に存する権利（以下「土地等」という）並びに家屋及びその

附属設備または構築物（以下「家屋等」という）のうち、負担付贈与または個人間の対価を伴う取引により取得したものの価額は、当該取得時における通常の取引価額に相当する金額によって評価することとされています（個別通達「負担付贈与又は対価を伴う取引により取得した土地等及び家屋等に係る評価並びに相続税法第7条及び第9条の規定の適用について（平成元年3月29日付直評5・直資2-204、〔改正〕平成3年12月18日付課資2-49（例規）・課評2-5・徴管5-20）」、以下「負担付贈与通達」という）。従って、土地等及び家屋等を著しく低い価額で譲り受けた場合には、「通常の取引価額に相当する金額」と対価との差額に対して贈与税が課税されることになります。

　非上場株式の場合には、上記の負担付贈与通達の適用はありませんので、時価は原則として、評価通達の価額となり、評価通達の178から189-7までの定めにより時価を算定することになります。

■著しく低い価額について

　相法7条においては、「著しく低い価額」で譲り受けた場合には、贈与税課税されることになりますが、「著しく低い価額」でない場合には、贈与税課税はされないことになります。「著しく低い価額」とは、所得税においては、時価の2分の1未満の対価の額により譲渡した場合とされています（所令169条）が、相法の取扱いにおいては、時価のどれぐらいの割合までが「著しく低い価額」に該当するかついては明確になっていませんので、注意する必要があります。

　平成19年8月23日の東京地裁判決（TAINSコード：Z257-10763）は、土地を親族間において評価通達により評価した金額で売買したことについて、相法7条の「著しく低い価額」の対価による譲渡に該当するか否かが争点となった事案ですが、東京地裁は、下記の通り判示しています。

> 「著しく低い価額」の対価とは、その対価に経済合理性のないことが明らかな場合をいうものと解され、その判定は、個々の財産の譲渡ごとに、当該財産の種類、性質、その取引価額の決まり方、その取引の実情等を勘案して、社会通念に従い、時価と当該譲渡の対価との開差が著しいか否かによって行うべきである。
>
> 　この点で特に問題となるのが相続税評価額の扱いである。本件土地のような市街地にある宅地の場合、既に述べたとおり、相続税評価額は、平成4年以降、時価とおおむね一致すると考えられる地価公示価格と同水準の価格の約80パーセントとされており、これは、土地の取引に携わる者にとっては周知の事実であると認められる。このように相続税評価額が時価より低い価額とされていることからすると、相続税評価額と同水準の価額を対価として土地の譲渡をすることは、その面だけからみれば経済合理性にかなっ

たものとはいい難い。しかし、一方で、80パーセントという割合は、社会通念上、基準となる数値と比べて一般に著しく低い割合とはみられていないといえるし、課税当局が相続税評価額（路線価）を地価公示価格と同水準の価格の80パーセントを目途として定めることとした理由として、1年の間の地価の変動の可能性が挙げられていることは、一般に、地価が1年の間に20パーセント近く下落することもあり得るものと考えられていることを示すものである。そうすると、相続税評価額は、土地を取引するに当たり一つの指標となり得る金額であるというべきであり、これと同水準の価額を基準として土地の譲渡の対価を取り決めることに理由がないものということはできず、少なくとも、そのようにして定められた対価をもって経済合理性のないことが明らかな対価ということはできないというべきである。

上記の東京地裁は、不動産取引の事例であり、非上場株式の事例ではありませんので、そのまま80％という基準を非上場株式に当てはめることは不適切であると考えられます。すなわち、路線価は公示価格の8割になるように設定されていますので、相続税評価額は土地を取引するうえでの重要な指標になりますが、非上場株式の場合には、「取引としての時価」と「相続税評価額」の関係性は不動産取引に比べて希薄となり、80％基準をそのまま採用することはできません。

他の基準を考察すると、有利発行有価証券の取扱いが参考になります。有利発行とは発行法人が時価よりも低い発行価額で新株の発行を行うことをいいます。有利発行により新株を取得した場合には、「所得税または法人税における株式等の時価」と払込金額との差額に対して所得税または法人税が課税されることになります（所法36条2項、所令84条3項、法法22条2項、法令119条1項4号）。有利発行有価証券に該当するか否かについては、「所得税または法人税における株式等の時価」と払込金額との差額がおおむね10％相当以上かどうかで判断するとされています（所基通23～35共－7、法基通2－3－7）ので、「所得税または法人税における株式等の時価」の90％超の払込金額であれば有利発行有価証券に該当しないことになります。

上記の90％基準については、所得税と法人税における取扱いとなりますので、あくまでも参考となりますが、1つの指標になるとは考えられます。

3 具体例

個人が所有する株式等（相続税評価額100,000千円、株式所有割合100％）を個人に40,000千円で譲渡した場合の課税関係は下記の通りとなります。売主個人の所有する株式等の取得価額は20,000千円とします。

第9章　非上場株式の所得税・法人税における時価の算定方法と売買等の課税関係

課税対象者	課税関係
売主個人	譲渡所得に対する所得税・住民税　4,063千円[※1]
買主個人	60,000千円（100,000千円－40,000千円）の贈与があったものとみなされ、贈与税が課税されます。[※2]

※1　（40,000千円－20,000千円）×20.315%
※2　買主個人の贈与税課税の取扱い
　　　著しく低い価額で譲渡した場合には、贈与税課税の対象とされ、単に低い価額で譲渡した場合には贈与税課税はされません。上記の事例では時価の半分以下の金額での譲渡をしているため、著しく低い価額で譲渡したものに該当すると考えられます。

2　個人から法人に譲渡した場合の課税関係

1　売主個人の課税関係

　個人から法人に著しく低い価額で譲渡した場合（時価の2分の1未満の対価の額により譲渡した場合）には、みなし譲渡の適用がありますので、時価が資産の譲渡対価として取り扱われることになり、時価と取得価額等の差額に対して譲渡所得の課税がされることになります（所法59条1項、所令169条）。

　時価の2分の1以上の対価で譲渡した場合には、通常の売買と同様に譲渡対価と取得価額等の差額が譲渡損益として課税されます。ただし、法人に対する譲渡が所法157条の同族会社等の行為または計算の否認等の規定に該当する場合には、時価で譲渡したものとみなされます（所基通59－3）。

　上記の時価は、所法の時価となりますので、所基通23～35共－9（原則的な時価の定め）及び59－6（評価通達の準用）に基づき算定することになります。

2　買主法人の課税関係

　法人における取得価額は、その時における価額となりますので、時価と対価との差額については、受贈益として法人税が課税されることになります（法法22条2項）。この場合における時価は、あくまでも法人税の時価となりますので、法基通9－1－13（原則的な時価の定め）及び9－1－14（評価通達の準用）に基づき算定することになります。

3　買主法人の株主の課税関係

　著しく低い価額で法人に資産を譲渡したことにより、その法人の株式の価値が増額することから、譲渡をした者からその法人の株主に対して贈与税が課税されることになります（相法9条、相基通9－2）。買主法人の株主は直接売主から利益を受けたわけではなく、

550

第2節　非上場株式の譲渡を行った場合の課税関係の整理

法人が著しく低い価額で資産を譲り受けたことに伴いその株主が所有していた株式の価値が増加したに過ぎません。従って、贈与を受けた金額は、非上場株式の時価と対価との差額ではなく、譲渡後のその株主が所有する株式の相続税評価額と譲渡前のその株主が所有する株式の相続税評価額の差額となります。あくまでも贈与税課税の計算となりますので、時価は原則として、評価通達の価額となり、評価通達の178から189−7までの定めにより時価を算定することになります。なお、課税時期は譲渡があった時となります。

みなし贈与等の具体的な株式の価額の計算方法については、本章第5節 **Q7** 及び **Q8** で解説しています。

■著しく低い価額について

著しく低い価額については、相法7条と同様に明確な基準がありませんので、注意する必要があります。明確な基準ではありませんが、上記549頁で解説した有利発行有価証券の90％基準は、1つの指標になるかと思います。

なお、「著しく低い価額」ではなく、単に「低い価額」として相法9条のみなし贈与課税を免れたとしても、上記 **2** の法人税の受贈益の課税がされる点については、注意が必要となります。

昭和53年5月11日の大阪地裁判決（TAINSコード：Z101-4190）は、A会社がB会社の株主からB会社株式を時価よりも低い価額で譲り受けた場合において、A社の受贈益課税とA社株主の贈与税課税が問題となった事案となります。

大阪地裁は、法人税と贈与税の課税について下記の通り判示しています。

> 法人税法においては、時価よりも低額による資産の譲受があった場合に、それが時価より「著しく低い」か否かを問題にすることなく、時価と譲受価額との差額は当然に所得の計算上益金に算入されると解すべきものであることは前述したところであるが、これに対し、相続税法7条、9条は対価をもって財産の譲渡を受けた場合、「著しく低い」価額の対価で財産の譲渡があったときに限り、時価と対価との差額に相当する金額を贈与により取得したものとみなされる旨規定しており、従って取得財産の時価に比し対価が「著しく低い」といえない場合には贈与税はこれを課さないものと解されるのである。

従って、時価よりも単に「低い価額」で取引をした場合においては、贈与税の課税問題はありませんが、法人税の受贈益課税の問題はありますので、課税実務においては、法人税における時価で取引を行う必要があります。

なお、上記の大阪地裁は、贈与税課税における「著しく低い価額」とは、時価の75％未満の額を指すと解するのが相当であると判示しています。ただし、この事例は昭和40年、

第9章　非上場株式の所得税・法人税における時価の算定方法と売買等の課税関係

41年及び42年当時の株式の時価が問題となっており、その当時、法人税の時価算定方法が定まっておらず、鑑定等を利用した特殊な時価算定により大阪地裁が時価を算出していますので、75％基準は他の事例でそのまま当てはめることはできないかと考えられます。

4 具体例

　個人が所有する株式等（所得税及び法人税における時価100,000千円、株式所有割合100％）を法人に40,000千円で譲渡した場合の課税関係は下記の通りとなります。売主個人の所有する株式等の取得価額は20,000千円とします。

課税対象者	課税関係
売主個人	譲渡所得に対する所得税・住民税　16,252千円※ ※（100,000千円－20,000千円）×20.315％
買主法人	受贈益60,000千円（100,000千円－40,000千円）として法人税等が課税されます。
買主法人の株主	法人の株式の価値が増額することから、譲渡をした者からその法人の株主に対する贈与税課税の問題が発生します。

3 法人から個人に譲渡した場合の課税関係

1 売主法人の課税関係

　法人から個人に非上場株式を譲渡した場合には、法人税の時価で譲渡されたものとして売却損益の計算がなされます（法法22条の2、4項、61条の2、1項）。この場合における時価は、あくまでも法人税の時価となりますので、法基通9－1－13（原則的な時価の定め）及び9－1－14（評価通達の準用）に基づき算定することになります。

　時価よりも低い価額で譲渡した場合には、時価と対価との差額は、法人と個人間に雇用関係等があれば「賞与・役員賞与」（法基通9－2－9(2)）になり、雇用関係がなければ原則として「寄附金」となります。

　法人が売主である場合には、仕訳で考えるとわかりやすいかと思います。

　例えば、法人が所有するA社株式（法人税における時価50,000千円、株式等の取得価額10,000千円）をその法人の役員に20,000千円で譲渡した場合の税務上の仕訳は下記の通りとなります。

（預 貯 金）20,000千円　　（A 社 株 式）10,000千円

（役員賞与）30,000千円　　（株式売却益）40,000千円

第2節　非上場株式の譲渡を行った場合の課税関係の整理

2 買主個人の課税関係

　個人が法人から非上場株式を取得した場合において、低額で取得していれば、時価と対価との差額部分について経済的利益を享受したものとして所得税が課税されます（所法36条1項、2項）。その経済的利益は、法人と個人間に雇用関係等（従業員・役員）があれば給与所得になり、雇用関係がなければ一時所得となります。なお、最高裁昭和36年(オ)第298号同37年8月10日第二小法廷判決・民集16巻8号1749頁は、「勤労者が勤労者たる地位にもとづいて使用者から受けた給付は、すべて（中略）給与所得を構成する収入と解すべき」である旨を判示しています。

　上記の時価は、所法の時価となりますので、所基通23～35共－9（原則的な時価の定め）及び59－6（評価通達の準用）に基づき算定することになります。

3 具体例

　法人が所有する株式等（所得税及び法人税における時価100,000千円、株式所有割合100％）を個人（法人の役員）に40,000千円で売却した場合の課税関係は下記の通りとなります。売主法人の所有する株式等の取得価額は20,000千円とします。

課税対象者	課税関係
売主法人	株式売却益80,000千円（100,000千円－20,000千円）は益金に算入され、役員賞与60,000千円（100,000千円－40,000千円）は損金不算入として法人税等が課税されます。
買主個人	役員賞与60,000千円（100,000千円－40,000千円）が給与所得として課税されます。

4 法人から法人に譲渡した場合の課税関係

1 売主法人の課税関係

　法人から法人に非上場株式を譲渡した場合には、法人税の時価で譲渡されたものとして売却損益の計算がなされます（法法22条の2、4項、61条の2、1項）。この場合における時価は、あくまでも法人税の時価となりますので、法基通9－1－13（原則的な時価の定め）及び9－1－14（評価通達の準用）に基づき算定することになります。

　時価よりも低い価額で譲渡した場合には、時価と対価との差額は、原則として「寄附金」となります。

　考え方は、上記 3 の 1 と同様となります。

第9章　非上場株式の所得税・法人税における時価の算定方法と売買等の課税関係

2 買主法人の課税関係

　法人における取得価額は、その時における価額となりますので、時価と対価との差額については、受贈益として法人税が課税されることになります（法法22条2項）。この場合における時価は、あくまでも法人税の時価となりますので、法基通9−1−13及び9−1−14に基づき算定することになります。

　考え方は、上記 2 の 2 と同様となります。

3 具体例

　法人が所有する株式等（所得税及び法人税における時価100,000千円、株式所有割合100％）を法人に40,000千円で譲渡した場合の課税関係は下記の通りとなります。売主法人の所有する株式等の取得価額は20,000千円とします。

課税対象者	課税関係
売主法人	株式売却益80,000千円（100,000千円−20,000千円）は益金に算入され、寄附金60,000千円（100,000千円−40,000千円）は損金不算入として法人税等が課税されます。
買主法人	受贈益60,000千円（100,000千円−40,000千円）に対して法人税等が課税されます。

第 **3** 節

個人から発行法人に譲渡した場合における課税上の取扱い

　個人から発行法人に非上場株式を譲渡した場合には、売主個人では非上場株式の譲渡として所得税の課税関係が発生し、発行法人では自己株式の取得として、原則としてみなし配当の源泉徴収義務が発生します。また、発行法人の株主は、発行法人が著しく低い価額で取得している場合には、みなし贈与課税の問題が発生することになります。売主個人、発行法人、発行法人の株主ごとの課税関係は、下記の通りとなります。自己株式の取得については、第5節Q1及びQ2で解説しています。

1　売主個人の課税関係

　非上場株式を発行法人に譲渡した場合には、みなし配当課税（所法25条1項）、みなし配当課税の特例（措法9条の7）、みなし譲渡課税（所法59条1項）、相続税の取得費加算の特例（措法39条）の適用の有無を判断する必要があります。

① みなし配当課税

　法人の株主等がその法人の自己株式の取得等の事由により金銭その他の資産の交付を受けた場合において、その金銭の額及び金銭以外の資産の価額の合計額がその法人の資本金等の額のうちその交付の基因となったその法人の株式または出資に対応する部分の金額を超えるときは、その超える部分の金額に係る金銭その他の資産は、剰余金の配当等とみなされます（所法25条1項）。

② みなし配当課税の特例

　相続または遺贈による財産の取得をした個人で納付すべき相続税額があるものが、その相続に係る相続税の申告期限の翌日以後3年を経過する日までの間にその相続税額に係る課税価格の計算の基礎に算入された非上場株式をその発行会社に譲渡した場合には、上記 ① のみなし配当課税の規定は適用されないこととされています（措法9条の7）。このみ

555

第9章　非上場株式の所得税・法人税における時価の算定方法と売買等の課税関係

なし配当課税の特例の適用がある場合には、譲渡所得のみで課税関係を考えることになります。みなし配当課税の特例を受ける者は、「相続財産に係る非上場株式をその発行会社に譲渡した場合のみなし配当課税の特例に関する届出書」を譲渡する日までに発行会社に提出する必要があります。発行会社は譲り受けた日の属する年の翌年1月31日までに所轄税務署長にその届出書を提出する必要があります（措令5条の2）。

３ みなし譲渡課税

　個人から法人に非上場株式を著しく低い価額で譲渡した場合（時価の2分の1未満の対価の額により譲渡した場合）には、みなし譲渡の適用がありますので、時価が資産の譲渡対価として取り扱われることになり、時価と取得価額等の差額に対して譲渡所得の課税がされることになります（所法59条1項、所令169条）。

　なお、時価の2分の1以上の対価で譲渡した場合には、通常の売買と同様に譲渡対価と取得価額等の差額が譲渡損益として課税されます。ただし、法人に対する譲渡が所法157条の同族会社等の行為または計算の否認等の規定に該当する場合には、時価で譲渡したものとみなされます（所基通59-3）。

　上記の時価は、所得税の時価となりますので、所基通23～35共-9（原則的な時価の定め）及び59-6（評価通達の準用）に基づき算定することになります。

４ 譲渡所得の収入金額

　法人が個人株主から自己の株式または出資の取得を行う場合には、その個人株主が交付を受ける金銭の額及び金銭以外の資産の価額の合計額（みなし配当額を除く）は譲渡所得等に係る収入金額とみなされます。この場合において所法59条1項2号の低額譲渡に該当するか否かの判断は、その自己株式等の時価に対して、個人株主に交付された金銭等の額が、著しく低い価額の対価であるかどうかにより判定を行います。そして、自己株式等の時価は、所基通59-6（株式等を贈与等した場合の「その時における価額」）により算定するものとされています。

　従って、低額譲渡に該当する場合には、自己株式等の時価に相当する金額から、みなし配当額に相当する金額を控除した金額が譲渡所得の収入金額とみなされます（措法37条の10、3項5号、措通37の10・37の11共-22）。

５ 相続税の取得費加算の特例

　相続または遺贈による財産の取得をした個人で相続税額があるものが、その相続に係る相続税の申告期限の翌日以後3年を経過する日までの間にその相続税額に係る課税価格の

計算の基礎に算入された資産の譲渡をした場合には、譲渡所得の金額の計算における取得費は、その取得費に相当する金額にその者の相続税額のうちその譲渡をした資産に対応する部分に相当する金額を加算した金額となります（措法39条）。

■発行法人に売却した場合の売主の課税関係のまとめ（通常の時価で売却した場合）

	通常の売却	相続後一定期間内に売却
売主の課税関係	みなし配当課税 （超過累進課税）	譲渡所得課税 （20.315%）
適用する場合	現経営者の親族でない役員や従業員から株式を購入する場合で、みなし配当がほとんど生じない場合	相続税の納税資金や他の兄弟への代償金の確保のために資金が必要である場合

2 発行法人の課税関係

自己株式を無償や低額で取得した場合に、取得時の時価と実際の取得価額との差額について受贈益を認識すべきという考え方も一部にありますが、平成18年度税制改正後の法人税法は、自己株式を有価証券としては認識をせず、自己株式の取得を資本等取引としているため、原則として発行法人に益金は生じないことになります（法法22条2項～5項）。なお、発行法人には配当所得の源泉徴収義務がありますので、源泉所得税等を徴収して、その徴収日の属する月の翌月10日までに国に納付する必要があります。

3 発行法人の株主の課税関係

著しく低い価額で発行法人に資産を譲渡した場合には、その法人の株式の価値が増額することから、譲渡をした者からその法人の株主に対して贈与税が課税されることになります（相法9条、相基通9-2）。

第4節 種類株式の発行や売買の価額算定

　種類株式の相続税の評価については、第4章で解説した通り、①配当優先株式、②無議決権株式、③社債類似株式、④拒否権付株式の4つの株式しか明らかにされていません。また、これらの評価については相続等により取得した種類株式の評価についての定めであり、所得税や法人税における時価の定めではありませんので、種類株式の譲渡や発行をする場合におけるその時における価額については明確に定められていません。

　令和5年7月に所基通23〜35共−9が改正され、その通達の内容に「種類株式を発行している場合には、その内容を勘案して当該株式の価額を算定すること」が新たに追記されましたが、どのように勘案するかについては何ら記載がありません。従って、税務上は個々の事案に応じて種類株式の価額を算定し、低額譲渡等の課税関係を考える必要があります。

　実務上、種類株式の第三者評価を行う場合には、日本公認会計士協会から公表されている以下の研究報告を基に企業価値の算定が行われます。

●経営研究調査会研究報告第32号「企業価値評価ガイドライン」（平成19年5月16日公表、平成25年7月3日改正）
●経営研究調査会研究報告第41号「事例に見る企業価値評価上の論点−紛争の予防及び解決の見地から−」（平成22年7月22日公表、平成25年11月6日改正）
●経営研究調査会研究報告第53号「種類株式の評価事例」（平成25年11月6日公表）
●経営研究調査会研究報告第70号「スタートアップ企業の価値評価実務」（令和5年3月16日公表）

　例えば、上記の「種類株式の評価事例」の25頁には、種類株式について付加される権利と価値評価について、下記の表の通り整理されています。

第4節　種類株式の発行や売買の価額算定

【図表Ⅳ－6　優先株式の権利の種類と価値評価に与える影響】

権利の種類	評価に与える影響	理由
⑴配当優先	プラス	普通株式に比較して配当が優先する。
⑴配当劣後	マイナス	普通株式に比較して配当が劣後する。
⑵残余財産配分優先	プラス	普通株式に比較して残余財産が優先的に配分される。
⑵残余財産配分劣後	マイナス	普通株式に比較して残余財産が劣後的に配分される。
⑶無議決権（議決権制限付き）	マイナス	議決権がない（又は制限されている。）
⑷譲渡制限付株式	マイナス	流動性が低下する。
⑸現金での取得請求権付株式	プラス	価格が下落した際にあらかじめ定められた金額で現金化できる。
⑹現金での取得条項付株式	マイナス	株式価値が上昇した際にあらかじめ定められた金額で現金化され、将来価格が上昇した場合に権利行使をすることによって得られるであろう利益を放棄しなければならないリスクがある。
⑺拒否権条項付株式	プラス	代表取締役の選任等に決定権を有する。
⑻普通株式への転換権付株式	プラス	転換権の内容にもよるが、オプションとしての価値が増加する。

　また、上記の「企業価値評価ガイドライン」の企業評価のアプローチとして、インカム・アプローチ、マーケット・アプローチ、ネットアセット・アプローチがありますが、同ガイドライン26頁には、下記の通り説明されています。

　インカム・アプローチは評価対象会社から期待される利益、ないしキャッシュ・フローに基づいて価値を評価する方法である。一般的に将来の（又は将来期待される）収益獲得能力を価値に反映させやすいアプローチといわれ、また、評価対象会社独自の収益性等を基に価値を測定することから、評価対象会社が持つ固有の価値を示すといわれる。また、ネットアセット・アプローチが静態的評価アプローチといわれるのに対して、インカム・アプローチは一般的に動態的な評価アプローチであるといわれる。

　マーケット・アプローチは上場している同業他社や類似取引事例など、類似する会社、事業、ないし取引事例と比較することによって相対的に価値を評価するアプローチである。一般的に比較対象とした上場会社の株価や取引事例は、その会社や事業の将来価値も含めた継続価値と考えられている。

　ネットアセット・アプローチは、株式の評価を前提とした場合、主として会社の貸借対照表上の純資産に注目したアプローチである。一般的に会社の貸借対照表を基に評価することから、静態的な評価アプローチであるといわれる。

　評価通達は類似業種比準価額と純資産価額を基に計算がなされているため、マーケット・アプローチ、ネットアセット・アプローチの考え方に近いものといえます。また、所得税や法人税における時価算定においては、純資産価額を重視していますので、ネットアセッ

559

ト・アプローチの考え方に重きを置いているといえます。税務上は、恣意性の排除から DCF 法等のインカム・アプローチは採用されてないため、企業価値評価ガイドライン等を中心として公認会計士が算定した価額（以下、「株価算定書の価額」）と税務上の価額が異なることが想定されます。

　これは、特にスタートアップ企業において顕著に現れることになります。例えば、日本公認会計士協会が公表している「スタートアップ企業の価値評価実務」（経営研究調査会研究報告第70号）（令和５年３月16日）74頁によれば、「スタートアップ企業の「真の価値」評価は、将来キャッシュフローや利益計画等に基づくインカム・アプローチによるべき」とされていますが、税務上は、開業後３年未満の会社が種類株式を発行する場合には、評価通達においては特定の評価会社に該当し、純資産価額で評価されることになり、その評価通達を準用し、法人税における時価算定を行った場合には時価純資産価額で評価されることになります。そこで、例えば、開業後３年未満で種類株式を発行する際に公認会計士等の専門家が合理的に算定した株価算定書の価額と税務上の価額（時価純資産価額）が異なり、税務上の課税問題が発生しないかという疑問も生じることになりますが、利害関係のない第三者が合理的に計算した株価算定書の価額であれば、原則として、その株価算定書の価額を税務上の時価（所得税や法人税における時価）として取り扱って問題ないと思料されます。もっとも、課税上の弊害がある場合には、個々の事案に応じて低額譲渡等の問題を検討する必要があります。

　令和６年度の税制改正大綱には、「買戻条件の付された一定の種類株式について買戻しが行われた場合における譲渡法人の課税上の取扱いを明確化する。」と記載がされていました。

　これに関連して、日本公認会計士協会は「買戻条件の付された種類株式について買戻しが行われた場合における譲渡法人の税務上の取扱いについて（株価算定書の価額を参酌して決定された価額に基づき買戻しが行われた場合）」として国税庁に照会をしていたところ、国税庁から令和６年３月28日付で回答があり、その内容が下記の通り公表されています。

　もっとも、文章回答事例は「純然たる第三者間」で行われた取引を前提にしており、同族関係者について回答した事例ではないため、個々の事案に応じて慎重に課税関係を考える必要がありますが、第三者が合理的に計算した株価算定書の価額が税務上の時価となりえるという考え方は重要になります。

第4節　種類株式の発行や売買の価額算定

買戻条件の付された種類株式について買戻しが行われた場合における譲渡法人の税務上の取扱いについて（株価算定書の価額を参酌して決定された価額に基づき買戻しが行われた場合）

取引等に係る税務上の取扱い等に関する照会（同業者団体等用）

〔照会〕

照会者	①　（フリガナ） 氏名・名称	（ニホンコウニンカイケイシキョウカイ） 日本公認会計士協会
	②　（フリガナ） 総代又は法人の代表者	（カイチョウ　モギ　テツヤ） 会長　茂木　哲也
照会の内容	③　照会の趣旨（法令解釈・適用上の疑義の要約及び照会者の求める見解の内容）	別紙の1のとおり
	④　照会に係る取引等の事実関係（取引等関係者の名称、取引等における権利・義務関係等）	別紙の2のとおり
	⑤　④の事実関係に対して照会者の求める見解となることの理由	別紙の3のとおり
⑥　関係する法令条項等		法人税法第22条第2項、第37条、第61条の2、法人税法施行令第119条第1項第4号
⑦　添付書類		―

〔回答〕

⑧回答年月日	令和6年3月28日	⑨回答者	国税庁課税部審理室長

⑩回答内容	標題のことについては、御照会に係る事実関係を前提とする限り、貴見のとおりで差し支えありません。 ただし、次のことを申し添えます。 (1)　この文書回答は、御照会に係る事実関係を前提とした一般的な回答ですので、個々の納税者が行う具体的な取引等に適用する場合においては、この回答内容と異なる課税関係が生ずることがあります。 (2)　この回答内容は国税庁としての見解であり、個々の納税者の申告内容等を拘束するものではありません。

第9章　非上場株式の所得税・法人税における時価の算定方法と売買等の課税関係

1．事前照会の趣旨

　昨今のスタートアップにおける多様化する資本政策の検討及び実行に際しては、会社法上の権利の内容の異なる種類の株式や株主間契約等に基づきその異なる種類の株式と類似の効果をもたらすような取決めがされた株式等（これらを併せて以下「種類株式等」といいます。）の発行が増加している状況にあります（主なものとしては【我が国の種類株式及び類似の効果をもたらす契約等】ご参照。）。

　種類株式等の内容は多様なものが考えられるところ、一般的にスタートアップにおいて発行される種類株式等は市場が形成されていないため、これらを譲渡する際の株価については、実務上、専門性を有する第三者にその算定を依頼することが考えられ、その第三者が算定した株価算定書の価額[注]を参酌して決定することが考えられます。

　ところで、税務上、種類株式等の評価については、特定のもの（平成19年2月26日付国税庁ホームページ文書回答「相続等により取得した種類株式の評価について」により明らかにされているものなど）を除き、明確な取扱い等がなく、また、種類株式等の譲渡価額の計算方法等について明らかにされているものはないため、低廉譲渡や高額譲渡（以下「低廉譲渡等」といいます。）に該当するのではないかと考える向きもあるところです。特に、買戻条件の付された種類株式等についての買戻価額の計算方法等をあらかじめ定款、株主間契約又は投資契約に定める場合、これらの定めは様々なものが考えられ、買戻価額の計算方法等によっては、低廉譲渡等に該当することも考えられるところです。そこで、今回、買戻条件の付された種類株式等が当該条件に基づき買い戻される場合の株主の税務上の取扱いについてご照会申し上げます。

（注）　具体的には、公認会計士又は企業価値評価を専業とする事業会社により評価された価額で、評価対象となる企業の過年度の財務諸表等、中期事業計画その他の必要な書類を確認し、類似企業の状況を加味するとともに日本公認会計士協会から公表されている以下の研究報告を参考に価格算定が行われていることが一般的と考えられます。

　　・経営研究調査会研究報告第32号「企業価値評価ガイドライン」（平成19年5月16日公表、平成25年7月3日改正）

　　・経営研究調査会研究報告第41号「事例に見る企業価値評価上の論点－紛争の予防及び解決の見地から－」（平成22年7月22日公表、平成25年11月6日改正）

　　・経営研究調査会研究報告第53号「種類株式の評価事例」（平成25年11月6日公表）

　　・経営研究調査会研究報告第70号「スタートアップ企業の価値評価実務」（令和5年3月16日公表）

第4節　種類株式の発行や売買の価額算定

【我が国の種類株式及び類似の効果をもたらす契約等】

根拠		権利の内容
会社法第108条第1項に定める種類株式		剰余金の配当、残余財産の分配、議決権の制限、譲渡の制限、株式取得の請求、株式取得条項、全部取得条項、株主総会決議の拒否権、取締役・監査役の選解任権
類似の効果をもたらす契約等	定款に株主ごとに異なる取扱いを定める場合	剰余金の配当、残余財産の分配、株主総会決議の議決権
	みなし清算条項を定款で定める場合	みなし清算条項
	株主間契約等	合併等対価の優先分配権、希薄化防止条項、先買権（rights of first refusal）、ドラッグ・アロング・ライト（drag-along rights）、共同売却権（co-sale rights）

（出典：日本公認会計士協会経営研究調査会研究報告第53号「種類株式の評価事例」5頁）

２．事前照会に係る取引等の事実関係及び照会事項

(1)　スタートアップ（非上場の会社）であるX社は、X社の代表取締役である甲により、資本金1,000万円（1株当たり10,000円で1,000株発行）として5年前に設立され、順調に業況が拡大し、更なる収益獲得を見据えた研究開発を検討し、そのための資金を調達するため資本政策を考えていたところ、3年前に資本関係や取引関係等の利害関係のないベンチャーキャピタルY社から出資の打診を受けました。

　　具体的には、X社が設立時に発行した株式と権利の内容を同じくする株式（以下「普通株式」といいます。）500株（1株当たり43,000円）、剰余金の配当について優先的に受けることが定められ（会社法108①一）、かつ、議決権を行使することができる事項に制限が定められた（会社法108①三）配当優先付無議決権株式（以下「本件種類株式」といいます。）500株（1株当たり57,000円）を新たに発行（これらの株式の新たな発行を以下「本件新株発行」といいます。）して、総額5,000万円の資金調達を行うこと、及びこれらの株式を引き受けることについてY社からの提案があり、X社取締役会は当該提案を受け入れ、X社はY社と投資契約を締結し、X社は本件新株発行をし、Y社はこれを引き受けています。

(2)　X社は将来の株式公開を見据えており、両者で合意した当該投資契約には、本件新株発行を行った日から3年経過後、本件種類株式500株について、X社により買戻しができる旨が定められ、その買戻価額は、買戻しの請求時において、専門性を有する第三者が算定した株価算定書の価額を参酌してX社とY社との間で合意した価額による旨が付記されています。

563

この株価算定を行う専門性を有する第三者として、X社及びY社の合意により、双方と資本関係や取引関係等の利害関係がない企業価値評価を専門として行っているZ社に依頼することとされ、X社又はY社から申出があった場合には、両者で改めて協議し、別途、利害関係のない企業価値評価を専門として行う別の会社に株価の算定を依頼することも合意されています。

【取引関係図】

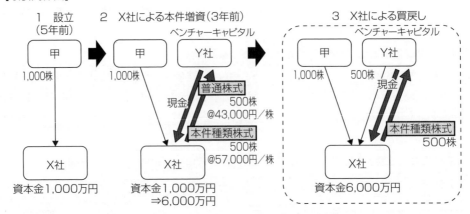

(3) 今般、本件新株発行を行った日から3年が経過し、X社はY社の保有する本件種類株式を買い戻すこととしたため、Z社に株価算定を依頼したところ、本件種類株式について、1株当たり63,000円から66,000円までの株価が提示されました。X社は、買取価額を64,500円とすることでY社と交渉し、Y社もこれに応じ、X社は金銭を対価として本件種類株式を取得しています。このようにZ社が算定した株価算定書の価額を参酌してX社とY社との間で合意された価額により買戻しが実行された場合には、Y社からX社への本件種類株式の譲渡について、税務上、低廉譲渡等であるかどうかについての疑義は生じないと考えられます。

(4) なお、本照会においては、次のイ及びロのことを前提とします。

イ　本件新株発行に伴う普通株式及び本件種類株式の引受けによる取得は、法人税法施行令第119条第1項第4号に規定する「その有価証券の取得のために通常要する価額に比して有利な金額である場合における当該払込み又は当該給付（・・・）により取得をした有価証券（・・・）」に該当せず、税務上、本件新株発行は有利発行に該当しないこと。

ロ　Z社が算定した株価算定書の価額は、日本公認会計士協会から公表されている上記注書の各種研究報告に基づき算定されており、その算定方法は本照会の場面において一般的に採用されるべき適正なものであること。また、株価算定の前提として、X社において提示される財務内容や経営計画等に合理性があり、これについてZ社において十分な検証がされ、算定に用いる数値等の諸要素が合理的で適正なものであること。

> **3．上記の事実関係に対して事前照会者の求める見解となることの理由**

(1)　内国法人が有価証券の譲渡をした場合には、その譲渡に係る譲渡利益額（その有価証券の譲渡の時における有償によるその有価証券の譲渡により通常得べき対価の額がその有価証券の譲渡に係る原価の額を超える場合のその超える部分の金額をいいます。）又は譲渡損失額（その有価証券の譲渡に係る原価の額がその有価証券の譲渡の時における有償によるその有価証券の譲渡により通常得べき対価の額を超える場合のその超える部分の金額をいいます。）は、その譲渡に係る契約をした日の属する事業年度の所得の金額の計算上、益金の額又は損金の額に算入することとされており（法法61の2①）、その譲渡の時における通常得べき対価の額、すなわち時価が問題となるところ、この時価とは、不特定多数の当事者間で自由な取引が行われた場合に通常成立する価額、すなわち客観的な交換価値をいうものと解されています。

　　また、純然たる第三者間において種々の経済性を考慮して定められた取引価額は、一般に合理的なものとして是認されると考えられています。

(2)　種類株式等に関する権利の内容は様々なものが考えられ、これらの税務上の評価については、特定のものを除いて明確な取扱い等がなく、また、譲渡価額の計算方法等についても明らかにされているものはないため、本件種類株式の買戻条件に基づくY社からX社への譲渡について、それが税務上、低廉譲渡等に該当するのではないかとの疑問も生ずるところです。

　　この点、本照会においては、買戻しの請求時の価額として、X社及びY社と資本関係や取引関係等の利害関係がない株式評価実務において専門性を有する第三者であるZ社により、上記2(4)ロを前提として本件種類株式の価額算定が行われており、これを参酌しつつ、本件種類株式に係る取引以外の取引関係がないX社とY社との間において合意された価額に基づき買戻しが行われますので、このようにして取り決められた買戻価額による譲渡は、原則として、税務上、低廉譲渡等に該当することはないと考えられます。

以上

第 5 節

Q & A

Q1　自己株式を取得した場合の株主判定と所基通59-6の適用の留意点

　A株式会社の取締役である甲の相続発生に伴い、A社の株式10,000株（議決権総数の10％に相当する株式）を相続した乙が発行法人であるA社に売却を検討しています。

　A社株主の親族構成と株式保有状況は、下記の通りとなります。

　発行済株式総数は100,000株であり、1株につき1議決権を有しているものとします。

　A社の役員は、甲の死亡後は丙及び丁のみとなります。

【親族構成及び株式保有状況】

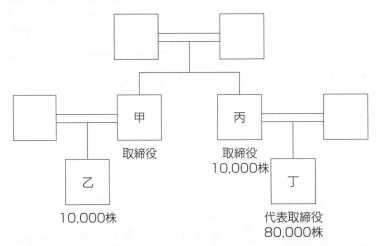

　A社株式は最近において売買されたことはなく、A社と事業の種類、規模、収益の状況等が類似する他の法人の株式の価額もないため、所基通59-6の定めにより評価通達を準用して1株当たりの価額を求めるものとします。

　A社株式の1株当たりの類似業種比準価額と純資産価額が次の通りである場合に

は、乙がA社に株式を売却する場合の1株当たりの価額はいくらになりますか。

なお、A社の会社の規模区分は大会社に該当し、A社は特定の評価会社には該当しません。

算定方法	1株当たりの価額	備考
類似業種比準価額 （斟酌割合0.7）	14,000円	大会社として斟酌割合を0.7として求めた類似業種比準価額
類似業種比準価額 （斟酌割合0.5）	10,000円	小会社として斟酌割合を0.5として求めた類似業種比準価額
純資産価額 （相続税評価）	60,000円	相続税評価により純資産価額を求め、その純資産価額から法人税額等相当額を控除した金額
純資産価額 （時価）	70,000円	上記で求めた純資産価額のうち、土地及び上場されている有価証券は相続税評価ではなく、時価に修正した上で求めた時価純資産価額 （法人税額等相当額は控除しない）

また、A社の代表取締役である丁の父である丙がA社の株式を10,000株保有していますが、丙が発行法人であるA社に売却する場合には、所基通59－6の定めにより評価通達を準用して求めた1株当たりの価額はいくらになりますか。

A 乙がA社に株式を売却する場合の1株当たりの価額は、14,000円となります。

丙がA社に株式を売却する場合の1株当たりの価額は、42,000円（14,000円 × 50％ ＋ 70,000円 × 50％）となります。

❶ 発行法人に株式を売却した場合の税務上の取扱い

発行法人に株式を時価よりも著しく低い価額で売却した場合には、みなし譲渡（所法59条1項2号）の問題や、譲渡した者から既存株主への贈与税の課税問題（相基通9－2）が生じることになりますので、税務上の適正価額で売却する必要があります。

自己株式等の時価は、所基通59－6（株式等を贈与等した場合の「その時における価額」）により算定するものとされており、低額譲渡の判定は、株主等に交付された金銭等の額が著しく低い価額の対価であるかどうかにより判定することになります（措通37の10・37の11共－22）。具体的には、株主等に交付された金銭等の額が譲渡の時の自己株式等の時価の2分の1に満たない場合には、低額譲渡に該当することになります（所令169条）。

従って、自己株式等の時価を所基通59－6（株式等を贈与等した場合の「その時における価額」）により算定することが重要となります。

第9章　非上場株式の所得税・法人税における時価の算定方法と売買等の課税関係

●乙が発行法人に税務上の適正な時価で売却した場合

　乙は相続税の支払いがある場合において相続税の申告期限から3年以内に発行法人に売却した場合には、みなし配当課税の特例（措法9条の7）により、譲渡所得課税（所得税15.315％、住民税5％）で税額の計算をすることができ、かつ、相続税の取得費加算の特例（措法39条）の適用も受けることができます。

●丙が発行法人に税務上の適正な時価で売却した場合

　丙は交付金銭等の額からその株式に対応する資本金等の額を控除した部分についてはみなし配当の金額とされ（所法25条1項）、その交付金銭等の額からみなし配当の金額を控除した部分については、株式等に係る譲渡所得等に係る収入金額とみなされ譲渡所得の計算を行うことになります（措法37条の10、3項）。

❷　発行法人に株式を売却した場合の「その時における価額」の算定

　自己株式等の時価は、下記の所基通59-6（株式等を贈与等した場合の「その時における価額」）により算定することになります。

◆所得税基本通達

（株式等を贈与等した場合の「その時における価額」）

59-6　法第59条第1項の規定の適用に当たって、譲渡所得の基因となる資産が株式（株主又は投資主となる権利、株式の割当てを受ける権利、新株予約権（新投資口予約権を含む。以下この項において同じ。）及び新株予約権の割当てを受ける権利を含む。以下この項において同じ。）である場合の同項に規定する「その時における価額」は、23～35共-9に準じて算定した価額による。この場合、23～35共-9の(4)ニに定める「1株又は1口当たりの純資産価額等を参酌して通常取引されると認められる価額」については、原則として、次によることを条件に、昭和39年4月25日付直資56・直審（資）17「財産評価基本通達」（法令解釈通達）の178から189-7まで《取引相場のない株式の評価》の例により算定した価額とする。

(1)　財産評価基本通達178、188、188-6、189-2、189-3及び189-4中「取得した株式」とあるのは「譲渡又は贈与した株式」と、同通達185、189-2、189-3及び189-4中「株式の取得者」とあるのは「株式を譲渡又は贈与した個人」と、同通達188中「株式取得後」とあるのは「株式の譲渡又は贈与直前」とそれぞれ読み替えるほか、読み替えた後の同通達185ただし書、189-2、189-3又は189-4において株式を譲渡又は贈与した個人とその同族関係者の有する議決権の合計数が評価する会社の議決権総数の50％以下である場合に該当するかどうか及び読み替えた後の同通達188の(1)から(4)までに定める株式に該当するかどうかは、<u>株式の譲渡又は贈与直前の議決権の数により判定すること。</u>

(2) 当該株式の価額につき財産評価基本通達179の例により算定する場合（同通達189－3の(1)において同通達179に準じて算定する場合を含む。）において、当該株式を譲渡又は贈与した個人が<u>当該譲渡又は贈与直前に当該株式の発行会社にとって同通達188の(2)に定める「中心的な同族株主」に該当するときは、当該発行会社は常に同通達178に定める「小会社」に該当するもの</u>としてその例によること。

(3) 当該株式の発行会社が<u>土地（土地の上に存する権利を含む。）又は金融商品取引所に上場されている有価証券</u>を有しているときは、財産評価基本通達185の本文に定める「1株当たりの純資産価額（相続税評価額によって計算した金額）」の計算に当たり、これらの資産については、<u>当該譲渡又は贈与の時における価額</u>によること。

(4) 財産評価基本通達185の本文に定める「1株当たりの純資産価額（相続税評価額によって計算した金額）」の計算に当たり、同通達186－2により計算した<u>評価差額に対する法人税額等に相当する金額は控除しないこと。</u>

（下線部は筆者による）

　上記通達の定めによれば、「その時における価額」は、所基通23～35共－9に準じて算定した価額とされており、非上場株式（公開途上にある株式を除く）の「その時における価額」は、次の手順で算定することになります。

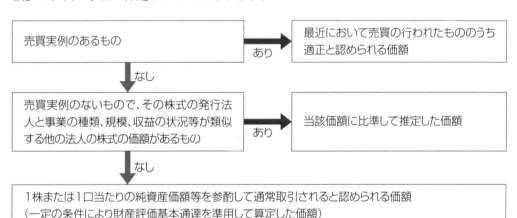

　本問の場合には、売買実例もなく、事業の種類、規模、収益の状況等が類似する他の法人の株式の価額もないため、純資産価額等を参酌して通常取引されると認められる価額により求めることになります。実務的には、時価純資産価額または一定の条件により評価通達を準用して算定した価額を使用することになります。

　一定の条件については、上記通達の（1）から（4）の通りとなりますが、（1）の定めにより、株主判定は譲渡前の議決権数に基づきその判定を行うことになります。

　同族株主がいる場合の株主判定の手順は、下記の通りとなります。

第9章　非上場株式の所得税・法人税における時価の算定方法と売買等の課税関係

【個人から法人に売却した場合において同族株主がいる場合の株主判定の手順】

①譲渡直前における筆頭株主グループの議決権割合	50%超	30%以上50%以下	
	同族株主が いる会社		

⇩　　　　　　⇩

②譲渡直前における納税義務者の属する同族関係者グループの議決権割合	50%未満	30%未満	→特例的評価方式
	50%超⇒③へ	30%以上⇒③へ	

③譲渡直前の納税義務者の議決権割合	5％以上	5％以上	→原則的評価方式
	5％未満⇒④へ	5％未満⇒④へ	

④納税義務者が役員	である	である	→原則的評価方式
	でない⇒⑤へ	でない⇒⑤へ	

⑤譲渡直前において納税義務者が中心的な同族株主	である	である	→原則的評価方式
	でない⇒⑥へ	でない⇒⑥へ	

⑥譲渡直前において納税義務者以外に中心的な同族株主	がいる	がいる	→特例的評価方式
	がいない	がいない	→原則的評価方式

◎　用語の意義と当てはめ

● 同族株主

　課税時期における評価会社の株主のうち、株主の1人及びその同族関係者の有する議決権の合計数がその会社の議決権総数の30％以上（その評価会社の株主のうち、株主の1人及びその同族関係者の有する議決権の合計数が最も多いグループの有する議決権の合計数が、その会社の議決権総数の50％超である会社にあっては、50％超）である場合におけるその株主及びその同族関係者をいいます（評価通達188（1））。本問の場合には、譲渡前で株主判定を行うことになりますので、乙、丙及び丁が同族株主に該当します。

● 同族関係者

　法令4条（同族関係者の範囲）に規定する特殊の関係のある個人または法人をいいます（評

価通達188（1））。

　特殊の関係のある個人は、例えば株主等の親族などをいいます。本問の場合には、乙の同族関係者に丙及び丁も含まれることになります。

●中心的な同族株主

　課税時期において同族株主の１人並びにその株主の配偶者、直系血族、兄弟姉妹及び１親等の姻族（これらの者の同族関係者である会社のうち、これらの者が有する議決権の合計数がその会社の議決権総数の25％以上である会社を含む）の有する議決権の合計数がその会社の議決権総数の25％以上である場合におけるその株主をいいます（評価通達188（2））。

　本問の場合には、譲渡前で中心的な同族株主の判定を行うことになりますが、乙、丙及び丁の判定は次の通りとなります。

- ・乙：10％ ＜ 25％

　　∴中心的な同族株主に<u>該当しない</u>

- ・丙：10％ ＋ 80％ ＝ 90％ ≧ 25％

　　∴中心的な同族株主に<u>該当する</u>

- ・丁：80％ ＋ 10％ ＝ 90％ ≧ 25％

　　∴中心的な同族株主に<u>該当する</u>

◆本問の場合における株主判定

　譲渡直前における筆頭株主グループの議決権割合は100％となり、50％超の区分に該当することになります。

　乙及び丙は、譲渡直前の議決権割合は、５％以上となりますので、いずれも原則的評価方式が適用される株主に該当することになります。

❸　乙がＡ社に株式を売却する場合の１株当たりの価額の算定

　乙は譲渡直前において中心的な同族株主に該当しませんので、所基通59－6（2）の適用はなく、類似業種比準価額で計算することができます。

　従って、大会社の区分で算定した類似業種比準価額14,000円が１株当たりの価額となります。仮に相続開始日の属する月に乙が発行法人にＡ社株式を売却する場合には、評価通達を準用して算定した価額と乙が相続で取得したＡ社株式の相続税評価額は同額となります。

第９章　非上場株式の所得税・法人税における時価の算定方法と売買等の課税関係

❹　丙がＡ社に株式を売却する場合の１株当たりの価額の算定

　丙は譲渡直前において中心的な同族株主に該当することになりますので、所基通59－６（２）の適用により小会社に該当するものとして計算することになります。従って、類似業種比準価額の使用割合であるＬの割合は50％となり、「類似業種比準価額 × 50％ ＋ 純資産価額 × 50％」で計算することになります。

　この場合の類似業種比準価額を求める際の斟酌割合は小会社としての斟酌割合（0.5）ではなく、Ａ社の会社規模区分（大会社）としての斟酌割合（0.7）となりますので、採用する類似業種比準価額は14,000円となります（令和２年９月30日国税庁資産課税課情報第22号、付録の４参照）。

　また、純資産価額は、所基通59－６（３）及び（４）の定めにより、土地及び上場有価証券は相続税評価ではなく時価により算定し、法人税額等相当額の控除もしない価額（70,000円）となります。

　従って、１株当たりの価額は42,000円（14,000円 × 50％ ＋ 70,000円 × 50％）となります。

▶実務上のポイント

　個人から法人に非上場株式を譲渡した場合には、譲渡直前の株主状況に基づき株主判定を行い、原則的評価方式が適用されるのか、特例的評価方式が適用されるのかを確認するとともに、譲渡した者が中心的な同族株主に該当するか否かを確認しておく必要があります。本問の場合のように同じ原則的評価方式が適用される株主であったとしても、中心的な同族株主に該当するか否かで株式の価額が異なることもあります。

Q2　自己株式を取得及び処分した場合の株主判定と所基通59－６の適用の留意点

　Ａ社の取締役である乙は退職に伴い、Ａ社の株式10株を配当還元価額（１株25,000円）で発行法人であるＡ社に売却し、同日、自己株式の処分として、配当還元価額（１株25,000円）で丙が取得をしました。

　乙はＡ社の筆頭株主である甲の同族関係者ではありませんが、丙は甲の長男で甲の同族関係者に該当します。

　発行済株式総数は200株であり、１株につき１議決権を有しているものとします。

株主	株式数 （自己株式取得前）	株式数 （自己株式取得後）	株式数 （自己株式処分後）
甲（代表取締役）	190株	190株	190株
乙（取締役）	10株	―	―
丙（取締役）	―	―	10株
A社	―	10株	―
合計	200株	200株	200株

　乙はA社の株式を配当還元価額（1株25,000円）で取得しており、同額で売却しsome していますので、課税関係は生じないと考えていいでしょうか。なお、1株当たりの資本金等の額は50,000円となります。

　また、自己株式の処分は、資本等取引に該当するため、丙についても課税関係は生じないと考えていいでしょうか。

　A社株式は最近において売買されたことはなく、A社と事業の種類、規模、収益の状況等が類似する他の法人の株式の価額はないものとします。

　A社株式の1株当たりの類似業種比準価額と純資産価額は次の通りです。

　なお、A社の会社の規模区分は大会社に該当し、A社は特定の評価会社には該当しません。

算定方法	1株当たり の価額	備考
類似業種比準価額 （斟酌割合0.7）	1,400,000円	大会社として斟酌割合を0.7として求めた類似業種比準価額
類似業種比準価額 （斟酌割合0.5）	1,000,000円	小会社として斟酌割合を0.5として求めた類似業種比準価額
純資産価額 （相続税評価）	6,000,000円	相続税評価により純資産価額を求め、その純資産価額から法人税額等相当額を控除した金額
純資産価額 （時価）	7,000,000円	上記で求めた純資産価額のうち、土地及び上場されている有価証券は相続税評価ではなく、時価に修正した上で求めた時価純資産価額 （法人税額等相当額は控除しない）
配当還元価額	25,000円	

第9章　非上場株式の所得税・法人税における時価の算定方法と売買等の課税関係

A

■乙の課税関係

乙がA社株式を売却する場合の1株当たりの価額25,000円は、税務上の適正時価となり、低額譲渡に該当せず、みなし配当金額も生じませんので、譲渡所得金額は0円（250,000円 − 250,000円）となり、課税関係は生じません。

■丙の課税関係

丙がA社株式を取得する場合の1株当たりの税務上の適正時価は、4,200,000円（1,400,000円 × 50% ＋ 7,000,000円 × 50%）となり、丙が取得した株式の税務上の適正時価は42,000,000円（@4,200,000円 × 10株）となります。丙は取得対価250,000円（@25,000円 × 10株）で42,000,000円相当の株式を取得していますので、その差額41,750,000円（42,000,000円 − 250,000円）に対して経済的利益を享受していることになります。この経済的利益は、役員としての地位に基づき享受していることから、役員に対する給与等として所得税の課税対象となります。

❶　発行法人に株式を譲渡した場合の税務上の取扱い

発行法人に株式を時価よりも著しく低い価額で譲渡した場合には、みなし譲渡（所法59条1項2号）の問題や、譲渡した者から既存株主への贈与税の課税問題（相基通9−2）が生じることになりますので、税務上の適正価額で売却する必要があります。

自己株式等の時価は、所基通59−6（株式等を贈与等した場合の「その時における価額」）により算定するものとされており、低額譲渡の判定は、株主等に交付された金銭等の額が著しく低い価額の対価であるかどうかにより判定することになります（措通37の10・37の11共−22）。具体的には、株主等に交付された金銭等の額が譲渡の時の自己株式等の時価の2分の1に満たない場合には、低額譲渡に該当することになります（所令169条）。

発行法人に株式を売却した場合の株主判定については、Q1で解説をしていますが、譲渡前の株主状況に基づき判定することになります。譲渡直前における筆頭株主グループの議決権割合は95%（190株／200株）となり、50%超の区分に該当することになります。譲渡直前における乙の属する同族関係者グループの議決権割合は、5%（10株／200株）となりますので、乙は特例的評価方式が適用される株主に該当することになります。

従って、税務上の適正な時価で売却されたことになりますので、みなし譲渡の課税関係は生じないことになります。なお、乙は交付金銭等の額（250,000円）からその株式に対応する資本金等の額（500,000円）を控除した部分についてはみなし配当の金額とされます（所法25条1項）が、その金額がマイナスとなりますので、みなし配当金額は生じないことに

なります。

　また、交付金銭等の額からみなし配当の金額を控除した部分（250,000円）については、株式等に係る譲渡所得等に係る収入金額とみなされます（措法37条の10、3項）が、株式の取得価額（250,000円）と同額であるため、譲渡所得の課税関係も生じないことになります。

❷　発行法人から株式を取得した場合の税務上の取扱い

　A社にとって自己株式の処分は、実質的には増資と同様であり、資本等取引に該当するため、発行法人に課税関係は生じないことになります（法法22条2項）。

　一方の丙にとっては株式の取得として低額で取得していれば、時価と対価との差額部分について経済的利益を享受したものとして課税がされることになります（所法36条1項、2項）。その経済的利益が役員としての地位に基づき享受されていれば、給与所得課税（所法28条1項）の範囲となります。

　なお、新株の引受権が株主の親族に与えられ、株式の価額より自己株式の処分価額が低い場合には、下記の通りみなし贈与の適用範囲になります（相基通9−4）が、本問の場合には、役員としての地位に基づき利益を享受していますので、役員に対する給与等として所得税の課税対象となります。

> ┈┈　**◆相続税法基本通達**　┈┈┈┈┈┈┈┈┈┈┈┈┈┈┈
>
> （同族会社の募集株式引受権）
> 9−4　同族会社が新株の発行（当該同族会社の有する自己株式の処分を含む。以下9−7までにおいて同じ。）をする場合において、当該新株に係る引受権（以下9−5までにおいて「募集株式引受権」という。）の全部又は一部が会社法（平成17年法律第86号）第206条各号《募集株式の引受け》に掲げる者（当該同族会社の株主の親族等（親族その他法施行令第31条に定める特別の関係がある者をいう。以下同じ。）に限る。）に与えられ、当該募集株式引受権に基づき新株を取得したときは、原則として、当該株主の親族等が、当該募集株式引受権を当該株主から贈与によって取得したものとして取り扱うものとする。ただし、当該募集株式引受権が給与所得又は退職所得として所得税の課税対象となる場合を除くものとする。

❸　発行法人から株式を取得した場合の「その時における価額」の算定について

　所基通36−36は、使用者が役員または使用人に対して支給する有価証券については、その支給時の価額により評価するとし、この場合における支給時の価額は、所基通23〜35共−9及び評価通達の8章2節（公社債）の取扱いに準じて評価する旨を規定しています。

　従って、所基通23〜35共−9に基づき、非上場株式（公開途上にある株式を除く）の「そ

の時における価額」は、次の手順で算定することになります。

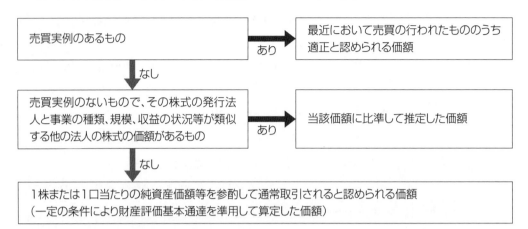

　本問の場合には、売買実例もなく、事業の種類、規模、収益の状況等が類似する他の法人の株式の価額もないため、「1株または1口当たりの純資産価額等を参酌して通常取引されると認められる価額」により求めることになります。そして、「1株または1口当たりの純資産価額等を参酌して通常取引されると認められる価額」は、次によることを条件として、評価通達の準用を認めています。

(1)　当該株式の価額につき財産評価基本通達179の例により算定する場合（同通達189－3の(1)において同通達179に準じて算定する場合を含む。）において、当該株式を取得した者が発行法人にとって同通達188の(2)に定める「中心的な同族株主」に該当するときは、発行法人は常に同通達178に定める「小会社」に該当するものとしてその例によること。

(2)　その株式の発行法人が土地（土地の上に存する権利を含む。）又は金融商品取引所に上場されている有価証券を有しているときは、財産評価基本通達185に定める「1株当たりの純資産価額（相続税評価額によって計算した金額）」の計算に当たり、これらの資産については、権利行使日等における価額によること。

(3)　財産評価基本通達185の本文に定める「1株当たりの純資産価額（相続税評価額によって計算した金額）」の計算に当たり、同通達186－2により計算した評価差額に対する法人税額等に相当する金額は控除しないこと。

　上記(1)に記載の通り、自己株式の処分については、株式を取得した者の株式価額の適正時価を考える必要がありますので、取得後の議決権数に基づき判定することになります。
　従って、本問のように同族株主がいる場合の株主判定は、相続や贈与の株主の判定と同様に取得後の議決権数に基づき、下記の通り行うことになります。

第5節　Q&A

【同族株主がいる場合の株主判定の手順】

①筆頭株主グループの議決権割合	50%超	30%以上50%以下
	同族株主がいる会社	

⬇　⬇

②納税義務者の属する同族関係者グループの議決権割合	50%未満	30%未満	→特例的評価方式
	50%超⇒③へ	30%以上⇒③へ	

③納税義務者の議決権割合	5%以上	5%以上	→原則的評価方式
	5%未満⇒④へ	5%未満⇒④へ	

④納税義務者が役員	である	である	→原則的評価方式
	でない⇒⑤へ	でない⇒⑤へ	

⑤納税義務者が中心的な同族株主	である	である	→原則的評価方式
	でない⇒⑥へ	でない⇒⑥へ	

⑥納税義務者以外に中心的な同族株主	がいる	がいる	→特例的評価方式
	がいない	がいない	→原則的評価方式

◎用語の意義と当てはめ

●同族株主

　課税時期における評価会社の株主のうち、株主の1人及びその同族関係者の有する議決権の合計数がその会社の議決権総数の30%以上（その評価会社の株主のうち、株主の1人及びその同族関係者の有する議決権の合計数が最も多いグループの有する議決権の合計数が、その会社の議決権総数の50%超である会社にあっては、50%超）である場合におけるその株主及びその同族関係者をいいます（評価通達188（1））。本問の場合には、取得後で株主判定を行うことになりますので、丙及び甲が同族株主に該当します。

●同族関係者

　法令4条（同族関係者の範囲）に規定する特殊の関係のある個人または法人をいいます（評

価通達188（1））。

特殊の関係のある個人は、例えば株主等の親族などをいいます。本問の場合には、丙の同族関係者には甲が含まれます。

● 中心的な同族株主

課税時期において同族株主の1人並びにその株主の配偶者、直系血族、兄弟姉妹及び1親等の姻族（これらの者の同族関係者である会社のうち、これらの者が有する議決権の合計数がその会社の議決権総数の25％以上である会社を含む）の有する議決権の合計数がその会社の議決権総数の25％以上である場合におけるその株主をいいます（評価通達188（2））。

本問の場合には、取得後で中心的な同族株主の判定を行うことになりますが、甲及び丙の判定は次の通りとなります。

・甲：95％ ＋ 5％ ＝ 100％ ≧ 25％
　∴中心的な同族株主に該当する

・丙：5％ ＋ 95％ ＝ 100％ ≧ 25％
　∴中心的な同族株主に該当する

◆本問の場合における株主判定と「その時における価額」

筆頭株主グループの議決権割合は100％となり、50％超の区分に該当することになります。

丙は、取得後の議決権割合は、5％以上所有していますので、原則的評価方式が適用される株主に該当し、かつ、中心的な同族株主に該当することになります。

丙は株式取得後において中心的な同族株主に該当することになりますので、所基通59－6（2）の適用により小会社に該当するものとして計算することになります。従って、類似業種比準価額の使用割合であるLの割合は50％となり、「類似業種比準価額 × 50％ ＋ 純資産価額 × 50％」で計算することになります。

この場合の類似業種比準価額を求める際の斟酌割合は小会社としての斟酌割合（0.5）ではなく、A社の会社規模区分（大会社）としての斟酌割合（0.7）となりますので、採用する類似業種比準価額は1,400,000円となります（令和2年9月30日国税庁資産課税課情報第22号、付録の4参照）。

また、純資産価額は、所基通59－6（3）及び（4）の定めにより、土地及び上場有価証券は相続税評価ではなく時価により算定し、法人税額等相当額の控除もしない価額（7,000,000円）となります。

従って、1株当たりの価額は4,200,000円（1,400,000円 × 50％ ＋ 7,000,000円 × 50％）と

第5節　Q&A

なります。

▶実務上のポイント

　発行法人に株式を譲渡した者については、譲渡直前の株主状況に基づき株主判定を行いますが、自己株式を処分した場合における株式取得者については、取得後の株主状況に基づき株主判定を行います。

Q3　事業承継に伴い株式を移転する場合の配当還元価額の適用の可否

　A社の代表取締役である甲は、現在65歳であり、5年後に代表権の移譲を検討しています。後継者は、親族外の役員でA社の取締役である乙または丙のいずれかに代表権を移譲する予定です。甲は、乙に60株、丙に30株のA社株式をそれぞれ額面（1株50,000円）で売却を行いました。

　発行済株式総数は200株であり、1株につき1議決権を有しているものとします。A社の資本金は10,000,000円であり、すべて甲が出資したものとなります。

株主	株式数 （株式譲渡前）	株式数 （株式譲渡後）
甲（代表取締役）	200株	110株
乙（取締役）	―	60株
丙（取締役）	―	30株
合計	200株	200株

　乙は甲及び丙の同族関係者には該当しません。

　甲が乙及び丙にA社株式を譲渡したことに対して、甲、乙及び丙の課税関係はどのようになりますか。

　なお、甲は、乙及び丙に株式を譲渡した後も代表権を有しており、譲渡後においても甲は、引き続き会社の意思決定を行っています。

　A社株式の1株当たりの類似業種比準価額と純資産価額等は次の通りです。

　なお、A社の会社の規模区分は大会社に該当し、A社は特定の評価会社には該当しません。

579

第9章　非上場株式の所得税・法人税における時価の算定方法と売買等の課税関係

算定方法	1株当たりの価額	備考
類似業種比準価額 （斟酌割合0.7）	1,400,000円	大会社として斟酌割合を0.7として求めた類似業種比準価額
類似業種比準価額 （斟酌割合0.5）	1,000,000円	小会社として斟酌割合を0.5として求めた類似業種比準価額
純資産価額 （相続税評価）	6,000,000円	相続税評価により純資産価額を求め、その純資産価額から法人税額等相当額を控除した金額
純資産価額 （時価）	7,000,000円	上記で求めた純資産価額のうち、土地及び上場されている有価証券は相続税評価ではなく、時価に修正した上で求めた時価純資産価額 （法人税額等相当額は控除しない）
配当還元価額	25,000円	

A

■甲の課税関係

　乙及び丙への株式の譲渡については、譲渡対価を基に譲渡所得の計算を行うことになります。1株当たりの譲渡損益は0円（50,000円－50,000円）であるため、課税関係は生じないことになります。

■乙の課税関係

　乙が著しく低い価額で株式を譲り受けた場合には、時価と対価との差額については贈与税課税の対象となりますが、この場合の時価は、乙にとっての時価となりますので、配当還元価額となります。乙は配当還元価額以上で株式を譲り受けていますので、贈与税の課税問題は生じることはありません。

■丙の課税関係

　乙と同様になります。

❶　個人から個人に対して譲渡した場合の売主の課税関係

　個人から個人に対して資産を譲渡した場合には、法人への低額譲渡（所法59条1項）のようにみなし譲渡の適用はありませんので、現実に収受した対価の額を基に譲渡所得の計算を行うことになります。なお、時価の2分の1未満の金額で個人に対して資産を譲渡し

た場合には、譲渡損失はなかったものとみなされます（所法59条2項、所令169条）。

　本問の場合には、1株当たりの譲渡対価は50,000円、1株当たりの取得価額も50,000円（10,000,000円／200株）となり、譲渡損益は0円であるため、課税関係は生じないことになります。

❷　個人から個人に対して譲渡した場合の買主の課税関係

　個人が著しく低い価額で財産の譲渡を受けた場合には、その財産の譲渡があった時に、譲渡を受けた者が、譲渡対価と譲渡があった時におけるその財産の時価との差額に相当する金額を譲渡した者から贈与により取得したものとみなされます（相法7条）。

　この場合における時価は、評価通達を基にその算定がなされます。これは、個人間の売買においては、所法59条1項の適用がなく、また相法22条は、相続、遺贈または贈与により取得した財産の価額は、当該財産の取得の時における時価による旨を定めており、評価通達1（2）（時価の意義）では、「財産の価額は、時価によるものとし、時価とは、課税時期（中略）において、それぞれの財産の現況に応じ、不特定多数の当事者間で自由な取引が行われる場合に通常成立すると認められる価額をいい、その価額は、この通達の定めによって評価した価額による。」とされているため、相法7条の時価は、原則として、評価通達に基づき算定されることになるためです。

　従って、評価通達8章1節（株式及び出資）に基づき、非上場株式の時価算定を行う必要がありますが、評価通達の定めにより評価をすることが著しく不適当と認められる場合には、総則6項の定めにより、国税庁長官の指示を受けて評価するものとされています。

　本問の場合には、特例的評価方式である配当還元価額が時価として認められるか否かが問題になりますが、まず形式要件である株主判定を評価通達8章1節（株式及び出資）に基づき行い、次いで実質要件である総則6項の定めに該当しないかどうかを確認することになります。

　配当還元価額の適否についてまとめると、下記の通りとなります。

【配当還元価額の適用フローチャート】

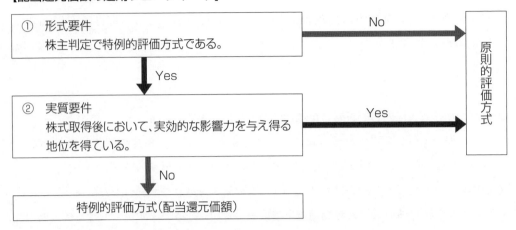

❸ 個人間売買が行われた場合における買主の株主判定（形式要件）

　乙及び丙の株主判定は、取得後の議決権数に基づき、下記の通り行うことになります。

【同族株主がいる場合の株主判定の手順】

①筆頭株主グループの議決権割合	50％超	30％以上50％以下
	同族株主がいる会社	

⇩　　　　　　⇩

②納税義務者の属する同族関係者グループの議決権割合	50％未満	30％未満	→特例的評価方式
	50％超⇒③へ	30％以上⇒③へ	

③納税義務者の議決権割合	5％以上	5％以上	→原則的評価方式
	5％未満⇒④へ	5％未満⇒④へ	

④納税義務者が役員	である	である	→原則的評価方式
	でない⇒⑤へ	でない⇒⑤へ	

⑤納税義務者が中心的な同族株主	である	である	→原則的評価方式
	でない⇒⑥へ	でない⇒⑥へ	

⑥納税義務者以外に中心的な同族株主	がいる	がいる	→特例的評価方式
	がいない	がいない	→原則的評価方式

◎用語の意義と当てはめ

●同族株主

　課税時期における評価会社の株主のうち、株主の1人及びその同族関係者の有する議決権の合計数がその会社の議決権総数の30％以上（その評価会社の株主のうち、株主の1人及びその同族関係者の有する議決権の合計数が最も多いグループの有する議決権の合計数が、その会社の議決権総数の50％超である会社にあっては、50％超）である場合におけるその株主及びその同族関係者をいいます（評価通達188（1））。本問の場合には、取得後で株主判定を行うことになりますので、甲は同族株主に該当しますが、乙及び丙は同族株主には該当しません。

●同族関係者

　法令4条(同族関係者の範囲)に規定する特殊の関係のある個人または法人をいいます(評

第9章　非上場株式の所得税・法人税における時価の算定方法と売買等の課税関係

価通達188（1））。

◆本問の場合における株主判定

　筆頭株主グループの議決権割合は50％超となり、50％超の区分に該当することになります。乙及び丙は、取得後の議決権割合は、50％未満となりますので、特例的評価方式（配当還元価額）が適用される株主に該当することになります。

　従って、配当還元価額（25,000円）以上の対価で取得していれば、原則的には、贈与税の課税問題は生じないことになります。

❹　総則6項の定め（実質要件）

　総則6項を適用し、評価通達によらない評価を行う場合には、特別の事情が必要になります。評価通達に定められた評価方法を画一的に適用するという形式的な平等を貫くことによって、かえって実質的な租税負担の公平を著しく害することが明らかであるなど、この評価方法によらないことが正当と是認されるような特別な事情がある場合には、他の合理的な方法により評価をすることが許されるものと解されています。

　従って、形式的には配当還元価額が適用できる場合においても、配当還元価額を適用することで、租税負担の公平を著しく害することが明らかである場合などの特別の事情がある場合には、総則6項により配当還元価額は否認されることになります。

　東京地裁平成17年10月12日判決（TAINSコード：Z255-10156）は、配当還元価額を多少上回る評価額による譲渡がみなし贈与に該当するか否かが争われ、みなし贈与には当たらないとされた事件ですが、配当還元価額の趣旨を下記の通り、判示しています。

　一般的に、非上場のいわゆる同族会社においては、その株式を保有する同族株主以外の株主にとっては、当面、配当を受領するということ以外に直接の経済的利益を享受することがないという実態を考慮したものと解するのが相当である。そして、当該会社に対する直接の支配力を有しているか否かという点において、同族株主とそれ以外の株主とでは、その保有する当該株式の実質的な価値に大きな差異があるといえるから、評価通達は、同族株主以外の株主が取得する株式の評価については、通常類似業種比準方式よりも安価に算定される配当還元方式による株式の評価方法を採用することにしたものであって、そのような差異を設けることには合理性があり、また、直接の経済的利益が配当を受領することに限られるという実態からすれば、配当還元方式という評価方法そのものにも合理性があるというべきである。

第5節　Q&A

　上記の配当還元価額の趣旨から、配当を受領することに限られる同族株主以外の株主であれば、配当還元価額は認められることになりますが、株式取得後において、事業経営に実効的な影響力を与え得る地位を得ている株主に該当していると認定されれば、同族株主以外の株主であったとしても、特別な事情があるとされ、配当還元価額は認められないことになります。

　本問の場合には、株式取得後においてなお甲が実効的な支配を有し、乙または丙は実効的な支配を有しているとは認められませんので、配当還元価額は認められることになります。

▶実務上のポイント

　低額譲受に該当するかどうかの時価は、評価通達を基に計算することになりますが、配当還元価額の適用にあたっては、実効的に会社を支配している株主であるかどうかの着眼点も含めて検討する必要があります。

Q4　同族株主である個人が株式を個人または法人に売却する場合の課税関係と時価算定の留意点

　甲は昭和40年にA社を設立し建設業を営んでいましたが、令和6年に代表取締役を辞任し、甲の甥である乙が新たに代表取締役に就任しました。甲はA社の株式を100%保有しており、乙に株式の承継を検討していますが、その方法として下記のいずれかを考えています。

（1）　甲が乙に株式を売却する方法

（2）　乙が新たに法人（乙が100%出資）を設立し、その新設法人であるB社に株式を売却する方法

　上記のそれぞれの場合において、相法7条または9条のみなし贈与の課税問題、所法59条1項のみなし譲渡の課税問題及び法人税の受贈益の課税問題が発生しないように売却を検討していますが、1株いくらで売却すればいいでしょうか。

　所得税及び法人税の時価の算定にあたっては、評価通達を準用するものとします。

　A社の発行済株式総数は10,000株であり、1株につき1議決権を有しているものとします。A社株式は、創業以来、売買されたことはなく、A社と事業の種類、規

第9章　非上場株式の所得税・法人税における時価の算定方法と売買等の課税関係

模、収益の状況等が類似する他の法人の株式の価額もありません。

　A社株式の1株当たりの類似業種比準価額と純資産価額は、次の通りとなります。なお、A社の会社の規模区分は大会社に該当し、A社は特定の評価会社には該当しません。

算定方法	1株当たりの価額	備考
類似業種比準価額 （斟酌割合0.7）	14,000円	大会社として斟酌割合を0.7として求めた類似業種比準価額
類似業種比準価額 （斟酌割合0.5）	10,000円	小会社として斟酌割合を0.5として求めた類似業種比準価額
純資産価額 （相続税評価）	60,000円	相続税評価により純資産価額を求め、その純資産価額から法人税額等相当額を控除した金額
純資産価額 （時価）	70,000円	上記で求めた純資産価額のうち、土地及び上場されている有価証券は相続税評価ではなく、時価に修正した上で求めた時価純資産価額 （法人税額等相当額は控除しない）

A

買主が個人であるか法人であるかによって、下記の通りとなります。

■甲が乙に株式を売却した場合

　1株14,000円で売却することにより、相法7条のみなし贈与課税はされないことになります。

■甲がB社に株式を売却した場合

　1株42,000円（14,000円 × 50％ ＋ 70,000円 × 50％）で売却することにより、所法59条1項のみなし譲渡課税、B社における法人税の受贈益の課税、B社株主である乙の相法9条のみなし贈与課税はされないことになります。

❶　個人から個人に売却する場合の課税関係

（1）　売主の課税関係

　個人から個人に非上場株式を売却した場合には、売買価額が資産の譲渡対価として取り扱われ、譲渡所得の課税対象となります。著しく低い価額で譲渡した場合（時価の2分の1未満の対価の額により譲渡した場合）には、みなし譲渡（所法59条1項）の適用はありませんので、売買価額が資産の譲渡対価として取り扱われますが、譲渡損が発生した場合には、その譲渡損はなかったものとみなされます（所法59条2項、所令169条）。

第5節　Q&A

（2）　買主の課税関係

　買主である個人は、著しく低い価額で譲り受けた場合には、時価と対価との差額に対して贈与税の課税がなされます（相法7条）。みなし贈与課税の場合の「時価」は、原則として、評価通達を基にその算定がなされます。これは、個人間の売買においては、所法59条1項の適用がなく、また相法22条は、相続、遺贈または贈与により取得した財産の価額は、原則として、当該財産の取得の時における時価による旨を定めており、評価通達1（2）（時価の意義）では、「財産の価額は、時価によるものとし、時価とは、課税時期（中略）において、それぞれの財産の現況に応じ、不特定多数の当事者間で自由な取引が行われる場合に通常成立すると認められる価額をいい、その価額は、この通達の定めによって評価した価額による。」とされているため、相法7条の時価も、原則として、評価通達に基づき算定されることになるためです。

　なお、相法7条においては、「著しく低い価額」で譲り受けた場合には、贈与税課税されることになりますが、「著しく低い価額」でない場合には、贈与税課税はされないことになります。ただし、時価のどれぐらいの割合までが「著しく低い価額」に該当するかついては、明確になっていませんので、注意する必要があります。相法7条における「著しく低い価額」については、548頁で解説をしています。

❷　個人から個人に売却する場合の税務上の時価算定

　個人から個人に非上場株式を売却した場合において、課税上問題となるのは買主のみなし贈与課税となります。売主にとっては、売買価額が譲渡対価とされるため、課税上問題になることはありませんので、個人から個人に非上場株式を売却する場合には、買主の立場で売買価額を考えることになります。そして、非上場株式の場合には、負担付贈与通達（548頁で解説）の適用はありませんので、時価は原則として、評価通達の価額となります。従って、非上場株式の場合には、評価通達の178から189－7までの定めより時価を算定することになります。

【本問の場合の当てはめ】

　納税義務者の判定は、相続や贈与の場合と同様に移転後の株主状況に基づき株主判定を行うことになりますので、株式を取得した乙を納税義務者として、株主判定を行うことになります。乙は同族株主に該当し、かつ、5％以上の株式を取得していますので、原則的評価方式が適用される株主に該当します。

　そして、A社は大会社であり、特定の評価会社に該当せず、類似業種比準価額で計算がなされますので、1株当たりの価額は14,000円となります。

第9章　非上場株式の所得税・法人税における時価の算定方法と売買等の課税関係

　従って、乙は140,000,000円（14,000円×10,000株）で株式を購入した場合には、みなし贈与の課税問題はありません。

　なお、140,000,000円よりも単に低い価額であれば、みなし贈与課税はされませんが、時価のどれぐらいの割合までが「著しく低い価額」に該当するかについては、明確な基準がなく、549頁の90％基準はあくまでも参考となりますので、みなし贈与課税のリスクを回避する場合には、相続税評価額で売却することが無難といえます。

❸　個人から法人に売却する場合の課税関係

（1）　売主の課税関係

　個人から法人に著しく低い価額で譲渡した場合（時価の2分の1未満の対価の額により譲渡した場合）には、みなし譲渡の適用がありますので、時価が資産の譲渡対価として取り扱われることになり、時価と取得価額等の差額に対して譲渡所得の課税がされることになります（所法59条1項、所令169条）。

　時価の2分の1以上の対価で譲渡した場合には、通常の売買と同様に譲渡対価と取得価額等の差額が譲渡損益として課税されます。ただし、法人に対する譲渡が所法157条の同族会社の行為または計算の否認等の規定に該当する場合には、時価で譲渡したものとみなされます（所基通59-3）。

　上記の時価は、所法の時価となりますので、所基通59-6に基づき算定することになります。

（2）　買主の課税関係

　法人における取得価額は、その時における価額となりますので、時価と対価との差額については、受贈益として法人税が課税されることになります（法法22条2項）。この場合における時価は、あくまでも法人税の時価となりますので、法基通9-1-13及び9-1-14に基づき算定することになります。

（3）　法人株主の課税関係

　著しく低い価額で法人に資産を譲渡したことにより、その法人の株式の価値が増額することから、譲渡をした者からその法人の株主に対して贈与税が課税されることになります（相法9条、相基通9-2）。この場合における著しく低い価額についても相法7条と同様に明確な基準がありませんので、注意する必要があります。相法9条における「著しく低い価額」については、551頁で解説をしています。

　なお、時価よりも単に「低い価額」で取引をした場合においては、贈与税の課税問題は

第5節　Q&A

ありませんが、法人税の受贈益課税の問題はありますので、課税実務においては、法人税
における時価で取引を行う必要があります。

❹　個人から法人に売却する場合の税務上の時価算定

　個人から法人に売却した場合には、所得税におけるみなし譲渡課税の問題や法人税にお
ける受贈益課税の問題もありますので、所得税及び法人税における時価をそれぞれ算定す
る必要があります。

（1）　所得税における時価

　個人から法人に売却する場合の所得税における時価は、下記の所基通59－6（株式等を
贈与等した場合の「その時における価額」）により算定することになります。

◆所得税基本通達

（株式等を贈与等した場合の「その時における価額」）

59－6　法第59条第1項の規定の適用に当たって、譲渡所得の基因となる資産が株式（株
　　主又は投資主となる権利、株式の割当てを受ける権利、新株予約権（新投資口予約権
　　を含む。以下この項において同じ。）及び新株予約権の割当てを受ける権利を含む。以
　　下この項において同じ。）である場合の同項に規定する「その時における価額」は、23
　　～35共－9に準じて算定した価額による。この場合、23～35共－9の(4)ニに定める「1
　　株又は1口当たりの純資産価額等を参酌して通常取引されると認められる価額」につ
　　いては、原則として、次によることを条件に、昭和39年4月25日付直資56・直審（資）
　　17「財産評価基本通達」（法令解釈通達）の178から189－7まで《取引相場のない株式
　　の評価》の例により算定した価額とする。

(1)　財産評価基本通達178、188、188－6、189－2、189－3及び189－4中「取得した
　　株式」とあるのは「譲渡又は贈与した株式」と、同通達185、189－2、189－3及び
　　189－4中「株式の取得者」とあるのは「株式を譲渡又は贈与した個人」と、同通達
　　188中「株式取得後」とあるのは「株式の譲渡又は贈与直前」とそれぞれ読み替えるほ
　　か、読み替えた後の同通達185ただし書、189－2、189－3又は189－4において株式
　　を譲渡又は贈与した個人とその同族関係者の有する議決権の合計数が評価する会社の
　　議決権総数の50％以下である場合に該当するかどうか及び読み替えた後の同通達188の
　　(1)から(4)までに定める株式に該当するかどうかは、株式の譲渡又は贈与直前の議決権
　　の数により判定すること。

(2)　当該株式の価額につき財産評価基本通達179の例により算定する場合（同通達189－
　　3の(1)において同通達179に準じて算定する場合を含む。）において、当該株式を譲渡
　　又は贈与した個人が当該譲渡又は贈与直前に当該株式の発行会社にとって同通達188の

(2)に定める「中心的な同族株主」に該当するときは、当該発行会社は常に同通達178に定める「小会社」に該当するものとしてその例によること。
(3) 当該株式の発行会社が土地（土地の上に存する権利を含む。）又は金融商品取引所に上場されている有価証券を有しているときは、財産評価基本通達185の本文に定める「1株当たりの純資産価額（相続税評価額によって計算した金額）」の計算に当たり、これらの資産については、当該譲渡又は贈与の時における価額によること。
(4) 財産評価基本通達185の本文に定める「1株当たりの純資産価額（相続税評価額によって計算した金額）」の計算に当たり、同通達186－2により計算した評価差額に対する法人税額等に相当する金額は控除しないこと。

（下線部は筆者による）

　上記の通達の定めによれば、「その時における価額」は、所基通23～35共－9に準じて算定した価額とされており、非上場株式の「その時における価額」は、次の手順で算定することになります。

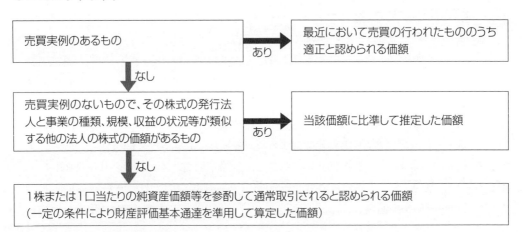

【本問の場合の当てはめ】

　本問の場合には、売買実例もなく、事業の種類、規模、収益の状況等が類似する他の法人の株式の価額もないため、純資産価額等を参酌して通常取引されると認められる価額により求めることになります。実務的には、時価純資産価額または一定の条件により評価通達を準用して算定した価額を使用することになります。

　一定の条件については、上記通達の（1）から（4）の通りとなりますが、（1）の定めにより、株主判定は譲渡前の議決権数に基づきその判定を行うことになります。

　同族株主がいる場合の株主判定の手順は、Q1で解説をしていますが、甲は中心的な同族株主に該当することになります。甲は所基通59－6（2）の適用により小会社に該当するものとして計算することになります。従って、類似業種比準価額の使用割合であるLの

第5節　Q&A

割合は50％となり、「類似業種比準価額×50％＋純資産価額×50％」で計算することになります。

　この場合の類似業種比準価額を求める際の斟酌割合は小会社としての斟酌割合（0.5）ではなく、A社の会社規模区分（大会社）としての斟酌割合（0.7）となりますので、採用する類似業種比準価額は14,000円となります（令和2年9月30日国税庁資産課税課情報第22号、付録の4参照）。

　また、純資産価額は、所基通59－6（3）及び（4）の定めにより、土地及び上場有価証券は相続税評価ではなく時価により算定し、法人税額等相当額の控除もしない価額（70,000円）となります。

　従って、所得税における時価算定をする場合における1株当たりの価額は42,000円（14,000円×50％＋70,000円×50％）となります。

（2）　法人税における時価

　法人税における時価については、法基通9－1－13及び9－1－14に基づき算定することになります。

　時価算定の手順は、上記に記載した所得税における時価の求め方と同様になりますので、売買実例もなく、事業の種類、規模、収益の状況等が類似する他の法人の株式の価額がない場合には、純資産価額等を参酌して通常取引されると認められる価額により求めることになります（法基通9－1－13）。実務的には、時価純資産価額または一定の条件により評価通達を準用して算定した価額を使用することになります。

　一定の条件については、下記の法基通9－1－14の（1）から（3）の通りとなります。所基通59－6の定めとほぼ同様ですが、株主判定が異なりますので注意が必要です。所基通59－6は、譲渡前の議決権数に基づきその判定を行う旨を定めていますが、法基通9－1－14については、その定めがありません。法人税では、その取扱いが明確になっていませんが、株式の取得価額が問題となる場合には、譲渡後の議決権数に基づきその判定を行います。これは、所得税は譲渡所得課税で資産の値上がりにより売主に帰属する増加益を所得していることから、売主の会社への支配力の程度に応じて評価をするべきであるのに対して、法人税では、取得側の法人の受贈益課税が問題になっていることから、購入後の買主法人の会社への支配力の程度に応じて評価をするべきとする考え方によるものです。

----- ◆法人税基本通達 -----

（市場有価証券等以外の株式の価額の特例）

9－1－14　法人が、市場有価証券等以外の株式（9－1－13の(1)及び(2)に該当するものを除く。）について法第33条第2項《資産の評価損の損金不算入等》の規定を適用す

591

第9章　非上場株式の所得税・法人税における時価の算定方法と売買等の課税関係

る場合において、事業年度終了の時における当該株式の価額につき昭和39年4月25日付直資56・直審（資）17「財産評価基本通達」（以下9－1－14において「財産評価基本通達」という。）の178から189－7まで《取引相場のない株式の評価》の例によって算定した価額によっているときは、課税上弊害がない限り、次によることを条件としてこれを認める。

(1)　当該株式の価額につき財産評価基本通達179の例により算定する場合（同通達189－3の(1)において同通達179に準じて算定する場合を含む。）において、当該法人が当該株式の発行会社にとって同通達188の(2)に定める「中心的な同族株主」に該当するときは、当該発行会社は常に同通達178に定める「小会社」に該当するものとしてその例によること。

(2)　当該株式の発行会社が土地（土地の上に存する権利を含む。）又は金融商品取引所に上場されている有価証券を有しているときは、財産評価基本通達185の本文に定める「1株当たりの純資産価額（相続税評価額によって計算した金額）」の計算に当たり、これらの資産については当該事業年度終了の時における価額によること。

(3)　財産評価基本通達185の本文に定める「1株当たりの純資産価額（相続税評価額によって計算した金額）」の計算に当たり、同通達186－2により計算した評価差額に対する法人税額等に相当する金額は控除しないこと。

【本問の場合の当てはめ】

　譲渡後に株主判定を行った場合には、B社は原則的評価方式が適用され、かつ、中心的な同族株主に該当することになります。法基通9－1－14（1）の定めによりA社は、小会社に該当するものとして計算することになります。従って、類似業種比準価額の使用割合であるLの割合は50％となり、「類似業種比準価額×50％＋純資産価額×50％」で計算することになります。

　この場合の類似業種比準価額を求める際の斟酌割合は、小会社としての斟酌割合（0.5）とする考え方と、A社の会社規模区分（大会社）としての斟酌割合（0.7）とする考え方があります。法人税の条文や通達、情報において明確な根拠はありませんので、いずれの考え方も成立するという主張もあるかと思います。しかしながら、所基通59－6については令和2年9月30日国税庁資産課税課情報第22号（付録の4参照）の情報において、「中心的な同族株主の場合には小会社に該当するとした趣旨」と「会社の規模区分に応じた斟酌割合の趣旨」は、下記の通り異なっていると説明がされており、中心的な同族株主に該当し、小会社として計算する場合でも、類似業種の株価等に乗ずる斟酌割合は、実際の会社規模区分に基づき算定することが明らかにされています。この点について、所得税の時価と法人税の時価に差異を設けることは不自然かと思料されますので、法人税の時価算定におい

ても、評価通達を準用する場合には、所得税の時価算定と同様に類似業種の株価等に乗ずる斟酌割合は、実際の会社規模区分に基づき算定することが相当かと考えられます。

中心的な同族株主の場合には 小会社に該当するとした趣旨	会社の規模区分に応じた 斟酌割合の趣旨
「中心的な同族株主」とは、議決権割合が25%以上となる特殊関係グループに属する同族株主をいうところ、評価会社が「中心的な同族株主」で支配されているような場合において、同族株主にとってその会社の株式の価値は、その会社の純資産価額と切り離しては考えられないところではないかと考えられ、また、本通達の制定に先立って行われた取引相場のない株式の譲渡に関する実態調査においても、持株割合が高い株主ほど純資産価額方式による評価額により取引されている傾向があったことが確認されている。 このため、「中心的な同族株主」の有する株式については、たとえその会社が大会社又は中会社に該当する場合であっても、小会社と同様に「純資産価額方式」を原則とし、選択的に「類似業種比準方式と純資産価額方式との併用方式」による算定方法によることとしている。	評価会社の株式は現実に取引市場を持たない株式であることなどのほか、大半の評価会社はその情報力、組織力のほか技術革新、人材確保、資金調達力等の点で上場企業に比し劣勢にあり、一般的にその規模格差が拡大する傾向にあるといえる社会経済状況の変化を踏まえると、評価会社の規模が小さくなるに従って、上場会社との類似性が希薄になっていくことが顕著になってくると認められる。このため、この上場会社と評価会社の格差を評価上適正に反映させるよう、大会社の「0.7」を基礎として、中会社を「0.6」、小会社を「0.5」とするしんしゃく割合が定められている。

上記により、Ａ社の会社規模区分（大会社）としての斟酌割合（0.7）を採用し、類似業種比準価額は14,000円となります。

また、純資産価額は、法基通9－1－14（2）及び（3）の定めにより、土地及び上場有価証券は相続税評価ではなく時価により算定し、法人税額等相当額の控除もしない価額（70,000円）となります。

従って、法人税における時価算定をする場合における１株当たりの価額は、所得税の時価と同じ42,000円（14,000円×50％＋70,000円×50％）となります。

■Ｂ社への売買価額

本問の場合には、所得税の時価と法人税の時価が同額であるため、Ｂ社は420,000,000円（42,000円×10,000株）で株式を購入した場合には、所法59条１項のみなし譲渡の課税問題及び法人税の受贈益の課税問題は発生しないことになります。

なお、時価純資産価額である700,000,000円（70,000円×10,000株）も所得税及び法人税の

第９章　非上場株式の所得税・法人税における時価の算定方法と売買等の課税関係

時価となりますので、その価額で取引しても同様に課税上の問題は発生しませんが、本問の場合には、評価通達を準用して所得税及び法人税の時価を求めることとしていますので、420,000,000円を採用しています。

　法人税の時価で取引をしていれば、当然、相法９条のみなし贈与課税の問題も発生しませんので、420,000,000円での取引はみなし贈与課税の観点からも問題がない価額となります。

▶実務上のポイント

　非上場株式の売買価額の算定においては、相法７条または９条のみなし贈与の課税問題、所法59条１項のみなし譲渡の課税問題及び法人税の受贈益の課税問題が発生しないように検討する必要があります。個人に売却する場合と法人に売却する場合で税務上の時価が異なることは、納税者には理解し難い点となりますので、時価算定と課税関係については、十分に説明する必要があります。

Q5　相続後に発行法人に相続税評価額で株式を売却した場合の課税関係の留意点

　Ａ株式会社の取締役である甲は令和６年11月１日に相続が発生しています。甲はＡ社の株式4,000株（議決権総数の40％に相当する株式）を所有していましたが、遺言によりＡ社の株式は、甲の配偶者である乙及び長男である丙に2,000株ずつ相続させ、その他の財産はすべて乙に相続させる旨の遺言書を遺していました。Ａ社株式の相続税評価額は、236,000,000円（59,000円×4,000株）であり、その他財産は14,000,000円となります。

　甲の相続人は乙及び丙の２人となり、乙の納付すべき相続税は配偶者の税額軽減の適用により０円、丙の納付すべき相続税は23,222,400円となります。

　乙及び丙は、Ａ社の代表取締役である丁にＡ社株式の買取りについて相談し、Ａ社株式4,000株を相続税評価額236,000,000円でＡ社に売却することで合意しました。乙及び丙は、Ａ社の株式を令和６年11月30日に発行法人であるＡ社に相続税評価額236,000,000円で売却を行っています。

　相続後におけるＡ社株主の親族構成と株式保有状況は、下記の通りとなります。発行済株式総数は10,000株であり、１株につき１議決権を有しているものとします。

594

A社は甲の父が創業者であり、創業当初から現在に至るまで資本金は10,000,000円であり、甲は、甲の父からA社株式4,000株を相続し、乙及び丙は甲から2,000株ずつ相続していますので、乙及び丙の取得費はそれぞれ2,000,000円となります。

A社の役員は、甲の死亡後は丁のみとなります。

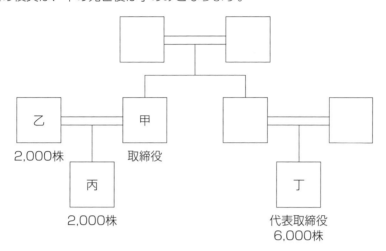

上記の場合において、A社の株式を発行法人に売却した場合の乙及び丙の課税関係、自己株式を取得したA社の課税関係、A社株主である丁の課税関係はそれぞれどのようになりますか。

所得税の時価の算定にあたっては、評価通達を準用するものとします。

A社の株式の1株当たりの類似業種比準価額と純資産価額は次の通りとなります。A社の会社の規模区分は中会社の中に該当し、A社は特定の評価会社には該当しませんので、A社株式の相続税評価額は、1株当たり59,000円（12,000円×75%＋200,000円×25%）となります。

算定方法	1株当たりの価額	備考
類似業種比準価額（斟酌割合0.6）	12,000円	中会社として斟酌割合を0.6として求めた類似業種比準価額
類似業種比準価額（斟酌割合0.5）	10,000円	小会社として斟酌割合を0.5として求めた類似業種比準価額
純資産価額（相続税評価）	200,000円	相続税評価により純資産価額を求め、その純資産価額から法人税額等相当額を控除した金額
純資産価額（時価）	240,000円	上記で求めた純資産価額のうち、土地及び上場されている有価証券は相続税評価ではなく、時価に修正した上で求めた時価純資産価額（法人税額等相当額は控除しない）

乙、丙、A社、丁の課税関係は、それぞれ下記の通りとなります。

■乙の課税関係
下記を所得金額として所得税及び住民税が課税されます。
- 配当所得：116,000,000円（118,000,000円 − 2,000,000円）
- 譲渡所得：134,000,000円（252,000,000円 − 116,000,000円 − 2,000,000円）

■丙の課税関係
下記を所得金額として所得税及び住民税が課税されます。
- 譲渡所得：226,777,600円（252,000,000円 − 2,000,000円 − 23,222,400円）

■A社の課税関係
自己株式の取得はA社にとって資本等取引に該当するため、課税関係は発生しません。

■丁の課税関係
　自己株式取得後の丁のA社株式の相続税評価額と自己株式取得前の丁のA社株式の相続税評価額の差額が乙及び丙から贈与された金額となり、贈与税が課税されます。

❶　発行法人に株式を売却した場合の課税関係
（1）　売主の課税関係
　非上場株式を発行法人に売却した場合には、みなし配当課税（所法25条1項）、みなし配当課税の特例（措法9条の7）、みなし譲渡課税（所法59条1項）、相続税の取得費加算の特例（措法39条）の適用の有無を判断する必要があります。
①　みなし配当課税
　法人の株主等がその法人の自己株式の取得等の事由により金銭その他の資産の交付を受けた場合において、その金銭の額及び金銭以外の資産の価額の合計額がその法人の資本金等の額のうちその交付の基因となったその法人の株式または出資に対応する部分の金額を超えるときは、その超える部分の金額に係る金銭その他の資産は、剰余金の配当等とみなされます（所法25条1項）。
②　みなし配当課税の特例
　相続または遺贈による財産の取得をした個人で納付すべき相続税額があるものが、その相続に係る相続税の申告期限の翌日以後3年を経過する日までの間にその相続税額に係る課税価格の計算の基礎に算入された非上場株式をその発行会社に譲渡した場合には、上記

①のみなし配当課税の規定は適用されないこととされています（措法9条の7）。このみなし配当課税の特例の適用がある場合には、譲渡所得のみで課税関係を考えることになります。みなし配当課税の特例を受ける者は、「相続財産に係る非上場株式をその発行会社に譲渡した場合のみなし配当課税の特例に関する届出書」を譲渡する日までに発行会社に提出する必要があります。発行会社は譲り受けた日の属する年の翌年1月31日までに所轄税務署長にその届出書を提出する必要があります（措令5条の2）。

③　みなし譲渡課税

　個人から法人に非上場株式を著しく低い価額で譲渡した場合（時価の2分の1未満の対価の額により譲渡した場合）には、みなし譲渡の適用がありますので、時価が資産の譲渡対価として取り扱われることになり、時価と取得価額等の差額に対して譲渡所得の課税がされることになります（所法59条1項、所令169条）。

　なお、時価の2分の1以上の対価で譲渡した場合には、通常の売買と同様に譲渡対価と取得価額等の差額が譲渡損益として課税されます。ただし、法人に対する譲渡が所法157条の同族会社の行為または計算の否認等の規定に該当する場合には、時価で譲渡したものとみなされます（所基通59-3）。

　上記の時価は、所法の時価となりますので、所基通59-6に基づき算定することになります。

④　譲渡所得の収入金額

　法人が個人株主から自己の株式または出資の取得を行う場合には、その個人株主が交付を受ける金銭の額及び金銭以外の資産の価額の合計額（みなし配当額を除く）は譲渡所得等に係る収入金額とみなされます。この場合において所法59条1項2号の低額譲渡に該当するか否かの判断は、その自己株式等の時価に対して、個人株主に交付された金銭等の額が、著しく低い価額の対価であるかどうかにより判定を行います。そして、自己株式等の時価は、所基通59-6（株式等を贈与等した場合の「その時における価額」）により算定するものとされています。

　従って、低額譲渡に該当する場合には、自己株式等の時価に相当する金額から、みなし配当額に相当する金額を控除した金額が譲渡所得の収入金額とみなされます（措法37条の10、3項5号、措通37の10・37の11共-22）。

⑤　相続税の取得費加算の特例

　相続または遺贈による財産の取得をした個人で相続税額があるものが、その相続に係る相続税の申告期限の翌日以後3年を経過する日までの間にその相続税額に係る課税価格の計算の基礎に算入された資産の譲渡をした場合には、譲渡所得の金額の計算における取得費は、その取得費に相当する金額にその者の相続税額のうちその譲渡をした資産に対応す

第 9 章　非上場株式の所得税・法人税における時価の算定方法と売買等の課税関係

る部分に相当する金額を加算した金額となります（措法39条）。

【本問の場合の当てはめ】

　所基通59−6に基づく価額は、下記❷により126,000円（12,000円 × 50％ ＋ 240,000円 × 50％）と算定され、乙及び丙は時価252,000,000円（126,000円 × 2,000株）の2分の1未満の対価118,000,000円（59,000円 × 2,000株）で法人に譲渡していますので、みなし譲渡の適用により、252,000,000円で譲渡されたものとみなされます。

　乙は相続税の納税が発生していませんので、みなし配当課税の特例及び相続税の取得費加算の適用はありませんが、丙は相続税の納税が発生していますので、みなし配当課税の特例及び相続税の取得費加算の適用があります。

◆乙の課税関係

　みなし配当の金額は、交付を受けた金銭等の額118,000,000円（59,000円 × 2,000株）からその交付金銭等の額のうち資本金等の額に対応する部分の金額2,000,000円（10,000,000円 × 200株 /1,000株）を控除した金額116,000,000円となります。

　また、乙はみなし譲渡の適用により、A社に株式を売却する場合の譲渡所得の収入金額は、自己株式等の時価である252,000,000円（126,000円 × 2,000株）からみなし配当の金額116,000,000円を控除した金額136,000,000円となります。譲渡所得は134,000,000円（136,000,000円 − 2,000,000円）となります。この譲渡所得に対して所得税15.315％、住民税5％が課税されることになります。

◆丙の課税関係

　丙はみなし配当課税の特例によりみなし配当ではなく譲渡所得が課税されることになります。みなし譲渡の適用によりA社に株式を売却する場合の譲渡所得の収入金額は、自己株式等の時価である252,000,000円（126,000円 × 2,000株）となります。譲渡所得の計算にあたっては、相続税額の取得費加算の適用があり、丙はA社株式のみの取得であるため、納付した相続税額23,222,400円が相続税額の取得費加算金額となります。従って、譲渡所得は、226,777,600円（252,000,000円 − 2,000,000円 − 23,222,400円）と計算をすることができます。この譲渡所得に対して所得税15.315％、住民税5％が課税されることになります。

（2）　発行法人の課税関係

　自己株式を無償や低額で取得した場合に、取得時の時価と実際の取得価額との差額について受贈益を認識すべきという考え方も一部にありますが、平成18年度税制改正後の法法は、自己株式を有価証券としては認識をせず、自己株式の取得を資本等取引としているため、原則として発行法人に益金は生じないことになります（法法22条2項〜5項）。

なお、A社には配当所得の源泉徴収義務がありますので、源泉所得税等として23,687,200円（116,000,000円 × 20.42%）を徴収して、その徴収日の属する月の翌月10日までに国に納付する必要があります。A社の税務仕訳は下記の通りとなります。

〔A社の税務仕訳〕

（資本金等の額）	4,000,000	（預　貯　金）	212,312,800
（利益積立金額）	232,000,000	（源泉預り金）	23,687,200

（3）　発行法人の株主の課税関係

みなし贈与課税（相法9条）の適用の有無を判断する必要があります。

① みなし贈与課税

著しく低い価額で発行法人に資産を譲渡したことにより、発行法人の株主は、株式の価値が増加しますので、その価値増加部分について譲渡をした者からその株主に対して贈与税が課税されることになります（相法9条、相基通9－2）。この場合における著しく低い価額については、明確な基準がありませんので注意する必要があります（551頁で解説）。

明確な基準はありませんが、みなし譲渡課税の場合の著しく低い価額は、時価の2分の1未満の対価の額により譲渡した場合をいいますので、少なくとも時価の2分の1未満の対価の額により譲渡した場合には、みなし贈与課税の問題も発生すると考えられます。

本問の場合の1株当たりの自己株式等の時価は126,000円、1株当たりの対価は59,000円であり、時価の2分の1未満の対価の額により譲渡した場合に該当しますので、みなし贈与課税の問題が発生することになります。

② 丁のみなし贈与課税の計算

丁は直接乙及び丙から利益を受けたわけではなく、A社が自己株式を取得したことで所有していた株式の価値が増加したに過ぎません。従って、贈与を受けた金額は、A社が取得した自己株式等の時価相当額である504,000,000円と交付金銭等の額236,000,000円の差額ではなく、自己株式取得後の丁のA社株式の相続税評価額と自己株式取得前の丁のA社株式の相続税評価額の差額となります。あくまでも贈与税課税の計算となりますので、A社株式の相続税評価額を基に計算することになります。

自己株式取得後のA社株式の相続税評価額の計算は、上記（2）のA社の税務仕訳を確認し、下記の点について留意する必要があります。

第9章　非上場株式の所得税・法人税における時価の算定方法と売買等の課税関係

▶【第1表の1】評価上の株主判定

　　自己株式を取得した後の議決権数に基づき株主判定を行うことになります。自己株式を取得した後は、丁は100％の議決権を所有していることになりますので、原則的評価方式が適用される株主に該当します。

▶【第4表】類似業種比準価額等の計算明細書

● 1株当たりの資本金等の額等の計算

　　直前期末の資本金等の額（①欄）は、自己株式を取得した後の資本金等の額を記載することになりますので、6,000 千円となります。

　　直前期末の自己株式数（③欄）に、取得した自己株式数 4,000 株を記載します。

● 1株当たりの年配当金額の計算

　　みなし配当は会社法上の剰余金の配当には該当しないため、年配当金額（⑥欄）に含める必要はありませんので、1株（50円）当たりの年配当金額（Ⓑ欄）の金額に変更はありません。ただし、自己株式を除いた発行済株式数で計算がされますので、年配当金額（⑥欄）は、6,000株（10,000株 － 4,000株）に対応する配当金額を記載することになります。

● 1株当たりの年利益金額の計算

　　A社の利益金額は、自己株式の取得前後で変動はありませんので、差引利益金額（⑯欄）に変動はありませんが、1株（50円）当たりの年利益金額（Ⓒ欄）は、自己株式を除いた発行済株式数で計算がされますので、増額することになります。

● 1株当たりの純資産価額の計算

　　資本金等の額（⑰欄）は、自己株式を取得した後の資本金等の額を記載しますので、6,000 千円となります。利益積立金額（⑱欄）は232,000,000円（236,000,000円 － 4,000,000円）を減額する必要があります。従って、純資産価額（⑲欄）は236,000,000円減額となりますが、1株（50円）当たりの純資産価額（Ⓓ欄）は、自己株式を除いた発行済株式数で計算がされますので、増額することになります。

▶【第5表】純資産価額の計算

● 負債の部に 236,000 千円を相続税評価額及び帳簿価額の両方の欄に記載し、純資産価額を算定します。

● 課税時期現在の発行済株式数（⑩欄）は、自己株式数を除いた 6,000 株となります。

　　上記により全体の純資産価額は減少しますが、課税時期現在の1株当たりの純資産価額（⑪欄）は、増額することになります。

❷ 自己株式等の時価の算定

自己株式等の時価は、所基通59−6（株式等を贈与等した場合の「その時における価額」、Q1参照）により算定することになります。

本問の場合には、評価通達を準用するものとしていますので、所基通59−6の（1）から（4）の定めに基づき時価算定することになり、株主判定は譲渡前の議決権数に基づきその判定を行うことになります。

同族株主がいる場合の株主判定の手順は、下記の通りとなります。

【個人から法人に売却した場合において同族株主がいる場合の株主判定の手順】

①譲渡直前における筆頭株主グループの議決権割合	50％超	30％以上50％以下
	同族株主がいる会社	
②譲渡直前における納税義務者の属する同族関係者グループの議決権割合	50％未満	30％未満 → 特例的評価方式
	50％超⇒③へ	30％以上⇒③へ
③譲渡直前の納税義務者の議決権割合	5％以上	5％以上 → 原則的評価方式
	5％未満⇒④へ	5％未満⇒④へ
④納税義務者が役員	である	である → 原則的評価方式
	でない⇒⑤へ	でない⇒⑤へ
⑤譲渡直前において納税義務者が中心的な同族株主	である	である → 原則的評価方式
	でない⇒⑥へ	でない⇒⑥へ
⑥譲渡直前において納税義務者以外に中心的な同族株主	がいる	がいる → 特例的評価方式
	がいない	がいない → 原則的評価方式

◎ 用語の意義と当てはめ

● 同族株主

課税時期における評価会社の株主のうち、株主の1人及びその同族関係者の有する議決

第9章　非上場株式の所得税・法人税における時価の算定方法と売買等の課税関係

権の合計数がその会社の議決権総数の30％以上（その評価会社の株主のうち、株主の１人及びその同族関係者の有する議決権の合計数が最も多いグループの有する議決権の合計数が、その会社の議決権総数の50％超である会社にあっては、50％超）である場合におけるその株主及びその同族関係者をいいます（評価通達188（１））。本問の場合には、譲渡前で株主判定を行うことになりますので、乙、丙及び丁が同族株主に該当します。

● 同族関係者

　法令４条（同族関係者の範囲）に規定する特殊の関係のある個人または法人をいいます（評価通達188（１））。

　特殊の関係のある個人は、例えば株主等の親族などをいいます。本問の場合には、乙の同族関係者に丙及び丁も含まれることになります。

● 中心的な同族株主

　課税時期において同族株主の１人並びにその株主の配偶者、直系血族、兄弟姉妹及び１親等の姻族（これらの者の同族関係者である会社のうち、これらの者が有する議決権の合計数がその会社の議決権総数の25％以上である会社を含む）の有する議決権の合計数がその会社の議決権総数の25％以上である場合におけるその株主をいいます（評価通達188（２））。

　本問の場合には、譲渡前で中心的な同族株主の判定を行うことになりますが、乙、丙及び丁の判定は次の通りとなります。

　　・乙：20％　＋　20％　＝　40％　≧　25％

　　　∴中心的な同族株主に該当する

　　・丙：20％　＋　20％　＝　40％　≧　25％

　　　∴中心的な同族株主に該当する

　　・丁：60％　≧　25％

　　　∴中心的な同族株主に該当する

■本問の場合における株主判定

　筆頭株主グループの議決権割合は100％となり、50％超の区分に該当することになります。

　乙及び丙は、譲渡直前の議決権割合は、それぞれ単独で５％以上所有していますので、原則的評価方式が適用される株主に該当することになります。

第5節 Q&A

■本問の場合における自己株式等の時価算定

　乙及び丙は譲渡直前において中心的な同族株主に該当することになりますので、所基通59－6（2）の適用により小会社に該当するものとして計算することになります。従って、類似業種比準価額の使用割合であるＬの割合は50％となり、類似業種比準価額 × 50％ ＋ 純資産価額 × 50％で計算することになります。

　この場合の類似業種比準価額を求める際の斟酌割合は小会社としての斟酌割合（0.5）ではなく、Ａ社の会社規模区分（中会社）としての斟酌割合（0.6）となりますので、採用する類似業種比準価額は12,000円となります（令和２年９月30日国税庁資産課税課情報第22号（付録の４参照））。

　また、純資産価額は、所基通59－6（3）及び（4）の定めにより、土地及び上場有価証券は相続税評価ではなく時価により算定し、法人税額等相当額の控除もしない価額（240,000円）となります。

　従って、1株当たりの価額は126,000円（12,000円 × 50％ ＋ 240,000円 × 50％）となります。

▶実務上のポイント

　相続後に相続人等が発行法人へ非上場株式を売却することは、相続税の納税資金の確保等のために利用されますが、相続税評価額で売却するとみなし譲渡課税やみなし贈与課税のリスクがありますので注意する必要があります。

　また、みなし配当課税の特例は、相続税の納税がない相続人等には適用されません。みなし配当課税になると多額の税額負担になりますので、取得者を配偶者にする場合には、注意が必要となります。

Q6　同族株主である個人が株式を個人または法人に売却する場合の子会社株式の評価方法

　甲は昭和40年にＡ社を設立し建設業を営んでいます。Ａ社は昭和60年に資本金1,000万円でＢ社を設立し、現在に至るまでＢ社の株式を100％所有しています。

　甲は、令和６年に代表取締役を辞任し、甲の甥である乙が新たに代表取締役に就任しました。甲はＡ社の株式を100％保有しており、乙に株式の承継を検討していますが、その方法として下記のいずれかの方法を考えています。

（1）　甲が乙にＡ社株式を売却する方法

（2） 乙が新たに法人（乙が100%出資）を設立し、その新設法人であるC社にA社株式を売却する方法

　直前期末における会社規模区分は、A社は中会社の大であり、B社は中会社の中に該当し、いずれも特定の評価会社に該当しません。

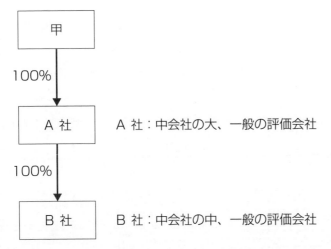

A社：中会社の大、一般の評価会社

B社：中会社の中、一般の評価会社

　個人である乙への譲渡については、評価通達に基づき売買価額を決定し、法人であるC社への譲渡については、所基通59－6の定めに基づいて評価通達を準用し、売買価額を決定することにします。

　A社株式の類似業種比準価額は純資産価額よりも小さくなりますので、A社株式の相続税評価額は、類似業種比準価額×90%＋純資産価額×10%で評価することになります。一方、所基通59－6の定めに基づく価額算定にあたっては、甲が中心的な同族株主に該当しますので、類似業種比準価額×50%＋純資産価額×50%で計算することになります。

　この場合において、上記A社の純資産価額の算定にあたり、第5表「1株当たりの純資産価額（相続税評価額）の計算明細書」の相続税評価額欄に記載されるB社株式の相続税評価額はいくらになりますか。

　B社の発行済株式総数は10,000株であり、1株につき1議決権を有しているものとします。B社株式は、創業以来、売買されたことはなく、B社と事業の種類、規模、収益の状況等が類似する他の法人の株式の価額もありません。

　B社株式の1株当たりの類似業種比準価額と純資産価額は、次の通りとなります。

算定方法	1株当たりの価額	備考
類似業種比準価額 (斟酌割合0.6)	12,000円	中会社として斟酌割合を0.6として求めた類似業種比準価額
類似業種比準価額 (斟酌割合0.5)	10,000円	小会社として斟酌割合を0.5として求めた類似業種比準価額
純資産価額 (相続税評価)	60,000円	相続税評価により純資産価額を求め、その純資産価額から法人税額等相当額を控除した金額 なお、法人税額等相当額を控除しないで求めた価額は70,000円である。
純資産価額 (時価)	80,000円	上記で求めた純資産価額のうち、土地及び上場されている有価証券は相続税評価ではなく、時価に修正した上で求めた時価純資産価額 (法人税額等相当額は控除しない)
配当還元価額	500円	

A

B社株式の相続税評価額は、それぞれ次の通りとなります。

■甲が乙にA社株式を売却した場合

1株26,500円（12,000円×75％＋70,000円×25％）となりますので、相続税評価額は、265,000 千円（26,500円×10,000株）となります。

■甲がC社にA社株式を売却した場合

1株46,000円（12,000円×50％＋80,000円×50％）となりますので、相続税評価額は、460,000 千円（46,000円×10,000株）となります。

❶ 個人から個人に非上場株式を売却する場合の税務上の時価算定

個人から個人に非上場株式を売却した場合において、課税上問題となるのは買主のみなし贈与課税となります。売主にとっては、売買価額が譲渡対価とされることから、課税上問題になることはありませんので、個人から個人に非上場株式を売却する場合には、買主の立場で売買価額を考えることになります。そして、非上場株式の場合には、負担付贈与通達（548頁で解説）の適用はありませんので、時価は原則として、評価通達の価額となります。従って、非上場株式の場合には、評価通達の178から189－7までの定めより時価を算定することになります。

第9章　非上場株式の所得税・法人税における時価の算定方法と売買等の課税関係

【本問の場合の当てはめ】

　個人から個人に非上場株式を売却した場合の納税義務者の判定は、相続や贈与の場合と同様に移転後の株主状況に基づき株主判定を行うことになりますので、株式を取得した乙を納税義務者として、株主判定を行うことになります。乙は、同族株主に該当し、かつ、5％以上の株式を取得していますので、原則的評価方式が適用される株主に該当します。

　そして、A社は中会社の大であり、特定の評価会社に該当しませんので、類似業種比準価額×90％＋<u>純資産価額</u>×10％で評価することになります。

　上記の純資産価額の算定にあたって、B社株式の相続税評価額の算定については、下記の点に留意する必要があります。

①　納税義務者の判定

　B社株式の株主判定については、A社を納税義務者と考えて、株主判定を行うことになります。A社は、同族株主に該当し、かつ、5％以上の株式を所有していますので、原則的評価方式が適用される株主に該当します。

②　法人税額等相当額の控除の可否

　課税時期における評価会社の各資産を評価する場合において、その各資産のうち非上場株式があるときのその株式の1株当たりの純資産価額（相続税評価額によって計算した金額）は、その株式の発行会社の課税時期における各資産を評価通達に定めるところにより評価した金額の合計額から課税時期における各負債の金額の合計額を控除した金額を課税時期における発行済株式数で除して計算した金額とするとされています。この場合における1株当たりの純資産価額（相続税評価額によって計算した金額）の計算にあたっては、評価差額に対する法人税額等に相当する金額を控除しないこととされています（評価通達186-3）。

　従って、本問の場合における1株当たりの純資産価額は、相続税評価により純資産価額を求め、その純資産価額から法人税額等相当額を控除しないで求めた価額70,000円となります。

❷　個人から法人に売却する場合の税務上の時価算定

　個人から法人に売却した場合には、所得税におけるみなし譲渡課税の問題がありますので、所得税における時価を算定する必要があります。

　個人から法人に売却する場合の所得税における時価は、下記の所基通59-6（株式等を贈与等した場合の「その時における価額」）により算定することになります。

第5節　Q&A

┌───┐

　　　◆所得税基本通達

（株式等を贈与等した場合の「その時における価額」）

59－6　法第59条第1項の規定の適用に当たって、譲渡所得の基因となる資産が株式（株主又は投資主となる権利、株式の割当てを受ける権利、新株予約権（新投資口予約権を含む。以下この項において同じ。）及び新株予約権の割当てを受ける権利を含む。以下この項において同じ。）である場合の同項に規定する「その時における価額」は、23～35共－9に準じて算定した価額による。この場合、23～35共－9の(4)ニに定める「1株又は1口当たりの純資産価額等を参酌して通常取引されると認められる価額」については、原則として、次によることを条件に、昭和39年4月25日付直資56・直審（資）17「財産評価基本通達」（法令解釈通達）の178から189－7まで《取引相場のない株式の評価》の例により算定した価額とする。

(1)　財産評価基本通達178、188、188－6、189－2、189－3及び189－4中「取得した株式」とあるのは「譲渡又は贈与した株式」と、同通達185、189－2、189－3及び189－4中「株式の取得者」とあるのは「株式を譲渡又は贈与した個人」と、同通達188中「株式取得後」とあるのは「株式の譲渡又は贈与直前」とそれぞれ読み替えるほか、読み替えた後の同通達185ただし書、189－2、189－3又は189－4において株式を譲渡又は贈与した個人とその同族関係者の有する議決権の合計数が評価する会社の議決権総数の50％以下である場合に該当するかどうか及び読み替えた後の同通達188の(1)から(4)までに定める株式に該当するかどうかは、<u>株式の譲渡又は贈与直前の議決権の数により判定すること。</u>

(2)　当該株式の価額につき財産評価基本通達179の例により算定する場合（同通達189－3の(1)において同通達179に準じて算定する場合を含む。）において、当該株式を譲渡又は贈与した個人が<u>当該譲渡又は贈与直前に当該株式の発行会社にとって同通達188の(2)に定める「中心的な同族株主」に該当するときは、当該発行会社は常に同通達178に定める「小会社」に該当するものとしてその例によること。</u>

(3)　当該株式の発行会社が<u>土地（土地の上に存する権利を含む。）</u>又は金融商品取引所に<u>上場されている有価証券を有しているときは、財産評価基本通達185の本文に定める「1株当たりの純資産価額（相続税評価額によって計算した金額）」</u>の計算に当たり、これらの資産については、<u>当該譲渡又は贈与の時における価額によること。</u>

(4)　財産評価基本通達185の本文に定める「1株当たりの純資産価額（相続税評価額によって計算した金額）」の計算に当たり、同通達186－2により計算した<u>評価差額に対する法人税額等に相当する金額は控除しないこと。</u>

└───┘

（下線部は筆者による）

　本問の場合には、評価通達を準用するものとしていますので、上記通達の（1）から（4）の定めに基づき時価算定することになります。なお、上記通達の法令解釈通達として令和2年9月30日国税庁資産課税課情報第22号（付録の4参照）が公表されています。

607

第9章　非上場株式の所得税・法人税における時価の算定方法と売買等の課税関係

【本問の場合の当てはめ】

　上記通達の（1）の定めにより、株主判定は譲渡前の議決権数に基づきその判定を行うことになります。甲は、同族株主に該当し、かつ、5％以上の株式を所有していますので、原則的評価方式が適用される株主に該当します。甲は中心的な同族株主に該当することになりますので、所基通59-6（2）の適用により小会社に該当するものとして計算することになります。従って、類似業種比準価額の使用割合であるＬの割合は50％となり、類似業種比準価額×50％＋純資産価額×50％で計算することになります。

　上記の純資産価額の算定にあたって、Ｂ社株式の相続税評価額の算定については、下記の点に留意する必要があります。

①　納税義務者の判定

　Ｂ社株式の株主判定については、Ａ社を納税義務者と考えて、株主判定を行うことになります。Ａ社は、同族株主に該当し、かつ、5％以上の株式を所有していますので、原則的評価方式が適用される株主に該当します。

②　類似業種比準価額の使用割合

　所基通59-6（2）の適用に際し、「中心的な同族株主」に該当し、かつ、原則的評価方式で評価する場合に類似業種比準価額の使用割合を50％と制限している趣旨は、「中心的な同族株主」である場合の株式の価値は、純資産価額を無視することはできないためとなります。このような趣旨からすると、子会社株式の価額につき、評価会社がその子会社の「中心的な同族株主」に該当し、かつ、原則的評価方式で評価する場合には、類似業種比準価額の使用割合を50％として評価することが相当になります。

　従って、本問のＢ社株式の価額算定については、類似業種比準価額の使用割合であるＬの割合は50％となり、類似業種比準価額×50％＋純資産価額×50％で計算することになります。

③　類似業種比準価額の算定

　類似業種比準価額の算定上は、大会社は「0.7」、中会社は「0.6」、小会社は「0.5」とする斟酌割合が定められています（評価通達180）。これは、評価会社の規模が小さくなるに従って、上場会社との類似性が希薄になっていくためです。あくまでも会社の規模区分に基づき、類似業種比準価額の算定をすることになりますので、所基通59-6（2）の定めに基づき、「小会社」に該当した場合であったとしても、類似業種比準価額の算定における斟酌割合はその会社（Ｂ社）の会社規模区分（中会社）としての斟酌割合（0.6）を使用することになります。

　従って、採用する類似業種比準価額は、12,000円となります。

608

第5節　Q&A

④　純資産価額の算定

　所基通59-6（3）及び（4）は、取引としての時価を考察しているものとなります。すなわち、実際の非上場株式の譲渡については、土地や上場株式は時価に基づき評価し、かつ、法人税額等相当額は控除しないで純資産価額を求めることが少なくありませんので、これを考慮することが求められています。このことは、Ａ社株式が有する非上場株式（Ｂ社株式）の評価にも当てはめて考えることが相当です。従って、Ｂ社が有する土地または上場株式は相続税評価ではなく時価により算定し、法人税額等相当額の控除もしない価額80,000円となります。

▶実務上のポイント

　所基通59-6の定めに基づき、株式の価額算定を行う場合には、その通達の趣旨を理解するとともに、取引としての時価を考察する観点から評価通達の当てはめを検討する必要があります。

Q7　債務免除を受けた場合のみなし贈与の計算上の留意点

　Ａ株式会社の取締役である甲はＡ社に対して50,000千円の貸付金がありますが、令和6年10月5日に全額債権放棄を行いました。Ａ社の株主は甲の甥である乙のみで、乙は発行済株式数200株を所有しています。債務免除を受けたことによりＡ社は債務免除益として法人税等が課税され、Ａ社株主である乙には、甲から乙に贈与があったものとして贈与税が課税されることになると思いますが、実際の贈与税の計算はどのように行うのでしょうか。

　Ａ社の会社の規模区分は中会社の大に該当し、Ａ社は特定の評価会社には該当しません。また、Ａ社は9月決算であり、9月末時点と債務免除を受けた10月5日時点において甲のＡ社に対する貸付金に変動はないものとします。純資産価額の計算においては、直前期末方式（直前期末の資産及び負債の帳簿価額に基づき評価する方式）により計算するものとします。

　債務免除前の令和6年10月5日時点における取引相場のない株式（出資）の評価明細書の第4表（類似業種比準価額等の計算明細書）及び第5表（1株当たりの純資産価額（相続税評価額）の計算明細書）は、それぞれ611頁以下の通りとなります。

609

第９章　非上場株式の所得税・法人税における時価の算定方法と売買等の課税関係

債務免除前におけるＡ社株式の１株当たりの価額及び乙が所有している株式の価額は、下記の通りとなります。

- １株当たりの価額　　　　　427,700円×90％＋750,000円×10％＝459,930円
- 乙が所有している株式の価額　459,930円×200株＝91,986,000円

第5節　Q&A

【Q7　第4表】

第4表　類似業種比準価額等の計算明細書

会社名　　A株式会社

（令和六年一月一日以降用）

（取引相場のない株式（出資）の評価明細書）

1. 1株当たりの資本金等の額等の計算

1株当たりの資本金等の額等の計算	直前期末の資本金等の額 ①	直前期末の発行済株式数 ②	直前期末の自己株式数 ③	1株当たりの資本金等の額（①÷（②-③）） ④	1株当たりの資本金等の額を50円とした場合の発行済株式数（①÷50円） ⑤
	10,000 千円	200 株	0 株	50,000 円	200,000 株

2. 比準要素等の金額の計算

1株（50円）当たりの年配当金額

直前期末以前2（3）年間の年平均配当金額

事業年度	⑥年配当金額	⑦左のうち非経常的な配当金額	⑧差引経常的な年配当金額（⑥-⑦）	年平均配当金額
直前期	0 千円	0 千円	㋑ 0 千円	⑨（㋑+㋺）÷2　0 千円
直前々期	0 千円	0 千円	㋺ 0 千円	
直前々期の前期	0 千円	0 千円	㋩ 0 千円	⑩（㋺+㋩）÷2　0 千円

比準要素数1の会社・比準要素数0の会社の判定要素の金額		
⑨／⑤ ㋺ 0 円		0 銭
⑩／⑤ ㋭ 0 円		0 銭
1株（50円）当たりの年配当金額 ㋺の金額 ⑬	0 円	0 銭

1株（50円）当たりの年利益金額

直前期末以前2（3）年間の利益金額

事業年度	⑪法人税の課税所得金額	⑫非経常的な利益金額	⑬受取配当等の益金不算入額	⑭左の所得税額	⑮損金算入した繰越欠損金の控除額	⑯差引利益金額（⑪-⑫+⑬-⑭+⑮）
直前期	20,000 千円	0 千円	0 千円	0 千円	0 千円	㋥ 20,000 千円
直前々期	18,000 千円	0 千円	0 千円	0 千円	0 千円	㋬ 18,000 千円
直前々期の前期	16,000 千円	0 千円	0 千円	0 千円	0 千円	㋣ 16,000 千円

比準要素数1の会社・比準要素数0の会社の判定要素の金額	
㋥／⑤又は（㋥+㋬）÷2／⑤ ㋑	95 円
㋬／⑤又は（㋬+㋣）÷2／⑤ ㋺	85 円
1株（50円）当たりの年利益金額 ㋥／⑤又は（㋥+㋬）÷2／⑤ の金額 ©	95 円

1株（50円）当たりの純資産価額

直前期末（直前々期末）の純資産価額

事業年度	⑰資本金等の額	⑱利益積立金額	⑲純資産価額（⑰+⑱）
直前期	10,000 千円	140,000 千円	㋠ 150,000 千円
直前々期	10,000 千円	120,000 千円	㋡ 130,000 千円

比準要素数1の会社・比準要素数0の会社の判定要素の金額	
㋠／⑤ ㋥	750 円
㋡／⑤ ㋦	650 円
1株（50円）当たりの純資産価額 ㋥の金額 Ⓓ	750 円

3. 類似業種比準価額の計算

類似業種と業種目番号	食料品製造業 (No. 11)

1株（50円）当たりの比準価額の計算

類似業種の株価		
課税時期の属する月	10月 ㋑	638 円
課税時期の属する月の前月	9月 ㋺	661 円
課税時期の属する月の前々月	8月 ㋩	640 円
前年平均株価	㋥	536 円
課税時期の属する月以前2年間の平均株価	㋭	567 円
A（㋑、㋺、㋩、㋥及び㋭のうち最も低いもの）⑳		536 円

区分	1株（50円）当たりの年配当金額	1株（50円）当たりの年利益金額	1株（50円）当たりの純資産価額	1株（50円）当たりの比準価額
評価会社	⑬ 0 円 0 銭	© 95 円	Ⓓ 750 円	⑳×㉑×0.7
類似業種 B	7 円 30 銭	C 42 円	D 433 円	※中会社は0.6 小会社は0.5 とします。
要素別比準割合	⑬／B 0.00	©／C 2.26	Ⓓ／D 1.73	
比準割合	（⑬/B + ©/C + Ⓓ/D）÷3 = ㉑ 1.33			㉒ 427 円 70 銭

類似業種と業種目番号	パン・菓子製造業 (No. 13)

類似業種の株価		
課税時期の属する月	10月 ㋑	1,221 円
課税時期の属する月の前月	9月 ㋺	1,283 円
課税時期の属する月の前々月	8月 ㋩	1,208 円
前年平均株価	㋥	850 円
課税時期の属する月以前2年間の平均株価	㋭	942 円
A（㋑、㋺、㋩、㋥及び㋭のうち最も低いもの）㉓		850 円

区分	1株（50円）当たりの年配当金額	1株（50円）当たりの年利益金額	1株（50円）当たりの純資産価額	1株（50円）当たりの比準価額
評価会社	⑬ 0 円 0 銭	© 95 円	Ⓓ 750 円	㉓×㉔×0.7
類似業種 B	8 円 90 銭	C 48 円	D 728 円	※中会社は0.6 小会社は0.5 とします。
要素別比準割合	⑬／B 0.00	©／C 1.97	Ⓓ／D 1.03	
比準割合	（⑬/B + ©/C + Ⓓ/D）÷3 = ㉔ 1.00			㉕ 510 円 0 銭

比準価額の計算

1株当たりの比準価額	比準価額（㉒と㉕とのいずれか低い方の金額） × ④の金額／50円	㉖ 427,700 円

比準価額の修正

直前期末の翌日から課税時期までの間に配当金交付の効力が発生した場合	比準価額（㉖の金額） − 1株当たりの配当金額　円　銭	修正比準価額 ㉗ 円
直前期末の翌日から課税時期までの間に株式の割当て等の効力が発生した場合	比準価額（㉖（㉗があるときは㉗）の金額）＋割当株式1株当たりの払込金額　円　銭×1株当たりの割当株式数又は交付株式数　株）÷（1株＋　株）	修正比準価額 ㉘ 円

611

第9章　非上場株式の所得税・法人税における時価の算定方法と売買等の課税関係

【Q7　第5表】

第5表　1株当たりの純資産価額（相続税評価額）の計算明細書　会社名　　A 株式会社

（取引相場のない株式（出資）の評価明細書）

（令和六年一月一日以降用）

1. 資産及び負債の金額（課税時期現在）

資 産 の 部				負 債 の 部			
科　　目	相続税評価額	帳簿価額	備考	科　　目	相続税評価額	帳簿価額	備考
	千円	千円			千円	千円	
資産	300,000	300,000		役員借入金	50,000	50,000	
				上記以外の負債	100,000	100,000	
合　　計	① 300,000	② 300,000		合　　計	③ 150,000	④ 150,000	
株式等の価額の合計額	㋑	㋺					
土地等の価額の合計額	㋩						
現物出資等受入れ資産の価額の合計額	㊁	㋭					

2. 評価差額に対する法人税額等相当額の計算			3. 1株当たりの純資産価額の計算		
相続税評価額による純資産価額 （①－③）	⑤	150,000 千円	課税時期現在の純資産価額 （相続税評価額）　　（⑤－⑧）	⑨	150,000 千円
帳簿価額による純資産価額 （（②＋㊁－㋭－④）、マイナスの場合は0）	⑥	150,000 千円	課税時期現在の発行済株式数 （第1表の1の①）－自己株式数	⑩	200 株
評価差額に相当する金額 （⑤－⑥、マイナスの場合は0）	⑦	0 千円	課税時期現在の1株当たりの純資産価額 （相続税評価額）　　（⑨÷⑩）	⑪	750,000 円
評価差額に対する法人税額等相当額 （⑦×37%）	⑧	0 千円	同族株主等の議決権割合（第1表の1の⑤の割合）が50%以下の場合　　　（⑪×80%）	⑫	円

A 乙は甲から10,098,000円※の贈与を受けたものとして、2,349,200円の贈与税が課税されることになります。

※ 贈与税の課税価格の計算
① 債務免除後における1株当たりの価額
   466,300円×90％＋907,500円×10％＝510,420円
② 債務免除前における1株当たりの価額
   427,700円×90％＋750,000円×10％＝459,930円
③ 1株当たりの価値増加額
   ①－②＝50,490円
④ 贈与税の課税価格
   ③×200株＝10,098,000円

❶ 債権放棄を行った場合の課税関係

（1） 法人の課税関係

債権放棄を行ったことにより法人は債務免除を受けたことになりますので、債権放棄を受けた金額が債務免除益として益金に算入されることになります（法法22条2項）。本問の場合には、債務免除益50,000千円に対して法人税等が課税されることになります。

（2）法人株主の課税関係

法人株主は、法人が債務免除を受けたことにより株式の価値が増加しますので、その価値増加部分について債権放棄をした者からその株主に対して贈与税が課税されることになります（相法9条、相基通9-2）。本問の場合には、甲から乙に対して贈与がされたものとされ、贈与税が課税されます。

❷ 贈与税の計算

乙は直接甲から利益を受けたわけではなく、Ａ社が債務免除を受けたことに伴い乙が所有していた株式の価値が増加したに過ぎません。従って、贈与を受けた金額は、債務免除益50,000千円ではなく、債務免除後の乙所有のＡ社株式の相続税評価額と債務免除前の乙所有のＡ社株式の相続税評価額の差額となります。あくまでも贈与税課税の計算となりますので、相続税評価額を基に計算することになります。なお、課税時期は債務の免除があった時となります。

債務免除後のＡ社株式の相続税評価額の計算は、下記の点に留意する必要があります。

第9章　非上場株式の所得税・法人税における時価の算定方法と売買等の課税関係

▶【第4表】類似業種比準価額等の計算明細書
- 1株当たりの年利益金額の計算

　債務免除益50,000千円は非経常的な利益金額になりますので、利益金額の調整は不要となります。

- 1株当たりの純資産価額の計算

　利益積立金額（⑱欄）は、債務免除益50,000千円を加算し、債務免除益に対する法人税等18,500千円（50,000千円×37％）は控除します。従って、利益積立金額（⑱欄）には 171,500 千円（140,000千円＋50,000千円－18,500千円）を記載します。

▶【第5表】純資産価額の計算
- 負債の部の役員借入金は50,000千円減額し、債務免除益に対する法人税等18,500千円（50,000千円×37％）を負債の部に計上します。
- 本問の場合には、直前期末時点と課税時期との間で甲の借入金に変動がないため、直前期末方式（直前期末の資産及び負債の帳簿価額に基づき評価する方式）により計算することも認められますが、借入金に変動がある場合には、仮決算方式（課税時期の資産及び負債の帳簿価額に基づき評価する方式）により計算する必要があります。この場合には、仮決算方式に基づき、債務免除前と債務免除後で第5表（1株当たりの純資産価額（相続税評価額）の計算明細書）を作成する必要があります。

　実際の債務免除後における取引相場のない株式（出資）の評価明細書の第4表（類似業種比準価額等の計算明細書）及び第5表（1株当たりの純資産価額（相続税評価額）の計算明細書）は、それぞれ下記の通りとなります。

第5節　Q&A

第4表　類似業種比準価額等の計算明細書

会社名　　A株式会社

（取引相場のない株式（出資）の評価明細書）

（令和六年一月一日以降用）

1. 1株当たりの資本金等の額等の計算

	直前期末の資本金等の額	直前期末の発行済株式数	直前期末の自己株式数	1株当たりの資本金等の額（①÷（②－③））	1株当たりの資本金等の額を50円とした場合の発行済株式数（①÷50円）
	① 10,000 千円	② 200 株	③ 0 株	④ 50,000 円	⑤ 200,000 株

2. 比準要素等の金額の計算

1株（50円）当たりの年配当金額

直前期末以前2（3）年間の年平均配当金額

事業年度	⑥ 年配当金額	⑦ 左のうち非経常的な配当金額	⑧ 差引経常的な年配当金額（⑥－⑦）	年平均配当金額	比準要素数1の会社・比準要素数0の会社の判定要素の金額
直前期	0 千円	0 千円	㋑ 0 千円	⑨（㋑+㋺）÷2　0 千円	⑨/⑤　0 円 0 銭
直前々期	0 千円	0 千円	㋺ 0 千円		⑩/⑤　0 円 0 銭
直前々期の前期	0 千円	0 千円	㋩ 0 千円	⑩（㋺+㋩）÷2　0 千円	1株（50円）当たりの年配当金額（Ⓑ）の金額　Ⓑ 0 円 0 銭

1株（50円）当たりの年利益金額

直前期末以前2（3）年間の利益金額

事業年度	⑪法人税の課税所得金額	⑫非経常的な利益金額	⑬受取配当等の益金不算入額	⑭左の所得税額	⑮損金算入した繰越欠損金の控除額	⑯差引利益金額（⑪－⑫+⑬－⑭+⑮）	比準要素数1の会社・比準要素数0の会社の判定要素の金額
直前期	20,000 千円	0 千円	0 千円	0 千円	0 千円	㋥ 20,000 千円	⑯/⑤ 又は（⑯+㋥）÷2　Ⓒ₁ 95 円
直前々期	18,000 千円	0 千円	0 千円	0 千円	0 千円	㋭ 18,000 千円	⑰/⑤ 又は（⑯+㋥）÷2　Ⓒ₂ 85 円
直前々期の前期	16,000 千円	0 千円	0 千円	0 千円	0 千円	㋬ 16,000 千円	1株（50円）当たりの年利益金額〔⑯/⑤ 又は（⑯+㋥）÷2 の金額〕　Ⓒ 95 円

1株（50円）当たりの純資産価額

直前期末（直前々期末）の純資産価額

事業年度	⑰ 資本金等の額	⑱ 利益積立金額	⑲ 純資産価額（⑰+⑱）	比準要素数1の会社・比準要素数0の会社の判定要素の金額
直前期	10,000 千円	171,500 千円	㋷ 181,500 千円	⑲/⑤　Ⓓ₁ 907 円
直前々期	10,000 千円	120,000 千円	㋦ 130,000 千円	㋦/⑤　Ⓓ₂ 650 円
				1株（50円）当たりの純資産価額（Ⓓ）の金額　Ⓓ 907 円

3. 類似業種比準価額の計算

食料品製造業（No. 11）

	類似業種の株価	区分	1株（50円）当たりの年配当金額	1株（50円）当たりの年利益金額	1株（50円）当たりの純資産価額	1株（50円）当たりの比準価額
課税時期の属する月 10月	㋐ 638 円	評価会社	Ⓑ 0 円 0 銭	Ⓒ 95 円	Ⓓ 907 円	⑳×㉑×0.7
課税時期の属する月の前月 9月	㋑ 661 円	類似業種 B 7 円 30 銭		C 42 円	D 433 円	※中会社は0.6 小会社は0.5 とします。
課税時期の属する月の前々月 8月	㋒ 640 円	要素別比準割合	Ⓑ/B 0.00	Ⓒ/C 2.26	Ⓓ/D 2.09	
前年平均株価	㋓ 536 円	比準割合	(Ⓑ/B + Ⓒ/C + Ⓓ/D)÷3		㉑ 1.45	
課税時期の属する月以前2年間の平均株価	㋔ 567 円					㉒ 466 円 30 銭
A（㋐,㋑,㋒,㋓及び㋔のうち最も低いもの）	⑳ 536 円					

パン・菓子製造業（No. 13）

	類似業種の株価	区分	1株（50円）当たりの年配当金額	1株（50円）当たりの年利益金額	1株（50円）当たりの純資産価額	1株（50円）当たりの比準価額
課税時期の属する月 10月	㋐ 1,221 円	評価会社	Ⓑ 0 円 0 銭	Ⓒ 95 円	Ⓓ 907 円	㉓×㉔×0.7
課税時期の属する月の前月 9月	㋑ 1,283 円	類似業種 B 8 円 90 銭		C 48 円	D 728 円	※中会社は0.6 小会社は0.5 とします。
課税時期の属する月の前々月 8月	㋒ 1,208 円	要素別比準割合	Ⓑ/B 0.00	Ⓒ/C 1.97	Ⓓ/D 1.24	
前年平均株価	㋓ 850 円	比準割合	(Ⓑ/B + Ⓒ/C + Ⓓ/D)÷3		㉔ 1.07	
課税時期の属する月以前2年間の平均株価	㋔ 942 円					㉕ 545 円 70 銭
A（㋐,㋑,㋒,㋓及び㋔のうち最も低いもの）	㉓ 850 円					

1株当たりの比準価額の計算

1株当たりの比準価額		
（㉒と㉕とのいずれか低い方の金額）　×　④の金額／50円		㉖ 466,300 円

比準価額の修正	比準価額	1株当たりの配当金額	修正比準価額
直前期末の翌日から課税時期までの間に配当金交付の効力が発生した場合	（㉖の金額）　－　円　銭		㉗ 円
直前期末の翌日から課税時期までの間に株式の割当て等の効力が発生した場合	比準価額〔㉖（㉗があるときは㉗）の金額〕＋ 割当株式1株当たりの払込金額 円 銭 × 1株当たりの割当株式数 株 ÷（1株＋ 1株当たりの割当株式数又は交付株式数 株）		修正比準価額 ㉘ 円

615

第9章　非上場株式の所得税・法人税における時価の算定方法と売買等の課税関係

第5表　1株当たりの純資産価額（相続税評価額）の計算明細書　　会社名　　Ａ株式会社

1．資産及び負債の金額（課税時期現在）

資　産　の　部				負　債　の　部			
科　　目	相続税評価額	帳簿価額	備考	科　　目	相続税評価額	帳簿価額	備考
	千円	千円			千円	千円	
資産	300,000	300,000		役員借入金	0	0	
				債務免除益の法人税等	18,500	18,500	
				上記以外の負債	100,000	100,000	
合　　計	① 300,000	② 300,000		合　　計	③ 118,500	④ 118,500	
株式等の価額の合計額	㋑	㋺					
土地等の価額の合計額	㋩						
現物出資等受入れ資産の価額の合計額	㋥	㋭					

2．評価差額に対する法人税額等相当額の計算			3．1株当たりの純資産価額の計算		
相続税評価額による純資産価額 （①−③）	⑤	181,500 千円	課税時期現在の純資産価額 （相続税評価額）　　（⑤−⑧）	⑨	181,500 千円
帳簿価額による純資産価額 （（②+㋭−㋥−④）、マイナスの場合は0）	⑥	181,500 千円	課税時期現在の発行済株式数 （第1表の1の①−自己株式数）	⑩	200 株
評価差額に相当する金額 （⑤−⑥、マイナスの場合は0）	⑦	0 千円	課税時期現在の1株当たりの純資産価額 （相続税評価額）　　（⑨÷⑩）	⑪	907,500 円
評価差額に対する法人税額等相当額 （⑦×37%）	⑧	0 千円	同族株主等の議決権割合（第1表の1の⑤の割合）が50%以下の場合　　（⑪×80%）	⑫	円

（取引相場のない株式（出資）の評価明細書）

（令和六年一月一日以降用）

第5節　Q&A

▶実務上のポイント

　債権放棄を行う場合には、法人税等の影響及び株主の贈与税の影響を考慮して債権放棄の金額を決定する必要があります。なお、債務免除後において株式の価額が0円である場合には、贈与税の課税問題は発生しませんので、法人税等の影響のみを考えることになります。

Q8　貸付金及び非上場株式を同族会社である発行法人に遺贈した場合の非上場株式の価額計算における留意点

　甲は昭和40年にA社を設立し、パンの製造業を営んでいましたが、令和2年に代表取締役を辞任し、甲の甥である乙が新たに代表取締役に就任しました。A社の株主は甲のみで、甲は発行済株式数200株を所有していましたが、同年に乙にA社株式20株を相続税評価額で売却するとともに、下記の遺言書を作成しています。甲は、代表取締役辞任後、相続開始まで引き続きA社の会長として役員になっています。

■遺言書の内容

- A社に対する貸付債権は、A社に遺贈する。
- A社株式180株のうち、80株は甥である乙に遺贈し、100株はA社に遺贈する。
- 上記以外の財産のすべては長男に相続させる。

　令和6年10月5日に相続が発生し、相続開始直前における財産は、下記の通りとなります。甲の相続人は長男のみとなります。

■相続開始直前における甲の財産

財産内容	相続税評価額	備考
A社株式	82,787,400円	80株は乙が取得、100株はA社が取得。相続開始直前における1株当たりの相続税評価額は459,930円となります。1株当たりの取得費は50,000円となります。
貸付債権	50,000,000円	甲のA社に対する貸付金でA社が取得。
預貯金等	100,000,000円	長男が取得。

617

第9章　非上場株式の所得税・法人税における時価の算定方法と売買等の課税関係

■A社株式の所有状況の推移

株主	相続開始前	遺贈後
甲	180株	－
乙	20株	100株
A社	－	100株

甲の相続に伴い、甲、A社及び乙のそれぞれの課税関係はどのようになりますか。また、甲の相続財産の課税価格の合計額はいくらになりますか。

A社株式の法人への遺贈は、甲が法人にA社株式を譲渡したものとみなされることになりますが、この場合のA社株式の価額算定にあたっては、所得税基本通達59－6の定めにより評価通達を準用するものとします。

A社の会社の規模区分は中会社の大に該当し、A社は特定の評価会社には該当しません。また、A社は9月決算であり、直前期末時点（令和6年9月30日）と相続開始時点（令和6年10月5日）において甲のA社に対する貸付金に変動はないものとします。純資産価額の計算においては、直前期末方式（直前期末の資産及び負債の帳簿価額に基づき評価する方式）により計算するものとします。

遺贈前の令和6年10月5日時点における取引相場のない株式（出資）の評価明細書の第4表（類似業種比準価額等の計算明細書）及び第5表（1株当たりの純資産価額（相続税評価額）の計算明細書）は、それぞれ次頁以下の通りとなります。なお、A社は土地及び上場有価証券は有していません。

遺贈前におけるA社株式の1株当たりの価額並びに甲及び乙が所有している株式の相続税評価額は、下記の通りとなります。

- 1株当たりの価額　　　　　　427,700円×90％＋750,000円×10％＝459,930円
- 甲が所有している株式の価額　459,930円×180株＝82,787,400円
- 乙が所有している株式の価額　459,930円×20株＝9,198,600円

第5節　Q&A

【Q8　第4表】

第4表　類似業種比準価額等の計算明細書

会社名　　**A株式会社**

（取引相場のない株式（出資）の評価明細書）　（令和六年一月一日以降用）

1．1株当たりの資本金等の額等の計算

	① 直前期末の資本金等の額	② 直前期末の発行済株式数	③ 直前期末の自己株式数	④ 1株当たりの資本金等の額（①÷（②−③））	⑤ 1株当たりの資本金等の額を50円とした場合の発行済株式数（①÷50円）
	10,000 千円	200 株	0 株	50,000 円	200,000 株

2．比準要素等の金額の計算

1株(50円)当たりの年配当金額

直前期末以前2(3)年間の年平均配当金額

事業年度	⑥ 年配当金額	⑦ 左のうち非経常的な配当金額	⑧ 差引経常的な年配当金額(⑥−⑦)	年平均配当金額
直前期	0 千円	0 千円	㋑ 0 千円	⑨(㋑+㋺)÷2　0 千円
直前々期	0 千円	0 千円	㋺ 0 千円	
直前々期の前期	0 千円	0 千円	㋩ 0 千円	⑩(㋺+㋩)÷2　0 千円

比準要素数1の会社・比準要素数0の会社の判定要素の金額

⑨/⑤	⑧₁	
0	0 円	0 銭
⑩/⑤	⑧₂	
0	0 円	0 銭

1株(50円)当たりの年配当金額　⑧₁の金額
| ⑧ | 0 円 | 0 銭 |

1株(50円)当たりの年利益金額

直前期末以前2(3)年間の利益金額

事業年度	⑪法人税の課税所得金額	⑫非経常的な利益金額	⑬受取配当等の益金不算入額	⑭左の所得税額	⑮損金算入した繰越欠損金の控除額	⑯差引利益金額(⑪−⑫+⑬−⑭+⑮)
直前期	20,000 千円	0 千円	0 千円	0 千円	0 千円	㊁ 20,000 千円
直前々期	18,000 千円	0 千円	0 千円	0 千円	0 千円	㊂ 18,000 千円
直前々期の前期	16,000 千円	0 千円	0 千円	0 千円	0 千円	㊃ 16,000 千円

比準要素数1の会社・比準要素数0の会社の判定要素の金額

㊁/⑤ 又は (㊁+㊂)÷2/⑤	ⓒ₁	95 円
㊂/⑤ 又は (㊂+㊃)÷2/⑤	ⓒ₂	85 円

1株(50円)当たりの年利益金額
㊁/⑤ 又は (㊁+㊂)÷2/⑤ の金額
| ⓒ | 95 円 |

1株(50円)当たりの純資産価額

直前期末(直前々期末)の純資産価額

事業年度	⑰ 資本金等の額	⑱ 利益積立金額	⑲ 純資産価額(⑰+⑱)
直前期	10,000 千円	140,000 千円	㋥ 150,000 千円
直前々期	10,000 千円	120,000 千円	㋬ 130,000 千円

比準要素数1の会社・比準要素数0の会社の判定要素の金額

㋥/⑤	ⓓ₁	750 円
㋬/⑤	ⓓ₂	650 円

1株(50円)当たりの純資産価額　ⓓ₁の金額
| ⓓ | 750 円 |

3．類似業種比準価額の計算

類似業種と業種目番号：食料品製造業 (No. 11)

類似業種の株価			
課税時期の属する月	10月	㋑	638 円
課税時期の属する月の前月	9月	㋺	661 円
課税時期の属する月の前々月	8月	㋩	640 円
前年平均株価		㋥	536 円
課税時期の属する月以前2年間の平均株価		㋭	567 円
A (㋑、㋺、㋩、㋥及び㋭のうち最も低いもの)		⑳	536 円

区分	1株(50円)当たりの年配当金額	1株(50円)当たりの年利益金額	1株(50円)当たりの純資産価額	1株(50円)当たりの比準価額
評価会社	⑧ 0 円 0 銭	ⓒ 95 円	ⓓ 750 円	⑳ × ㉑ × 0.7 ※
類似業種 B	7 円 30 銭	C 42 円	D 433 円	※ 中会社は0.6 小会社は0.5 とします。
要素別比準割合	⑧/B 0.00	ⓒ/C 2.26	ⓓ/D 1.73	
比準割合 ㉑	(⑧/B + ⓒ/C + ⓓ/D)/3 = 1.33			㉒ 427 円 70 銭

類似業種と業種目番号：パン・菓子製造業 (No. 13)

類似業種の株価			
課税時期の属する月	10月	㋑	1,221 円
課税時期の属する月の前月	9月	㋺	1,283 円
課税時期の属する月の前々月	8月	㋩	1,208 円
前年平均株価		㋥	850 円
課税時期の属する月以前2年間の平均株価		㋭	942 円
A (㋑、㋺、㋩、㋥及び㋭のうち最も低いもの)		㉓	850 円

区分	1株(50円)当たりの年配当金額	1株(50円)当たりの年利益金額	1株(50円)当たりの純資産価額	1株(50円)当たりの比準価額
評価会社	⑧ 0 円 0 銭	ⓒ 95 円	ⓓ 750 円	㉓ × ㉔ × 0.7 ※
類似業種 B	8 円 90 銭	C 48 円	D 728 円	※ 中会社は0.6 小会社は0.5 とします。
要素別比準割合	⑧/B 0.00	ⓒ/C 1.97	ⓓ/D 1.03	
比準割合 ㉔	(⑧/B + ⓒ/C + ⓓ/D)/3 = 1.00			㉕ 510 円 0 銭

比準価額の計算

1株当たりの比準価額	比準価額(㉒と㉕とのいずれか低い方の金額) × ④の金額/50円	㉖ 427,700 円

比準価額の修正

直前期末の翌日から課税時期までの間に配当金交付の効力が発生した場合	比準価額(㉖の金額) − 1株当たりの配当金額　　円　　銭	修正比準価額 ㉗ 円
直前期末の翌日から課税時期までの間に株式の割当て等の効力が発生した場合	比準価額(㉖(㉗があるときは㉗)の金額) + 割当株式1株当たりの払込金額　円　銭 × 1株当たりの割当株式数　株) ÷ (1株 + 1株当たりの割当株式数又は交付株式数　株)	修正比準価額 ㉘ 円

619

第9章　非上場株式の所得税・法人税における時価の算定方法と売買等の課税関係

【Q8　第5表】

第5表　1株当たりの純資産価額（相続税評価額）の計算明細書　　会社名　　A株式会社

（令和六年一月一日以降用）

（取引相場のない株式（出資）の評価明細書）

1. 資産及び負債の金額（課税時期現在）

資　産　の　部				負　債　の　部			
科　　目	相続税評価額	帳簿価額	備考	科　　目	相続税評価額	帳簿価額	備考
	千円	千円			千円	千円	
資産	300,000	300,000		役員借入金	50,000	50,000	
				上記以外の負債	100,000	100,000	
合　計	① 300,000	② 300,000		合　計	③ 150,000	④ 150,000	
株式等の価額の合計額	㋑	㋺					
土地等の価額の合計額	㋩						
現物出資等受入れ資産の価額の合計額	㊁	㋭					

2. 評価差額に対する法人税額等相当額の計算			3. 1株当たりの純資産価額の計算		
相続税評価額による純資産価額 （①－③）	⑤	150,000 千円	課税時期現在の純資産価額 （相続税評価額）　　（⑤－⑧）	⑨	150,000 千円
帳簿価額による純資産価額 （（②＋㋭－㋩－④）、マイナスの場合は0）	⑥	150,000 千円	課税時期現在の発行済株式数 （第1表の1の①）－自己株式数）	⑩	200 株
評価差額に相当する金額 （⑤－⑥、マイナスの場合は0）	⑦	0 千円	課税時期現在の1株当たりの純資産価額 （相続税評価額）　　（⑨÷⑩）	⑪	750,000 円
評価差額に対する法人税額等相当額 （⑦×37%）	⑧	0 千円	同族株主等の議決権割合（第1表の1の⑤の割合）が50%以下の場合 （⑪×80%）	⑫	円

620

A

■甲の課税関係

　1株当たりの価額588,850円（427,700円×50％＋750,000円×50％）で100株を法人に譲渡したものとみなされ、株式の譲渡所得53,885,000円（588,850円×100株－50,000円×100株）として所得税が課税され、甲の相続人である長男が納税義務を負うこととなります。なお、交付金銭等の額はないため、みなし配当金額はありません。

■A社の課税関係

　債務免除益50,000,000円が益金に算入され法人税等が課税されます。A社株式の取得は資本等取引に該当し、A社の課税関係は発生しません。

■乙の課税関係

　甲から遺贈により取得したA社株式80株に対して相続税が課税され、かつ、乙が相続開始前から所有していた20株については、遺贈によりA社株式の価値が増加していますので、その価値増加部分に対して、甲から乙に遺贈があったものとして相続税が課税されます。

　A社株式の相続税評価額は、遺贈後で計算を行うことになり、遺贈後における1株当たりの相続税評価額は1,020,840円（932,600円×90％＋1,815,000円×10％）となります。

　乙が甲から遺贈により取得したA社株式80株の相続税評価額は81,667,200円（1,020,840円×80株）となり、乙が所有していた20株についての価値増加部分は、下記の通り11,218,200円となります。

〈20株の価値増加部分の計算〉

　① 遺贈後における1株当たりの価額

　　932,600円×90％＋1,815,000円×10％＝1,020,840円

　② 遺贈前における1株当たりの価額

　　427,700円×90％＋750,000円×10％＝459,930円

　③ 1株当たりの価値増加額

　　①－②＝560,910円

　④ 20株に相当する価値増加額

　　③×20株＝11,218,200円

　従って、乙に対して課税される相続財産は92,885,400円（81,667,200円＋11,218,200円）となります。

第9章　非上場株式の所得税・法人税における時価の算定方法と売買等の課税関係

■甲の相続財産の課税価格の合計額

① 長男が取得した財産（長男の課税価格）

　　預貯金等　100,000,000円

　　（注）　長男はA社株式の譲渡に係る所得税を負担していますので、実際の相続税の課税価格の計算においては、甲の所得税の準確定申告の納税額は債務として計上され、上記の預貯金等から控除して計算します。

② 乙が取得した財産（乙の課税価格）

　　A社株式80株　　　　　　　81,667,200円

　　A社株式20株の価値増加分　11,218,200円

　　上記合計　　　　　　　　　92,885,000円（千円未満切捨）

③ 甲の課税価格の合計額

　　①＋②＝192,885,000円

❶ 法人に遺贈を行った場合の課税関係

（1）　被相続人の課税関係

　譲渡所得の起因となる資産を法人へ遺贈した場合には、被相続人が相続開始時の価額でその資産を法人に譲渡したものとみなされ、被相続人の譲渡所得の課税対象とされます（所法59条1項）。譲渡所得の起因となる資産には、土地、借地権、建物、株式等、金地金などは含まれますが、貸付金や売掛金などの金銭債権は除かれます。

　本問の場合には、A社株式の遺贈が譲渡所得の対象となり、この場合における1株当たりの価額は、所基通59−6に定めに基づき算定することになり、評価通達を準用する場合には、下記の点に留意する必要があります。

①株主判定と評価方式

　株主判定は譲渡（遺贈）前の議決権数に基づき行うことになります。甲は譲渡直前において中心的な同族株主に該当することになりますので、所基通59−6（2）の適用により小会社に該当するものとして計算することになります。従って、類似業種比準価額の使用割合であるLの割合は50％となり、「類似業種比準価額 × 50％ ＋ 純資産価額 × 50％」で計算することになります。

②類似業種比準価額の算定

　類似業種比準価額を求める際の斟酌割合は小会社としての斟酌割合（0.5）ではなく、A社の会社規模区分（中会社）としての斟酌割合（0.6）となりますので、類似業種比準価額は427,700円となります（令和2年9月30日国税庁資産課税課情報第22号、付録の4参照）。

③純資産価額の算定

　所基通59-6（3）及び（4）の定めにより、土地及び上場有価証券は相続税評価ではなく時価により算定し、法人税額等相当額の控除もしない価額となります。本問の場合には、土地及び上場有価証券はありませんので、評価替えを行う資産項目はありません。

　なお、甲に対する借入金50,000,000円については、遺贈により消滅することになりますので、その借入金50,000,000円は負債として計上して問題ないかを検討する必要があります。

　令和3年5月21日の東京地裁（TAINSコード：Z271-13567）は、遺言により株式と貸付金が同時に法人に遺贈された場合、当該株式について所法59条1項の「その時における価額」を純資産価額方式で算定するにあたり、法人に対する貸付金を負債に計上するべきか否かが争われた事件となりますが、東京地裁は、下記の通り負債に計上すべきと判示しました。

> 　譲渡所得に対する課税は、資産の値上がりによりその資産の所有者に帰属する増加益を所得として、その資産が所有者の支配を離れて他に移転するのを機会に、これを清算して課税する趣旨のものである〔最高裁昭和41年（行ツ）第8号同43年10月31日第一小法廷判決・裁判集民事92号797頁、最高裁昭和41年（行ツ）第102号同47年12月26日第三小法廷判決・民集26巻10号2083頁等参照）。
>
> （省略）
>
> 　譲渡所得に対する課税の上記趣旨に照らせば、本件のような株式保有特定会社の株式の譲渡に係る譲渡所得に対する課税においては、譲渡人が当該株式を保有していた当時における株式保有特定会社の各資産及び各負債の価額に応じた評価方法を用いるべきものと解され、そうすると、株式保有特定会社の<u>1株当たりの純資産価額（相続税評価額によって計算した金額）の計算は、当該譲渡の直前におけるその各資産及び各負債の価額に基づき行うべきであると解するのが相当である。</u>

（下線部は筆者による）

　上記の東京地裁により、株式の価額は、譲渡（遺贈）が行われる直前の資産及び負債の価額に基づき計算がなされますので、役員借入金は純資産価額の計算上、負債に計上することになります。

　従って、本問の場合には、1株当たりの価額588,850円（427,700円×50％＋750,000円×50％）で法人に株式を譲渡したものとみなされ、株式の譲渡所得53,885,000円（588,850円×100株－50,000円×100株）として所得税が課税され、甲の相続人である長男が納税義務を負うこととなります。なお、甲は令和7年1月1日時点に存命ではありませんので、譲渡所得に対する住民税は発生しないことになります。

第9章　非上場株式の所得税・法人税における時価の算定方法と売買等の課税関係

（2）　法人の課税関係

　A社は、貸付金及び株式を遺贈により取得していますが、貸付金については混同により消滅し、債務免除益50,000,000円として益金に算入されることになります。一方でA社株式の取得は、自己株式の取得となり、資本等取引に該当し課税関係は発生しません（法法22条2項〜5項）。

（3）　乙の課税関係

①80株に対する相続税の課税

　乙は、被相続人から遺贈を受けた80株について相続税が課税されます。この場合のA社株式の相続税評価額は、遺贈後で計算を行うことになり、遺贈後における1株当たりの相続税評価額は1,020,840円（932,600円×90％＋1,815,000円×10％）となります。従って、80株の相続税評価額は81,667,200円（1,020,840円×80株）となります。

②遺贈後におけるA社株式の相続税評価額の算定上の留意点

▶【第1表の1】評価上の株主の判定及び会社規模の判定の明細書

　●株主及び評価方式の判定

　　相続（遺贈）後で株主判定を行いますので、乙の株式数は 100 株、自己株式の株式数は 100 株として記載します。

▶【第4表】類似業種比準価額等の計算明細書

　●1株当たりの資本金等の額等の計算及び比準価額の修正

　　1株当たりの資本金等の額（④欄）については、直前期末時点で計算することになりますので、自己株式を取得する前で計算することになりますが、実際には、自己株式を取得した後で類似業種比準価額を計算する必要があるため、比準価額の修正欄において1株当たりの割当株式数を△0.5株（100株／200株）として類似業種比準価額を修正する必要があります（評価通達184（2））。

　●1株当たりの年利益金額

　　債務免除益50,000,000円は非経常的な利益金額になりますので、50,000,000円については考慮する必要はありせん。

　●1株当たりの純資産価額の計算

　　利益積立金額（⑱欄）は、債務免除益50,000,000円を加算し、債務免除益に対する法人税等18,500,000円（債務免除益50,000,000円×37％）は控除します。従って、直前期の利益積立金額（⑱欄）には 171,500 千円（140,000,000円＋50,000,000円－18,500,000円）を記載します。

▶【第5表】純資産価額の計算

● 負債の部の役員借入金は50,000,000円減額し、債務免除益に対する法人税等18,500,000円（債務免除益50,000,000円×37％）を負債の部に計上します。

● 本問の場合には、直前期末時点と課税時期との間で甲の借入金に変動がないため、直前期末方式（直前期末の資産及び負債の帳簿価額に基づき評価する方式）により計算することも認められますが、借入金に変動がある場合には、仮決算方式（課税時期の資産及び負債の帳簿価額に基づき評価する方式）により計算する必要があります。この場合には、仮決算方式に基づき、遺贈前と遺贈後で第5表（1株当たりの純資産価額（相続税評価額）の計算明細書）を作成する必要があります。

● 課税時期現在の発行済株式数（⑩欄）については、発行済株式の総数200株から自己株式数100株を控除し100株と記載します。

実際の遺贈後における取引相場のない株式（出資）の評価明細書の第4表（類似業種比準価額等の計算明細書）及び第5表（1株当たりの純資産価額（相続税評価額）の計算明細書）は、それぞれ下記の通りとなります。

第9章　非上場株式の所得税・法人税における時価の算定方法と売買等の課税関係

第４表　類似業種比準価額等の計算明細書

会社名　Ａ株式会社

（取引相場のない株式（出資）の評価明細書）

（令和六年一月一日以降用）

１．１株当たりの資本金等の額等の計算

	① 直前期末の資本金等の額	② 直前期末の発行済株式数	③ 直前期末の自己株式数	④ 1株当たりの資本金等の額（①÷（②－③））	⑤ 1株当たりの資本金等の額を50円とした場合の発行済株式数（①÷50円）
1．1株当たりの資本金等の額等の計算	10,000 千円	200 株	株	50,000 円	200,000 株

２．比準要素等の金額の計算

1株（50円）当たりの年配当金額

直前期末以前2（3）年間の年平均配当金額

事業年度	⑥ 年配当金額	⑦ 左のうち非経常的な配当金額	⑧ 差引経常的な年配当金額（⑥－⑦）	年平均配当金額
直前期	0 千円	0 千円	㋑ 0	⑨（㋑+㋺）÷2 0 千円
直前々期	0 千円	0 千円	㋺ 0	
直前々期の前期	0 千円	0 千円	㋩ 0	⑩（㋺+㋩）÷2 0 千円

比準要素数1の会社・比準要素数0の会社の判定要素の金額

- ⑨/⑤ ⑧₁ 0 円 0 銭
- ⑩/⑤ ⑧₂ 0 円 0 銭
- 1株（50円）当たりの年配当金額（⑧の金額） ⑧ 0 円 0 銭

1株（50円）当たりの年利益金額

直前期末以前2（3）年間の利益金額

事業年度	⑪ 法人税の課税所得金額	⑫ 非経常的な利益金額	⑬ 受取配当等の益金不算入額	⑭ 左の所得税額	⑮ 損金算入した繰越欠損金の控除額	⑯ 差引利益金額（⑪－⑫+⑬－⑭+⑮）
直前期	20,000 千円	0 千円	0 千円	0 千円	0 千円	㋥ 20,000
直前々期	18,000 千円	0 千円	0 千円	0 千円	0 千円	㋭ 18,000
直前々期の前期	16,000 千円	0 千円	0 千円	0 千円	0 千円	㋬ 16,000

比準要素数1の会社・比準要素数0の会社の判定要素の金額

- ㋥/⑤ 又は（㋥+㋭）÷2/⑤ ⓒ₁ 95 円
- ㋭/⑤ 又は（㋭+㋬）÷2/⑤ ⓒ₂ 85 円
- 1株（50円）当たりの年利益金額（ⓒ₁ 又は（㋥+㋭）÷2/⑤ の金額） ⓒ 95 円

1株（50円）当たりの純資産価額

直前期末（直前々期末）の純資産価額

事業年度	⑰ 資本金等の額	⑱ 利益積立金額	⑲ 純資産価額（⑰+⑱）
直前期	10,000 千円	171,500 千円	㋣ 181,500 千円
直前々期	10,000 千円	120,000 千円	㋠ 130,000 千円

比準要素数1の会社・比準要素数0の会社の判定要素の金額

- ㋣/⑤ ⓓ₁ 907 円
- ㋠/⑤ ⓓ₂ 650 円
- 1株（50円）当たりの純資産価額（ⓓ₁ の金額） ⓓ 907 円

３．類似業種比準価額の計算

食料品製造業（No. 11）

類似業種の株価		区分	1株（50円）当たりの年配当金額	1株（50円）当たりの年利益金額	1株（50円）当たりの純資産価額	1株（50円）当たりの比準価額
課税時期の属する月	⑱ 10月 638 円	評価会社	⑧ 0 円 0 銭	ⓒ 95 円	ⓓ 907 円	⑳ × ㉑ × 0.7
課税時期の属する月の前月	㉗ 9月 661 円	類似業種	B 7 円 30 銭	C 42 円	D 433 円	※中会社は0.6、小会社は0.5とします。
課税時期の属する月の前々月	㉘ 8月 640 円	要素別比準割合	⑧/B 0.00	ⓒ/C 2.26	ⓓ/D 2.09	
前年平均株価	㉙ 536 円	比準割合	(⑧/B+ⓒ/C+ⓓ/D)/3	= ㉑ 1.45		㉒ 466 円 30 銭
課税時期の属する月以前2年間の平均株価	㉚ 567 円					
A（⑱、㉗、㉘、㉙及び㉚のうち最も低いもの）	⑳ 536 円					

パン・菓子製造業（No. 13）

類似業種の株価		区分	1株（50円）当たりの年配当金額	1株（50円）当たりの年利益金額	1株（50円）当たりの純資産価額	1株（50円）当たりの比準価額
課税時期の属する月	⑱ 10月 1,221 円	評価会社	⑧ 0 円 0 銭	ⓒ 95 円	ⓓ 907 円	㉓ × ㉔ × 0.7
課税時期の属する月の前月	㉗ 9月 1,283 円	類似業種	B 8 円 90 銭	C 48 円	D 728 円	※中会社は0.6、小会社は0.5とします。
課税時期の属する月の前々月	㉘ 8月 1,208 円	要素別比準割合	⑧/B 0.00	ⓒ/C 1.97	ⓓ/D 1.24	
前年平均株価	㉙ 850 円	比準割合	(⑧/B+ⓒ/C+ⓓ/D)/3	= ㉔ 1.07		㉕ 545 円 70 銭
課税時期の属する月以前2年間の平均株価	㉚ 942 円					
A（⑱、㉗、㉘、㉙及び㉚のうち最も低いもの）	⑳ 850 円					

比準価額の修正

1株当たりの比準価額	比準価額（㉒と㉕とのいずれか低い方の金額） × ④の金額/50円	㉖ 466,300 円

直前期末の翌日から課税時期までの間に配当金交付の効力が発生した場合	比準価額（㉖の金額） － 1株当たりの配当金額 円 銭	修正比準価額 ㉗ 円

直前期末の翌日から課税時期までの間に株式の割当等の効力が発生した場合	比準価額（㉖（㉗があるときは㉗）の金額）＋ 割当株式1株当たりの払込金額 0 円 0 銭 × 1株当たりの割当株式数 △0.5 株 ÷（1株＋1株当たりの割当株式数又は交付株式数 △0.5 株）	修正比準価額 ㉘ 932,600 円

第5節　Q&A

第5表　1株当たりの純資産価額（相続税評価額）の計算明細書　　会社名　　Ａ株式会社

（取引相場のない株式（出資）の評価明細書）

（令和六年一月一日以降用）

1. 資産及び負債の金額（課税時期現在）

資 産 の 部				負 債 の 部			
科　目	相続税評価額	帳簿価額	備考	科　目	相続税評価額	帳簿価額	備考
資産	千円 300,000	千円 300,000		役員借入金	千円 0	千円 0	
				債務免除益の法人税等	18,500	18,500	
				上記以外の負債	100,000	100,000	
合　計	① 300,000	② 300,000		合　計	③ 118,500	④ 118,500	
株式等の価額の合計額	㋑	㋺					
土地等の価額の合計額	㋩						
現物出資等受入れ資産の価額の合計額	㊁	㋭					

2. 評価差額に対する法人税額等相当額の計算

相続税評価額による純資産価額 （①－③）	⑤	千円 181,500
帳簿価額による純資産価額 （（②＋㊁－㋭－④）、マイナスの場合は0）	⑥	千円 181,500
評価差額に相当する金額 （⑤－⑥、マイナスの場合は0）	⑦	千円 0
評価差額に対する法人税額等相当額 （⑦×37％）	⑧	千円 0

3. 1株当たりの純資産価額の計算

課税時期現在の純資産価額 （相続税評価額）　　（⑤－⑧）	⑨	千円 181,500
課税時期現在の発行済株式数 （（第1表の1の①）－自己株式数）	⑩	株 100
課税時期現在の1株当たりの純資産価額 （相続税評価額）　　（⑨÷⑩）	⑪	円 1,815,000
同族株主等の議決権割合（第1表の1の⑤の割合）が50％以下の場合 （⑪×80％）	⑫	円

第9章　非上場株式の所得税・法人税における時価の算定方法と売買等の課税関係

③20株の価値増加部分に対する相続税の課税

　乙は相続前から所有していた20株については遺贈後に株式の価値が増加しているため、その価値増加部分について被相続人から乙に対し遺贈があったものとみなされ、相続税が課税されることになります（相法9条）。

　1株当たりの価値増加部分の計算は、遺贈後における1株当たりの価額から遺贈前における1株当たりの価額を控除した金額となり、20株の価値増加部分は、下記の通り11,218,200円となります。

　〈20株の価値増加部分の計算〉

　　　①　遺贈後における1株当たりの価額

　　　　　932,600円×90％＋1,815,000円×10％＝1,020,840円

　　　②　遺贈前における1株当たりの価額

　　　　　427,700円×90％＋750,000円×10％＝459,930円

　　　③　1株当たりの価値増加額

　　　　　①－②＝560,910円

　　　④　20株に相当する価値増加額

　　　　　③×20株＝11,218,200円

④乙に対して課税される相続財産

　乙に対して課税される相続財産は92,885,400円（81,667,200円＋11,218,200円）となります。

❷　甲の相続財産の課税価格の合計額

　相続税の納税義務者は、遺贈を受けた個人である乙及び相続人である長男の2人となりますので、それぞれが取得した相続財産等の合計額が課税価格の合計額となります。遺贈により財産を取得した普通法人（法法2条9号）であるA社は、相続税の納税義務者にはなりませんので、相続税が課税されることはありません（相法1条の3、66条）。

　従って、課税価格の合計額は、下記の通り計算されます。

■甲の相続財産の課税価格の合計額

①　長男が取得した財産（長男の課税価格）

　　預貯金等　100,000,000円

　　（注）　長男はA社株式の譲渡に係る所得税を負担していますので、実際の相続税の課税価格の計算においては、甲の所得税の準確定申告の納税額は債務として計上され、上記の預貯金等から控除して計算します。

②　乙が取得した財産（乙の課税価格）

第5節　Q&A

Ａ社株式80株	81,667,200円
Ａ社株式20株の価値増加分	11,218,200円
上記合計	92,885,000円（千円未満切捨）

③　甲の課税価格の合計額

①＋②＝192,885,000円

▶実務上のポイント

　所得税におけるみなし譲渡の適用については、売主に課税されるため譲渡直前の状況に基づき株式価額を計算するのに対して、相続税の株式価額の計算においては、相続税の納税義務がある株式取得者に課税されるため、遺贈を受けた直後の状況に基づき株式の価額を計算することになります。

Q9　土地を同族会社である法人に遺贈した場合の非上場株式の価額計算における留意点

　甲は昭和40年にＡ社を設立し、パンの製造業を営んでいましたが、令和２年に代表取締役を辞任し、甲の甥である乙が新たに代表取締役に就任しました。Ａ社の株主は甲のみで甲は発行済株式数200株を所有していましたが、同年に乙に株式を売却するとともに下記の遺言書を作成しています。

■遺言書の内容

- Ａ社に賃貸している駐車場の土地は、Ａ社に遺贈する。
- 上記以外の財産のすべては長男に相続させる。

　令和６年12月31日、甲に相続が発生し、相続開始時における財産は下記の通りです。また、甲の相続人は長男のみです。

第９章　非上場株式の所得税・法人税における時価の算定方法と売買等の課税関係

■甲の相続財産

財産内容	相続税評価額	備考
土地 （駐車場）	80,000,000円	Ａ社が取得。相続時における駐車場の土地の時価は100,000,000円。駐車場の土地はＡ社の本社の駐車場として使用しており、Ａ社は甲の生前は毎月330,000円の賃料を支払っていた。駐車場は甲の父から相続で承継したものであり、取得価額は不明。 令和６年度の固定資産税・都市計画税は1,000,000円で不動産収入は3,960,000円なので、甲の令和６年の不動産所得の金額は2,960,000円（3,960,000円－1,000,000円）となる。
預貯金等	100,000,000円	長男が取得。

　甲の相続に伴い、甲、Ａ社及び乙のそれぞれの課税関係はどのようになりますか。

　Ａ社の会社の規模区分は中会社の大に該当し、Ａ社は特定の評価会社には該当しません。また、Ａ社は９月決算であり、純資産価額の計算においては、直前期末方式（直前期末の資産及び負債の帳簿価額に基づき評価する方式）により計算するものとします。

　遺贈前の令和６年12月31日時点における取引相場のない株式（出資）の評価明細書の第４表「類似業種比準価額等の計算明細書」及び第５表「１株当たりの純資産価額（相続税評価額）の計算明細書」は、それぞれ次頁以下の通りです。

　遺贈前におけるＡ社株式の１株当たりの価額及び乙が所有している株式の価額は、下記の通りです。

- １株当たりの価額：427,700円 × 90％ ＋ 750,000円 × 10％ ＝ 459,930円
- 乙が所有している株式の価額：459,930円 × 200株 ＝ 91,986,000円

第5節　Q&A

【Q9　第4表】

第4表　類似業種比準価額等の計算明細書

会社名　　A株式会社

（取引相場のない株式（出資）の評価明細書）（令和六年一月一日以降用）

1．1株当たりの資本金等の額等の計算

	①直前期末の資本金等の額	②直前期末の発行済株式数	③直前期末の自己株式数	④1株当たりの資本金等の額（①÷（②－③））	⑤1株当たりの資本金等の額を50円とした場合の発行済株式数（①÷50円）
	10,000 千円	200 株	0 株	50,000 円	200,000 株

2．比準要素等の金額の計算

1株(50円)当たりの年配当金額

直前期末以前2(3)年間の年平均配当金額

事業年度	⑥年配当金額	⑦左のうち非経常的な配当金額	⑧差引経常的な年配当金額(⑥－⑦)	年平均配当金額
直前期	0 千円	0 千円	㋑ 0 千円	⑨(㋑+㋺)÷2　㋑ 0 千円
直前々期	0 千円	0 千円	㋺ 0 千円	
直前々期の前期	0 千円	0 千円	㋩ 0 千円	⑩(㋺+㋩)÷2　0 千円

比準要素数1の会社・比準要素数0の会社の判定要素の金額
- ⑨/⑤　Ⓑ₁ 0 円 0 銭
- ⑩/⑤　Ⓑ₂ 0 円 0 銭

1株(50円)当たりの年配当金額　Ⓑ (⑨の金額) 0 円 0 銭

1株(50円)当たりの年利益金額

直前期末以前2(3)年間の利益金額

事業年度	⑪法人税の課税所得金額	⑫非経常的な利益金額	⑬受取配当等の益金不算入額	⑭左の所得税額	⑮損金算入した繰越欠損金の控除額	⑯差引利益金額(⑪－⑫+⑬－⑭+⑮)
直前期	20,000 千円	0 千円	0 千円	0 千円	0 千円	㋥ 20,000 千円
直前々期	18,000 千円	0 千円	0 千円	0 千円	0 千円	㋭ 18,000 千円
直前々期の前期	16,000 千円	0 千円	0 千円	0 千円	0 千円	㋬ 16,000 千円

比準要素数1の会社・比準要素数0の会社の判定要素の金額
- ㋥又は(㋥+㋭)÷2　Ⓒ₁ 95
- ㋭又は(㋭+㋬)÷2　Ⓒ₂ 85

1株(50円)当たりの年利益金額　㋥/⑤ 又は (㋥+㋭)÷2 / ⑤ の金額　Ⓒ 95 円

1株(50円)当たりの純資産価額

直前期末(直前々期末)の純資産価額

事業年度	⑰資本金等の額	⑱利益積立金額	⑲純資産価額(⑰+⑱)
直前期	10,000 千円	140,000 千円	㋣ 150,000 千円
直前々期	10,000 千円	120,000 千円	㋠ 130,000 千円

比準要素数1の会社・比準要素数0の会社の判定要素の金額
- ㋣/⑤　Ⓓ₁ 750 円
- ㋠/⑤　Ⓓ₂ 650 円

1株(50円)当たりの純資産価額　Ⓓ (㋣の金額) 750 円

3．類似業種比準価額の計算

類似業種と業種目番号　食料品製造業（No. 11）

	1株(50円)当たりの株価		区分	1株(50円)当たりの年配当金額	1株(50円)当たりの年利益金額	1株(50円)当たりの純資産価額	1株(50円)当たりの比準価額
類似業種の株価	課税時期の属する月	㋑10月 638円	評価会社	Ⓑ 0円 0銭	Ⓒ 95円	Ⓓ 750円	⑳×㉑×0.7
	課税時期の属する月の前月	㋺9月 661円					
	課税時期の属する月の前々月	㋩8月 640円	類似業種	B 7円 30銭	C 42円	D 433円	※中会社は0.6 小会社は0.5 とします。
	前年平均株価	㋥536円					
	課税時期の属する月以前2年間の平均株価	㋭567円	要素別比準割合	B/B 0.00	C/C 2.26	D/D 1.73	
	A(㋑,㋺,㋩,㋥及び㋭のうち最も低いもの)	⑳536円	比準割合	(B/B + C/C + D/D)/3 = ㉑ 1.33			㉒ 427円 70銭

類似業種と業種目番号　パン・菓子製造業（No. 13）

	1株(50円)当たりの株価		区分	1株(50円)当たりの年配当金額	1株(50円)当たりの年利益金額	1株(50円)当たりの純資産価額	1株(50円)当たりの比準価額
類似業種の株価	課税時期の属する月	㋑10月 1,221円	評価会社	Ⓑ 0円 0銭	Ⓒ 95円	Ⓓ 750円	㉓×㉔×0.7
	課税時期の属する月の前月	㋺9月 1,283円					
	課税時期の属する月の前々月	㋩8月 1,208円	類似業種	B 8円 90銭	C 48円	D 728円	※中会社は0.6 小会社は0.5 とします。
	前年平均株価	㋥850円					
	課税時期の属する月以前2年間の平均株価	㋭942円	要素別比準割合	B/B 0.00	C/C 1.97	D/D 1.03	
	A(㋑,㋺,㋩,㋥及び㋭のうち最も低いもの)	㉓850円	比準割合	(B/B + C/C + D/D)/3 = ㉔ 1.00			㉕ 510円 0銭

比準価額の計算

1株当たりの比準価額	比準価額（㉒と㉕とのいずれか低い方の金額）× ④の金額/50円	㉖ 427,700 円

比準価額の修正

直前期末の翌日から課税時期までの間に配当金交付の効力が発生した場合	比準価額（㉖の金額） － 1株当たりの配当金額 円 銭	修正比準価額 ㉗ 円
直前期末の翌日から課税時期までの間に株式の割当て等の効力が発生した場合	比準価額（㉖（㉗があるときは㉗）の金額）＋ 割当株式1株当たりの払込金額 円 銭 × 1株当たりの割当株式数 株 ÷（1株＋ 1株当たりの割当株式数又は交付株式数 株）	修正比準価額 ㉘ 円

631

第9章　非上場株式の所得税・法人税における時価の算定方法と売買等の課税関係

【Q9　第5表】

第5表　1株当たりの純資産価額（相続税評価額）の計算明細書　　会社名　　Ａ株式会社

（取引相場のない株式（出資）の評価明細書）

（令和六年一月一日以降用）

1. 資産及び負債の金額（課税時期現在）

資産の部				負債の部			
科　目	相続税評価額	帳簿価額	備考	科　目	相続税評価額	帳簿価額	備考
	千円	千円			千円	千円	
資産	300,000	300,000		負債	150,000	150,000	
合　計	① 300,000	② 300,000		合　計	③ 150,000	④ 150,000	
株式等の価額の合計額	㋑	㋺					
土地等の価額の合計額	㋩						
現物出資等受入れ資産の価額の合計額	㋥	㋬					

2. 評価差額に対する法人税額等相当額の計算			3. 1株当たりの純資産価額の計算		
相続税評価額による純資産価額　（①－③）	⑤ 150,000	千円	課税時期現在の純資産価額（相続税評価額）　（⑤－⑧）	⑨ 150,000	千円
帳簿価額による純資産価額　((②＋㋥－㋬)－④)、マイナスの場合は0)	⑥ 150,000	千円	課税時期現在の発行済株式数　（第1表の1の①）－自己株式数	⑩ 200	株
評価差額に相当する金額　（⑤－⑥、マイナスの場合は0)	⑦ 0	千円	課税時期現在の1株当たりの純資産価額（相続税評価額）　（⑨÷⑩）	⑪ 750,000	円
評価差額に対する法人税額等相当額　（⑦×37%）	⑧ 0	千円	同族株主等の議決権割合(第1表の1の⑤の割合)が50%以下の場合　（⑪×80%）	⑫	円

632

A

■甲の課税関係

土地の譲渡所得95,000,000円（100,000,000円 − 100,000,000円 × ５％）として所得税が課税され、甲の相続人である長男が納税義務を負います。

■A社の課税関係

土地受贈益100,000,000円が益金に算入され法人税等が課税されます。

■乙の課税関係

遺贈によりA社株式の価値が増加していますので、その価値増加部分に対して、甲から乙に遺贈があったものとして相続税が課税されます。

A社株式の相続税評価額は、遺贈後で計算を行うことになり、遺贈後における１株当たりの相続税評価額は、582,680円（540,200円 × 90％ ＋ 965,000円 × 10％）となります。

従って、乙が所有していた200株についての価値増加部分の相続税評価額は、下記の通り24,550,000円となり、相続税が課税されます。

〈200株の価値増加部分の計算〉

① 遺贈後における１株当たりの価額

540,200円 × 90％ ＋ 965,000円 × 10％ ＝ 582,680円

② 遺贈前における１株当たりの価額

427,700円 × 90％ ＋ 750,000円 × 10％ ＝ 459,930円

③ １株当たりの価値増加額

① − ② ＝ 122,750円

④ 200株に相当する価値増加額

③ × 200株 ＝ 24,550,000円

❶ 法人に遺贈を行った場合の課税関係

（1） 被相続人の課税関係

譲渡所得の起因となる資産を法人へ遺贈した場合には、被相続人が相続開始時の価額でその資産を法人に譲渡したものとみなされ、被相続人の譲渡所得の課税対象とされます（所法59条１項）。

本問の場合には、土地の相続開始時の価額は100,000,000円となりますので、その価額で法人に譲渡したものとみなされます。取得費が不明である場合には、５％の概算取得費が

第9章　非上場株式の所得税・法人税における時価の算定方法と売買等の課税関係

認められますので、甲の譲渡所得は95,000,000円（100,000,000円 － 100,000,000円 × 5 ％）となります。

　なお、甲は令和 7 年 1 月 1 日時点に存命ではありませんので、譲渡所得に対する住民税は発生しません。従って、土地の譲渡に係る税金は所得税のみで甲の相続人である長男が納税義務を負うことになります。

（2）　法人の課税関係

　法人における取得価額は、その時における価額となりますので、時価と対価との差額については、受贈益として課税されます（法法22条 2 項）。本問の場合には対価はありませんので、土地の取得については100,000,000円が受贈益として益金に算入されます。

（3）　乙の課税関係

　乙は被相続人から遺贈を受けたことにより株式の価値が増加しますので、その価値増加部分について被相続人からその株主に対して相続税が課税されます（相法 9 条）。本問の場合には、甲から乙に対して遺贈がされたものとされ、相続税が課税されます。

　乙は直接甲から利益を受けたわけではなく、Ａ社が土地の遺贈を受けたことに伴い乙が所有していた株式の価値が増加したに過ぎません。従って、利益を受けた金額は、土地受贈益ではなく、遺贈を受けた後の乙所有のＡ社株式の相続税評価額と遺贈を受ける前の乙所有のＡ社株式の相続税評価額の差額となります。なお、課税時期は相続開始時です。遺贈を受けた後のＡ社株式の相続税評価額の計算は、下記の点に留意する必要があります。

■遺贈後におけるＡ社株式の相続税評価額の算定上の留意点

▶【第 4 表】類似業種比準価額等の計算明細書

- 1 株当たりの年利益金額の計算

　土地受贈益100,000,000円は非経常的な利益金額になりますので、100,000,000円については考慮する必要はありませんが、駐車場の賃料は発生しなくなり、固定資産税等の負担が増えることになります。そのため、年利益金額に2,960,000円（3,960,000円 － 1,000,000円）を加算する必要があります。この点については、明確な根拠はありませんが、年利益金額が毎期の継続的な利益金額を算出するという観点から考慮するべき事項と考えられます。

- 1 株当たりの純資産価額の計算

　利益積立金額（⑱欄）は、土地受贈益100,000,000円を加算し、土地受贈益に対する法人税等37,000,000円（100,000,000円 × 37％）は控除します。従って、利益積立金額（⑱

634

欄）には 203,000 千円（140,000,000円 + 100,000,000円 − 37,000,000円）を記載します。

▶ 【第5表】純資産価額の計算

- 遺贈を受けた土地の帳簿価額は税務上における帳簿価額となりますので、 100,000 千円となります。土地の相続税評価は、100,000,000円とする考え方（時価説）と80,000,000円とする考え方（相続税評価説）があります。❷で後述しますが、筆者としては相続税評価説を採用し、土地の相続税評価額は 80,000 千円で計算しています。

- 負債の部には、土地受贈益に対する法人税等 37,000 千円（土地受贈益100,000,000円 × 37%）を計上します。

　実際の遺贈後における取引相場のない株式（出資）の評価明細書の第4表「類似業種比準価額等の計算明細書」及び第5表「1株当たりの純資産価額（相続税評価額）の計算明細書」は、それぞれ下記の通りとなります。

第9章　非上場株式の所得税・法人税における時価の算定方法と売買等の課税関係

第4表　類似業種比準価額等の計算明細書

会社名　　Ａ株式会社

（令和六年一月一日以降用）

（取引相場のない株式（出資）の評価明細書）

1. 1株当たりの資本金等の額等の計算

	直前期末の資本金等の額	直前期末の発行済株式数	直前期末の自己株式数	1株当たりの資本金等の額（①÷（②−③））	1株当たりの資本金等の額を50円とした場合の発行済株式数（①÷50円）
	① 10,000 千円	② 200 株	③ 0 株	④ 50,000 円	⑤ 200,000 株

2. 比準要素等の金額の計算

直前期末以前2(3)年間の年平均配当金額

事業年度	⑥年配当金額	⑦左のうち非経常的な配当金額	⑧差引経常的な年配当金額（⑥−⑦）	年平均配当金額
直前期	0 千円	0 千円	㋑ 0 千円	⑨（㋑+㋺）÷2： 0 千円
直前々期	0 千円	0 千円	㋺ 0 千円	
直前々期の前期	0 千円	0 千円	㋩ 0 千円	⑩（㋺+㋩）÷2： 0 千円

比準要素数1の会社・比準要素数0の会社の判定要素の金額
- ⑨/5 Ⓑ₁： 0 円 0 銭
- ⑩/5 Ⓑ₂： 0 円 0 銭
- 1株(50円)当たりの年配当金額 Ⓑ（Ⓑ₁の金額）： ⑬ 0 円 0 銭

直前期末以前2(3)年間の利益金額

事業年度	⑪法人税の課税所得金額	⑫非経常的な利益金額	⑬受取配当等の益金不算入額	⑭左の所得税額	⑮損金算入した繰越欠損金の控除額	⑯差引利益金額（⑪−⑫+⑬−⑭+⑮）
直前期	22,960 千円	0 千円	0 千円	0 千円	0 千円	㋥ 22,960 千円
直前々期	20,960 千円	0 千円	0 千円	0 千円	0 千円	㋭ 20,960 千円
直前々期の前期	18,960 千円	0 千円	0 千円	0 千円	0 千円	㋬ 18,960 千円

比準要素数1の会社・比準要素数0の会社の判定要素の金額
- ㋥又は（㋥+㋭）÷2 Ⓒ₁： 109 円
- ㋭又は（㋭+㋬）÷2 Ⓒ₂： 99 円
- 1株(50円)当たりの年利益金額 Ⓒ〔㋥又は（㋥+㋭）÷2 の金額〕： 109 円

直前期末（直前々期末）の純資産価額

事業年度	⑰資本金等の額	⑱利益積立金額	⑲純資産価額（⑰+⑱）
直前期	10,000 千円	203,000 千円	㋭ 213,000 千円
直前々期	10,000 千円	120,000 千円	㋬ 130,000 千円

比準要素数1の会社・比準要素数0の会社の判定要素の金額
- ㋭/5 Ⓓ₁： 1,065 円
- ㋬/5 Ⓓ₂： 650 円
- 1株(50円)当たりの純資産価額 Ⓓ（Ⓓ₁の金額）： 1,065 円

3. 類似業種比準価額の計算

類似業種と業種目番号：食料品製造業（No. 11）

類似業種の株価		比準割合の計算		
課税時期の属する月 10月	㋷ 638 円			
課税時期の属する月の前月 9月	㋦ 661 円			
課税時期の属する月の前々月 8月	㋸ 640 円			
前年平均株価	536 円			
課税時期の属する月以前2年間の平均株価	567 円			
A（㋷、㋦、㋸及び前年平均株価のうち最も低いもの）⑳	536 円			

区分	1株(50円)当たりの年配当金額	1株(50円)当たりの年利益金額	1株(50円)当たりの純資産価額	1株(50円)当たりの比準価額
評価会社	Ⓑ 0円0銭	Ⓒ 109円	Ⓓ 1,065円	⑳×㉑×0.7
類似業種	B 7円30銭	C 42円	D 433円	※中会社は0.6 小会社は0.5 とします。
要素別比準割合	Ⓑ/B 0.00	Ⓒ/C 2.59	Ⓓ/D 2.45	
比準割合	$\frac{Ⓑ/B+Ⓒ/C+Ⓓ/D}{3}$ ㉑ = 1.68			㉒ 540円20銭

類似業種と業種目番号：パン・菓子製造業（No. 13）

類似業種の株価		比準割合の計算		
課税時期の属する月 10月	㋷ 1,221 円			
課税時期の属する月の前月 9月	㋦ 1,283 円			
課税時期の属する月の前々月 8月	㋸ 1,208 円			
前年平均株価	850 円			
課税時期の属する月以前2年間の平均株価	942 円			
A（㋷、㋦、㋸及び前年平均株価のうち最も低いもの）㉓	850 円			

区分	1株(50円)当たりの年配当金額	1株(50円)当たりの年利益金額	1株(50円)当たりの純資産価額	1株(50円)当たりの比準価額
評価会社	Ⓑ 0円0銭	Ⓒ 109円	Ⓓ 1,065円	㉓×㉔×0.7
類似業種	B 8円90銭	C 48円	D 728円	※中会社は0.6 小会社は0.5 とします。
要素別比準割合	Ⓑ/B 0.00	Ⓒ/C 2.27	Ⓓ/D 1.46	
比準割合	$\frac{Ⓑ/B+Ⓒ/C+Ⓓ/D}{3}$ ㉔ = 1.24			㉕ 632円40銭

1株当たりの比準価額の計算

1株当たりの比準価額		
（㉒と㉕とのいずれか低い方の金額）　×　$\frac{④の金額}{50円}$	㉖	540,200 円

比準価額の修正

直前期末の翌日から課税時期までの間に配当金交付の効力が発生した場合

比準価額（㉖の金額）　−　1株当たりの配当金額　　円　　銭　　＝　修正比準価額 ㉗　円

直前期末の翌日から課税時期までの間に株式の割当て等の効力が発生した場合

比準価額（㉖（㉗があるときは㉗）の金額）＋　割当株式1株当たりの払込金額　円　銭　×　1株当たりの割当株式数　株　÷（1株+割当株式数又は交付株式数　株）　＝　修正比準価額 ㉘　円

第5節　Q&A

第5表　1株当たりの純資産価額（相続税評価額）の計算明細書　　会社名　　A株式会社

（取引相場のない株式（出資）の評価明細書）

（令和六年一月一日以降用）

1. 資産及び負債の金額（課税時期現在）

資　産　の　部				負　債　の　部			
科　　目	相続税評価額	帳簿価額	備考	科　　目	相続税評価額	帳簿価額	備考
	千円	千円			千円	千円	
資産	300,000	300,000		下記以外の負債	150,000	150,000	
土地	80,000	100,000		受贈益の法人税等	37,000	37,000	
合　　計	① 380,000	② 400,000		合　　計	③ 187,000	④ 187,000	
株式等の価額の合計額	㋑	㋺					
土地等の価額の合計額	㋩ 80,000						
現物出資等受入れ資産の価額の合計額	㊁	㋬					

2. 評価差額に対する法人税額等相当額の計算

相続税評価額による純資産価額　　（①－③）	⑤	千円 193,000
帳簿価額による純資産価額　（（②＋㊁－㋬－④）、マイナスの場合は0）	⑥	千円 213,000
評価差額に相当する金額　　（⑤－⑥、マイナスの場合は0）	⑦	千円 0
評価差額に対する法人税額等相当額　　（⑦×37％）	⑧	千円 0

3. 1株当たりの純資産価額の計算

課税時期現在の純資産価額（相続税評価額）　　（⑤－⑧）	⑨	千円 193,000
課税時期現在の発行済株式数　（（第1表の1の①）－自己株式数）	⑩	株 200
課税時期現在の1株当たりの純資産価額（相続税評価額）　　（⑨÷⑩）	⑪	円 965,000
同族株主等の議決権割合（第1表の1の⑤の割合）が50％以下の場合　　（⑪×80％）	⑫	円

637

第9章　非上場株式の所得税・法人税における時価の算定方法と売買等の課税関係

1株当たりの価値増加部分の計算は、遺贈後における1株当たりの価額から遺贈前における1株当たりの価額を控除した金額となり、200株の価値増加部分は、下記の通り24,550,000円となります。

〈200株の価値増加部分の計算〉

① 遺贈後における1株当たりの価額

540,200円 × 90% + 965,000円 × 10% = 582,680円

② 遺贈前における1株当たりの価額

427,700円 × 90% + 750,000円 × 10% = 459,930円

③ 1株当たりの価値増加額

① − ② = 122,750円

④ 200株に相当する価値増加額

③ × 200株 = 24,550,000円

❷ 遺贈を受けた土地の時価説と相続税評価説の整理

（1）評価通達185括弧書きの定め

評価会社が課税時期前3年以内に取得または新築した土地及び土地の上に存する権利（以下「土地等」という）並びに家屋及びその附属設備または構築物（以下「家屋等」という）の価額は、課税時期における通常の取引価額に相当する金額によって評価するものとされています。

この場合において、当該土地等または当該家屋等に係る帳簿価額が課税時期における通常の取引価額に相当すると認められる場合には、当該帳簿価額に相当する金額によって評価することができるものとするとされています（評価通達185括弧書き）。

帳簿価額が通常の取引価額として認められない場合として、買い急ぎや関連会社からの有利な価額による取得など適正な時価による取得として認められない場合や取得時期から課税時期までの間における地価の急騰や資材の高騰があった場合など取得時期と課税時期の時価に大きな変動があった場合が考えられます。

（2）評価通達185括弧書きの趣旨

上記通達括弧書きの趣旨は、課税時期の直前に取得し、取得価額が明らかになっている土地等及び家屋等については、取得価額等により通常の取引価額の金額を認識できるため、その金額で計算を行うことが合理的であると考えられることによるものです。

638

第5節　Q&A

（3）　時価説と相続税評価説の考え方の比較

　本問の場合に第5表「1株当たりの純資産価額（相続税評価額）の計算明細書」における土地の相続税評価額に記載する金額については、時価説（100,000,000円）と相続税評価説（80,000,000円）があります。評価通達の趣旨、通達の文理解釈から両者を比較整理すると下記の通りとなります。

論点整理	時価説の考え方	相続税評価説の考え方
評 価 通 達185括弧書きの趣旨	個人では譲渡所得課税で土地等を時価で譲渡したものとして取り扱われ、法人では受贈益課税で土地等を時価で取得することになりますので、所得税や法人税の課税の局面で土地の時価が明らかになっているため、その時価により評価を行うことが相当です。	相続開始の直前において土地等を取得した場合のように取得価額が明らかになっている土地等とは異なり、あくまでも所得税や法人税の課税の取扱いで時価評価を行うことになります。その時価については、客観的に明確な時価は存在せず、時価の価額算定にあたっては、納税者らまたは課税庁の裁量によって算定がなされるのであって、そのような場合にまで評価通達185の括弧書きの定めを適用することは予定されていないと解されます。
文理解釈	課税時期前3年以内とは、例えば、相続開始日が令和6年12月31日の場合には、令和3年12月31日から令和6年12月31日までをいうのであって、遺贈により財産を取得した日も令和6年12月31日であることから、遺贈により財産を取得した場合には、課税時期前3年以内に含めて考えることが相当です。	遺言は、遺言者の死亡の時からその効力を生ずる（民法985条1項）ため、遺贈による財産の取得時期は、相続開始時点となります。そして、評価通達は、課税時期以前ではなく、課税時期前と規定がされていることから、遺贈による財産の取得は含まれないと解することが相当です。

（4）　資産税審理研修資料における比較

　東京国税局の資産税審理研修資料において、下記の通り時価説と相続税評価説の両説が示されています。

第9章　非上場株式の所得税・法人税における時価の算定方法と売買等の課税関係

【時価説】

◆平成16年12月作成「資産税審理研修資料」（東京国税局　課税第一部　資産課税課　資産評価官）（TAINS にて「評価事例708047」を TAINS コード欄に入力のうえ検索すると閲覧可能）

被相続人甲は同族会社Aの代表者であり、同社の株式を60%所有していますが、所有していた土地をA社に遺贈しました。この場合の課税関係はどうなるでしょうか。

（答）

個人が法人に遺贈したことによる課税関係について、次の点から検討する必要がある。

1　遺贈者である甲の持株への影響（A社が土地を受遺したことによる株価上昇分）

2　甲以外の株主の持株への影響（A社が土地を受遺したことによる株価上昇分）

また、法人への財産の遺贈については、上記ほか次の点についても注意する必要がある。

3　個人の相続税課税はもちろんのこと遺贈者に対する資産の譲渡所得課税（この場合の申告所得税相当額については、相続税の申告上、債務控除できる。）

4　受遺者であるA社に対する法人税課税（法人には、相続税の納税義務はないが、遺贈により取得した財産の価額は益金の額に算入され、通常の法人税が課税される。また、公益法人が遺贈により財産を取得した場合には、一定の要件の下に相続税の納税義務が生じることがあるが（相続税第66条4項）、普通法人に相続税が課されることはない。）。

【A社の株価の算定等】

法人に対する財産の遺贈は、その財産価額に対応する相続税の減額要因となる一方で、その法人の株式を被相続人が所有していた場合は、財産遺贈を加味したところで株式の評価が行われることから、株価は上昇することになる。この取扱いについて、通達において明確な規定はないが、遺贈が相続開始と同時に効力を有することからみれば、相続開始時における法人の株価は、遺贈財産を取得した分だけ上昇したものと考えることができる。

この場合に純資産価額方式による評価額の算定については、下記の点に注意する（評価会社の株価を類似業種比準方式で評価する場合については、省略する）。

1　遺贈財産を取得した後の評価会社の資産・負債を基に株価を計算する。

2　この場合の遺贈財産が土地等又は建物等の場合には、課税時期3年以内（ママ）に取得したものに該当するため、通常の取引価額により評価する。

3　遺贈財産の取得に係る法人税額等相当額（遺贈財産の時価の42%相当額）は、純資産価額の計算上、負債に計上することができる。

【遺贈者以外株主に対するみなし遺贈】

ところで、会社に対して無償で財産の提供があったことにより、当該会社の株価が増加したときには、財産の提供者から他の株主に対し、株価増加分の贈与があったものとして取り扱うこととされている（相基通9－2）。この取扱いは、「贈与」についてのみ定めているが相続税法第9条の規定からすれば、会社に対する財産の無償提供が遺贈によって行

640

第5節　Q&A

われたのであれば、そのことによる株価増加分も遺贈とみなされ、相続税の課税対象となる。

　本事例にあてはめると、被相続人の遺贈により、当該株式の価値が増加した場合には、他の株主についても増加した株式価値分だけ甲から遺贈されたことになり、この場合には、相続税の課税関係が生じる。

（下線部は筆者による）

【相続税評価説】

◆平成18年7月作成「資産税審理研修資料」（東京国税局　課税第一部　資産課税課　資産評価官）（TAINSにて「評価事例708060」をTAINSコード欄に入力のうえ検索すると閲覧可能）

（問）

　同族会社Aの株主である被相続人甲が所有するB土地を、A社が遺贈（停止条件なし。）により取得した場合において、A社の株式の評価上、B土地は、「評価会社が課税時期前3年以内に取得した土地」（評価通達185かっこ書き）に該当するか。

（答）

　B土地は、A社が課税時期（相続開始日）に取得した土地であるから、「課税時期前3年以内に取得した土地」には該当しない。

〔理由〕

① 遺言は、遺言者の死亡の時からその効力を生ずる（民法第985条《遺言の効力発生の時期》第1項）から、A社は、甲の死亡の時（相続開始日）にB土地を取得したこと

② 評価通達185かっこ書き「・・・課税時期前3年以内に取得・・・となっており、課税時期（相続開始日）に取得したものは含まれないこと（注）。

（注）「以前」「以後」のように「以」をつけたものは基準時点を含む場合に用いられるのに対して、単なる「前」「後」のように「以」をつけないものは、基準時点を含まないときに用いられる（法令用語の基礎知識より）。

※ 平成16年12月作成の「資産税審理研修資料」（課税第一部資産課税課・資産評価官）の125頁に集録された質疑応答事例「12 取引相場のない株式等の評価（9）・・同族会社が土地の遺贈を受けた場合の課税関係」は、本質疑応答事例と適合しない部分があるので留意する。

　上記のように東京国税局の資産税審理研修資料において異なる見解が記載されており、時価説と相続税評価説のいずれによるかについて明確にされてはいませんが、研修資料の作成された日付が時価説は平成16年12月であるのに対して、相続税評価説は平成18年7月となっていますので、筆者としては、相続税評価説によるべきと考えています。

第9章　非上場株式の所得税・法人税における時価の算定方法と売買等の課税関係

（5）　国税不服審判所平成20年5月30日裁決との関係性からの整理

　国税不服審判所平成20年5月30日裁決（TAINSコード：F0-3-220）は、同族会社が被相続人から借地権の無償設定を受けたことにより相続税法9条のみなし贈与課税の適用を受ける場合の出資の評価上、その借地権の取得が課税時期前3年以内の取得に係る規定が適用されるか否かが争点となりました。

　課税庁は、取得した借地権が、評価通達185の括弧書きにおける課税時期前3年以内に取得した土地等に該当するとして、課税時期における通常の取引価額に相当する金額によって評価する旨を主張しましたが、不服審判所は、同通達185の括弧書きの射程範囲外として下記の通り判断しています。

　評価通達185のかっこ書きの趣旨が、評価する会社が課税時期の直前に取得し価額が明らかになっている土地等については純資産価額の計算上、その価額で行うことが合理的であるということに照らせば、少なくとも課税の基因となった無償移転に係る土地等について同かっこ書きを適用することは予定されていないと解されること、また、同かっこ書きは、「評価会社が課税時期前3年以内に取得した土地及び土地の上に存する権利等」と限定しており、会社に対し無償で財産の提供があった時に贈与があったとみなされ当該提供のあった日が課税時期となる本件のような場合においては、課税時期が同かっこ書きにおける課税時期前に含まれないことは文理上も明らかであることから、同かっこ書きは、本件のような課税時期において無償取得された財産については適用されないと解することが相当である。

　さらに、相続税法第9条の規定の趣旨が、法律上は贈与契約による財産の取得ではなくとも、対価を支払うことなく実質的に贈与と同様の経済的効果が生じる場合に、税負担の公平の見地からその経済的利益の価額を贈与により取得したものとみなして贈与税を課税するということに照らせば、個人が直接、贈与により土地等を取得した場合には、評価通達に基づき路線価等によりその土地等の価額を計算することになるところ、法人が贈与により土地等を取得し当該法人の株主等にみなし贈与が発生する場合には、受贈益の計算において株式の1株当たりの純資産価額の計算上、当該みなし贈与の基因となった土地等の価額を評価することになるが、この場合、当該土地等の価額を評価通達185のかっこ書きに基づき課税時期における通常の取引価額に相当する金額により計算することとすれば、個人が贈与により土地等を取得した場合の価額すなわち路線価等に基づく価額と異なる結果になることとなり合理的ではないと考えられる。

　裁決事例では、下記の3点から評価通達185の括弧書きの適用はされないとしています。

642

① 評価通達の趣旨からの射程範囲

　評価通達185の括弧書きの趣旨が、評価する会社が課税時期の直前に取得し価額が明らかになっている土地等については純資産価額の計算上、その価額で行うことが合理的であるということに照らせば、少なくとも課税の基因となった無償移転に係る土地等について同括弧書きを適用することは予定されていないと解されること

② 文理解釈

　課税時期（会社に対し無償で財産の提供があった時）における取得は、評価通達185の括弧書きにおける「課税時期前３年以内に取得」に含まれないことは文理上も明らかであること

③ 個人が土地を取得した場合との課税の公平性

　個人が直接、贈与により土地等を取得した場合には、評価通達に基づき路線価等によりその土地等の価額を計算することになるところ、法人が贈与により土地等を取得し当該法人の株主等にみなし贈与が発生する場合には、受贈益の計算において株式の１株当たりの純資産価額の計算上、当該みなし贈与の基因となった土地等の価額を評価することになるが、この場合、当該土地等の価額を評価通達185の括弧書きに基づき課税時期における通常の取引価額に相当する金額により計算することとすれば、個人が贈与により土地等を取得した場合の価額すなわち路線価等に基づく価額と異なる結果になることとなり合理的ではないと考えられること

【本問への当てはめ】

◎「① 評価通達の趣旨からの射程範囲」について

　裁決事例ではみなし贈与であり、本問の場合にはみなし遺贈で取得原因は異なるものの課税論拠は下記の相法９条で同じです。また無償で法人が取得している点についても同様となり、無償取得については評価通達185括弧書きの適用を予定していないため、相続税評価説が肯定されます。

----- ◆相続税法 -----

第９条　第５条から前条まで及び次節に規定する場合を除くほか、対価を支払わないで、又は著しく低い価額の対価で利益を受けた場合においては、当該利益を受けた時において、当該利益を受けた者が、当該利益を受けた時における当該利益の価額に相当する金額（対価の支払があった場合には、その価額を控除した金額）を当該利益を受けさせた者から贈与（当該行為が遺言によりなされた場合には、遺贈）により取得したものとみなす。（以下省略）

（下線部は筆者による）

第9章　非上場株式の所得税・法人税における時価の算定方法と売買等の課税関係

◎「②　文理解釈」について

　裁決事例にそのまま当てはめることが可能です。「課税時期前３年以内に取得」の範囲に課税時期における取得が含まれないことは、文理上、明らかですので、相続税評価説が肯定されます。

◎「③　個人が土地を取得した場合との課税の公平性」について

　裁決事例では贈与で贈与税課税の問題であり、本問の場合には遺贈で相続税課税の問題ですが、乙が土地を取得した場合（乙が土地を遺贈により取得した場合）と乙が土地を間接的に取得した場合（A社が土地を取得した場合）のいずれの場合でも土地は路線価等に基づく相続税評価額によるべきとする裁決事例の考え方はそのまま当てはめることができます。

　すなわち、個人取得の場合には路線価等に基づく相続税評価額で相続税の課税がされるため、法人取得におけるみなし遺贈の株主課税の場合にも路線価等に基づく相続税評価で相続税の課税がされるべきとする考え方は同じとなりますので、相続税評価説が肯定されます。

　もっとも、裁決事例と本問の場合には、法人税の課税の取扱いで時価は認識されますので、時価が明らかになっているものについては、その時価で評価をするべきとする時価説の考え方もあるかと思います。

　ただし、そもそもこの評価通達185括弧書きの制定時においては、射程範囲にみなし贈与やみなし遺贈は含まれていなかったと思料されます。評価通達185括弧書きの制定の背景を紐解くと、課税時期前３年以内取得の取扱いは、旧租税特別措置法69条の４（相続開始前３年以内に取得等をした土地等又は建物等についての相続税の課税価格の計算の特例）が発端となっており、同条は昭和63年12月に創設され、平成８年３月の税制改正において廃止されたものとなりますが、この規定は、昭和末期のバブル期において相続開始前の土地等及び家屋等を取得することによる相続税対策が横行したことを背景として、個人が相続開始前３年以内に取得または新築をした土地等及び家屋等について取得価額で課税するといった内容でした。

　同条は、あくまでも個人の取得に限られていましたが、法人においても同様の租税回避行為があったため、取引相場のない株式においても平成２年８月の評価通達の改正で課税時期前３年以内の取得の取扱いが定められました。以上の通達制定の背景を踏まえると相続開始直前の不動産取得が問題視され、みなし贈与やみなし遺贈については射程範囲とは想定していなかったと思料されます。

　そして、評価通達の規定が「課税時期前３年以内」とされているため、少なくとも、現在の評価通達において、みなし贈与やみなし遺贈について時価課税を行うことは、納税者

の信頼、予見可能性を損なうことになるため、認められるべきではないと考えられます。

　従って、本問における筆者の結論としては、相続税評価説によるべきと考えます。ただし、実務上、明確な見解があるわけではありませんので、納税者に時価説もあることを説明しておく必要があります。

▶実務上のポイント

　法人に対する遺贈は、被相続人の相続人にとって予期せぬ所得税の負担となり、法人の株主も予期せぬ相続税の負担となりえますので、そのような遺言書を作成される場合には、課税関係をよく説明しておく必要があります。

1　取引相場のない株式（出資）の評価明細書
2　財産評価基本通達（抜粋）
3　日本標準産業分類の分類項目と類似業種比準価額計算上の業種目との対比表（平成29年分）
4　令和2年9月30日　国税庁資産課税課情報　第22号

1 取引相場のない株式（出資）の評価明細書

第1表の1　評価上の株主の判定及び会社規模の判定の明細書

整理番号　　　　　　　　　　　　（令和六年一月一日以降用）

（取引相場のない株式（出資）の評価明細書）

会　社　名	（電話　　　　　　　　）	本店の所在地	

事業内容

取扱品目及び製造、卸売、小売等の区分	業種目番号	取引金額の構成比
		％

代表者氏名	
課税時期	年　　　月　　　日
直前期	自　　　年　　　月　　　日 至　　　年　　　月　　　日

1．株主及び評価方式の判定

判定要素（課税時期現在の株式等の所有状況）

氏名又は名称	続柄	会社における役職名	㋑株式数（株式の種類）	㋺議決権数	㋩議決権割合（㋺/④）
	納税義務者		株	個	％
自己株式					
納税義務者の属する同族関係者グループの議決権の合計数			②	⑤	(②/④)
筆頭株主グループの議決権の合計数			③	⑥	(③/④)
評価会社の発行済株式又は議決権の総数			①	④ 100	

判定基準

納税義務者の属する同族関係者グループの議決権割合（⑤の割合）を基として、区分します。

区分	筆頭株主グループの議決権割合（⑥の割合）			株主の区分
	50％超の場合	30％以上50％以下の場合	30％未満の場合	
⑤の割合	50％超	30％以上	15％以上	同族株主等
	50％未満	30％未満	15％未満	同族株主等以外の株主

判定

同族株主等 （原則的評価方式等）	同族株主等以外の株主 （配当還元方式）

「同族株主等」に該当する納税義務者のうち、議決権割合（㋩の割合）が5％未満の者の評価方式は、「2．少数株式所有者の評価方式の判定」欄により判定します。

2．少数株式所有者の評価方式の判定

判定要素

項目	判定内容
氏名	
㋥役員	である〔原則的評価方式等〕・でない（次の㋭へ）
㋭納税義務者が中心的な同族株主	である〔原則的評価方式等〕・でない（次の㋬へ）
㋬納税義務者以外に中心的な同族株主（又は株主）	がいる（配当還元方式）・がいない〔原則的評価方式等〕（氏名　　　　　　　）
判定	原則的評価方式等　・　配当還元方式

付　　録

第1表の2　評価上の株主の判定及び会社規模の判定の明細書（続）　　会社名 ＿＿＿＿＿＿＿

（取引相場のない株式（出資）の評価明細書）

（令和六年一月一日以降用）

3．会社の規模（Lの割合）の判定

判定要素

項　　目	金　　額	項　　目	人　　数
直前期末の総資産価額 （帳簿価額）	千円	直前期末以前1年間における従業員数	人 〔従業員数の内訳〕 （継続勤務従業員数）（継続勤務従業員以外の従業員の労働時間の合計時間数）
直前期末以前1年間の取引金額	千円		（　　人）＋ $\dfrac{（\qquad 時間）}{1,800時間}$

判定基準

○リ 直前期末以前1年間における従業員数に応ずる区分	70人以上の会社は、大会社（○チ及び○ヌは不要）
	70人未満の会社は、○チ及び○ヌにより判定

○チ 直前期末の総資産価額（帳簿価額）及び直前期末以前 1年間における従業員数に応ずる区分				○ヌ 直前期末以前1年間の取引金額に応ずる区分			会社規模とLの割合（中会社）の区分
総 資 産 価 額（帳 簿 価 額）			従業員数	取 引 金 額			
卸 売 業	小売・サービス業	卸売業、小売・サービス業以外		卸 売 業	小売・サービス業	卸売業、小売・サービス業以外	
20億円以上	15億円以上	15億円以上	35 人 超	30億円以上	20億円以上	15億円以上	大　会　社
4億円以上 20億円未満	5億円以上 15億円未満	5億円以上 15億円未満	35 人 超	7億円以上 30億円未満	5億円以上 20億円未満	4億円以上 15億円未満	0．90　中会社
2億円以上 4億円未満	2億5,000万円以上 5億円未満	2億5,000万円以上 5億円未満	20 人 超 35 人 以 下	3億5,000万円以上 7億円未満	2億5,000万円以上 5億円未満	2億円以上 4億円未満	0．75
7,000万円以上 2億円未満	4,000万円以上 2億5,000万円未満	5,000万円以上 2億5,000万円未満	5 人 超 20 人 以 下	2億円以上 3億5,000万円未満	6,000万円以上 2億5,000万円未満	8,000万円以上 2億円未満	0．60
7,000万円未満	4,000万円未満	5,000万円未満	5 人 以 下	2億円未満	6,000万円未満	8,000万円未満	小　会　社

・「会社規模とLの割合（中会社）の区分」欄は、○チ欄の区分（「総資産価額（帳簿価額）」と「従業員数」とのいずれか
下位の区分）と○ヌ欄（取引金額）の区分とのいずれか上位の区分により判定します。

判定

大 会 社	中　　　会　　　社			小 会 社	
	L の 割 合				
	0．90	0．75	0．60		

4．増（減）資の状況その他評価上の参考事項

1　取引相場のない株式（出資）の評価明細書

第 2 表　特定の評価会社の判定の明細書　　会社名 _____

（令和六年一月一日以降用）

（取引相場のない株式（出資）の評価明細書）

1．比準要素数 1 の会社

判　　　定　　　要　　　素						判定基準	(1)欄のいずれか 2 の判定要素が 0 であり、かつ、(2)欄のいずれか 2 以上の判定要素が 0	
（1）直前期末を基とした判定要素			（2）直前々期末を基とした判定要素				である（該当）・でない（非該当）	
第 4 表の B_1 の金額	第 4 表の C_1 の金額	第 4 表の D_1 の金額	第 4 表の B_2 の金額	第 4 表の C_2 の金額	第 4 表の D_2 の金額	判定	該　当	非 該 当
円　銭　　0	円	円	円　銭　　0	円	円			

2．株式等保有特定会社

判　　　定　　　要　　　素			判定基準	③の割合が50％以上である	③の割合が50％未満である
総　資　産　価　額（第 5 表の①の金額）	株式等の価額の合計額（第 5 表の⑦の金額）	株式等保有割合（②／①）			
①　　　　　千円	②　　　　　千円	③　　　　　％	判定	該　当	非 該 当

3．土地保有特定会社

判　　　定　　　要　　　素			
総　資　産　価　額（第 5 表の①の金額）	土地等の価額の合計額（第 5 表の⑯の金額）	土地保有割合（⑤／④）	会社の規模の判定（該当する文字を○で囲んで表示します。）
④　　　　　千円	⑤　　　　　千円	⑥　　　　　％	大会社・中会社・小会社

判定基準 会社の規模	大　会　社		中　会　社		小　会　社（総資産価額（帳簿価額）が次の基準に該当する会社）			
					・卸売業　　　　　　　　　20億円以上　・小売・サービス業　　　　15億円以上　・上記以外の業種　　　　　15億円以上		・卸売業　　　7,000万円以上20億円未満　・小売・サービス業　4,000万円以上15億円未満　・上記以外の業種　5,000万円以上15億円未満	
⑥の割合	70％以上	70％未満	90％以上	90％未満	70％以上	70％未満	90％以上	90％未満
判　　定	該　当	非該当	該　当	非該当	該　当	非該当	該　当	非該当

4．開業後 3 年未満の会社等

（1）開業後 3 年未満の会社

判　定　要　素		判定基準	課税時期において開業後 3 年未満である	課税時期において開業後 3 年未満でない
開業年月日	年　　月　　日	判　定	該　　当	非　該　当

（2）比準要素数 0 の会社

判定要素	直前期末を基とした判定要素			判定基準	直前期末を基とした判定要素がいずれも 0	
	第 4 表の B_1 の金額	第 4 表の C_1 の金額	第 4 表の D_1 の金額		である（該当）　・　でない（非該当）	
	円　銭　　0	円	円	判　定	該　　当	非　該　当

5．開業前又は休業中の会社

開業前の会社の判定		休業中の会社の判定	
該　当	非該当	該　当	非該当

6．清算中の会社

判　　　定	
該　　当	非　該　当

7．特定の評価会社の判定結果

1．比準要素数 1 の会社	2．株式等保有特定会社
3．土地保有特定会社	4．開業後 3 年未満の会社等
5．開業前又は休業中の会社	6．清算中の会社

該当する番号を○で囲んでください。なお、上記の「1．比準要素数 1 の会社」欄から「6．清算中の会社」欄の判定において 2 以上に該当する場合には、後の番号の判定によります。

付　録

第3表　一般の評価会社の株式及び株式に関する権利の価額の計算明細書　　会社名

（令和六年一月一日以降用）

（取引相場のない株式（出資）の評価明細書）

		類似業種比準価額 （第4表の㉖、㉗又は㉘の金額）	1株当たりの純資産価額 （第5表の⑪の金額）	1株当たりの純資産価額の80％ 相当額（第5表の⑫の記載がある場合のその金額）
	1株当たりの 価額の計算の 基となる金額	①　　　　　　　　円	②　　　　　　　　円	③　　　　　　　　円

1　原則的評価方式による価額

1株当たりの価額の計算

区　分	1株当たりの価額の算定方法	1株当たりの価額
大会社の 株式の価額	次のうちいずれか低い方の金額（②の記載がないときは①の金額） イ　①の金額 ロ　②の金額	④　　　　　　　　円
中会社の 株式の価額	（①と②とのいずれか低い方の金額 × Lの割合 0.）＋（②の金額（③の金額があるときは③の金額）×（1－ Lの割合 0.））	⑤　　　　　　　　円
小会社の 株式の価額	次のうちいずれか低い方の金額 イ　②の金額（③の金額があるときは③の金額） ロ　（①の金額 × 0.50）＋（イの金額 × 0.50）	⑥　　　　　　　　円

株式の価額の修正

	株式の価額	1株当たりの配当金額	修正後の株式の価額
課税時期において 配当期待権の発生 している場合	［④、⑤又は⑥ の金額］ － 　　　円　　　銭		⑦　　　　　　　　円

	株式の価額	割当株式1株当たりの払込金額	1株当たりの割当株式数	1株当たりの割当株式数又は交付株式数	修正後の株式の価額
課税時期において株式の割当てを受ける権利、株主となる権利又は株式無償交付期待権の発生している場合	（（④、⑤又は⑥（⑦があるときは⑦）の金額 ＋ 　　円　 × 　　株 ）÷（1株＋　　株 ）				⑧　　　　　　　　円

2　配当還元方式による価額

1株当たりの資本金等の額、発行済株式数等	直前期末の資本金等の額	直前期末の発行済株式数	直前期末の自己株式数	1株当たりの資本金等の額を50円とした場合の発行済株式数（⑨÷50円）	1株当たりの資本金等の額（⑨÷（⑩－⑪））
	⑨　　　　　千円	⑩　　　　　株	⑪　　　　　株	⑫　　　　　株	⑬　　　　　円

直前期末以前2年間の配当金額	事業年度	⑭ 年配当金額	⑮ 左のうち非経常的な配当金額	⑯ 差引経常的な年配当金額（⑭－⑮）	年平均配当金額
	直前期	千円	千円	㋑　　　　千円	⑰（㋑＋㋺）÷2　　千円
	直前々期	千円	千円	㋺　　　　千円	

1株（50円）当たりの年配当金額	年平均配当金額（⑰の金額） ÷ ⑫の株式数 ＝	⑱　　　　　円　　銭	この金額が2円50銭未満の場合は2円50銭とします。
配当還元価額	⑱の金額 / 10% × ⑬の金額 / 50円 ＝　　円	⑲	⑳　　　　円

⑲の金額が、原則的評価方式により計算した価額を超える場合には、原則的評価方式により計算した価額とします。

3　株式に関する権利の価額（1.及び2.に共通）

配当期待権	（1株当たりの予想配当金額　　円　　銭）－（源泉徴収されるべき所得税相当額　　円　　銭）	㉑　　　円　　銭
株式の割当てを受ける権利 （割当株式1株当たりの価額）	⑧（配当還元方式の場合は⑳）の金額 － 割当株式1株当たりの払込金額　　円	㉒　　　　円
株主となる権利 （割当株式1株当たりの価額）	⑧（配当還元方式の場合は⑳）の金額 （課税時期後にその株主となる権利につき払い込むべき金額があるときは、その金額を控除した金額）	㉓　　　　円
株式無償交付期待権 （交付される株式1株当たりの価額）	⑧（配当還元方式の場合は⑳）の金額	㉔　　　　円

4．株式及び株式に関する権利の価額（1.及び2.に共通）

株式の評価額	円
株式に関する権利の評価額	円 （　円　銭）

652

1 取引相場のない株式（出資）の評価明細書

第4表　類似業種比準価額等の計算明細書

会社名

（令和六年一月一日以降用）

1. 1株当たりの資本金等の額等の計算	直前期末の資本金等の額	直前期末の発行済株式数	直前期末の自己株式数	1株当たりの資本金等の額（①÷（②－③））	1株当たりの資本金等の額を50円とした場合の発行済株式数（①÷50円）
	① 千円	② 株	③ 株	④ 円	⑤ 株

2. 比準要素等の金額の計算

1株(50円)当たりの年配当金額

直前期末以前2（3）年間の年平均配当金額					比準要素数1の会社・比準要素数0の会社の判定要素の金額
事業年度	⑥ 年配当金額	⑦ 左のうち非経常的な配当金額	⑧ 差引経常的な年配当金額(⑥－⑦)	年平均配当金額	⑨／⑤　Ⓑ₁ 円　銭 0
直前期	千円	千円	⑦ 千円	⑨(⑦+⑩)÷2 千円	⑩／⑤　Ⓑ₂ 円　銭 0
直前々期	千円	千円	⑩ 千円		1株(50円)当たりの年配当金額 (Ⓑ₁) の金額
直前々期の前期	千円	千円	⑩ 千円	⑩(⑩+⑩)÷2 千円	Ⓑ 円　銭

1株(50円)当たりの年利益金額

直前期末以前2（3）年間の利益金額						比準要素数1の会社・比準要素数0の会社の判定要素の金額
事業年度	⑪法人税の課税所得金額	⑫非経常的な利益金額	⑬受取配当等の益金不算入額	⑭左の所得税額	⑮損金算入した繰越欠損金の控除額	⑯差引利益金額(⑪－⑫+⑬－⑭+⑮)
直前期	千円	千円	千円	千円	千円	⑤ 千円
直前々期	千円	千円	千円	千円	千円	⑤ 千円
直前々期の前期	千円	千円	千円	千円	千円	⑤ 千円

⊝／⑤ 又は（⊝+⊘）÷2／⑤　Ⓒ₁ 円
⊝／⑤ 又は（⊝+⊙）÷2／⑤　Ⓒ₂ 円

1株(50円)当たりの年利益金額（⊝／⑤ 又は（⊝+⊘）÷2の金額）Ⓒ 円

1株(50円)当たりの純資産価額

直前期末（直前々期末）の純資産価額				比準要素数1の会社・比準要素数0の会社の判定要素の金額
事業年度	⑰ 資本金等の額	⑱ 利益積立金額	⑲ 純資産価額(⑰+⑱)	⑰／⑤　Ⓓ₁ 円
直前期	千円	千円	⑪ 千円	⑰／⑤　Ⓓ₂ 円
直前々期	千円	千円	⑰ 千円	1株(50円)当たりの純資産価額（Ⓓ₁）の金額　Ⓓ 円

3. 類似業種比準価額の計算

1株(50円)当たりの比準価額の計算

				区分	1株(50円)当たりの年配当金額	1株(50円)当たりの年利益金額	1株(50円)当たりの純資産価額	1株(50円)当たりの比準価額
類似業種と業種目番号		(No.)	比準割合の計算	評価会社	Ⓑ 円　銭 0	Ⓒ 円	Ⓓ 円	⑳ × ㉑ × 0.7 ※中会社は0.6 小会社は0.5 とします。
類似業種の株価	課税時期の属する月	月 ⑪ 円		類似業種	B 円　銭 0	C 円	D 円	
	課税時期の属する月の前月	月 ⑫ 円		要素別比準割合	Ⓑ／B ．	Ⓒ／C ．	Ⓓ／D ．	
	課税時期の属する月の前々月	月 ⑫ 円		比準割合	(Ⓑ/B + Ⓒ/C + Ⓓ/D)／3 = ． ㉑			㉒ 円　銭 0
	前年平均株価	⑪ 円						
	課税時期の属する月以前2年間の平均株価	⑪ 円						
	A（⑪、⑫、⑫、⑪及び⑪のうち最も低いもの）	⑳ 円						

				区分	1株(50円)当たりの年配当金額	1株(50円)当たりの年利益金額	1株(50円)当たりの純資産価額	1株(50円)当たりの比準価額
類似業種と業種目番号		(No.)	比準割合の計算	評価会社	Ⓑ 円　銭 0	Ⓒ 円	Ⓓ 円	㉓ × ㉔ × 0.7 ※中会社は0.6 小会社は0.5 とします。
類似業種の株価	課税時期の属する月	月 ㉕ 円		類似業種	B 円　銭 0	C 円	D 円	
	課税時期の属する月の前月	月 ㉔ 円		要素別比準割合	Ⓑ／B ．	Ⓒ／C ．	Ⓓ／D ．	
	課税時期の属する月の前々月	月 ㉕ 円		比準割合	(Ⓑ/B + Ⓒ/C + Ⓓ/D)／3 = ． ㉔			㉕ 円　銭 0
	前年平均株価	㉕ 円						
	課税時期の属する月以前2年間の平均株価	㉕ 円						
	A（㉕、㉓、㉕、㉕及び㉕のうち最も低いもの）	㉓ 円						

比準価額の計算

1株当たりの比準価額	比準価額（㉒と㉕とのいずれか低い方の金額） × ④の金額／50円	㉖ 円

比準価額の修正

直前期末の翌日から課税時期までの間に配当金交付の効力が発生した場合	比準価額（㉖の金額）	1株当たりの配当金額 － 円　銭	修正比準価額 ㉗ 円
直前期末の翌日から課税時期までの間に株式の割当等の効力が発生した場合	比準価額（㉖（㉗があるときは㉗）の金額）＋	割当株式1株当たりの払込金額 円　銭 × 1株当たりの割当株式数 株 ÷ (1株＋ 1株当たりの割当株式数又は交付株式数 株)	修正比準価額 ㉘ 円

653

付　録

第5表　1株当たりの純資産価額（相続税評価額）の計算明細書　　会社名＿＿＿＿＿＿＿＿＿

（取引相場のない株式（出資）の評価明細書）

（令和六年一月一日以降用）

1. 資産及び負債の金額（課税時期現在）

資 産 の 部				負 債 の 部			
科　　目	相続税評価額	帳簿価額	備考	科　　目	相続税評価額	帳簿価額	備考
	千円	千円			千円	千円	
合　　計	①	②		合　　計	③	④	
株式等の価額の合計額	㋑	㋺					
土地等の価額の合計額	㋩						
現物出資等受入れ資産の価額の合計額	㊁	㋭					

2. 評価差額に対する法人税額等相当額の計算

相続税評価額による純資産価額 （①－③）	⑤	千円
帳簿価額による純資産価額 （（②＋㊁－㋭－④）、マイナスの場合は0）	⑥	千円
評価差額に相当する金額 （⑤－⑥、マイナスの場合は0）	⑦	千円
評価差額に対する法人税額等相当額 （⑦×37%）	⑧	千円

3. 1株当たりの純資産価額の計算

課税時期現在の純資産価額 （相続税評価額） （⑤－⑧）	⑨	千円
課税時期現在の発行済株式数 （（第1表の1の①）－自己株式数）	⑩	株
課税時期現在の1株当たりの純資産価額 （相続税評価額） （⑨÷⑩）	⑪	円
同族株主等の議決権割合（第1表の1の⑤の割合）が50%以下の場合 （⑪×80%）	⑫	円

654

1　取引相場のない株式（出資）の評価明細書

第6表　特定の評価会社の株式及び株式に関する権利の価額の計算明細書　　会社名

（取引相場のない株式（出資）の評価明細書）　　　　　　　　　　　　　　　　　　　　　　　　　　（令和六年一月一日以降用）

1　純資産価額方式等による価額

1株当たりの価額の計算の基となる金額	類似業種比準価額（第4表の㉖、㉗又は㉘の金額）	1株当たりの純資産価額（第5表の⑪の金額）	1株当たりの純資産価額の80％相当額（第5表の⑫の記載がある場合のその金額）
	①　　　　　円	②　　　　　円	③　　　　　円

1株当たりの価額の計算	株式の区分	1株当たりの価額の算定方法等	1株当たりの価額
	比準要素数1の会社の株式	次のうちいずれか低い方の金額　イ　②の金額（③の金額があるときは③の金額）　ロ　（①の金額 × 0.25）＋（イの金額 × 0.75）	④　　　　　円
	株式等保有特定会社の株式	（第8表の㉗の金額）	⑤　　　　　円
	土地保有特定会社の株式	（②の金額（③の金額があるときはその金額））	⑥　　　　　円
	開業後3年未満の会社等の株式	（②の金額（③の金額があるときはその金額））	⑦　　　　　円
	開業前又は休業中の会社の株式	（②の金額）	⑧　　　　　円

株式の価額の修正	課税時期において配当期待権の発生している場合	株式の価額　〔④、⑤、⑥、⑦又は⑧の金額〕 － 1株当たりの配当金額　　円　　銭	修正後の株式の価額　⑨　　　　　円
	課税時期において株式の割当てを受ける権利、株主となる権利又は株式無償交付期待権の発生している場合	株式の価額（④、⑤、⑥、⑦又は⑧（⑨があるときは⑨）の金額）＋ 割当株式1株当たりの払込金額　円 × 1株当たりの割当株式数　株 ）÷（1株＋ 1株当たりの割当株式数又は交付株式数　株 ）	修正後の株式の価額　⑩　　　　　円

2　配当還元方式による価額

1株当たりの資本金等の額、発行済株式数等	直前期末の資本金等の額	直前期末の発行済株式数	直前期末の自己株式数	1株当たりの資本金等の額を50円とした場合の発行済株式数（⑪ ÷ 50円）	1株当たりの資本金等の額（⑪÷（⑫－⑬））
	⑪　　　　千円	⑫　　　　株	⑬　　　　株	⑭　　　　株	⑮　　　　円

直前期末以前2年間の配当金額	事業年度	⑯　年配当金額	⑰　左のうち非経常的な配当金額	⑱　差引経常的な年配当金額（⑯ － ⑰）	年平均配当金額
	直前期	千円	千円	㋑　　　千円	⑲（㋑＋㋺）÷2　　千円
	直前々期	千円	千円	㋺　　　千円	

1株（50円）当たりの年配当金額	年平均配当金額（⑲の金額）÷ ⑭の株式数 ＝	⑳　　　　円　　銭	この金額が2円50銭未満の場合は2円50銭とします。

配当還元価額	⑳の金額 / 10% × ⑮の金額 / 50円 ＝	㉑　　　円	㉒　　　円	㉑の金額が、純資産価額方式等により計算した価額を超える場合には、純資産価額方式等により計算した価額とします。

3　株式に関する権利の価額（1.及び2.に共通）

配当期待権	1株当たりの予想配当金額（　円　銭）－ 源泉徴収されるべき所得税相当額（　円　銭）	㉓　　円　銭
株式の割当てを受ける権利（割当株式1株当たりの価額）	⑩（配当還元方式の場合は㉒）の金額 － 割当株式1株当たりの払込金額　円	㉔　　円
株主となる権利（割当株式1株当たりの価額）	⑩（配当還元方式の場合は㉒）の金額（課税時期後にその株主となる権利につき払い込むべき金額があるときは、その金額を控除した金額）	㉕　　円
株式無償交付期待権（交付される株式1株当たりの価額）	⑩（配当還元方式の場合は㉒）の金額	㉖　　円

4．株式及び株式に関する権利の価額（1.及び2.に共通）

株式の評価額	円
株式に関する権利の評価額	円（　円　銭）

付　録

第7表　株式等保有特定会社の株式の価額の計算明細書

会社名 _____

（令和六年一月一日以降用）

（取引相場のない株式（出資）の評価明細書）

1．S₁の金額

受取配当金等収受割合の計算	事業年度	① 直前期	② 直前々期	合計(①+②)	受取配当金等収受割合 (イ÷(イ+ロ)) ※小数点以下3位未満切り捨て
	受取配当金等の額	千円	千円 イ	千円	ハ
	営業利益の金額	千円	千円	千円 ロ	

⑤—⑥の金額	1株（50円）当たりの年配当金額（第4表の⑤）	⑥の金額 (③×ハ)	⑤—⑥の金額 (③—④)	
	③　　円　　銭 0	④　　円　　銭 0	⑤　　円　　銭 0	

ⓒ—ⓒの金額	1株（50円）当たりの年利益金額（第4表のⓒ）	ⓒの金額 (⑥×ハ)	ⓒ—ⓒの金額 (⑥—⑦)
	⑥　　円	⑦　　円	⑧　　円

⑨—④の金額	(イ)の金額	1株（50円）当たりの純資産価額（第4表の⑩）	直前期末の株式等の帳簿価額の合計額	直前期末の総資産価額（帳簿価額）	(イ)の金額 (⑨×(⑩÷⑪))
		⑨　　円	⑩　　千円	⑪　　千円	⑫　　円
	(ロ)の金額	利益積立金額（第4表の⑱の「直前期」欄の金額）	1株当たりの資本金等の額を50円とした場合の発行済株式数（第4表の⑤の株式数）	(ロ)の金額 ((⑬÷⑭)×ハ)	
		⑬　　千円	⑭　　株	⑮　　円	

④の金額 (⑫+⑮)	⑨—④の金額 (⑨—⑯)	(注) 1　ハの割合は、1を上限とします。 2　⑯の金額は、⑩の金額（⑨の金額）を上限とします。
⑯　　円	⑰　　円	

2．類似業種比準価額の計算（類似業種比準価額の修正計算）

1株（50円）当たりの類似業種比準価額の計算	類似業種と業種目番号	(No.　　)	区分	1株（50円）当たりの年配当金額	1株（50円）当たりの年利益金額	1株（50円）当たりの純資産価額	1株（50円）当たりの比準価額
	類似業種の株価	課税時期の属する月　月 ニ　円	評価会社	(⑤)　円　銭 0	(⑧)　円	(⑰)　円	⑱×⑲×0.7 ※
		課税時期の属する月の前月　月 ホ　円	類似業種	B　円　銭 0	C　円	D　円	※中会社は0.6 小会社は0.5 とします。
		課税時期の属する月の前々月　月 ヘ　円	要素別比準割合	(⑤)／B	(⑧)／C	(⑰)／D	
		前年平均株価 ト　円		・	・	・	
		課税時期の属する月以前2年間の平均株価 チ　円	比準割合	(⑤)／B+(⑧)／C+(⑰)／D ÷3 = ⑲　　・			⑳　円　銭 0
	A ⑱（ニ、ホ、ヘ及びト、チのうち最も低いもの）						

	類似業種と業種目番号	(No.　　)	区分	1株（50円）当たりの年配当金額	1株（50円）当たりの年利益金額	1株（50円）当たりの純資産価額	1株（50円）当たりの比準価額
	類似業種の株価	課税時期の属する月　月 リ　円	評価会社	(⑤)　円　銭 0	(⑧)　円	(⑰)　円	㉑×㉒×0.7 ※
		課税時期の属する月の前月　月 ヌ　円	類似業種	B　円　銭 0	C　円	D　円	※中会社は0.6 小会社は0.5 とします。
		課税時期の属する月の前々月　月 ル　円	要素別比準割合	(⑤)／B	(⑧)／C	(⑰)／D	
		前年平均株価 ヲ　円		・	・	・	
		課税時期の属する月以前2年間の平均株価 ワ　円	比準割合	(⑤)／B+(⑧)／C+(⑰)／D ÷3 = ㉒　　・			㉓　円　銭 0
	A ㉑（リ、ヌ、ル、ヲ及びワのうち最も低いもの）						

1株当たりの比準価額	比準価額（⑳と㉓とのいずれか低い方の金額） × 第4表の④の金額／50円	㉔　　円

比準価額の修正	直前期末の翌日から課税時期までの間に配当金交付の効力が発生した場合	比準価額（㉔の金額）　—　1株当たりの配当金額　　円　銭	修正比準価額 ㉕　円
	直前期末の翌日から課税時期までの間に株式の割当等の効力が発生した場合	比準価額（㉔（㉕があるときは㉕）の金額）＋ 割当株式1株当たりの払込金額　円　銭× 1株当たりの割当株式数（　株）÷（1株＋ 1株当たりの割当株式数又は交付株式数　株）	修正比準価額 ㉖　円

656

1　取引相場のない株式（出資）の評価明細書

第8表　株式等保有特定会社の株式の価額の計算明細書（続）

会社名 _____

（取引相場のない株式（出資）の評価明細書）（続）　（令和六年一月一日以降用）

1．S₁の金額

純資産価額（相続税評価額）の修正計算	相続税評価額による純資産価額（第5表の⑤の金額）	課税時期現在の株式等の価額の合計額　（第5表の④の金額）	差　　引（①－②）
	①　　　　　千円	②　　　　　千円	③　　　　　千円
	帳簿価額による純資産価額（第5表の⑥の金額）	株式等の帳簿価額の合計額（第5表の㋭＋（㋬－㋥）の金額）(注)	差　　引（④－⑤）
	④　　　　　千円	⑤　　　　　千円	⑥　　　　　千円
	評価差額に相当する金額（③－⑥）	評価差額に対する法人税額等相当額（⑦×37%）	課税時期現在の修正純資産価額（相続税評価額）（③－⑧）
	⑦　　　　　千円	⑧　　　　　千円	⑨　　　　　千円
	課税時期現在の発行済株式数（第5表の⑩の株式数）	課税時期現在の修正後の1株当たりの純資産価額（相続税評価額）（⑨÷⑩）	(注)　第5表の㋬及び㋥の金額に株式等以外の資産に係る金額が含まれている場合には、その金額を除いて計算します。
	⑩　　　　　株	⑪　　　　　円	

1株当たりのS₁の金額の計算の基となる金額	修正後の類似業種比準価額（第7表の㉔、㉕又は㉘の金額）	修正後の1株当たりの純資産価額（相続税評価額）（⑪の金額）	
	⑫　　　　　円	⑬　　　　　円	

1株当たりのS₁の金額の計算	区　分	1株当たりのS₁の金額の算定方法	1株当たりのS₁の金額
	比準要素数1である会社のS₁の金額	次のうちいずれか低い方の金額　イ　⑬の金額　ロ　（⑫の金額 × 0.25）＋（⑬の金額 × 0.75）	⑭　　　　　円
上記以外の会社	大会社のS₁の金額	次のうちいずれか低い方の金額（⑬の記載がないときは⑫の金額）　イ　⑫の金額　ロ　⑬の金額	⑮　　　　　円
	中会社のS₁の金額	（⑫と⑬とのいずれか低い方の金額 × Lの割合）＋（⑬の金額 × （1－ Lの割合）） 0.　　　　　　　　　　　　　　　　　0.	⑯　　　　　円
	小会社のS₁の金額	次のうちいずれか低い方の金額　イ　⑬の金額　ロ　（⑫の金額 × 0.50）＋（⑬の金額 × 0.50）	⑰　　　　　円

2．S₂の金額

課税時期現在の株式等の価額の合計額（第5表の④の金額）	株式等の帳簿価額の合計額（第5表の㋬＋（㋬－㋥）の金額）(注)	株式等に係る評価差額に相当する金額（⑱－⑲）	⑳の評価差額に対する法人税額等相当額（⑳×37%）
⑱　　　　　千円	⑲　　　　　千円	⑳　　　　　千円	㉑　　　　　千円

S₂の純資産価額相当額（⑱－㉑）	課税時期現在の発行済株式数（第5表の⑩の株式数）	S₂の金額（㉒÷㉓）	(注)　第5表の㋬及び㋥の金額に株式等以外の資産に係る金額が含まれている場合には、その金額を除いて計算します。
㉒　　　　　千円	㉓　　　　　株	㉔　　　　　円	

3．株式等保有特定会社の株式の価額

1株当たりの純資産価額（第5表の⑪の金額（第5表の⑫の金額があるときはその金額））	S₁の金額とS₂の金額との合計額（（⑭、⑮、⑯又は⑰）＋㉔）	株式等保有特定会社の株式の価額（㉕と㉖とのいずれか低い方の金額）
㉕　　　　　円	㉖　　　　　円	㉗　　　　　円

657

2 財産評価基本通達（抜粋）
（昭39直資56　最終改正　令和6年5月22日付課評2-21）

（取引相場のない株式の評価上の区分）

178　取引相場のない株式の価額は、評価しようとするその株式の発行会社（以下「評価会社」という。）が次の表の大会社、中会社又は小会社のいずれに該当するかに応じて、それぞれ次項の定めによって評価する。ただし、同族株主以外の株主等が取得した株式又は特定の評価会社の株式の価額は、それぞれ188≪同族株主以外の株主等が取得した株式≫又は189≪特定の評価会社の株式≫の定めによって評価する。

規模区分	区分の内容		総資産価額（帳簿価額によって計算した金額）及び従業員数	直前期末以前1年間における取引金額
大会社	従業員数が70人以上の会社又は右のいずれかに該当する会社	卸売業	20億円以上（従業員数が35人以下の会社を除く。）	30億円以上
		小売・サービス業	15億円以上（従業員数が35人以下の会社を除く。）	20億円以上
		卸売業、小売・サービス業以外	15億円以上（従業員数が35人以下の会社を除く。）	15億円以上
中会社	従業員数が70人未満の会社で右のいずれかに該当する会社（大会社に該当する場合を除く。）	卸売業	7,000万円以上（従業員数が5人以下の会社を除く。）	2億円以上30億円未満
		小売・サービス業	4,000万円以上（従業員数が5人以下の会社を除く。）	6,000万円以上20億円未満
		卸売業、小売・サービス業以外	5,000万円以上（従業員数が5人以下の会社を除く。）	8,000万円以上15億円未満
小会社	従業員数が70人未満の会社で右のいずれにも該当する会社	卸売業	7,000万円未満又は従業員数が5人以下	2億円未満
		小売・サービス業	4,000万円未満又は従業員数が5人以下	6,000万円未満
		卸売業、小売・サービス業以外	5,000万円未満又は従業員数が5人以下	8,000万円未満

上の表の「総資産価額（帳簿価額によって計算した金額）及び従業員数」及び「直前期末以前1年間における取引金額」は、それぞれ次の(1)から(3)により、「卸売業」、「小売・サービス業」又は「卸売業、小売・サービス業以外」の判定は(4)による。

(1) 「総資産価額（帳簿価額によって計算した金額）」は、課税時期の直前に終了した事業年度の末日（以下「直前期末」という。）における評価会社の各資産の帳簿価額の合計額とする。

(2) 「従業員数」は、直前期末以前1年間においてその期間継続して評価会社に勤務していた従業員（就業規則等で定められた1週間当たりの労働時間が30時間未満である従業員を除く。以下この項において「継続勤務従業員」という。）の数に、直前期末以前1年間において評価会社に勤務していた従業員（継続勤務従業員を除く。）のその1年間における労働時間の合計時間数を従業員1人当たり年間平均労働時間数で除して求めた数を加算した数とする。

この場合における従業員1人当たり年間平均労働時間数は、1,800時間とする。

(3) 「直前期末以前1年間における取引金額」は、その期間における評価会社の目的とする事業に係る収入金額（金融業・証券業については収入利息及び収入手数料）とする。

(4) 評価会社が「卸売業」、「小売・サービス業」又は「卸売業、小売・サービス業以外」のいずれの業種に該当するかは、上記(3)の直前期末以前1年間における取引金額（以下この項及び181－2≪評価会社の事業が該当する業種目≫において「取引金額」という。）に基づいて判定し、当該取引金額のうちに2以上の業種に係る取引金額が含まれている場合には、それらの取引金額のうち最も多い取引金額に係る業種によって判定する。

(注) 上記(2)の従業員には、社長、理事長並びに法人税法施行令第71条≪使用人兼務役員とされない役員≫第1項第1号、第2号及び第4号に掲げる役員は含まないのであるから留意する。

(取引相場のない株式の評価の原則)

179　前項により区分された大会社、中会社及び小会社の株式の価額は、それぞれ次による。

(1) 大会社の株式の価額は、類似業種比準価額によって評価する。ただし、納税義務者の選択により、1株当たりの純資産価額（相続税評価額によって計算した金額）によって評価することができる。

(2) 中会社の株式の価額は、次の算式により計算した金額によって評価する。ただし、納税義務者の選択により、算式中の類似業種比準価額を1株当たりの純資産価額（相続税評価額によって計算した金額）によって計算することができる。

類似業種比準価額×L＋1株当たりの純資産価額（相続税評価額によって計算した金額）×（1－L）

上の算式中の「L」は、評価会社の前項に定める総資産価額（帳簿価額によって計算した金額）及び従業員数又は直前期末以前1年間における取引金額に応じて、それぞれ次に定める割合のうちいずれか大きい方の割合とする。

付　録

イ　総資産価額（帳簿価額によって計算した金額）及び従業員数に応ずる割合

卸売業	小売・サービス業	卸売業、小売・サービス業以外	割合
4億円以上（従業員数が35人以下の会社を除く。）	5億円以上（従業員数が35人以下の会社を除く。）	5億円以上（従業員数が35人以下の会社を除く。）	0.90
2億円以上（従業員数が20人以下の会社を除く。）	2億5,000万円以上（従業員数が20人以下の会社を除く。）	2億5,000万円以上（従業員数が20人以下の会社を除く。）	0.75
7,000万円以上（従業員数が5人以下の会社を除く。）	4,000万円以上（従業員数が5人以下の会社を除く。）	5,000万円以上（従業員数が5人以下の会社を除く。）	0.60

（注）　複数の区分に該当する場合には、上位の区分に該当するものとする。

ロ　直前期末以前1年間における取引金額に応ずる割合

卸売業	小売・サービス業	卸売業、小売・サービス業以外	割合
7億円以上30億円未満	5億円以上20億円未満	4億円以上15億円未満	0.90
3億5,000万円以上7億円未満	2億5,000万円以上5億円未満	2億円以上4億円未満	0.75
2億円以上3億5,000万円未満	6,000万円以上2億5,000万円未満	8,000万円以上2億円未満	0.60

(3)　小会社の株式の価額は、1株当たりの純資産価額（相続税評価額によって計算した金額）によって評価する。ただし、納税義務者の選択により、Lを0.50として(2)の算式により計算した金額によって評価することができる。

（類似業種比準価額）

180　前項の類似業種比準価額は、類似業種の株価並びに1株当たりの配当金額、年利益金額及び純資産価額（帳簿価額によって計算した金額）を基とし、次の算式によって計算した金額とする。この場合において、評価会社の直前期末における資本金等の額（法人税法第2条≪定義≫第16号に規定する資本金等の額をいう。以下同じ。）を直前期末における発行済株式数（自己株式（会社法第113条第4項に規定する自己株式をいう。以下同じ。）を有する場合には、当該自己株式の数を控除した株式数。以下同じ。）で除した金額（以下「1株当たりの資本金等の額」という。）が50円以外の金額であるときは、その計算した金額に、1株当たりの資本金等の額の50円に対する倍数を乗じて計算した金額とする。

$$A \times \left[\frac{\frac{Ⓑ}{B} + \frac{Ⓒ}{C} + \frac{Ⓓ}{D}}{3} \right] \times 0.7$$

(1)　上記算式中の「A」、「Ⓑ」、「Ⓒ」、「Ⓓ」、「B」、「C」及び「D」は、それぞれ次による。

「A」＝類似業種の株価

「Ⓑ」＝評価会社の1株当たりの配当金額

「©」＝評価会社の１株当たりの利益金額

「⑩」＝評価会社の１株当たりの純資産価額（帳簿価額によって計算した金額）

「B」＝課税時期の属する年の類似業種の１株当たりの配当金額

「C」＝課税時期の属する年の類似業種の１株当たりの年利益金額

「D」＝課税時期の属する年の類似業種の１株当たりの純資産価額（帳簿価額によって計算した金額）

(注) 類似業種比準価額の計算に当たっては、Ⓑ、Ⓒ及びⒹの金額は183≪評価会社の１株当たりの配当金額等の計算≫により１株当たりの資本金等の額を50円とした場合の金額として計算することに留意する。

(2) 上記算式中の「0.7」は、178≪取引相場のない株式の評価上の区分≫に定める中会社の株式を評価する場合には「0.6」、同項に定める小会社の株式を評価する場合には「0.5」とする。

（類似業種）

181　前項の類似業種は、大分類、中分類及び小分類に区分して別に定める業種（以下「業種目」という。）のうち、評価会社の事業が該当する業種目とし、その業種目が小分類に区分されているものにあっては小分類による業種目、小分類に区分されていない中分類のものにあっては中分類の業種目による。ただし、納税義務者の選択により、類似業種が小分類による業種目にあってはその業種目の属する中分類の業種目、類似業種が中分類による業種目にあってはその業種目の属する大分類の業種目を、それぞれ類似業種とすることができる。

（評価会社の事業が該当する業種目）

181－2　前項の評価会社の事業が該当する業種目は、178≪取引相場のない株式の評価上の区分≫の(4)の取引金額に基づいて判定した業種目とする。

　なお、当該取引金額のうちに２以上の業種目に係る取引金額が含まれている場合の当該評価会社の事業が該当する業種目は、取引金額全体のうちに占める業種目別の取引金額の割合（以下この項において「業種目別の割合」という。）が50％を超える業種目とし、その割合が50％を超える業種目がない場合は、次に掲げる場合に応じたそれぞれの業種目とする。

(1) 評価会社の事業が一つの中分類の業種目中の２以上の類似する小分類の業種目に属し、それらの業種目別の割合の合計が50％を超える場合

　その中分類の中にある類似する小分類の「その他の○○業」

　なお、これを図により例示すれば、次のとおり。

付　録

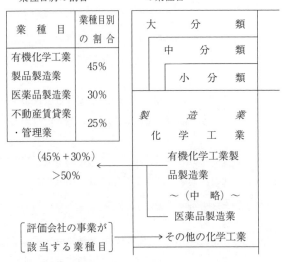

(2) 評価会社の事業が一つの中分類の業種目中の２以上の類似しない小分類の業種目に属し、それらの業種目別の割合の合計が50％を超える場合（(1)に該当する場合を除く。）

　　その中分類の業種目

　　なお、これを図により例示すれば、次のとおり。

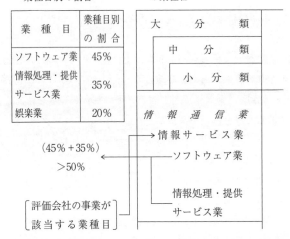

(3) 評価会社の事業が一つの大分類の業種目中の２以上の類似する中分類の業種目に属し、それらの業種目別の割合の合計が50％を超える場合

　　その大分類の中にある類似する中分類の「その他の○○業」

　　なお、これを図により例示すれば、次のとおり。

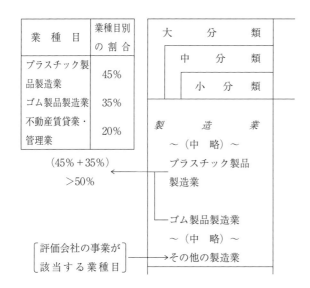

(4) 評価会社の事業が一つの大分類の業種目中の２以上の類似しない中分類の業種目に属し、それらの業種目別の割合の合計が50％を超える場合（(3)に該当する場合を除く。）

　その大分類の業種目

　なお、これを図により例示すれば、次のとおり。

　○　評価会社の業種目と　　○　類似業種比準価額計算上
　　　業種目別の割合　　　　　　の業種目

業　種　目	業種目別の割合
専門サービス業	45%
広　告　業	35%
物品賃貸業	20%

（45％＋35％）
　＞50％

［評価会社の事業が該当する業種目］

大　分　類
　中　分　類
　　小　分　類

→専門・技術サービス業
　├専門サービス業
　└広告業

(5) (1)から(4)のいずれにも該当しない場合
　　大分類の業種目の中の「その他の産業」

（類似業種の株価）

182　180≪類似業種比準価額≫の類似業種の株価は、課税時期の属する月以前３か月間の各月の類似業種の株価のうち最も低いものとする。ただし、納税義務者の選択により、類似業種の前年平均株価又は課税時期の属する月以前２年間の平均株価によることができる。

　この場合の各月の株価並びに前年平均株価及び課税時期の属する月以前２年間の平均株価は、業

付　　録

種目ごとにそれぞれの業種目に該当する上場会社（以下「標本会社」という。）の株式の毎日の最終価格の各月ごとの平均額（1株当たりの資本金の額等（資本金の額及び資本剰余金の額の合計額から自己株式の額を控除した金額をいう。以下同じ。）を50円として計算した金額）を基に計算した金額によることとし、その金額は別に定める。

（評価会社の1株当たりの配当金額等の計算）

183　180≪類似業種比準価額≫の評価会社の「1株当たりの配当金額」、「1株当たりの利益金額」及び「1株当たりの純資産価額（帳簿価額によって計算した金額)」は、それぞれ次による。

(1)　「1株当たりの配当金額」は、直前期末以前2年間におけるその会社の剰余金の配当金額（特別配当、記念配当等の名称による配当金額のうち、将来毎期継続することが予想できない金額を除く。）の合計額の2分の1に相当する金額を、直前期末における発行済株式数（1株当たりの資本金等の額が50円以外の金額である場合には、直前期末における資本金等の額を50円で除して計算した数によるものとする。(2)及び(3)において同じ。）で除して計算した金額とする。

(2)　「1株当たりの利益金額」は、直前期末以前1年間における法人税の課税所得金額（固定資産売却益、保険差益等の非経常的な利益の金額を除く。)に、その所得の計算上益金に算入されなかった剰余金の配当（資本金等の額の減少によるものを除く。）等の金額（所得税額に相当する金額を除く。）及び損金に算入された繰越欠損金の控除額を加算した金額（その金額が負数のときは、0とする。）を、直前期末における発行済株式数で除して計算した金額とする。ただし、納税義務者の選択により、直前期末以前2年間の各事業年度について、それぞれ法人税の課税所得金額を基とし上記に準じて計算した金額の合計額（その合計額が負数のときは、0とする。）の2分の1に相当する金額を直前期末における発行済株式数で除して計算した金額とすることができる。

(3)　「1株当たりの純資産価額（帳簿価額によって計算した金額)」は、直前期末における資本金等の額及び法人税法第2条≪定義≫第18号に規定する利益積立金額に相当する金額（法人税申告書別表五（一)「利益積立金額及び資本金等の額の計算に関する明細書」の差引翌期首現在利益積立金額の差引合計額）の合計額を直前期末における発行済株式数で除して計算した金額とする。

（注）

1　上記(1)の「剰余金の配当金額」は、各事業年度中に配当金交付の効力が発生した剰余金の配当金額（資本金等の額の減少によるものを除く。）を基として計算することに留意する。

2　利益積立金額に相当する金額が負数である場合には、その負数に相当する金額を資本金等の額から控除するものとし、その控除後の金額が負数となる場合には、その控除後の金額を0とするのであるから留意する。

（類似業種の1株当たりの配当金額等の計算）

183-2　180≪類似業種比準価額≫の類似業種の「1株当たりの配当金額」、「1株当たりの年利益金額」及び「1株当たりの純資産価額（帳簿価額によって計算した金額)」は、財務諸表（連結財務諸表を作成している標本会社にあっては、連結財務諸表）に基づき、各標本会社について、前項の(1)、(2)及び(3)の定めに準じて計算した1株当たりの配当金額、1株当たりの年利益金額及び1株当たりの純資産価額（帳簿価額によって計算した金額）を基に計算した金額によることとし、その金額は別に定める。

この場合において、「資本金等の額」とあるのは、「資本金の額等」と、「法人税の課税所得金額（固

定資産売却益、保険差益等の非経常的な利益の金額を除く。）に、その所得の計算上益金に算入されなかった剰余金の配当（資本金等の額の減少によるものを除く。）等の金額（所得税額に相当する金額を除く。）及び損金に算入された繰越欠損金の控除額を加算した金額」とあるのは、「税引前当期純利益の額」と、「資本金等の額及び法人税法第2条≪定義≫第18号に規定する利益積立金額に相当する金額（法人税申告書別表五（一）「利益積立金額及び資本金等の額の計算に関する明細書」の差引翌期首現在利益積立金額の差引合計額）」とあるのは、「純資産の部」と読替えて計算した金額とする。

（類似業種比準価額の修正）

184 180≪類似業種比準価額≫の定めにより類似業種比準価額を計算した場合において、評価会社の株式が次に該当するときは、同項の定めにより計算した価額をそれぞれ次の算式により修正した金額をもって類似業種比準価額とする。

(1) 直前期末の翌日から課税時期までの間に配当金交付の効力が発生した場合

180≪類似業種比準価額≫の定めにより計算した価額－株式1株に対して受けた配当の金額

(2) 直前期末の翌日から課税時期までの間に株式の割当て等の効力が発生した場合

(180≪類似業種比準価額≫の定めにより計算した価額＋割当てを受けた株式1株につき払い込んだ金額×株式1株に対する割当株式数）÷（1＋株式1株に対する割当株式数又は交付株式数）

（純資産価額）

185 179≪取引相場のない株式の評価の原則≫の「1株当たりの純資産価額（相続税評価額によって計算した金額）」は、課税時期における各資産をこの通達に定めるところにより評価した価額（この場合、評価会社が課税時期前3年以内に取得又は新築した土地及び土地の上に存する権利（以下「土地等」という。）並びに家屋及びその附属設備又は構築物（以下「家屋等」という。）の価額は、課税時期における通常の取引価額に相当する金額によって評価するものとし、当該土地等又は当該家屋等に係る帳簿価額が課税時期における通常の取引価額に相当すると認められる場合には、当該帳簿価額に相当する金額によって評価することができるものとする。以下同じ。）の合計額から課税時期における各負債の金額の合計額及び186-2≪評価差額に対する法人税額等に相当する金額≫により計算した評価差額に対する法人税額等に相当する金額を控除した金額を課税時期における発行済株式数で除して計算した金額とする。ただし、179≪取引相場のない株式の評価の原則≫の(2)の算式及び(3)の1株当たりの純資産価額（相続税評価額によって計算した金額）については、株式の取得者とその同族関係者（188≪同族株主以外の株主等が取得した株式≫の(1)に定める同族関係者をいう。）の有する議決権の合計数が評価会社の議決権総数の50％以下である場合においては、上記により計算した1株当たりの純資産価額（相続税評価額によって計算した金額）に100分の80を乗じて計算した金額とする。

(注)

1 1株当たりの純資産価額（相続税評価額によって計算した金額）の計算を行う場合の「発行済株式数」は、直前期末ではなく、課税時期における発行済株式数であることに留意する。

2 上記の「議決権の合計数」及び「議決権総数」には、188－5≪種類株式がある場合の議決

665

付　　録

権総数等≫の「株主総会の一部の事項について議決権を行使できない株式に係る議決権の数」
を含めるものとする。

（純資産価額計算上の負債）

186　前項の課税時期における１株当たりの純資産価額（相続税評価額によって計算した金額）の計
　　算を行う場合には、貸倒引当金、退職給与引当金、納税引当金その他の引当金及び準備金に相当す
　　る金額は負債に含まれないものとし、次に掲げる金額は負債に含まれることに留意する（次項及び
　　186－３≪評価会社が有する株式等の純資産価額の計算≫において同じ。）。

(1)　課税時期の属する事業年度に係る法人税額、消費税額、事業税額、道府県民税額及び市町村民
　　税額のうち、その事業年度開始の日から課税時期までの期間に対応する金額（課税時期において
　　未払いのものに限る。）

(2)　課税時期以前に賦課期日のあった固定資産税の税額のうち、課税時期において未払いの金額

(3)　被相続人の死亡により、相続人その他の者に支給することが確定した退職手当金、功労金その
　　他これらに準ずる給与の金額

（評価差額に対する法人税額等に相当する金額）

186－２　185≪純資産価額≫の「評価差額に対する法人税額等に相当する金額」は、次の(1)の金額
　　から(2)の金額を控除した残額がある場合におけるその残額に37％（法人税（地方法人税を含む。）、
　　事業税（特別法人事業税を含む。）、道府県民税及び市町村民税の税率の合計に相当する割合）を乗
　　じて計算した金額とする。

(1)　課税時期における各資産をこの通達に定めるところにより評価した価額の合計額（以下この項
　　において「課税時期における相続税評価額による総資産価額」という。）から課税時期における
　　各負債の金額の合計額を控除した金額

(2)　課税時期における相続税評価額による総資産価額の計算の基とした各資産の帳簿価額の合計額
　　（当該各資産の中に、現物出資若しくは合併により著しく低い価額で受け入れた資産又は会社法
　　第２条第31号の規定による株式交換（以下この項において「株式交換」という。）、会社法第２条
　　第32号の規定による株式移転（以下この項において「株式移転」という。）若しくは会社法第２
　　条第32号の２の規定による株式交付（以下この項において「株式交付」という。）により著しく
　　低い価額で受け入れた株式（以下この項において、これらの資産又は株式を「現物出資等受入れ
　　資産」という。）がある場合には、当該各資産の帳簿価額の合計額に、現物出資、合併、株式交換、
　　株式移転又は株式交付の時において当該現物出資等受入れ資産をこの通達に定めるところにより
　　評価した価額から当該現物出資等受入れ資産の帳簿価額を控除した金額（以下この項において「現
　　物出資等受入れ差額」という。）を加算した価額）から課税時期における各負債の金額の合計額
　　を控除した金額
　　（注）
　　　1　現物出資等受入れ資産が合併により著しく低い価額で受け入れた資産（以下（注）１にお
　　　　いて「合併受入れ資産」という。）である場合において、上記(2)の「この通達に定めるとこ
　　　　ろにより評価した価額」は、当該価額が合併受入れ資産に係る被合併会社の帳簿価額を超え
　　　　るときには、当該帳簿価額とする。
　　　2　上記(2)の「現物出資等受入れ差額」は、現物出資、合併、株式交換、株式移転又は株式交

付の時において現物出資等受入れ資産をこの通達に定めるところにより評価した価額が課税時期において当該現物出資等受入れ資産をこの通達に定めるところにより評価した価額を上回る場合には、課税時期において当該現物出資等受入れ資産をこの通達に定めるところにより評価した価額から当該現物出資等受入れ資産の帳簿価額を控除した金額とする。

3　上記(2)のかっこ書における「現物出資等受入れ差額」の加算は、課税時期における相続税評価額による総資産価額に占める現物出資等受入れ資産の価額（課税時期においてこの通達に定めるところにより評価した価額）の合計額の割合が20％以下である場合には、適用しない。

（評価会社が有する株式等の純資産価額の計算）

186-3　185≪純資産価額≫の定めにより、課税時期における評価会社の各資産を評価する場合において、当該各資産のうちに取引相場のない株式があるときの当該株式の1株当たりの純資産価額（相続税評価額によって計算した金額）は、当該株式の発行会社の課税時期における各資産をこの通達に定めるところにより評価した金額の合計額から課税時期における各負債の金額の合計額を控除した金額を課税時期における当該株式の発行会社の発行済株式数で除して計算した金額とする。

なお、評価会社の各資産のうちに出資及び転換社債型新株予約権付社債（197-5≪転換社債型新株予約権付社債の評価≫の(3)のロに定めるものをいう。）のある場合についても、同様とする。

(注)　この場合における1株当たりの純資産価額（相続税評価額によって計算した金額）の計算に当たっては、186-2≪評価差額に対する法人税額等に相当する金額≫の定めにより計算した評価差額に対する法人税額等に相当する金額を控除しないのであるから留意する。

（株式の割当てを受ける権利等の発生している株式の価額の修正）

187　179≪取引相場のない株式の評価の原則≫の定めにより取引相場のない株式を評価した場合において、その株式が次に掲げる場合に該当するものであるときは、その価額を、それぞれ次の算式により修正した金額によって評価する。

(1)　課税時期が配当金交付の基準日の翌日から、配当金交付の効力が発生する日までの間にある場合

179≪取引相場のない株式の評価の原則≫の定めにより評価した価額－株式1株に対して受ける予想配当の金額

(2)　課税時期が株式の割当ての基準日、株式の割当てのあった日又は株式無償交付の基準日のそれぞれ翌日からこれらの株式の効力が発生する日までの間にある場合

（179≪取引相場のない株式の評価の原則≫の定めにより評価した価額＋割当てを受けた株式1株につき払い込むべき金額×株式1株に対する割当株式数）÷（1＋株式1株に対する割当株式数又は交付株式数）

（同族株主以外の株主等が取得した株式）

188　178≪取引相場のない株式の評価上の区分≫の「同族株主以外の株主等が取得した株式」は、次のいずれかに該当する株式をいい、その株式の価額は、次項の定めによる。

(1)　同族株主のいる会社の株式のうち、同族株主以外の株主の取得した株式

この場合における「同族株主」とは、課税時期における評価会社の株主のうち、株主の1人及びその同族関係者（法人税法施行令第4条≪同族関係者の範囲≫に規定する特殊の関係のある個

付　録

人又は法人をいう。以下同じ。）の有する議決権の合計数がその会社の議決権総数の30％以上（その評価会社の株主のうち、株主の１人及びその同族関係者の有する議決権の合計数が最も多いグループの有する議決権の合計数が、その会社の議決権総数の50％超である会社にあっては、50％超）である場合におけるその株主及びその同族関係者をいう。

(2)　中心的な同族株主のいる会社の株主のうち、中心的な同族株主以外の同族株主で、その者の株式取得後の議決権の数がその会社の議決権総数の５％未満であるもの（課税時期において評価会社の役員（社長、理事長並びに法人税法施行令第71条第１項第１号、第２号及び第４号に掲げる者をいう。以下この項において同じ。）である者及び課税時期の翌日から法定申告期限までの間に役員となる者を除く。）の取得した株式

　　　この場合における「中心的な同族株主」とは、課税時期において同族株主の１人並びにその株主の配偶者、直系血族、兄弟姉妹及び１親等の姻族（これらの者の同族関係者である会社のうち、これらの者が有する議決権の合計数がその会社の議決権総数の25％以上である会社を含む。）の有する議決権の合計数がその会社の議決権総数の25％以上である場合におけるその株主をいう。

(3)　同族株主のいない会社の株主のうち、課税時期において株主の１人及びその同族関係者の有する議決権の合計数が、その会社の議決権総数の15％未満である場合におけるその株主の取得した株式

(4)　中心的な株主がおり、かつ、同族株主のいない会社の株主のうち、課税時期において株主の１人及びその同族関係者の有する議決権の合計数がその会社の議決権総数の15％以上である場合におけるその株主で、その者の株式取得後の議決権の数がその会社の議決権総数の５％未満であるもの（(2)の役員である者及び役員となる者を除く。）の取得した株式

　　　この場合における「中心的な株主」とは、課税時期において株主の１人及びその同族関係者の有する議決権の合計数がその会社の議決権総数の15％以上である株主グループのうち、いずれかのグループに単独でその会社の議決権総数の10％以上の議決権を有している株主がいる場合におけるその株主をいう。

(同族株主以外の株主等が取得した株式の評価)

188－2　前項の株式の価額は、その株式に係る年配当金額（183≪評価会社の１株当たりの配当金額等の計算≫の(1)に定める１株当たりの配当金額をいう。ただし、その金額が２円50銭未満のもの及び無配のものにあっては２円50銭とする。）を基として、次の算式により計算した金額によって評価する。ただし、その金額がその株式を179≪取引相場のない株式の評価の原則≫の定めにより評価するものとして計算した金額を超える場合には、179≪取引相場のない株式の評価の原則≫の定めにより計算した金額によって評価する。

$$\frac{\text{その株式に係る年配当金額}}{10\%} \times \frac{\text{その株式の１株当たりの資本金等の額}}{50\text{円}}$$

　(注)　上記算式の「その株式に係る年配当金額」は１株当たりの資本金等の額を50円とした場合の金額であるので、算式中において、評価会社の直前期末における１株当たりの資本金等の額の50円に対する倍数を乗じて評価額を計算することとしていることに留意する。

2　財産評価基本通達（抜粋）

（評価会社が自己株式を有する場合の議決権総数）

188－3　188≪同族株主以外の株主等が取得した株式≫の(1)から(4)までにおいて、評価会社が自己株式を有する場合には、その自己株式に係る議決権の数は0として計算した議決権の数をもって評価会社の議決権総数となることに留意する。

（議決権を有しないこととされる株式がある場合の議決権総数等）

188－4　188≪同族株主以外の株主等が取得した株式≫の(1)から(4)までにおいて、評価会社の株主のうちに会社法第308条第1項の規定により評価会社の株式につき議決権を有しないこととされる会社があるときは、当該会社の有する評価会社の議決権の数は0として計算した議決権の数をもって評価会社の議決権総数となることに留意する。

（種類株式がある場合の議決権総数等）

188－5　188≪同族株主以外の株主等が取得した株式≫の(1)から(4)までにおいて、評価会社が会社法第108条第1項に掲げる事項について内容の異なる種類の株式（以下この項において「種類株式」という。）を発行している場合における議決権の数又は議決権総数の判定に当たっては、種類株式のうち株主総会の一部の事項について議決権を行使できない株式に係る議決権の数を含めるものとする。

（投資育成会社が株主である場合の同族株主等）

188－6　188≪同族株主以外の株主等が取得した株式≫の(1)から(4)までについては、評価会社の株主のうちに投資育成会社（中小企業投資育成株式会社法（昭和38年法律第101号）に基づいて設立された中小企業投資育成株式会社をいう。以下この項において同じ。）があるときは、次による。

(1)　当該投資育成会社が同族株主（188≪同族株主以外の株主等が取得した株式≫の(1)に定める同族株主をいう。以下同じ。）に該当し、かつ、当該投資育成会社以外に同族株主に該当する株主がいない場合には、当該投資育成会社は同族株主に該当しないものとして適用する。

(2)　当該投資育成会社が、中心的な同族株主（188≪同族株主以外の株主等が取得した株式≫の(2)に定める中心的な同族株主をいう。以下(2)において同じ。）又は中心的な株主（188≪同族株主以外の株主等が取得した株式≫の(4)に定める中心的な株主をいう。以下(2)において同じ。）に該当し、かつ、当該投資育成会社以外に中心的な同族株主又は中心的な株主に該当する株主がいない場合には、当該投資育成会社は中心的な同族株主又は中心的な株主に該当しないものとして適用する。

(3)　上記(1)及び(2)において、評価会社の議決権総数からその投資育成会社の有する評価会社の議決権の数を控除した数をその評価会社の議決権総数とした場合に同族株主に該当することとなる者があるときは、その同族株主に該当することとなる者以外の株主が取得した株式については、上記(1)及び(2)にかかわらず、188≪同族株主以外の株主等が取得した株式≫の「同族株主以外の株主等が取得した株式」に該当するものとする。

　　（注）　上記(3)の「議決権総数」及び「議決権の数」には、188－5≪種類株式がある場合の議決権総数等≫の「株主総会の一部の事項について議決権を行使できない株式に係る議決権の数」を含めるものとする。

付　　録

（特定の評価会社の株式）

189　178≪取引相場のない株式の評価上の区分≫の「特定の評価会社の株式」とは、評価会社の資産の保有状況、営業の状態等に応じて定めた次に掲げる評価会社の株式をいい、その株式の価額は、次に掲げる区分に従い、それぞれ次に掲げるところによる。

　　なお、評価会社が、次の(2)又は(3)に該当する評価会社かどうかを判定する場合において、課税時期前において合理的な理由もなく評価会社の資産構成に変動があり、その変動が次の(2)又は(3)に該当する評価会社と判定されることを免れるためのものと認められるときは、その変動はなかったものとして当該判定を行うものとする。

　(1)　比準要素数1の会社の株式

　　　　183≪評価会社の1株当たりの配当金額等の計算≫の(1)、(2)及び(3)に定める「1株当たりの配当金額」、「1株当たりの利益金額」及び「1株当たりの純資産価額（帳簿価額によって計算した金額）」のそれぞれの金額のうち、いずれか2が0であり、かつ、直前々期末を基準にして同項の定めに準じそれぞれの金額を計算した場合に、それぞれの金額のうち、いずれか2以上が0である評価会社（次の(2)から(6)に該当するものを除く。以下「比準要素数1の会社」という。）の株式の価額は、次項の定めによる。

　　　(注)　配当金額及び利益金額については、直前期末以前3年間の実績を反映して判定することになるのであるから留意する。

　(2)　株式等保有特定会社の株式

　　　　課税時期において評価会社の有する各資産をこの通達に定めるところにより評価した価額の合計額のうちに占める株式、出資及び新株予約権付社債（会社法第2条≪定義≫第22号に規定する新株予約権付社債をいう。）(189－3≪株式等保有特定会社の株式の評価≫において、これらを「株式等」という。）の価額の合計額（189－3≪株式等保有特定会社の株式の評価≫において「株式等の価額の合計額（相続税評価額によって計算した金額）」という。）の割合が50％以上である評価会社（次の(3)から(6)までのいずれかに該当するものを除く。以下「株式等保有特定会社」という。）の株式の価額は、189－3≪株式等保有特定会社の株式の評価≫の定めによる。

　(3)　土地保有特定会社の株式

　　　　課税時期において、次のいずれかに該当する会社（次の(4)から(6)までのいずれかに該当するものを除く。以下「土地保有特定会社」という。）の株式の価額は、189－4≪土地保有特定会社の株式又は開業後3年未満の会社等の株式の評価≫の定めによる。

　　　イ　178≪取引相場のない株式の評価上の区分≫の定めにより大会社に区分される会社（同項の定めにより小会社に区分される会社（同項に定める総資産価額（帳簿価額によって計算した金額）が、評価会社の事業が卸売業に該当する場合には20億円以上、卸売業以外に該当する場合には15億円以上のものに限る。）を含む。）で、その有する各資産をこの通達の定めるところにより評価した価額の合計額のうちに占める土地等の価額の合計額の割合（以下「土地保有割合」という。）が70％以上である会社

　　　ロ　178≪取引相場のない株式の評価上の区分≫の定めにより中会社に区分される会社（同項の定めにより小会社に区分される会社（同項に定める総資産価額（帳簿価額によって計算した金額）が、評価会社の事業が卸売業に該当する場合には7,000万円以上、小売・サービス業に該当する場合には4,000万円以上、卸売業、小売・サービス業以外に該当する場合には5,000万円

670

以上で、上記イに該当しないものに限る。）を含む。）で、土地保有割合が90％以上である会社

(4) 開業後３年未満の会社等の株式

課税時期において次に掲げるイ又はロに該当する評価会社（次の(5)又は(6)に該当するものを除く。以下「開業後３年未満の会社等」という。）の株式の価額は、189－４≪土地保有特定会社の株式又は開業後３年未満の会社等の株式の評価≫の定めによる。

イ　開業後３年未満であるもの

ロ　183≪評価会社の１株当たりの配当金額等の計算≫の(1)、(2)及び(3)に定める「１株当たりの配当金額」、「１株当たりの利益金額」及び「１株当たりの純資産価額（帳簿価額によって計算した金額)」のそれぞれの金額がいずれも０であるもの

　(注)　配当金額及び利益金額については、直前期末以前２年間の実績を反映して判定することになるのであるから留意する。

(5) 開業前又は休業中の会社の株式

開業前又は休業中である評価会社の株式の価額は、189－５≪開業前又は休業中の会社の株式の評価≫の定めによる。

(6) 清算中の会社の株式

清算中である評価会社の株式の価額は、189－６≪清算中の会社の株式の評価≫の定めによる。

（比準要素数１の会社の株式の評価）

189－2　189≪特定の評価会社の株式≫の(1)の「比準要素数１の会社の株式」の価額は、185≪純資産価額≫の本文の定めにより計算した１株当たりの純資産価額（相続税評価額によって計算した金額）によって評価する（この場合における１株当たりの純資産価額（相続税評価額によって計算した金額）は、当該株式の取得者とその同族関係者の有する当該株式に係る議決権の合計数が比準要素数１の会社の185≪純資産価額≫のただし書に定める議決権総数の50％以下であるときには、同項の本文の定めにより計算した１株当たりの純資産価額（相続税評価額によって計算した金額）を基に同項のただし書の定めにより計算した金額とする。）。ただし、上記の比準要素数１の会社の株式の価額は、納税義務者の選択により、Lを0.25として、179≪取引相場のない株式の評価の原則≫の(2)の算式により計算した金額によって評価することができる（この場合における当該算式中の１株当たりの純資産価額（相続税評価額によって計算した金額）は、本項本文かっこ書と同様とする。）。

なお、当該株式が188≪同族株主以外の株主等が取得した株式≫に定める同族株主以外の株主等が取得した株式に該当する場合には、その株式の価額は、188－２≪同族株主以外の株主等が取得した株式の評価≫の本文の定めにより計算した金額（この金額が本項本文又はただし書の定めによって評価するものとして計算した金額を超える場合には、本項本文又はただし書（納税義務者が選択した場合に限る。）の定めにより計算した金額）によって評価する。

(注)　上記の「議決権の合計数」には、188－５≪種類株式がある場合の議決権総数等≫の「株主総会の一部の事項について議決権を行使できない株式に係る議決権の数」を含めるものとする。

189－３≪株式等保有特定会社の株式の評価≫及び189－４≪土地保有特定会社の株式又は開業後３年未満の会社等の株式の評価≫においても同様とする。

付　　録

（株式等保有特定会社の株式の評価）

189－3　189≪特定の評価会社の株式≫の(2)の「株式等保有特定会社の株式」の価額は、185≪純資
産価額≫の本文の定めにより計算した１株当たりの純資産価額（相続税評価額によって計算した金
額）によって評価する。この場合における当該１株当たりの純資産価額（相続税評価額によって計
算した金額）は、当該株式の取得者とその同族関係者の有する当該株式に係る議決権の合計数が株
式等保有特定会社の185≪純資産価額≫のただし書に定める議決権総数の50％以下であるときには、
上記により計算した１株当たりの純資産価額（相続税評価額によって計算した金額）を基に同項の
ただし書の定めにより計算した金額とする。ただし、上記の株式等保有特定会社の株式の価額は、
納税義務者の選択により、次の(1)の「Ｓ１の金額」と(2)の「Ｓ２の金額」との合計額によって評価
することができる。

　なお、当該株式が188≪同族株主以外の株主等が取得した株式≫に定める同族株主以外の株主等
が取得した株式に該当する場合には、その株式の価額は、188－2≪同族株主以外の株主等が取得
した株式の評価≫の本文の定めにより計算した金額（この金額が本項本文又はただし書の定めに
よって評価するものとして計算した金額を超える場合には、本項本文又はただし書（納税義務者が
選択した場合に限る。）の定めにより計算した金額）によって評価する。

(1)　Ｓ１の金額

　　Ｓ１の金額は、株式等保有特定会社の株式の価額を178≪取引相場のない株式の評価上の区分≫
　の本文、179≪取引相場のない株式の評価の原則≫から184≪類似業種比準価額の修正≫まで、
　185≪純資産価額≫の本文、186≪純資産価額計算上の負債≫及び186－2≪評価差額に対する法
　人税額等に相当する金額≫の定めに準じて計算した金額とする。ただし、評価会社の株式が189
　≪特定の評価会社の株式≫の(1)の「比準要素数１の会社の株式」の要件（同項の(1)のかっこ書の
　要件を除く。）にも該当する場合には、178≪取引相場のない株式の評価上の区分≫の大会社、中
　会社又は小会社の区分にかかわらず、189－2≪比準要素数１の会社の株式の評価≫の定め（本
　文のかっこ書、ただし書のかっこ書及びなお書を除く。）に準じて計算した金額とする。これら
　の場合において、180≪類似業種比準価額≫に定める算式及び185≪純資産価額≫の本文に定める
　１株当たりの純資産価額（相続税評価額によって計算した金額）は、それぞれ次による。

イ　180≪類似業種比準価額≫に定める算式は、次の算式による。

$$A \times \left[\cfrac{\cfrac{Ⓑ-ⓑ}{B} + \cfrac{Ⓒ-ⓒ}{C} + \cfrac{Ⓓ-ⓓ}{D}}{3} \right] \times 0.7$$

(イ)　上記算式中「Ａ」、「Ⓑ」、「Ⓒ」、「Ⓓ」、「Ｂ」、「Ｃ」及び「Ｄ」は、180≪類似業種比準価
　　額≫の定めにより、「ⓑ」、「ⓒ」及び「ⓓ」は、それぞれ次による。

　　「ⓑ」＝183≪評価会社の１株当たりの配当金額等の計算≫の(1)に定める評価会社の「１株
　　　当たりの配当金額」に、直前期末以前２年間の受取配当金等の額（法人から受ける剰余
　　　金の配当（株式又は出資に係るものに限るものとし、資本金等の額の減少によるものを
　　　除く。）、利益の配当、剰余金の分配（出資に係るものに限る。）及び新株予約権付社債
　　　に係る利息の額をいう。以下同じ。）の合計額と直前期末以前２年間の営業利益の金額
　　　の合計額（当該営業利益の金額に受取配当金等の額が含まれている場合には、当該受取

配当金等の額の合計額を控除した金額）との合計額のうちに占める当該受取配当金等の
額の合計額の割合（当該割合が1を超える場合には1を限度とする。以下「受取配当金
等収受割合」という。）を乗じて計算した金額

「ⓒ」＝183≪評価会社の1株当たりの配当金額等の計算≫の(2)に定める評価会社の「1株
当たりの利益金額」に受取配当金等収受割合を乗じて計算した金額

「ⓓ」＝次の①及び②に掲げる金額の合計額（上記算式中の「Ⓓ」を限度とする。）

① 183≪評価会社の1株当たりの配当金額等の計算≫の(3)に定める評価会社の「1株
当たりの純資産価額（帳簿価額によって計算した金額）」に、178≪取引相場のない株
式の評価上の区分≫の(1)に定める総資産価額（帳簿価額によって計算した金額）のう
ちに占める株式等の帳簿価額の合計額の割合を乗じて計算した金額

② 直前期末における法人税法第2条≪定義≫第18号に規定する利益積立金額に相当す
る金額を直前期末における発行済株式数（1株当たりの資本金等の額が50円以外の金
額である場合には、直前期末における資本金等の額を50円で除して計算した数による
ものとする。）で除して求めた金額に受取配当金等収受割合を乗じて計算した金額（利
益積立金額に相当する金額が負数である場合には、0とする。）

(ロ) 上記算式中の「0.7」は、178≪取引相場のない株式の評価上の区分≫に定める中会社の
株式を評価する場合には「0.6」、同項に定める小会社の株式を評価する場合には「0.5」と
する。

ロ 185≪純資産価額≫の本文に定める1株当たりの純資産価額（相続税評価額によって計算し
た金額）は、同項本文及び186-2≪評価差額に対する法人税額等に相当する金額≫の「各資産」
を「各資産から株式等を除いた各資産」と読み替えて計算した金額とする。

(2) S2の金額

S2の金額は、株式等の価額の合計額（相続税評価額によって計算した金額）からその計算の
基とした株式等の帳簿価額の合計額を控除した場合において残額があるときは、当該株式等の価
額の合計額（相続税評価額によって計算した金額）から当該残額に186-2≪評価差額に対する
法人税額等に相当する金額≫に定める割合を乗じて計算した金額を控除し、当該控除後の金額を
課税時期における株式等保有特定会社の発行済株式数で除して計算した金額とする。この場合、
当該残額がないときは、当該株式等の価額の合計額（相続税評価額によって計算した金額）を課
税時期における株式等保有特定会社の発行済株式数で除して計算した金額とする。

（土地保有特定会社の株式又は開業後3年未満の会社等の株式の評価）

189-4 189≪特定の評価会社の株式≫の(3)の「土地保有特定会社の株式」又は同項の(4)の「開業後
3年未満の会社等の株式」の価額は、185≪純資産価額≫の本文の定めにより計算した1株当たり
の純資産価額（相続税評価額によって計算した金額）によって評価する。この場合における当該各
株式の1株当たりの純資産価額（相続税評価額によって計算した金額）については、それぞれ、当
該株式の取得者とその同族関係者の有する当該株式に係る議決権の合計数が土地保有特定会社又は
開業後3年未満の会社等の185≪純資産価額≫のただし書に定める議決権総数の50％以下であると
きは、上記により計算した1株当たりの純資産価額（相続税評価額によって計算した金額）を基に
同項のただし書の定めにより計算した金額とする。

なお、当該各株式が188≪同族株主以外の株主等が取得した株式≫に定める同族株主以外の株主

付　　録

等が取得した株式に該当する場合には、その株式の価額は、188－2《同族株主以外の株主等が取得した株式の評価》の本文の定めにより計算した金額（この金額が本項本文の定めによって評価するものとして計算した金額を超える場合には、本項本文の定めにより計算した金額）によって評価する。

（開業前又は休業中の会社の株式の評価）

189－5　189《特定の評価会社の株式》の(5)の「開業前又は休業中の会社の株式」の価額は、185《純資産価額》の本文の定めにより計算した1株当たりの純資産価額（相続税評価額によって計算した金額）によって評価する。

（清算中の会社の株式の評価）

189－6　189《特定の評価会社の株式》の(6)の「清算中の会社の株式」の価額は、清算の結果分配を受ける見込みの金額（2回以上にわたり分配を受ける見込みの場合には、そのそれぞれの金額）の課税時期から分配を受けると見込まれる日までの期間（その期間が1年未満であるとき又はその期間に1年未満の端数があるときは、これを1年とする。）に応ずる基準年利率による複利現価の額（2回以上にわたり分配を受ける見込みの場合には、その合計額）によって評価する。

（株式の割当てを受ける権利等の発生している特定の評価会社の株式の価額の修正）

189－7　189－2《比準要素数1の会社の株式の評価》から189－5《開業前又は休業中の会社の株式の評価》までの定めにより特定の評価会社の株式を評価した場合（その株式を188－2《同族株主以外の株主等が取得した株式の評価》の本文の定めにより評価した場合を除く。）において、その株式が187《株式の割当てを受ける権利等の発生している株式の価額の修正》の(1)又は(2)に掲げる場合に該当するときは、その価額を、187《株式の割当てを受ける権利等の発生している株式の価額の修正》の(1)又は(2)の算式に準じて修正した金額によって評価する。

（株式の割当てを受ける権利の評価）

190　株式の割当てを受ける権利の価額は、その株式の割当てを受ける権利の発生している株式について、169《上場株式の評価》、174《気配相場等のある株式の評価》、177《気配相場等のある株式の評価の特例》、187《株式の割当てを受ける権利等の発生している株式の価額の修正》、188－2《同族株主以外の株主等が取得した株式の評価》若しくは前項の定めにより評価した価額又は189《特定の評価会社の株式》に定める特定の評価会社の株式を188－2《同族株主以外の株主等が取得した株式の評価》の本文の定めにより評価した価額に相当する金額から割当てを受けた株式1株につき払い込むべき金額を控除した金額によって評価する。ただし、課税時期において発行日決済取引が行われている株式に係る株式の割当てを受ける権利については、その割当てを受けた株式について169《上場株式の評価》の定めにより評価した価額に相当する金額から割当てを受けた株式1株につき払い込むべき金額を控除した金額によって評価する。

（株主となる権利の評価）

191　株主となる権利の評価は、次に掲げる区分に従い、それぞれ次に掲げるところによる。
　(1)　会社設立の場合の株主となる権利の価額は、課税時期以前にその株式1株につき払い込んだ価

674

額によって評価する。

(2) (1)に該当しない株主となる権利の価額は、その株主となる権利の発生している株式について、169≪上場株式の評価≫、174≪気配相場等のある株式の評価≫、177≪気配相場等のある株式の評価の特例≫、187≪株式の割当てを受ける権利等の発生している株式の価額の修正≫、188－2≪同族株主以外の株主等が取得した株式の評価≫若しくは189－7≪株式の割当てを受ける権利等の発生している特定の評価会社の株式の価額の修正≫の定めにより評価した価額又は189≪特定の評価会社の株式≫に定める特定の評価会社の株式を188－2≪同族株主以外の株主等が取得した株式の評価≫の本文の定めにより評価した価額に相当する金額（課税時期の翌日以後その株主となる権利につき払い込むべき金額がある場合には、その金額からその割当てを受けた株式1株につき払い込むべき金額を控除した金額）によって評価する。ただし、課税時期において発行日決済取引が行われている株式に係る株主となる権利については、その割当てを受けた株式について、169≪上場株式の評価≫の定めにより評価した価額に相当する金額（課税時期の翌日以後その株主となる権利につき払い込むべき金額がある場合には、その金額から払い込むべき金額を控除した金額）によって評価する。

（株式無償交付期待権の評価）

192　株式無償交付期待権の価額は、その株式無償交付期待権の発生している株式について、169≪上場株式の評価≫、174≪気配相場等のある株式の評価≫、177≪気配相場等のある株式の評価の特例≫、187≪株式の割当てを受ける権利等の発生している株式の価額の修正≫、188－2≪同族株主以外の株主等が取得した株式の評価≫若しくは189－7≪株式の割当てを受ける権利等の発生している特定の評価会社の株式の価額の修正≫の定めにより評価した価額又は189≪特定の評価会社の株式≫に定める特定の評価会社の株式を188－2≪同族株主以外の株主等が取得した株式の評価≫の本文の定めにより評価した価額に相当する金額によって評価する。ただし、課税時期において発行日決済取引が行われている株式に係る無償交付期待権については、その株式について169≪上場株式の評価≫の定めにより評価した価額に相当する金額によって評価する。

（配当期待権の評価）

193　配当期待権の価額は、課税時期後に受けると見込まれる予想配当の金額から当該金額につき源泉徴収されるべき所得税の額に相当する金額（特別徴収されるべき道府県民税の額に相当する金額を含む。以下同じ。）を控除した金額によって評価する。

（ストックオプションの評価）

193－2　その目的たる株式が上場株式又は気配相場等のある株式であり、かつ、課税時期が権利行使可能期間内にあるストックオプションの価額は、課税時期におけるその株式の価額から権利行使価額を控除した金額に、ストックオプション1個の行使により取得することができる株式数を乗じて計算した金額（その金額が負数のときは、0とする。）によって評価する。この場合の「課税時期におけるその株式の価額」は、169≪上場株式の評価≫から172≪上場株式についての最終価格の月平均額の特例≫まで又は174≪気配相場等のある株式の評価≫から177－2≪登録銘柄及び店頭管理銘柄の取引価格の月平均額の特例≫までの定めによって評価する。

付　　録

（上場新株予約権の評価）

193－3　　上場新株予約権の評価は、次に掲げる区分に従い、それぞれ次に掲げるところによる。

　(1)　新株予約権が上場期間内にある場合

　　　イ　ロに該当しない上場新株予約権の価額は、その新株予約権が上場されている金融商品取引所の公表する課税時期の最終価格（課税時期に金融商品取引所の公表する最終価格がない場合には、課税時期前の最終価格のうち、課税時期に最も近い日の最終価格とする。以下この項において同じ。）と上場期間中の新株予約権の毎日の最終価格の平均額のいずれか低い価額によって評価する。

　　　ロ　負担付贈与又は個人間の対価を伴う取引により取得した上場新株予約権の価額は、その新株予約権が上場されている金融商品取引所の公表する課税時期の最終価格によって評価する。

　(2)　上場廃止された新株予約権が権利行使可能期間内にある場合

　　　課税時期におけるその目的たる株式の価額から権利行使価額を控除した金額に、新株予約権1個の行使により取得することができる株式数を乗じて計算した金額（その金額が負数のときは、0とする。以下この項において同じ。）によって評価する。この場合の「課税時期におけるその目的たる株式の価額」は、169≪上場株式の評価≫から172≪上場株式についての最終価格の月平均額の特例≫までの定めによって評価する（以下この項において同じ。）。

　　　ただし、新株予約権の発行法人による取得条項が付されている場合には、課税時期におけるその目的たる株式の価額から権利行使価額を控除した金額に、新株予約権1個の行使により取得することができる株式数を乗じて計算した金額と取得条項に基づく取得価格のいずれか低い金額によって評価する。

（持分会社の出資の評価）

194　会社法第575条第1項に規定する持分会社に対する出資の価額は、178≪取引相場のない株式の評価上の区分≫から前項までの定めに準じて計算した価額によって評価する。

（医療法人の出資の評価）

194－2　　医療法人に対する出資の価額は、178≪取引相場のない株式の評価上の区分≫の本文、179≪取引相場のない株式の評価の原則≫から181≪類似業種≫本文まで、182≪類似業種の株価≫から183－2≪類似業種の1株当たりの配当金額等の計算≫まで、184≪類似業種比準価額の修正≫の(2)、185≪純資産価額≫の本文、186≪純資産価額計算上の負債≫から186－3≪評価会社が有する株式等の純資産価額の計算≫まで、187≪株式の割当てを受ける権利等の発生している株式の価額の修正≫の(2)、189≪特定の評価会社の株式≫、189-2≪比準要素数1の会社の株式の評価≫から189－4≪土地保有特定会社の株式又は開業後3年未満の会社等の株式の評価≫（185≪純資産価額≫のただし書の定め及び188－2≪同族株主以外の株主等が取得した株式の評価≫の定めを適用する部分を除く。）まで及び189－5≪開業前又は休業中の会社の株式の評価≫から192≪株式無償交付期待権の評価≫までの定めに準じて計算した価額によって評価する。この場合において、181≪類似業種≫の「評価会社の事業が該当する業種目」は同項の定めにより別に定める業種目のうちの「その他の産業」とし、189≪特定の評価会社の株式≫の(1)の「比準要素数1の会社の株式」に相当する医療法人に対する出資は、183≪評価会社の1株当たりの配当金額等の計算≫の(2)又は(3)に定め

676

る「1株当たりの利益金額」又は「1株当たりの純資産価額（帳簿価額によって計算した金額）」のそれぞれ金額のうち、いずれかが0であり、かつ、直前々期末を基準にして同項の定めに準じそれぞれの金額を計算した場合に、それぞれの金額のうち、いずれか1以上が0である評価対象の医療法人の出資をいい、180≪類似業種比準価額≫及び189－3≪株式等保有特定会社の株式の評価≫の(1)のイに定める算式は、それぞれ次の算式による。

(1) 180≪類似業種比準価額≫に定める算式

$$A \times \left[\dfrac{\dfrac{\text{\textcircled{C}}}{C} + \dfrac{\text{\textcircled{D}}}{D}}{2} \right] \times 0.7$$

　　ただし、上記算式中の「0.7」は、178≪取引相場のない株式の評価上の区分≫に定める中会社に相当する医療法人に対する出資を評価する場合には「0.6」、同項に定める小会社に相当する医療法人に対する出資を評価する場合には「0.5」とする。

(2) 189－3≪株式等保有特定会社の株式の評価≫の(1)のイに定める算式

$$A \times \left[\dfrac{\dfrac{\text{\textcircled{C}} - \text{\textcircled{c}}}{C} + \dfrac{\text{\textcircled{D}} - \text{\textcircled{d}}}{D}}{2} \right] \times 0.7$$

　　ただし、上記算式中の「0.7」は、178≪取引相場のない株式の評価上の区分≫に定める中会社に相当する医療法人に対する出資を評価する場合には「0.6」、同項に定める小会社に相当する医療法人に対する出資を評価する場合には「0.5」とする。

（農業協同組合等の出資の評価）

195　農業協同組合等、196≪企業組合等の出資の評価≫の定めに該当しない組合等に対する出資の価額は、原則として、払込済出資金額によって評価する。

（企業組合等の出資の評価）

196　企業組合、漁業生産組合その他これに類似する組合等に対する出資の価額は、課税時期におけるこれらの組合等の実情によりこれらの組合等の185≪純資産価額≫の定めを準用して計算した純資産価額（相続税評価額によって計算した金額）を基とし、出資の持分に応ずる価額によって評価する。

3　日本標準産業分類の分類項目と類似業種比準価額計算上の業種目との対比表（平成29年分）

（別表）日本標準産業分類の分類項目と類似業種比準価額計算上の業種目との対比表（平成29年分）

日本標準産業分類の分類項目		類似業種比準価額計算上の業種目		番号	規模区分を判定する場合の業種
大　分　類		大　分　類			
中　分　類		中　分　類			
小　分　類		小　分　類			
A　農業，林業		その他の産業		113	卸売業、小売・サービス業以外
01　農業					
	011　耕種農業				
	012　畜産農業				
	013　農業サービス業（園芸サービス業を除く）				
	014　園芸サービス業				
02　林業					
	021　育林業				
	022　素材生産業				
	023　特用林産物生産業（きのこ類の栽培を除く）				
	024　林業サービス業				
	029　その他の林業				
B　漁業		その他の産業		113	卸売業、小売・サービス業以外
03　漁業（水産養殖業を除く）					
	031　海面漁業				
	032　内水面漁業				
04　水産養殖業					
	041　海面養殖業				
	042　内水面養殖業				
C　鉱業，採石業，砂利採取業		その他の産業		113	卸売業、小売・サービス業以外
05　鉱業，採石業，砂利採取業					
	051　金属鉱業				
	052　石炭・亜炭鉱業				
	053　原油・天然ガス鉱業				
	054　採石業，砂・砂利・玉石採取業				
	055　窯業原料用鉱物鉱業（耐火物・陶磁器・ガラス・セメント原料用に限る）				
	059　その他の鉱業				
D　建設業		建設業		1	卸売業、小売・サービス業以外
06　総合工事業		総合工事業		2	
	061　一般土木建築工事業		その他の総合工事業	4	
	062　土木工事業（舗装工事業を除く）				
	063　舗装工事業				
	064　建築工事業（木造建築工事業を除く）		建築工事業（木造建築工事業を除く）	3	
	065　木造建築工事業		その他の総合工事業	4	
	066　建築リフォーム工事業				

3　日本標準産業分類の分類項目と類似業種比準価額計算上の業種目との対比表（平成29年分）

日本標準産業分類の分類項目			類似業種比準価額計算上の業種目			規模区分を判定する場合の業種
大　分　類			大　分　類		番号	
	中　分　類			中　分　類		
		小　分　類			小　分　類	
（D　建設業）			（建設業）			
	07　職別工事業（設備工事業を除く）			職別工事業	5	卸売業、小売・サービス業以外
		071　大工工事業				
		072　とび・土工・コンクリート工事業				
		073　鉄骨・鉄筋工事業				
		074　石工・れんが・タイル・ブロック工事業				
		075　左官工事業				
		076　板金・金物工事業				
		077　塗装工事業				
		078　床・内装工事業				
		079　その他の職別工事業				
	08　設備工事業			設備工事業	6	
		081　電気工事業		電気工事業	7	
		082　電気通信・信号装置工事業		電気通信・信号装置工事業	8	
		083　管工事業（さく井工事業を除く）		その他の設備工事業	9	
		084　機械器具設置工事業				
		089　その他の設備工事業				
E　製造業			製造業		10	
	09　食料品製造業			食料品製造業	11	
		091　畜産食料品製造業		畜産食料品製造業	12	
		092　水産食料品製造業		その他の食料品製造業	14	
		093　野菜缶詰・果実缶詰・農産保存食料品製造業				
		094　調味料製造業				
		095　糖類製造業				
		096　精穀・製粉業				
		097　パン・菓子製造業		パン・菓子製造業	13	卸売業、小売・サービス業以外
		098　動植物油脂製造業		その他の食料品製造業	14	
		099　その他の食料品製造業				
	10　飲料・たばこ・飼料製造業			飲料・たばこ・飼料製造業	15	
		101　清涼飲料製造業				
		102　酒類製造業				
		103　茶・コーヒー製造業（清涼飲料を除く）				
		104　製氷業				
		105　たばこ製造業				
		106　飼料・有機質肥料製造業				
	11　繊維工業			繊維工業	16	
		111　製糸業, 紡績業, 化学繊維・ねん糸等製造業				
		112　織物業				
		113　ニット生地製造業				
		114　染色整理業				
		115　綱・網・レース・繊維粗製品製造業				

付　録

日本標準産業分類の分類項目		類似業種比準価額計算上の業種目		規模区分を判定する場合の業種
大　分　類		大　分　類	番号	
中　分　類		中　分　類		
小　分　類		小　分　類		
（E　製造業）		（製造業）		
	116　外衣・シャツ製造業（和式を除く）	繊維工業	16	
	117　下着類製造業			
	118　和装製品・その他の衣服・繊維製身の回り品製造業			
	119　その他の繊維製品製造業			
	12　木材・木製品製造業（家具を除く）	その他の製造業	51	
	121　製材業，木製品製造業			
	122　造作材・合板・建築用組立材料製造業			
	123　木製容器製造業（竹，とうを含む）			
	129　その他の木製品製造業（竹，とうを含む）			
	13　家具・装備品製造業	その他の製造業	51	
	131　家具製造業			
	132　宗教用具製造業			
	133　建具製造業			
	139　その他の家具・装備品製造業			
	14　パルプ・紙・紙加工品製造業	パルプ・紙・紙加工品製造業	17	卸売業、小売・サービス業以外
	141　パルプ製造業			
	142　紙製造業			
	143　加工紙製造業			
	144　紙製品製造業			
	145　紙製容器製造業			
	149　その他のパルプ・紙・紙加工品製造業			
	15　印刷・同関連業	印刷・同関連業	18	
	151　印刷業			
	152　製版業			
	153　製本業，印刷物加工業			
	159　印刷関連サービス業			
	16　化学工業	化学工業	19	
	161　化学肥料製造業	その他の化学工業	23	
	162　無機化学工業製品製造業			
	163　有機化学工業製品製造業	有機化学工業製品製造業	20	
	164　油脂加工製品・石けん・合成洗剤・界面活性剤・塗料製造業	油脂加工製品・石けん・合成洗剤・界面活性剤・塗料製造業	21	
	165　医薬品製造業	医薬品製造業	22	
	166　化粧品・歯磨・その他の化粧用調整品製造業	その他の化学工業	23	
	169　その他の化学工業			
	17　石油製品・石炭製品製造業	その他の製造業	51	
	171　石油精製業			
	172　潤滑油・グリース製造業（石油精製業によらないもの）			

680

3　日本標準産業分類の分類項目と類似業種比準価額計算上の業種目との対比表（平成29年分）

日本標準産業分類の分類項目			類似業種比準価額計算上の業種目			規模区分を判定する場合の業種
大　分　類			**大　分　類**		番号	
	中　分　類			**中　分　類**		
		小　分　類			**小　分　類**	
（E　製造業）			（製造業）			
		173　コークス製造業		その他の製造業	51	卸売業、小売・サービス業以外
		174　舗装材料製造業				
		179　その他の石油製品・石炭製品製造業				
	18　プラスチック製品製造業（別掲を除く）			プラスチック製品製造業	24	
		181　プラスチック板・棒・管・継手・異形押出製品製造業				
		182　プラスチックフィルム・シート・床材・合成皮革製造業				
		183　工業用プラスチック製品製造業				
		184　発泡・強化プラスチック製品製造業				
		185　プラスチック成形材料製造業（廃プラスチックを含む）				
		189　その他のプラスチック製品製造業				
	19　ゴム製品製造業			ゴム製品製造業	25	
		191　タイヤ・チューブ製造業				
		192　ゴム製・プラスチック製履物・同附属品製造業				
		193　ゴムベルト・ゴムホース・工業用ゴム製品製造業				
		199　その他のゴム製品製造業				
	20　なめし革・同製品・毛皮製造業			その他の製造業	51	
		201　なめし革製造業				
		202　工業用革製品製造業（手袋を除く）				
		203　革製履物用材料・同附属品製造業				
		204　革製履物製造業				
		205　革製手袋製造業				
		206　かばん製造業				
		207　袋物製造業				
		208　毛皮製造業				
		209　その他のなめし革製品製造業				
	21　窯業・土石製品製造業			窯業・土石製品製造業	26	
		211　ガラス・同製品製造業		その他の窯業・土石製品製造業	28	
		212　セメント・同製品製造業		セメント・同製品製造業	27	
		213　建設用粘土製品製造業（陶磁器製を除く）		その他の窯業・土石製品製造業	28	
		214　陶磁器・同関連製品製造業				
		215　耐火物製造業				
		216　炭素・黒鉛製品製造業				
		217　研磨材・同製品製造業				
		218　骨材・石工品等製造業				
		219　その他の窯業・土石製品製造業				

付　　録

日本標準産業分類の分類項目			類似業種比準価額計算上の業種目			番号	規模区分を判定する場合の業種
大 分 類			大 分 類				
	中 分 類			中 分 類			
		小 分 類			小 分 類		
（E　製造業）			（製造業）				卸売業、小売・サービス業以外
	22　鉄鋼業						
		221　製鉄業					
		222　製鋼・製鋼圧延業					
		223　製鋼を行わない鋼材製造業（表面処理鋼材を除く）	鉄鋼業			29	
		224　表面処理鋼材製造業					
		225　鉄素形材製造業					
		229　その他の鉄鋼業					
	23　非鉄金属製造業						
		231　非鉄金属第1次製錬・精製業					
		232　非鉄金属第2次製錬・精製業（非鉄金属合金製造業を含む）					
		233　非鉄金属・同合金圧延業（抽伸，押出しを含む）	非鉄金属製造業			30	
		234　電線・ケーブル製造業					
		235　非鉄金属素形材製造業					
		239　その他の非鉄金属製造業					
	24　金属製品製造業		金属製品製造業			31	
		241　ブリキ缶・その他のめっき板等製品製造業		その他の金属製品製造業		33	
		242　洋食器・刃物・手道具・金物類製造業					
		243　暖房・調理等装置、配管工事用付属品製造業					
		244　建設用・建築用金属製品製造業（製缶板金業を含む）	建設用・建築用金属製品製造業			32	
		245　金属素形材製品製造業					
		246　金属被覆・彫刻業，熱処理業（ほうろう鉄器を除く）					
		247　金属線製品製造業（ねじ類を除く）	その他の金属製品製造業			33	
		248　ボルト・ナット・リベット・小ねじ・木ねじ等製造業					
		249　その他の金属製品製造業					
	25　はん用機械器具製造業						
		251　ボイラ・原動機製造業					
		252　ポンプ・圧縮機器製造業	はん用機械器具製造業			34	
		253　一般産業用機械・装置製造業					
		259　その他のはん用機械・同部分品製造業					
	26　生産用機械器具製造業		生産用機械器具製造業			35	
		261　農業用機械製造業（農業用器具を除く）					
		262　建設機械・鉱山機械製造業		その他の生産用機械器具製造業		37	
		263　繊維機械製造業					
		264　生活関連産業用機械製造業					
		265　基礎素材産業用機械製造業					

3　日本標準産業分類の分類項目と類似業種比準価額計算上の業種目との対比表（平成 29 年分）

日本標準産業分類の分類項目	類似業種比準価額計算上の業種目		規模区分を判定する場合の業種
大　分　類 　中　分　類 　　小　分　類	大　分　類 　中　分　類 　　小　分　類	番号	
（E　製造業）	（製造業）		
266　金属加工機械製造業	金属加工機械製造業	36	
267　半導体・フラットパネルディスプレイ製造装置製造業	その他の生産用機械器具製造業	37	
269　その他の生産用機械・同部分品製造業			
27　業務用機械器具製造業			
271　事務用機械器具製造業			
272　サービス用・娯楽用機械器具製造業			
273　計量器・測定器・分析機器・試験機・測量機械器具・理化学機械器具製造業	業務用機械器具製造業	38	
274　医療用機械器具・医療用品製造業			
275　光学機械器具・レンズ製造業			
276　武器製造業			
28　電子部品・デバイス・電子回路製造業	電子部品・デバイス・電子回路製造業	39	
281　電子デバイス製造業	その他の電子部品・デバイス・電子回路製造業	42	
282　電子部品製造業	電子部品製造業	40	
283　記録メディア製造業	その他の電子部品・デバイス・電子回路製造業	42	
284　電子回路製造業	電子回路製造業	41	卸売業、小売・サービス業以外
285　ユニット部品製造業	その他の電子部品・デバイス・電子回路製造業	42	
289　その他の電子部品・デバイス・電子回路製造業			
29　電気機械器具製造業	電気機械器具製造業	43	
291　発電用・送電用・配電用電気機械器具製造業	発電用・送電用・配電用電気機械器具製造業	44	
292　産業用電気機械器具製造業	その他の電気機械器具製造業	46	
293　民生用電気機械器具製造業			
294　電球・電気照明器具製造業			
295　電池製造業			
296　電子応用装置製造業			
297　電気計測器製造業	電気計測器製造業	45	
299　その他の電気機械器具製造業	その他の電気機械器具製造業	46	
30　情報通信機械器具製造業			
301　通信機械器具・同関連機械器具製造業	情報通信機械器具製造業	47	
302　映像・音響機械器具製造業			
303　電子計算機・同附属装置製造業			
31　輸送用機械器具製造業	輸送用機械器具製造業	48	
311　自動車・同附属品製造業	自動車・同附属品製造業	49	
312　鉄道車両・同部分品製造業	その他の輸送用機械器具製造業	50	
313　船舶製造・修理業，舶用機関製造業			

付　録

日本標準産業分類の分類項目			類似業種比準価額計算上の業種目		番号	規模区分を判定する場合の業種
大　分　類			大　分　類			
	中　分　類			中　分　類		
		小　分　類			小　分　類	
（E　製造業）			（製造業）			卸売業、小売・サービス業以外
		314　航空機・同附属品製造業		その他の輸送用機械器具製造業	50	
		315　産業用運搬車両・同部分品・附属品製造業				
		319　その他の輸送用機械器具製造業				
	32　その他の製造業			その他の製造業	51	
		321　貴金属・宝石製品製造業				
		322　装身具・装飾品・ボタン・同関連品製造業（貴金属・宝石製を除く）				
		323　時計・同部分品製造業				
		324　楽器製造業				
		325　がん具・運動用具製造業				
		326　ペン・鉛筆・絵画用品・その他の事務用品製造業				
		327　漆器製造業				
		328　畳等生活雑貨製品製造業				
		329　他に分類されない製造業				
F　電気・ガス・熱供給・水道業			電気・ガス・熱供給・水道業		52	卸売業、小売・サービス業以外
	33　電気業					
		331　電気業				
	34　ガス業					
		341　ガス業				
	35　熱供給業					
		351　熱供給業				
	36　水道業					
		361　上水道業				
		362　工業用水道業				
		363　下水道業				
G　情報通信業			情報通信業		53	小売・サービス業
	37　通信業			その他の情報通信業	59	
		371　固定電気通信業				
		372　移動電気通信業				
		373　電気通信に附帯するサービス業				
	38　放送業			その他の情報通信業	59	
		381　公共放送業（有線放送業を除く）				
		382　民間放送業（有線放送業を除く）				
		383　有線放送業				
	39　情報サービス業			情報サービス業	54	
		391　ソフトウェア業			ソフトウェア業	55	
		392　情報処理・提供サービス業			情報処理・提供サービス業	56	
	40　インターネット附随サービス業			インターネット附随サービス業	57	
		401　インターネット附随サービス業				

684

3　日本標準産業分類の分類項目と類似業種比準価額計算上の業種目との対比表（平成29年分）

日本標準産業分類の分類項目			類似業種比準価額計算上の業種目			規模区分を判定する場合の業種
大　分　類			大　分　類			
	中　分　類			中　分　類	番号	
		小　分　類			小　分　類	
（G　情報通信業）			（情報通信業）			
	41　映像・音声・文字情報制作業					
		411　映像情報制作・配給業				小売・サービス業
		412　音声情報制作業				
		413　新聞業				
		414　出版業	映像・音声・文字情報制作業		58	
		415　広告制作業				
		416　映像・音声・文字情報制作に附帯するサービス業				
H　運輸業，郵便業			運輸業，郵便業		60	
	42　鉄道業			その他の運輸業，郵便業	64	
		421　鉄道業				
	43　道路旅客運送業					
		431　一般乗合旅客自動車運送業				
		432　一般乗用旅客自動車運送業	その他の運輸業，郵便業		64	
		433　一般貸切旅客自動車運送業				
		439　その他の道路旅客運送業				
	44　道路貨物運送業					
		441　一般貨物自動車運送業				
		442　特定貨物自動車運送業				
		443　貨物軽自動車運送業	道路貨物運送業		61	
		444　集配利用運送業				
		449　その他の道路貨物運送業				
	45　水運業					卸売業、小売・サービス業以外
		451　外航海運業				
		452　沿海海運業	水運業		62	
		453　内陸水運業				
		454　船舶貸渡業				
	46　航空運輸業					
		461　航空運送業	その他の運輸業，郵便業		64	
		462　航空機使用業（航空運送業を除く）				
	47　倉庫業					
		471　倉庫業（冷蔵倉庫業を除く）	その他の運輸業，郵便業		64	
		472　冷蔵倉庫業				
	48　運輸に附帯するサービス業					
		481　港湾運送業				
		482　貨物運送取扱業（集配利用運送業を除く）				
		483　運送代理店	運輸に附帯するサービス業		63	
		484　こん包業				
		485　運輸施設提供業				
		489　その他の運輸に附帯するサービス業				

付　録

日本標準産業分類の分類項目			類似業種比準価額計算上の業種目		番号	規模区分を判定する場合の業種
大　分　類			大　分　類			
	中　分　類			中　分　類		
		小　分　類			小　分　類	
（H　運輸業，郵便業）			（運輸業，郵便業）			卸売業、小売・サービス業以外
	49　郵便業（信書便事業を含む）			その他の運輸業，郵便業	64	
		491　郵便業（信書便事業を含む）				
I　卸売業，小売業			卸売業		65	
	50　各種商品卸売業			各種商品卸売業	66	卸売業
		501　各種商品卸売業				
	51　繊維・衣服等卸売業			繊維・衣服等卸売業	67	
		511　繊維品卸売業（衣服，身の回り品を除く）				
		512　衣服卸売業				
		513　身の回り品卸売業				
	52　飲食料品卸売業			飲食料品卸売業	68	
		521　農畜産物・水産物卸売業			農畜産物・水産物卸売業	69
		522　食料・飲料卸売業			食料・飲料卸売業	70
	53　建築材料，鉱物・金属材料等卸売業			建築材料，鉱物・金属材料等卸売業	71	
		531　建築材料卸売業			その他の建築材料，鉱物・金属材料等卸売業	73
		532　化学製品卸売業			化学製品卸売業	72
		533　石油・鉱物卸売業			その他の建築材料，鉱物・金属材料等卸売業	73
		534　鉄鋼製品卸売業				
		535　非鉄金属卸売業				
		536　再生資源卸売業				
	54　機械器具卸売業			機械器具卸売業	74	
		541　産業機械器具卸売業			産業機械器具卸売業	75
		542　自動車卸売業			その他の機械器具卸売業	77
		543　電気機械器具卸売業			電気機械器具卸売業	76
		549　その他の機械器具卸売業			その他の機械器具卸売業	77
	55　その他の卸売業			その他の卸売業	78	
		551　家具・建具・じゅう器等卸売業				
		552　医薬品・化粧品等卸売業				
		553　紙・紙製品卸売業				
		559　他に分類されない卸売業				
			小売業		79	小売・サービス業
	56　各種商品小売業			各種商品小売業	80	
		561　百貨店，総合スーパー				
		569　その他の各種商品小売業（従業者が常時50人未満のもの）				
	57　織物・衣服・身の回り品小売業			織物・衣服・身の回り品小売業	81	
		571　呉服・服地・寝具小売業				
		572　男子服小売業				
		573　婦人・子供服小売業				
		574　靴・履物小売業				

686

3 日本標準産業分類の分類項目と類似業種比準価額計算上の業種目との対比表（平成29年分）

日本標準産業分類の分類項目			類似業種比準価額計算上の業種目			規模区分を判定する場合の業種
大 分 類			大 分 類		番号	
中 分 類			中 分 類			
	小 分 類			小 分 類		
（I　卸売業，小売業）			（小売業）			
	579　その他の織物・衣服・身の回り品小売業		織物・衣服・身の回り品小売業		81	小売・サービス業
58　飲食料品小売業			飲食料品小売業		82	
	581　各種食料品小売業					
	582　野菜・果実小売業					
	583　食肉小売業					
	584　鮮魚小売業					
	585　酒小売業					
	586　菓子・パン小売業					
	589　その他の飲食料品小売業					
59　機械器具小売業			機械器具小売業		83	
	591　自動車小売業					
	592　自転車小売業					
	593　機械器具小売業（自動車，自転車を除く）					
60　その他の小売業			その他の小売業		84	
	601　家具・建具・畳小売業			その他の小売業	86	
	602　じゅう器小売業					
	603　医薬品・化粧品小売業			医薬品・化粧品小売業	85	
	604　農耕用品小売業			その他の小売業	86	
	605　燃料小売業					
	606　書籍・文房具小売業					
	607　スポーツ用品・がん具・娯楽用品・楽器小売業					
	608　写真機・時計・眼鏡小売業					
	609　他に分類されない小売業					
61　無店舗小売業			無店舗小売業		87	
	611　通信販売・訪問販売小売業					
	612　自動販売機による小売業					
	619　その他の無店舗小売業					
J　金融業，保険業			金融業，保険業		88	卸売業、小売・サービス業以外
62　銀行業			銀行業		89	
	621　中央銀行					
	622　銀行（中央銀行を除く）			銀行業		89	
63　協同組織金融業			その他の金融業，保険業		91	
	631　中小企業等金融業					
	632　農林水産金融業					
64　貸金業，クレジットカード業等非預金信用機関			その他の金融業，保険業		91	
	641　貸金業					
	642　質屋					
	643　クレジットカード業，割賦金融業					
	649　その他の非預金信用機関					

付　　録

日本標準産業分類の分類項目		類似業種比準価額計算上の業種目		規模区分を判定する場合の業種
大　分　類		大　分　類	番号	
中　分　類		中　分　類		
小　分　類		小　分　類		
（J　金融業，保険業）		（金融業，保険業）		
65	金融商品取引業，商品先物取引業	金融商品取引業，商品先物取引業	90	卸売業、小売・サービス業以外
	651　金融商品取引業			
	652　商品先物取引業，商品投資顧問業			
66	補助的金融業等	その他の金融業，保険業	91	
	661　補助的金融業，金融附帯業			
	662　信託業			
	663　金融代理業			
67	保険業(保険媒介代理業,保険サービス業を含む)	その他の金融業，保険業	91	
	671　生命保険業			
	672　損害保険業			
	673　共済事業・少額短期保険業			
	674　保険媒介代理業			
	675　保険サービス業			
K　不動産業，物品賃貸業		不動産業，物品賃貸業	92	卸売業、小売・サービス業以外
68	不動産取引業	不動産取引業	93	
	681　建物売買業，土地売買業			
	682　不動産代理業・仲介業			
69	不動産賃貸業・管理業	不動産賃貸業・管理業	94	
	691　不動産賃貸業（貸家業，貸間業を除く）			
	692　貸家業，貸間業			
	693　駐車場業			
	694　不動産管理業			
70	物品賃貸業	物品賃貸業	95	
	701　各種物品賃貸業			
	702　産業用機械器具賃貸業			
	703　事務用機械器具賃貸業			
	704　自動車賃貸業			
	705　スポーツ・娯楽用品賃貸業			
	709　その他の物品賃貸業			
L　学術研究，専門・技術サービス業		専門・技術サービス業	96	小売・サービス業
71	学術・開発研究機関			
	711　自然科学研究所			
	712　人文・社会科学研究所			
72	専門サービス業（他に分類されないもの）	専門サービス業（純粋持株会社を除く）	97	
	721　法律事務所，特許事務所			
	722　公証人役場，司法書士事務所，土地家屋調査士事務所			
	723　行政書士事務所			
	724　公認会計士事務所，税理士事務所			
	725　社会保険労務士事務所			

3 日本標準産業分類の分類項目と類似業種比準価額計算上の業種目との対比表（平成29年分）

日本標準産業分類の分類項目			類似業種比準価額計算上の業種目			規模区分を判定する場合の業種
大分類			大分類		番号	
	中分類			中分類		
		小分類			小分類	
（L　学術研究，専門・技術サービス業）						小売・サービス業
		726　デザイン業	専門サービス業（純粋持株会社を除く）		97	
		727　著述・芸術家業				
		728　経営コンサルタント業，純粋持株会社				
		729　その他の専門サービス業				
	73　広告業		広告業		98	
		731　広告業				
	74　技術サービス業（他に分類されないもの）		専門・技術サービス業		96	
		741　獣医業				
		742　土木建築サービス業				
		743　機械設計業				
		744　商品・非破壊検査業				
		745　計量証明業				
		746　写真業				
		749　その他の技術サービス業				
M　宿泊業，飲食サービス業			宿泊業，飲食サービス業		99	小売・サービス業
	75　宿泊業		その他の宿泊業，飲食サービス業		104	
		751　旅館，ホテル				
		752　簡易宿所				
		753　下宿業				
		759　その他の宿泊業				
	76　飲食店		飲食店		100	
		761　食堂，レストラン（専門料理店を除く）		食堂，レストラン（専門料理店を除く）	101	
		762　専門料理店		専門料理店	102	
		763　そば・うどん店		その他の飲食店	103	
		764　すし店				
		765　酒場，ビヤホール				
		766　バー，キャバレー，ナイトクラブ				
		767　喫茶店				
		769　その他の飲食店				
	77　持ち帰り・配達飲食サービス業		その他の宿泊業，飲食サービス業		104	
		771　持ち帰り飲食サービス業				
		772　配達飲食サービス業				
N　生活関連サービス業，娯楽業			生活関連サービス業，娯楽業		105	小売・サービス業
	78　洗濯・理容・美容・浴場業		生活関連サービス業		106	
		781　洗濯業				
		782　理容業				
		783　美容業				
		784　一般公衆浴場業				
		785　その他の公衆浴場業				

付　　録

日本標準産業分類の分類項目		類似業種比準価額計算上の業種目		番号	規模区分を判定する場合の業種
大　分　類		大　分　類			
中　分　類		中　分　類			
小　分　類		小　分　類			
（N　生活関連サービス業，娯楽業）		（生活関連サービス業，娯楽業）			
	789　その他の洗濯・理容・美容・浴場業	生活関連サービス業		106	小売・サービス業
79　その他の生活関連サービス業		生活関連サービス業		106	
	791　旅行業				
	792　家事サービス業				
	793　衣服裁縫修理業				
	794　物品預り業				
	795　火葬・墓地管理業				
	796　冠婚葬祭業				
	799　他に分類されない生活関連サービス業				
80　娯楽業		娯楽業		107	
	801　映画館				
	802　興行場（別掲を除く），興行団				
	803　競輪・競馬等の競走場，競技団				
	804　スポーツ施設提供業				
	805　公園，遊園地				
	806　遊戯場				
	809　その他の娯楽業				
O　教育，学習支援業		教育，学習支援業		108	小売・サービス業
81　学校教育					
	811　幼稚園				
	812　小学校				
	813　中学校				
	814　高等学校，中等教育学校				
	815　特別支援学校				
	816　高等教育機関				
	817　専修学校，各種学校				
	818　学校教育支援機関				
	819　幼保連携型認定こども園				
82　その他の教育，学習支援業		教育，学習支援業		108	
	821　社会教育				
	822　職業・教育支援施設				
	823　学習塾				
	824　教養・技能教授業				
	829　他に分類されない教育，学習支援業				
P　医療，福祉		医療，福祉（医療法人を除く）		109	小売・サービス業
83　医療業					
	831　病院				
	832　一般診療所				
	833　歯科診療所				
	834　助産・看護業				
	835　療術業				

3　日本標準産業分類の分類項目と類似業種比準価額計算上の業種目との対比表（平成29年分）

日本標準産業分類の分類項目			類似業種比準価額計算上の業種目			規模区分を判定する場合の業種
大　分　類			大　分　類		番号	
	中　分　類			中　分　類		
		小　分　類			小　分　類		
（P　医療，福祉）			医療，福祉（医療法人を除く）		109	小売・サービス業
		836　医療に附帯するサービス業				
	84　保健衛生					
		841　保健所				
		842　健康相談施設				
		849　その他の保健衛生				
	85　社会保険・社会福祉・介護事業					
		851　社会保険事業団体				
		852　福祉事務所				
		853　児童福祉事業				
		854　老人福祉・介護事業				
		855　障害者福祉事業				
		859　その他の社会保険・社会福祉・介護事業				
Q　複合サービス事業						
	86　郵便局					
		861　郵便局				
		862　郵便局受託業				
	87　協同組合（他に分類されないもの）					
		871　農林水産業協同組合（他に分類されないもの）				
		872　事業協同組合（他に分類されないもの）				
R　サービス業（他に分類されないもの）			サービス業（他に分類されないもの）		110	小売・サービス業
	88　廃棄物処理業			その他の事業サービス業		112	
		881　一般廃棄物処理業				
		882　産業廃棄物処理業				
		889　その他の廃棄物処理業				
	89　自動車整備業			その他の事業サービス業		112	
		891　自動車整備業				
	90　機械等修理業（別掲を除く）			その他の事業サービス業		112	
		901　機械修理業（電気機械器具を除く）				
		902　電気機械器具修理業				
		903　表具業				
		909　その他の修理業				
	91　職業紹介・労働者派遣業			職業紹介・労働者派遣業		111	
		911　職業紹介業				
		912　労働者派遣業				
	92　その他の事業サービス業			その他の事業サービス業		112	
		921　速記・ワープロ入力・複写業				
		922　建物サービス業				
		923　警備業				
		929　他に分類されない事業サービス業				

付　録

日本標準産業分類の分類項目			類似業種比準価額計算上の業種目			規模区分を判定する場合の業種
大　分　類			大　分　類		番号	
	中　分　類			中　分　類		
		小　分　類			小　分　類	
（R　サービス業（他に分類されないもの）)			（サービス業（他に分類されないもの）)			
	93　政治・経済・文化団体					小売・サービス業
	94　宗教					
	95　その他のサービス業		その他の事業サービス業		112	
		951　集会場				
		952　と畜場				
		959　他に分類されないサービス業				
	96　外国公務					
S　公務（他に分類されるものを除く）						
	97　国家公務					
	98　地方公務					
T　分類不能の産業			その他の産業		113	卸売業、小売・サービス業以外
	99　分類不能の産業					
		999　分類不能の産業				

4　令和2年9月30日 国税庁資産課税課情報 第22号

「『所得税基本通達の制定について』の一部改正について（法令解釈通達)」の
趣旨説明（情報）

　令和2年8月28日付課資4－2ほか1課共同「『所得税基本通達の制定について』の一部改
正について（法令解釈通達)」により、所得税基本通達59－6《株式等を贈与等した場合の「そ
の時における価額」》の改正を行ったところであるが、その改正事項の趣旨及び同通達の取扱
いを別紙のとおり取りまとめたので、今後の執務の参考とされたい。

付　録

別　紙

〈省略用語例〉

　本情報において使用した次の省略用語は、それぞれ次に掲げる法令等を示すものである。

所得税法・・・・・・・・・・・・・・・・・・・・・　所得税法（昭和40年法律第33号）

所得税基本通達、所基通・・・・・・・　所得税基本通達の制定について（昭和45年7月1日付直審（所）30）

財産評価基本通達、評基通・・・・・・　財産評価基本通達（昭和39年4月25日付直資56ほか1課共同）

※　各法令等は、令和2年8月28日現在による。

4　令和２年９月30日　国税庁資産課税課情報　第22号

○　法第59条《贈与等の場合の譲渡所得等の特例》関係

※　アンダーラインを付した部分が改正関係部分である。

【一部改正】

（株式等を贈与等した場合の「その時における価額」）

59－6　法第59条第１項の規定の適用に当たって、譲渡所得の基因となる資産が株式（株主又は投資主となる権利、株式の割当てを受ける権利、新株予約権（新投資口予約権を含む。以下この項において同じ。）及び新株予約権の割当てを受ける権利を含む。以下この項において同じ。）である場合の同項に規定する「その時における価額」は、23～35共－９に準じて算定した価額による。この場合、23～35共－９の(4)ニに定める「１株又は１口当たりの純資産価額等を参酌して通常取引されると認められる価額」については、原則として、次によることを条件に、昭和39年４月25日付直資56・直審（資）17「財産評価基本通達」（法令解釈通達）の178から189－７まで《取引相場のない株式の評価》の例により算定した価額とする。

　(1)　財産評価基本通達178、188、188－６、189－２、189－３及び189－４中「取得した株式」とあるのは「譲渡又は贈与した株式」と、同通達185、189－２、189－３及び189－４中「株式の取得者」とあるのは「株式を譲渡又は贈与した個人」と、同通達188中「株式取得後」とあるのは「株式の譲渡又は贈与直前」とそれぞれ読み替えるほか、読み替えた後の同通達185ただし書、189－２、189－３又は189－４において株式を譲渡又は贈与した個人とその同族関係者の有する議決権の合計数が評価する会社の議決権総数の50％以下である場合に該当するかどうか及び読み替えた後の同通達188の(1)から(4)までに定める株式に該当するかどうかは、株式の譲渡又は贈与直前の議決権の数により判定すること。

　(2)　当該株式の価額につき財産評価基本通達179の例により算定する場合（同通達189－３の(1)において同通達179に準じて算定する場合を含む。）において、当該株式を譲渡又は贈与した個人が当該譲渡又は贈与直前に当該株式の発行会社にとって同通達188の(2)に定める「中心的な同族株主」に該当するときは、当該発行会社は常に同通達178に定める「小会社」に該当するものとしてその例によること。

　(3)　当該株式の発行会社が土地（土地の上に存する権利を含む。）又は金融商品取引所に上場されている有価証券を有しているときは、財産評価基本通達185の本文に定める「１株当たりの純資産価額（相続税評価額によって計算した金額）」の計算に当たり、これらの資産については、当該譲渡又は贈与の時における価額によること。

　(4)　財産評価基本通達185の本文に定める「１株当たりの純資産価額（相続税評価額によって計算した金額）」の計算に当たり、同通達186－２により計算した評価差額に対する法人税額等に相当する金額は控除しないこと。

《説　明》

１　所得税法第59条第１項では、「贈与（法人に対するものに限る。）、相続（限定承認に係るものに限る。）若しくは遺贈（法人に対するもの及び個人に対する包括遺贈のうち限定承認

695

付　　録

に係るものに限る。）又は著しく低い価額の対価による譲渡（法人に対するものに限る。）により居住者の有する譲渡所得の基因となる資産等の移転があった場合、その者の譲渡所得等の金額の計算については、その事由が生じた時に、その時における価額に相当する金額により、その資産の譲渡があったものとみなす。」こととされている。

2　また、所得税基本通達59-6《株式等を贈与等した場合の「その時における価額」》（以下「本通達」という。）では、所得税法第59条第1項の規定の適用に当たって、譲渡所得の基因となる資産が株式（株主又は投資主となる権利、株式の割当てを受ける権利、新株予約権（新投資口予約権を含む。）及び新株予約権の割当てを受ける権利を含む。）である場合の同項に規定する「その時における価額」とは、所得税基本通達23～35共-9に準じて算定した価額によることとし、この場合、所得税基本通達23～35共-9の(4)ニに定める「1株又は1口当たりの純資産価額等を参酌して通常取引されると認められる価額」については、原則として、一定の条件の下、財産評価基本通達178から189-7まで《取引相場のない株式の評価》の例により算定した価額とすることとしている。

3　そして、本通達の(1)では、財産評価基本通達188の(1)に定める「同族株主」に該当するかどうかは、株式を譲渡又は贈与した個人の当該譲渡又は贈与直前の議決権の数により判定することとする条件を定め、当該株式を譲渡又は贈与した個人である株主が譲渡又は贈与直前において少数株主に該当する場合に、取引相場のない株式の譲渡又は贈与の時における価額をいわゆる配当還元方式(注)により算定することと取り扱っている。

（注）　相続税等について財産の評価方法等を定めた財産評価基本通達では、取引相場のない株式の価額について、原則的な評価方法を定める一方、会社の事業経営への影響力に乏しい少数株主が取得した株式の場合に用いる例外的な評価方法（配当還元方式）を定めているところ、財産評価基本通達188は「同族株主以外の株主等が取得した株式」の範囲を定め、当該株式に該当するものについて、財産評価基本通達188-2の定めにより配当還元方式によって算定することとしている。

4　先般、取引相場のない株式の譲渡の時における価額を争点として、本通達の(1)の条件に関し、譲渡所得に対する課税の場面において配当還元方式を用いることとなるのは、譲渡人である株主が少数株主に該当する場合（国側の主張）なのか、譲受人である株主が少数株主に該当する場合（納税者側の主張）なのかが争われた事件に対する最高裁判決（令和2年3月24日付最高裁第三小法廷判決）の中で、最高裁は、本通達の定めは、譲渡所得に対する課税と相続税等との性質の差異に応じた取扱いをすることとし、少数株主に該当するか否かについても当該株式を譲渡した株主について判断すべきことをいう趣旨のものということができると判示し、国側の主張を認めた(注)。

　　しかしながら、当該最高裁判決に付された裁判官の補足意見において、本通達の作成手法については、分かりやすさという観点から改善されることが望ましい等の指摘がなされ、この指摘を踏まえ、本通達の(1)の条件に係る従前からの取扱いがより明確になるよう、本通達

696

の改正を行ったものである。

(注) 当該最高裁判決においては、株式の譲受人である株主が少数株主に該当することを理由として、譲渡人が譲渡した株式につき配当還元方式により算定した額が株式の譲渡の時における価額であるとした原審（平成30年7月19日付東京高裁判決）の判断部分（国側敗訴部分）が破棄され、原審に差し戻されている。

5　具体的には、本通達の(1)の条件について、譲渡又は贈与した株式の価額について株式を譲渡又は贈与した個人である株主が譲渡又は贈与直前において少数株主に該当する場合に財産評価基本通達188等の定めの例により算定するという従前からの取扱いを分かりやすく表現するため、①「取得した株式」と定めている部分について「譲渡又は贈与した株式」と読み替えるなどの必要な読替えを行うとともに、②読替え後の財産評価基本通達188等の定めの例により算定するかどうかを譲渡又は贈与直前の議決権の数により判定することを明確化するほか、所要の整備を行っている。

本通達に基づく株主の態様による評価方法の概要は、次のとおりとなる。

株主の態様による区分				評価方法
会社区分	株主区分			
同族株主のいる会社（譲渡等直前に）	譲渡等直前に同族株主グループに属する株主	譲渡等直前の議決権割合が5%以上の株主		原則的な評価方法
		譲渡等直前の議決権割合が5%未満の株主	中心的な同族株主がいない場合の株主	
			中心的な同族株主がいる場合の株主：中心的な同族株主	
			役員である株主又は役員となる株主	
			その他の株主	例外的な評価方法
	譲渡等直前に同族株主以外の株主			例外的な評価方法
同族株主のいない会社（譲渡等直前に）	譲渡等直前に議決権割合の合計が15%以上のグループに属する株主	譲渡等直前の議決権割合が5%以上の株主		原則的な評価方法
		譲渡等直前の議決権割合が5%未満の株主	中心的な株主がいない場合の株主	
			中心的な株主がいる場合の株主：役員である株主又は役員となる株主	
			その他の株主	例外的な評価方法
	譲渡等直前に議決権割合の合計が15%未満のグループに属する株主			例外的な評価方法

6　なお、本通達の改正は、これまでの取扱いを変更するものではないことに留意する。

7　また、本通達の取扱いに関して、今般、別添に掲げる点についても整理した。今後はこの点についても留意すること。

付　録

別　添

> ・　本通達の現行の取扱いに関し、以下の点について整理を行う。
>
> 1　本通達の(2)の適用がある場合の財産評価基本通達180の取扱いについて
>
> 2　評価会社が有する子会社株式を評価する場合の本通達の(2)の取扱いについて
>
> 3　評価会社が有する子会社株式を評価する場合のその子会社が有する土地及び上場株式の評価について

1　本通達の(2)の適用がある場合の財産評価基本通達180の取扱いについて

(1)　本通達の(2)の適用がある場合、譲渡等をした株式の「その時における価額」は、その株式を発行した会社（以下「評価会社」という。）を「財産評価基本通達178に定める『小会社』に該当するものとして」同通達179の例により算定することになる。

　　財産評価基本通達179には、同通達178に定める大会社などの会社規模に応じた評価額の算定方法が定められ、その算定方法である「類似業種比準価額」及び「純資産価額」を用いる場合の原則形態が定められている。そしてこの「類似業種比準価額」については、同通達180において具体的算定方法が定められており、ここでは、類似業種の株価等に「しんしゃく割合」を乗ずることとされている。このように、同通達179における会社規模に応じた評価額の算定で「類似業種比準価額」を用いることから、本通達の(2)の適用がある場合、この「類似業種比準価額」を算出する計算において類似業種の株価等に乗ずる「しんしゃく割合」についても、小会社のしんしゃく割合（0.5）になるのかといった疑問がある。

(2)　本通達の(2)は「当該株式の価額につき財産評価基本通達179の例により算定する場合（…）において、当該株式を譲渡又は贈与した個人が当該譲渡又は贈与直前に当該株式の発行会社にとって同通達188の(2)に定める『中心的な同族株主』に該当するときは、当該発行会社は常に同通達178に定める『小会社』に該当するものとしてその例によること」としている。

　　このことからすると、本通達の(2)は、譲渡等をした株式の「その時における価額」を財産評価基本通達179の例により算定する場合において、譲渡等をした者が「中心的な同族株主」に該当するときの評価会社の株式については、同通達179(3)の「小会社」の算定方法である「純資産価額方式」又は選択により「類似業種比準方式と純資産価額方式との併用方式」を用いることを定めたものである。

　　本通達の(2)が上記のとおり定めた趣旨は、「中心的な同族株主」とは、議決権割合が25％以上となる特殊関係グループに属する同族株主をいうところ、評価会社が「中心的な同族株主」で支配されているような場合において、同族株主にとってその会社の株式の価値は、その会社の純資産価額と切り離しては考えられないところではないかと考えられ、また、本通達の制定に先立って行われた取引相場のない株式の譲渡に関する実態調査にお

698

いても、持株割合が高い株主ほど純資産価額方式による評価額により取引されている傾向があったことが確認されている。

　このため、「中心的な同族株主」の有する株式については、たとえその会社が大会社又は中会社に該当する場合であっても、小会社と同様に「純資産価額方式」を原則とし、選択的に「類似業種比準方式と純資産価額方式との併用方式」による算定方法によることとしている。

(3) 一方、「類似業種比準価額」を算出する計算において類似業種の株価等に乗ずる「しんしゃく割合」を会社規模に応じたものとしている趣旨は、次のとおりである。

　類似業種比準方式による評価額は、評価会社の実態に即したものになるように、評価会社の事業内容が類似する業種目の株価を基として、評価会社と類似業種の1株当たりの①配当金額、②利益金額及び③純資産価額の3要素の比準割合を乗じて評価することとしている。しかしながら、株価の構成要素としては、上記の3要素のほか、市場占有率や経営者の手腕などが考えられるが、これらを具体的に計数化してその評価会社の株式の評価に反映させることは困難である。また、評価会社の株式は現実に取引市場を持たない株式であることなどのほか、大半の評価会社はその情報力、組織力のほか技術革新、人材確保、資金調達力等の点で上場企業に比し劣勢にあり、一般的にその規模格差が拡大する傾向にあるといえる社会経済状況の変化を踏まえると、評価会社の規模が小さくなるに従って、上場会社との類似性が希薄になっていくことが顕著になってくると認められる。このため、この上場会社と評価会社の格差を評価上適正に反映させるよう、大会社の「0.7」を基礎として、中会社を「0.6」、小会社を「0.5」とするしんしゃく割合が定められている。

(4) 以上のとおり、本通達の(2)において「中心的な同族株主」の有する株式の価額を、評価会社が「常に『小会社』に該当するものとして」財産評価基本通達179の例により算定することとした趣旨（上記(2)参照）と、類似業種比準価額を求める算式におけるしんしゃく割合を評価会社の規模に応じたしんしゃく割合としている趣旨（上記(3)参照）は異なっており、本通達の(2)において「中心的な同族株主」の有する株式の価額を、評価会社が「常に『小会社』に該当するものとして」財産評価基本通達179の例による算定方法を用いることとした趣旨からしても、本通達の(2)は、財産評価基本通達180の類似業種比準価額を算出する計算において類似業種の株価等に乗ずるしんしゃく割合まで小会社の「0.5」とするものではない。

【イメージ図】

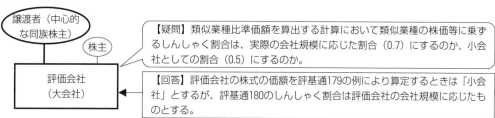

付　録

2　評価会社が有する子会社株式を評価する場合の本通達の(2)の取扱いについて

(1)　本通達の(2)は、譲渡等をした株式の「その時における価額」の算定について、株式を譲渡等した者が、その譲渡等の直前に評価会社にとって財産評価基本通達188の(2)に定める「中心的な同族株主」に該当する場合には、その評価会社を「財産評価基本通達178に定める『小会社』に該当するものとして」同通達179の例によることとするものである。

　その上で、例えば、評価会社が子会社株式を有している場合に、当該譲渡等の直前に当該評価会社がその子会社にとって「中心的な同族株主」に該当するときにも、当該評価会社が有する子会社株式の「その時における価額」は、その子会社を「財産評価基本通達178に定める『小会社』に該当するものとして」同通達179の例により算定することが相当なのではないかといった疑問がある。

(2)　この点、本通達の(2)の「株式を譲渡又は贈与した個人」が「中心的な同族株主」に該当する場合に、その会社を「小会社」に該当するものとしてその例によることとした趣旨は、評価会社が「中心的な同族株主」で支配されているような場合において、同族株主にとってその会社の株式の価値は、その会社の純資産価額と切り離しては考えられないのではないかという理由等によるものである（上記1(2)参照）。

(3)　このような本通達の(2)の取扱いの趣旨に照らせば、評価会社が有する子会社株式の価額につき、財産評価基本通達179の例により算定する場合、評価会社がその子会社の「中心的な同族株主」に該当するときにも、当該子会社は、同通達178に定める「小会社」に該当するものとして、「純資産価額方式」又は選択により「類似業種比準方式と純資産価額方式との併用方式（Lを0.5として計算）」による価額とすることが相当である（この場合の類似業種比準価額を算出する計算において、類似業種の株価等に乗ずるしんしゃく割合（評基通180）については、当該子会社の実際の会社規模に応じたしんしゃく割合となる。）。

(4)　なお、評価会社の子会社が有する当該子会社の子会社（評価会社の孫会社。以下「孫会社」という。）の株式の価額を算定する場合にも、評価会社の株式の譲渡等の直前において当該評価会社の子会社が、孫会社にとって「中心的な同族株主」に該当するときには、上記と同様の理由により、当該孫会社は、「小会社」に該当するものとしてその例によることが相当である。

【イメージ図】

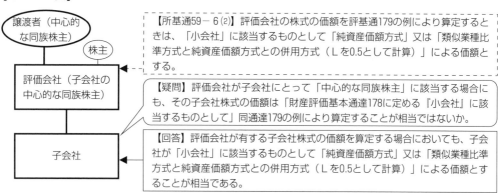

3　評価会社が有する子会社株式を評価する場合のその子会社が有する土地及び上場株式の評価について

(1)　本通達の(3)は、譲渡等をした株式の「その時における価額」の算定について、評価会社が有する土地及び上場株式の財産評価通達185の本文に定める「1株当たりの純資産価額」の計算に当たっては、これらの資産については、当該譲渡等の時における価額によることとするものである。

その上で、例えば、評価会社が子会社株式を有している場合に、その子会社株式を評価する場合の「1株当たりの純資産価額」の計算に当たっても、その子会社が有する土地及び上場株式については、評価会社の株式の譲渡等の時における価額により当該子会社株式の評価をすることが相当ではないかといった疑問がある。

(2)　この点、財産評価基本通達に定める土地の評価額（評基通11）については、「評価の安全性」を配慮して公示価格等のおおむね8割で定められており、上場株式の評価額（評基通169）については、一時点（相続開始時）における需給関係による偶発性の排除等を理由に一定のしんしゃくをしている。また、本通達の制定に先立って行われた取引相場のない株式の譲渡に関する実態調査においても、純資産価額方式についてみると、土地や上場株式は時価に洗い替え、かつ、その洗い替えに伴う評価差額についての法人税額等相当額は控除していないものが相当数であったことが確認されている。

一方、所得税法第59条によるみなし譲渡課税は、法人に対する贈与等があった時にその時における価額に相当する金額により譲渡があったものとみなして課税するものである。このため、同条第1項の規定の適用に当たっては、土地について、評価の安全性を配慮する必要性に乏しく、また、上場株式については、その日における取引価額（偶発性はあったとしても、その日にはその価額で取引される）が明らかであり、財産評価基本通達169に定める上場株式の評価額のようなしんしゃくをする必要性は乏しい。

これらの理由から、本通達の(3)において、土地及び上場株式について、財産評価基本通達の例により評価した価額ではなく、譲渡等の時における価額によることとしている。

付　録

(3) このことは、評価会社の子会社が有している土地及び上場株式についても同様に当てはまり、子会社が有する土地又は上場株式についても評価の安全性を配慮等する必要性に乏しいと考えられる。

したがって、評価会社が有する土地又は上場株式だけでなく、評価会社の子会社が有する土地又は上場株式についても、本通達の(3)の趣旨に照らして、譲渡等の時における価額を基に評価会社が有する子会社株式を評価するのが相当である。

(4) なお、評価会社の子会社が有する孫会社の株式を評価する場合にも、当該孫会社が有する土地や上場株式についても、上記と同様の理由により、当該土地及び上場株式は、譲渡等の時における価額を基に子会社が有する孫会社株式を評価するのが相当である。

【イメージ図】

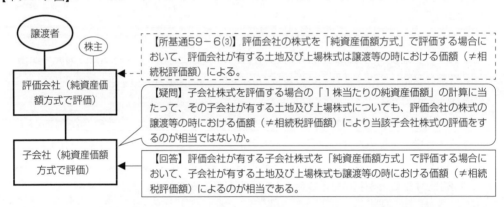

(参考1)

○ (改正後の)所得税基本通達59－6の(1)による読替え等を行った後の財産評価基本通達(抜粋)

※ 読替え等が必要な項のみを掲載し、アンダーラインを付した部分が読替え等を行った部分である。

なお、二重線のアンダーラインを付した部分が、本通達の(1)の改正部分の①「読み替えた後の財産評価基本通達185ただし書、189－2、189－3又は189－4において株式を譲渡又は贈与した個人とその同族関係者の有する議決権の合計数が評価する会社の議決権総数の50％以下である場合に該当するかどうかは、株式の譲渡又は贈与直前の議決権の数により判定すること」及び②「読み替えた後の同通達188の(1)から(4)までに定める株式に該当するかどうかは、株式の譲渡又は贈与直前の議決権の数により判定すること」を表した部分である。

(取引相場のない株式の評価上の区分)

178 取引相場のない株式の価額は、評価しようとするその株式の発行会社(以下「評価会社」という。)が次の表の大会社、中会社又は小会社のいずれに該当するかに応じて、それぞれ

4　令和２年９月30日　国税庁資産課税課情報　第22号

次項の定めによって評価する。ただし、同族株主以外の株主等が譲渡又は贈与した株式又は特定の評価会社の株式の価額は、それぞれ188《同族株主以外の株主等が取得した株式》又は189《特定の評価会社の株式》の定めによって評価する。

【以下省略】

（純資産価額）

185　179《取引相場のない株式の評価の原則》の「１株当たりの純資産価額（相続税評価額によって計算した金額）」は、課税時期における各資産をこの通達に定めるところにより評価した価額（この場合、評価会社が課税時期前３年以内に取得又は新築した土地及び土地の上に存する権利（以下「土地等」という。）並びに家屋及びその附属設備又は構築物（以下「家屋等」という。）の価額は、課税時期における通常の取引価額に相当する金額によって評価するものとし、当該土地等又は当該家屋等に係る帳簿価額が課税時期における通常の取引価額に相当すると認められる場合には、当該帳簿価額に相当する金額によって評価することができるものとする。以下同じ。）の合計額から課税時期における各負債の金額の合計額及び186－２《評価差額に対する法人税額等に相当する金額》により計算した評価差額に対する法人税額等に相当する金額を控除した金額を課税時期における発行済株式数で除して計算した金額とする。ただし、179《取引相場のない株式の評価の原則》の(2)の算式及び(3)の１株当たりの純資産価額（相続税評価額によって計算した金額）については、譲渡又は贈与直前において、株式を譲渡又は贈与した個人とその同族関係者（188《同族株主以外の株主等が取得した株式》の(1)に定める同族関係者をいう。）の有する議決権の合計数が評価会社の議決権総数の50％以下である場合においては、上記により計算した１株当たりの純資産価額（相続税評価額によって計算した金額）に100分の80を乗じて計算した金額とする。

（注）１　１株当たりの純資産価額（相続税評価額によって計算した金額）の計算を行う場合の「発行済株式数」は、直前期末ではなく、課税時期における発行済株式数であることに留意する。

　　　２　上記の「議決権の合計数」及び「議決権総数」には、188－５《種類株式がある場合の議決権総数等》の「株主総会の一部の事項について議決権を行使できない株式に係る議決権の数」を含めるものとする。

（同族株主以外の株主等が取得した株式）

188　178《取引相場のない株式の評価上の区分》の「同族株主以外の株主等が譲渡又は贈与した株式」は、次のいずれかに該当する株式をいい、その株式の価額は、次項の定めによる。

⑴　同族株主のいる会社の株式のうち、同族株主以外の株主の譲渡又は贈与した株式

　　この場合における「同族株主」とは、譲渡又は贈与直前における評価会社の株主のうち、株主の１人及びその同族関係者（法人税法施行令第４条《同族関係者の範囲》に規定する特殊の関係のある個人又は法人をいう。以下同じ。）の有する議決権の合計数がその会社の議決権総数の30％以上（その評価会社の株主のうち、株主の１人及びその同族関係者の有する議決権の合計数が最も多いグループの有する議決権の合計数が、その会社の議決権

703

付　録

総数の50％超である会社にあっては、50％超）である場合におけるその株主及びその同族
関係者をいう。

(2)　中心的な同族株主のいる会社の株主のうち、中心的な同族株主以外の同族株主で、その
者の株式の譲渡又は贈与直前の議決権の数がその会社の議決権総数の５％未満であるもの
（課税時期において評価会社の役員（社長、理事長並びに法人税法施行令第71条第１項第
１号、第２号及び第４号に掲げる者をいう。以下この項において同じ。）である者及び課
税時期の翌日から法定申告期限までの間に役員となる者を除く。）の譲渡又は贈与した株
式
　　　この場合における「中心的な同族株主」とは、譲渡又は贈与直前において同族株主の１
人並びにその株主の配偶者、直系血族、兄弟姉妹及び１親等の姻族（これらの者の同族関
係者である会社のうち、これらの者が有する議決権の合計数がその会社の議決権総数の
25％以上である会社を含む。）の有する議決権の合計数がその会社の議決権総数の25％以
上である場合におけるその株主をいう。

(3)　同族株主のいない会社の株主のうち、譲渡又は贈与直前において株主の１人及びその同
族関係者の有する議決権の合計数が、その会社の議決権総数の15％未満である場合におけ
るその株主の譲渡又は贈与した株式

(4)　中心的な株主がおり、かつ、同族株主のいない会社の株主のうち、譲渡又は贈与直前に
おいて株主の１人及びその同族関係者の有する議決権の合計数がその会社の議決権総数の
15％以上である場合におけるその株主で、その者の株式の譲渡又は贈与直前の議決権の数
がその会社の議決権総数の５％未満であるもの（(2)の役員である者及び役員となる者を除
く。）の譲渡又は贈与した株式
　　　この場合における「中心的な株主」とは、譲渡又は贈与直前において株主の１人及びそ
の同族関係者の有する議決権の合計数がその会社の議決権総数の15％以上である株主グ
ループのうち、いずれかのグループに単独でその会社の議決権総数の10％以上の議決権を
有している株主がいる場合におけるその株主をいう。

（投資育成会社が株主である場合の同族株主等）

188－6　188《同族株主以外の株主等が取得した株式》の(1)から(4)までについては、評価会社
の株主のうちに投資育成会社（中小企業投資育成株式会社法（昭和38年法律第101号）に基
づいて設立された中小企業投資育成株式会社をいう。以下この項において同じ。）があると
きは、次による。

(1)　当該投資育成会社が同族株主（188《同族株主以外の株主等が取得した株式》の(1)に定
める同族株主をいう。以下同じ。）に該当し、かつ、当該投資育成会社以外に同族株主に
該当する株主がいない場合には、当該投資育成会社は同族株主に該当しないものとして適
用する。

(2)　当該投資育成会社が、中心的な同族株主（188《同族株主以外の株主等が取得した株式》
の(2)に定める中心的な同族株主をいう。以下(2)において同じ。）又は中心的な株主（188《同
族株主以外の株主等が取得した株式》の(4)に定める中心的な株主をいう。以下(2)において

704

同じ。）に該当し、かつ、当該投資育成会社以外に中心的な同族株主又は中心的な株主に該当する株主がいない場合には、当該投資育成会社は中心的な同族株主又は中心的な株主に該当しないものとして適用する。

(3) 上記(1)及び(2)において、評価会社の議決権総数からその投資育成会社の有する評価会社の議決権の数を控除した数をその評価会社の議決権総数とした場合に同族株主に該当することとなる者があるときは、その同族株主に該当することとなる者以外の株主が譲渡又は贈与した株式については、上記(1)及び(2)にかかわらず、188《同族株主以外の株主等が取得した株式》の「同族株主以外の株主等が譲渡又は贈与した株式」に該当するものとする。

(注) 上記(3)の「議決権総数」及び「議決権の数」には、188-5《種類株式がある場合の議決権総数等》の「株主総会の一部の事項について議決権を行使できない株式に係る議決権の数」を含めるものとする。

(比準要素数1の会社の株式の評価)

189-2　189《特定の評価会社の株式》の(1)の「比準要素数1の会社の株式」の価額は、185《純資産価額》の本文の定めにより計算した1株当たりの純資産価額（相続税評価額によって計算した金額）によって評価する（この場合における1株当たりの純資産価額（相続税評価額によって計算した金額）は、譲渡又は贈与直前において、当該株式を譲渡又は贈与した個人とその同族関係者の有する当該株式に係る議決権の合計数が比準要素数1の会社の185《純資産価額》のただし書に定める議決権総数の50％以下であるときには、同項の本文の定めにより計算した1株当たりの純資産価額（相続税評価額によって計算した金額）を基に同項のただし書の定めにより計算した金額とする。）。ただし、上記の比準要素数1の会社の株式の価額は、納税義務者の選択により、Lを0.25として、179《取引相場のない株式の評価の原則》の(2)の算式により計算した金額によって評価することができる（この場合における当該算式中の1株当たりの純資産価額（相続税評価額によって計算した金額）は、本項本文かっこ書と同様とする。）。

なお、当該株式が188《同族株主以外の株主等が取得した株式》に定める同族株主以外の株主等が譲渡又は贈与した株式に該当する場合には、その株式の価額は、188-2《同族株主以外の株主等が取得した株式の評価》の本文の定めにより計算した金額（この金額が本項本文又はただし書の定めによって評価するものとして計算した金額を超える場合には、本項本文又はただし書（納税義務者が選択した場合に限る。）の定めにより計算した金額）によって評価する。

(注) 上記の「議決権の合計数」には、188-5《種類株式がある場合の議決権総数等》の「株主総会の一部の事項について議決権を行使できない株式に係る議決権の数」を含めるものとする。189-3《株式等保有特定会社の株式の評価》及び189-4《土地保有特定会社の株式又は開業後3年未満の会社等の株式の評価》においても同様とする。

(株式等保有特定会社の株式の評価)

189-3　189《特定の評価会社の株式》の(2)の「株式等保有特定会社の株式」の価額は、185《純

付　　録

資産価額》の本文の定めにより計算した１株当たりの純資産価額（相続税評価額によって計算した金額）によって評価する。この場合における当該１株当たりの純資産価額（相続税評価額によって計算した金額）は、譲渡又は贈与直前において、当該株式を譲渡又は贈与した個人とその同族関係者の有する当該株式に係る議決権の合計数が株式等保有特定会社の185《純資産価額》のただし書に定める議決権総数の50％以下であるときには、上記により計算した１株当たりの純資産価額（相続税評価額によって計算した金額）を基に同項のただし書の定めにより計算した金額とする。ただし、上記の株式等保有特定会社の株式の価額は、納税義務者の選択により、次の(1)の「Ｓ１の金額」と(2)の「Ｓ２の金額」との合計額によって評価することができる。

　なお、当該株式が188《同族株主以外の株主等が取得した株式》に定める同族株主以外の株主等が譲渡又は贈与した株式に該当する場合には、その株式の価額は、188－２《同族株主以外の株主等が取得した株式の評価》の本文の定めにより計算した金額（この金額が本項本文又はただし書の定めによって評価するものとして計算した金額を超える場合には、本項本文又はただし書（納税義務者が選択した場合に限る。）の定めにより計算した金額）によって評価する。

【以下省略】

（土地保有特定会社の株式又は開業後３年未満の会社等の株式の評価）

189－４　189《特定の評価会社の株式》の(3)の「土地保有特定会社の株式」又は同項の(4)の「開業後３年未満の会社等の株式」の価額は、185《純資産価額》の本文の定めにより計算した１株当たりの純資産価額（相続税評価額によって計算した金額）によって評価する。この場合における当該各株式の１株当たりの純資産価額（相続税評価額によって計算した金額）については、それぞれ、譲渡又は贈与直前において、当該株式を譲渡又は贈与した個人とその同族関係者の有する当該株式に係る議決権の合計数が土地保有特定会社又は開業後３年未満の会社等の185《純資産価額》のただし書に定める議決権総数の50％以下であるときは、上記により計算した１株当たりの純資産価額（相続税評価額によって計算した金額）を基に同項のただし書の定めにより計算した金額とする。

　なお、当該各株式が188《同族株主以外の株主等が取得した株式》に定める同族株主以外の株主等が譲渡又は贈与した株式に該当する場合には、その株式の価額は、188－２《同族株主以外の株主等が取得した株式の評価》の本文の定めにより計算した金額（この金額が本項本文の定めによって評価するものとして計算した金額を超える場合には、本項本文の定めにより計算した金額）によって評価する。

（参考２）

○　令和２年３月24日付最高裁判決（抜粋）

・　「所得税法59条１項所定の『その時における価額』につき、所得税基本通達59－６は、譲

渡所得の基因となった資産が取引相場のない株式である場合には、同通達59－6の(1)～(4)によることを条件に評価通達の例により算定した価額とする旨を定める。…（中略）…本件のような株式の譲渡に係る譲渡所得に対する課税においては、当該譲渡における譲受人の会社への支配力の程度は、譲渡人の下に生じている増加益の額に影響を及ぼすものではないのであって、前記の譲渡所得に対する課税の趣旨に照らせば、譲渡人の会社への支配力の程度に応じた評価方法を用いるべきものと解される。そうすると、譲渡所得に対する課税の場面においては、相続税や贈与税の課税の場面を前提とする評価通達の前記の定めをそのまま用いることはできず、所得税法の趣旨に則し、その差異に応じた取扱いがされるべきである。所得税基本通達59－6は、取引相場のない株式の評価につき、少数株主に該当するか否かの判断の前提となる「同族株主」に該当するかどうかは株式を譲渡又は贈与した個人の当該譲渡又は贈与直前の議決権の数により判定すること等を条件に、評価通達の例により算定した価額とする旨を定めているところ、この定めは、上記のとおり、譲渡所得に対する課税と相続税等との性質の差異に応じた取扱いをすることとし、少数株主に該当するか否かについても当該株式を譲渡した株主について判断すべきことをいう趣旨のものということができる。」

・　（裁判官補足意見）「所得税基本通達59－6は、評価通達の「例により」算定するものと定めているので、相続税と譲渡所得に関する課税の性質の相違に応じた読替えをすることを想定しており、このような読替えをすることは、そもそも、所得税基本通達の文理にも反しているとはいえないと考える。もっとも、租税法律主義は課税要件明確主義も内容とするものであり、所得税法に基づく課税処分について、相続税法に関する通達の読替えを行うという方法が、国民にとって分かりにくいことは否定できない。課税に関する予見可能性の点についての原審の判示及び被上告人らの主張には首肯できる面があり、より理解しやすい仕組みへの改善がされることが望ましいと思われる。」

・　（裁判官補足意見）「所得税法適用のための通達の作成に当たり、相続税法適用のための通達を借用し、しかもその借用を具体的にどのように行うかを必ずしも個別に明記しないという所得税基本通達59－6で採られている通達作成手法には、通達の内容を分かりにくいものにしているという点において問題があるといわざるを得ない。本件は、そのような通達作成手法の問題点が顕在化した事案であったということができる。租税法の通達は課税庁の公的見解の表示として広く国民に受け入れられ、納税者の指針とされていることを踏まえるならば、そのような通達作成手法については、分かりやすさという観点から改善が望まれることはいうまでもない。」

索　引

い

遺産分割のやり直し　60

著しく低い価額　548, 551

医療法人の業種目　474

医療法人の類型　465

インカム・アプローチ　518

姻族関係終了届出　55

う

受取配当金等収受割合　260, 384

受取配当等の益金不算入額　127, 131, 132

受取配当等の益金不算入割合　162

え

営業権　168

お

オペレーティングリース　191

か

開業後3年未満の会社　88

開業前または休業中の会社　87

外国子会社から受ける剰余金の配当等の益金不算
　入額　132

外国法人　195

会社規模の判定　67

改訂型　186

合併　201

　――があった場合の類似業種比準価額と純資産
　価額の計算上の留意点　451

　――があった場合の類似業種比準価額の適用
　449

合併後に会社実態に変化がある場合　452

株式移転　203, 206

株式交換　203

株式交付　206

株式等の範囲　210

株式等保有特定会社　90

株式等保有特定会社外し　96

株式の価額の修正　104

株式の割当てを受ける権利　110

株式無償交付期待権　111

株主となる権利　111

仮決算方式　165, 214, 217

監事　464

き

企業価値評価ガイドライン　517, 559

企業組合　501, 503

基金制度を採用した医療法人　466

議決権一部制限株式　405

議決権制限株式　402

議決権割合　273

基準年利率　85

記念配当　124

寄附修正　138

協業組合　502

漁業協同組合　501

漁業生産組合　501

拒否権付株式　403, 435

く

グループ法人税制　129

け

経過措置型医療法人　465

継続勤務従業員　69

減価償却資産　168

原則的評価方式が適用される株主　83

現物分配　125

こ

合資会社　499

更正の請求　63, 94

合同会社　499

708

合名会社　499

固定型　186

さ

債権放棄　613

債務免除　609

錯誤　62

残余財産分配優先株式　402

残余財産分配劣後株式　402

し

自己株式　38, 566, 572

　──の取得　158

社員　464

社員総会　464

社会医療法人　467

借地権の認定課税　184

社債類似株式　422

従業員数　69, 75

受贈益の益金不算入額　132

出向社員　78

出資額限度法人　465, 466, 491

取得条項付株式　402

取得請求権付株式　402

種類株式　40, 64, 277

純資産価額方式　8

譲渡制限株式　402

譲渡損益調整資産　129

使用人兼務役員　74

　──とされない役員　70, 76

剰余金の配当　122

所得税の時価　532

新型コロナウイルス　94

親族　29, 30

信用金庫　501, 502

信用組合　501, 502

せ

清算中の会社　84

全部取得条項付株式　402

そ

相互保有株式　38, 275, 439

相続税の取得費加算　556

総則6項　48, 459, 508, 523, 525,

相当地代通達　187

相当の地代　188

相当の地代の改訂方法に関する届出書　183,
　185

損金算入した繰越欠損金の控除額　127

た

単元株制度　38

ち

中心的な株主　26

中心的な同族株主　26, 30, 59

直前期末以前1年間の取引金額　68

直前期末の総資産価額　67

直前期末方式　166, 214, 217

つ

通常の地代　188

て

適格現物分配　125, 134

　──に係る益金不算入額　132

と

投資育成会社　40

同族会社等の行為又は計算の否認　230, 521

同族株主　26, 49

同族関係者　26, 50, 51

特定医療法人　467

特定非常災害　95

特別配当　124

匿名組合契約　128, 191

特例的評価方式が適用される株主　83

土地等の範囲　209

土地の無償返還に関する届出書　183, 186,
　188, 225, 228, 230

土地保有特定会社　89

取締役等の選解任権付株式　403

に

日本標準産業分類　74, 116

709

索　引

日本標準産業分類の分類項目と類似業種比準価額
　　計算上の業種目との対比表　116
任意組合　192
認定医療法人　471

ね

ネットアセット・アプローチ　518

の

農業協同組合　501
農事組合法人　502
納税義務者の属する同族関係者グループ　23

は

配当還元価額　46, 48, 106
配当還元方式　8, 106
配当期待権　109
配当優先株式　402, 410
配当劣後株式　402
派遣社員　78

ひ

非経常的な利益金額　128
比準要素数0の会社　88
比準要素数1の会社　91, 92
筆頭株主グループ　23
評価差額　193
　　——に対する税率　194
評価の手順　16
標準企業者報酬額　224

ふ

複利表　86
負担付贈与通達　548

へ

平均利益金額　223

ほ

法人税等控除不適用株式　168, 196
法人税等の控除　195
　　——の趣旨　195
法人税の課税所得金額　127

法人税の時価　534
保険金積立金　169
保険差益　170, 179

ま

マーケット・アプローチ　518

み

みなし譲渡課税　556
みなし配当　122, 132, 158
みなし配当課税　555
みなし配当課税の特例　555
みなし役員　74
未分割　41, 274

む

無議決権株式　405
無議決権株式の評価の取扱いに係る選択届出書
　　420

も

持分あり社団医療法人　465
持分なし社団医療法人　465

や

役員　281

ゆ

有益費償還請求権　220

よ

養子縁組解消　53

り

利益積立金額　136
理事　464
理事会　464
理事長　464

る

類似業種比準価額　113
　　——の修正　140
類似業種比準方式　8

その他

１株当たりの純資産価額　　136, 163

１株当たりの年配当金額　　121

１株当たりの年利益金額　　126

２以上の業種目　　117

３年以内取得土地等及び家屋等　　180

80％の斟酌　　164

「Ｓ１＋Ｓ２」方式　　258

Ｓ１の金額　　258

Ｓ２の金額　　258

◆執筆者紹介

柴田 健次（しばた けんじ）

1980年神奈川県生まれ　税理士

柴田健次税理士事務所　　　　　　　　所長
株式会社東京タックスコンサルティング　代表取締役

【職歴】

2004年4月　資格の大原　簿記法律専門学校講師就任
2008年1月　税理士法人レガシィに入所
2014年1月　柴田健次税理士事務所設立（専門業務：相続・事業承継）

【著書】

『間違いやすい事例から理解する 小規模宅地等の特例 適否のポイント』（清文社、2023）
『Q＆Aでマスターする 事業承継税制の実務』（清文社、2020）

第4版
評価明細書ごとに理解する 非上場株式の評価実務

2024年10月30日　発行

著　者　　柴田 健次 ©

発行者　　小泉 定裕

発行所　　株式会社 清文社

東京都文京区小石川1丁目3－25（小石川大国ビル）
〒112-0002　電話03（4332）1375　FAX03（4332）1376
大阪市北区天神橋2丁目北2－6（大和南森町ビル）
〒530-0041　電話06（6135）4050　FAX06（6135）4059
URL https://www.skattsei.co.jp/

印刷：大村印刷㈱

■著作権法により無断複写複製は禁止されています。落丁本・乱丁本はお取り替えします。
■本書の内容に関するお問い合わせは編集部までFAX（03-4332-1378）又はメール（edit-e@skattsei.co.jp）でお願いします。
■本書の追録情報等は、当社ホームページ（https://www.skattsei.co.jp/）をご覧ください。

ISBN978-4-433-72784-0